★ **Le musée du Louvre** ⑥
Voir pp. 122-9.

★ **Le Sacré-Cœur** ⑤
Voir pp. 224-5.

★ **Le Centre Pompidou** ⑦
Voir pp. 110-13.

Montmartre

Tuileries

*Beaubourg et
Les Halles*

Le Marais

⑥

⑦

⑧

N

E

*St-Germain-
des-Prés*

⑩

Ile de la Cité

⑪

Ile St-Louis

⑫

*Quartier
latin*

⑬

*Quartier du
Luxembourg*

*Quartier du jardin
des Plantes*

★ **Le musée
de Cluny** ⑫
Voir pp. 154-7.

★ **Le musée Picasso** ⑧
Voir pp. 100-1.

★ **Le Panthéon** ⑬
Voir pp. 158-9.

★ **la Sainte-Chapelle** ⑩
Voir pp. 88-9.

★ **Notre-Dame** ⑪
Voir pp. 82-5.

GUIDES VOIR

PARIS

GUIDES 👁 VOIR

PARIS

HACHETTE
GUIDES BLEUS

Ce guide Voir a été établi par :
Alan Tillier

Hachette Pratiques
79, boulevard Saint-Germain 75006 Paris.

Direction :
Adélaïde Barbey

Édition :
Isabelle Jendron,
François Monmarché,
Pierre-Jean Furet

Traduit et adapté de l'anglais par :
Dominique Brotot, et Christian-Martin Diebold, avec la
collaboration de Florence Lagrange et Jean-Luc Petitrenaud
(pour les renseignements pratiques)

Mise en pages (P.A.O.) :
Ivan Rubinstein

Publié pour la première fois en Grande-Bretagne en 1993,
sous le titre : *Eyewitness Travel Guide : Paris*
© Dorling Kindersley Limited, London 1993
© Hachette Livre (Pratiques : Tourisme) 1994
pour la traduction et l'adaptation française.
Cartographie © Dorling Kindersley 1993.
© 1995 pour les renseignements pratiques.

Dépôt légal : 3779 novembre 1994
Collection 11 – Édition 04
ISBN : 2-01-242100-8
ISSN : 1246-8134
N° de codification : 24-2100-6

Des remarques, des suggestions ?
Ecrivez-nous et informez-nous aussi de vos découvertes
personnelles. Des Guides Bleus de la série « Villes de France »
récompenseront les lettres les plus intéressantes. N'oubliez pas
de préciser votre adresse et le titre de l'ouvrage
que vous souhaitez recevoir.

Sommaire

Comment utiliser ce guide ? *6*

Henri II (1547–59)

Présentation de Paris

Paris dans son environnement *10*

Histoire de Paris *14*

Paris d'un coup d'œil *40*

Paris au jour le jour *62*

Paris au fil de l'eau *66*

L'ancienne piscine Deligny

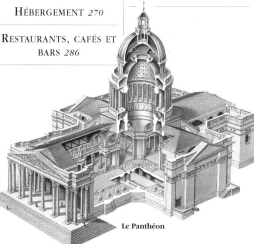

Le Panthéon

COMMENT UTILISER CE GUIDE

Ce guide a pour but de vous aider à profiter au mieux de votre séjour à Paris. L'introduction, *Présentation de Paris*, situe la ville dans son contexte géographique et historique, et explique comment la vie y évolue au fil des saisons. *Paris d'un coup d'œil* offre un condensé de ses merveilles.

Paris quartier par quartier est la partie la plus importante de ce livre. Elle présente en détail tous les principaux sites et monuments. Enfin, le chapitre proposant *Cinq promenades à pied* vous guide dans des endroits que vous auriez pu manquer.

Les bonnes adresses vous fourniront des informations sur les hôtels, les marchés, les bars ou les théâtres, et les *Renseignements pratiques* vous donneront des conseils utiles pour l'organisation de vos activités et vos besoins quotidiens.

PARIS QUARTIER PAR QUARTIER

Nous avons divisé la cité en 14 quartiers. Chaque chapitre débute par un portrait du quartier, de sa personnalité et de son histoire. Sur le *Plan du quartier*, des numéros situent clairement les sites et monuments à découvrir. Un plan « pas à pas » développe ensuite la zone la plus intéressante. Le système de numérotation des monuments, constant tout au long de cette section, permet de se repérer facilement de page en page. Il correspond à l'ordre dans lequel les sites sont décrits en détail.

1 Plan général du quartier

Un numéro signale les monuments de chaque quartier. Ce plan indique aussi les stations de métro et de RER, et les parcs de stationnement.

La Conciergerie ❽ est aussi représentée sur ce plan.

Des repères colorés aident à trouver le quartier dans le guide.

2 Plan du quartier pas à pas

Il offre une vue aérienne du cœur de chaque quartier. Pour vous aider à les identifier en vous promenant, les bâtiments les plus intéressants ont une couleur plus vive.

Une carte de situation indique où se trouve le quartier dans la ville.

Des photos, d'ensemble ou de détail, permettent de reconnaître les monuments.

Le quartier d'un coup d'œil classe par catégories les centres d'intérêt du quartier : rues et bâtiments historiques, églises, musées, parcs et jardins.

La zone détaillée dans le *Plan pas à pas* est ombrée de rouge.

Vous savez comment atteindre le quartier rapidement.

Des numéros situent les monuments sur le plan. La Conciergerie, par exemple, est en ❽.

Un itinéraire de promenade emprunte les rues les plus intéressantes.

Des étoiles rouges indiquent les sites à ne pas manquer.

PARIS D'UN COUP D'ŒIL

Chaque plan de cette partie
du guide est consacré à un
thème : *Hôtes célèbres,
Églises, Parcs et jardins,
Musées.* Les lieux les plus
intéressants sont indiqués
sur le plan ; d'autres sont
décrits dans les deux
pages suivantes.

Chaque quartier a sa couleur.

Le thème est développé
dans les pages suivantes.

3 Renseignements détaillés

*Cette rubrique donne des informations
détaillées et des renseignements pratiques
sur tous les monuments intéressants.
Leur numérotation est celle du Plan du
quartier.*

INFORMATIONS PRATIQUES

Chaque rubrique donne les informations
nécessaires à l'organisation d'une visite.
Une table des symboles se trouve sur le
rabat de la dernière page.

Numéro de
téléphone

Heures
d'ouverture

Numéro du site

Métro
le plus
proche

Conciergerie ⑧

1, quai de l'Horloge 75001.
Plan 13 A3. (43 54 30 06. M
Cité. Ouv Avr.-Oct. 9 h 30 – 18 h
t.l.j.

**Report au plan
de l'atlas des
rues**

**Services et
équipements
disponibles**

Adresse

4 Les principaux monuments de Paris

*Deux pleines pages, ou plus, leur sont
réservées. La représentation des bâtiments
historiques en dévoile l'intérieur. Les
plans des musées, par étage, vous aident
à y localiser les plus belles expositions.*

Le Mode d'emploi vous
aide à organiser votre visite.

Une photo de la façade de
chaque monument important
vous aide à le repérer.

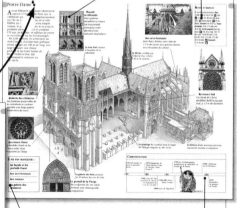

Des étoiles rouges signalent
les détails architecturaux les
plus intéressants et les œuvres
d'art les plus remarquables.

Une chronologie
résume l'histoire
de l'édifice.

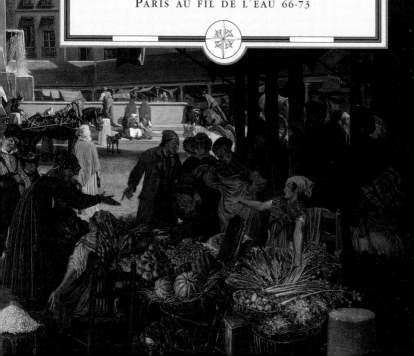

PRÉSENTATION
DE PARIS

Paris dans son environnement

Un peu plus de deux millions de Parisiens vivent dans la capitale de la France, sur une superficie de 105 km². Mais si l'on tient compte de la banlieue, l'agglomération parisienne couvre 1 200 km² et regroupe près de dix millions d'habitants. Au centre de l'Europe, Paris en est un des principaux pôles économiques, artistiques et culturels.

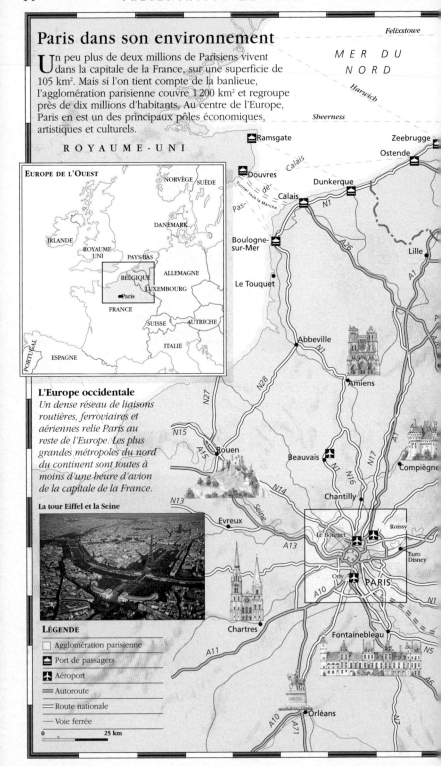

R O Y A U M E - U N I

MER DU NORD

Felixstowe

Harwich

Sheerness

Ramsgate

Zeebrugge

Ostende

Calais

Douvres

Dunkerque

Tunnel sous la Manche

Pas-   de-

Calais

Boulogne-sur-Mer

Lille

Le Touquet

Abbeville

Amiens

EUROPE DE L'OUEST

NORVÈGE   SUÈDE

DANEMARK

IRLANDE

ROYAUME-UNI   PAYS-BAS

BELGIQUE   ALLEMAGNE

LUXEMBOURG

FRANCE

Paris

SUISSE   AUTRICHE

ITALIE

PORTUGAL   ESPAGNE

L'Europe occidentale

Un dense réseau de liaisons routières, ferroviaires et aériennes relie Paris au reste de l'Europe. Les plus grandes métropoles du nord du continent sont toutes à moins d'une heure d'avion de la capitale de la France.

N28

N27

N15

A15

Rouen

Beauvais

Compiègne

N1

N16

N17

Chantilly

N14

Evreux

N13

Seine

A13

Le Bourget

Roissy

Euro Disney

Orly

PARIS

N1

Chartres

Fontainebleau

N5

A10

A6

La tour Eiffel et la Seine

A11

Orléans

A10   A71

N7

LÉGENDE

☐ Agglomération parisienne

⛴ Port de passagers

✈ Aéroport

═══ Autoroute

═══ Route nationale

— Voie ferrée

0   25 km

ILE-DE-FRANCE

Cergy-Pontoise

Roissy

St-Denis
Le Bourget

Poissy

Argenteuil

Aubervilliers

Lagny

Nanterre

voir page
suivante

Montreuil

St-Germain-
en-Laye

Vincennes

Versailles

Sceaux

Créteil

Brie-
Comte-Robert

Orly

Corbeil-
Essonnes

0   10 km

L'Ile-de-France

En dehors de l'agglomération parisienne,
l'Ile-de-France comprend de nombreuses
villes remarquables telles Chartres et Versailles.
Vous trouverez en pages 228-55
de nombreuses idées de découvertes à faire
hors du centre de Paris.

Hoek van Holland

Rotterdam

PAYS-BAS

Breda

Flessingue

Anvers

Gand

Bruxelles

BELGIQUE

Namur

Mons

ALLEMAGNE

LUXEMBOURG

Saint-Quentin

Charleville-
Mézières

Trèves

Luxembourg

Sarrebrück

Reims

Verdun

Metz

Marne

Châlons-sur-Marne

F R A N C E

Nancy

Seine

Troyes

Chaumont

Auxerre

Vue aérienne du centre de Paris

Le centre de Paris

Ce guide divise Paris en 14 quartiers qui recouvrent le centre de la ville et Montmartre. Un chapitre est consacré à chacun de ces quartiers qui possèdent tous une personnalité et une histoire particulières. Les ruelles et les places de Montmartre, par exemple, rappellent son passé bohème de village peuplé d'artistes et de rapins alors que le quartier des Champs-Elysées doit sa renommée à ses avenues élégantes et ses boutiques de luxe. Tous ces lieux sont d'un accès facile à pied ou en transport en commun.

PAGES 202-9
Plans
3 - 4, 5, 11

Champs-Elysées

Quartier de Chaillot

0 ————————— 1 km

L A   S   E

Quartier des Invalides et de la tour Eiffel

PAGES 194-201
Plans
3, 9 - 10

PAGES 182-93
Plans
9 - 10, 11

PAGES 116-33
Plans
6, 11 - 12

PAGES 134-47
Plans
11 - 12

PAGES 174-81
Plans
15 - 16

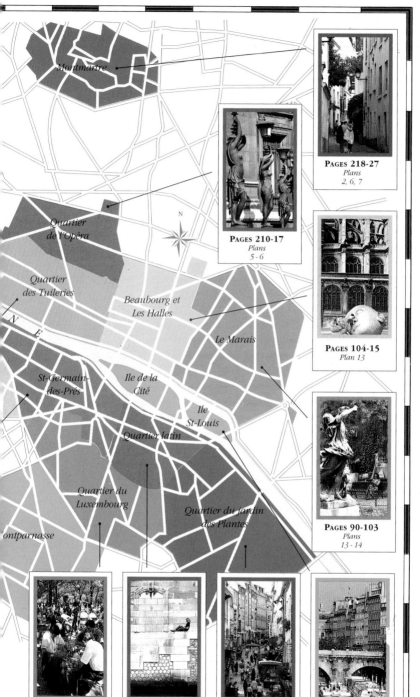

Montmartre

PAGES 218-27
Plans
2, 6, 7

Quartier
de l'Opéra

PAGES 210-17
Plans
5 - 6

Quartier
des Tuileries

Beaubourg et
Les Halles

Le Marais

PAGES 104-15
Plan 13

St-Germain-
des-Prés

Ile de la
Cité

Ile
St-Louis

Quartier latin

PAGES 90-103
Plans
13 - 14

Quartier du
Luxembourg

Quartier du jardin
des Plantes

ontparnasse

PAGES 168-73
Plans
12, 16

PAGES 148-59
Plans
12, 13, 17

PAGES 160-7
Plans
17 - 18

PAGES 76-87
Plans
12 - 13

REPUBLIQUE FRANCAISE
LIBERTE EGALITE · FRATERNITE

HISTOIRE DE PARIS

Le Paris conquis par les Romains en 52 av. J.-C. n'était qu'un village habité par la tribu des Parisii à l'abri sur l'île de la Cité. La colonie romaine qui s'établit sur ses ruines était prospère : elle déborda bientôt largement sur la rive gauche de la Seine. Les Francs succédèrent aux Romains, donnèrent à la ville le nom qu'elle a aujourd'hui et en firent le centre de leur royaume.

Fleur-de-lys, l'emblème royal

Au Moyen Age, la foi des Parisiens leur inspira des chefs-d'œuvre d'architecture religieuse : il faut citer notamment la Sainte-Chapelle et Notre-Dame tandis que l'université de la Sorbonne, édifiée au XIIIe siècle, attirait par sa renommée étudiants et érudits venus de l'Europe entière.

Pendant la Renaissance et le siècle des Lumières, Paris s'imposa comme capitale de la culture et des idées. Sous le règne de Louis XIV, la ville acquit en oútre richesse et puissance.

Si le peuple renversa la monarchie en 1789, l'enthousiasme révolutionnaire fut de courte durée. En 1804, le général Napoléon Bonaparte, nourrissant l'ambition de faire de Paris le centre du monde, se proclamait empereur et partait à la conquête de l'Europe.

Peu après la révolution de 1848, les grands travaux du baron Haussmann transformèrent radicalement la cité. De larges boulevards remplacèrent les ruelles médiévales. À la fin du siècle, Paris était devenu la vitrine de la culture occidentale. Elle conserva ce rôle jusqu'à l'occupation allemande de 1940-44. La ville s'est considérablement étendue depuis la guerre, elle est aujourd'hui prête à tenir son rang au cœur d'une Europe unie.

Les pages qui suivent éclairent l'histoire de Paris en dressant un panorama des périodes clés de son évolution.

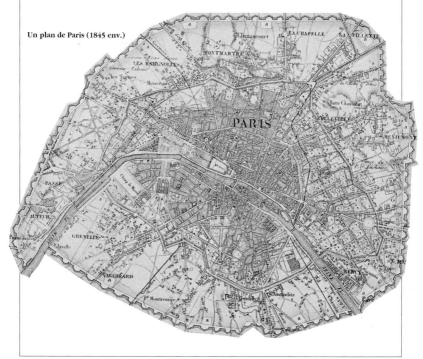

Un plan de Paris (1845 env.)

Allégorie de la République (1848) par Dominique-Louis Papety

Rois et empereurs à Paris

Paris devint le siège du pouvoir royal à l'avènement de Hugues Capet, fondateur de la dynastie capétienne. Rois et empereurs ont laissé leur empreinte sur la ville et nombre de lieux mentionnés dans ce guide. La forteresse de Philippe Auguste devint le palais du Louvre, aujourd'hui l'un des grands musées du monde. Le Pont-Neuf d'Henri IV relie toujours l'île de la Cité aux deux rives de la Seine et Napoléon édifia l'Arc de triomphe pour célébrer ses victoires militaires. C'est la guerre de 1870 et l'abdication de Napoléon III qui mirent un terme à cette longue succession de souverains.

768–814 Charlemagne

743–751 Childéric III
716–721 Chilpéric II
695–711 Childebert II
566–584 Chilpéric Ier
558–562 Clotaire Ier
674–691 Thierry III
447–458 Mérovée
655–668 Clotaire III
458–482 Childéric Ier
628–637 Dagobert Ier

954–986 Lothaire
898–929 Charles III, le Simple
884–888 Charles II, le Gros
879–882 Louis III
840–877 Charles Ier, le Chauve

1137–80 Louis VII
987–996 Hugues Capet
1031–60 Henri Ier
1060–1108 Philippe Ier

400	500	600	700	800	900	1000	1100
DYNASTIE MÉROVINGIENNE				DYNASTIE CAROLINGIENNE		DYNASTIE CAPÉTIENN	

400	500	600	700	800	900	1000	1100

751–768 Pépin le Bref
721–737 Thierry IV
711–716 Dagobert III
691–695 Clovis III
668–674 Childéric II
637–655 Clovis II
584–628 Clotaire II
562–566 Caribert
511–558 Childebert Ier

996–1031 Robert II, le Pieux
986–987 Louis V
936–954 Louis IV, d'Outremer
888–898 Eudes, comte de Paris
882–884 Carloman
877–879 Louis II, le Bègue
814–840 Louis Ier, le Débonnaire

482–511 Clovis Ier

1108–37 Louis VI, le Gros

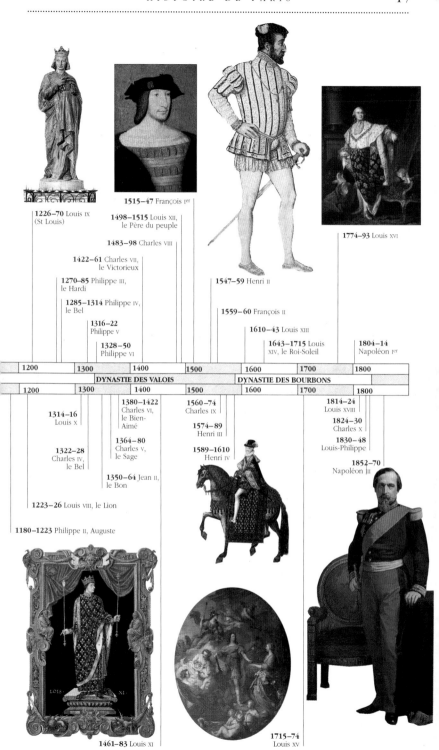

1226–70 Louis IX
(St Louis)

1515–47 François Ier

1498–1515 Louis XII,
le Père du peuple

1483–98 Charles VIII

1422–61 Charles VII,
le Victorieux

1270–85 Philippe III,
le Hardi

1285–1314 Philippe IV,
le Bel

1316–22
Philippe V

1328–50
Philippe VI

1774–93 Louis XVI

1547–59 Henri II

1559–60 François II

1610–43 Louis XIII

1643–1715 Louis
XIV, le Roi-Soleil

1804–14
Napoléon Ier

1200	1300	1400	1500	1600	1700	1800

DYNASTIE DES VALOIS   **DYNASTIE DES BOURBONS**

1200	1300	1400	1500	1600	1700	1800

1314–16
Louis X

1380–1422
Charles VI,
le Bien-
Aimé

1560–74
Charles IX

1574–89
Henri III

1589–1610
Henri IV

1814–24
Louis XVIII

1824–30
Charles X

1830–48
Louis-Philippe

1852–70
Napoléon III

1322–28
Charles IV,
le Bel

1364–80
Charles V,
le Sage

1350–64 Jean II,
le Bon

1223–26 Louis VIII, le Lion

1180–1223 Philippe II, Auguste

1461–83 Louis XI

1715–74
Louis XV

Le Paris gallo-romain

Paris n'aurait pas existé sans la Seine car le fleuve permit aux premiers habitants d'exploiter cette région de forêts et de marais. Des fouilles récentes ont exhumé des embarcations datant de 4 500 av. J.-C., bien avant qu'une tribu celte, les Parisii, ne s'installe sur une île du nom de Lucotitia. En 59 av. J.-C., les Romains entreprirent la conquête de la Gaule.

Sept ans plus tard, ils occupaient Lutèce. Ils la reconstruisirent et l'étendirent sur la rive gauche de la Seine.

Broche romaine en émail

AGGLOMÉRATION PARISIENNE
☐ En 200 av. J.-C. ☐ Aujourd'hui

Pièce de harnais en bronze
On continua de fabriquer des objets usuels en bronze bien après le début de l'âge de fer (900 av. J.-C. en Gaule).

Dagues en fer
À partir du 1er siècle av. J.-C. apparaissent de courtes épées en fer, parfois décorées de motifs anthropomorphes ou zoomorphes.

Thermes

Théâtre

Forum

Rue Soufflot actuelle

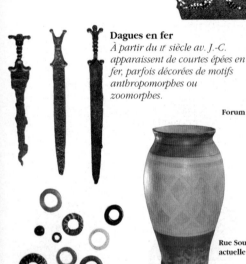

Vase en terre cuite
Les céramiques finement décorées n'étaient pas rares en Gaule.

Perles de verre
On a trouvé à Paris des perles et des bracelets en verre de l'âge de bronze.

N

Rue St-Jacques actuelle

CHRONOLOGIE

Casque porté par les guerriers gaulois

4500 av. J.-C. On navigue sur la Seine

52 av. J.-C. Labienus, lieutenant de César, bat les Gaulois de Camulogène. Les Parisii détruisent eux-mêmes leur ville

4500	400	300	200	100 av. J.-C.

Pièce d'or Parisii frappée sur l'île de la Cité

300 av. J.-C. La tribu des Parisii s'installe sur l'île de la Cité

Lampe à huile romaine
Pendant les sombres mois d'hiver, les habitants de l'île de la Cité jouissaient déjà d'une sorte de chauffage central et s'éclairaient avec des lampes à huile.

Ile de la Cité

Déesse gallo-romaine
Trouvée dans les arènes, cette tête date du IIᵉ siècle.

Temple

OÙ VOIR LE PARIS GALLO-ROMAIN ?

Les fouilles entreprises depuis le milieu du XIXᵉ siècle ont mis en évidence les limites exactes de la cité romaine qui avait pour axes les actuelles rues St-Jacques et Soufflot. La crypte du parvis Notre-Dame (*voir p. 81*) contient les vestiges de remparts et d'habitations qui remontent à la fin du IIIᵉ siècle après J.-C. Autres sites gallo-romains : les arènes de Lutèce (*p. 165*) et les thermes du musée de Cluny (*pp. 154 et 157*).

Les thermes de Cluny comprenaient trois vastes salles de températures différentes.

Arrière-scène

Gradins

Arènes de Lutèce
Ces vastes arènes construites au IIᵉ siècle accueillaient jeux du cirque et représentations théâtrales.

Flacon en anneau
Ce flacon date de l'an 300 après J.-C. environ.

LUTÈCE EN L'AN 200
Le plan des rues de Lutèce suivait un quadrillage orthogonal conduisant, au nord jusqu'à la Seine.

Mosaïque romaine des thermes de Cluny

200 Les Romains édifient arènes, thermes et villas

285 Invasions barbares, le feu ravage Lutèce

360 Julien, préfet des Gaules, est proclamé empereur. Lutèce prend le nom de Paris

| 100 | 200 | 300 | 400 |

100 après J.-C. Les Romains reconstruisent l'île de la Cité et s'étendent sur la rive gauche

250 Décapitation à Montmartre de St Denis, martyr chrétien

451 À la tête des Parisiens, sainte Geneviève repousse Attila

485–508 Clovis, chef des Francs, défait les Romains. Paris devient chrétien

Le Paris médiéval

Enluminure de manuscrit

A u Moyen Age, les villes occupant un emplacement stratégique comme Paris, lieu de franchissement du fleuve, devinrent d'importants centres politiques et universitaires. L'Eglise jouait un rôle fondamental dans la vie intellectuelle et spirituelle. Elle fournit l'élan nécessaire à des innovations comme la percée de canaux et le drainage des marais. En asséchant ses terres insalubres au XII⁰ siècle, la cité put s'étendre librement sur la rive droite.

AGGLOMÉRATION PARISIENNE

☐ *En 1300*   ☐ *Aujourd'hui*

La Sainte-Chapelle
La chapelle haute de ce chef-d'œuvre du Moyen Age (voir pp. 88-9) était réservée à la famille royale.

L'île de la Cité, avec les tours de la Conciergerie et la Sainte-Chapelle, illustre le mois de juin.

Table octogonale
Des meubles en bois comme cette lourde table décoraient les manoirs médiévaux.

Le drainage permit d'augmenter les surfaces cultivables.

Vitrail des tisserands
Regroupés en corporations, les artisans dédièrent de nombreux vitraux à leurs arts.

La plupart des Parisiens travaillaient la terre, à proximité de la cité.

CHRONOLOGIE

512 Mort de sainte Geneviève. Elle est enterrée près de Clovis

725–732 Les Sarrasins attaquent la Gaule

845–862 Les Normands attaquent Paris

500	700	800	900

543–556 Fondation de St-Germain-des-Prés

La main en or ou reliquaire de Charlemagne

800 Le pape sacre Charlemagne empereur

Notre-Dame
La construction de la grande cathédrale gothique dura de 1163 à 1334.

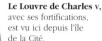

Sceau de l'Université
L'université de Paris fut fondée en 1215.

Les monastères
Paris comptait de nombreux monastères, en particulier sur la rive gauche.

Le Louvre de Charles v,
avec ses fortifications, est vu ici depuis l'île de la Cité.

La noblesse
À compter du XIVᵉ s, le vêtement, tels ces hauts chapeaux pointus, devint un symbole d'appartenance à une classe.

UNE PASSION MÉDIÉVALE

Ce fut au cloître Notre-Dame que l'amour naquit entre le moine Abélard et la jeune Héloïse. Pierre Abélard était le théologien le plus original du XIIᵉ siècle et le précepteur de cette fille de chanoine âgée de 17 ans. Fou de rage, le père fit castrer l'érudit et Héloïse se réfugia dans un couvent où elle finit ses jours.

LES MOIS : JUIN ET OCTOBRE
Achevé en 1416 pour le duc de Berry, ce calendrier et livre de prières, les Très Riches Heures, *reproduit de nombreux monuments de Paris.*

1010–22 Les chrétiens brûlent Juifs et hérétiques

1167 Création des Halles sur la rive droite

1253 Ouverture de la Sorbonne

1380 La Bastille est achevée

Jeanne d'Arc

1000	1100	1200	1300	1400

1079 Naissance de Pierre Abélard

1163 Début de la construction de Notre-Dame

1245 Début de la construction de la Sainte-Chapelle

1226–70 Règne de Louis IX, dit St-Louis

1430 Henry VI d'Angleterre est sacré roi de France après la défaite de Jeanne d'Arc

1215 Fondation de l'université de Paris

Le Paris de la Renaissance

Couple d'élégants

À la fin de la guerre de Cent Ans, en 1453, l'armée anglaise laissait Paris en ruines. Louis XI rétablit la prospérité et ranima l'intérêt pour l'art, l'architecture, la décoration et le goût du luxe. Au cours du XVIᵉ siècle, les rois de France tombèrent sous le charme de la Renaissance italienne et leurs architectes jetèrent les premières bases de l'urbanisme moderne, créant notamment la superbe place Royale.

AGGLOMÉRATION PARISIENNE
■ En 1590   □ Aujourd'hui

Un chevalier en tenue de tournoi
Des joutes se déroulaient place Royale jusqu'au XVIIᵉ siècle.

Pendentif incrusté
Signe de prospérité, les bijoux devinrent une part importante du vêtement.

Presse d'imprimerie (1470)
La première presse de la Sorbonne servit à imprimer des brochures religieuses.

Pont Notre-Dame
Ce pont fut construit au début du XVᵉ siècle. Le Pont-Neuf (1589) fut le premier pont libre de toute construction.

PLACE ROYALE
Construite par Henri IV vers 1609, cette place était la première entourée d'immeubles aux façades identiques. L'aristocratie y avait élu domicile. (voir p. 94)

CHRONOLOGIE

1453 Fin de la guerre de Cent Ans

François Iᵉʳ

1516 François Iᵉʳ invite Léonard de Vinci en France. L'artiste y apporte *La Joconde*.

1450	1460	1470	1480	1490	1500	1510	1520

1469 Premier texte imprimé à la Sorbonne

1528 François Iᵉʳ s'installe au Louvre

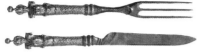

Couverts du XVIᵉ siècle
Couteaux et fourchettes servaient à découper les pièces de viande. Les convives mangeaient avec leurs mains ou avec une cuillère.

OÙ VOIR LE PARIS DE LA RENAISSANCE ?

Outre la place des Vosges, on trouve de nombreux exemples d'architecture Renaissance comme la tour St-Jacques (*p.115*) ou les églises St-Etienne-du-Mont (*p.153*) et St-Eustache (*p.114*). L'hôtel de Cluny avec ses escaliers, sa cour et ses tourelles est un excellent exemple de l'architecture civile du tout début de la Renaissance (*pp. 154-5*).

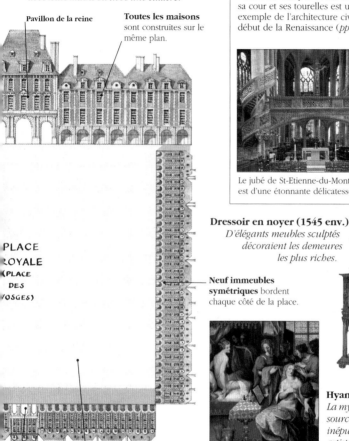

Pavillon de la reine

Toutes les maisons sont construites sur le même plan.

Le jubé de St-Etienne-du-Mont (1520 env.) est d'une étonnante délicatesse.

Dressoir en noyer (1545 env.)
D'élégants meubles sculptés décoraient les demeures les plus riches.

PLACE
ROYALE
(PLACE
DES
VOSGES)

Neuf immeubles symétriques bordent chaque côté de la place.

Hyante et Clément
La mythologie est une source d'inspiration inépuisable pour les artistes de la Renaissance.

Pavillon du roi

On se battait en duel sur la place au XVIIᵉ siècle.

1534 Ignace de Loyola fonde la compagnie de Jésus

1546 Rénovation du Louvre ; premier quai de pierre sur la Seine

1559 Premier éclairage des rues ; achèvement du Louvre

1572 Massacre de la Saint-Barthélemy

1589 Henri III est assassiné à St-Cloud, près de Paris

1609 Construction de la place des Vosges

| 1530 | 1540 | 1550 | 1560 | 1570 | 1580 | 1590 | 1600 |

1547 Mort de François Iᵉʳ

1534 Fondation du Collège de France

1533 Reconstruction de l'Hôtel de Ville

1559 Henri II meurt dans un tournoi à Paris

1589 Henri de Navarre se convertit au catholicisme et devient Henri IV

1589 Henri IV achève le Pont-Neuf et améliore l'approvisionnement en eau

1610 Ravaillac assassine Henri IV

Ravaillac

Le Paris du Roi-Soleil

Emblème du Roi-Soleil

L e luxe somptueux de Louis XIV et de la cour de Versailles symbolisent ce que l'on appelle : le grand siècle. À Paris, on construisit des bâtiments imposants, des places, des théâtres et d'aristocratiques hôtels particuliers. Le souverain, lui, régnait en monarque absolu. Mais au terme de sa vie, le prix payé par le pays pour son goût des constructions et ses coûteuses campagnes militaires avait affaibli la royauté.

AGGLOMÉRATION PARISIENNE

▨ *En 1657*   ☐ *Aujourd'hui*

La cage d'escalier est ouverte sur la cour intérieure.

Les combles mansardés, avec leur toit à double pente, sont typiques de l'architecture de cette époque.

Vue en coupe des appartements

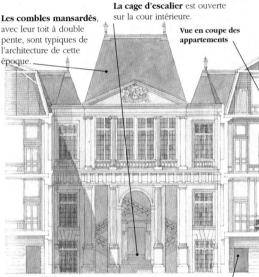

Les jardins de Versailles
Louis XIV avait une passion pour les jardins que lui avait dessinés André Le Nôtre.

Louis XIV en Jupiter
En montant sur le trône en 1661, Louis XIV mit un terme aux troubles intérieurs qui avaient fait rage pendant son enfance.

Le rez-de-chaussée, où logeaient les domestiques.

Commode
André-Charles Boulle fabriqua ce meuble pour le Grand Trianon de Versailles.

CHRONOLOGIE

1610 L'avènement de Louis XIII marque le début du grand siècle

Louis XIII

1624 Achèvement du palais des Tuileries

Le cardinal Mazarin

1631 Premier journal de Paris : *La Gazette*

1643 Mort de Louis XIII et début de la régence exercée par Mazarin

1661 Louis XIV devient monarque absolu. Agrandissement du château de Versailles

1610	1620	1630	1640	1650	1660

1622 Paris devient un évêché

1629 Richelieu construit le Palais-Royal

1638 Naissance de Louis XIV

1662 Colbert développe la manufacture des Gobelins

1614 Dernière réunion des états généraux avant la Révolution

1627 Aménagement de l'île St-Louis

Métier à tisser

Madame de Maintenon
*À la mort de la reine
en 1683, Louis XIV
épousa madame de
Maintenon, peinte
ici par Gaspard
Netscher.*

Plafond par Charles Le Brun
*Peintre de la cour, Le Brun décora de
nombreux plafonds comme celui-ci
à l'hôtel Carnavalet (voir p. 96).*

Eventail décoré
*Pour certaines fêtes,
Louis XIV exigeait
que les femmes
aient des éventails.*

La galerie d'Hercule avec le
plafond de Le Brun

Jardin à la française

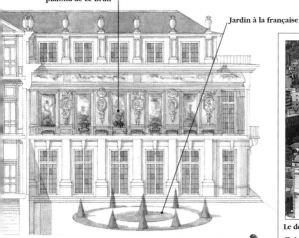

Le dôme des Invalides (1706)

HÔTEL LAMBERT (1640)
*Au XVIIe siècle, les
aristocrates
construisirent de luxueux
hôtels dotés de cours
intérieures, de jardins et
d'écuries.*

Coupe au Neptune
*Cette coupe en lapis-lazuli
appartenait à la riche
collection d'objets de Louis XIV.*

**OÙ VOIR LE PARIS DU
ROI-SOLEIL ?**
De nombreux hôtels du
XVIIe siècle existent toujours
à Paris mais ils ne sont pas
tous ouverts au public.
L'hôtel et le dôme des
Invalides (*pp.184-8*),
la place Vendôme et
Versailles (*p.248*) donnent
une excellente image de
cette période.

1667 Reconstruction du Louvre et création de l'Observatoire	**1682** La cour déménage à Versailles où elle restera jusqu'à la Révolution	**1686** Le Procope, premier café de Paris	**1702** Paris est divisé en 20 arrondissements		**1715** Mort de Louis XIV
1670	1680	1690	1700	1710	
1670 Construction de l'hôtel des Invalides		**1689** Construction du pont Royal	**1692** Guerres et mauvaises récoltes provoquent des famines		

*Statue de Louis XIV au
musée Carnavalet*

Paris au siècle des Lumières

Buste de Voltaire

L'esprit du siècle des Lumières, épris de savoir et de raison mais critique envers la société et les idées reçues, rayonna dans toute l'Europe depuis Paris. Pourtant, sous Louis XV, la corruption était largement répandue à la cour. Mais l'économie prospérait, les arts s'épanouirent comme jamais auparavant, et des intellectuels comme Voltaire ou Rousseau étaient connus dans l'Europe entière. La population de la ville dépassa 600 000 habitants. L'urbanisme se développa et le premier plan des rues apparut en 1787.

AGGLOMÉRATION PARISIENNE

☐ *En 1720*　　☐ *Aujourd'hui*

Instruments de navigation
Les savants conçurent des instruments de mesures trigonométriques permettant de calculer longitude et latitude.

Perruques
Elles servaient aussi à indiquer la classe et le rang de celui ou celle qui les portait.

LE THÉÂTRE-FRANÇAIS
De nouvelles salles de spectacle ouvrirent pendant le siècle des Lumières, comme celle qui abrite encore aujourd'hui la Comédie-Française.

La salle était la plus grande de Paris avec 1 913 places.

CHRONOLOGIE

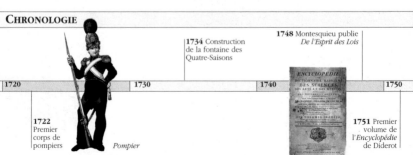

1734 Construction de la fontaine des Quatre-Saisons

1748 Montesquieu publie *De l'Esprit des Lois*

| 1720 | 1730 | 1740 | 1750 |

1722 Premier corps de pompiers

Pompier

1751 Premier volume de l'*Encyclopédie* de Diderot

Madame de Pompadour
*Maîtresse de Louis XV,
elle protégea philosophes,
artistes et écrivains,
et eut une grande
influence politique.*

Chocolatière
*Les familles
bourgeoises
consommaient tabac, thé,
chocolat et café importés d'Asie
et du Nouveau Monde.*

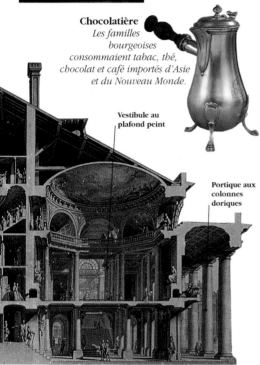

Vestibule au
plafond peint

Portique aux
colonnes
doriques

Les Catacombes
*Elles furent créées en
1785 pour assainir
les cimetières
parisiens*
(voir p. 179).

OÙ VOIR LE PARIS DES LUMIÈRES ?

Le quartier autour des rues de Lille, de Varenne et de Grenelle (*pp.182-3*) contient de nombreux hôtels construits par l'aristocratie pendant la première moitié du XVIIIᵉ siècle. Le musée Carnavalet (*pp.96-7*) expose des intérieurs, des objets d'art et des tableaux de cette époque. Une salle y est consacrée aux philosophes, en particulier Voltaire et Jean-Jacques Rousseau.

Le siècle des Lumières
enrichit Paris de nouvelles
églises. **L'église St-Sulpice**
(*p. 172*) fut achevée en 1776.

Le Procope (*p. 140*), plus
vieux café de Paris. Clients
fameux : Voltaire et Rousseau !

1757 Premier réverbère à huile	**1764** Mort de Mᵐᵉ de Pompadour	**1774** Mort de Louis XV	**1778** La France soutient l'indépendance américaine	**1785** David peint le *Serment des Horaces*

| **1760** | | **1770** | | **1780** |

| **v.1760** Place de la Concorde, Panthéon et Ecole militaire | **1762** *Du Contrat social* et *Emile*, de Rousseau | *Rousseau, écrivain et philosophe, pensait que la société corrompait l'homme, bon de nature.* | **1782** Premiers trottoirs de Paris, rue de l'Odéon | **1783** Première ascension en ballon des frères Montgolfier |

Paris pendant la Révolution

Assiette commémorative

En 1789, le peuple de Paris vivait dans le même dénuement qu'au Moyen Age. Une grave crise économique et l'impopularité de Louis XVI conduisirent à la prise de la Bastille, symbole de l'arbitraire royal. La République fut proclamée trois ans plus tard mais sombra bientôt dans la Terreur. Près de 10 000 personnes, accusées de trahir la Révolution, furent exécutées. Après la chute de Robespierre, le Directoire assura le gouvernement jusqu'au coup d'Etat qui donna le pouvoir à Napoléon Bonaparte.

AGGLOMÉRATION PARISIENNE
☐ *En 1796*   ☐ *Aujourd'hui*

Les tours de la prison furent incendiées.

Les gardes-françaises, qui soutenaient les émeutiers, arrivèrent en fin d'après-midi avec deux canons.

Déclaration des droits de l'homme et du citoyen
Imprégnée des idéaux du siècle des Lumières, elle fut rédigée en août 1789. Cette illustration est la préface de la constitution de 1791.

CALENDRIER RÉPUBLICAIN

Les révolutionnaires pensaient donner au monde un nouveau départ. Ils imposèrent donc un nouveau calendrier. Selon celui-ci, l'an I de cette nouvelle ère commençait le jour de la proclamation de la République (22 sept. 1792) et chaque année comptait 12 mois égaux aux noms évoquant la nature et les saisons, tels brumaire ou floréal. Chaque mois était divisé en trois périodes de dix jours. Les cinq ou six jours supplémentaires étaient réservés aux fêtes républicaines.

Gravure par Tresca représentant *Ventôse*, le mois des vents (19 fév.-20 mars) du calendrier républicain

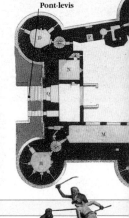

Pont-levis

CHRONOLOGIE

14 juill. Prise de la Bastille

4 août Abolition des privilèges

26 août Déclaration des droits de l'homme et du citoyen

1789	1790	1791	1792

Caricature : le réveil du peuple effraie le clergé et la noblesse

La Fayette commanda la Garde nationale

17 juill. Fusillade du Champ-de-Mars

25 avr. *La Marseillaise*

5 mai Réunion des états généraux

14 juill. Fête de la Fédération

Papier-monnaie
Les assignats financèrent la Révolution de 1790 à 1793.

La Marseillaise
Cette marche révolutionnaire est devenue l'hymne national.

Mode révolutionnaire
Les sans-culottes préféraient le pantalon, tenue des artisans et du peuple de Paris, à la culotte aristocratique.

Chaise « patriotique »
Deux bonnets phrygiens, symboles républicains, coiffent les montants de cette chaise.

Papier peint
Ces motifs républicains célébraient la Révolution.

171 morts et blessés, tel fut le bilan de la journée.

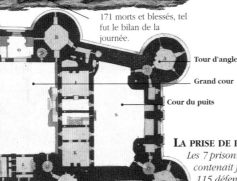

Tour d'angle

Grand cour

Cour du puits

Guillotine
Elle entra en fonction en avril 1792.

LA PRISE DE LA BASTILLE
Les 7 prisonniers qu'elle contenait furent libérés et ses 115 défenseurs (32 gardes suisses, 82 invalides et le gouverneur) massacrés.

) juin Mise à c des Tuileries	**21 janv.** Exécution de Louis XVI	**16 oct.** Exécution de Marie-Antoinette	**5 avr.** Exécution de Danton et de ses amis		**22 août** Nouvelle constitution : le Directoire
10 août Arrestation de Louis XVI	**Automne** Robespierre contrôle le Comité de salut public	**24 nov.** Fermeture des églises		**19 nov.** Fermeture du club des Jacobins	
1793		**1794**		**1795**	

17 sept. Loi des suspects, début de la Terreur
20 sept. Bataille de Valmy
2-6 sept. Massacres de septembre

13 juill. Assassinat de Marat, fondateur de l'*Ami du peuple*

Robespierre, l'architecte de la Terreur

27 juill. Exécution de Robespierre

Le Paris de Napoléon

La couronne impériale

Bonaparte profita de l'instabilité du Directoire pour s'emparer du pouvoir et s'installer au palais des Tuileries en novembre 1799 au titre de Premier consul. Il se fit sacrer empereur en mai 1804. Outre ses réformes de l'administration, du code civil et du système éducatif, il s'employa à faire de sa ville la capitale du monde. Il perça la rue de Rivoli, édifia ponts et monuments, enrichit la cité du butin de ses conquêtes. Mais son pouvoir resta toujours fragile ; il ne parvint pas à ramener la paix et, en 1814, les armées prussiennes, autrichiennes et russes envahirent Paris, le forçant à se retirer sur l'île d'Elbe. Napoléon rentra en France en 1815 mais, vaincu à Waterloo, mourut en exil en 1821.

AGGLOMÉRATION PARISIENNE
En 1810   Aujourd'hui

Château de Malmaison
Il fut la résidence préférée de Joséphine.

Ses dames de compagnie
tiennent la traîne de Joséphine.

Pendule en opaline
Sa décoration s'inspire de l'antique.

L'éléphant
Projet de monument destiné à la place de la Bastille.

L'Envol de l'aigle
Caricature de Napoléon après son départ pour l'île d'Elbe.

CHRONOLOGIE

1799 Napoléon prend le pouvoir
1797 Bataille de Rivoli

1800 Fondation de la Banque de France
1802 Création de la Légion d'honneur

1812 Campagne de Russie

1815 Waterloo. Seconde abdication. Restauration de la monarchie

1800	1805	1810	1815	1820

1804 Sacre de Napoléon
1800 Napoléon rentre d'Egypte sur l'*Orient*

1806 Commande de l'Arc de triomphe

1814 Napoléon abdique
1809 Napoléon répudie Joséphine et épouse Marie-Louise

1821 Mort de Napoléon

Masque mortuaire de Napoléon

Table en bronze
Avec son portrait de l'empereur au centre, cette table célèbre la victoire d'Austerlitz.

Joséphine à genoux devant Napoléon. **Napoléon** présente la couronne à son impératrice.

Les cosaques au Palais-Royal
Après la défaite et la fuite de Napoléon en 1814, Paris connut l'humiliation d'être occupée par des troupes étrangères.

Le pape bénit le sacre.

L'arc de triomphe du Carrousel, fut élevé en 1806, pour supporter les chevaux de Saint-Marc, dérobés à Venise.

OÙ VOIR LE PARIS DU PREMIER EMPIRE ?

L'Arc de triomphe (*pp. 208-9*) et l'arc de triomphe du Carrousel (*p. 122*) sont les deux monuments les plus célèbres parmi ceux édifiés à l'initiative de Napoléon. Ce fut aussi pendant son règne que l'on inaugura l'église de la Madeleine (*p. 214*) et reconstruisit une grande partie du Louvre (*pp. 122-3*). La Malmaison (*p. 255*) et le musée Carnavalet (*pp. 96-7*) présentent des exemples du style Empire.

LE SACRE DE NAPOLÉON

Cette spectaculaire cérémonie eut lieu en 1804. Sur ce tableau de David, le pape regarde Napoléon couronner son épouse avant de se couronner lui-même.

L'impératrice
Napoléon répudia Joséphine en 1809.

1842 Première liaison ferroviaire entre Paris et St-Germain-en-Laye.

1825	1830	1835	1840	1845

1831 Publication de *Notre-Dame de Paris* par Victor Hugo

Epidémie de choléra à Paris

1830 Révolution et instauration de la monarchie constitutionnelle

1840 Les cendres de Napoléon aux Invalides

Le tombeau de Napoléon

Les grands travaux

En 1848, une nouvelle révolution parisienne renversa la monarchie récemment restaurée. Le neveu de Napoléon profita des troubles qui suivirent pour imiter son oncle et prendre le pouvoir après un coup d'Etat. Il fut proclamé empereur sous le nom de Napoléon III en 1851. Confiant sa modernisation au baron Haussmann, l'empereur transforma Paris en la plus magnifique des cités d'Europe. Haussmann rasa les rues insalubres du vieux centre urbain et créa une capitale aérée desservie par un quadrillage de larges boulevards. Les villages des environs comme Auteuil, furent annexés à l'agglomération.

AGGLOMÉRATION PARISIENNE
▨ *En 1859*   ☐ *Aujourd'hui*

Lampadaire, place de l'Opéra

Arc de triomphe

Boulevard des Italiens
Peint ici par Grandjean (1889), il était l'un des nouveaux boulevards les plus appréciés des élégantes.

Douze avenues
dessinent les bras de l'Etoile.

Les égouts
Cette gravure de 1861 montre le percement d'un égout (voir p. 190) entre La Villette et Les Halles. L'ingénieur Belgrand dirigea ces travaux.

Colonne Morris
Ces colonnes annoncent le programme des spectacles.

Des hôtels sont construits autour de l'Arc de triomphe entre 1860 et 1868.

AVE DE FRIEDLAND
AVE HOCHE
AVE DE WAGRAM
PLACE
AVE MAC-MAHON
AVE CARNOT

CHRONOLOGIE

1851 Sacre de Napoléon III		*Visite de l'Exposition universelle*
1852 Haussmann entame la transformation de la ville		**1855** Exposition universelle

1850	1852	1854	1856	1858

Timbre à l'effigie de Napoléon III

1857 Baudelaire est poursuivi pour obscénité pour *les Fleurs du mal*

PLACE DE L'ETOILE

À l'extrémité des Champs-Elysées, Haussmann créa une étoile de douze larges avenues autour de l'Arc de triomphe récemment terminé. (À droite, le plan du quartier en 1790.)

Fontaine

En 1840, la générosité d'un Anglais, Richard Wallace, permit la création de 50 fontaines dans les quartiers pauvres.

Champs

Avenue des Champs-Elysées

Site de l'Arc de triomphe

AVE DES CHAMPS ELYSEES

AVE MARCEAU

AVE D'IENA

AVE KLEBER

L'ETOILE

DE

AVE VICTOR HUGO

AVE FOCH

AVE DE LA GRANDE ARMEE

Certaines avenues
prirent les noms de généraux.

Le bois de Boulogne

Napoléon III offrit en 1852 ce terrain à la ville qui l'aménagea en parc d'agrément (voir p.254).

LE BARON HAUSSMANN

En 1853, Napoléon III nomma préfet de la Seine cet avocat de formation. Georges Haussmann (1809-91) resta en charge de l'urbanisme pendant 17 ans. Avec les meilleurs architectes et ingénieurs de l'époque, il dessina une nouvelle ville, créa des parcs splendides et améliora l'approvisionnement en eau et le réseau d'égouts.

1861 Garnier dessine le nouvel Opéra

1863 *Le Déjeuner sur l'herbe* de Manet provoque un scandale et est rejeté par l'Académie *(voir pp. 144-5)*

1867 Exposition universelle

1870 L'impératrice Eugénie fuit Paris menacé par l'ennemi

| 1860 | 1862 | 1864 | 1866 | 1868 |

1863 Création du Crédit Lyonnais

1862 Victor Hugo publie *Les Misérables*

1868 Libéralisation de la censure

1870 Début de la guerre franco-allemande

La Belle Epoque

La guerre franco-allemande s'achève sur le terrible siège de Paris. La paix revenue, en 1871, il incombe au gouvernement de la IIIᵉ République, de redresser l'économie. À partir de 1890, automobiles, avions, cinéma, téléphone et gramophone transforment la vie quotidienne : c'est la Belle Epoque. Paris devient une cité étincelante où l'Art nouveau se répand sur les façades et dans les intérieurs. Les tableaux impressionnistes de Renoir expriment la joie de vivre de l'époque. Plus tard, ceux de Matisse, Braque ou Picasso vont ouvrir de nouvelles voies…

AGGLOMÉRATION PARISIENNE
☐ *En 1895*   ☐ *Aujourd'hui*

Pendentif Art nouveau

À l'intérieur, des galeries encerclent un grand escalier central.

Affiche de cabaret
Les affiches de Toulouse-Lautrec immortalisent les chanteurs et les danseuses des cabarets de Montmartre où se retrouvent artistes et écrivains.

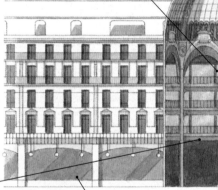

L'électricité illuminait déjà les vitrines.

Les vitrines donnant sur le boulevard Haussmann exposaient les articles à vendre.

Halle centrale du Grand Palais
Le Grand Palais (pp. 206-7) abrita deux expositions d'art français lors de l'Exposition universelle de 1900.

Caisse enregistreuse
Les maîtres de l'Art nouveau embellissent aussi les objets usuels.

CHRONOLOGIE

1871 Etablissement de la IIIᵉ République

1874 Monet peint le premier tableau impressionniste : *Impression, soleil levant*

Louis Pasteur

1892 Ferdinand de Lesseps perce le canal de Panama

1889 Construction de la tour Eiffel

| 1870 | 1875 | 1880 | 1885 | 1890 |

On tue les animaux du zoo pour les manger (voir p. 224)

Billet d'entrée à l'Exposition

1891 Première station de métro

1870 Siège de Paris

1885 Pasteur découvre le vaccin contre la rage

1889 Exposition universelle

Citroën 5 CV
La France est à la pointe du développement de l'automobile. Dès 1900, les voitures sont nombreuses dans les rues de Paris et des courses de vitesse sont organisées.

OÙ VOIR LE PARIS DE L'ART NOUVEAU ?

Le Grand et le Petit Palais (*p. 206*) doivent leurs verrières à l'Art nouveau tandis que les Galeries Lafayette (*pp. 212-13*) et le restaurant Pharamond (*p. 300*) possèdent des intérieurs Belle Epoque. Le musée d'Orsay (*pp. 144-7*) expose beaucoup d'objets de cette période.

La coupole était visible partout dans le magasin.

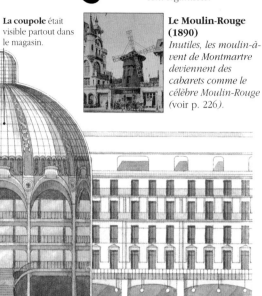

Le Moulin-Rouge (1890)
Inutiles, les moulin-à-vent de Montmartre deviennent des cabarets comme le célèbre Moulin-Rouge (voir p. 226).

L'entrée de la station de métro Abbesses, dessinée par Hector Guimard (*p. 226*).

GALERIES LAFAYETTE (1906)
Ce magnifique magasin avec sa coupole vitrée témoigne de la prospérité de l'époque.

Les années frivoles
Les premières images animées du cinématographe des frères Lumière saisirent l'audace de la mode des années 1890.

La façade du n° 29, avenue Rapp (*p. 191*), est un superbe exemple d'architecture Art nouveau.

Accusé de vendre des secrets aux Allemands, le capitaine Dreyfus fut dégradé puis innocenté.

1907 Picasso peint *Les Demoiselles d'Avignon*

1913 Proust publie le premier tome d'*À la recherche du temps perdu*

1894–1906 Affaire Dreyfus

1895	1900	1905	1910

1898 Pierre et Marie Curie découvrent le radium

1909 Blériot traverse la Manche en avion

1911 Diaghilev amène les ballets russes à Paris

1895 Le cinématographe des frères Lumière

Le Paris des années folles

Chaise de
bureau par Le
Corbusier

Des années 20 aux années 40, Paris
attire peintres, musiciens, écrivains et
cinéastes venus du monde entier. Picasso,
Braque, Man Ray et
beaucoup d'autres fondent
de nouvelles écoles
artistiques comme le
cubisme ou le surréalisme.
Des Américains, tels
Hemingway, Henry
Miller ou Sidney
Bechet mêlent leur talent à cette
effervescence. Les formes
géométriques de Le Corbusier
bouleversèrent l'architecture
moderne.

AGGLOMÉRATION PARISIENNE

▨ En 1940   ☐ Aujourd'hui

Napoléon par Abel Gance
*Cinéaste novateur, Abel Gance
utilisa des objectifs grand
angle pour tourner ce film
qui était projeté
simultanément
sur trois écrans.*

Paris occupé
*Les soldats allemands
aimaient se faire
photographier devant
la tour Eiffel.*

Joséphine Baker
*Danseuse et chanteuse
née à St-Louis, Missouri,
elle devint célèbre à Paris au
milieu des années 20.*

**Des
piliers**
portent la
structure en
béton.

Le salon devient une
galerie de peintures.

**LA VILLA LA ROCHE
PAR LE CORBUSIER**
*On retrouve dans l'architecture de
cette villa (1923), construite en
acier et en béton, les innovations
apportées par Le Corbusier.*

Sidney Bechet
*Dans les clubs de
jazz, Paris dansait
sur les rythmes des
musiciens noirs
comme Sidney Bechet.*

CHRONOLOGIE

1919 Signature
du traité de
Versailles

1924 Jeux
olympiques de Paris

1924 André Breton
publie le *Manifeste
du surréalisme*

1925
L'Exposition
des arts
décoratifs
lance le style
Art déco

1914	1916	1918	1920	1922	1924	1926	1928

1914–18 Ire Guerre
mondiale.
La bataille de la
Marne sauve Paris.
Un obus frappe
l'église St-Gervais.

*Soldat de la
Ire Guerre
mondiale*

1920 Inhumation du
Soldat inconnu

*La flamme du
Souvenir brûle sous
l'Arc de triomphe en
l'honneur du
Soldat inconnu*

Mode des années 40
Après la 2ᵈᵉ Guerre mondiale, l'habillement s'inspira des uniformes militaires.

Le toit est aménagé en terrasse.

Affiche de la Poste
Les liaisons aériennes vers l'Afrique se développèrent dans les années 30.

AEROPOSTALE — L'AFRIQUE DU NORD PAR AVION

Le vieux Trocadéro devint le palais de Chaillot (*p. 198*) pour l'Exposition universelle.

OÙ VOIR LE PARIS DES ANNÉES FOLLES ?
La villa La Roche (*p. 254*) fait maintenant partie de la fondation Le Corbusier que l'on peut visiter à Auteuil. Le musée du Cinéma (*p. 199*) propose une rétrospective du cinéma français. Si l'habillement vous intéresse, ne manquez pas le musée de la Mode et du Costume (*p. 201*).

La chambre se trouve au-dessus de la salle à manger.

La cuisine, à l'arrière, est éclairée par une verrière.

Le garage est au rez-de-chaussée.

PARISIANA — CLAUDINE À PARIS DE WILLY ET LUVEY — COLETTE WILLY

***Claudine à Paris* par Colette**
La série des Claudine, romans écrits par Colette, connut un immense succès dans les années 30.

Les fenêtres forment des bandes horizontales.

1930	1932	1934	1936	1938	1940	1942

1931 Exposition coloniale — *Un participant à l'Exposition en tenue coloniale*

1936-38 Front populaire

1937 La guerre d'Espagne inspire *Guernica* à Picasso

1937 Construction du palais de Chaillot

1940 Les nazis occupent Paris

Le symbole de la France libre dans le V de la victoire

Août 1944 Libération de Paris

Paris : Une ville moderne

André Malraux lance dès 1962 un programme de restauration des quartiers vétustes comme celui du Marais. Cette politique de respect du patrimoine est poursuivie par les grands travaux de François Mitterrand qui ouvrent sur l'avenir. En effet, si des réalisations comme le Grand Louvre (*pp. 122-9*)

Le président François Mitterrand ou le musée d'Orsay (*pp. 144-7*) facilitent l'accès aux trésors du passé, ce programme comprend aussi des édifices futuristes comme l'Opéra-Bastille (*p. 98*), la cité des Sciences (*pp. 236-9*) et la Grande Arche de la Défense où Paris se tourne déjà vers le xxie siècle.

AGGLOMÉRATION PARISIENNE

▨ *En 1959*   ▢ *Aujourd'hui*

La Grande Arche pourrait recouvrir Notre-Dame. Elle prolonge la perspective qui passe par le Louvre et l'Arc de triomphe.

Le Pont-Neuf de Christo
Christo, artiste d'origine bulgare, emballa avec de la toile le plus vieux pont de Paris en 1985.

Simone de Beauvoir
Philosophe influente et compagne de J.-P. Sartre, Simone de Beauvoir lutta pour la libération de la femme.

Centre commercial

La DS Citroën (1956)
Avec sa ligne ultra-moderne, la DS s'imposa comme voiture de prestige.

CHRONOLOGIE

1958 Ve République. De Gaulle président.

L'hôtel Soubise restauré

1964 Réorganisation de l'Ile-de-France

1969 Transfert du marché des Halles à Rungis

1945	1950	1955	1960	1965

1950 Construction de l'UNESCO et de la Maison de Radio-France

1962 André Malraux entame la rénovation des quartiers et monuments délabrés

1968 Révolte étudiante et ouvrière

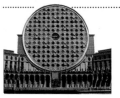

Marne-la-Vallée
Ce complexe résidentiel se trouve près d'Eurodisney, dans une des cités-dortoirs de Paris.

Tailleur Chanel
Paris est toujours la capitale mondiale de la haute couture.

Le Centre Pompidou
Il abrite le musée national d'Art moderne (voir pp.110-13*).*

L'Opéra de la Bastille
Il fut inauguré en 1989 pour le bicentenaire de la prise de la Bastille.

La tour Fiat est l'une des plus hautes d'Europe.

MAI 68

En mai 1968, les étudiants s'emparent du Quartier latin. La contestation s'étend bientôt au monde du travail et une grève quasi générale paralyse le pays. Ce mouvement a des conséquences plus sociales et culturelles que politiques, néanmoins le général de Gaulle, toujours au pouvoir, y perd une partie de son prestige.

Arrestation d'un étudiant

Le palais du CNIT est l'un des plus vieux bâtiments de la Défense.

LA DÉFENSE

La construction de cet immense centre d'affaires commença en 1958. 30 000 personnes y travaillent aujourd'hui.

1977 Ouverture du Centre Pompidou. Jacques Chirac est le premier maire élu de Paris depuis 1871

1985 Christo emballe le Pont-Neuf

| 70 | 1975 | 1980 | 1985 | 1990 |

1973 Construction de la tour Montparnasse et du périphérique

Participant au défilé du bicentenaire

1989 Célébrations du bicentenaire de la Révolution

1980 Visite officielle du pape Jean-Paul II

PARIS D'UN COUP D'ŒIL

Dans ses chapitres de visite *quartier par quartier*, ce guide décrit près de 300 lieux à découvrir. Il propose un large éventail de centres d'intérêt : de l'ancienne Conciergerie, antichambre de la guillotine (*p. 81*), au futuriste Opéra-Bastille (*p. 98*) ; de la plus vieille maison de Paris, 3, rue Volta, (*p. 103*), à l'élégant musée Picasso (*pp. 100-1*). Pour vous aider à profi-ter au mieux de votre séjour, les pages qui suivent présentent un résumé de ce que Paris a de plus intéressant à offrir. Musées fascinants, églises chargées d'histoire, parcs et jardins, personnages célèbres, tous ont leur chapitre. Les numéros de page entre parenthèses renvoient aux rubriques détaillées. Et voici, pour vous mettre en appétit, les visites à ne pas manquer.

LES VISITES À NE PAS MANQUER

La Défense
Voir p. 255.

La Sainte-Chapelle
Voir pp. 88-9.

Le château de Versailles
Voir pp. 248-53.

Le Centre Pompidou
Voir pp. 110-13.

Le musée d'Orsay
Voir pp. 144-7.

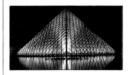

Le musée du Louvre
Voir pp. 122-9.

Le jardin du Luxembourg
Voir p172.

La tour Eiffel
Voir pp. 192-3.

Le bois de Boulogne
Voir pp. 254-5.

Notre-Dame
Voir pp. 82-5.

L'Arc de triomphe
Voir pp. 208-9.

Les hôtes célèbres

De tous temps, Paris a attiré les créateurs
en quête d'idéal et de liberté d'expression.
Thomas Jefferson, avant de devenir président des
Etats-Unis en 1801, habita près de l'avenue des
Champs-Elysées dans les années 1780.
Il baptisa la cité «deuxième patrie du monde».
Grande capitale politique et creuset artistique de la
civilisation occidentale, Paris a accueilli des chefs
d'état en exil (américains, russes, chinois et
vietnamiens notamment), des peintres,
des écrivains, des poètes et des musiciens
dont les noms sont devenus célèbres.
Tous succombèrent à son charme,
sa beauté, son mode de vie inimitable,
son panache et, bien entendu,
à sa gastronomie.

Marlène Dietrich (1901-92)
*Morte à Paris, la star de cinéma
passa la fin de sa vie avenue
Montaigne* (p. 337).

Champs-Elysées

Quartier de Chaillot

S É I N E

*Quartier des Invalides
et tour Eiffel*

Joséphine Baker (1906-75)
*La reine des music-halls parisiens
connut le succès en dansant le
charleston vêtue d'une simple ceinture
de bananes. Elle fit ses débuts au Théâtre
des Champs-Elysées* (p. 334).

Richard Wagner (1813-83)
*Fuyant ses créanciers, le
compositeur allemand vécut
au 14, rue Jacob.*

Montparnass

Roman Polanski (1933-)
*On rencontre souvent
le réalisateur polonais
(à gauche sur la photo) au
bar de la Coupole* (p. 311).

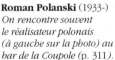

0　　　　　　　　1 km

Salvador Dal (1904-89)
L'artiste surréaliste emménagea à Paris en 1929. Il vécut ses dernières années à l'hôtel Meurice (p. 281). L'Espace Salvador Dali (p. 222) est dédié à son œuvre.

Montmartre

Pablo Picasso (1881-1973)
L'artiste espagnol vécut au Bateau-Lavoir (p. 226).

Vincent Van Gogh
(1853-1890)
Le célèbre peintre néerlandais vécut au 56, rue Lepic avec son frère Théo.

Quartier de
l'Opéra

Quartier des Tuileries

Beaubourg et
Les Halles

Le Marais

St-Germain-
des-Prés

Ile de la Cité

N

Ile St-Louis

Rudolf Noureev (1938-93)
L'étoile des ballets russes devint directeur de la danse à l'Opéra (p. 335).

Quartier latin

Quartier du
Luxembourg

Quartier du jardin
des Plantes

Léon Trotski
(1879-1940)
Avant la révolution russe de 1917, il retrouvait souvent Lénine au café le Dôme (p. 311).

Oscar Wilde (1854-1900)
L'écrivain irlandais mourut à l'Hôtel (p. 281).

Des Parisiens célèbres

En raison de sa position de carrefour du pays, Paris s'est imposé comme centre politique, économique et culturel de la France. Au fil des siècles, son prestige attira provinciaux et étrangers de talent qui laissèrent leur empreinte. Des peintres et des musiciens y créèrent de nouvelles esthétiques et des politiciens de nouvelles écoles de pensée. Des architectes transformèrent l'environnement et des cinéastes notre façon de le percevoir.

L'actrice Catherine Deneuve

ARTISTES

Le Sacré-Cœur par Utrillo (1934)

Au XVIIe siècle, Antoine Watteau (1684-1721) a nourri son inspiration du théâtre parisien. Plus tard, Jean-Honoré Fragonard (1732-1806), peintre ruiné par la Révolution, mourait dans une galerie du Palais-Royal (p.120) en dégustant un sorbet. Ce fut à Paris que se rencontrèrent les fondateurs de l'impressionnisme : Claude Monet (1840-1926), Auguste Renoir (1841-1919) et Alfred Sisley (1839-99). Pablo Picasso (1881-1973) peignit Les Demoiselles d'Avignon en 1907 au Bateau-Lavoir (p. 226) où vécurent aussi Georges Braque (1882-1963), Amedeo Modigliani (1884-1920) et Marc Chagall (1887-1985). Henri de Toulouse-Lautrec (1864-1901) buvait et peignait à Montmartre. Tout comme Salvador Dali (1904-89) qui fréquenta le café Cyrano, repaire des surréalistes. L'école de Paris finit par déménager à Montparnasse où habitèrent Auguste Rodin (1840-1917), Constantin Brancusi (1876-1957) et Ossip Zadkine (1890-1967).

CHEFS D'ÉTAT

Hugues Capet, comte de Paris, devint roi de France en 987. Son palais se trouvait sur l'île de la Cité. Louis XIV, Louis XV et Louis XVI vécurent à Versailles (pp. 248-53) mais Napoléon (pp. 30-31) préféra les Tuileries. Le cardinal de Richelieu (1585-1642) créa l'Académie française et le Palais-Royal (p. 120). Aujourd'hui, le président de la République réside à l'Elysée (p. 207).

CINÉMA ET CINÉASTES

Les studios de Boulogne et Joinville accueillirent les tournages des classiques du cinéma français. On y construisait des décors reproduisant rues et places, et même, pour l'Hôtel du Nord de Marcel Carné, une portion du canal Saint-Martin. Jean-Luc Godard et les réalisateurs de la « nouvelle vague » préféraient tourner en extérieur. Godard filma À bout de souffle (1960), avec Jean-Paul Belmondo et Jean Seberg, dans le quartier des Champs-Elysées.

Simone Signoret (1921-1985) et Yves Montand (1921-1991), le couple le plus célèbre du cinéma français, habitèrent longtemps l'île de la Cité. Les plus grands comédiens et les actrices célèbres comme Catherine Deneuve (1943-) ou Isabelle Adjani (1955-) vivent aussi à Paris.

MUSICIENS

Jean-Philippe Rameau (1683-1764), organiste de St-Eustache (p. 114), approfondit la science de l'harmonie. Le Te Deum d'Hector Berlioz (1803-69) fut joué pour la première fois dans cette église ainsi que la Messe solennelle de Franz Liszt (1811-86). Une grande dynastie d'organistes, les Couperin, donnait des récitals à St-Gervais-St-Protais (p.99).

Si Maria Callas (1923-77) connut des succès retentissants sur la scène de l'Opéra (p. 215), Richard Wagner (1813-83) y vit siffler son Tannhäuser, Georges

Portrait du cardinal de Richelieu par Philippe de Champaigne (1635 env.)

Bizet (1838-75) *Carmen*, et Claude Debussy (1862-1918) *Pelléas et Mélisande*.

Pierre Boulez (1925-), compositeur et chef d'orchestre, dirige depuis 1976 l'I.R.C.A.M., laboratoire de musique expérimentale situé près du Centre Pompidou (*p. 333*).

Edith Piaf (1915-63) commença par chanter dans les rues de Ménilmontant, un quartier populaire de Paris, avant de rendre célèbres dans le monde entier ses chansons nostalgiques. Un musée lui est maintenant consacré (*p. 233*).

Le Grand Trianon de Versailles, construit par Louis Le Vau en 1668

Jean-Marie Renée en Carmen (1948)

ARCHITECTES

Gothique, classique, baroque ou moderne, tous les styles se mêlent à Paris. Pierre de Montreuil (-1267), qui édifia Notre-Dame et la Sainte-Chapelle, fut le plus brillant des architectes du Moyen Age. Louis Le Vau (1612-70) dessina les grandes lignes du palais de Versailles (*pp. 248-53*) et l'aménagement de l'île Saint-Louis. On doit le Petit Trianon (*p. 249*) et la place de la Concorde (*p. 131*) à Jacques-Ange Gabriel (1698-1782). Haussmann (1809-91), quant à lui, donna à la ville ses boulevards et son aspect d'aujourd'hui (*pp. 32-3*). Gustave Eiffel (1832-1923) construisit sa tour en 1889 et près d'un siècle plus tard, Pei créait la pyramide du Louvre (*p. 129*).

ECRIVAINS

La Comédie-Française, créée en 1680 autour de l'ancienne troupe de Molière (1622-73), travaille au Théâtre-Français, non loin de la maison du célèbre auteur, rue de Richelieu.

Les tragédies de Jean Racine (1639-99) furent souvent jouées au Théâtre de l'Odéon sur la rive gauche. Non loin, se dresse la statue de Denis Diderot (1713-84)

qui publia son *Encyclopédie* entre 1751 et 1776. Marcel Proust (1871-1922) écrivit à Auteuil les treize tomes de *À la recherche du temps perdu*.

Pour les existentialistes, rien n'égalait Saint-Germain-des-Prés (*pp. 142-43*). C'est là que Sylvia Beach accueillit James Joyce (1882-1941) dans sa librairie de la rue de l'Odéon. Ernest Hemingway (1899-1961) et Scott Fitzgerald (1896-1940) vécurent à Montparnasse.

Proust par J.-E. Blanche (1910 env.)

SCIENTIFIQUES

En l'honneur du chimiste et biologiste Louis Pasteur (1822-95), Paris a un quartier Pasteur, un boulevard Pasteur, et, bien sûr, l'Institut Pasteur (*p. 247*). Son appartement et son laboratoire y sont fidèlement reconstitués. C'est là que travaille aujourd'hui le professeur Luc Montagnier qui isola le virus du SIDA en 1983. C'est à Paris que Pierre (1859-1906) et Marie Curie (1867-1934) découvrirent le radium. Une pièce inspirée de leur vie, *Les Palmes de M. Schulz*, a longtemps tenu l'affiche.

EXILÉS À PARIS

Le duc et la duchesse de Windsor se marièrent à Paris en 1936. La ville mit gracieusement à la disposition de l'ancien roi Edouard VIII une villa dans le bois de Boulogne. Autres exilés célèbres : Mao Tsé-Toung (1893-1976), Chou En-Lai (1898-1976), Hô Chi Minh (1890-1969), Vladimir Ilitch Oulianov, dit Lénine (1870-1924), Oscar Wilde (1854-1900) et Rudolf Noureev (1938-93).

Le duc et la duchesse de Windsor

Les plus belles églises de Paris

Ouvertes le plus souvent toute la journée, la plupart des églises de Paris méritent une visite. En effet, de styles très variés, les intérieurs sont souvent spectaculaires. La ville entretient sa tradition de musique religieuse et vous pourrez passer une soirée inoubliable à admirer le décor des églises tout en écoutant un récital d'orgue ou un concert de musique classique (*p. 333*). Les pages 48-9 vous proposent une présentation plus détaillée des églises de Paris.

Crucifix à St-Gervais-St-Protais

La Madeleine
En forme de temple gréco-romain, cette église est réputée pour ses sculptures.

Quartier de Chaillot

Champs-Elysées

S E I N E

Quartier des Tuileri

Quartier des Invalides et tour Eiffel

St-Germa des-Pre

Le dôme des Invalides
Ce sanctuaire où reposent les cendres de Napoléon abrite aussi un monument à la mémoire de Vauban.

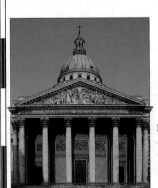

Montparnasse

La Sainte-Chapelle
C'est le chef d'œuvre absolu de l'architecture gothique.

Le Panthéon
De style néoclassique, l'ancienne église Sainte-Geneviève abrite maintenant le tombeau des grands hommes du pays.

0

Le Sacré-Cœur
Une grande mosaïque de Luc-Olivier Merson décore la voûte du chœur de cette basilique.

Montmartre

St-Eustache
Le mariage des styles gothique et Renaissance en fait une des plus étonnantes églises de Paris.

Quartier de l'Opéra

St-Paul-St-Louis
Cette église jésuite construite en 1641 pour Richelieu est peut-être la plus baroque de Paris

Beaubourg et Les Halles

Le Marais

Île de la Cité

Île St-Louis

Notre-Dame
Laissée à l'abandon après la Révolution, elle doit beaucoup à Victor Hugo et son roman Notre-Dame de Paris.

Quartier latin

Quartier du Luxembourg

Quartier du Jardin des Plantes

St-Séverin
Le portail ouest de l'une des plus belles églises gothiques de Paris.

Mosquée de Paris
Construite en 1920, son minaret culmine à 33 m.

À la découverte des églises de Paris

Les églises sont pami les plus beaux édifices de Paris. La ville en compte de toutes les époques, du Moyen Age au XXᵉ siècle. Transformées en entrepôts ou en arsenal pendant la Révolution (*pp.28-9*), elles ont depuis retrouvé leur splendeur. Beaucoup possèdent de superbes intérieurs.

Façade de l'église de la Sorbonne

LE MOYEN AGE

Clocher de Saint-Germain-des-Prés

La rose (grand vitrail circulaire) et la voûte d'ogives naquirent toutes deux au nord de Paris dans la basilique de Saint-Denis, sépulture des rois et reines de France et premier édifice gothique. Ce style se répandit ensuite dans toute l'Europe. Le plus bel exemple d'architecture gothique est **Notre-Dame**, la plus haute des premières cathédrales françaises. Commencée en 1163 sur les ordres de l'évêque Maurice de Sully, elle fut achevée au siècle suivant par les architectes Jean de Chelles et Pierre de

Montreuil. En 1245 environ, ce dernier construisit son chef-d'œuvre : la **Sainte-Chapelle**, commandée par Louis IX pour accueillir la couronne d'épines du Christ.

Autres églises médiévales : **Saint-Germain-des-Prés**, la plus veille abbaye de Paris (1050) ; **Saint-Julien-le-Pauvre**, de style roman, au charme presque campagnard. **Saint-Séverin**, **Saint-Germain-l'Auxerrois** et **Saint-Merri**, sont des exemples de gothique plus tardif.

LA RENAISSANCE

L'influence de la Renaissance italienne toucha Paris au XVIᵉ siècle. Les formes antiques du classique et la tradition gothique se mêlent alors subtilement pour créer ce qu'on appela la Renaissance française. Le plus bel exemple en est **Saint-Etienne-du-Mont** dont l'ampleur et la clarté intérieures suggèrent une vaste basilique. **Saint-Eustache**, la massive église du marché des Halles, et **Saint-Gervais** aux somptueux vitraux sont elles aussi de style Renaissance.

Vitrail à St-Gervais

L'ÂGE CLASSIQUE

Période faste pour Paris, les règnes de Louis XIII et Louis XIV, au XVIIᵉ siècle, voient fleurir églises et couvents. Le baroque italien fait sa première apparition à la façade majestueuse de **Saint-Paul-Saint-Louis**, construite par le père Derand. Atténué pour convenir au goût français et au tempérament rationnel du siècle des Lumières (*pp.26-27*), ce style évolua en un classicisme harmonieux à base de colonnes et de dômes. L'**église de la Sorbonne**, achevée par Jacques Lemercier en 1642 pour Richelieu, en est un bon exemple. Son vœu de maternité exaucé par la naissance de Louis XIV, Anne d'Autriche éleva celle du **Val-de-Grâce**, plus grande et plus richement décorée, célèbre pour la décoration de sa coupole. Mais le véritable joyau de cette période demeure le **dôme des Invalides**, de Jules

TOURS, DÔMES ET FLÈCHES

Ses églises dominent Paris depuis le début du christianisme. La tour Saint-Jacques rappelle l'attachement médiéval pour les tours défensives. Saint-Etienne-du-Mont, avec son pignon pointu et son fronton arrondi, marque la transition du gothique à la Renaissance. Le dôme, fréquent dans le baroque français, fut merveilleusement utilisé au Val-de-Grâce. Les tours et la colonnade de Saint-Sulpice sont typiques de la période néoclassique. Avec ses flèches ouvragées, Sainte-Clotilde marque le retour du gothique, fort à la mode à la fin du XIXᵉ siècle.

Gothique

Renaissance

Tour St-Jacques

St-Etienne-du-Mont

Hardouin Mansart.

L'église **Saint-Gervais**, quant à elle, a été construite en 1616 par Salomon de Brosse. En comparaison, les chapelles de Libéral Bruant, **Saint-Louis-de-la-Salpêtrière** et **Saint-Louis-des-Invalides**, paraissent d'une simplicité presque sévère. Autres belles églises classiques : **Saint-Joseph-des-Carmes** et **Saint-Roch**.

LE NÉOCLASSICISME

Intérieur du Panthéon

La France se passionna pour les cultures grecque et romaine pendant la seconde moitié du XVIIIe siècle et le début du XIXe. Les fouilles de Pompéi (1738) et l'influence de l'architecte italien Andrea Palladio engendrèrent une génération d'architectes fascinés par l'Antiquité et la géométrie. L'église Sainte-Geneviève, dessinée par Germain Soufflot, commencée en 1773 et devenue le **Panthéon**, illustre parfaitement cette

école. Son dôme repose sur quatre piliers imaginés par Guillaume Rondelet, réunis par quatre grands arcs.

En 1733, Jean-Baptiste Servandoni édifia la grandiose colonnade à deux étages de l'église **Saint-Sulpice**. Détruit par la foudre, le fronton triangulaire qui la coiffait n'existe plus aujourd'hui. Construite par Napoléon à la gloire de ses armées, **la Madeleine**, bien que devenue une église, a conservé son aspect de temple gréco-romain.

SECOND EMPIRE ET ÉPOQUE MODERNE

Christian Gau fut le premier architecte parisien à revenir au gothique lorsqu'il construisit **Sainte-Clotilde** en 1846. Sous le second Empire, de nouvelles églises s'élevèrent dans les quartiers créés par Haussmann (*pp. 32-3*) et **Saint-Augustin**, édifiée par Victor Baltard au coin du boulevard Malesherbes et du boulevard de la Madeleine, est la plus significative. Art religieux et structures métalliques s'y marient pour créer un espace étonnant.

La vue depuis le dôme de la basilique du **Sacré-Cœur** s'étend à 50 km à la ronde. L'église **Saint-Jean-L'Evangéliste**, d'Anatole de Baudot, propose un intéressant mariage entre décoration Art nouveau et arcs d'inspiration islamique. La **mosquée de Paris**, élégant bâtiment de style hispano-mauresque, s'articule autour d'un grand patio inspiré de l'Alhambra (vasque centrale et boiseries précieuses).

Les arcs de Saint-Jean-l'Evangéliste d'inspiration islamique

TROUVER LES ÉGLISES

Val-de-Grâce

Baroque et classique

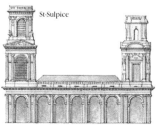

St-Sulpice

Néoclassique

Sainte-Clotilde

Second Empire

Mosquée de Paris

Moderne

Les plus beaux parcs et jardins de Paris

Peu de métropoles proposent aujourd'hui
l'infinie variété de styles des parcs et jardins
parisiens. Reflets des différentes époques où ils
furent créés, ils jouent depuis trois siècles un rôle
essentiel dans la vie de la cité. Les bois de
Boulogne et de Vincennes, à la végétation
luxuriante, lui servent de poumons tandis que
d'élégants parcs, tels le jardin du Luxembourg ou
celui des Tuileries, en aèrent le centre et offrent
un asile aux citadins en quête d'un peu de
verdure et de tranquillité.

Parc Monceau
*Fabriques, arbres
centenaires et plantes
rares ornent ce parc
à l'anglaise.*

Bois de Boulogne
*Le parc de Bagatelle, au cœur du bois,
propose une étonnante collection de
plantes et une célèbre roseraie.*

**Esplanade
des Invalides**
*Cet immense
espace gazonné,
bordé de tilleuls
conduit jusqu'à
la Seine.*

Jardin des Tuileries
*C'est l'un des plus
anciens jardins
publics de Paris. On
peut y voir les bronzes
d'Aristide Maillol.*

Champs-Elysées

*Quartier
de l'Opéra*

*Quartier d
Tuileries*

*Quartier
de Chaillot*

*Quartier des
Invalides et
tour Eiffel*

SEINE

*St-Germain-
des-Prés*

*Quartier d
Luxembour*

Montparnasse

Parc des Buttes-Chaumont
Ce parc pittoresque avec sa grotte aux stalactites artificielles fut aménagé sur une colline dénudée pour offrir un espace vert à un quartier en pleine expansion.

Square du Vert-Galant
Il forme la pointe ouest de l'île de la Cité et porte le surnom d'Henri IV.

Beaubourg
et
Les Halles

Le Marais

Place des Vosges
Achevée en 1612, c'est la plus ancienne de Paris. On la considère comme l'une des plus belles du monde.

Ile de la Cité

Ile St-Louis

Jardin du Luxembourg
Ce vaste parc peuplé de statues est une véritable oasis de calme aux abords du Quartier latin.

Quartier latin

Quartier du jardin des Plantes

Jardin des Plantes
Plusieurs milliers d'espèces végétales sont cultivées au jardin botanique.

Bois de Vincennes
Son parc floral change de couleur à chaque nouvelle saison.

À la découverte des parcs et jardins

De nombreux espaces verts parsèment Paris et tous sont rattachés de près ou de loin à l'histoire de la capitale. Beaucoup datent de Napoléon III qui voulait offrir un environnement agréable et hygiénique à ses concitoyens (*pp.32-3*). Cela reste une priorité aujourd'hui. Les jardins de Paris continuent toujours de rendre la ville attrayante, chacun à sa façon. Certains se prêtent particulièrement à la balade, d'autres sont plus propices aux rendez-vous amoureux, d'autres encore à la pétanque.

Les jardins du Palais-Royal en 1645

JARDINS HISTORIQUES

Les plus anciens jardins publics furent créés pour des reines de France – le **jardin des Tuileries** pour Catherine de Médicis au XVIᵉ siècle et le **jardin du Luxembourg** pour Marie de Médicis au XVIIᵉ siècle. Le jardin des Tuileries, dessiné « à la française » par Le Nôtre, se trouve au début de la perspective historique de Paris que jalonnent le Louvre (*pp. 122-9*), l'Arc de triomphe (*pp. 208-9*) et l'Arche de la Défense (*p. 255*). Il conserve nombre de ses sculptures d'origine que complètent des pièces modernes comme les nus d'Aristide Maillol (1861-1944). Un grand bassin et la superbe fontaine Médicis rafraîchissent le jardin du Luxembourg, plus ombragé et plus intime que celui des Tuileries. Les enfants y trouvent balançoires, poneys et guignol.

Les **jardins des Champs-Elysées**, dessinés par Le Nôtre, comme ceux de **Versailles,** furent remodelés « à l'anglaise » au XIXᵉ siècle. Ils abritent des pavillons Belle Epoque, deux théâtres (L'espace Pierre-Cardin et le Théâtre Marigny), des restaurants chic et le fantôme de Marcel Proust qui y jouait enfant.

Les **jardins du Palais-Royal,** créés au XVIIᵉ siècle par le cardinal de Richelieu, forment un havre de paix au cœur d'un quartier affairé. Une élégante arcade les entoure. Folies et grottes agrémentent le **parc Monceau,** aménagé au XIXᵉ siècle dans un style pittoresque. Ancien champ de manœuvres de l'Ecole militaire, le **Champ-de-Mars** accueillit, avec l'**esplanade des Invalides,** l'Exposition universelle de 1889 qui ajouta la tour Eiffel (*pp. 192-93*) à l'horizon parisien.

Un charmant jardin public s'étend devant le magnifique hôtel Biron qui abrite le **musée Rodin.** Ses arbres rares, ses fleurs, ses serres, son jardin alpin, son labyrinthe et ses ménageries ont fait la réputation du **jardin des Plantes,** créé au XVIIᵉ siècle.

PARCS ET SQUARES DU XIXᵉ SIÈCLE

Jardin aquatique, bois de Vincennes

Les grands parcs et squares aménagés au XIXᵉ siècle doivent beaucoup au long exil de Napoléon III à Londres avant sa prise de pouvoir. Les pelouses de Hyde Park et les squares ombragés de Mayfair lui inspirèrent le désir

Détente au jardin du Luxembourg

FOLIES ET FABRIQUES

La profusion de ces édicules décoratifs constitue un des traits spectaculaires des jardins parisiens. Toutes les époques ont produit les leurs. L'imposante gloriette de Buffon, au jardin des Plantes (*p. 166*), est la plus ancienne structure métallique. La pyramide du parc Monceau, le temple oriental du bois de Boulogne ou le temple de l'amour du bois de Vincennes rappellent des époques plus galantes. Au parc de la Villette, les folies sont en béton recouvert d'acier émaillé.

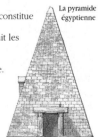
La pyramide égyptienne

Parc Monceau

d'apporter verdure et air pur à ce qui était alors la capitale la plus sale et la plus congestionnée d'Europe.

Sous sa direction, l'ingénieur des ponts et chaussées Adolphe Alphand aménagea deux forêts, le **bois de Boulogne** à l'ouest de Paris et le **bois de Vincennes** à l'est, en parcs paysagers à l'anglaise qu'il dota de lacs, d'hippodromes et de jardins floraux. Vous admirerez la roseraie des jardins de Bagatelle, joyau du bois de Boulogne. Alphand créa aussi deux parcs *intra-muros*, **Montsouris** au sud de la capitale et les **Buttes-Chaumont** au nord-est. Il transforma ces «buttes», creusées dans d'anciennes carrières, en montagnes miniatures pourvues d'un lac, plantées de cèdres de l'Himàlaya et même coiffées d'un temple antique. Les surréalistes adoraient s'y promener.

Aménagé, lui aussi, dans le cadre des grands travaux d'Haussmann, le **square du Vert-Galant** se trouve à la pointe ouest de l'île de la Cité. On y découvre un magnifique panorama sur le Louvre et la coupole de l'Institut. De nombreuses sculptures décorent le **jardin du Luxembourg**.

Jets d'eau et sculptures aux jardins du Trocadéro

Parc Montsouris

PARCS ET JARDINS MODERNES

Les **jardins du Trocadéro**, agréablement ombragés, descendent de la terrasse du palais de Chaillot jusqu'à la Seine. Ils furent redessinés après l'Exposition universelle de 1937 autour de la plus grande pièce d'eau de Paris et offrent une vue splendide sur la tour Eiffel.

Le jardin du **forum des Halles** et le **parc de la Villette** donnent une bonne image de l'esprit des aménagements les plus récents : niveaux multiples, parcours labyrinthiques, aires de jeu pour enfants, sculptures modernes. Le parc de la Villette abrite aussi la cité des Sciences, le Zénith et la cité de la Musique.

Paris permet également de se balader au bord de l'eau : dans le square Jean-XXIII près de Notre-Dame (*pp. 77-81*), au bassin de l'Arsenal à la Bastille, le long des quais entre le Louvre (*p. 122-29*) et la place de la Concorde (*p. 70*), ou dans l'île Saint-Louis (*pp. 262-3*).

La gloriette de Buffon

Jardin des Plantes

Le temple oriental

Bois de Boulogne

Le temple de l'amour

Bois de Vincennes

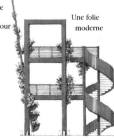

Une folie moderne

Parc de la Villette

Les plus beaux musées de Paris

Q'ils soient très anciens ou ultra-modernes, Paris possède certainement parmi les plus beaux musées du monde. Beaucoup sont en eux-mêmes de véritables œuvres d'art et leurs collections sont souvent exceptionnelles. Les bâtiments complètent parfois le thème de leurs expositions, comme les thermes romains et l'hôtel gothique qui forment le musée de Cluny, ou le Centre Pompidou, chef-d'œuvre d'art contemporain abritant le musée national d'Art moderne. Parfois, ils créent un étonnant contraste tels l'hôtel du XVIIᵉ siècle dédié à Picasso ou la gare qui accueille le musée d'Orsay. Tous sont un véritable bonheur pour le visiteur.

Musée des Arts décoratifs
Armand Rateau créa cette salle de bains en 1920 pour Jeanne Lanvin.

Champs-Elysées

Quartier de Chaillot

S E I N E

Quartier des Invalides et tour Eiffel

Petit Palais
Il expose un ensemble unique d'œuvres de Jean-Baptiste Carpeaux, dont ce Pêcheur à la coquille.

Musée Guimet
Cette tête de bouddha indien du IVᵉ siècle appartient aux riches collections d'art asiatique de ce musée.

Montparnass

Musée Rodin
Ce musée regroupe les œuvres léguées à la France par le sculpteur telle l'étonnante Porte de l'enfer.

Musée d'Orsay
Sa collection d'œuvres du XIXᵉ siècle comprend les Quatre parties du monde (1867-72) *de Carpeaux.*

Musée du Louvre
Le musée contient l'une des plus importantes collections d'objets d'art du monde, des civilisations antiques au XIXᵉ siècle. Ce monument babylonien, le Code d'Hammourabi, *est le plus ancien texte de loi connu.*

Centre Pompidou
Il abrite le musée national d'Art moderne, plusieurs bibliothèques et le centre de Création industrielle.

Quartier de l'Opéra

uartier des Tuileries

Beaubourg et Les Halles

Le Marais

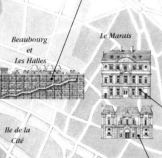

-Germain-des-Prés

Ile de la Cité

Ile St-Louis

Quartier latin

Musée Picasso
Le Sculpteur et son modèle *(1931) est l'un des nombreux tableaux de la collection personnelle du peintre acquis à sa mort par le gouvernement en règlement des droits de succession.*

Quartier du Luxembourg

Quartier du jardin des Plantes

Musée Carnavalet
Les collections de ce musée illustrent l'histoire de Paris de la préhistoire à nos jours.

Musée de Cluny
Les vestiges des thermes romains font partie de ce musée consacré à l'art antique et médiéval.

0   1 km

À la découverte des musées parisiens

Paris conserve de grands trésors dans ses musées, à commencer par le **Louvre**, dont les premières œuvres ont été réunies il y a quatre siècles ! D'autres grands musées, comme le **musée d'Orsay**, le **Musée Picasso** ou le **Centre Pompidou**, sont réputés pour leurs collections. Mais il en existe plus de cent autres, spécialisés, possédant tous leur intérêt.

Dante et Virgile aux enfers (1822) par Delacroix, musée du Louvre

ART GREC, ROMAIN ET MÉDIÉVAL

L'autel d'or du musée de Cluny

La sculpture grecque et romaine est bien représentée au **Louvre**. On y trouve aussi de belles pièces médiévales mais c'est le **musée de Cluny** qui abrite la principale collection d'art du Moyen Age. À ne pas manquer : la tapisserie de la Dame à la licorne, les têtes des rois de Juda provenant de Notre-Dame et l'autel d'or de la cathédrale de Bâle. On peut visiter les thermes romains attenants. La **crypte du parvis Notre-Dame**, quant à elle, contient les vestiges d'habitations romaines et médiévales.

GRANDS MAÎTRES

La Joconde fut l'un des premiers tableaux du **Louvre**, acquis il y a 400 ans. Le musée possède d'autres Vinci, ainsi que des Titien, des Raphaël et des chefs-d'œuvre comme *les Pèlerins d'Emmaüs* par Rembrandt, le *Gilles* de Watteau ou *les Baigneuses* par Fragonard. Le **Musée Cognacq-Jay** présente une collection assez réduite mais remarquable de peintures, mobilier et objets d'art du XVIIIᵉ siècle. Le **Musée Jacquemart-André** expose une collection éclectique de Mantegna, Uccello, Canaletto, Rembrandt et Chardin.

IMPRESSIONNISME ET POSTIMPRESSIONNISME

Le **musée d'Orsay** s'enorgueillit de la plus riche collection au monde d'œuvres d'art créées entre 1848 et 1904. Admiré pour ses collections impressionnistes et postimpressionnistes, il accorde cependant une large place au premiers réalistes et aux maîtres longtemps méprisés de l'académisme du XIXᵉ siècle. On y voit de superbes Millet, Degas, Manet, Courbet, Monet, Renoir, Cézanne, Bonnard et Vuillard, ainsi que de remarquables Gauguin, Van Gogh et Seurat mais ces derniers sont moins favorisés par l'éclairage et le cadre.

De nombreux Monet sont conservés au **Musée Marmottan** et le **musée de l'Orangerie** expose la célèbre série des *Nymphéas* (1920-25). On peut aussi y voir de beaux Cézanne et des Renoir.

Trois résidences et ateliers d'artistes sont devenus des musées dédiés à leur vie et à leur œuvre. Le **Musée Rodin**, dans l'hôtel Biron, offre au travers de croquis, d'études et de sculptures définitives un aperçu complet du travail du maître. Le **Musée Delacroix**, situé dans un jardinet près de St-Germain-des-Prés, présente des esquisses, gravures et huiles du peintre romantique. Entrer dans le **Musée Gustave Moreau**, c'est pénétrer l'univers peuplé de licornes, de femmes fatales et de chimères d'un artiste méconnu mais dont l'influence fut immense. Le **Petit Palais** expose d'intéressants tableaux du XIXᵉ siècle dont quatre Courbet.

Poète mort de Gustave Moreau

ART MODERNE ET CONTEMPORAIN

Capitale mondiale d'avant-garde de 1900 à 1940, Paris abonde en peintures et sculptures modernes. La collection du **musée national d'Art moderne**, au Centre Pompidou, rassemble des œuvres de 1904 à nos jours. Réputée pour ses tableaux fauves et cubistes, elle est particulièrement riche en Matisse, Rouault, Braque, Léger, Delaunay et Dubuffet. Une exposition s'attache à l'abstraction avec, notamment, des toiles de Kandinsky, Mondrian et Malévitch.

Pénélope par Bourdelle

Le **musée d'Art moderne de la ville de Paris**, un lourd bâtiment néoclassique, abrite de beaux Delaunay, Bonnard, Derain et Vlaminck. Ne pas manquer *La Danse* (1932), vaste et superbe composition de Matisse.

Peintures, sculptures, céramiques ou estampes : le **Musée Picasso** possède la collection d'œuvres du maître la plus importante au monde. Il présente en outre sa collection personnelle d'œuvres d'autres artistes. Le **musée de l'Orangerie** abrite la remarquable collection constituée par le marchand d'art Paul Guillaume. Le **Musée Zadkine** et le **Musée Bourdelle**, anciens ateliers de ces sculpteurs, offrent un aperçu complet de leur travail.

ARTS DÉCORATIFS

De très nombreux musées parisiens renferment mobilier et objets d'arts, à commencer par le **Louvre** (du Moyen Age à l'Empire) et le **château de Versailles** (XVIIᵉ et XVIIIᵉ siècles). Dans les salles du **musée des Arts décoratifs**, organisés par époques allant du Moyen Age à nos jours, on peut admirer verrerie, orfèvrerie, tapisseries et porcelaines. Le **musée d'Orsay** possède une importante collection de mobilier du XIXᵉ siècle, en particulier Art nouveau. Le **Musée Nissim de Camondo**, une demeure datant de 1910 située en bordure du parc Monceau, expose de superbes exemples du style Louis XV (1715-1774) et Louis XVI (1774-1793). D'autres collections remarquables se trouvent au **Musée Cognacq-Jay**, au **Musée Carnavalet** (XVIIIᵉ siècle), au **Musée Jacquemart-André** (mobilier français et céramiques), au **Musée Marmottan** (Empire) et au **musée d'Art moderne de la ville de Paris** (Art déco).

Candélabre au Musée Bouilhet-Christofle

Bijouterie au Musée Carnavalet

MUSÉES SPÉCIALISÉS

Les passionnés d'armes, de la préhistoire à nos jours, et d'animaux naturalisés se doivent de visiter l'**hôtel Guénégaud** (Musée de la Chasse et de la Nature) dans le Marais. Ce musée présente aussi de beaux tableaux animaliers du XVIIIᵉ siècle par Jean-Baptiste Oudry et François Desportes et des œuvres de Rubens et Brueghel. Pour les serruriers, et peut-être les cambrioleurs, le Musée Bricard, dans l'**hôtel Libéral Bruant**, expose une riche collection de clés et serrures anciennes. Les numismates trouveront dans le cadre somptueux du **musée de la Monnaie** une remarquable collection de pièces et médailles replacées dans leur contexte social, économique, politique et culturel. Vous pourrez acheter des médailles frappées sur place. Le **musée de la Poste** présente les timbres du monde entier, raconte l'histoire des services postaux et organise des expositions philatéliques temporaires. Pipes, fume-cigarettes ou pots à tabac de tous pays et toutes époques emplissent les vitrines du **musée de la Seita**.

Charles Christofle, orfèvre de Louis-Philippe et Napoléon III, fonda au siècle dernier l'entreprise qui porte son nom. Le **Musée Bouilhet-Christofle** présente aujourd'hui de luxueux objets d'art et pièces d'argenterie fabriqués par cet orfèvre.

MODE ET COSTUME

Deux musées rivalisent dans le domaine de l'habillement à Paris : le **musée de la Mode et du Costume** au palais Galliera et le récent **musée des Arts de la mode** situé dans le pavillon Marsan à l'extrémité du Louvre. Costumes historiques, uniformes, haute couture et accessoires y sont à l'honneur. Pour des raisons de fragilité, leurs collections permanentes sont présentées par roulement.

Affiche pour le palais Galliera

ART ASIATIQUE, AFRICAIN ET OCÉANIEN

Abritant l'une des plus riches collection au monde dans ce domaine, le **Musée Guimet** expose des chefs-d'œuvre de Chine, du Japon, d'Asie centrale et du Sud-Est, d'Inde, du Viêt-nam et d'Indonésie. Le **Musée Cernuschi**, du nom du banquier qui le légua à la ville, présente une sélection d'art extrême-oriental plus réduite mais remarquable, notamment d'anciens bronzes chinois. Dans un bâtiment Art déco situé près du bois de Vincennes, le **musée national des Arts africains et océaniens** est consacré aux arts des anciennes colonies françaises.

Fondé par un collectionneur chinois, le **Musée Kwok-On** présente des expositions temporaires liées aux arts du spectacle en Asie : masques, costumes…

Masque du Sri Lanka, Musée Kwok-On

HISTOIRE ET HISTOIRE SOCIALE

Café au musée du Vieux-Montmartre

Les salles du **Musée Carnavalet** relatent toute l'histoire de la ville de Paris. Ne pas manquer la section réservée à la Révolution, ni la chambre à coucher de Marcel Proust. Le **musée de l'Armée**, dans l'hôtel des Invalides, retrace l'histoire militaire de la France, de Charlemagne à de Gaulle en passant par Napoléon et bien d'autres. Dans **l'hôtel de Soubise**, de style rocaille, le musée de l'Histoire de France propose d'intéressants documents issus des Archives nationales. Qui ne connaît pas les tableaux de cire du **Musée Grévin** dont les personnages appartiennent à l'histoire comme à l'actualité ? Dominant le dernier vignoble de Paris, le **musée du Vieux-Montmartre** raconte l'histoire agitée de ce quartier.

ARCHITECTURE ET DESIGN

Le centre de Création industrielle organise au **Centre Pompidou** des expositions liées à l'architecture, l'urbanisme et le design. Le **musée des Monuments français** abrite une passionnante collection de moulages de sculptures monumentales françaises depuis l'époque romaine. Le **musée des Plans-Reliefs** présente de splendides maquettes de forteresses édifiées par Louis XIV et ses successeurs. Le Corbusier

---

LES IMPRESSIONNISTES FRANÇAIS

Impression, soleil levant par Monet

L'impressionnisme, la grande révolution artistique du XIXe siècle, naquit à Paris dans les années 1860 quand de jeunes peintres commencèrent à rompre avec les valeurs académiques du passé. Ils cherchaient à saisir l'« impression » que perçoit l'œil et à rendre le chatoiement de la lumière. Scènes de la vie urbaine et paysages constituaient leurs sujets favoris.

Le mouvement n'eut pas de fondateur bien qu'Edouard Manet (1832-83) et le peintre réaliste Gustave Courbet (1819-77) inspirèrent plusieurs de ces jeunes artistes. Les tableaux de la vie quotidienne de Manet et Courbet choquaient souvent le conservatisme de l'Académie. Manet présenta en 1863 *le Déjeuner sur l'herbe (p. 144)* au Salon des refusés, une exposition regroupant les œuvres rejetées cette année-là par le Salon officiel de Paris. Le terme « impressionniste » apparut en 1874 lors de la première exposition du groupe, elle aussi en marge des manifestations officielles, à laquelle participaient, notamment, Auguste Renoir, Edgar Degas, Camille Pissarro, Alfred Sisley et Paul Cézanne. Il devait son nom à un tableau de Claude Monet : *Impression,*

Carnets de croquis de Monet

La Moisson (1876) par Pissarro

Le séjour de la villa La Roche par Le Corbusier (1923)

construisit en 1923 une villa pour son ami le collectionneur d'art Raoul La Roche. Elle fait maintenant partie de la **Fondation Le Corbusier** qui expose en outre du mobilier conçu par le célèbre architecte.

SCIENCES ET TECHNOLOGIE

Au jardin des Plantes, le **Muséum national d'histoire naturelle**

comporte des départements de paléontologie, minéralogie, entomologie, anatomie et botanique, plus des ménageries et un jardin botanique. Dédié à l'anthropologie, l'ethnologie et la préhistoire, le **musée de l'Homme** retrace l'histoire de l'humanité au travers des arts et techniques des sociétés du monde entier. Juste à côté, le **musée de la Marine** abrite une collection de maquettes et de documents retraçant l'histoire navale française depuis le XVIIe siècle. Le planétarium du **palais de la Découverte**, musée consacré à l'histoire des sciences, a été éclipsé par celui de la **cité des Sciences** du parc de la Villette. La Géode, salle de projection hémisphérique, se trouve aussi dans ce parc.

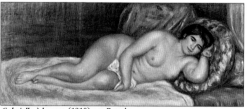
Gabrielle à la rose (1910) par Renoir

soleil levant (une vue du Havre dans la brume) et du sarcasme d'un critique : « Impression, impression, j'en étais sûr. Je me disais aussi, puisque je suis impressionné, il doit y avoir de l'impression là-dedans. » Influencé par les artistes anglais Constable et Turner, Monet peignit presque exclusivement des paysages.

Les impressionnistes organisèrent sept autres expositions, la dernière en 1886. L'importance du salon avait alors décliné et l'art avait changé de cap. De nouvelles écoles picturales se définirent par rapport à l'impression-nisme. Le plus célèbre des néo-impressionnistes, Georges Seurat, utilisait des milliers de minuscules points de couleur pour créer ses tableaux. Les impressionnistes allaient malgré tout devoir attendre la postérité avant que leur travail soit pleine-

ment reconnu. Cézanne se vit rejeté toute sa vie, Degas ne vendit qu'une toile à un musée et Sisley mourut inconnu. De ces grands artistes dont le génie est aujourd'hui universellement reconnu et admiré, seuls Renoir et Monet connurent le succès de leur vivant.

Modèle de profil (1887) par Seurat

Des artistes à Paris

F oyer artistique et intellectuel de renom européen, la ville accroît encore son pouvoir d'attraction sur les artistes pendant le règne de Louis XIV (1643-1715).

Au XVIIIe siècle, tous les principaux peintres français vivent ou travaillent à Paris et, au XIXe siècle, la cité s'impose comme la capitale mondiale de l'art moderne. C'est dans ses murs que de nouvelles écoles picturales naissent et s'épanouissent, comme l'impressionnisme puis le cubisme, au début du XXe siècle.

Palette de Monet

ARTISTES BAROQUES

Champaigne, Philippe de (1602–74)
Coysevox, Antoine (1640–1720)
Girardon, François (1628–1715)
Le Brun, Charles (1619–90)
Le Sueur, Eustache (1616–55)
Poussin, Nicolas (1594–1665)
Rigaud, Hyacinthe (1659–1743)
Vignon, Claude (1593–1670)
Vouet, Simon (1590–1649)

ARTISTES ROCOCO

Boucher, François (1703–70)
Chardin, Jean-Baptiste-Siméon (1699–1779)
Falconet, Etienne-Maurice (1716–91)
Fragonard, Jean-Honoré (1732–1806)
Greuze, Jean-Baptiste (1725–1805)
Houdon, Jean-Antoine (1741–1828)
Oudry, Jean-Baptiste (1686–1755)
Pigalle, Jean-Baptiste (1714–85)
Watteau, Jean-Antoine (1684–1721)

Diane au bain *(1742) par Boucher (Louvre)*

1600	1650	1700	1750
BAROQUE		ROCOCO	NÉOCLASSICISME
1600	1650	1700	1750

1627 De retour d'Italie, Vouet devient le peintre de la cour de Louis XIII et donne un nouvel élan à la peinture française

1667 Premier salon, l'exposition de l'art officiel. D'abord annuel, il se tint ensuite tous les deux ans

1793 Le Louvre ouvre ses portes au public

La Cène *(1642 env.) par Philippe de Champaigne. Son style devint plus classique à la fin de sa vie (Louvre)*

1648 Fondation de l'Académie royale de peinture et de sculpture qui avait un quasi-monopole sur l'enseignement de l'art

La Présentation au temple *(1641) par Simon Vouet, avec ses jeux de lumière typiques du baroque (Louvre)*

ARTISTES NÉOCLASSIQUES

David, Jacques-Louis (1748–1825)
Gros, Antoine Jean (1771–1835)
Ingres, Jean-Auguste-Dominique (1780–1867)
Vigée-Lebrun, Elizabeth (1755–1842)

Le Serment des Horaces, *par David, de style néo-classique (Louvre)*

ARTISTES ROMANTIQUES ET RÉALISTES

Courbet, Gustave (1819–77)
Daumier, Honoré (1808–79)
Delacroix, Eugène (1798–1863)
Géricault, Théodore (1791–1824)
Rude, François (1784–1855)

L'Enterrement à Ornans *(1850)*
imposa Courbet comme le
champion du réalisme (Orsay)

Le célèbre Départ des
Volontaires *de 1792,*
par Rude (1836)
(p. 209)

ARTISTES MODERNES

Arp, Jean (1887–1966)
Balthus (1908–)
Brancusi, Constantin (1876–1957)
Braque, Georges (1882–1963)
Buffet, Bernard (1928–)
Chagall, Marc (1887–1985)
Delaunay, Robert (1885–1941)
Derain, André (1880–1954)
Dubuffet, Jean (1901–85)
Duchamp, Marcel (1887–1968)
Epstein, Jacob (1880–1959)
Ernst, Max (1891–1976)
Giacometti, Alberto (1901–66)
Gris, Juan (1887–1927)
Léger, Fernand (1881–1955)
Matisse, Henri (1869–1954)
Miró, Joan (1893–1983)
Modigliani, Amedeo (1884–1920)
Mondrian, Piet (1872–1944)
Picasso, Pablo (1881–1973)
Rouault, Georges (1871–1958)
Saint-Phalle, Niki de (1930–)
Soutine, Chaïm (1893–1943)
Staël, Nicolas de (1914–55)
Tinguely, Jean (1925–91)
Utrillo, Maurice (1883–1955)
Zadkine, Ossip (1890–1967)

1904 Picasso
s'installe à Paris

1886 Van
Gogh à Paris

1874 1re
exposition
impres-
sionniste

Femme debout II *(1959)*
par Alberto Giacometti
(p. 113)

1905 Naissance du fauvisme, le
premier « isme » de l'art du xxe s.

0	1850	1900	1950
ROMANTISME/REALISME		IMPRESSIONISME	ÉCOLE MODERNE
0	1850	1900	1950

1863 *Le Déjeuner*
sur l'herbe de
Manet provoque
un scandale au
Salon des Refusés,
autant pour sa
facture que pour
son « immoralité ».
Olympia, du
même artiste,
exposé en 1865 fut
trouvé tout aussi
révoltant *(p. 144)*

Impression soleil levant *(1872) de Monet*
donna son nom à l'impressionnisme

1938
Exposition
internationale
surréaliste

1977
Ouverture
du Centre
Pompidou

La Liberté guidant le peuple *(1830)*
par Delacroix, chef de l'école
romantique

1819 Géricault peint *Le Radeau de la*
Méduse, l'un des chefs-d'œuvre du
romantisme français *(p. 124)*

ARTISTES IMPRESSIONISTES
ET POSTIMPRESSIONISTES

Bonnard, Pierre (1867–1947)
Carpeaux, Jean-Baptiste (1827–75)
Cézanne, Paul (1839–1906)
Degas, Edgar (1834–1917)
Gauguin, Paul (1848–1903)
Manet, Edouard (1832–83)
Monet, Claude (1840–1926)
Pissarro, Camille (1830–1903)
Renoir, Pierre-Auguste (1841–1919)
Rodin, Auguste (1840–1917)
Rousseau, Henri (1844–1910)
Seurat, Georges (1859–91)
Sisley, Alfred (1839–99)
Toulouse-Lautrec, Henri de (1864–1901)
Van Gogh, Vincent (1853–90)
Vuillard, Edouard (1868–1940)
Whistler, James Abbott McNeill (1834–1903)

La fontaine Igor Stravinsky
(1980) par Tinguely et
Niki de Saint-Phalle
(Centre Pompidou)

PARIS AU JOUR LE JOUR

Le charme de Paris augmente encore au printemps, saison des premiers déjeuners sous les marronniers en fleurs.

À compter du mois de juin, la ville s'offre lentement aux touristes, tous ses regards tournés vers Roland Garros. On vit la nuit, et surtout celle du 13 juillet où des grands bals se tiennent un peu partout.

La ville s'assoupit au mois d'août mais attaque la rentrée sur les chapeaux de roue : nouveaux films, nouveaux spectacles, le festival du jazz en octobre. À Noël, les nuits les plus longues sont aussi les plus illuminées.

Le calendrier de manifestations ci-dessous peut varier. L'office du Tourisme (*p. 351*) en publie un chaque année. Pour plus de renseignements, appeler aussi Allô Sports (*p. 343*).

PRINTEMPS

Paris reçoit 20 millions de visiteurs par an dont beaucoup au printemps. C'est la saison des fêtes, des concerts et du marathon, celle de la douceur de l'air. C'est aussi l'époque où les hôteliers proposent des forfaits pour le week-end incluant souvent des billets de concert ou d'entrée dans les musées.

MARS

Foire du Trône (*fin mars, début juin*), pelouse de Reuilly (*p. 246*). Grande fête foraine.
Holiday On Ice (*début mars, mi-avril*), palais des Sports, porte de Versailles, 75015. Spectacle sur glace.
Jumping international de Paris (*3e semaine*), palais omnisports de Paris-Bercy, (*pp. 343-344*) Concours équestre.
SAGA (*1re semaine*), Grand Palais (*p. 206*). Salon du dessin de collection.
Salon international de l'agriculture (*1re semaine*), parc des Expositions de Paris,

Internationaux de tennis de Roland Garros 1990

porte de Versailles. Grande foire agricole.
Expositions florales au parc Bagatelle du bois de Boulogne (*p. 254*) et au parc floral du bois de Vincennes (*p. 246*).

AVRIL

Salon international de la maquette et du modèle réduit (*1re semaine*), parc des Expositions, porte de Versailles.
Musicora (*2e sem.*), Grand Palais (*p. 206*). Salon international de musique classique.
Salon de la jeune peinture (*2e et 3e sem.*) Grand Palais (*p. 206*) Exposition d'œuvres de jeunes artistes contemporains.
Festival du jardin Shakespeare (*jusqu'en oct.*), bois de Boulogne (*p. 254*). Théâtre classique en plein air.
Collectiomania (*der. week-end*), palais omnisports de Paris-Bercy. Rendez-vous des collectionneurs.

MAI

Finale de la Coupe de France (*2e sem.*), parc des Princes.
Grandes eaux musicales (*jusqu'en octobre*), château de

Le printemps au jardin du Luxembourg

Versailles (*pp. 248-253*). Jeux de fontaines et musique d'époque.
Marathon international de Paris (*mi-mai*). De la place de la Concorde au château de Vincennes.

Marathon international de Paris

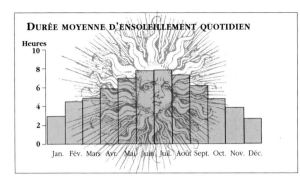

DURÉE MOYENNE D'ENSOLEILLEMENT QUOTIDIEN

Heures

Jan. Fév. Mars Avr. Mai Juin Juil. Août Sept. Oct. Nov. Déc.

ENSOLEILLEMENT
La situation de Paris lui donne de longues et lumineuses soirées d'été mais les mois d'hiver comptent peu de vraies journées de soleil.

ÉTÉ

L e tournoi de tennis de Roland Garros et les grands prix hippiques ouvrent la saison des festivités.

Pièces de théâtre, concerts, récitals et même films, les jardins, kiosques et places de Paris se transforment en salles de spectacle. Le Quartier latin ne s'endort qu'au petit matin.

Le Tour de France 1991 sur les Champs-Elysées

L'été au jardin du Luxembourg

JUIN

Festival de St-Denis (*juin-juil.*), basilique St-Denis. Concerts de chorales (*p. 333-334*).
Fête du cinéma, tarifs réduits dans toutes les salles de Paris (*p. 340*).

Les Fêtes au Marais (*2ᵉ et 3ᵉ sem.*), le Marais. Concerts, spectacles, expositions.
Fête de la musique (*21 juin*), partout dans Paris, des chanteurs, des orchestres professionnels et amateurs fêtent le solstice d'été.
Exposition florale, bois de Boulogne (*p. 254*). La saison des roses au parc Bagatelle.
Internationaux de France de tennis (*1ʳᵉ semaine*), stade Roland-Garros (*p. 343*).
Course des garçons de café (*dimanche de la mi-juin*). Ils sont des dizaines à courir, un plateau en équilibre sur la main, de la République à la Bastille (*p. 98*).

Salon de l'aéronautique et de l'espace (*mi-juin les années impaires*), aéroport du Bourget.
Prix de Diane (*2ᵉ dimanche*), hippodrome de Chantilly.
Tournoi international de pétanque, arènes de Lutèce, Contact : Fédération française de pétanque (*p. 343*).

JUILLET

Festival estival de Paris (*jusqu'à fin septembre*) Danse, opéra et musique classique.
Tour de France (*fin juil.*) La grande course cycliste se termine sur les Champs-Elysées.

Défilé militaire du 14 Juillet

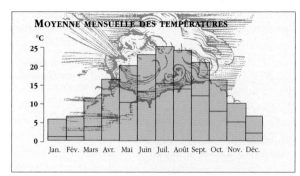

Températures
Juillet et août, les mois les plus chauds, invitent à la torpeur. Plus frais, l'automne et le printemps sont particulièrement agréables. Même s'il fait froid à Paris de décembre à février, il y gèle rarement.

AUTOMNE

En septembre à Paris, la rentrée commence par des sorties, celles des nouveaux films et spectacles. Stars du grand ou du petit écran se montrent aux premières organisées sur les Champs-Elysées.

Les affaires reprennent, elles aussi. Plus grand centre de congrès du monde, la capitale accueille en automne de nombreux salons professionnels aux thèmes aussi divers que la santé, l'écologie, le bricolage ou encore les loisirs.

SEPTEMBRE

Festival d'automne à Paris (*mi-sept à fin déc.*), musique, danse, théâtre partout dans Paris (*pp. 333-334*).
Journées du patrimoine (*3ᵉ semaine*), ouverture au public pendant deux jours de 300 monuments, ministères, administrations etc.

Le Prix de l'Arc de Triomphe (octobre)

Festival baroque de Versailles (*mi-sept. à mi-oct.*), Versailles. Musique, danse et théâtre (*pp. 333-334*) dans un cadre superbe.

OCTOBRE

Festival d'Art sacré (*jusqu'au 24 déc.*), églises St-Sulpice, St-Eustache et St-Germain-des-Prés. Concerts et récitals.
Foire internationale d'Art contemporain (*9-17 oct.*), Grand Palais (*p. 206*). La plus grande exposition-vente d'art contemporain de Paris.
Génie de la Bastille (*une semaine*). Des dizaines d'artistes ouvrent leurs ateliers au public.

Festival de Jazz de Paris (*deux dernières semaines*). Des vedettes internationales viennent se produire partout dans Paris (*p.337*).

Le guitariste de jazz Al di Meola en concert à Paris

Open de tennis de Paris (*3ᵉ semaine*), palais omnisports de Paris-Bercy (*pp. 342-343*)
Prix de l'Arc de Triomphe (*1ʳᵉ semaine*). Hippodrome de Longchamp.
Mondial de l'Automobile (*1ʳᵉ et 2ᵉ semaines, une année sur deux*), parc des Expositions, porte de Versailles 75015. Le Salon de l'auto.

NOVEMBRE

Salon des antiquaires de Paris 16ᵉ (*5-15 nov.*), pelouse d'Auteuil, place de la Porte-de-Passy, 75016.

Automne au bois de Vincennes

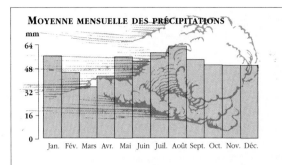

MOYENNE MENSUELLE DES PRÉCIPITATIONS

mm

64

48

32

16

0

Jan. Fév. Mars Avr. Mai Juin Juil. Août Sept. Oct. Nov. Déc.

Précipitations

Juillet et août, les mois les plus chauds, sont aussi les plus humides à Paris. Septembre est propice aux orages. Les giboulées ne tombent pas qu'en mars mais de janvier à avril. Il y a parfois de la neige en hiver.

HIVER

La neige tombe rarement à Paris, les hivers y sont généralement plus vivifiants que rigoureux. À Noël, les vitrines animées des grands magasins entraînent petits et grands dans leur monde de rêve. Aux beaux jours de janvier, froids mais limpides, promeneurs et amoureux se retrouvent sur les quais de la Seine.

DÉCEMBRE

Illuminations de Noël (*jusqu'en janv.*), grands boulevards, Opéra, av. Montaigne, Champs-Elysées, rue Royale, Faubourg St-Honoré.
Crèche de l'Hôtel de Ville (*début décembre à début janvier*), sous un chapiteau place de l'Hôtel-de-Ville, 75004 (*p. 91*). Crèche géante réalisée par des artistes latino-américains.
Salon du cheval et du

Neige aux Tuileries, un événement plutôt rare

poney (*1ère et 2e semaines*), parc des Expositions, porte de Versailles.
Messe de minuit (*24 déc.*), Notre-Dame (*pp. 82-85*).
Salon nautique (*1re et 2e semaines*), parc des Expositions, porte de Versailles.

JANVIER

Messe à la mémoire de Louis XVI (*dim. le plus proche du 21 janv.*), Chapelle expiatoire, 29, rue Pasquier 75008.
Défilés de mode, collections d'été. (*voir* Haute couture p. 316.)

FÉVRIER

Tournoi des Cinq Nations (*2e et 3e semaines et mars*), Parc des Princes (*p. 343*). Trophée international de Rugby.
Découvertes (*1re semaine*), Grand Palais (*p. 206*), salon international des jeunes artistes et des nouvelles galeries.

JOURS FÉRIÉS
Nouvel an (1er janv.)
Lundi de Pâques
Fête du Travail (1er mai)
Jour de la Victoire (8 mai)
Ascension (6e jeu. après Pâques)
Pentecôte (2e lun. après l'Ascension)
Fête nationale (14 juill.)
Assomption (15 août)
Toussaint (1er nov.)
Armistice (11 nov.)
Noël (25 déc.)

Défilé de mode

La tour Eiffel à Noël

PARIS
AU FIL DE L'EAU

Sculpture du pont Alexandre-III

Mistinguett comparait la Seine à une « jolie blonde aux yeux rieurs ». La rivière possède un charme certain mais la relation qui l'unit à Paris dépasse le simple flirt.

Aucune autre cité européenne ne se définit à ce point en fonction de son fleuve. La Seine est l'axe de référence de la ville : distances comme numéros de rues sont calculés à partir de ses berges. Elle divise la capitale en deux parties bien distinctes, la rive droite au nord et la rive gauche au sud. Une division aussi marquée que n'importe quelle frontière officielle.

S'y ajoute une division historique. L'Est de Paris reste attaché à ses racines alors que l'Ouest doit plus aux XIXe et XXe siècles.

Pratiquement tous les bâtiments importants de Paris se trouvent le long de la Seine ou dans ses environs immédiats. Elégants immeubles bourgeois, luxueux hôtels particuliers, grands musées et magnifiques monuments bordent ses quais.

Mais surtout, le fleuve vit. Des embarcations de toutes tailles s'y sont pressées pendant des siècles. La concurrence de l'automobile les a fait disparaître mais péniches et bateaux-mouches continuent de transporter marchandises et passagers sur le fleuve.

La piscine Deligny était la dernière des piscines flottantes de Paris. Amarrée en face de l'Orangerie depuis 1842, elle a coulé en juillet 1993.

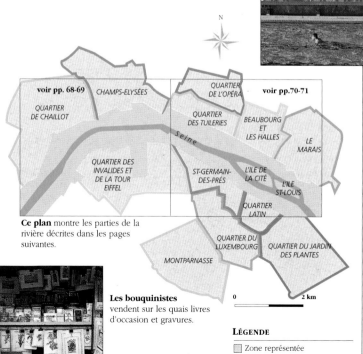

N

voir pp. 68-69 CHAMPS-ELYSÉES

QUARTIER
DE CHAILLOT

QUARTIER
DE L'OPÉRA voir pp.70-71

QUARTIER
DES TUILERIES

BEAUBOURG
ET
LES HALLES

Seine

LE
MARAIS

QUARTIER DES
INVALIDES ET
DE LA TOUR
EIFFEL

ST-GERMAIN-
DES-PRÉS

L'ÎLE DE
LA CITÉ

L'ÎLE
ST-LOUIS

QUARTIER
LATIN

Ce plan montre les parties de la rivière décrites dans les pages suivantes.

QUARTIER DU
LUXEMBOURG

QUARTIER DU JARDIN
DES PLANTES

MONTPARNASSE

Les bouquinistes vendent sur les quais livres d'occasion et gravures.

0   2 km

LÉGENDE

Zone représentée

L'exubérante statuaire du pont Alexandre-III

Du pont de Grenelle au pont de la Concorde

L es bâtiments élancés et les grandes halles qui bordent cette partie du fleuve datent de l'époque napoléonienne et de la révolution industrielle.
À l'architecture exubérante de la tour Eiffel, du Petit Palais et du Grand Palais, répond l'esthétique froide et géométrique d'édifices plus récents comme le palais de Chaillot ou la maison de Radio-France.

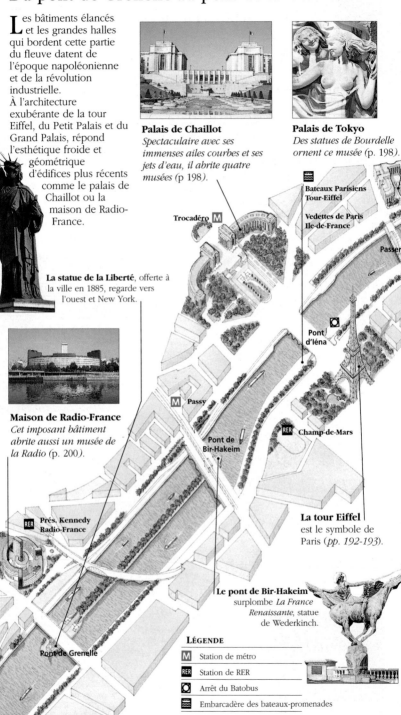

Palais de Chaillot
Spectaculaire avec ses immenses ailes courbes et ses jets d'eau, il abrite quatre musées (p 198).

Palais de Tokyo
Des statues de Bourdelle ornent ce musée (p. 198).

La statue de la Liberté, offerte à la ville en 1885, regarde vers l'ouest et New York.

Maison de Radio-France
Cet imposant bâtiment abrite aussi un musée de la Radio (p. 200).

Bateaux Parisiens
Tour-Eiffel

Vedettes de Paris
Ile-de-France

Passerel

Trocadéro M

Pont
d'Iéna

M Passy

RER Champ-de-Mars

Pont de
Bir-Hakeim

RER Prés. Kennedy
Radio-France

La tour Eiffel
est le symbole de Paris *(pp. 192-193).*

Pont de Grenelle

Le pont de Bir-Hakeim
surplombe *La France Renaissante*, statue de Wederkinch.

LÉGENDE

M	Station de métro
RER	Station de RER
◻	Arrêt du Batobus
⛴	Embarcadère des bateaux-promenades

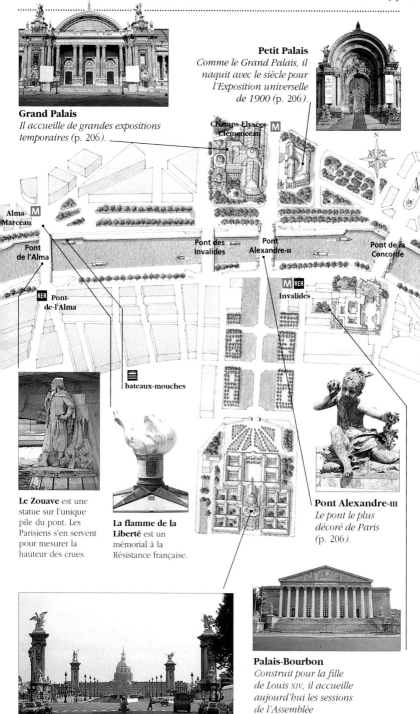

Grand Palais
Il accueille de grandes expositions temporaires (p. 206).

Petit Palais
Comme le Grand Palais, il naquit avec le siècle pour l'Exposition universelle de 1900 (p. 206).

Champs-Elysées-Clemenceau M

Alma-Marceau M

Pont de l'Alma

Pont des Invalides

Pont Alexandre-III

Pont de la Concorde

N

RER Pont-de-l'Alma

M RER Invalides

bateaux-mouches

Le Zouave est une statue sur l'unique pile du pont. Les Parisiens s'en servent pour mesurer la hauteur des crues.

La flamme de la Liberté est un mémorial à la Résistance française.

Pont Alexandre-III
Le pont le plus décoré de Paris (p. 206).

Palais-Bourbon
Construit pour la fille de Louis XIV, il accueille aujourd'hui les sessions de l'Assemblée nationale (p. 190).

Dôme des Invalides
La majestueuse coupole dorée (p. 188-189) est ici vue depuis le pont Alexandre-III.

Du pont de la Concorde au pont Sully

L e cœur de Paris bat ici, autour de l'île de la Cité. Camp retranché des Parisii, âme de la ville médiévale, elle demeure le pivot de la capitale moderne.

Jardin des Tuileries
Le classicisme de Le Nôtre (p. 130).

Musée du Louvre
Il fut le plus vaste palais royal d'Europe avant de devenir le plus grand musée du monde (pp. 122-129).

Pont de la Concorde

Assemblée Nationale

Passerelle Solférino

Quai d'Orsay

Pont Royal

Pont du Carrousel

Pont des Arts

Musée de l'Orangerie
Il présente une remarquable collection de tableaux du XIXe siècle (p. 131).

Musée d'Orsay
Cette ancienne gare abrite la plus riche collection d'art impressionniste du monde (pp. 144-147).

Vedettes du Pont-Neuf

La passerelle Solférino permet aux habitants du faubourg St-Germain d'accéder aux jardin des Tuileries.

Le pont des Arts, premier pont de Paris construit en fonte, fut achevé en 1804.

Hôtel de la Monnaie
Edifié en 1175, il est devenu un musée (p. 141).

L'île de la Cité

Les grands travaux du baron Haussmann effacèrent presque totalement l'identité médiévale de l'ancienne petite île. Notre-Dame, la Sainte-Chapelle et la Conciergerie sont les derniers bâtiments datant de cette époque (pp. 76-89).

Conciergerie
La Révolution rendit célèbre cette prison reconnaissable à ses tours (p. 81).

Ile St-Louis
Un lieu de résidence envié depuis le XVIIe siècle (pp. 76-89).

La tour de l'Horloge, du XIVe siècle, fut la première horloge publique de Paris. Des sculptures originales de Germain Pilon continuent de l'orner.

St-Gervais-St-Protais
Cette église abrite un orgue du XVIIe siècle, le plus ancien de Paris (p. 99)

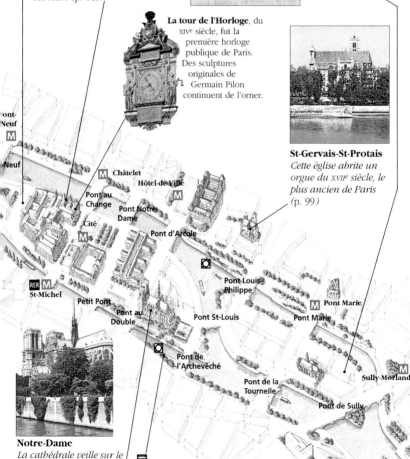

Notre-Dame
La cathédrale veille sur le fleuve (pp. 82-85).

Croisières sur la Seine et les canaux

Bateaux-mouches et vedettes proposent des croisières touristiques commentées sur la Seine, au cœur historique de la ville.

Les navettes du Batobus se prennent comme un bus, vous pouvez monter ou descendre à l'arrêt que vous souhaitez. Naviguer sur le canal St-Martin permet de découvrir les anciens quartiers populaires.

Vedettes sous le pont Alexandre-III

Types de bateaux

Les plus grands, ceux de la compagnie des Bateaux-Mouches, offrent un curieux spectacle avec leurs ponts passagers aux cloisons et plafonds entièrement vitrés. De puissants projecteurs les équipent pour éclairer les édifices lors des croisères de nuit. De taille plus réduite, les Bateaux Parisiens sont plus luxueux. Les vedettes offrent un cadre encore plus intime. Comme les péniches, celles qui empruntent les canaux sont à fond plat.

CROISIÈRES SUR LA SEINE ET NAVETTES DE LA VILLETTE

Les informations ci-dessous comprennent l'emplacement des embarcadères, les plus proches stations de métro et de RER, et les lignes de bus passant à proximité. Réservation obligatoire pour les dîners et déjeuners-croisières.

ILE de FRANCE

La Seine sur les vedettes de Paris et de l'Ile-de-France

Cette société possède six bateaux d'une capacité de 100 passagers environ. Lieu d'embarquement :

Pont d'Iéna.
Plan 10 D2.
[47 05 71 29 et 45 50 23 79. M *Bir-Hakeim.*
RER *Champ-de- Mars.*
22, 30, 32,44, 69 82, 87. **Départs** avril-oct. : 9 h-22 h t.l.j. (toutes les 30 mn) ; nov.-mars : 10 h-18 h dim. au jeu. et 10 h-22 h ven. et dim. (chaque heure). **Durée** 1 h.

CANAUXRAMA

Navettes du parc de la Villette

Promenade sur le canal entre la rotonde de la Villette et le parc de la Villette (*pp. 234-239*). Lieux d'embarquement :

5, quai de la Loire.
Plan 8 E1.
[42 39 15 00. M *Jaurès.*
Parc de la Villette.
M *Porte-de-Pantin.*
Départs juil. et août : 10 h-12 h 30, 14 h-18 h 15 t.l.j. (toutes les 30 mn) ; avr.-juin, oct. : 10 h 15-midi, 14 h-18 h 15 (toutes les 30 mn) mer., sam. et dim. **Durée** 15 mn.

BATEAUX PARISIENS

Circuit Notre-Dame des Bateaux Parisiens

Ce service ne fonctionne qu'en été. Il suit le même trajet, mais en sens inverse, que les autres croisières organisées par cette compagnie. Lieu d'embarquement :

Quai de Montebello.
Plan 13 B4.
[44 11 33 44. M *Maubert-Mutualité, St- Michel.* RER *St-Michel.*
24, 27, 47. **Départs** 10 h 30, 11 h 30, 14 h, 15 h, 16 h, 17 h t.l.j. ; départs supplémentaires le sam. : 18 h et 21 h. **Durée** 1 h.

BATEAUX PARISIENS

Circuit tour Eiffel des Bateaux Parisiens.

Cette société possède sept bateaux d'une capacité de 150 à 400 passagers. Le commentaire est trilingue. Lieu d'embarquement :

Pont d'Iéna.
Plan 10 D2.
[44 11 33 44. M *Trocadéro, Bir-Hakeim.*
RER *Champ-de-Mars.*
42, 82, 72. **Départs** avril-oct.. : 10 h-22 h t.l.j. (ttes les h) ; nov.-mars : 10 h-18 h t.l.j. (ttes les h). **Durée** 1 h. **Déjeuner-croisière** 12 h 30 t.j.l. **Durée** 2 h. Rés. oblig. **Dîner-croisière** 20 h. **Durée** 2 h 30. Enfants déconseillés. Tenue de ville oblig.

Embarcadères

Les embarcadères des bateaux de promenade et les arrêts du Batobus sont faciles à trouver le long du fleuve. On peut y prendre ses billets et les plus grosses sociétés proposent un bureau de change. On y trouve aussi souvenirs, snack-bars et places de stationnement sauf au Pont-Neuf.

Embarcadère

BATOBUS

Batobus

Ce service de navettes ne fonctionne pas l'hiver. On peut prendre un forfait journalier. Embarquement à :
Tour Eiffel. Plan 10 D3. **M** Bir-Hakeim.
Musée d'Orsay. Plan 12 D2. **M** Solférino.
Louvre. Plan 12 E2. **M** Louvre.
Hôtel de Ville. Plan 13 B4. **M** Hôtel-de-Ville.
Notre-Dame. Plan 13 B4. **M** Cité. **C** 49 27 05 93.
Départs *mai-sept. : 10 h-19 h t.l.j. (toutes les 30 mn).*

BATEAUX-MOUCHES

La Seine sur les Bateaux-Mouches

La flottille de cette célèbre compagnie compte 11 unités d'une capacité de 600 à 1 400 passagers. Lieu d'embarquement :

Pont de l'Alma.
Plan 10 F1.
C 42 25 96 10. **M** Alma--Marceau. **RER** Pont-de-l'Alma. 🚌 42, 63, 72, 80, 92. **Départs** *mars-nov. : 10 h-22 h 30 h t.l.j. (toutes les 30 mn) ; nov.-mars : 11 h, 14 h 30, 16 , 21 h (Départs sup. le sam., dim., et fêtes).* **Durée** *: 1 h 15.***Déj.-croisière** *15 avr.-15 nov. 12 h 45 mar.-dim..* **Durée** *1 h 45. – 12 ans : demi-tarif* **Dîner-croisière** *20 h 30 t.l.j.* **Durée** *: 2 h 15. Réservation, tenue de ville oblig.*

Vedettes du Pont Neuf

La Seine sur les vedettes du Pont-Neuf

Cette société propose six bateaux de 80 places. Leur style plus ancien donne un cachet particulier à la promenade. Lieu d'embarquement :

Square du Vert-Galant
(Pont-Neuf). **Plan** 12 F3.
C 46 33 98 38. **M** Pont-Neuf. **RER** Châtelet. 🚌 24, 27, 58, 67, 70, 72, 74, 75.
Départs *avr.-oct. : 10 h-midi, 13 h 30-18 h 30, 21 h-22 h 30 t.l.j. (toutes les 30 mn) ; nov.-mars : 10 h 30, 11 h 15, midi, 14 h-17 h, t.l.j. (toutes les 30 mn), 14 h-18 h 30 ven.-dim. (toutes les 30 mn).* **Durée** *1 h. – 10 ans : demi-tarif.*

CROISIÈRES SUR LES CANAUX

La compagnie Canauxrama organise des croisières sur le canal St-Martin et le canal de l'Ourcq. La promenade du canal St-Martin, qu'enjambent huit romantiques passerelles, franchit quatre doubles écluses, deux ponts tournants et le pont levant de Crimée. Celle du canal de l'Ourcq s'enfonce dans la campagne briarde jusqu'à l'écluse de Vignely. La société **Paris-Canal** (42 40 96 97) propose aussi un circuit sur le canal St-Martin qui se poursuit sur la Seine jusqu'au musée d'Orsay.

CANAUXRAMA

Canal St-Martin

Les deux bateaux de 125 places de Canauxrama promènent leurs passagers du port de l'Arsenal au parc de la Villette. Lieux d'embarquement :
bassin de la Villette. Plan 8 E1. **M** Jaurès.
port de l'Arsenal. Plan 14 E4. **M** Bastille.
C *42 39 15 00.* **Départs** *: bassin de la Villette 9 h 15 et 14 h 45 ; port de l'Arsenal 9 h 45 et 14 h 30 t.l.j. Tarif unique les après-midi de week-end et fêtes. Sinon, tarifs réduits pour les étudiants et les enfants de moins de 12 ans. Gratuit pour les moins de six ans. Les groupes peuvent réserver des croisières spéciales avec concert sur la Seine et le canal St-Martin.* **Durée** *: 3 h*

Canal de l'Ourcq

Croisière d'une journée et de 108 km au nord-est du canal St-Martin. Les passagers pique-niquent ou mangent au restaurant dans le charmant village de Claye-Souilly. Lieu d'embarquement :
5, quai de la Loire. Plan 8 E1. **M** Jaurès.
C *42 39 15 00.* **Départs** *15 mars-15 nov. : 8 h 30 jeu.-mar. Réservation oblig. Enfants déconseillés.* **Durée** *9 h 30.*

Le canal St-Martin

PARIS QUARTIER PAR QUARTIER

ILE DE LA CITÉ ET ile SAINT-LOUIS

L'histoire de l'île de la Cité se confond avec celle de Paris. Un simple village l'occupait lorsque les Romains l'envahirent en 52 av. J.-C. Clovis en fit plus tard sa capitale et elle devint au cours du Moyen Age un grand centre judiciaire et religieux. Elle a gardé son rayonnement, chaque année des millions de visiteurs viennent admirer la cathédrale gothique de Notre-Dame et le Palais de justice, construit sur un site où se dressait déjà le prétoire romain. Le dédale de ruelles qui les enserrait n'existe plus ; il a été détruit par les larges voies percées au XIXe siècle afin d'ouvrir l'île à la circulation.

La devise de la ville de Paris

Malgré celle-ci, quelques havres de paix demeurent, comme le marché aux fleurs et aux oiseaux, le square du Vert-Galant ou la place Dauphine.

Le pont Saint-Louis conduit à l'île du même nom. Plus petite que celle de la Cité, l'île Saint-Louis resta un simple champ de pâture jusqu'au XVIIe siècle où l'architecte Louis Le Vau l'aménage en un élégant quartier résidentiel. Depuis, célébrités ou grandes fortunes n'ont cessé d'y habiter. Non sans raison. Ses porches majestueux, son calme, ses quais ombragés et le fleuve qui les caresse, lui donnent une atmosphère particulière, hors du temps.

LE QUARTIER D'UN COUP D'ŒIL

Bâtiments historiques
Hôtel-Dieu **6**
Conciergerie **8**
Palais de justice **10**
Hôtel de Lauzun **16**

Pont
Pont-Neuf **12**

Monument
Mémorial des martyrs et de la déportation **4**

Marchés
Marché aux fleurs et marché aux oiseaux **7**

Places et jardins
Square Jean-XXIII **3**
Place Dauphine **11**
Square du Vert-Galant **13**

Musées
Musée de Notre-Dame de Paris **2**
Crypte du parvis Notre-Dame **5**
Musée Adam Mickiewicz **14**

Monuments religieux
Notre-Dame pp. 82-5 **1**
Sainte-Chapelle pp. 88-9 **9**
St-Louis-en-l'Île **15**

COMMENT Y ALLER ?
Métro: Cité
RER: St-Michel
Bus: lignes 21, 38, 47, 85, 96 pour l'île de la Cité, et 67, 86 et 87 pour l'île St-Louis

N

VOIR AUSSI
• *Atlas des rues*, plans 12-13
• *Promenade* pp. 262-3
• *Hébergement* pp. 278-9
• *Restaurants* pp. 296-8

LÉGENDE
▢ Plan du quartier pas à pas
Ⓜ Station de métro
RER Station de RER
Ⓟ Parc de stationnement

0 _____ 400 m

L'île de la Cité pas à pas

P aris prend son origine ici, sur cette île en forme de bateau qu'habitait il y a plus de 2 000 ans la tribu celte qui lui donna son nom. Lieu de traversée du fleuve et site stratégique facile à défendre, l'île de la Cité restera le centre des villes qu'édifieront ensuite les Romains, les Francs puis les Capétiens, et au fil des siècles, les bâtiments s'élèveront sur les ruines de ceux qui les précédèrent.

On peut voir les vestiges des plus anciens, superposés, dans la crypte du parvis Notre-Dame, la place qui s'étend devant la cathédrale, là où jadis se dressèrent fortifications ou habitations. Un autre chef-d'œuvre du Moyen Age s'offre aux touristes sur cette île : la lumineuse Sainte-Chapelle, dans l'enceinte du Palais de justice qui renferme également les salles gothiques de la Conciergerie.

★ **Conciergerie**
Cette prison fut l'antichambre de la guillotine pendant la Révolution ❽

La cour du Mai est l'entrée principale du Palais de justice.

Cité

QUAI DE

PONT AU CHANGE

RUE DE LUTECE Ⓜ

RUE DE LA CITE

BLVD DU PALAIS

★ **La Sainte-Chapelle**
Réputée pour la splendeur de ses vitraux, la Sainte-Chapelle est l'un des monuments les plus merveilleux de Paris ❾

Vers le Pont-Neuf

QUAI DES ORFEVRES

PONT ST MICHEL

Le quai des Orfèvres
doit son nom aux orfèvres qui s'y installèrent dès le Moyen Age.

QUAI DU MARCHE NEUF

PETIT PONT

La préfecture de police
La police parisienne s'y retrancha et résista aux forces allemandes lors de l'occupation de Paris.

Palais de justice
Vaste complexe judiciaire dominant la Seine, l'ancien palais royal a une histoire qui s'étend sur plus de 16 siècles ❿

0   100 mètres

Statue de Charlemagne
Roi en 768 puis empereur en 800, il unifia les peuples chrétiens d'Occident.

★ **Marché aux fleurs et aux oiseaux**
Paris était jadis célèbre pour ses marchés aux fleurs mais celui-ci est désormais l'un des derniers ❼

CARTE DE SITUATION
Voir le centre de Paris pp. 12-13

L'Hôtel-Dieu
Ancien orphelinat devenu hôpital ❻

★ **Crypte du parvis Notre-Dame**
Elle contient les vestiges de maisons vieilles de 2 000 ans ❺

À NE PAS MANQUER :

★ **Notre-Dame**

★ **La Sainte-Chapelle**

★ **La Conciergerie**

★ **Le marché aux fleurs et oiseaux**

★ **La crypte du parvis Notre-Dame**

LÉGENDE

— — — Itinéraire conseillé

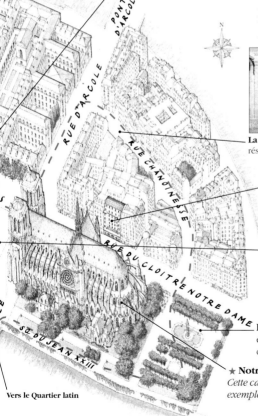

La rue Chanoinesse eut d'illustres résidents, dont Racine.

Musée de Notre-Dame
Il retrace les grands moments de l'histoire de la cathédrale ❷

Le point zéro est le centre d'où toutes les distances sont mesurées en France.

Le square Jean-XXIII est un jardin agréable près du fleuve ❸

★ **Notre-Dame**
Cette cathédrale est un exceptionnel exemple d'architecture médiévale ❶

Vers le Quartier latin

Notre-Dame vue depuis la rive gauche

Notre-Dame ❶

Voir pp. 82-5

Musée de Notre-Dame ❷

10, rue du Cloître-Notre-Dame 75004. **Plan** 13 B4. **℡** *43 25 42 92.* **M** *Cité.* **Ouvert** *14 h 30-18 h mer., sam., dim. (der. adm. : 17 h 40).* **Accès payant.**

Objets gallo-romains, peintures, dessins, gravures et plans font revivre l'histoire de la cathédrale et des grandes cérémonies qui s'y déroulèrent. À ne pas manquer : la plus ancienne relique chrétienne trouvée à Paris, une coupe en verre du IVᵉ siècle.

Une pièce gallo-romaine

Square Jean-XXIII ❸

75004. **Plan** 13 B4. **M** *Cité.*

La porte St-Etienne de Notre-Dame donne sur ce square accueillant qui borde le fleuve et offre une très belle vue sur les sculptures et les vitraux du chevet de la cathédrale. Il occupe l'emplacement de l'archevêché, démoli après avoir été pillé lors des émeutes de 1831. Ce bâtiment avait été construit au XVIIᵉ siècle sur le site jadis appelé la «Motte aux Papelards», ancien îlot où l'on déversa les gravats du chantier de Notre-Dame. Un préfet de Paris, Rambuteau, racheta le terrain vague et l'aménagea en jardin. La fontaine de la Vierge, d'inspiration gothique, en orne le centre depuis 1845.

Mémorial des martyrs de la déportation ❹

Sq. de l'Île-de-France 75004. **Plan** 13 B4. **℡** *46 33 87 56.* **M** *Cité.* **Ouvert** *avr.-sept. : 10 h-12 h, 14 h-19 h t.l.j. ; oct.-mars : 10 h-12 h, 14 h-17 h t.l.j.*

Le général de Gaulle inaugura en 1962 cette œuvre simple, moderne et dépouillée à la mémoire des 180 000 hommes, femmes et enfants français morts dans les camps de concentration nazis pendant la Seconde Guerre mondiale. De petites tombes y sont faites de la terre de ces camps. Le mémorial abrite en outre la sépulture du Déporté inconnu.

L'intérieur du mémorial des martyrs de la déportation

Le square Jean-XXIII derrière Notre-Dame

Ruines gallo-romaines dans la crypte du parvis Notre-Dame

Crypte du parvis Notre-Dame ⑤

Pl. du Parvis-Notre-Dame 75004.
Plan 13 A4. 🎫 *43 29 83 51*. Ⓜ *Cité.*
Ouvert *avr.-oct. : 10 h-18 h t.l.j. ; nov.-mars : 10 h-17 h t.l.j. (der. ent. : 30 min av. la fermeture).* **Fermé** *1er mai, 1er et 11 nov., 25 déc., 1er jan.* **Accès payant.** 🅿

Longue de plus de 80 mètres, cette crypte présente des vestiges superposés selon les époques de construction. Ils datent pour certains de plusieurs siècles avant l'édification de la cathédrale : rues et maisons gallo-romaines, tronçon de la première enceinte de la cité (IIIe siècle), fondations de la cathédrale mérovingienne Saint-Etienne et constructions du XVIIIe siècle.

Hôtel-Dieu ⑥

1, Pl. du Parvis-Notre-Dame 75004.
Plan 13 A4. 🎫 *42 34 82 34.*
Ⓜ *Cité.* 🅿 *sur réservation.* ♿

Hôpital du centre de Paris, l'Hôtel-Dieu borde au nord le parvis Notre-Dame. Sa construction, sur le site d'un orphelinat, dura de 1866

à 1878. Il remplaçait l'ancien Hôtel-Dieu, du XIIe siècle, qui s'étendait sur les deux rives de la Seine (et même sur le pont au Double qui les reliait). Il fut démoli au XIXe siècle lors des grands travaux du baron Haussmann.

Un monument, dans la cour du 19-Août, commémore l'action des forces de police pendant la libération de Paris en 1944.

Le marché aux fleurs

Marché aux fleurs et marché aux oiseaux ⑦

Pl. Louis-Lépine 75004. **Plan** 13 A3.
Ⓜ *Cité.* **Ouvert** *8 h-18 h lun.-sam., 8 h-19 h dim.*

Ouvert toute l'année, le plus célèbre et, malheureusement, l'un des derniers marchés aux fleurs de la capitale égaie de ses couleurs et de ses parfums un quartier à vocation principalement administrative. Le dimanche, bouquets, plantes ornementales et raretés, telles les orchidées laissent la place aux cages du marché aux oiseaux.

Conciergerie ⑧

1, quai de l'Horloge 75001.
Plan 13 A3. 🎫 *43 54 30 06.*
Ⓜ *Cité.* **Ouverte** *avr.-sept. : 9 h 30-18 h t.l.j. ; oct.-mars : 10 h-17 h t.l.j. (der. ent. : 30 mn av. la ferm.).*
Fermée *jours fériés.* **Accès payant.**
🅿 *sur r.d.v.* 🅿

Occupant la partie nord de l'ancien palais des Capétiens, la Conciergerie devint en 1391 la première prison de Paris lorsque cette demeure accueillit le siège du Parlement et du pouvoir judiciaire. C'est dans la tour Bonbec que pendant des siècles les détenus endurèrent la question.

Pendant la Révolution, 2 780 condamnés y attendirent leur exécution, dont Marie-Antoinette et Charlotte Corday arrêtée pour avoir poignardé Marat dans sa baignoire. Danton, Saint-Just et Desmoulin, entre autres, firent aussi un séjour dans sa galerie des Prisonniers où l'on peut visiter aujourd'hui les reconstitutions de cellules de cette époque. Les fenêtres de la galerie donnent sur la cour des femmes où les prisonnières venaient se promener. Le cachot de Marie-Antoinette a été reconstitué et son ancienne cellule transformée en chapelle selon le vœu de Louis XVIII.

Avant d'accueillir les « pailleux », détenus trop pauvres pour louer un lit, la salle des Gens d'armes, magnifique salle du XIVe siècle que 69 piliers divisent en quatre nefs, abrita les gardes du palais au temps où le roi y résidait encore.

Portrait de Marie-Antoinette attendant son exécution à la Conciergerie

L'Hôtel-Dieu, au centre de Paris

Notre-Dame ❶

Aucun bâtiment n'est aussi intimement associé à l'histoire de Paris que la cathédrale qui se dresse majestueusement sur l'île de la Cité, berceau de la ville. Edifiée sur le site d'un ancien temple romain, le pape Alexandre III en posa la première pierre en 1163 et, pendant 170 ans, architectes, et tailleurs de pierre se succédèrent sur les échafaudages.

En 1330 environ, ils achevaient un chef-d'œuvre d'architecture gothique, aérien malgré ses 130 m de long, son large transept, son chœur profond et ses tours hautes de 69 m. Viollet-le-Duc dut entièrement le restaurer au XIXᵉ siècle.

★ **Façade occidentale**
Deux galeries encadrent sa rosace. Les trois portails principaux sont décorés d'une statuaire magnifique.

La tour Sud contient le bourdon de la cathédrale.

★ **Galerie des chimères**
Les fameuses gargouilles de la cathédrale se cachent derrière une large galerie située entre les tours.

★ **La rosace Ouest**
Splendide vitrail où les Vertus et les Vices entourent la Vierge.

À NE PAS MANQUER :

★ **La façade et les portails Ouest**

★ **Les arcs-boutants**

★ **Les rosaces**

★ **La galerie des chimères**

La galerie des Rois présente les 28 statues des rois de Juda.

Le portail de la Vierge
Ses sculptures du XIIIᵉ siècle forment une remarquable composition.

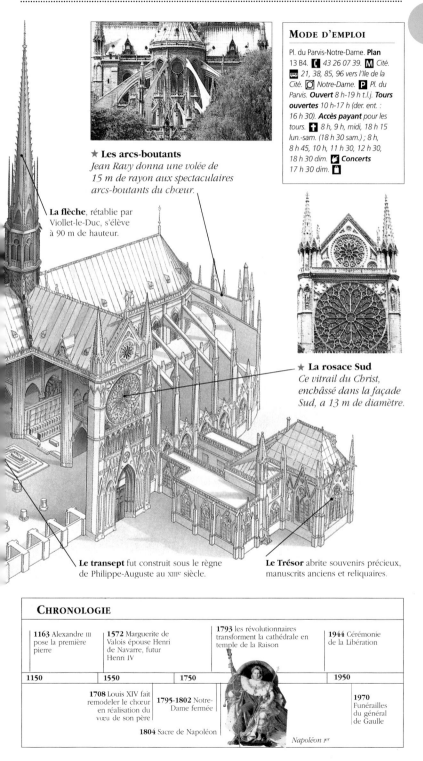

★ Les arcs-boutants
*Jean Ravy donna une volée de
15 m de rayon aux spectaculaires
arcs-boutants du chœur.*

MODE D'EMPLOI

Pl. du Parvis-Notre-Dame. **Plan**
13 B4. 📞 43 26 07 39. Ⓜ Cité.
🚌 21, 38, 85, 96 vers l'Île de la
Cité. Ⓞ Notre-Dame. 🅿 Pl. du
Parvis. **Ouvert** 8 h-19 h t.l.j. **Tours
ouvertes** 10 h-17 h (der. ent. :
16 h 30). **Accès payant** pour les
tours. ✝ 8 h, 9 h, midi, 18 h 15
lun.-sam. (18 h 30 sam.) ; 8 h,
8 h 45, 10 h, 11 h 30, 12 h 30,
18 h 30 dim. 🎵 **Concerts**
17 h 30 dim. 🚻

La flèche, rétablie par
Viollet-le-Duc, s'élève
à 90 m de hauteur.

★ La rosace Sud
*Ce vitrail du Christ,
enchâssé dans la façade
Sud, a 13 m de diamètre.*

Le transept fut construit sous le règne
de Philippe-Auguste au XIIIᵉ siècle.

Le Trésor abrite souvenirs précieux,
manuscrits anciens et reliquaires.

CHRONOLOGIE

1163 Alexandre III pose la première pierre	**1572** Marguerite de Valois épouse Henri de Navarre, futur Henri IV	**1793** les révolutionnaires transforment la cathédrale en temple de la Raison	**1944** Cérémonie de la Libération
1150	**1550**	**1750**	**1950**
	1708 Louis XIV fait remodeler le chœur en réalisation du vœu de son père	**1795-1802** Notre-Dame fermée	**1970** Funérailles du général de Gaulle
		1804 Sacre de Napoléon	

Napoléon Iᵉʳ

Visite de Notre-Dame

L'intérieur de Notre-Dame saisit d'emblée par sa majesté. Croisant en son milieu la nef centrale aux hautes arcades, un immense transept s'étend entre deux roses de 13 mètres de diamètre. Les œuvres de sculpteurs prestigieux décorent la cathédrale, notamment la clôture du chœur de Jean Ravy, la *Pietà* de Nicolas Coustou et la statue de Louis XIV par Antoine Coysevox. Mais Notre-Dame ne fut pas seulement le cadre de mariages royaux, de sacres impériaux et de funérailles nationales. Pillée sous la Révolution puis transformée en temple de la Raison, elle servit ensuite de dépôt de vin. Napoléon la rendit au culte en 1804. Cinquante ans plus tard, l'architecte Viollet-le-Duc restaurait bâtiments et sculptures, remplaçait les statues disparues et élevait la flèche.

Calice de Notre-Dame

⑨ La Rosace Nord
Situé à 21 m de hauteur, ce vitrail du XIIIe siècle montre la Vierge entourée de personnages de l'Ancien Testament.

⑩ Vue et gargouilles
Les 387 marches de la tour Nord offrent une vue splendide des célèbres gargouilles et de Paris.

Escaliers vers la tour

Entrée

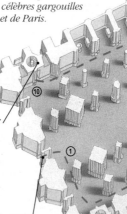

① Vue de l'intérieur
Depuis l'entrée principale, le regard embrasse la haute nef, l'immense transept, le chœur et le maître-autel.

LÉGENDE

– – – Itinéraire de la visite

② Les « Mai » de Le Brun
Ces œuvres religieuses de Charles Le Brun décorent les chapelles latérales. Aux XVIIe et XVIIIe siècles, les corporations offraient chaque premier mai un tableau à la cathédrale.

⑧ Les stalles du chœur

Louis XIV, dont la statue se dresse derrière le maître-autel, commanda les boiseries richement sculptées qui décorent ces stalles. On peut admirer, notamment, de délicats bas-reliefs représentant des scènes de la vie de la Vierge.

⑦ Statue de Louis XIII

Sans enfant après de nombreuses années de mariage, Louis XIII fit vœu d'embellir Notre-Dame en l'honneur de la Vierge s'il avait un héritier. Le futur Louis XIV naquit en 1638 mais la réalisation de ce vœu prit 60 ans. Les stalles sculptées du chœur datent de cette époque.

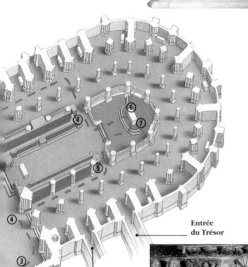

Entrée du Trésor

Entrée de la sacristie

⑥ Pietà

Derrière le maître-autel, la Pietà de Nicolas Coustou se dresse sur un socle sculpté par François Girardon.

⑤ Clôture du chœur

Sculptée au XIVᵉ siècle par Jean Ravy, une haute clôture de pierre entourait le chœur afin d'isoler du bruit environnant les chanoines en prière. Endommagée, elle fut restaurée par Viollet-le-Duc.

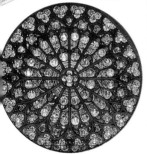

③ La Rosace Sud

Situé à l'extrémité sud du transept, ce vitrail du XIIIᵉ siècle, encore en partie d'origine, représente le Christ, au centre, entouré des vierges, des saints et des douze apôtres.

④ La Vierge et l'Enfant

Cette statue du XIVᵉ siècle se dresse contre le pilier Sud-Est du transept. Provenant de la chapelle Saint-Aignan, elle est connue sous le nom de Notre-Dame de Paris.

Le Pont-Neuf s'étend de part et d'autre de l'île de la Cité

La Sainte-Chapelle ❾

Voir pp. 88-9

Deux anges de la Ste-Chapelle portant la Couronne d'épines

Le Palais de justice ❿

4, bd du Palais (Entrée cour du Mai) 75001. **Plan** 13 A3. 🄲 *44 32 50 00.* 🄼 *Cité.* **Ouv.** *: 9 h -17 h lun.-ven. (selon les saisons).* 🄊 🖆 🖳 ⓫

L e prétoire de Lutèce se dressait sur ce site et le pouvoir royal s'y exerça jusqu'à ce que Charles V déménage la cour au Marais au XIVe siècle. En 1793, le tribunal révolutionnaire siégea dans la Chambre Dorée (première chambre du tribunal civil). Aujourd'hui, le droit appliqué dans cet immense bâtiment, qui s'étend d'une rive à l'autre de l'île de la Cité et dont les tours centenaires bordent les quais, est l'héritier du code de Napoléon.

La place Dauphine ⓫

75001 (Entrée rue Henri-Robert) **Plan** 12 F3. 🄼 *Pont-Neuf, Cité.*

H enri IV créa en 1607 cette place à l'est du Pont-Neuf en l'honneur du dauphin, le futur Louis XIII. Le nº 14 est l'un des rares immeubles à avoir évité toute restauration ultérieure mais le lieu, qu'apprécient joueurs de pétanque et les employés du Palais de justice voisin, conserve son charme et son calme d'un autre siècle.

Le Pont-Neuf ⓬

75001. **Plan** 12 F3. 🄼 *Pont-Neuf, Cité.*

M algré son nom, il est le plus vieux pont de Paris. Celui qui a le plus de succès, aussi, auprès des écrivains, des artistes ou des cinéastes. Henri III en posa la première pierre en 1578 mais ce fut Henri IV qui inaugura et baptisa en 1607 cet ouvrage d'art auquel douze arches donnent une longueur de 275 m. Premier pont de pierre sans maison, il ouvrit un nouveau mode de relation entre la cité et son fleuve et connut tout de suite une grande popularité. Une statue d'Henri IV se dresse en son milieu.

Sculptures du Palais de justice

Henri IV au square du Vert-Galant

Square du Vert-Galant ⓭

75001. **Plan** 12 F3. Ⓜ *Pont-Neuf, Cité.*

Ce square, l'un des lieux magiques de Paris, porte le surnom de Henri IV qui, après avoir eu bien du mal à entrer dans la capitale de son royaume, consacra le début de son règne à l'embellir. Depuis ce paisible jardin ombragé, on jouit d'une vue splendide sur la perspective du Louvre, le jardin des Tuileries et la rive droite de la Seine. C'est également l'endroit où l'on embarque sur les vedettes du Pont-Neuf (*pp. 72-3*).

Le musée Adam Mickievicz ⓮

6, quai d'Orléans 75004. **Plan** 13 C4. Ⓒ 43 54 35 61. Ⓜ *Pont Marie.* **Ouv.** *14 h-18 h mar.-jeu., 10 h-13 h sam.* **Fermé** *une semaine à Noël et à Pâques.* 🖼

Le poète romantique polonais Adam Mickievicz, qui vécut à Paris au XIXe siècle, consacra une grande part de son œuvre à ses compatriotes immigrés ou opprimés et exerça une influence capitale dans la vie politique et culturelle de son pays. Fondés en 1903 par son fils aîné, le musée et la bibliothèque attenante renferment probablement la plus belle

collection consacrée à la Pologne hors de ses frontières : peintures, livres, cartes, archives de l'émigration aux XIXe et XXe siècles et, surtout, de nombreux souvenirs de Frédéric Chopin, dont son masque mortuaire.

St-Louis-en-l'Ile ⓯

19 bis, rue St-Louis-en-l'Ile 75004. **Plan** 13 C4. Ⓒ 46 34 11 60. Ⓜ *Pont-Marie.* **Ouvert** *9 h-midi, 15 h-19 h t.l.j.* **Fermé** *jours. fériés* **Concerts**

La construction de cette église commença en 1664 sur des plans dessinés par Louis Le Vau qui habitait l'île. L'édifice fut achevé et consacré en 1726. L'horloge (1741) accrochée comme une enseigne à son entrée et sa flèche en fer ajouré lui donnent une allure très particulière.

L'intérieur, de style baroque, est richement décoré de marbre et de dorures. Il renferme des tableaux du XVIIIe siècle, une statue en terre cuite vernissée de Saint Louis portant l'épée des croisés. Le saint roi mourut de la peste à Carthage lors de la 8e croisade. Pendant les mois d'été, l'église accueille des concerts presque tous les soirs.

L'intérieur de St-Louis-en-l'Ile

L'hôtel de Lauzun ⓰

17, quai d'Anjou 75004. **Plan** 13 C4. Ⓜ *Pont-Marie.* **Visites** *organisées par la Caisse des monuments historiques* Ⓒ 44 61 20 00.

Louis Le Vau construisit ce magnifique hôtel en 1656 pour Charles Gruyn des Bordes, un riche et puissant marchand d'armes, et Charles Le Brun travailla à la décoration de ses boiseries et plafonds peints. Vendue en 1682 au duc de Lauzun, maréchal de camp et favori de Louis XIV, puis au marquis de Pimodan en 1779, la demeure connut une grande animation à partir de 1842, son nouveau propriétaire, le bibliophile Jérôme Pichon, y accueillant en effet la bohème artistique et littéraire de l'époque.

Charles Baudelaire (1821-67) écrivit la majeure partie des *Fleurs du mal* dans une chambre du 3e étage, Théophile Gautier (1811-72) y vécut en 1848 et le club des Haschichins s'y réunit. L'hôtel de Lauzun hébergea aussi le poète autrichien Rainer Maria Rilke, le peintre anglais Walter Sickert et le compositeur allemand Richard Wagner.

Seul hôtel ouvert au public à avoir conservé ses décors d'origine, il offre un aperçu exceptionnel du mode de vie de l'aristocratie au XVIIe siècle. Restauré au début du XXe siècle, propriété de la ville de Paris depuis 1928, il accueille de nos jours des réceptions organisées par la municipalité.

Buste d'Adam Mickievicz

La Sainte-Chapelle ❾

Louis IX fit édifier ce sanctuaire à partir de 1246 pour abriter des reliques, notamment la Couronne d'épines du Christ et un fragment de la Croix. D'une grâce aérienne, il est considéré comme l'un des grands chefs-d'œuvre de l'architecture occidentale. Les croyants, au Moyen Age, le comparaient à une « porte du paradis » et aucun visiteur, aujourd'hui, ne peut manquer d'être saisi par le chatoiement créé par ses 15 magnifiques verrières, représentant plus de 1 000 scènes religieuses, sertis entre des piliers si graciles qu'il semblent soutenir par miracle la voûte du plafond, 15 m plus haut.

La flèche
s'élève à 75 m dans le ciel. Plusieurs flèches brûlèrent, celle-ci date de 1857.

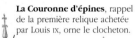

La Couronne d'épines, rappel de la première relique achetée par Louis IX, orne le clocheton.

★ **La rosace**
À voir au crépuscule, les 86 panneaux de ce vitrail offert par Charles VIII en 1485 racontent l'Apocalypse.

À NE PAS MANQUER :

★ La rosace

★ Le vitrail de la Passion

★ Statues des apôtres

★ Le vitrail des reliques

Portail principal
Deux porches s'adossent à la façade. C'est le porche inférieur qui est montré ici.

LES RELIQUES DE ST LOUIS

Louis IX était un roi si pieux qu'il fut canonisé sous le nom de saint Louis. Entre 1239 et 1241, il acheta à Baudouin II, empereur de Constantinople, plusieurs reliques dont la Couronne d'épines et un fragment de la Croix. Elles lui coûtèrent près de trois fois plus cher que la construction de la Sainte-Chapelle, l'admirable reliquaire qu'il fit édifier pour les abriter.

MODE D'EMPLOI

4, bd du Palais. **Plan** 13 A3.
☎ 43 54 30 09. Ⓜ Cité.
🚌 21, 38, 85, 96 vers l'île de la Cité. **RER** St-Michel. 🅾 Notre-Dame. 🅿 Rue de Harlay.
Ouvert avr.-sept. : 9 h 30-18 h 30 ; oct.-mars : 10 h-17 h t.l.j. Der. ent. 30 mn av. la ferm.
Fermé 1er jan., 1er mai, 1er nov., 11 Nov, 25 déc. **Accès payant.**
♿ limité. 🖼 🎧 📷

L'ange tournait jadis pour que sa croix se voit de tout Paris.

Chapelle haute
Ses vitraux illustrent l'Ancien et le Nouveau Testament.

VITRAUX DE LA CHAPELLE HAUTE

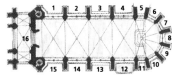

1 La Génèse
2 L'Exode
3 Les Nombres
4 Deutéronome : Josué
5 Les Juges
6 *gauche* Isaïe *droite* l'Arbre de Jessée
7 *gauche* St Jean l'Evangéliste *droite* Enfance du Christ
8 La Passion
9 *gauche* St Jean-Baptiste *droite* Livre de Daniel
10 Ezéchiel
11 *gauche* Jérémie *droite* Tobie
12 Judith et Job
13 Esther
14 Livre des Rois
15 Translation des reliques
16 *Rosace*: l'Apocalypse

★**Vitrail de la Dernière Cène**
La Cène est ici représentée sur l'un des plus beaux vitraux de la chapelle haute.

★**Statues des apôtres**
Ces splendides sculptures sur bois du Moyen Age ornent les 12 piliers de la chapelle haute.

Chapelle basse
Les serviteurs et les gens du commun se recueillaient ici, la chapelle haute étant réservée au roi et sa famille.

★**Vitrail des reliques**
Il montre la translation de la Couronne d'épines et du bois de la Croix.

LE MARAIS

Beaucoup considèrent le Marais comme le quartier le plus agréable de Paris. Lieu de résidence aristocratique au XVIIe siècle, il fut abandonné par ses propriétaires nobles pendant la Révolution. Livré à l'artisanat puis à la petite industrie au XIXe siècle, il resta à peu près à l'abandon jusqu'à la loi Malraux de 1962 qui permit d'entamer sa restauration.

Ses plus beaux édifices rénovés, le quartier est de nouveau à la mode et restaurants, galeries d'art et stylistes s'y sont installés. Les prix augmentant, de nombreux ateliers ont dû fermer et il reste de moins en moins d'artisans, de magasins d'alimentation et de petits cafés, sauf dans quelques rues et ruelles où des commerçants juifs pieds-noirs et asiatiques maintiennent une animation presque villageoise.

LE QUARTIER D'UN COUP D'ŒIL

Monuments et sites historiques
Hôtel de Lamoignon ❷
Rue des Francs-Bourgeois ❸
Rue des Rosiers ❽
Hôtel de Ville ❿
Hôtel de Rohan ㉒
No. 3, Rue Volta ㉕

Eglises
St-Paul–St-Louis ⑮
St-Gervais–St-Protais ⑱
Cloître des Billettes ⑳
Notre-Dame-des-Blancs-Manteaux ㉑

Musées
Musée Carnavalet pp. 96-7 ❶
Musée Cognacq-Jay ❹
Maison de Victor Hugo ❻
Hôtel de Sully ❼
Musée Kwok-On ❾
Hôtel Libéral-Bruand (Musée Bricard) ❿
Musée Picasso pp. 100-1 ⑪
Hôtel de Sens ⑯

Hôtel de Soubise ㉓
Hôtel Guénégaud (musée de la Chasse et de la Nature) ㉔

Monuments et statues
Colonne de Juillet ⑬
Mémorial du Martyr Juif inconnu ⑰

Opéra
Opéra de Paris-Bastille ⑫

Squares et places
Place des Vosges ❺
Place de la Bastille ⑭
Square du Temple ㉖

COMMENT Y ALLER ?
Métro : Les trois grandes stations sont Bastille, Hôtel-de-Ville et République. Bus : La ligne 29 emprunte la rue des Francs-Bourgeois et passe devant le Musée Carnavalet et par la place des Vosges.

VOIR AUSSI

• **Atlas des rues**, plans 13-14
• **Hébergement** pp. 278-9
• **Restaurants** pp. 296-8

LÉGENDE
Plan du quartier pas à pas
M Station de métro
Arrêt du Batobus
P Parcs de stationnement

0   400 m

Le charmant square Georges-Caïn est un des havres de paix du quartier

Le Marais pas à pas

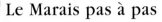

Ancien marécage, comme son nom l'indique, le Marais commença à prendre de l'importance au XIVe siècle du fait qu'il se trouvait proche du Louvre, la résidence favorite de Charles V. Il connut son âge d'or au XVIIe siècle quand il devint le lieu de résidence à la mode pour la noblesse et la haute bourgeoisie. Les plus grands architectes construisirent alors les hôtels somptueux qui subsistent encore aujourd'hui. Récemment restaurés, nombre d'entre eux sont devenus des musées. Le Musée Carnavalet, qui retrace l'histoire de Paris depuis l'époque romaine, en est l'un des plus passionnants.

Vers le Centre Pompidou

RUE BARBETTE

RUE ELZEVIR

RUE PAYENNE

RUE-DES-HOSPITALIÈRES ST GERVAIS

RUE DES

FRA

RUE

RUE DES ROSIERS

RUE PAVÉE

RUE MALHER

Rue des Francs-Bourgeois
Vieux immeubles et importants musées bordent cette rue ❸

★ **Musée Kwok-On**
Consacré aux fêtes et théâtres orientaux, ce musée renferme costumes, masques et accessoires traditionnels ❾

À NE PAS MANQUER :

★ **Musée Picasso**

★ **Musée Kwok-On**

★ **Musée Carnavalet**

★ **Place des Vosges**

LÉGENDE

— — —   Itinéraire conseillé

```
0                    100 mètres
```

Rue des Rosiers
Les odeurs de bortsch et de pastrami chaud embaument le cœur du quartier juif ❽

Musée Cognacq-Jay
Il présente dans un cadre d'époque une collection raffinée de peintures et mobilier du XVIIIe siècle ❹

Hôtel de Lamoignon
Son portail décoré ouvre sur la bibliothèque historique de la Ville ❷

★ **Musée Picasso**
Cet ancien palais d'un fermier des Gabelles abrite la plus riche collection au monde d'œuvres de Picasso. Elle a été donnée à l'Etat par sa famille ⓫

Hôtel Libéral-Bruant
Devenu un musée de la Serrure, il porte le nom de l'architecte qui le construisit pour l'habiter ⓾

CARTE DE SITUATION
Voir le centre de Paris pp. 12-13

L'hôtel Le Peletier de St-Fargeau forme, avec l'hôtel Carnavalet, le musée de l'Histoire de Paris.

★ **Musée Carnavalet**
Coysevox représenta Louis XIV vêtu à l'antique sur cette statue qui se dresse dans la cour du musée ❶

Maison de Victor Hugo
L'auteur des Misérables *vécut au n° 6, place des Vosges, qui abrite maintenant son musée* ❻

Vers la station Sully-Morland

★ **Place des Vosges**
Cette place à la symétrie parfaite occupe l'emplacement de l'hôtel des Tournelles où Henri II trouva la mort dans un tournoi ❺

Hôtel de Sully
Un très bel hôtel Renaissance qui date de 1624 ❼

Le Musée Carnavalet ❶

Voir pp. 96-7

L'hôtel de Lamoignon ❷

24, rue Pavée 75004. **Plan** 14 D3.
C *44 59 29 40.* **M** *St-Paul.* **Ouvert**
9 h 30-18 h lun.-sam. **Fermé** *jours fériés et du 1er au 15 août.* Ø 🔲

L'imposant hôtel de Lamoignon fut édifié en 1584 pour Diane de France, duchesse d'Angoulême et fille d'Henri II. Six hauts pilastres aux frontons décorés de têtes de chiens, d'arcs, de flèches et de carquois, dans la cour, rappellent qu'elle portait le nom de la déesse romaine de la chasse. L'immeuble, restauré après la guerre, abrite aujourd'hui la bibliothèque historique de la Ville qui possède 80 000 gravures et plus d'un million de volumes et manuscrits relatifs à l'histoire de Paris.

Rue des Francs-Bourgeois ❸

75003, 75004. **Plan** 14 D3.
M *Rambuteau, Chemin-Vert.*

Cette rue, bordée à une extrémité par l'hôtel de Soubise et à l'autre par le Musée Carnavalet, s'étend de

L'entrée du Musée Carnavalet

la rue des Archives à la place des Vosges. Elle tire son nom des indigents, francs de taxes et d'impôts, qu'accueillait la Maison d'aumône construite en 1334 aux nᵒˢ 34 et 36. En 1777, la Ville ouvrit non loin le mont-de-piété, futur Crédit municipal (nᵒˢ 55 et 57) dont le bâtiment renferme une tour de l'enceinte de Philippe Auguste.

Le Musée Cognacq-Jay ❹

Hôtel Donon, 8, rue Elzévir 75003.
Plan 14 D3. **C** *40 27 07 21.*
M *St-Paul.* **Ouvert** *10 h-17 h 40 mar.-dim. (der. ent. : 16 h 30).* **Fermé** *jours fériés.* **Accès payant.** Ø 🔲 🔲

Ernest Cognacq et sa femme Louise Jay, fondateurs du plus important des grands

magasins, la Samaritaine (*p. 115*), réunirent cette belle collection d'œuvres d'art et de mobilier du XVIIIe siècle. Un legs en rendit la ville de Paris propriétaire en 1929 et elle occupe aujourd'hui, au cœur du Marais, l'élégant hôtel Donon construit en 1575 mais dont la façade et l'extension datent du XVIIIe siècle.

La place des Vosges ❺

75003, 75004. **Plan** 14 D3.
M *Bastille, St-Paul.*

Voilà sans doute un des ensembles urbains les plus beaux du monde (*pp. 22-23*). 36 pavillons, neuf de chaque côté, construits en brique et en pierre, avec de hauts toits en ardoise percés d'œils-de-bœuf au-dessus d'arcades, lui donnent une rigoureuse symétrie. Bien des événements historiques s'y déroulèrent en 400 ans. Dès son inauguration en 1612 qui coïncida avec le mariage de Louis XIII et Anne d'Autriche, la cérémonie donna lieu à trois jours de tournois. La marquise de Sévigné naquit place des Vosges le 5 février 1626. Le cardinal de Richelieu y résida en 1615. Et Victor Hugo y habita pendant 16 ans.

La place des Vosges au XIXe siècle

La maison de Victor Hugo ❻

6, place des Vosges 75004.
Plan 14 D3. **📞** 42 72 10 16.
M Bastille. **Ouv.** sur rendez-vous
10 h-17 h 40 mar.-dim. **Fermée** jours
fériés. **Accès payant** 🚫 📷
Bibliothèque.

Le poète, dramaturge et romancier habita de 1832 à 1848 au 2e étage de l'ancien hôtel de Rohan-Guéménée, le plus spacieux des immeubles de la place. Ce fut là qu'il écrivit une grande partie des *Misérables* et qu'il acheva nombre de ses œuvres célèbres. Le musée présente une reconstitution des pièces où il vécut et une exposition de ses dessins. Livres, photos et souvenirs évoquent les moments importants de sa vie, de son enfance à ses 18 années d'exil.

Buste en marbre de Victor Hugo par Auguste Rodin

L'hôtel de Sully ❼

62, rue Saint-Antoine 75004.
Plan 14 D4. **📞** 44 61 20 00. **M** St-Paul. **Accès payant**, libre dans la cour. **Ouvert** 9 h-18 h t.l.j. **Fermé** jours fériés. 📷 📷 📷

Il fut construit en 1624 pour le financier Mesme-Gallet. Le duc de Sully, ministre d'Henri IV, l'acheta en 1634, en améliora la décoration intérieure et créa dans le jardin l'orangerie que l'on appelle toujours le Petit Sully. Gravures, plans et archives ont permis une restauration particulièrement réussie de ce superbe hôtel d'architecture Renaissance bordant l'une des plus vieilles rues de Paris. On accède, par un portail richement sculpté, à la vaste et harmonieuse cour intérieure dont les façades s'ornent de lucarnes entourées de volutes, de

Façade Renaissance de l'orangerie de l'hôtel de Sully

sphinx et de bas-reliefs représentant les quatre saisons. L'hôtel de Sully est aujourd'hui le siège de la Caisse des monuments historiques qui organise dans ses caves des expositions temporaires.

Rue des Rosiers ❽

75004. **Plan** 13 C3. **M** St-Paul.

Ancien chemin de ronde bordé de rosiers, elle se trouve au centre de l'un des quartiers les plus pittoresques de Paris avec ses boutiques et restaurants casher tel le célèbre Jo Goldenberg (*p. 322*). Occupé une première fois par la communauté juive du XIIe au XIVe siècle, il connut une nouvelle vague d'implantation à la fin du XIXe siècle avec les réfugiés ashkénazes fuyant les

pogroms d'Europe de l'Est, puis accueillit en 1960 des rapatriés d'Algérie de tradition séfarade.

Le Musée Kwok-On ❾

(Anciennement dans le Marais.)
57, rue du Théâtre 75015.
Plan 10 D5. **📞** 45 75 85 75.
M Dupleix. **Fermé** pour travaux jusqu'en mai 1995.

Portant le nom du collectionneur chinois qui, par un don, permit sa création, ce musée est l'un des plus curieux de Paris. Consacré au théâtre oriental et à ses traditions, il présente costumes, masques, marionnettes, figurines de théâtre d'ombre et accessoires de fêtes populaires de Chine, d'Inde, du Japon et de l'Asie du Sud-Est.

Juifs orthodoxes dans le Marais

Le Musée Carnavalet ❶

Le Musée Carnavalet

Consacré à l'histoire de Paris, ce grand musée occupe deux hôtels attenants : l'hôtel Carnavalet, construit en 1545 par Nicolas Dupuis, et l'hôtel Le Peletier de St-Fargeau, édifié au XVIIe siècle. Des reconstitutions de pièces entières, avec leur décoration d'époque, leur mobilier et leurs objets d'art, illustrent l'évolution des intérieurs parisiens du règne d'Henri IV jusqu'au début de notre siècle. Le musée présente en outre de nombreuses peintures, sculptures et gravures.

Portrait au pastel de Louis XVI *(1793)*
Le dernier portrait du roi, dessiné à la prison du Temple peu avant son exécution.

Les philosophes du XVIIIe siècle, notamment Jean-Jacques Rousseau et Voltaire, sont à l'honneur dans cette salle.

★ **Plafond par Charles Le Brun**
Décorés d'œuvres magnifiques du XVIIe siècle, le grand cabinet et la grande chambre proviennent de l'hôtel de la Rivière.

★ **Galerie de Mme de Sévigné**
Elle contient ce portrait de la célèbre épistolière dont les lettres décrivent si bien son époque et le Marais.

À NE PAS MANQUER :

★ **La galerie de Mme de Sévigné**

★ **Le plafond par Charles Le Brun**

★ **Salon de compagnie de l'hôtel d'Uzès**

★ **La salle de bal de l'hôtel de Wendel**

★ **Salon de compagnie de l'hôtel d'Uzès**
Il fut réalisé en 1761 sur des dessins de Ledoux. Les lambris blanc et or proviennent d'un hôtel de la rue Montmartre.

Entrée du mu...

2ᵉ étage

1ᵉʳ étage

Salle de la Convention
Ce portrait de Danton fait partie des souvenirs de la Révolution.

La joaillerie Fouquet *(1900)*
Mucha dessina le décor Art nouveau de cette boutique de la rue Royale.

Hôtel Le Peletier

★ **Salle de bal de l'hôtel de Wendel**
Il s'agit d'une reconstitution de la salle décorée au début du xxᵉ siècle par le Catalan José María Sert. La peinture murale représente le cortège de la reine de Saba.

MODE D'EMPLOI

23, rue de Sévigné 75003.
Plan 14 D3. 42 72 21 13.
St-Paul. 29, 69, 76, 96
vers St-Paul, Pl. des Vosges.
Hôtel-de-Ville, rue St-Antoine.
Ouvert 10 h-17 h 40 mar.-dim.
(der. ent. : 17 h 15). **Fermé** les
jours fériés. **Accès payant.**
14 h 30 mar. et sam.

Salon Louis xv
De style Régence, il contient des objets d'art de la collection Bouvier et des lambris de l'hôtel de Broglie.

LÉGENDE DU PLAN

☐ Paris romain et médiéval
☐ Paris de la Renaissance
☐ Paris du xviiᵉ siècle
☐ Paris de Louis xv
☐ Paris de Louis xvi
☐ Paris de la Révolution
☐ Du premier au second Empire
☐ Du second Empire à aujourd'hui
☐ Expositions temporaires
☐ Circulations et services

SUIVEZ LE GUIDE !
La majeure partie de l'exposition suit l'ordre chronologique. L'hôtel Carnavalet abrite l'histoire de Paris jusqu'en 1789 (jusqu'à la Renaissance au rez-de-chaussée, xviiᵉ siècle et xviiiᵉ siècle au 1ᵉʳ étage). Le deuxième étage de l'hôtel Le Peletier est consacré à la Révolution, le premier à l'époque s'étendant du second Empire à nos jours et le rez-de-chaussée aux premier et second Empires.

L'hôtel Libéral-Bruant ❿

1, rue de la Perle 75003. **Plan** 14 D3.
🅲 *42 77 79 62.* Ⓜ *St-Paul,
Chemin-Vert.* **Ouvert** *14 h-17 h lun. ;
10 h-12 h, 14 h-17 h mar.-ven.* **Fermé**
en août et jours fériés. **Accès payant**

Avec son élégance discrète,
cette petite résidence que
l'architecte Libéral Bruant
construisit pour son propre
usage est d'un style très
éloigné de son œuvre la plus
célèbre : l'hôtel des Invalides
(*pp. 186-7*). Récemment
restauré, le bâtiment abrite le
musée Bricard et sa
surprenante collection de
serrures, boutons de porte et
heurtoirs, certaines pièces
remontant à l'époque
romaine.

Le Musée Picasso ⓫

Voir pp. 100-1

L'Opéra-Bastille ⓬

120, rue de Lyon 75012. **Plan** 14 E4.
🅲 *40 01 17 89.* Ⓜ *Bastille.*
Ouvert *11 h-18 h lun.-sam.*
Fermé *jours fériés.* ♿ 📷
Voir **Spectacles** *pp. 334-5.*

L'inauguration de cet «opéra
populaire», l'un des plus
modernes (et controversés)
d'Europe, édifié à
l'emplacement d'une

**Le Génie de la Liberté au sommet
de la colonne de Juillet**

ancienne gare, eut lieu le
14 juillet 1989, date du
bicentenaire de la prise de la
Bastille. Conçu par Carlos Ott,
cet imposant bâtiment à la
façade courbe et vitrée rompt
avec la tradition du XIXᵉ siècle
qu'incarnait l'Opéra-Garnier
(*pp. 214-15*). La grande salle
à la décoration épurée et
moderne avec ses sièges
noirs, ses murs de granit et
son plafond en verre peut
accueillir 2 700 spectateurs.
L'Opéra-Bastille dispose d'un
équipement à la pointe de la
technologie, dont cinq scènes
mobiles permettant de jouer
plusieurs spectacles en
alternance.

La colonne de Juillet ⓭

Place de la Bastille 75004. **Plan** 14 E4.
Ⓜ *Bastille.* **Fermé** *au public.*

Surmontée du Génie de la
Liberté, cette colonne haute
de 51,50 m se dresse au centre
de la place de la Bastille. C'est
un monument à la mémoire
des victimes de la révolution
de 1830 (*pp. 30-31*) qui
instaura la monarchie de
Juillet. Sa crypte contient leurs
504 dépouilles auxquelles
furent ajoutés les morts de la
révolution de 1848.

La place de la Bastille ⓮

75004. **Plan** 14 E4. Ⓜ *Bastille.*

Il ne reste rien aujourd'hui
de la prison (*pp. 28-9*)
qu'assaillirent les émeutiers le
14 juillet 1789. Une ligne de
pavés, du nᵒ 5 au nᵒ 49 du
boulevard Henri IV, dessine le
tracé d'une partie des
anciennes tours et courtines
de la forteresse. À
l'emplacement de son bastion
s'étend aujourd'hui la place
de la Bastille, carrefour
traditionnel entre le centre de
Paris et les faubourgs
populaires. Mais la «Bastoche»
s'est s'embourgeoisée depuis
l'ouverture de l'Opéra et
l'apparition de cafés branchés
et de galeries à la mode.

**La façade contemporaine de
l'Opéra-
Bastille**

St-Paul-St-Louis ⓯

99, rue Saint-Antoine 75004.
Plan 14 D4. 📞 *42 72 30 32.* Ⓜ *St-Paul.* **Ouvert** *8 h-19 h 30 lun.-sam. ; 8 h-midi, 15 h-19 h dim.*

De 1627, où Louis XIII posa la première pierre, à 1762, qui vit l'expulsion de France des jésuites, l'église St-Paul-St-Louis symbolisa la puissance de la compagnie de Jésus. Sa coupole de 60 m de hauteur était à son achèvement la plus grande de Paris et annonçait celle des Invalides et de la Sorbonne. Connue pour la richesse de sa décoration, l'église fut pillée à la Révolution puis au XIXe siècle mais conserve un chef-d'œuvre de Delacroix : le *Christ au jardin des Oliviers*. Elle se dresse sur l'une des rues principales du Marais mais on peut aussi y accéder par le vieux et pittoresque passage St-Paul.

L'hôtel de Sens ⓰

1, rue du Figuier 75004. **Plan** 13 C4.
📞 *42 78 14 60.* Ⓜ *Pont-Marie.*
Ouvert *13 h 30-20 h 30 lun.-ven. ; 10 h-20 h 30 sam.* **Fermé** *jours fériés.*
Accès payant. 🚫 🖾

Il fait partie de la poignée d'édifices civils datant du Moyen Age encore debout à Paris et abrite la bibliothèque Forney consacrée aux arts et métiers et centre de documentation des artisans parisiens.
Achevé en 1519, l'hôtel de Sens fut transformé en place

Le *Christ au jardin des Oliviers* par Delacroix à St-Paul-St-Louis

forte pendant la Ligue par le cardinal de Pellevé qui mourut de rage en 1594 lorsqu'il apprit qu'Henri IV entrait dans Paris. Ce dernier y logea alors son ex-épouse, Marguerite de Valois, qui fit de cette forteresse de la foi, l'asile de son intense et mouvementée vie amoureuse.

Le mémorial du Martyr juif inconnu, inauguré en 1956

Le mémorial du Martyr juif inconnu ⓱

17, rue Geoffroy-l'Asnier 75004.
Plan 13 C4. 📞 *42 77 44 72.*
Ⓜ *Pont-Marie.* **Ouvert** *10 h-13 h, 14 h-18 h lun.-jeu. ; 10 h-13 h, 14 h-16 h ven. ; 14 h-17 h dim.* ♿ 🖾

Non loin de la rue des Rosiers, une flamme éternelle brûle dans la crypte du tombeau du Martyr juif inconnu. Le large cylindre portant les noms de tous les camps de concentration constitue l'élément le plus frappant de ce mémorial inauguré le 30 octobre 1956 au pied de l'immeuble de marbre blanc qui renferme les archives du centre de documentation juive de Paris.

St-Gervais-St-Protais ⓲

Pl. St-Gervais 75004. **Plan** 13 B3.
📞 *48 87 32 02.* Ⓜ *Hôtel-de-Ville.*
Ouvert *6 h-21 h mar.-dim.*

Dédié à deux frère martyrs dont on ignore tout de la vie, ce sanctuaire dont les origines remontent au VIe siècle possède la plus ancienne façade classique (1621) de Paris, la première où se superposaient les ordres dorique, ionique et corinthien. Derrière cette façade s'étend une superbe église gothique finissant réputée pour sa tradition de musique religieuse. Ce fut pour son orgue que François Couperin (1668-1733) composa ses deux messes. Aujourd'hui, les chants grégoriens des moines de la Fraternité monastique de Jérusalem attirent tous les jours (7 h, 12 h 30, 18 h) des auditeurs du monde entier.

L'hôtel de Sens abrite la bibliothèque Forney

Superposition des trois ordres classiques à St-Gervais-St-Protais

Le Musée Picasso ⓫

À la mort de Pablo Picasso (1881-1973), l'État français reçut un grand nombre de ses œuvres en paiement des droits de succession. Il les regroupa pour créer ce musée en 1986 à l'hôtel Salé, somptueuse demeure construite en 1656 pour Aubert de Fontenay, contrôleur des Gabelles (impôts sur le sel, d'où le surnom de l'hôtel). Le caractère de l'édifice a été respecté malgré les aménagements nécessaires à l'accueil d'une collection de cette ampleur et de son public. L'accrochage permet de suivre tout le parcours artistique de Picasso, notamment ses périodes bleue, rose et cubiste, et d'admirer son travail sur différents supports.

★Autoportrait
Pauvreté, solitude, et désespérance se conjuguèrent pour faire de la fin de 1901, date de cette toile, une période difficile pour Picasso.

Violon et partition
Un collage (1912) de la période du cubisme synthétique.

★ Les Deux Frères
Au cours de l'été 1906, Picasso retourna en Catalogne où il peignit ce tableau.

★ Le Baiser *(1969)*
Picasso épousa Jacqueline Roque en 1961 et revint vers la même époque au thème du couple formé par l'artiste et son modèle.

Sous-sol

SUIVEZ LE GUIDE !
Il y a une rotation régulière des œuvres, qui ne sont pas toutes exposées simultanément. Le rez-de-chaussée renferme le jardin des sculptures et les œuvres de la fin des années 20 à la fin des années 30, et du milieu des années 50 à 1973.

LÉGENDE DU PLAN

☐	Peintures
☐	Illustrations
☐	Jardin de sculptures
☐	Céramiques
☐	Circulations et services

Femme à la mantille *(1949)*
Picasso commença à travailler la céramique en 1948.

Peintre avec palette et chevalet (1928)
Cette huile postcubiste fut peinte à un moment où le travail de Picasso tendait vers le surréalisme.

1er étage

★ **Deux femmes courant sur la plage** *(1922)*
Ce tableau fut reproduit en 1924 sur le rideau de scène du ballet de Diaghilev, le Train bleu.

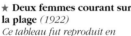

Rez-de-chaussée

Entrée

Les Baigneuses
(1956)
Ce groupe de sculptures se trouve dans le jardin derrière l'hôtel.

MODE D'EMPLOI

Hôtel Salé, 5, rue de Thorigny. **Plan** 14 D2. 📞 *42 71 25 21.* Ⓜ *St-Sébastien, St-Paul.* 🚌 *29, 96, 75, 86, 87 vers St-Paul, Bastille, Pl. des Vosges.* Ⓡ *Châtelet-Les-Halles.* 🅿 *Rue St-Antoine, Bastille.* **Ouvert** *9 h 30-18 h merc.-lun. (der. ent. : 30 mn av. la ferm.).* **Fermé** *jours fériés* **Accès payant** 📷 ♿ 🎬 *juil.-sept. ou sur rendez-vous : matin enfants, après-midi adultes.* **Projections.** 💻 📱

Femme lisant *(1932)*
Les formes rondes et pleines évoquent la grâce sereine de sa compagne du moment : Marie-Thérèse Walter.

À NE PAS MANQUER :

★ **L'Autoportrait de 1901**

★ **Les Deux Frères**

★ **Deux femmes courant sur la plage**

★ **Le Baiser**

PICASSO ET L'ESPAGNE

Hostile au régime de Franco, Picasso ne retourna plus dans son pays natal après 1934. Néanmoins, tout au long de sa vie en France, des thèmes espagnols tels que le taureau (souvent sous forme de Minotaure) et la guitare (qu'il associait à son enfance andalouse) marqueront son œuvre.

La façade néorenaissance de l'Hôtel de Ville

L'Hôtel de Ville ⑲

4, place de l'Hôtel-de-Ville 75004.
Plan 13 B3. 📞 42 76 50 49.
Ⓜ *Hôtel-de-Ville.* **Visite** *10 h 30 lun.,
téléphoner.* **fermé** *j. fériés et
manifestations officielles.* ♿ ✉

L'histoire de l'Hôtel de Ville commence en 1357 quand Etienne Marcel, prévôt des marchands, achète un immeuble, appelé la maison aux Piliers à cause de ses arcades, pour y abriter les réunions des échevins, les représentants des bourgeois parisiens. Au fil des siècles, le bâtiment fut agrandi, remodelé et richement décoré mais il disparut dans les flammes en 1871. L'édifice actuel en est une reconstruction achevée en 1882. Très pompeux avec ses hauts-reliefs, ses statues et ses tourelles, il domine une vaste et agréable place piétonnière agrémentée de fontaines modernes où rien ne rappelle qu'elle accueillit longtemps, sous le nom de place de Grève, les exécutions capitales.

L'intérieur de l'Hôtel de Ville avec ses escaliers majestueux, ses plafonds à caissons décorés, ses lustres de cristal, ses nombreuses statues et cariatides, son immense salles des Fêtes bordée de hautes arcades, ses salons et leurs tableaux, offre un décor luxueux et solennel aux réceptions officielles qu'organise la municipalité.

Le cloître des Billettes ⑳

24, rue des Archives 75004.
Plan 13 B3. 📞 42 72 38 79.
Ⓜ *Hôtel-de-Ville.* **Eglise ouv.** *pour
services et concerts d'orgue 10 h-12 h
dim., 18 h- 19h 30 jeu.* **Cloître ouv.**
pour expositions 11 h- 19 h.

C'est le seul cloître médiéval qui subsiste à Paris. Datant de 1427, il est formé de quatre galeries aux arcades à voûtes flamboyantes. L'église attenante, du xviiie siècle, est affectée au culte réformé et accueille souvent des concerts.

Le plus vieux cloître de Paris

Notre-Dame-des-Blancs-Manteaux ㉑

12, rue des Blancs-Manteaux 75004.
Plan 13 C3. 📞 42 72 09 37.
Ⓜ *Rambuteau.* **Ouvert** *10 h-12 h 45,
16 h-19 h mar.-dim.* **Concerts.**

Construite en 1648, cette église doit son nom à la tenue blanche de l'ordre des Augustins qui fonda un couvent sur le site en 1258. Elle renferme une magnifique chaire du xviiie siècle de style rocaille et l'on peut apprécier la qualité de son orgue lors des concerts qui y sont organisés.

L'hôtel de Rohan ㉒

87, rue Vieille-du-Temple 75003.
Plan 13 C2. 📞 40 27 60 00.
Ⓜ *Rambuteau.* **Ouv.** *lors
d'expositions temporaires*

Bien qu'ils ne se ressemblent pas, le même architecte, Delamair, construisit cet hôtel et celui de Soubise pour le même commanditaire, Armand de Rohan-Soubise. Depuis 1927, l'hôtel de Rohan abrite une partie des Archives nationales. Dans la cour, les célèbres *Chevaux d'Apollon* par Robert Le Lorrain ornent la porte des anciennes écuries occupées désormais par le Minutier des notaires de Paris.

Les Chevaux d'Apollon

L'hôtel de Soubise ❷❸

60, rue des Francs-Bourgeois 75003.
Plan 13 C2. 📞 40 27 61 78.
Ⓜ *Rambuteau.* **Ouvert** 13 h 45-
17 h 45 merc.-lun. **Fermé** jours fériés.
Accès payant. 🚫 📷

L'hôtel de Soubise

C ette imposante demeure,
réaménagée de 1705 à
1709 pour la princesse de
Rohan et qui incorpore les
vestiges d'hôtels précédents,
est l'un des deux principaux
bâtiments (l'autre étant l'hôtel
de Rohan) abritant les
Archives nationales. De 1735 à
1740, certains des artistes les
plus talentueux de l'époque :
Van Loo, Restout, Natoire et
Boucher, travaillèrent à la
réfection des appartements
sous la direction de Germain
Boffrand.

On peut toujours admirer le
salon ovale, merveille du
style rocaille décoré par
Natoire, car il fait partie du
musée de l'Histoire de France
qui occupe une partie de
l'édifice. Parmi les pièces
exposées : le testament de
Napoléon.

L'hôtel Guénégaud ❷❹

60, rue des Archives 75003.
Plan 13 C2. 📞 42 72 86 43. Ⓜ *Hôtel-
de-Ville.* **Ouvert** 10 h-12 h 30, 13 h 30-
17 h 30 merc.-lun. **Fermé** jours fériés.
Accès payant. 🚫 📷

L e célèbre architecte
François Mansart
construisit ce magnifique

Le jardin de l'hôtel Guénégaud

hôtel au milieu du XVIIᵉ siècle
pour Henri de Guénégaud
des Brosses qui fut garde des
Sceaux. Une aile contient
maintenant le musée de la
Chasse et de la Nature
inauguré par André Malraux
en 1967 après d'importants
travaux de restauration.

L'exposition comprend des
dessins et peintures –
notamment de Rubens,
Rembrandt et Monet –, de
nombreux trophées, des
défenses d'éléphants, de
beaux animaux naturalisés,
des arbalètes et arquebuses
des XVIᵉ et XVIIᵉ siècles, et
une superbe collection
d'armes de chasse du XVIᵉ au
XIXᵉ siècles.

Nᵒ 3, rue Volta ❷❺

75003. **Plan** 13 C1. Ⓜ *Arts-et-
Métiers.* **Fermé** au public

O n a longtemps cru que
cette maison de trois
étages dans l'étroite rue dédiée
à l'inventeur de la pile
électrique datait de 1300 et
qu'elle était la plus vieille de la
capitale. Jusqu'à ce qu'on
découvre en 1978 qu'il
s'agissait d'une reconstitution
du XVIIᵉ siècle. Elle présente
néanmoins des caractéristiques
typiques des maisons
parisiennes du Moyen Age tels
les colombages de sa façade,
les plafonds bas (2 m) de ses
pièces d'habitation et son rez-
de-chaussée occupé par deux
boutiques. Des volets
horizontaux fermaient leurs
devantures. Posé sur la
margelle pendant la vente,
celui du bas servait aussi
d'étal.

**Reconstitution du XVIIᵉ siècle
d'une maison médiévale**

Le square du Temple ❷❻

75003. **Plan** 13 C1. Ⓜ *Temple.*

C e square charmant
occupe l'emplacement de
l'ancien enclos fortifié des
Templiers. Etat dans l'Etat,
asile de ceux cherchant à
échapper à la juridiction
royale, ce domaine protégé
par de hauts murs et un pont-
levis renfermait un palais, un
donjon, une église et des
commerces.

Inquiet de la puissance de
l'Ordre et décidé à s'emparer
de ses richesses, Philippe le
Bel fit brûler vifs les chefs du
Temple en 1307 et les
Hospitaliers de Saint-Jean
héritèrent de l'enclave. Le
donjon fut plus tard
transformé en prison, où
Louis XVI et Marie-Antoinette
furent incarcérés (*pp. 28-9*)
après leur arrestation en 1792.
Le roi ne la quitta que pour
son exécution.

BEAUBOURG ET LES HALLES

Spectaculaires ensembles contemporains, le Centre Pompidou et le Forum des Halles forment à eux deux l'un des pôles les plus fréquentés de la rive droite. Promeneurs, amateurs d'art, étudiants et touristes circulent littéralement par millions entre les deux places.

Situées pour la plupart en sous-sol, les boutiques des Halles attirent surtout une clientèle jeune. En surface, souvenirs, fripes et gadgets ont envahi le quartier mais il reste suffisamment de vieux bistrots et

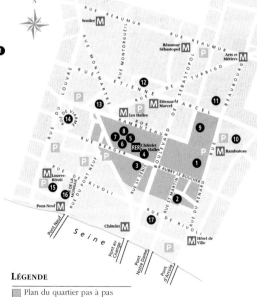

Fontaine de la place Igor Stravinsky

de petits commerçants pour rappeler ce qu'ont dû être Les Halles quand s'y tenait le marché de gros qui alimentait toute la capitale.

Du Forum, plusieurs rues convergent vers le quartier Beaubourg et le Centre Pompidou, assemblage multicolore de poutrelles et de tubulures rompant délibérément avec l'architecture environnante. Tout autour en effet, comme dans les rues Beaubourg ou St-Martin, de vieilles maisons biscornues et pittoresques abritent les galeries d'art.

LE QUARTIER D'UN COUP D'ŒIL

Monuments et sites historiques
No 51, rue de Montmorency ⑪
Tour de Jean-sans-Peur ⑫
Bourse du Commerce ⑭
Tour St-Jacques ⑰

Eglises
St-Merri ❷
St-Eustache ⑬
St-Germain-l'Auxerrois ⑮

Musées
Centre Pompidou pp. 110-13 ❶
Musée Grévin ❺
Musée de l'Holographie ❻
Vidéothèque de Paris ❼
Musée de la Musique mécanique ❿

Architecture moderne
Forum des Halles ❽
Le Défenseur du temps ❾

Café
Café Costes ❹

Fontaine
Fontaine des Innocents ❸

Grand magasins
La Samaritaine ⑯

COMMENT Y ALLER ?
Métro : Rambuteau, Hôtel-de-Ville, Châtelet et Les-Halles sont les stations les plus proches.
Bus : La ligne 47 longe le Centre Pompidou par la rue Beaubourg et emprunte le boulevard de Sébastopol.

VOIR AUSSI

• *Atlas des rues*, plan 13

• *Hébergement* pp. 278-9

• *Restaurants* pp. 296-8

LÉGENDE
▦ Plan du quartier pas à pas
Ⓜ Station de métro
RER Station de RER
Ⓟ Parcs de stationnement

0   400 m

L'Écoute, statue par Henri de Miller devant St-Eustache

Beaubourg et Les Halles pas à pas

Quand Emile Zola décrivit Les Halles comme «le ventre de Paris», il parlait du marché qui nourrissait la ville depuis 1183. Dans les années 60, les problèmes de circulation qu'il posait le condamnèrent à émigrer en banlieue et les immenses parapluies des pavillons de Baltard furent détruits malgré les protestations et remplacés par le vaste complexe souterrain du Forum. Aujourd'hui, Les Halles et le Centre Pompidou, le monument le plus visité de Paris depuis son ouverture en 1977, attirent la foule la plus mélangée de la capitale.

Avec sa forme en corolle, le pavillon des Arts est l'un de ceux qui dominent le Forum du côté de la rue Pierre-Lescot. Il abrite des expositions temporaires.

Le musée de l'Holographie
Les hologrammes de ce musée imitent la vie et le mouvement **6**

★ **Le Forum des Halles**
En-dessous des boutiques, des restaurants et des cinémas se trouve la station de métro la plus fréquentée du monde **8**

La vidéothèque de Paris
Les visiteurs peuvent y choisir leur programme à la carte **7**

Vers le métro Châtelet

Rue de la Ferronnerie
C'est là qu'en 1610, Ravaillac assassina Henri iv dont un embouteillage immobilisait le carrosse.

★ **La fontaine des Innocents**
La dernière fontaine Renaissance de Paris fut dessinée par le sculpteur et architecte Jean Goujon **3**

L'IRCAM est un centre de recherche en musique contemporaine situé en sous-sol.

À NE PAS MANQUER :

★ **Centre Pompidou**

★ **Le Défenseur du temps**

★ **La fontaine des Innocents**

★ **Le Forum des Halles**

LÉGENDE

– – – Itinéraire conseillé

Café Costes
Une clientèle jeune et branchée fréquente ce café à la mode ❹

La rue Quincampoix
est bordée d'hôtels du XVIIIᵉ siècle récemment ravalés.

CARTE DE SITUATION
Voir le centre de Paris pp. 12-13

Le Défenseur du temps
Les monstres de cette horloge à automates rythment l'écoulement du temps ❾

Métro Rambuteau

★ **Le Centre Pompidou**
Il abrite le musée national d'Art moderne, des bibliothèques et le centre de Création industrielle ❶

La place Igor-Stravinsky est occupée par la fontaine animée créée par Niki de Saint-Phalle et Jean Tinguely.

St-Merri
Dessinée par les frères Stodtz, la chaire de cette magnifique église, soutenue par deux palmiers, date du XVIIIᵉ siècle ❷

0

Le Centre Pompidou ❶

Voir pp. 110-13

Scène de la Nativité d'un vitrail de St-Merri

St-Merri ❷

76, rue de la Verrerie 75004.
Plan 13 B3. 🕿 42 71 93 93.
Ⓜ *Hôtel-de-Ville.* **Ouvert** 9 h-19 h
t.l.j. 🎵 **Concerts**.

L es origines du site
remontent au VIIᵉ siècle.
Au début du VIIIᵉ, on y enterra
saint Meredic, abbé de Saint-
Martin d'Autun. Son nom,
contracté en Merri, fut donné
plus tard à une chapelle. La
construction de l'édifice
actuel – de style gothique
flamboyant – s'acheva en
1552 mais les dégâts qu'il
subit pendant la Révolution
imposèrent une importante
restauration au XIXᵉ siècle. Les
statues de la façade
occidentale, richement
décorée, datent ainsi de 1842.
St-Merri fut l'église des
banquiers italiens à qui la rue
voisine (rue des Lombards)
doit son nom.

La fontaine des Innocents ❸

Square des Innocents 75001.
Plan 13 A2. Ⓜ *Les Halles.*
Ⓡ *Châtelet-Les-Halles.*

C ette fontaine Renaissance
soigneusement restaurée
se dresse au milieu du square
des Innocents. Erigée en 1549

sur la rue St-Denis,
elle fut transportée à
son emplacement
actuel au XVIIIᵉ siècle
lors de la création du
square sur le site d'un
ancien cimetière. Au
centre du principal
carrefour du quartier,
elle sert de lieu de
rendez-vous aux
jeunes Parisiens et
banlieusards.

Décoration de la fontaine des Innocents

Le café Costes ❹

4, rue Berger 75001. **Plan** 13 A2.
🕿 45 08 54 38. Ⓜ *Les Halles.*
Ⓡ *Châtelet-Les-Halles.* Définitivement
fermé.

L'intérieur du café Costes

O uvert en 1984 par Jean-
Louis Costes et
récemment fermé, ce café a
été le premier grand café
conçu dès l'origine comme
un lieu moderne et
«branché», en accord avec les
goûts d'une clientèle plus

jeune que celle des
traditionnels bistrots des
Halles. Philippe Starck,
décorateur des
appartements privés de
l'Elysée (*p. 207*), en a
réalisé l'intérieur.
Avec son décor
contemporain, son
atmosphère et sa faune,
le café Costes a été,
dans les années 80,
l'endroit à voir et où se
faire voir. Aujourd'hui,
cette clientèle s'est
déportée vers le café
Beaubourg dont on doit la
décoration à Christian de
Porzemparc.

Le Musée Grévin ❺

1ᵉʳ niveau du Forum des Halles, rue
Pierre-Lescot 75001. **Plan** 13 A2.
🕿 40 26 28 50. Ⓜ *Les Halles.*
Ⓡ *Châtelet-Les-Halles.* **Ouvert**
10 h 30-18 h 45 t.l.j. ; 13 h-18 h 30
dim. et jours fériés. **Accès payant**.
🔊 🅿 ♿

L es mannequins de cire de
cette annexe du célèbre
musée fondé en 1882 sur le
boulevard Montmartre
présentent en vingt tableaux
la fin du XIXᵉ siècle : la Belle
Epoque. On y voit
notamment Victor Hugo
devant la cathédrale de Notre-
Dame qu'il contribua à
sauver ; le peintre Toulouse-
Lautrec dans l'un des cabarets
de Montmartre où il rencontra
tant de ses modèles ; Jules
Verne en voyage au centre de
la Terre ; Gustave Eiffel et sa
tour.

Toulouse-Lautrec en cire au Musée Grévin

Le musée de l'Holographie ❻

15-21 Grand Balcon, Forum des Halles 75001. **Plan** 13 A2. 📞 *40 39 96 83.* Ⓜ *Les Halles.* 🚇 *Châtelet-Les-Halles.* **Ouvert** *10 h-19 h t.l.j. ; 13 h-19 h dim., jours fériés (der. ent. : 18 h 30).* **Accès payant** ∅ ♿ 📷 *Films, vidéos.*

Ce musée est un enchantement pour les enfants comme pour les adultes avec son exposition présentant une grande variété d'hologrammes allant de la reproduction en trois dimensions d'objets simples à de complexes stéréogrammes de danseurs et d'animaux donnant l'illusion du mouvement lorsqu'on se déplace. Certains d'entre eux ont été réalisés par le laboratoire de recherche du musée. Celui-ci propose en outre des stages d'initiation à l'holographie.

Hologramme de Marilyn Monroe

La vidéothèque de Paris ❼

2 Grande Galerie, Forum des Halles 75001. **Plan** 13 A2. 📞 *44 76 62 00.* Ⓜ *Les Halles.* 🚇 *Châtelet-Les-Halles.* **Ouvert** *12 h 30-20 h 30 mar.-dim.* **Fermé** *jours fériés.* **Accès payant** ♿ 📺

La vidéothèque propose deux salles de projection collectives présentant lors de quatre séances quotidiennes des films liés par un thème, et une salle de consultation (*p. 106*) équipée d'environ quarante postes individuels. On peut y choisir parmi des milliers de films – fiction ou documentaires, cinéma, amateurs ou télévision – tous en rapport avec Paris.

Le billet d'entrée donne également accès à une cinémathèque (séances de 14 h 30 à 20 h 30).

Baisers volés par François Truffaut

Le Forum des Halles ❽

75001. **Plan** 13 A2. Ⓜ *Les Halles.* 🚇 *Châtelet-Les-Halles.*

La construction en 1979 du Forum des Halles (plus souvent appelé simplement Les Halles) sur le site de l'ancien marché de gros fut l'objet d'une violente controverse. Le complexe actuel, en grande partie souterrain, occupe une superficie de sept hectares. La lumière provenant du patio central entouré de galeries vitrées éclaire les deux premiers niveaux qu'occupent

Pygmalion par Julio Silva au Forum des Halles

de nombreuses boutiques, des restaurants et une FNAC. On trouve en surface des jardins, des terrasses et le bâtiment Lescot reconnaissable à ses pavillons en forme de corolle qui abritent deux lieux d'exposition et d'échanges artistiques : la maison de la Poésie et le pavillon des Arts.

Le Défenseur du temps ❾

Rue Bernard-de-Clairvaux 75003. **Plan** 13 B2. Ⓜ *Rambuteau.*

Le quartier de l'Horloge renferme la plus récente horloge publique de Paris, *le Défenseur du temps* par Jacques Monastier, une impressionnante sculpture animée de 4 m de hauteur. Le défenseur se bat contre les éléments : l'air, la terre et l'eau. Sous la forme de bêtes sauvages, ils l'attaquent toute les heures dans un vacarme de tremblement de terre ou de tempête. A 12 h et 18 h, il doit vaincre les trois monstres en même temps, encouragé par les enfants venus assister au combat.

Le Centre Pompidou ❶

Le Centre Pompidou est un bâtiment retourné comme un gant : ses architectes, Richard Rogers, Renzo Piano et Gianfranco Franchini ont rejeté ascenseurs, conduites d'air et d'eau, et même son ossature d'acier à l'extérieur. Ce qui leur a permis de créer à l'intérieur des surfaces entièrement dégagées et adaptables, notamment pour le musée national d'Art moderne. Fauvisme, cubisme, surréalisme, toutes les principales écoles modernes y sont représentées par des artistes comme Matisse, Picasso, Miró ou Pollock. Sur le parvis, devant l'entrée, musiciens et bateleurs font la manche devant la foule des flâneurs et des visiteurs.

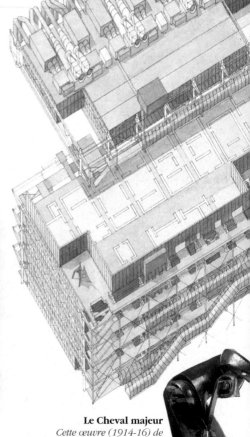

Un escalier roulant, protégé par un tube en verre, s'élève le long de la façade jusqu'à la terrasse d'où l'on découvre une vue spectaculaire de Montmartre, la Défense et la tour Eiffel.

Légende du 4e étage

☐ De 1905 à 1918

☐ De 1918 à 1960

☐ Circulation et services

Suivez le guide !

Les 2 derniers étages du centre abritent le musée d'Art moderne. Le 4e présente les œuvres de 1905 à 1960, le 3e l'art contemporain, et le 5e des expositions temporaires. La bibliothèque publique d'information et le centre de Création industrielle se trouvent aux rez-de-chaussée, 1er et 2e étages. Spectacles, projections, conférences et rencontres ont lieu au sous-sol.

★ **Portrait de la journaliste Sylvia von Harden** (1926) *Le style impitoyable de Dix tourne presque à la caricature.*

Le Cheval majeur *Cette œuvre (1914-16) de Duchamp-Villon est un superbe exemple de sculpture cubiste.*

À la Russie, aux ânes et aux autres *(1911)*
Chagall puisa toute sa vie son inspiration de la petite ville russe de Vitebsk où il était né.

MODE D'EMPLOI

Centre d'Art et de Culture Georges-Pompidou, rue du Renard. **Plan** 13 B2. 🕿 44 78 12 33. Ⓜ *Rambuteau, Châtelet, Les Halles, Hôtel-de-Ville.* 🚌 *38, 47, 69, 72, 74, 76, 85 vers Centre Georges-Pompidou.* RER *Châtelet-Les-Halles.* Ⓟ *Centre Georges-Pompidou.* **Ouvert** *lun., merc.-ven. midi-22 h, sam. et dim. 10 h-22 h.* **Fermé** *1er mai.* 🚳
♿ 📷 🍴 📖

★ **Tristesse du roi** *(1952)*
Vers la fin de sa vie, Matisse réalisa de nombreux collages de grands papiers découpés.

4e étage

★ **L'Homme à la guitare** *(1914)*
Braque développa avec Picasso la technique cubiste consistant à présenter le sujet d'un tableau sous plusieurs angles.

Escalier du 3e étage

Entrée du 4e étage

Jardin de sculptures

DES COULEURS CODÉES
Les tuyaux peints si caractéristiques du Centre Pompidou conduisirent un de ses détracteurs à le comparer à une raffinerie de pétrole. Les couleurs servent à identifier les différentes fonctions des conduits : les gaines d'aération sont en bleu, les tuyaux d'eau en vert, les lignes électriques en jaune. Les voies de circulation (les ascenseurs, par ex.) sont en rouge.

À NE PAS MANQUER :

★ **L'Homme à la guitare par Georges Braque**

★ **Tristesse du roi par Henri Matisse**

★ **Sylvia von Harden par Otto Dix**

À la découverte du musée national d'Art moderne

L e musée possède plus de 30 000 œuvres d'art dont environ 800 sont exposées. Pour varier le rythme de la visite, l'espace est divisé en salles plus ou moins grandes, les plus petites présentant des pièces de taille réduite telles qu'aquarelles, dessins ou documents. Le Centre Pompidou prête souvent des œuvres à d'autres musées, les peintures et sculptures proposées aux visiteurs changent donc fréquemment.

Les Deux Péniches (1906) par André Derain

1905-1918

U ne grande effervescence créatrice marqua les deux premières décennies du siècle qui virent l'apparition des écoles fauve, cubiste, futuriste et dada, ainsi que d'artistes, tels Marc Chagall ou Constantin Brancusi, échappant aux classifications.

En 1905, un critique choqué par les couleurs pures utilisées par Henri Matisse, André Derain et Maurice de Vlaminck les traite de fauves. Un an plus tard, Picasso commence à travailler dans une veine cubiste avec son

étude pour les *Demoiselles d'Avignon*. Georges Braque suit bientôt son exemple. *La Noce* (1911) de Fernand Léger révèle qu'il explorait aussi cette voie à la même époque. Ailleurs en Europe, Vassily Kandinsky, parmi d'autres, passe à l'abstraction comme le montre l'*Arc noir* (1912). Les horreurs de la Première Guerre mondiale provoquèrent la révolte des dadaïstes et des expressionnistes. *L'Esprit de notre temps*, sculpture de Raoul Haussmann, résume éloquemment leur opinion. À peu près à la même époque, Marcel Duchamp expose un urinoir, geste provoquant par lequel il confère à l'objet le statut d'œuvre d'art. Clin d'œil à sa conception subversive de l'art, celui du musée n'est qu'une « copie » de l'« original ».

1918-1960

D e nouveaux artistes s'affirment à la fin de la Première Guerre mondiale dont Chaïm Soutine (*Le Groom*, 1928) et Marc Chagall (*Double portrait au verre de vin*, 1917-18) – tous deux immigrés d'Europe de l'Est –, et les sculpteurs Julio González et Alexander Calder, l'inventeur du mobile, qui s'amusa à représenter Joséphine Baker en fil de fer (1926).

Les surréalistes (Salvador Dali, Max Ernst et Giorgio de Chirico, entre autres) choisirent de se plier aux caprices de l'inconscient dans l'espoir d'accéder à des vérités cachées. Ils sont bien représentés et la collection comprend même une salle complète d'œuvres d'Alberto Giacometti, dont *Homme et Femme* (1928-29), datant de sa période surréaliste. *Bleu II* (1961) permet d'apprécier le langage si personnel de Joan Miró qu'admirait André

Avec l'arc noir (1912) par Vassily Kandinsky

L'ATELIER DE BRANCUSI

L'artiste roumain Constantin Brancusi s'installa à Paris à l'âge de 28 ans et à sa mort, en 1957, l'État français hérita du contenu de son atelier. Jusqu'à récemment, une réplique de l'atelier original, sur la place Beaubourg, abritait ces sculptures. Une exposition permanente, au quatrième étage du Centre Pompidou, accueille désormais une grande partie de ces œuvres. On construit en même temps un nouvel atelier intégré au bâtiment principal. Il ouvrira en 1995.

Mlle Pogany (1919-20) par Constantin Brancusi

The Good-bye Door (1980) par Joan Mitchell

Breton.

Des artistes plus âgés tels que Pierre Bonnard (*Atelier aux mimosas*, 1939-46), Georges Rouault (*l'Apprenti*, 1925, un autoportrait), Henri Matisse, Pablo Picasso et Georges Braque continuèrent à créer pendant l'entre-deux-guerres et même la Seconde Guerre mondiale, car si celle-ci ralentit la production artistique, elle ne l'interrompit pas : Jean Fautrier, souvent vu comme un précurseur de l'art informel, se réfère directement aux souffrances des résistants dans *Otages* (1943).

Des œuvres de Asger Jorn, Atlan et Pierre Alechinsky évoquent une autre révolte qui marqua l'immédiat après-guerre. Elle prenait cette fois la forme de Cobra, un groupe d'artistes danois, belges et néerlandais (**CO**penhague, **BR**uxelles, **A**msterdam). Attachant une grande valeur à la spontanéité ils portèrent un regard neuf sur l'art des enfants et des aliénés. Ce fut aussi après-guerre qu'Alberto Giacometti créa les longues silhouettes pour lesquelles il est le plus connu, comme ses *Femmes debout* (1959-60).

Avec, notamment, les Américains Jackson Pollock et Sam Francis (*In a lovely blueness*), ou les Français Soulages et Hartung, les

Mobile sur deux plans (1955) par Alexander Calder

années 50 et 60 virent l'essor de l'abstraction. À peu près à la même époque, Francis Bacon développait son style tourmenté aisément reconnaissable dans *Trois personnages dans une pièce* (1964).

DEPUIS 1960

Infiltration homogène (1966) par Joseph Beuys

Dans les années 60, le pop' art, né en Angleterre et aux Etats-Unis, introduit dans l'art images et objets de la société de consommation. Le musée présente des œuvres de Jasper Johns, Andy Warhol et Claes Oldenburg.

En France, les nouveaux réalistes, groupe hétérogène auquel appartenaient notamment Yves Klein, Tinguely, Niki de Saint-Phalle, César et Arman, s'intéressent aussi aux objets de la vie quotidienne. Ses membres estiment qu'en se les appropriant, l'artiste leur donne une autre signification.

L'érotisme subtil de Balthus (comte Balthasar Klossowski de Rola) imprègne *Le Peintre et son modèle* (1980-81). Un petit espace d'exposition propose des encres délicates du poète et peintre Henri Michaux.

Seul moyen de

l'atteindre, un escalier descend du 3e étage jusqu'à l'exposition d'art contemporain constamment renouvelée. Elle s'articule autour de grands mouvements et reflète la préférence du musée pour les écoles les plus conceptuelles et les plus ironiques. Une récente sélection comprenait une œuvre de Joseph Beuys, *Plyght* (1985), composée d'un piano à queue et d'environ 7 tonnes de cloisons couvertes de feutre, ainsi que *Video-Fish* (1979-85) du vidéaste Nam June Paik où des images hachées défilaient sur des moniteurs placés derrière les aquariums de poissons indifférents.

C'est autour du travail de Herbin que s'organise la présentation de l'abstraction géométrique et les toiles de peintres tels que Ellsworth Kelly et Frank Stella illustrent sa prolongation américaine, Hard Edge. *Corner Prop No. 7 (For Natalie)* (1983) de Richard Serra et *144 Tin Square* (1975) de Carl André sont deux des sculptures minimales de la collection.

Le musée propose aussi une sélection d'œuvres figuratives d'artistes tels que Georg Baselitz, Gilbert et George Kiefer, ou Garouste. Des paysages de Joan Mitchell représentent le mouvement de l'expressionnisme abstrait.

Au 3e étage, les visiteurs trouvent en outre une salle où ils peuvent visionner des cassettes sur les artistes modernes de leur choix.

Le Magasin (1973) par Ben (Vautier Benjamin)

Le musée de la Musique mécanique ❿

Impasse Berthaud 75003. **Plan** 13 B2.
[42 71 99 54. **M** Rambuteau.
Ouvert 14 h-19 h sam.-dim., jours
fériés (der. ent. : 17 h 45). **Accès
payant.**

Ce délicieux petit musée présente cent instruments de musique mécanique, de l'orgue de Barbarie au piano pneumatique. Réunie par un amateur enthousiaste, Henri Triquet, cette collection comprend un violon automatique, un batteur et un accordéoniste automates, plusieurs orgues de foire, une sélection de pianos mécaniques et de nombreuses boîtes à musique. Tous entretenus et en état de fonctionner, les instruments sont mis en marche à la demande des visiteurs.

**Un orgue de foire des frères
Limonaire**

Nº 51, rue de Montmorency ⓫

75003. **Plan** 13 B1. **M** Réaumur-
Sébastopol. **Fermé** au public.

On considère cette maison comme une des deux plus anciennes de Paris, (l'autre se trouvant au nº 3, rue Volta, dans le Marais). Nicolas Flamel, écrivain et professeur, la construisit en 1407. Il y recevait les pauvres à qui il ne demandait que de prier pour l'âme des morts.

L'intérieur de St-Eustache en 1830

La tour de Jean sans Peur ⓬

20, rue Etienne-Marcel 75002.
Plan 13 A1. **M** Etienne-Marcel.
Fermée au public.

Après avoir ordonné l'assassinat du duc d'Orléans, Jean sans Peur, duc de Bourgogne, craignait des représailles, en particulier celles de la veuve de sa victime. Par sécurité, il fit ajouter en 1408 cette tour de 27 m à sa demeure, l'hôtel de Bourgogne. Il y installa sa chambre au quatrième étage (au haut de 140 marches) où il put dormir sans redouter les complots de ses ennemis.

**Nº 51, rue de Montmorency, la
plus vieille maison de Paris**

St-Eustache ⓭

Pl. du Jour 75001. **Plan** 13 A1.
[42 36 31 05. **M** Les Halles.
RER Châtelet-Les-Halles.
Ouvert 9 h-19 h t.l.j. (8 h 15-12 h 30,
15 h-19 h dim.). **P** **†** 18 h sam.,
8 h 30, 9 h 45, 11 h et 18 h dim.
Concerts.

D'architecture gothique et de décoration Renaissance, St-Eustache est l'une des plus belles églises de Paris. Son plan – nef à cinq voûtes et chapelles latérales – s'inspire de celui de Notre-Dame. Les vitraux du chœur furent réalisés d'après des cartons de Philippe de Champaigne.

De célèbres paroissiens s'agenouillèrent à St-Eustache. La future Madame de Pompadour et Richelieu y reçurent le baptême, Louis XIV y fit sa première communion, Lully s'y maria et l'on y prononça pour le tapissier Jean-Baptiste Poquelin la messe des Morts à laquelle n'avait pas droit le comédien Molière.

Entrée de la Bourse du commerce, l'ancienne Halle au blé

La Bourse du commerce ⑭

2, rue de Viarmes 75001. **Plan** 12 F2. 📞 *42 89 70 00.* Ⓜ *Les Halles.* RER *Châtelet-Les-Halles.* **Ouvert** *9 h-18 h lun.-ven.* 🖋 *sur rendez-vous.*

Comparée par Victor Hugo à une casquette de jockey sans visière, l'ancienne Halle au blé fut construite au XVIIIe siècle et remodelée dans le style néoclassique en 1889. Sa large coupole abrite aujourd'hui une bourse des matières premières, un centre d'échanges internationaux et des bureaux de la chambre de commerce et d'industrie de Paris.

St-Germain-l'Auxerrois ⑮

2, place du Louvre 75001. **Plan** 12 F2. 📞 *42 60 13 96.* Ⓜ *Louvre, Pont-Neuf.* **Ouvert** *8 h-20 h lun.-sam., 8 h 30-20 h dim.* **Orgue, concerts,** *dim. ap. m., carillon mer. ap.m.*

Après que la cour des Valois eut quitté l'île de la Cité pour le Louvre, St-Germain-l'Auxerrois devint l'église favorite des rois et c'est sa cloche qui déclencha le massacre de la Saint-Barthélemy dans la nuit du 24 août 1572, la veille du mariage de Henri de Navarre et de Marguerite de Valois qui avait attiré des milliers de Huguenots à Paris. Fermée en 1793, l'église servit pendant un temps de magasin à

fourrage. Malgré déprédations et restaurations, elle demeure un joyau de l'architecture gothique que ne dépare pas sa tour romane, vestige du XIIe siècle.

La Samaritaine ⑯

19, rue de la Monnaie 75001. **Plan** 12 F2. 📞 *40 41 20 20.* Ⓜ *Pont-Neuf.* **Ouvert** *9 h 30-19 h lun.-merc., ven. et sam., 9 h 30-10 h jeu.* 🍴 🖴 P *Voir p. 313.*

Ancien vendeur à la sauvette, Ernest Cognacq fonda avec sa femme Louise Jay ce grand magasin en 1900. Edifiée de 1926 à 1928, sa façade, sur le quai du Louvre, est un splendide exemple d'architecture Art déco. La rénovation de l'intérieur a mis en valeur sa verrière, la frise peinte qui l'entoure et son escalier Art nouveau. Au neuvième étage, le bar en terrasse (ouvert de Pâques à octobre) offre l'une des vues les plus spectaculaires sur Paris. Ernest Cognacq et sa femme, grands collectionneurs d'objets d'art du XVIIIe siècle, fondèrent aussi le Musée Cognacq-Jay (*p. 94*).

L'intérieur Art nouveau de la Samaritaine

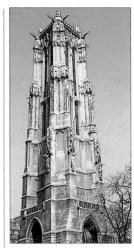

La tour St-Jacques et sa décoration raffinée

La tour St-Jacques ⑰

Square de la Tour-St-Jacques 75004. **Plan** 13 A3. Ⓜ *Châtelet.* **Fermée** *au public.*

Cette imposante tour gothique élevée en 1523 est l'unique vestige d'une église où se retrouvaient les pèlerins de St-Jacques de Compostelle et qui fut démolie après la Révolution. Plus d'un siècle plus tôt, Blaise Pascal (1623-1662) s'y était livré à des expériences sur la pression atmosphérique et une statue à sa mémoire se dresse au rez-de-chaussée de l'édifice.

Le nom de l'avenue Victoria, qui longe le square de la tour St-Jacques, rappelle la visite officielle que fit la reine d'Angleterre en 1854.

Le Massacre de la Saint-Barthélemy (1572-84 env.) par François Dubois

LE QUARTIER DES TUILERIES

Comment oublier que ce quartier, bordé côté Seine par la place de la Concorde, le jardin des Tuileries et le Louvre, fut un séjour royal ? Louis XIV lui préféra Versailles, mais sa statue se dresse encore sur la place des Victoires dessinée tout exprès pour la recevoir en 1685. De nos jours, c'est l'aristocratie de la finance qui habite aux Tuileries et les rois de la haute couture et de la joaillerie qui en commandent les fastes.

Place Vendôme, hommes

Lampadaire de la place de la Concorde

d'affaires allemands, arabes ou japonais, résidant pour certains à l'hôtel Ritz, croisent devant les vitrines scintillantes de Cartier, Boucheron ou Chaumet les élégantes qui font un shopping de luxe. D'autres boutiques chic et de bon ton s'ouvrent sous les arcades de la rue de Rivoli, dans la rue Saint-Honoré et autour des galeries du Palais-Royal qui abritaient jadis maisons de jeu et belles de nuit. Aujourd'hui, ce sont les rues commerciales les plus prestigieuses de Paris.

LE QUARTIER D'UN COUP D'ŒIL

Bâtiments historiques
Palais-Royal ❸
Banque de France ❶❾

Musées
Musée du Louvre pp. 122-9 ❶
Musée des Arts de la mode ❾
Musée des Arts décoratifs ❿
Musée de l'Orangerie ❶❺
Galerie nationale du Jeu de Paume ❶❹
Musée Bouilhet-Christofle ❶❼

Eglise
St-Roch ❼

Monuments et fontaines
Fontaine Molière ❻
Arc de triomphe du Carrousel ⓫

Places et jardins
Jardin du Palais-Royal ❺
Place des Pyramides ❽
Jardin des Tuileries ❶❸

Place de la Concorde ❶❻
Place Vendôme ❶❽
Place des Victoires ❷⓿

Théâtre
Théâtre-Français ❹

Boutiques
Louvre des antiquaires ❷
Rue de Rivoli ⓬

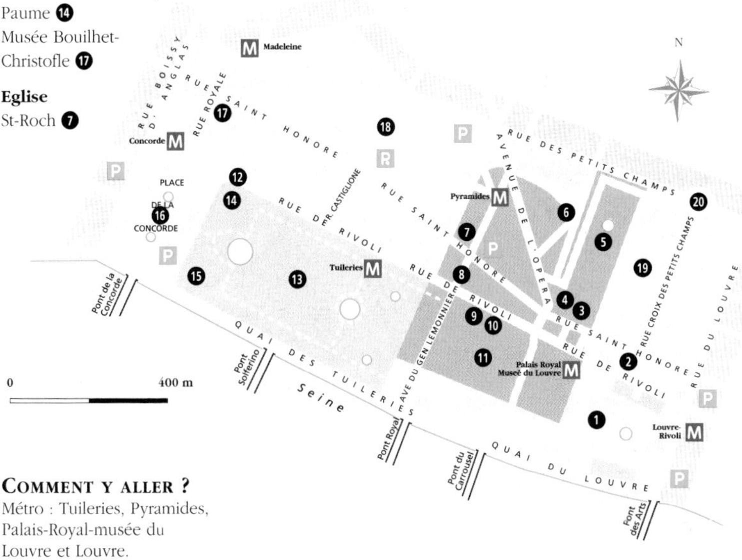

COMMENT Y ALLER ?

Métro : Tuileries, Pyramides, Palais-Royal-musée du Louvre et Louvre.
Bus : De nombreuses lignes traversent le quartier. Les lignes 24 et 72 empruntent les quais, longeant le jardin des Tuileries et le musée du Louvre.

VOIR AUSSI
• *Atlas des rues*, plan 6, 11-12
• *Hébergement* pp. 278-9
• *Restaurants* pp. 296-8

LÉGENDE
▢ Plan du quartier pas à pas
Ⓜ Station de métro
Ⓟ Parcs de stationnement

Dialogue au crépuscule : L'obélisque de la place de la Concorde et la tour Eiffel

Le quartier des Tuileries pas à pas

Places élégantes, jardins à la française et rues bordées d'arcades donnent son caractère particulier à ce quartier. De grands musées y côtoient joailliers, hôtels de luxe, boutiques d'antiquités et maisons de haute couture. Pour mieux les mettre en valeur, on a récemment ravalé les façades du Louvre et des immeubles de la place du Palais-Royal, l'ancien Palais-Cardinal construit par Richelieu. Celui-ci abrite aujourd'hui le ministère de la Culture, la Comédie-Française et le Conseil d'Etat dont les magistrats peuvent contempler de leurs fenêtres les colonnes de Buren qui se dressent dans sa cour depuis 1986.

St-Roch
Véritable musée de l'art religieux des XVIIIᵉ et XIXᵉ siècles, cette église au plan très particulier est presque aussi longue que Notre-Dame **7**

Métro Pyramides

Le Normandy est un hôtel de style qui a conservé son cachet Belle Epoque.

★ **Le jardin des Tuileries**
Ânes, guignol, ou bateaux voguant sur son bassin, ce parc propose de nombreux divertissements aux enfants **13**

La place des Pyramides
La statue de Jeanne d'Arc par Frémiet est un lieu de pèlerinage pour les royalistes **8**

Vers le quai du Louvre

Musée des Arts de la mode
La haute couture est à l'honneur au Louvre, dans le pavillon de Marsan **9**

Musée des Arts décoratifs
Ne pas manquer sa rétrospective Art nouveau-Art déco **10**

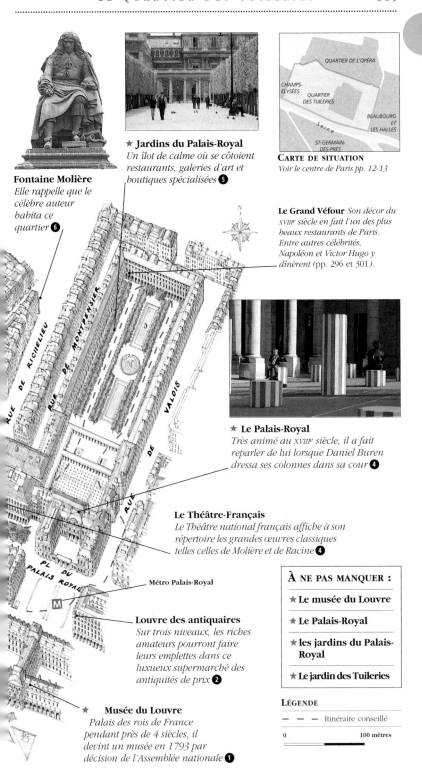

Fontaine Molière
Elle rappelle que le célèbre auteur habita ce quartier **6**

★ **Jardins du Palais-Royal**
Un îlot de calme où se côtoient restaurants, galeries d'art et boutiques spécialisées **5**

QUARTIER DE L'OPÉRA
CHAMPS-ÉLYSÉES
QUARTIER DES TUILERIES
BEAUBOURG ET LES HALLES
Seine
ST-GERMAIN-DES-PRÉS

CARTE DE SITUATION
Voir le centre de Paris pp. 12-13

Le Grand Véfour *Son décor du XVIIIᵉ siècle en fait l'un des plus beaux restaurants de Paris. Entre autres célébrités, Napoléon et Victor Hugo y dînèrent (pp. 296 et 301).*

★ **Le Palais-Royal**
Très animé au XVIIIᵉ siècle, il a fait reparler de lui lorsque Daniel Buren dressa ses colonnes dans sa cour **4**

Le Théâtre-Français
Le Théâtre national français affiche à son répertoire les grandes œuvres classiques telles celles de Molière et de Racine **4**

Métro Palais-Royal

Louvre des antiquaires
Sur trois niveaux, les riches amateurs pourront faire leurs emplettes dans ce luxueux supermarché des antiquités de prix **2**

★ **Musée du Louvre**
Palais des rois de France pendant près de 4 siècles, il devint un musée en 1793 par décision de l'Assemblée nationale **1**

À NE PAS MANQUER :

★ **Le musée du Louvre**

★ **Le Palais-Royal**

★ **les jardins du Palais-Royal**

★ **Le jardin des Tuileries**

LÉGENDE

— — — Itinéraire conseillé

0   100 mètres

Le pont Royal relie le Louvre à la rive gauche

Le musée du Louvre ❶

Voir pp. 122-9.

Le Louvre des antiquaires ❷

2, place du Palais-Royal 75001. **Plan** 12 E2. **[** 42 97 27 00. **Ouvert** 11 h-19 h mar.-dim. (juil. et août mar.-sam.). **Fermé** jours fériés. **🍴** **▢** *Voir pp. 322-3.*

L'une des boutiques du Louvre des antiquaires

Peu de bonnes affaires à espérer dans les 250 boutiques de luxe qui occupent les galeries aménagées à la fin des années 1970 dans ce qui fut les Grands Magasins du Louvre construits par Percier et Fontaine, les architectes de l'arc de triomphe du Carrousel.

Le Palais-Royal ❸

Place du Palais-Royal 75001. **Plan** 12 E1. **M** *Palais-Royal.* **Edifices fermés** *au public*

Richelieu fit édifier ce palais au début du XVIIe siècle et y mourut en 1642. Louis XIV y passa une partie de son enfance puis le céda en 1692 à Monsieur, son frère. Celui-ci l'agrandit et l'embellit, œuvre que poursuivit son fils Philippe d'Orléans, le Régent, qui y organisa de célèbres soupers libertins. Son petit-fils, le futur Philippe Egalité, construisit le Théâtre-Français et le Théâtre du Palais-Royal et, criblé de dettes, cerna le jardin de galeries et d'immeubles locatifs. Situé sur un domaine princier interdit à la police, ce nouveau lotissement attira rapidement tripots et filles de joie. Important foyer d'agitation pendant la Révolution, centre de plaisir très en vogue pendant le Consulat et l'Empire, le Palais-Royal retourna à la famille d'Orléans en 1815 et Louis-Philippe s'empressa de chasser salles de jeu et ribaudes de la demeure de ses aïeux. Assagi, le Palais-Royal accueillit en 1875 le Conseil d'Etat qui l'occupe encore aujourd'hui.

Le Théâtre-Français ❹

2, rue de Richelieu 75001. **Plan** 12 E1. **[** 40 15 00 15. **M** *Palais-Royal.* **Ouv.** *pour les représentations* **🚫** *3e dim. du mois (téléphoner au 48 87 24 12)* **Accès payant.** **🚫** *Voir* **Spectacles** *pp. 330-33.*

Un médaillon de Pierre Corneille

Situé à l'angle de la place André-Malraux et de la place Colette, construit en 1786 (pour accueillir le théâtre des Variétés amusantes), puis reconstruit en 1900, il est depuis 1799 le siège de la Comédie-Française créée par Louis XIV en 1680 et placée sous le contrôle de l'Etat par Napoléon en 1812.

Le foyer, qui abrite le *Voltaire assis* de Houdon et le fauteuil dans lequel Molière s'écroula en pleine représentation du *Malade imaginaire*, la galerie des bustes et ses œuvres des plus grands sculpteurs des XVIIIe et XIXe siècles, ainsi que la salle au plafond décoré par Albert Besnard sont visibles lors des représentations.

Les Colonnes de Daniel Buren (1980) dans la cour du Palais-Royal

Les jardins du Palais-Royal ❺

Place du Palais-Royal 75001. **Plan** 12 F1.
Ⓜ *Palais-Royal.*

Ce jardin, créé par le jardinier du roi Desgots pour le cardinal de Richelieu, vit sa superficie réduite d'un tiers quand Louis-Philippe d'Orléans y éleva une ensemble de 60 immeubles locatifs identiques où vécurent plus tard Jean Cocteau et Colette. Dès leur achèvement en 1784, le restaurant du Grand Véfour et le graveur héraldiste Guillaumont s'établirent sous leurs arcades. Ils s'y trouvent toujours.

Statue des jardins du Palais-Royal

La fontaine Molière ❻

Rue de Richelieu 75001. **Plan** 12 F1.
Ⓜ *Palais-Royal.*

Le célèbre auteur dramatique vivait non loin, dans une maison qui occupait le site du n⁰ 40, rue Richelieu. La fontaine (XIXᵉ siècle) est de Louis Visconti qui dessina également le tombeau de Napoléon (*pp. 188-89*).

St-Roch ❼

296, rue St-Honoré 75001. **Plan** 12 E1.
📞 *42 60 81 69.* Ⓜ *Tuileries.* **Ouvert** *9 h-19 h 30 t.l.j.* **fermée** *fêtes laïques* 🚹 *fréquents* **Concerts** *occasionnels* 📷

Louis XIV posa en 1653 la première pierre de cette immense église dessinée par

Saint Denis prêchant les Gaulois (1767), par Vien, à St-Roch

Jacques Lemercier, l'un des architectes du Louvre. L'ajout au XVIIIᵉ siècle de la vaste chapelle à coupole de la Vierge par Jules Hardouin Mansart, puis de celle du Calvaire, porta sa longueur à 126 m, presque celle de Notre-Dame. De nombreuses œuvres d'art provenant de couvents et d'églises disparus décorent ce cadre majestueux que fréquentèrent d'illustres personnages et où Pierre Corneille, André Le Nôtre et Denis Diderot sont inhumés. Le général Napoléon Bonaparte dirigeait les troupes qui ouvrirent le feu en 1795 sur des émeutiers royalistes massés devant ses portes.

La place des Pyramides ❽

75001. **Plan** 12 E1. Ⓜ *Tuileries, Pyramides.*

Daniel Frémiet réalisa en 1874 la statue équestre de Jeanne d'Arc qui se dresse en son centre. Ce bronze doré est devenu depuis un point de ralliement pour la droite royaliste.

Le musée des Arts de la mode ❾

109, rue de Rivoli 75001. **Plan** 12 E1.
📞 *44 55 57 50.* Ⓜ *Palais-Royal, Tuileries.* **Ouv.,** *si exposition, 12 h 30* **Fermé** *nomb. j. fériés.* **Accès payant** ♿

Créé en 1986 dans un pavillon du Louvre en liaison avec des professionnels de l'habillement, ce musée est consacré à l'une des plus anciennes industries de la ville : l'élégance. Ses collections comprennent plus de 40 000 tenues, costumes et accessoires qui sont exposés par roulement.

Veste de Schiaparelli

Le musée du Louvre ❶

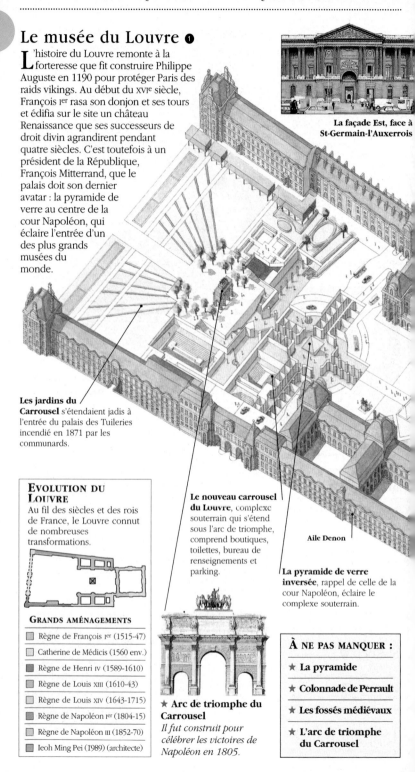

L'histoire du Louvre remonte à la forteresse que fit construire Philippe Auguste en 1190 pour protéger Paris des raids vikings. Au début du XVIᵉ siècle, François Iᵉʳ rasa son donjon et ses tours et édifia sur le site un château Renaissance que ses successeurs de droit divin agrandirent pendant quatre siècles. C'est toutefois à un président de la République, François Mitterrand, que le palais doit son dernier avatar : la pyramide de verre au centre de la cour Napoléon, qui éclaire l'entrée d'un des plus grands musées du monde.

La façade Est, face à St-Germain-l'Auxerrois

Les jardins du Carrousel s'étendaient jadis à l'entrée du palais des Tuileries incendié en 1871 par les communards.

ÉVOLUTION DU LOUVRE

Au fil des siècles et des rois de France, le Louvre connut de nombreuses transformations.

GRANDS AMÉNAGEMENTS

- ☐ Règne de François Iᵉʳ (1515-47)
- ☐ Catherine de Médicis (1560 env.)
- ☐ Règne de Henri IV (1589-1610)
- ☐ Règne de Louis XIII (1610-43)
- ☐ Règne de Louis XIV (1643-1715)
- ☐ Règne de Napoléon Iᵉʳ (1804-15)
- ☐ Règne de Napoléon III (1852-70)
- ☐ Ieoh Ming Pei (1989) (architecte)

Le nouveau carrousel du Louvre, complexe souterrain qui s'étend sous l'arc de triomphe, comprend boutiques, toilettes, bureau de renseignements et parking.

Aile Denon

La pyramide de verre inversée, rappel de celle de la cour Napoléon, éclaire le complexe souterrain.

⋆ **Arc de triomphe du Carrousel**
Il fut construit pour célébrer les victoires de Napoléon en 1805.

À NE PAS MANQUER :

- ⋆ **La pyramide**
- ⋆ **Colonnade de Perrault**
- ⋆ **Les fossés médiévaux**
- ⋆ **L'arc de triomphe du Carrousel**

Pavillon Richelieu
Ce bâtiment du XIXe siècle fait partie de l'aile Richelieu, l'ancien ministère des Finances transformé en salles d'exposition.

MODE D'EMPLOI

Plan 12 E2. 40 20 53 17.
40 20 51 51.
Palais-Royal, Louvre.
21, 24, 27, 39, 48, 67, 68, 69, 72, 75, 76, 81, 85, 95. RER Châtelet-Les-Halles. Louvre.
Carrousel du Louvre (entrée av. du Général-Lemmonier) ; Pl. du Louvre, Rue St-Honoré.
Musée ouvert *9 h-18 h lun., jeu.-dim., 9 h-22 h mer.*
Fermé *le mar.*
Hall Napoléon *(histoire du Louvre et fossés médiévaux, auditorium, expositions temporaires, restaurants, librairie)*
ouvert *9 h-21 h 30 merc.-lun.*
Accès payant *(demi-tarif le dim.).* partiel. téléphone 40 20 52 09. **Conférences, projections, concerts.**
Bureau de change.

La cour Marly abrite sous une verrière les chevaux de Marly (*p. 125*)

Aile Richelieu

★ **La pyramide**
L'entrée du Grand Louvre, dessinée par I.-M. Pei fut inaugurée en 1989.

Cour Puget

Cour Khorsabad

Aile Sully

Cour Carrée

★ **Colonnade de Perrault**
Claude Perrault, collaborateur de Louis Le Vau au milieu du XVIIe siècle, conçut la majestueuse colonnade de la façade Est.

Cour Napoléon

La salle des Caryatides
doit son nom aux statues sculptées par Jean Goujon en 1550 pour soutenir sa tribune.

Le Louvre de Charles V
Aux environs de 1360, Charles V transforma la vieille forteresse de Philippe Auguste en résidence royale.

★ **Fossés médiévaux**
On peut voir dans la crypte Sully la base de la courtine et la pile du pont-levis de l'ancienne forteresse.

Les collections du Louvre

Le musée tire ses origines de la collection de François Iᵉʳ (1515-47), souverain passionné d'art italien qui acquit notamment *La Joconde*. Ses successeurs continuèrent à l'enrichir. En 1793, l'Assemblée nationale décida de rendre ces trésors accessibles au peuple : le musée ouvrit ses portes. Acquisitions et donations n'ont cessé depuis d'agrandir ses collections.

La Dentellière
Dans ce tableau délicat, acquis en 1870 par Napoléon III, Vermeer nous donne un aperçu de la vie domestique en Hollande.

Le Radeau de La Méduse (1819)
Le naufrage de la frégate La Méduse en 1816 inspira à Théodore Géricault cette toile immense et dramatique. Elle montre le moment où les survivants aperçoivent une voile à l'horizon.

SUIVEZ LE GUIDE !

Des couloirs relient chaque aile à l'entrée principale sous la pyramide. Sept départements : les antiquités orientales ; les antiquités égyptiennes ; les antiquités grecques, étrusques et romaines ; les peintures ; les arts graphiques ; les sculptures et les objets d'art se répartissent sur trois niveaux. Peintures et sculptures sont regroupées par école d'origine.

LÉGENDE DU PLAN

☐	Peintures
☐	Objets d'art
☐	Sculptures
☐	Antiquités
☐	Circulations et services

Cour Marly

↗ ile Richelieu

Entrée principale

Hall Napoléon

Aile Denon

★ **La Vénus de Milo**
Découverte en 1820 sur l'île grecque de Milos, cette image de la beauté idéale fut sculptée à la fin du IIᵉ siècle avant J.-C.

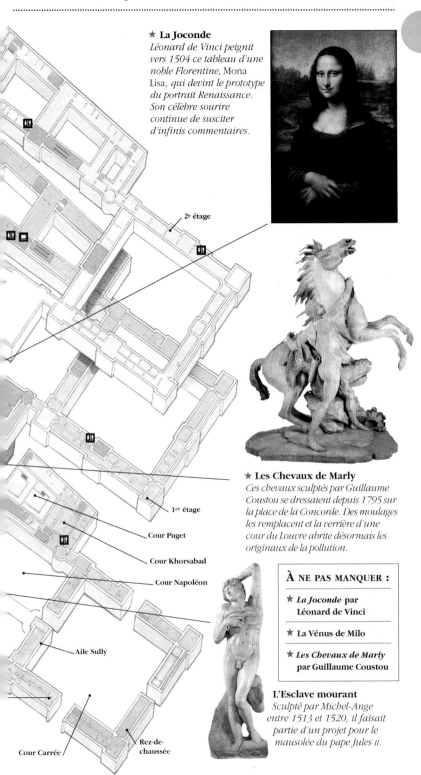

★ La Joconde
Léonard de Vinci peignit vers 1504 ce tableau d'une noble Florentine, Mona Lisa, *qui devint le prototype du portrait Renaissance. Son célèbre sourire continue de susciter d'infinis commentaires.*

2e étage

★ Les Chevaux de Marly
Ces chevaux sculptés par Guillaume Coustou se dressaient depuis 1795 sur la place de la Concorde. Des moulages les remplacent et la verrière d'une cour du Louvre abrite désormais les originaux de la pollution.

1er étage

Cour Puget

Cour Khorsabad

Cour Napoléon

Aile Sully

Cour Carrée

Rez-de-chaussée

À NE PAS MANQUER :

★ *La Joconde* par Léonard de Vinci

★ La Vénus de Milo

★ *Les Chevaux de Marly* par Guillaume Coustou

L'Esclave mourant
Sculpté par Michel-Ange entre 1513 et 1520, il faisait partie d'un projet pour le mausolée du pape Jules II.

A la découverte des collections du Louvre

Mieux vaut ne pas sous-estimer la richesse du musée et se fixer quelques priorités avant de commencer la visite. La collection de peintures européennes (1400-1900), par exemple, est plus complète que celle des sculptures. Les antiquités du Louvre – orientales, égyptiennes, grecques, étrusques et romaines – forment un ensemble sans égal dans le monde. Le département des objets d'art présente un vaste assortiment de pièces rares et précieuses, notamment des meubles, de l'orfèvrerie et des joyaux.

La Diseuse de bonne aventure (1594 env.) par le Caravage

PEINTURE EUROPÉENNE : 1400 à 1900

Le musée propose un large aperçu de la peinture de l'Europe du Nord (flamande, hollandaise et allemande). *La Vierge au chancelier Rolin* (1435 env.), œuvre du primitif flamand Jan Van Eyck, représente le chancelier de Bourgogne agenouillé devant la Vierge et l'Enfant.

Erasme (1523) par
Hans Holbein

La Nef des fous (1500) de Jérôme Bosch traduit avec une subtile ironie la futilité de l'existence humaine. Portraitiste de la cour d'Angleterre, le Hollandais Antoine Van Dyck campe avec élégance *Charles Ier, roi d'Angleterre* (1635). Le sourire effronté de *La Bohémienne* (1628) illustre la virtuosité spontanée de Frans Hals, originaire lui aussi des Pays-Bas, comme Rembrandt van Rijn dont le génie s'exprime dans *Les Pèlerins d'Emmaüs* (1648), *Bethsabée* (1654) et ses autoportraits. Le peintre flamand Jacob Jordaens manifeste dans les *Quatre Evangélistes* une sensibilité peu courante.

Autre *Autoportrait* exposé au Louvre, celui d'Albrecht Dürer, l'un des grands maîtres de l'école allemande des XVe et XVIe siècles avec Hans Holbein (*Erasme*) et Lucas Cranach le Vieux (*Jeune fille*, 1529). À noter quelques tableaux de l'école anglaise : *Conversation dans un parc* (1746 env.) de Thomas

Gainsborough et *Master Hare* (1788) par Sir Joshua Reynolds.

Parmi les chefs-d'œuvre espagnols présentés, nombreux sont ceux dont les sujets s'attachent au côté tragique de la vie, notamment le *Christ en croix adoré par deux donateurs* (1576) par Le Greco, *Exposition du corps de saint Bonaventure* (1629) par Francisco de Zurbarán et *Le Pied-bot* (1642) de José Ribera qui montre un jeune muet affublé d'une pancarte implorant une aumône. Les tableaux peints par Goya au XIXe siècle, en particulier ses portraits, sont d'une veine moins sévère.

La splendide collection italienne évoque le tout début de la Renaissance, aux XIIIe et XIVe siècles, avec des toiles de Cimabue (*La Vierge aux anges*), Giotto (*Saint Antoine recevant les stigmates*), Fra Angelico (*Couronnement de la Vierge*) ou Pisanello (*Portrait d'une princesse de la maison d'Este*). La salle des Etats est consacrée aux grands peintres italiens du XVIe siècle : Titien, Véronèse, Tintoret, Raphaël, Corrège et, bien sûr, Léonard de Vinci avec *La Joconde* mais aussi *La Belle Ferronnière* ou *La Vierge, l'Enfant Jésus et sainte Anne*.

La très riche présentation de l'école française s'arrête en 1848, le musée d'Orsay (*pp. 144-7*) abritant depuis 1986 les œuvres postérieures.

Gilles (1717 env.) par Jean-
Antoine Watteau

LÉONARD DE VINCI EN FRANCE

François Ier rencontra en 1515 l'artiste, ingénieur et savant, né à Vinci en 1452 et initiateur de la 2e Renaissance italienne. Le roi invita le peintre à venir travailler en France et celui-ci emporta *La Joconde*. Léonard de Vinci mourait trois ans plus tard dans les bras du souverain.

Autoportrait (début du XVIe siècle)

Peinte en 1455, la *Pietà d'Avignon* attribuée à Enguerrand Quarton est un sommet de l'art chrétien. Le XVIIe voit s'imposer Nicolas Poussin au classicisme épuré et Georges de La Tour, célèbre pour son traitement très personnel de l'ombre et de la lumière.

Antoine Watteau (*Gilles*, 1717 env.), peintre de la mélancolie, et Jean-Honoré Fragonard (*Le Feu aux poudres, Les Baigneuses*, 1770), maître sensuel du rococo, présentent deux visages très différents du XVIIIe siècle. La plupart des œuvres de Ingres, défenseur du classicisme au XIXe siècle, sont exposées au musée d'Orsay mais le Louvre a gardé *Le Bain turc* (1862).

SCULPTURE EUROPÉENNE : 1100 À 1900

De nombreux chefs-d'œuvre témoignent de la qualité de la statuaire des pays nordiques, notamment la délicate *Vierge de l'Annonciation* (fin du XVe siècle) de Tilman Riemenchneider, l'étonnante *Sainte Madeleine* (début du XVIe siècle) représentée nue par Gregor Erhart, le *grand retable de la Passion*, importé d'Anvers pour décorer l'église de Coligny, et le beau groupe de l'*Enlèvement de Psyché par Mercure* exécuté par le Hollandais Adrien de Vries en 1593 pour la cour de Rodolphe II à Prague.

Des sculptures romanes ouvrent la section française, dont un superbe bois polychrome : la *tête du Christ* (XIIe siècle), et une tête de saint Pierre qui ornait jadis la cathédrale d'Autun. Avec ses huit pleurants portant le gisant, le *Tombeau de Philippe Pot* est une œuvre gothique aussi remarquable qu'originale. La *Diane* provenant du château d'Anet a les traits de Diane de Poitiers, favorite de Henri II. Les œuvres de Pierre Puget (1620-94), le grand sculpteur marseillais, ont été installées dans une cour de l'aile Richelieu qui porte maintenant son nom. On y admire notamment son *Milon de Crotone*, athlète grec dévoré par des bêtes sauvages. Non loin, les chevaux de Marly se dressent sous la verrière de la cour Marly au milieu d'autres chefs-d'œuvre tels les bustes exécutés par Antoine Houdon au début du XIXe siècle.

La collection de sculptures italiennes comprend des pièces admirables, qu'elles soient du Moyen Age (*Vierge assise* attribuée à Jacopo Della Quercia), de la Renaissance *(Esclaves* de Michel-Ange) ou maniéristes comme la *Nymphe de Fontainebleau* (1543 env.) par Benvenuto Cellini.

***Tombeau de Philippe Pot* (fin XVe siècle) par Antoine le Moiturier**

ANTIQUITÉS ORIENTALES, ÉGYPTIENNES, GRECQUES, ÉTRUSQUES ET ROMAINES

L es collections d'antiquités du Louvre s'étendent de la période néolithique (6 000 av. J.-C.) à la chute de l'Empire romain. De remarquables sculptures telles la statue de l'intendant Ebih Ier (2 400 av. J.-C.), les portraits de Gudéa, prince de Lagash (2 255 av. J.-C. env.), et le code du roi babylonien Hammourabi (1792-1750 av. J.-C.), bloc de basalte noir portant l'un des plus vieux textes de loi connus, évoquent la civilisation mésopotamienne. Celles qui se succédèrent en Iran nous ont laissé de l'orfèvrerie, dont les splendides parures achéménides du Louvre, des céramiques, des sceaux, et des panneaux de briques émaillées comme l'étonnant décor du palais de Darius à Suse.

Les traditions funéraires des Egyptiens ont permis de retrouver de somptueux tombeaux dont la décoration décrit leur vie quotidienne. Le mastaba d'Akhhétep (2500 av. J.-C.), est ainsi orné de scènes de chasse, d'élevage, de moisson, de pêche et de préparation du poisson. La stèle-chapelle de Senousret (1 800 av. J.-C. env.) décrit le voyage funéraire, et les peintures sur limon de la chapelle funéraire du scribe Ounsou (entre 1555 et 1305) les tâches agricoles. La collection égyptienne du Louvre comprend aussi des sarcophages, de l'orfèvrerie, des momies d'animaux et de nombreuses statues tels le *sphinx de Tanis*, *Le Scribe accroupi*, le *buste d'Aménophis IV-Akhenaton* et les délicates statuettes féminines du règne d'Aménophis III.

Le département des antiquités grecques, étrusques et romaines contient des œuvres exceptionnelles de la Grèce archaïque (VIIe et VIe siècles av. J.-C.), notamment l'*Héra de Samos*, de style ionien, et la *Dame d'Auxerre*, l'une des plus anciennes sculptures grecques connues. Les pièces de la période classique (Ve et IVe siècles) comprennent des éléments de décoration du Parthénon (*Frise des Panathénées*, *tête de cavalier* et *tête de Laborde*). Les statues les plus connues du musée, la *Victoire de Samothrace* et la *Vénus de Milo*, appartiennent à l'époque hellénistique (du IIIe au Ie siècle av. J.-C.) dont l'art se caractérise par un grand sens du mouvement.

La vedette indiscutable de la collection étrusque est le *sarcophage des Epoux* (510 av. J.-C., env.), qui reproduit en terre cuite un couple

Taureau ailé à tête humaine assyrien du VIIIe siècle av. J.-C., trouvé à Khorsabad

La Victoire de Samothrace (fin IIIe siècle-début IIe siècle av. J.-C.)

participant à un banquet éternel, mais elle comprend également de superbes bijoux montrant bien la maîtrise du filigrane atteinte par cette civilisation antique.

À la différence des artistes grecs qui idéalisaient ce qu'ils représentaient, les sculpteurs romains s'attachaient à la réalité. Ils ont exécuté de remarquables portraits comme le buste d'*Agrippa*, le bronze d'*Hadrien*, du IIe siècle av. J.-C., ou l'émouvant portrait d'*Annius Vérus*, fils de Marc Aurèle mort à sept ans.

Une salle du premier étage est consacrée à l'orfèvrerie antique, abritant notamment

Sarcophage des Epoux (VIe siècle av. J.-C.)

le *trésor de Boscoreale* et le trésor gallo-romain de Notre-Dame d'Alençon, une autre, dédiée aux bronzes, présente, outre la statuaire, de nombreux miroirs et ustensiles grecs, étrusques et romains. Neuf autres salles illustrent l'évolution de la céramique, du style géométrique, qui se répandit en Grèce au VIIIe siècle av. J.-C., jusqu'à des œuvres du début de l'époque hellénistique (IVe s. av. J.-C.).

Scribe accroupi (Egypte, 2500 av. J.-C. env.)

OBJETS D'ART

Créé à partir des anciennes collections royales des trésors de Saint-Denis et de l'ordre du Saint-Esprit, ce département du Louvre présente un très large éventail d'objets d'art de tous pays et de toutes époques : orfèvrerie et bijoux, mobilier, horloges, montres, tapisseries, miniatures, couverts et verrerie, bronzes italiens et français, ivoires sculptés paléochrétiens et carolingiens, émaux et porcelaine de Limoges, tapis, boiseries, tabatières, armures et instruments scientifiques.

Les vitrines de la galerie d'Apollon contiennent les pièces les plus précieuses notamment le vase antique en porphyre du trésor de Saint-Denis monté au XIIe siècle en aigle d'argent doré, un calice musulman en cristal de roche, la couronne créée pour le sacre de Napoléon et ornée de camées très anciens et, surtout, les joyaux de la Couronne. Ceux-ci comprennent les restes du trésor commencé par François Ier, accru par ses successeurs et en partie pillé pendant la Révolution puis vendu en 1887. Les plus belles pièces ont été conservées : le *Régent*, diamant très pur de 137 carats ; le rubis *Côte de Bretagne* qui, bien que taillé en forme de dragon, pèse encore 105 carats ; les diamants *Hortensia* et le *Sancy* ; et la couronne de l'impératrice Eugénie.

La rotonde David-Weill et la galerie Niarchos portent les noms des deux donateurs qui ont fait de la collection d'orfèvrerie du Louvre l'une des plus belles du monde. On y admire en particulier le coffret d'or d'Anne d'Autriche (XVIIe siècle), des surtouts de table exécutés par les plus grands orfèvres français du XVIIIe siècle et des éléments

Vase à l'aigle de Suger (XIIe siècle)

du service de l'impératrice Catherine II de Russie. C'est en revanche dans la salle Claude Ott que se trouvent les services à thé et à café de Napoléon, et l'armoire à bijoux de l'impératrice Joséphine.

Rassemblé par époque, le mobilier français du XVIe au XIXe siècles occupe de nombreuses salles dont celle consacrée à André-Charles Boulle, où armoires, cabinets, bureaux et bibliothèques illustrent la maîtrise de la marqueterie de l'ébéniste de Louis XIV. La tenture des *Chasses de Maximilien* (1530 env.) provient elle aussi des collections du Roi-Soleil et deux autres grands ébénistes, Charles Cressent et Jean-François Œben, se voient dédier chacun une salle.

LA PYRAMIDE

Prise en 1981, la décision d'agrandir et de moderniser le musée du Louvre impliquait de déplacer à Bercy le ministère des Finances installé dans l'aile Richelieu et d'aménager une nouvelle entrée. Le projet de pyramide transparente de l'architecte sino-américian Ieoh Ming Pei fut retenu. Elle éclaire le Hall Napoléon situé en sous-sol, espace d'accueil et d'information du musée et point de départ des visites guidées, et permet aux visiteurs de voir les bâtiments historiques qui les entourent.

Le musée des Arts décoratifs ⑩

Palais du Louvre, 107, rue de Rivoli 75001. **Plan** 12 E2. **C** 44 55 57 50.
M *Palais-Royal, Tuileries.*
Ouvert *12 h 30-18 h merc.-sam. ;*
12 h 30-18 h dim. **Fermé** *les j. fériés*
Accès payant. ∅ 🛒 📷 **Large collection de jouets. Bibliothèque.**

Le char de la Victoire et la Paix couronne l'arc du Carrousel

D ans plus de 100 salles réparties sur cinq niveaux, ce musée propose une remarquable et éclectique collection de meubles, peintures et objets d'art du Moyen Age à nos jours.

Malgré sa riche présentation des styles Louis xiv, Louis xv et Louis xvi, il est surtout renommé pour sa rétrospective Art nouveau-Art déco qui comprend notamment de beaux bijoux, des verreries de Gallé et une reconstitution des appartements privés de Jeanne Lanvin, reine de la mode parisienne pendant l'entre-deux-guerres.

À ne pas manquer : l'exposition de jouets anciens et la galerie des meubles dessinés par des artistes et architectes contemporains.

L'arc de triomphe du Carrousel ⑪

Place du Carrousel 75001. **Plan** 12 E2.
M *Palais-Royal.*

I nspiré des arcs romains, ce monument flanqué de huit colonnes de marbre blanc et rouge fut construit par Napoléon de 1806 à 1808 pour servir d'entrée triomphale au palais des Tuileries. Il survécut à la destruction du palais incendié en 1871 pendant la Commune. Orné sur ses quatre faces de bas-reliefs représentant les succès de l'empereur en 1805, il est surmonté de statues de soldats de la Grande Armée et d'une copie des célèbres chevaux de Saint-Marc rendus à Venise après Waterloo. Ajoutées ultérieurement, les autres statues célèbrent la Restauration.

Arcades de la rue de Rivoli

Rue de Rivoli ⑫

75001. **Plan** 11 C1 & 13 A2.
M *Louvre, Palais-Royal, Tuileries, Concorde.*

L a section la plus ancienne de cette célèbre artère (de la rue de Rohan à la rue Saint-Florentin) fut percée à partir de 1800 sur ordre de Napoléon qui lui donna le nom de sa victoire remportée en 1797. La construction des élégantes arcades surmontées d'appartements néo-classiques qui abritent aujourd'hui librairies et boutiques de mode ne s'acheva toutefois qu'en 1835. Au n° 226, le salon de thé Angelina a la réputation de servir le meilleur chocolat chaud de la capitale (*p. 288*).

Moins intéressante sur le plan architectural, la partie de la rue de Rivoli percée en 1848 jusqu'à la rue de Sévigné est bordée de nombreux magasins de prêt-à-porter de qualité courante.

Le jardin des Tuileries ⑬

75001. **Plan** 12 D1. **M** *Tuileries, Concorde.*

C réé en 1564, en même temps que le palais aujourd'hui détruit, il fait partie du vaste espace arboré qui s'étend le long de la Seine du Louvre au Grand Palais et au rond-point des Champs-Elysées. André Le Nôtre, jardinier de Louis xiv, le redessina en 1664 et en fit un chef-d'œuvre classique dont les plates-bandes s'organisent autour d'une large allée centrale qu'il est très agréable d'admirer en se promenant sur sa terrasse du bord de l'eau d'où on domine aussi la Seine.

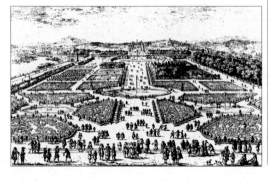

Gravure du xviie siècle du jardin des Tuileries

La galerie nationale du Jeu de Paume ⓬

Jardin des Tuileries, place de la Concorde 75001. **Plan** 11 C1. 🕿 *47 03 12 50.*
🖃 *42 60 69 69.* Ⓜ *Concorde.*
Ouvert *midi-21 h 30 mar., midi-19 h merc.-ven., 10 h-19 h sam. et dim.*
Accès payant. 🚫 ⚒ 📷 🏛 🏛

Napoléon III autorisa en 1851 les membres du cercle de la paume à l'édifier à condition qu'il respecte le style de l'Orangerie. Devenu musée au début du siècle, il accueillit en 1947 une importante collection impressionniste transférée en 1986 au musée d'Orsay (*pp. 144-7*). Entièrement remodelé, ce superbe bâtiment doté d'une grande verrière accueille désormais des expositions temporaires d'art contemporain.

La série des *Nymphéas* par Monet est exposée au musée de l'Orangerie

Entrée du Jeu de Paume

Le musée de l'Orangerie ⓭

Jardin des Tuileries, place de la Concorde 75001. **Plan** 11 C1. 🕿 *42 97 48 16.*
Ⓜ *Concorde.* **Ouvert** *9 h 45 h-17 h 15 merc.-lun.* **Accès payant.** 📷 ⚒ 📷
sur rendez-vous 🏛

Ce musée expose dans ses salles du rez-de-chaussée l'œuvre qui couronna la carrière de Claude Monet : la série des *Nymphéas*. Elle fut peinte dans son jardin de Giverny, près de Paris.
    La remarquable collection Walter-Guillaume la complète parfaitement. Cette extraordinaire réunion de chefs-d'œuvre de l'école de Paris peints entre la fin de l'ère impressionniste et l'entre-deux-guerres ne compte pas moins de 14 Cézanne – natures mortes, portraits (*Madame Cézanne*) et paysages (*Dans le parc du château noir*) – et 24 Renoir dont *Les Fillettes au piano*.
    Une salle regroupe des tableaux saisissants de Chaïm Soutine tels *Poulet plumé, Le Petit Pâtissier* ou *La Fiancée*. La collection comprend aussi des toiles de Picasso, du Douanier Rousseau – notamment *La Carriole du père Junier* –, de Matisse, et un portrait par Modigliani du marchand d'art Paul Guillaume. Toutes ces œuvres sont exposées sous un éclairage naturel.

La place de la Concorde ⓮

75008. **Plan** 11 C1. Ⓜ *Concorde.*

Occupant huit hectares au centre de Paris, dessinée comme un jardin à la française par Jacques-Ange Gabriel, c'est l'une des plus belles places du monde. Elle fut inaugurée en 1763 sous le nom de place Louis-XV et la statue du souverain se dressa en son centre jusqu'en 1792 où elle devint place de la Révolution et le lieu des exécutions capitales. Louis XVI, Marie-Antoinette, Danton et Robespierre y périrent. Rebaptisée place de la Concorde en 1795, puis Louis-XV en 1814, Louis-XVI et place de la Charte en 1830, Louis-Philippe dut lui rendre son nom actuel et la remodeler entièrement pour qu'elle cesse d'éveiller les passions.
    Son deuxième architecte, Hittorff, respecta les proportions créées par son prédécesseur lorsqu'il dressa à partir de 1836 les huit statues des grandes villes de France et les majestueuses fontaines qui entourent l'obélisque de Louqsor. Celui-ci provient du temple de Ramsès II à Thèbes et les hiéroglyphes couvrant ses quatre faces chantent les louanges du pharaon. Son piédestal relate, lui, les péripéties de son transport et de son installation.

L'obélisque vieux de 3 200 ans

Un candélabre du XIXe siècle au Musée Bouilhet-Christofle

Le Musée Bouilhet-Christofle ⑰

9, rue Royale 75008. **Plan** 5 C5.
C *49 33 43 00.* **M** *Concorde, Madeleine.* **Ouv. seulement sur r.d.v.**

Installé au-dessus du salon d'exposition de l'entreprise fondée au début du XIXe siècle par Charles Christofle, orfèvre de Louis-Philippe et Napoléon III, il renferme certaines des plus belles pièces d'argenterie utilitaire et décorative, notamment de styles Art nouveau et Art déco, créées en France ces 150 dernières années.

La place Vendôme ⑱

75001. **Plan** 6 D5. **M** *Tuileries.*

Destinée à accueillir la statue de Louis XIV, cette superbe place octogonale fut réalisée par Jules Hardouin Mansart. En dehors du percement de la rue de Castiglione et de la rue de la Paix sous le premier Empire, la place est restée quasiment intacte depuis sa création et ses arcades en plein cintre abritent grands joailliers, fourreurs, maisons de haute couture et banques. Frédéric Chopin mourut au n° 12 en 1848 et César Ritz ouvrit son célèbre hôtel au n° 15 au début du XXe siècle.

La Banque de France ⑲

39, rue Croix-des-Petits-Champs 75001. **Plan** 12 F1. **M** *Palais-Royal.*

La banque centrale créée par Napoléon en 1800 occupe l'hôtel de Toulouse que François Mansart édifia à proximité du Palais-Cardinal pour Louis Phelypeaux de La Vrillière, secrétaire d'Etat de Louis XIII et grand

La statue de Napoléon place Vendôme

LES JARDINS CLASSIQUES DE PARIS

Les jardins de Villandry au bord de la Loire

Les jardins classiques, créés pour un palais mais ouverts au public, constituent un élément fondamental du paysage parisien depuis 300 ans. Aujourd'hui, les jardins du Palais-Royal (*p. 121*), célèbres aux XVIIIe et XIXe siècles pour leurs maisons de jeu et leurs filles de joie, offrent un havre de paix au beau milieu d'un quartier d'affaires, les étudiants de la rive gauche se détendent dans les allées ombragées du jardin du Luxembourg (*p. 172*) dessiné au début du XVIIe siècle pour Marie de Médicis, et le jardin des Tuileries (*p. 130*), créé au XVIe siècle pour une autre Médicis, Catherine, est sur le point de connaître une rénovation générale après avoir été remanié en 1664 par André Le Nôtre.

C'est ce dernier, également créateur des jardins de Versailles (*pp. 248-9*), qui inventa avec Louis Le Vau le «jardin à la française», brillant

La longue Galerie Dorée de la Banque de France

collectionneur d'art. Le bâtiment avait pour particularité une somptueuse salle longue de 50 mètres, la Galerie Dorée, destinée à accueillir les peintures du propriétaire. Vendu en 1713 au comte de Toulouse, fils de Louis XIV et de Mme de Montespan, l'hôtel abrita l'Imprimerie nationale pendant la Révolution puis fut acheté par la Banque de France en 1811. En 1870, on dut reconstruire la Galerie Dorée à partir de copies de tableaux.

La place des Victoires ⓴

75002. **Plan** 12 F1. Ⓜ *Palais-Royal.*

Jules Hardouin Mansart, qui créera trois ans plus tard la place Vendôme, dessina en 1685 cette place dédiée à Louis XIV en fondant toutes ses proportions sur celles de la statue du souverain dressée en son centre. En outre, aucune des rues y débouchant ne se faisant face

afin que le Roi-Soleil, éclairé jour et nuit par quatre fanaux, ait toujours une façade derrière lui sur laquelle se détacher.

Les Révolutionnaires brisèrent cet équilibre en fondant l'effigie du roi qui fut remplacée en 1822 par la statue équestre de Bosio. Puis on perça la rue Etienne-Marcel en 1883.

La place des Victoires garde néanmoins beaucoup de cachet et ses arcades abritent de grands noms de la couture, notamment Thierry Mugler, Cacharel et Kenzo.

Louis XIV place des Victoires

La roseraie du parc de Bagatelle (*p. 255*)

mariage entre le jardin classique de la Renaissance italienne et le rationalisme français.

Ecrins de leurs palais, ces parcs devaient aussi proposer un majestueux spectacle au regard. C'est d'ailleurs du premier étage du bâtiment que l'on en a généralement la plus belle vue. Le grand axe médian qui passe par le

centre de l'édifice définit la symétrie des parterres où bandes de gazon et broderies de buis et de fleurs rappellent les motifs des décorations intérieures du château. Taillés avec art, arbres et haies deviennent de véritables sculptures. La teinte du gravier des allées s'harmonise aux couleurs des plates-bandes.

Participant à la composition, statues, fontaines et jets d'eau agrémentent la promenade. On les retrouve dans les bosquets dont l'architecture se prête aux représentations théâtrales ou aux collations en plein air. Parfois, comme à

Versailles où ils ont malheureusement disparu, des automates apportaient leur touche de fantaisie.

Les plans d'eau revêtent une grande importance. Ornés de sculptures, bassins géométriques et canaux, ils renforcent la perspective créée par l'agencement des plantations et des circulations. Le regard se perd à l'horizon et l'espace semble renoncer à ses limites. Cette perspective grandiose est l'une des caractéristiques fondamentales du parc à la française. Dans les jardins privés, elle exprime la richesse et la puissance du propriétaire. On peut s'amuser à observer que Napoléon accentua celle du jardin public des Tuileries avec l'arc de triomphe du Carrousel et François Mitterrand avec la Grande Arche de la Défense (*pp. 38-9, 255*).

SAINT-GERMAIN-DES-PRÉS

Avec son charme villageois et ses nombreux immeubles datant du XVIIe siècle, ce quartier apprécié des Parisiens comme des touristes est encore plus animé aujourd'hui qu'à l'époque où Boris Vian, Jean-Paul Sartre ou Juliette Gréco rendirent célèbres Le Flore, les Deux Magots, la Brasserie Lipp et les caves tel Le Tabou où l'on dansait jusqu'à l'aube au son du be-bop. Ces célèbres artistes et hommes de lettres entretenaient une tradition

Horloge du musée d'Orsay

intellectuelle beaucoup plus ancienne. Proudhon, Sainte-Beuve et Delacroix vécurent en leur temps à Saint-Germain-des-Prés, quartier de l'Institut et de l'école des Beaux-Arts. Les grands éditeurs commencèrent à s'y établir dès la fin du XVIIIe siècle et les bibliophiles y trouvent toujours de superbes librairies côtoyant de nombreuses galeries d'art, et des magasins de décoration intérieure, de haute couture ou d'antiquités.

LE QUARTIER D'UN COUP D'ŒIL

Rues et bâtiments historiques
Palais abbatial ❷
Boulevard St-Germain ❼
Rue du Dragon ❽
Rue de l'Odéon ❿
Cour de Rohan ⓬
Cour du Commerce-St-André ⓭
Institut de France ⓯
Ecole nationale supérieure des Beaux-Arts ⓰
Ecole nationale d'administration ⓱
Quai Voltaire ⓲

Eglise
St-Germain-des-Prés ❶

Musées
Musée Eugène-Delacroix ❸
Musée de la Monnaie ⓮
Musée d'Orsay pp. 144-7 ⓳
Musée de la Légion d'Honneur ⓴

Théâtre
Théâtre national de l'Odéon ⓫

Cafés et restaurants
Les Deux Magots ❹
Café de Flore ❺
Brasserie Lipp ❻
Le Procope ❾

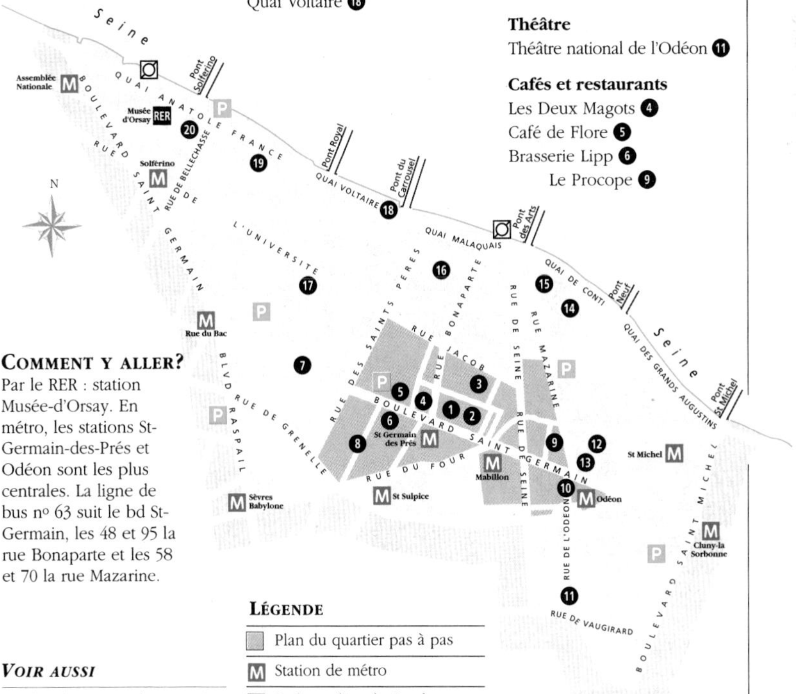

COMMENT Y ALLER?
Par le RER : station Musée-d'Orsay. En métro, les stations St-Germain-des-Prés et Odéon sont les plus centrales. La ligne de bus n° 63 suit le bd St-Germain, les 48 et 95 la rue Bonaparte et les 58 et 70 la rue Mazarine.

VOIR AUSSI
• *Atlas des rues*, plans 11-12
• *Hébergement* pp. 278-9
• *Restaurants* pp. 296-8

LÉGENDE
Plan du quartier pas à pas
Ⓜ Station de métro
Embarcadère du Batobus
RER Station de RER
Ⓟ Parcs de stationnement

0   400 m

L'église de St-Germain-des-Prés et le café Les Deux Magots

Saint-Germain-des-Prés pas à pas

Si ce quartier n'a plus de champêtre que les « prés » de son nom, ceux-ci rappellent les vastes terres agricoles possédées par l'abbaye que fonda saint Germain, évêque de Paris, sur la rive gauche de la Seine en 555.

Véritable cité hors l'enceinte de Philippe Auguste, celle-ci jouissait au Moyen Age d'une autonomie complète et une foire annuelle entretenait son dynamisme économique mais aussi culturel et artistique. Malgré les transformations qui l'affectèrent à partir du XVIIe siècle jusqu'à lui donner son visage actuel, Saint-Germain ne perdit jamais son rôle de centre intellectuel : galeries d'art et belles librairies bordent aujourd'hui ses ruelles.

Orgue de Barbarie à St-Germain

Les Deux Magots
Ses illustres clients ont rendu ce café célèbre ❹

Le Café de Flore
Sartre, Camus et Prévert fréquentèrent cette belle salle Art déco ❺

RUE DU DRAGON

RUE DU SABOT

RUE DE RENNES

RUE BONAPARTE

RUE DU FOUR

Station de métro St-Germain- des-Prés

La brasserie Lipp
Le décor de cette brasserie est classé « monument historique » ❻

★ **St-Germain-des-Prés**
La plus vieille église de Paris abrite les tombeaux de Descartes et d'un roi de Pologne ❶

★ **Le boulevard St-Germain**
Cafés, boutiques, cinémas, restaurants et librairies bordent cette artère au cœur de la rive gauche ❼

Cette sculpture de Picasso rend hommage à son ami Guillaume Apollinaire dans le square Laurent-Prache, non loin du café Le Flore que fréquentait le poète.

Carte de situation
Voir le centre de Paris pp. 12-13

★ **Musée Delacroix**
*C'est ici que Delacroix peignit cette Lutte de Jacob avec l'ange, pour St-Sulpice (*p. 172*)* ❸

La rue de Fürstenberg, souvent utilisée comme décor de cinéma, occupe l'emplacement d'une ancienne cour de l'abbaye.

À NE PAS MANQUER :

★ **St-Germain-des-Prés**

★ **Le boulevard St-Germain**

★ **Le Musée Delacroix**

LÉGENDE

— — —   Itinéraire conseillé

0   100 mètres

La rue de Buci, importante artère de la rive gauche depuis des siècles, accueille tous les matins un marché animé.

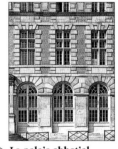

Le palais abbatial
Les abbés de Saint-Germain y logèrent de 1586 jusqu'à la Révolution ❷

Station Odéon

Station de métro Mabillon

Le marché Saint-Germain, ouvert en 1818, occupe une partie de l'emplacement de l'ancienne foire Saint-Germain (*p. 326*).

La statue de Danton (1889), par Auguste Paris, lui rend hommage à l'Odéon.

Saint-Germain-des-Prés ❶

3, place St-Germain-des-Prés 75006.
Plan 12 E4. **▐** 43 25 41 71.
Ⓜ St-Germain-des-Prés.
Ouvert 8 h-19 h 30 t.l.j. ☑ ▐

L a plus ancienne église de Paris se dresse à l'endroit où Childebert, fils de Clovis, éleva sur le conseil de saint Germain une basilique en 543 pour abriter un morceau de la Croix. L'édifice devint au VIIIᵉ siècle une abbaye bénédictine qui ne cessa de s'étendre et de prospérer jusqu'à la Révolution. Ses moines jetèrent les bases de l'archéologie et de la paléographie.

Vierge à l'Enfant de l'église St-Germain-des-Prés

L'édifice actuel incorpore des éléments d'époques très différentes. Les colonnes en marbre du triforium, du VIᵉ siècle, appartenaient au sanctuaire mérovingien, le chœur et le déambulatoire, où repose Boileau, ainsi que le clocher, datent du XIIᵉ siècle, la voûte en ogives de la nef du XVIIᵉ siècle, le presbytère du XVIIIᵉ et une grande partie de la décoration du XIXᵉ siècle. Le croisillon Nord renferme le tombeau de Jean-Casimir, roi de Pologne qui abdiqua en 1668 pour devenir abbé de Saint-Germain-des-Prés.

Le palais abbatial ❷

1-5, rue de l'Abbaye 75006.
Plan 12 E4. **Ⓜ** St-Germain-des-Prés.
Fermé au public.

G uillaume Marchant construisit en 1586 ce vaste édifice, l'un des premiers de Paris mêlant pierre et brique, pour le cardinal Charles de Bourbon, abbé de Saint-Germain que la Ligue

Armoiries sur le portail du palais abbatial

proclama roi sous le nom de Charles x en 1589. Dix autres abbés y vécurent jusqu'à la Révolution puis le bâtiment fut vendu.

Restauré en 1977-78, le palais abrite aujourd'hui des services civils et paroissiaux.

Le Musée Eugène-Delacroix ❸

6, rue de Fürstenberg 75006.
Plan 12 E4. **▐** 43 54 04 87.
Ⓜ St-Germain-des-Prés. **Ouverture :** en raison des travaux, se renseigner par téléphone.

Eugène Delacroix

L e peintre Eugène Delacroix, chef de l'école romantique et précurseur du fauvisme par son emploi novateur des couleurs, emménagea le 29 décembre 1857 dans cette jolie maison située non loin de l'église Saint-Sulpice dont il décora la chapelle des Saints-Anges. Il mourut le 13 août 1863 dans la chambre du premier étage dominant l'atelier où il peignit la *Descente au Tombeau* et la *Montée au Calvaire* (aujourd'hui au musée) au milieu

d'un délicieux jardin.

Cet atelier et son appartement constituent depuis 1952 un musée national dont les collections comprennent des autoportraits, des dessins, des aquarelles, des études, une série de pierres lithographiques et des copies des fresques que Delacroix peignit au plafond de la bibliothèque de la Chambre des députés. Des expositions temporaires y sont en outre organisées.

Les Deux Magots ❹

170, bd Saint-Germain 75006.
Plan 12 E4. **▐** 45 48 55 25.
Ⓜ St-Germain-des-Prés.
Ouvert 7 h 30-1 h 30 t.l.j.
Fermé une semaine en janv.

C e café tient son nom des deux magots (figurines trapues d'Extrême-Orient) qui servaient d'enseigne à un commerce de soie chinoise et de tissu. Le cafetier qui racheta le magasin en 1875 les conserva et ils ornent toujours un pilier.

À la fin du siècle dernier, Verlaine, Rimbaud et Mallarmé fréquentaient déjà l'établissement dont le décor actuel date de 1914. En 1925, il devint un des quartiers généraux des surréalistes mais Picasso, Saint-Exupéry, Hemingway ou Jean Giraudoux y avaient aussi leurs habitudes. Dans les années 50, Jean-Paul Sartre et Simone de Beauvoir y écrivaient deux heures tous les jours.

L'intérieur des Deux Magots

La façade du Café de Flore, ancien rendez-vous des existentialistes

Le Café de Flore ❺

172, bd Saint-Germain 75006.
Plan 12 D4. 📞 45 48 55 26.
Ⓜ St-Germain-des-Prés.
Ouvert 7 h-1 h 30 t.l.j. ♿

Avec ses banquettes rouges, ses miroirs et ses boiseries d'acajou, son intérieur Art déco n'a pas changé depuis l'après-guerre quand Jean-Paul Sartre et Simone de Beauvoir y tenaient salon. Depuis ce poste d'observation privilégié, les habitants ou habitués de ce quartier à l'ambiance villageoise se livrent à leur sport favori : observer les passants.

Un serveur de la brasserie Lipp

La brasserie Lipp ❻

151, bd Saint-Germain 75006.
Plan 12 E4. 📞 45 48 53 91.
Ⓜ St-Germain-des-Prés. **Ouvert** 8 h 30-1 h t.l.j. Voir **Restaurants, cafés et bars** p. 301.

Troisième des grands «monuments» de Saint-Germain-des-Prés avec Le Flore et Les Deux Magots, cette brasserie fondée à la fin du XIXe siècle par un Alsacien et appréciée des hommes politiques depuis 1920

(François Mitterrand était un habitué) compte toujours auteurs et vedettes parmi sa clientèle. Choucroute, navarin d'agneau ou pieds de porc, on y mange une cuisine traditionnelle dans un décor typique.

Le boulevard Saint-Germain ❼

75006, 75007. **Plan** 11 C2 & 13 C5.
Ⓜ Solférino, Rue-du-Bac, St-Germain-des-Prés, Mabillon, Odéon.

Malgré son homogénéité architecturale, cette artère longue de 3 km percée par le baron Haussman au XIXe siècle traverse trois arrondissements entre l'île Saint-Louis et le pont de la Concorde, et des modes de vie et de pensée différents marquent les bâtiments qui la bordent.

À l'Est, le boulevard passe près de la résidence privée de François Mitterrand dans la rue de Bièvre placée sous haute surveillance, traverse la place Maubert de sinistre mémoire car on y supplicia

de nombreux «hérétiques», et longe le musée de Cluny et l'université de la Sorbonne avant de couper le boulevard Saint-Michel.

Viennent ensuite l'Ecole de médecine puis la place de l'Odéon, avec ses cinémas et boutiques, enfin l'église Saint-Germain-des-Prés, au cœur du quartier auquel elle donna son nom. Dans les ruelles et sur les placettes alentour, cafés, restaurants, galeries d'art, librairies et boutiques de mode donnent son cachet si particulier à cette partie de Paris où artistes désargentés, vedettes et touristes se mêlent jusqu'au petit matin.

Au-delà, le boulevard St-Germain devient presque exclusivement résidentiel, puis très politique avec le ministère de la Défense et le Palais-Bourbon, siège de l'Assemblée nationale.

La rue du Dragon ❽

75006. **Plan** 12 D4.
Ⓜ St-Germain-des-Prés.

Cette petite rue entre le boulevard St-Germain et le carrefour de la Croix-Rouge existait déjà au Moyen Age et a gardé de nombreux hôtels et maisons des XVIIe et XVIIIe siècles. Un groupe de peintres flamands vécut au no 37 avant la Révolution et Victor Hugo, jeune célibataire de 19 ans, louait une mansarde au no 30 où il écrivit notamment ses *Odes et poésies diverses*.

Plaque au no 30 de la rue du Dragon

Le Procope

13, rue de l'Ancienne-Comédie 75006.
Plan 12 F4. [C] *43 26 99 20.* [M]
Odéon. **Ouvert** *11 h-1 h t.l.j. Voir*
Histoire de Paris *pp. 26-7.*

F ondé en 1686 par un
Sicilien, Francesco
Procopio dei Coltelli, le plus
ancien café de Paris connut
tout de suite un grand succès
auprès des acteurs de la
Comédie-Française voisine et
devint un lieu de rencontre
littéraire et artistique.

Il eut comme clients aussi
bien Benjamin Franklin
que Voltaire ou le jeune
Napoléon Bonaparte qui y
laissait son chapeau en gage
en attendant de trouver
l'argent pour payer son
ardoise. Restitué en 1989 dans
le style du XVIIIᵉ siècle, le
Procope est aujourd'hui un
restaurant qui continue de
proposer un menu abordable.

**Le Théâtre de l'Odéon, ancien
Théâtre-Français**

La rue de l'Odéon ❿

75006. **Plan** 12 F5. [M] *Odéon.*

P remière rue de Paris dotée
de trottoirs et de caniveaux
latéraux, elle fut percée en 1779
pour donner accès au théâtre et
conserve plusieurs maisons et
hôtels datant de la fin du
XVIIIᵉ siècle.

Au nº 12, la librairie de Sylvia
Beach, Shakespeare &
Company (*pp. 320-21*), servit de
1921 à 1940 de lieu de rendez-
vous à de nombreux écrivains
américains, notamment ceux
de la «génération perdue» tels
Ernest Hemingway, Ezra
Pound, Gertrude Stein ou Scott
Fitzgerald. Sylvia Beach publia
la première édition d'*Ulysse*, le
roman de James Joyce. En face,
au nº 7, Adrienne Monnier
tenait les Amis du Livre que
fréquentaient André Gide,
Roger Martin du Gard et Paul
Valéry.

Façade postérieure du restaurant Le Procope

Le théâtre national de l'Odéon ⓫

1, place Paul-Claudel 75006.
Plan 12 F5. [C] *44 41 36 36.*
[M] *Odéon, Luxembourg.*
Ouvert *11 h-18 h 30 t.l.j.*
[✆] *44 61 20 00 (Caisse nationale).*
Voir **Se distraire** *pp. 332-3.*

M arie-Joseph Peyre et
Charles de Wailly
édifièrent en 1779 à
l'emplacement des jardins de
l'hôtel de Condé ce théâtre
néoclassique où la Comédie-
Française s'installa en 1782.
Après le déménagement de
l'illustre troupe au Palais-Royal
en 1792, il prit son nom actuel
en 1797. Jean-François
Chalgrin le reconstruisit à
l'identique après l'incendie qui
le ravagea en 1807.

Siège de la compagnie Jean-
Louis Barrault à partir de 1959,
le Théâtre de l'Odéon le
demeura jusqu'en 1968, année
où les étudiants l'occupèrent
pendant les événements de
mai. Les spectacles
prestigieux, notamment
étrangers, qu'il présente
offrent l'occasion d'admirer le
beau plafond de la salle (1965)
peint par André Masson.

Hemingway dans les années 20

La cour de Rohan ⓬

75006. **Plan** 12 F4. [M] *Odéon.*
Accès *du jardinet par la rue jusqu'à
20 h, de 20 h à 8 h par le bd Saint-
Germain.*

**La courette du milieu de la
cour de Rohan**

L e compositeur Saint-Saëns
naquit en 1835 dans la rue
du Jardinet d'où l'on accède à
cette pittoresque série de trois
courettes qui dépendaient au
XVᵉ siècle du pied-à-terre de
l'archevêque de Rouen (nom
qui devint «Rohan»). Celle du
milieu est la plus curieuse et
la plus intéressante avec son
pas-de-mule (probablement le
dernier de Paris), trépied de
fer forgé qui servait,
notamment aux femmes âgées
et aux prélats trop en chair, à
monter à cheval. Diane de
Poitiers, maîtresse de Henri II,
habita le bel hôtel
Renaissance (1636) qui la
domine.

Dans la cour suivante, à
l'ouest, un fragment de
l'enceinte qu'édifia Philippe
Auguste à partir de 1190
forme aujourd'hui une
terrasse.

La cour du Commerce-St-André ⓭

75006. **Plan** 12 F4. Ⓜ *Odéon.*

C'est au nº 9 de ce passage dont la plupart des maisons datent de sa création en 1776 que le docteur Guillotin, pense-t-on, développa sa « philantropique machine à décapiter ». Ce fut toutefois un chirurgien parisien, le docteur Louis, qui se chargea de mettre en service l'appareil et on appela « Louisette » la première guillotine utilisée pour une exécution en 1792.

Exécution publique pendant la Révolution

Le musée de la Monnaie ⓮

11, quai de Conti 75006. **Plan** 12 F3. 📞 40 46 55 35. Ⓜ *Pont-Neuf, Odéon.* **Ouvert** *13 h-18 h jeu.-dim., mar., 13 h-21 h merc.* **Accès payant.** 📷 🎦 ⓘ *Films.*

L e concours que Jacques-Denis Antoine remporta pour donner un nouveau bâtiment à la Monnaie était organisé par Louis XV mais l'édifice dont il acheva la construction en 1777 est de style Louis XVI. Son architecte le trouva tellement à son goût qu'il y habita jusqu'à sa mort en 1801.

Fondé par Charles X en 1827, le musée de la Monnaie propose dans ce décor somptueux d'importantes collections de pièces et de médailles replacées dans leur contexte économique, politique et social par de nombreux tableaux, gravures et sculptures. L'exposition comprend également les machines d'un cycle complet de production mais l'hôtel n'abrite plus depuis 1973 la fabrication des pièces d'usage courant, totalement effectuée par l'usine de Pessac en Gironde.

Il conserve néanmoins deux ateliers de frappe : celui des monnaies en métaux précieux et celui des médailles. Ce dernier se visite les lundis et mercredis à 14 h 15.

L'Institut de France ⓯

23, quai de Conti 75006. **Plan** 12 E3. 📞 44 41 44 41. Ⓜ *Pont-Neuf, St-Germain-des-Prés.* **Fermé** *au public, sauf visites de groupes sur r.d.v.* **Bibliothèque**

F inancé grâce à un legs de Mazarin, ce palais dessiné par Louis le Vau dans l'axe de la Cour Carrée du Louvre et achevé en 1691 abrite depuis 1805 le siège de l'Institut de France. Celui-ci comprend notamment la célèbre Académie française, créée par Richelieu en 1635. C'est la plus ancienne des cinq académies qui se réunissent chaque année en

Enseigne de l'ancienne Monnaie devenue un musée

séance solennelle sous la grande coupole du bâtiment.

Occupant l'emplacement de l'ancienne tour de Nesle, détruite en 1665, le pavillon Est abrite la bibliothèque Mazarine, riche en œuvres antiques, et dont les boiseries datent du XVIIe siècle.

L'Ecole nationale supérieure des beaux-arts ⓰

17, quai Malaquais 75006. **Plan** 12 E3. 📞 47 03 50 00. Ⓜ *St-Germain-des-Prés.* **Ouvert** *9 h-18 h lun.-ven.* 🗝 *sur rendez-vous* 📚 **Bibliothèque.**

E lle occupe en bordure de la Seine un ensemble de bâtiments qui regroupe les vestiges du couvent des Petits-Augustins (XVIIe siècle), l'hôtel de Chimay (XVIIe et XVIIIe siècle) acquis en 1884 et des immeubles élevés au XIXe s., notamment le bâtiment des Loges (1820-32) de Duret et le palais des Etudes (1858-62) de Félix Duban. Celui-ci édifia également la grande salle d'exposition des travaux d'élèves, au nº 13 du quai Malaquais

Façade de l'Ecole des beaux-arts

Les cafés célèbres de Paris

Difficile d'imaginer Paris sans cafés. La ville en compte 12 000 dans lesquels Parisiens et visiteurs étanchent leur soif, retrouvent des amis, concluent des affaires ou regardent simplement le spectacle permanent de la rue.

Le Levantin qui s'installa en 1643 dans un passage couvert entre la rue Saint-Jacques et le Petit-Pont pour y vendre une décoction appelée « cahouet » n'en croirait pas ses yeux, lui qui connut un succès des plus limités. En fait, il fallut attendre 1686 et Le Procope, premier établissement décoré avec un certain luxe, pour que le café trouve sa clientèle. Un siècle plus tard, il en existait près de 800, éléments essentiels de la vie sociale parisienne qui jouèrent un rôle capital pendant la Révolution où ils furent le théâtre d'innombrables réunions et discussions.

Au XIXe siècle, l'élargissement des rues et la percée des grands boulevards permettent aux cafés de s'agrandir et à leurs tables de conquérir les trottoirs. Les plus importants, ou les plus chic, deviennent des lieux où l'on se rend pour se montrer mais la plupart conservent leur clientèle d'habitués. Les officiers de la garde fréquentaient ainsi le café d'Orsay pendant le premier Empire tandis que les amateurs de théâtre se retrouvent depuis le siècle dernier dans les cafés des environs de la place de l'Opéra,

De tous temps, on a lu et commenté le journal au café

L'Ecole nationale d'administration ⑰

13, rue de l'Université 75007. **Plan** 12 D3. **C** 49 26 45 45. **M** Rue-du-Bac. **Fermé** au public.

A l'emplacement de deux maisons construites par Briçonnet en 1643, Thomas Gobert édifia en 1713 ce bel hôtel pour la veuve de Denis Feydeau de Brou. Après la mort de son fils Paul-Esprit en 1767, il devint, pense-t-on, l'ambassade de la République de Venise puis un dépôt de munitions pendant la Révolution, le Consulat et l'Empire.

Ayant longtemps abrité le service d'hydrographie du ministère de la Marine, il sert aujourd'hui de siège à l'Ecole nationale d'administration, fondée en 1945 pour former les hauts fonctionnaires de l'Etat. Entre autres personnages célèbres, elle fut fréquentée par Jacques Chirac.

Plaque au nº 27 du quai Voltaire

Le quai Voltaire ⑱

75006 et 75007. **Plan** 12 D3. **M** Rue-du-Bac.

Certains des plus grands antiquaires de Paris tiennent boutique sur cet ancien quai des Théatins lesquels y eurent un couvent, du nº 15 au nº 25, dont ne subsiste aujourd'hui qu'un portail rue de Lille. Le quai prit le nom du célèbre philosophe en 1791, 13 ans après sa mort à l'hôtel de la Villette (XVIIe siècle), au nº 27, et en souvenir de la comédie macabre à laquelle elle donna lieu lorsque l'église Saint-Sulpice refusa d'accueillir le corps d'un penseur accusé d'athéisme. Montherlant finit aussi ses jours sur ce bord de Seine : il se suicida en 1972 dans un appartement du nº 25. Un hôtel de voyageurs du XVIIIe siècle occupe le nº 19. Il accueillit Charles Baudelaire, Richard Wagner, Jean Sibélius et Oscar Wilde. Un de ses salons renferme des souvenirs de l'auteur des *Fleurs du mal*.

Au nº 13, Corot reprit au XIXe siècle le logement et l'atelier que quittait Delacroix, et au nº 1, James Pradier habita l'hôtel de Tessé datant du XVIIIe siècle. Malgré les qualités de sa sculpture, sa notoriété dans le quartier tenait moins à ses œuvres qu'à sa femme qui traversait nue la Seine à la nage.

Accordéon au café Claude Alain, rue de Seine, dans les années 50

et du monde. Avant la Première Guerre mondiale, les cafés de Montparnasse bourdonnent des conciliabules d'exilés russes. Deux d'entre eux, Lénine et Trostky, refont le monde à la Rotonde et au Dôme. Les Américains de la «génération perdue», tels Ernest Hemingway et Scott Fitzgerald, fréquentent ensuite le quartier. Ils traînent à La Coupole (*p. 178*), au Sélect et à la Closerie des Lilas (*p. 179*), poussant parfois jusqu'à St-Germain-des-Prés, au café Voltaire, ancien lieu de rendez-vous des romantiques et des symbolistes. Ces derniers, Verlaine, Rimbaud ou Mallarmé, initièrent vers 1885 la tradition culturelle des Deux Magots (*p. 138*) et du Flore (*p. 139*) qu'entretinrent les surréalistes puis, après la Seconde Guerre mondiale, les existentialistes autour de Sartre, Camus et Simone de Beauvoir.

notamment le Café de la Paix (*p. 213*).

Les bouchers en gros, les joueurs d'échecs ou de pétanque, les exilés de tous pays ou les maîtres de la finance ont ainsi chacun leurs cafés, mais ce qui forgea la réputation des établissements parisiens, c'est leur rapport intime avec l'histoire intellectuelle et artistique de la France

Ouvrages d'un fidèle de St-Germain : Albert Camus (1913-60)

Le musée d'Orsay ⑲

Voir pp. 144-7.

Le musée de la Légion d'Honneur et des ordres de Chevalerie ⑳

2, rue de Bellechasse 75007. **Plan** 11 C2.
C *45 55 95 16.* **M** *Solférino.*
RER *Musée-d'Orsay.* **Ouvert** *14 h-17 h mar.-dim. (der. ent. : 16 h 30).* **Accès payant.** 📷 🎞 *Films, vidéo.*

L'ancienne gare d'Orsay devenue un musée

À côté du musée d'Orsay se dresse l'un des derniers hôtels construits dans le quartier, celui de Salm, édifié en 1782 pour le prince de Salm-Kybourg guillotiné en 1794.

Le bâtiment abrite aujourd'hui un musée dont l'impressionnante collection de décorations, insignes, colliers et médailles illustre l'histoire des ordres de Chevalerie royaux, tels l'ordre du Saint-Esprit ou celui de Saint-Louis, supprimés en 1791, puis celle de l'ordre de la Légion d'Honneur créé par Napoléon en 1802 pour les remplacer et dont le prestige demeure intact près de deux siècles plus tard.

Le musée consacre également un étage aux ordres étrangers, tel l'ordre anglais de la Jarretière dont l'insigne de velours bleu se portait à la jambe gauche.

Grand-croix de la Légion d'Honneur de Napoléon III

Le musée d'Orsay ⓭

L a gare d'Orsay dessinée par Victor Laloux pour les voyageurs de la Compagnie Paris-Orléans fut inaugurée le 14 juillet 1900. Elle doit probablement sa survie à la polémique qu'entraîna la destruction des pavillons de Baltard des Halles. L'établissement public créé en 1978 pour l'aménager en musée consacré à toutes les formes d'art et d'expression pendant la période 1848-1914 mettra huit ans pour mener à bien l'opération mais parviendra à préserver presque intégralement sa splendide architecture tout en aménageant un espace intérieur compatible avec l'exposition des collections.

Le musée vu de la rive droite
Victor Laloux dessina l'édifice pour l'Exposition universelle de 1900.

Fauteuil par Charles Rennie Mackintosh
En pleine période Art nouveau, les formes strictes des objets créés par ce maître de l'école de Glasgow annonçaient le XXᵉ siècle.

★ **La Porte de l'enfer** *(1880-1917)*
Rodin inclut des sculptures créées auparavant, telles le Penseur *et le* Baiser, *dans cette œuvre célèbre.*

★ **Le Déjeuner sur l'herbe (1863)**
Ce tableau que Manet présenta au Salon des refusés organisé sous Napoléon III est actuellement exposé au niveau supérieur.

Légende du plan

☐	Architecture et arts décoratifs
☐	Sculpture
☐	Peinture avant 1870
☐	Impressionnisme
☐	Néo-impressionnisme
☐	Naturalisme et symbolisme
▨	Art nouveau
☐	Histoire du cinéma
▨	Expositions temporaires
☐	Circulations et services

Suivez le guide !
Le rez-de-chaussée est surtout consacré aux œuvres de la fin du XIXᵉ siècle tandis que le niveau médian présente une importante collection de mobilier, notamment Art nouveau, et des peintures et sculptures de la Seconde moitié du XIXᵉ siècle et du début du XXᵉ. Les impressionnistes et néo-impressionnistes occupent les salles et galeries du dernier étage.

La Danse *(1867-8)*
Cette œuvre de Carpeaux pour l'Opéra provoqua un scandale.

★ Le Moulin de la Galette

Renoir étudia dans ce magnifique tableau (1876), l'ambiance particulière créée par le soleil à travers un feuillage.

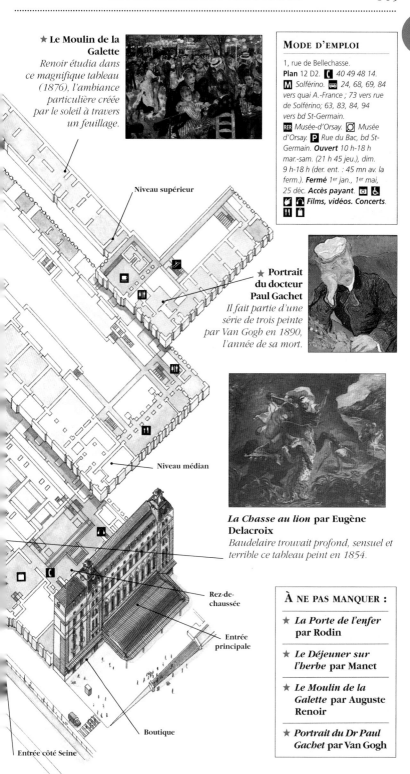

MODE D'EMPLOI

1, rue de Bellechasse.
Plan 12 D2. 🛈 *40 49 48 14.*
Ⓜ *Solférino.* 🚌 *24, 68, 69, 84 vers quai A.-France ; 73 vers rue de Solférino; 63, 83, 84, 94 vers bd St-Germain.*
RER *Musée-d'Orsay.* 🅿️ *Musée d'Orsay.* 🅿️ *Rue du Bac, bd St-Germain.* **Ouvert** *10 h-18 h mar.-sam. (21 h 45 jeu.), dim. 9 h-18 h (der. ent. : 45 mn av. la ferm.).* **Fermé** *1er jan., 1er mai, 25 déc.* **Accès payant.** 📷 ♿ 🎬 📽️ *Films, vidéos. Concerts.* 🍴 🛍️

Niveau supérieur

★ Portrait du docteur Paul Gachet

Il fait partie d'une série de trois peinte par Van Gogh en 1890, l'année de sa mort.

***La Chasse au lion* par Eugène Delacroix**
Baudelaire trouvait profond, sensuel et terrible ce tableau peint en 1854.

Niveau médian

Rez-de-chaussée

Entrée principale

Boutique

Entrée côté Seine

À NE PAS MANQUER :

★ *La Porte de l'enfer* **par Rodin**

★ *Le Déjeuner sur l'herbe* **par Manet**

★ *Le Moulin de la Galette* **par Auguste Renoir**

★ *Portrait du Dr Paul Gachet* **par Van Gogh**

À la découverte du musée d'Orsay

L'intérêt du musée d'Orsay, qui selon les spécialistes est l'un des plus passionnants parmi ceux ouverts ces dernières décennies dans le monde, est loin de se limiter aux œuvres impressionnistes qui ont établi sa réputation. Permettant de confronter peinture, sculpture, architecture, photographie et arts décoratifs, il présente en effet un panorama exceptionnel de la création pendant la 2de moitié du XIXe siècle.

Plafond peint (1911) par l'artiste nabi Maurice Denis

L'ART NOUVEAU

Boiseries et mobilier provenant de l'hôtel Aubecq à Bruxelles présentent l'œuvre de l'architecte belge Victor Horta, précurseur de cet Art « nouveau » qui allait fleurir dans toute l'Europe jusqu'à la Première Guerre mondiale. Parmi beaucoup d'autres pièces, les meubles créés par Hector Guimard, célèbre pour ses stations de métro, les bijoux de René Lalique, un vitrail de l'Américain Louis Comfort Tiffany, réalisé d'après un carton de Toulouse-Lautrec, et une remarquable collection d'œuvres d'Emile Gallé et de l'école qui se forma autour de lui à Nancy, rappellent tout ce qu'apporta aux arts décoratifs ce style dont l'exubérance s'exprime avec un charme tout particulier dans la bibliothèque sculptée de motifs allégoriques par Rupert Carabin en 1890.

Confrontés à ceux de Gaudi et Bugatti dans la tour Art nouveau international, les meubles de Hoffman, Wagner et Mackintosh, architectes rejetant la profusion d'ornementation de la fin du XIXe siècle, annoncent par leurs lignes rigoureuses l'esthétique contemporaine.

LA SCULPTURE

La grande allée centrale du musée offre un cadre mettant merveilleusement en valeur un assortiment de sculptures qui montre l'éclectisme d'une époque où le classicisme d'Eugène Guillaume (*Cénotaphe des Gracchi*, 1848-53) cohabitait avec le romantisme de François Rude dont un moulage du *Génie de la patrie* de l'Arc de triomphe décore l'entrée de l'ancienne gare. Le XIXe siècle eut aussi ses artistes inclassables, tel Honoré Daumier, auquel une salle est consacrée et dans laquelle le bas-relief *Les Emigrants* et les 36 bustes de parlementaires qui servirent à ses caricatures du *Charivari* témoignent de son génie. Jean-Baptiste Carpeaux était également génial. Trois de ses œuvres, *Ugolin et ses fils*, *Les Quatre Parties du monde* et *La Danse*, illustrent le prodigieux sens du mouvement et de la vie.

Plus connu pour ses tableaux impressionnistes que pour son œuvre sculptée, restée longtemps ignorée, Edgar Degas réalisa de nombreux bronzes, et la galerie des hauteurs renferme de belles séries de chevaux, de femmes à leur toilette et de danseuses, ses thèmes de prédilection que l'on retrouve dans des toiles exposées en vis-à-vis comme *L'Ecole de danse*.

Deux longues terrasses surplombent, au niveau médian, l'allée centrale de la grande halle. L'une propose un assortiment de sculptures officielles de la IIIe République, l'autre est réservée à Rodin, artiste que sa puissance d'inspiration, servie par une technique parfaite, place au rang des grands maîtres.

On peut notamment y admirer *La Porte de l'enfer* et des plâtres de *Balzac* et de *La Muse*. *L'Age mûr*, un bronze remarquable de sa compagne, Camille Claudel, les accompagne.

LA PEINTURE AVANT 1870

Plusieurs salles du rez-de-chaussée juxtaposent toutes les formes de peinture antérieures à 1870, et donc à l'impressionnisme, et mettent ainsi en relief l'étonnante diversité de styles du XIXe siècle. L'explosion de couleurs de *La Chasse au lion* (1854) du romantique Eugène Delacroix voisine avec *La Source* (1856) de J.-A. D. Ingres, chef de l'école classique, et l'on retrouve mêlées les influences de ces deux grands mouvements picturaux dans les œuvres – notamment les *Chefs arabes se défiant* –, d'Emile Chassériau, élève du dernier mais admirateur du premier. Ingres fut également le professeur de Degas dont *La Famille Bellelli* annonçait dès 1859 la modernité qu'il incarnerait avec les impressionnistes et leur ami Edouard Manet, peintre réaliste honni des critiques dès les années 1860.

Grande Danseuse habillée (1881) par Edgard Degas

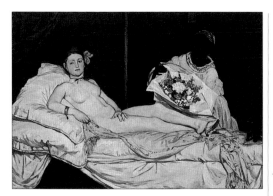

Olympia (1863) par Edouard Manet

L'IMPRESSIONNISME

En une décennie, de 1870 à 1880, l'obsession de quelques artistes pour la lumière va donner naissance à l'un des mouvements les plus importants de l'histoire de la peinture. *Le Moulin de la Galette* et *La Balançoire* d'Auguste Renoir, *L'Inondation à Port-Marly* d'Albert Sisley datent de 1876, *La Gare Saint-Lazare* de Claude Monet de 1877. Monet s'installe ensuite à Vétheuil puis à Giverny et entame ses célèbres séries (meules de foin, nymphéas…), notamment celle de la *Cathédrale de Rouen*, saisie à différentes heures de la journée.

Quoique exposé en leur compagnie, Cézanne peignit ses plus grands chefs-d'œuvre, tels *Les Joueurs de cartes* ou *La Femme à la cafetière*, après s'être éloigné des impressionnistes, et si la patte de Van Gogh doit beaucoup à leur touche fractionnée, des tableaux comme *L'Arlésienne*, *La Chambre de Van Gogh en Arles* et *L'Eglise d'Auvers-sur-Oise* montrent toute l'originalité de son œuvre.

Paysannes bretonnes (1894) par Paul Gauguin

LE NÉO-IMPRESSIONNISME

Ce terme un peu fourre-tout ne correspond pas à une véritable école ou mouvement pictural mais sert généralement à qualifier l'œuvre de peintres qui se sont définis par rapport à l'impressionnisme. C'est le cas de Georges Seurat, qui s'efforce dans ses tableaux entièrement composés de points de couleur (*Le Cirque*, 1891) de reconstruire la forme que Monet dissout.

Bien que transporté par leur huitième exposition en 1882 lorsqu'il arrive à Paris, Henri de Toulouse-

Les Nymphéas bleus (1919) par Claude Monet

Lautrec ne suivra pas ses amis impressionnistes dans leur quête de la lumière et se concentrera sur les gens, les femmes en particulier, qu'elles soient artistes (*La Goulue*, *La Clownesse Cha-U-Kao*) ou simples prostituées (*Le Lit*). Gauguin, impressionniste à ses débuts (*Lavandières à Pont-Aven*), mettra au point avec Emile Bernard le synthétisme (*La Belle Angèle*, *Les Meules jaunes*) et aura une grande influence sur le groupe des nabis, notamment Pierre Bonnard et Maurice Denis.

LE NATURALISME ET LE SYMBOLISME

Rejeté par les peintres et critiques académiques du second Empire, le naturalisme conquit les Salons pendant la IIIe République. Le musée d'Orsay lui consacre plusieurs salles où l'on peut admirer des œuvres marquantes telles *Les Fils de Caïn* par Fernand Cormon, *Les Foins* par Jules Bastien-Lepage, influencé par Manet, ou l'étonnante fresque de la vie populaire peinte par Lionel Walden : *Les Docks de Cardiff.*

Parmi de nombreux tableaux étrangers, *Les Ages de l'ouvrier* du Belge Léon Frédéric ou *Madame Lwoff* de la Russe Valentine Serov rappellent que le naturalisme devint international à la fin du siècle.

En réaction contre les réalistes et les impressionnistes en quête de nouveaux moyens de reproduire le monde extérieur, les symbolistes cherchèrent à traduire le monde intérieur du rêve, de la sensation ou de la pensée. Quelques chefs-d'œuvre comme *Intimité* d'Eugène Carrière, *Nuit d'été* par Winslow Homer, *Le Rêve* de Puvis de Chavannes, *Les Yeux clos* d'Odilon Redon ou *La Roue de la fortune* d'Edward Burne-Jones illustrent cette démarche.

LE QUARTIER LATIN

Vitrail du XVᵉ siècle au musée de Cluny

On parle latin sur la rive gauche de la Seine depuis qu'en 1118, le philosophe Abélard, chassé du cloître Notre-Dame, entraîna 3 000 de ses élèves sur la montagne Sainte-Geneviève. Au cours du XIIIᵉ siècle, les auberges d'*escholiers* appelées aussi collèges se multiplièrent. L'un d'eux, créé en 1253 par Robert de Sorbon pour les étudiants pauvres, entrera dans la postérité. Au fil des siècles, la tradition universitaire du Quartier latin s'est maintenue autour de la vénérable Sorbonne et autour de ses lycées dont les plus prestigieux d'entre eux : Henri-IV et Louis-le-Grand.

Mais s'il continue à attirer des jeunes du monde entier, il se glisse parmi eux aujourd'hui beaucoup de touristes et ses vieilles rues (certaines datant du XIIIᵉ siècle) se sont emplies de marchands de sandwichs grecs et de souvenirs. Toujours très animé avec ses innombrables cinémas et librairies universitaires, le Quartier latin conserve néanmoins une atmosphère inimitable.

Un jeune musicien, sous le pont Saint-Michel, entretient la vieille tradition de bohème artiste du Quartier latin.

LE QUARTIER D'UN COUP D'ŒIL

Rues et bâtiments historiques
Boulevard Saint-Michel ❷
La Sorbonne ❼
Collège de France ❽

Musées
Musée de Cluny pp. 154-7 ❶
Musée de la Préfecture de police ❻

Eglises
St-Séverin ❸
St-Julien-le-Pauvre ❹

Place
Place Maubert ❺

Eglise de la Sorbonne ❾
St-Etienne-du-Mont ❿
Panthéon pp. 158-9 ⓫

COMMENT Y ALLER ?
Métro : les stations St-Michel et Cluny-la-Sorbonne desservent le centre du quartier.
Autobus : les lignes 24 et 87, et le Balabus, empruntent le bd St-Germain. La ligne 38, qui suit le bd St-Michel, passe à la Sorbonne et au musée de Cluny.

[Plan du quartier avec numéros et rues : Pont St Michel, Petit Pont, Pont au Double, St Michel RER, Quai de Montebello, Seine, Pont de l'Archevêché, Pont de la Tournelle, Boulevard St Michel, Rue St Jacques, Rue Lagrange, Quai de la Tournelle, Maubert Mutualité, Rue des Ecoles, Rue Monge, Germain, Pont de Sully, Rue Soufflot, Place du Panthéon, Rue Clovis, Cardinal Lemoine]

LÉGENDE

▢	Plan du quartier pas à pas
M	Station de métro
▣	Embarcadère du Batobus
RER	Station de RER
P	Parc de stationnement

VOIR AUSSI

0   400 m

Un moment de pause sur un quai du Quartier latin

Le Quartier latin pas à pas

S i la tradition estudiantine du quartier remonte au Moyen Age, il a une histoire beaucoup plus ancienne et l'une de ses principales artères, la rue Saint-Jacques, suit le tracé de la voie antique qui traversait l'extension sur la rive gauche de la Seine de la Lutèce romaine de l'île de la Cité. Depuis François Villon, escholier et brigand du XVe siècle, les alentours de la Sorbonne se signalent régulièrement pour leur turbulence. Il y eut mai 68, bien sûr, mais la place Saint-Michel fut aussi au centre de l'insurrection de la Commune en 1871. Ces dernières années, toute la partie Est du Quartier latin s'est toutefois très embourgeoisée.

La place St-Michel renferme une fontaine de Davioud ornée d'un bronze de Duret : *St Michel terrassant le dragon.*

Station de métro St-Michel

La petite Athènes, ensemble de rues pittoresques autour de Saint-Séverin abritant de nombreux restaurants grecs, est particulièrement animée le week-end.

★ **Le boulevard St-Michel**
Un joyeux mélange de cafés, librairies et boutiques de prêt-à-porter borde la partie nord de ce boulevard toujours emplie d'une foule vivante et colorée. ❷

★ **Le musée de Cluny**
Installé dans un superbe hôtel de la fin du XVe siècle et d'anciens thermes romains, ce musée propose l'une des plus belles expositions d'art médiéval du monde. ❶

Station de métro Cluny-La-Sorbonne

Le nº 22, rue St-Séverin est la maison la plus étroite de Paris. L'abbé Prévost, auteur de *Manon Lescaut*, y vécut.

★ St-Séverin
La construction de cette magnifique église à l'architecture gothique flamboyant commença au XIIIᵉ siècle. ❸

La rue du Chat-qui-pêche, étroite et piétonnière, n'a pas beaucoup changé depuis deux siècles.

CARTE DE SITUATION
Voir le centre de Paris pp. 12-13

Shakespeare & Co
(pp. 320-21), au nº 37 de la rue de la Bûcherie, est une mine pour les bibliophiles. Chaque livre acheté porte le tampon : *Shakespeare & Co, kilomètre zéro Paris.*

★ St-Julien-le-Pauvre
Reconstruite au XVIIᵉ siècle, cette église servit de magasin à fourrage pendant la Révolution. ❹

Rue du Fouarre, les étudiants du Moyen Age s'asseyaient sur la paille (*fouarre*) pour écouter leurs cours.

Ⓜ Métro Maubert-Mutualité

La rue Galande, riche et élégante au XVIIᵉ siècle, devint ensuite connue pour ses cabarets mal famés.

À NE PAS MANQUER :

★ Le musée de Cluny

★ St-Séverin

★ St-Julien-le-Pauvre

★ Le boulevard St-Michel

LÉGENDE

– – – Itinéraire conseillé

0   100 mètres

Le musée national du Moyen Age et des thermes de Cluny ❶

Voir pp. 154-7.

Le boulevard Saint-Michel ❷

75005 & 75006. **Plan** 12 F5 & 16 F2.
Ⓜ *St-Michel, Cluny-La-Sorbonne.*
Ⓡ *Luxembourg.*

L e café de Cluny, au n° 20,
est l'un des rares
établissements, parmi ceux qui
firent la réputation du bd St-
Michel après son percement
en 1869, à avoir survécu au
milieu des magasins de prêt-à-
porter. Sur la place St-Michel,
des plaques de marbre
commémorent les étudiants
qui y tombèrent pendant la
libération de Paris.

Gargouilles de St-Séverin

St-Séverin ❸

1, rue des Prêtres-St-Séverin 75005.
Plan 13 A4. Ⓒ *43 25 96 63.* Ⓜ *St-
Michel.* **Ouvert** *11 h-19 h 45 lun.-ven.,
11 h-20 h sam., 9 h-20 h 45 dim.* Ⓒ
Ⓖ *Concerts de musique sacrée.*

C ette église, superbe
exemple de gothique
flamboyant, porte le nom
d'un moine du VIe siècle qui
persuada le futur saint Cloud,
petit-fils de Clovis, d'entrer
dans les ordres. La
construction de l'édifice
actuel commença au début du
XIIIe siècle et se poursuivit
jusqu'au XVIe. Le bâtiment fut
encore remanié au XVIIe siècle
et on dota sa façade

À l'intérieur de St-Julien-le-Pauvre

principale d'un portail
provenant de l'ancienne
église St-Pierre-aux-Bœufs
(XIIIe siècle) en 1837. Une
partie importante de sa
décoration, notamment des
chapelles, date de 1840-70.
    L'intérieur est
particulièrement remarquable
pour son magnifique
déambulatoire gothique à
voûtes en palmiers et le beau
buffet d'orgues sculpté par
Fichon en 1745 qui domine la
nef. L'ancien cimetière, au
sud, est devenu un jardin. On
peut encore voir contre
l'église les galeries voûtées
des anciens charniers.

St-Julien-le-Pauvre ❹

1, rue St-Julien-le-Pauvre 75005.
Plan 13 A4. Ⓒ *43 54 52 16.*
Ⓜ *St-Michel.* Ⓡ *St-Michel.* **Ouvert**
9 h 30-13 h, 15 h-18 h 30 t.l.j. Ⓒ
Concerts. *Voir Se distraire p. 336.*

C ette église, élevée vers
1165 à l'emplacement
d'un sanctuaire plusieurs fois
ravagé par les Normands au
IXe siècle, est avec celle de St-
Germain-des-Prés l'une des
plus anciennes de Paris.
L'université y tint ses assises
solennelles jusqu'en 1524,
date à laquelle les dégâts que
lui infligea une révolte d'étudiants amenèrent le parlement
à imposer un nouveau lieu de
réunion. Sa façade date d'une
importante restauration au
XVIIe siècle et la décoration de
l'intérieur rappelle qu'elle est
affectée depuis 1889 au rite
melchite.

La place Maubert ❺

75005. **Plan** 13 A5.
Ⓜ *Maubert-Mutualité.*

D u XIIe siècle au milieu du
XIIIe, la «Maub» fut l'un
des centres d'enseignement
de Paris où les maîtres ayant
licence de transmettre leur
savoir réunissaient leurs
élèves au coin d'une rue ou
devant une fenêtre. Après la
création des collèges sur la
montagne Ste-Geneviève, elle
devint un lieu d'exécution
publique, celui où l'humaniste
Etienne Dolet périt sur le
bûcher en 1546. La rue de
Bièvre, où François Mitterrand
a sa résidence privée,
débouche sur la place. Elle
porte le nom d'une petite
rivière qui coulait encore à
ciel ouvert il y a un siècle et
qui se perd aujourd'hui dans
les égouts.

Le musée de la Préfecture de police ❻

1 bis, rue des Carmes 75005. **Plan** 13
A5. Ⓒ *44 41 51 00.* Ⓜ *Maubert-
Mutualité.* **Ouvert** *9 h-17 h lun.-ven.,
10 h-17 h sam. (der. ent. : 16 h 30).*
Fermé *jours fériés.* Ⓒ Ⓖ ✔

Armes du musée de la Police

C e petit musée installé dans
le commissariat du
Ve arrondissement présente
l'histoire de la police du
XVIe siècle à nos jours et de
nombreux documents
concernant des criminels ou
prisonniers célèbres, comme,
par exemple, le mandat
d'amener de Danton. Certaines
de ses vitrines contiennent des
armes ou ustensiles divers
utilisés lors d'assassinats,
d'autres illustrent les débuts de
la police scientifique,
notamment de l'anthropométrie
mise au point par Bertillon.

La Sorbonne ❼

47, rue des Ecoles 75005.
Plan 13 A5. 🄲 *40 46 22 11.*
Ⓜ *Cluny-La-Sorbonne, Maubert-Mutualité.* **Ouvert** *9 h-18 h lun.-sam.*
Fermé *jours fériés.* 🄲 *téléphone Caisse nationale 44 61 20 00.*

Robert de Sorbon, chapelain de Saint-Louis, acheta en 1255 une maison rue Coupe-Gueule à laquelle la générosité du roi lui permit d'adjoindre des bâtiments voisins pour fonder en 1258 un collège destiné aux étudiants pauvres de théologie. Approuvé dès 1259 par le pape, l'établissement devint rapidement le siège de la faculté de théologie de l'université de Paris.

De la somptueuse reconstruction du vieil édifice gothique qu'ordonna en 1626 Richelieu, proviseur de la Sorbonne, il ne subsiste aujourd'hui que la chapelle. Les autres bâtiments, imposants et austères, datent du XIXᵉ siècle.

Statues du Collège de France

Le Collège de France ❽

11, place Marcelin-Berthelot 75005.
Plan 13 A5. 🄲 *44 27 12 11.*
Ⓜ *Maubert-Mutualité.* **Ouvert** *oct.-juin : 9 h-19 h lun.-ven., 8 h-12 h sam.*

A la demande du grand humaniste Guillaume Budé, François Iᵉʳ fonda en 1530 le collège des Lecteurs royaux (Collège royal de France du XVIIᵉ siècle à la Révolution) où l'enseignement échappait au dogmatisme et à l'intolérance de l'université de Paris.

L'inscription *Docet omnia* (tout enseigner), sur les vieux bâtiments construits à partir de 1610, résume bien l'esprit d'une institution où les cours sont publics et gratuits.

L'église de la Sorbonne ❾

Place de la Sorbonne 75005.
Plan 13 A5. 🄲 *Caisse nationale 40 46 22 11.* Ⓜ *Cluny-La-Sorbonne, Maubert-Mutualité.* 🆁 *Luxembourg.*
Ouvert *lors d'expositions temporaires ou sur r.d.v.* **Entrée payante**.

Le plan de ce sanctuaire édifié par Lemercier de 1635 à 1642, s'inspire de celui de l'église du Gésù à Rome. Son dôme, flanqué de quatre campaniles, était le cinquième élevé à Paris. Le chœur abrite le tombeau de Richelieu, monument en marbre sculpté par Girardon en 1694 sur des dessins de Le Brun.

Horloge de l'église de la Sorbonne

St-Etienne-du-Mont ❿

Place Ste-Geneviève 75005.
Plan 17 A1. 🄲 *43 54 11 79.* Ⓜ
Cardinal-Lemoine. **Ouvert** *8 h-12 h, 14 h-19 h t.l.j.* **Fermé** *jours fériés, et le lun. les mois de juil. et août.*
📷 🄲 🄲

Cette église présente un mariage remarquable de styles différents. L'intérieur voûté est gothique mais la décoration du jubé est influencée par la Renaissance italienne. De superbes vitraux du XVIIᵉ siècle ornent la galerie des Charniers, autour de l'abside.

Le Panthéon ⓫

Voir pp. 158-9.

Clocher du XVIᵉ siècle

ST-ÉTIENNE-DU-MONT

Vitrail médiéval

Jubé

Le musée national du Moyen Age et des Thermes de Cluny ❶

Tête de Saint-Jean-Baptiste

S itué dans l'hôtel construit à la fin du XVe siècle pour les abbés de Cluny, c'est l'une des trois seules demeures médiévales de Paris à avoir subsisté. Dans les salles des thermes gallo-romains (Ier-IIIe s.) attenants, ce musée présente l'une des plus belles et des plus riches collections d'art du Moyen Age du monde.

L'hôtel de Cluny
Jacques d'Amboise, abbé de Cluny, acheva en 1500 la construction de cette belle demeure médiévale.

Chapelle médiévale

★ La Dame à la licorne
Cette extraordinaire suite de six tapisseries est un remarquable exemple du style dit des «mille fleurs», réputé pour la grâce de ses personnages et de ses animaux, qui se développa aux XVe et XVIe siècles.

★ La Rose d'or de Bâle *(1330)*
L'orfèvre Minucchio da Sienna la créa pour le pape d'Avignon Jean XXII.

Les thermes gallo-romains
Ces thermes fonctionnèrent pendant à peu près un siècle avant d'être pillés par les Barbares.

Caldarium (salle des bains chauds)

À NE PAS MANQUER :

★ La galerie des Rois

★ La Dame à la licorne

★ La Rose d'or de Bâle

Le frigidarium gallo-romain
Cette salle des bains froids (IIe-IIIe siècles) a conservé une belle voûte d'arête qui repose sur des consoles ornées de proues de barque, l'emblème de la puissante corporation des «nautes».

Les livres d'heures
Le musée possède deux livres d'heures de la première moitié du XVᵉ siècle que l'on peut feuilleter. Les pages enluminées présentent les travaux des mois et les signes du zodiaque.

★ La galerie des Rois
En 1977, les ouvriers d'un chantier rue de la Chaussée-d'Antin mirent au jour 21 des 28 têtes des rois de Juda de Notre-Dame décapités en 1793.

SUIVEZ LE GUIDE !
Les collections, qui occupent les deux étages des bâtiments, présentent un très vaste assortiment d'objets datant du Moyen Age : tissus, tapisseries et broderies, manuscrits enluminés, orfèvrerie, émaux, céramiques, chapiteaux, sculptures, mobilier laïque et religieux, armes, et même jouets et ustensiles de cuisine. La grande salle du frigidarium renferme des vestiges gallo-romains.

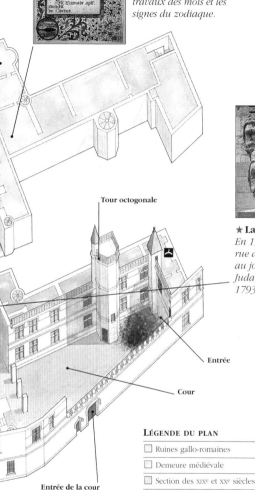

Tour octogonale

Entrée

Cour

Entrée de la cour

LÉGENDE DU PLAN

☐ Ruines gallo-romaines

☐ Demeure médiévale

☐ Section des XIXᵉ et XXᵉ siècles

CHRONOLOGIE

200	1450	1750	1800	1850
v. 200 Construction des thermes **1500** Jacques d'Amboise termine l'hôtel	**1747** La tour octogonale sert d'observatoire		**1789** Confisqué, l'hôtel est revendu par l'Etat	**1832** Alexandre du Sommerard, collectionneur d'art médiéval, loue l'hôtel **1844** Ouverture du musée
v. 300 Les Barbares pillent les thermes **1600** Des nonces apostoliques habitent l'hôtel		*Louis XVIII à son bureau*	**1819** Louis XVIII fait dégager les thermes	**1842** L'Etat acquiert bâtiment et collections

A la découverte du musée national du Moyen Age

Alexandre du Sommerard loua en 1832 une partie de l'hôtel de Cluny pour offrir un cadre à la mesure de sa collection d'art médiéval. À sa mort en 1842, l'Etat acheta les œuvres, ainsi que l'hôtel, puis acquit les thermes voisins que Louis XVIII avait fait dégager.

L'Offrande du cœur (xve siècle)

LES TAPISSERIES

Le musée présente des tapisseries remarquables par leur beauté et leur état de conservation. Toutes sont d'une subtile élégance malgré un symbolisme parfois naïf comme dans l'*Offrande du cœur* (début du xve siècle). Avec ses six pièces : la broderie, la lecture, la promenade, la chasse, le bain et les scènes galantes, la série de *La Vie seigneuriale* offre un témoignage exceptionnel sur la vie quotidienne de la noblesse au début du xvie siècle.

LA SCULPTURE SUR BOIS

Au Moyen Age, les artistes et artisans du nord de l'Europe s'illustrèrent tout particulièrement dans la sculpture sur bois. *L'Ecole*, petite œuvre touchante de réalisme provient d'Angleterre. De l'actuelle Belgique, on peut admirer, exposés dans la grande salle du premier étage, deux retables polychromes par Jan de Molder, de l'abbaye d'Averdobe, représentant la *Passion du Christ* et la *Messe de saint Grégoire*, un splendide *Portement de Croix*, dans la première vitrine à gauche, probablement exécuté vers 1400 en Flandre, et la *Marie Madeleine* réalisée un siècle plus tard à Bruxelles. D'Allemagne, on trouve une Vierge et un saint Jean qui ornaient un calvaire bavarois au xve siècle, et la *Vierge à l'Enfant* qu'Henrik Douvermann sculpta au début du xvie siècle.

LES VITRAUX

Les plus vieux vitraux exposés à Cluny, qui décoraient à l'origine la basilique Saint-Denis, datent de 1144. Une vie de saint Nicolas et une vie du Christ rappellent le souvenir de la cathédrale de Troyes, détruite par un incendie. Les vitraux du xiiie siècle présentés par le musée proviennent pour la plupart de la Sainte-Chapelle (*pp. 88-9*) et du château de Rouen.

Ces derniers offrent un exemple intéressant de la technique de la grisaille, associant des panneaux incolores aux parties figurées exécutées en verre de couleur, qui se développa dans la deuxième moitié du xiiie siècle et permit, outre un meilleur éclairage des édifices, de faire évoluer l'art du vitrail vers une plus grande subtilité.

Vitraux bretons (1400)

L'Ecole, sculpture sur bois du début du xvie siècle

Tête de reine provenant de St-Denis (avant 1120)

LA SCULPTURE

Quatre salles du rez-de-chaussée sont plus particulièrement consacrées à la sculpture. La première, dédiée à Notre-Dame, présente, outre les 21 têtes des rois de Juda mutilées pendant la Révolution, les statues-colonnes du portail Sainte-Anne récemment reconstituées. Dans celle en vis-à-vis, on peut admirer un ensemble remarquable de 12 chapiteaux romans de la nef de l'église de St-Germain-des-Prés (début du XIe siècle) et, datant de la même période mais provenant des portails de Saint-Denis, la tête d'une reine de l'Ancien Testament, malheureusement abîmée, et celle de Moïse.

De nombreux autres chapiteaux se trouvent parmi les pièces exposées dans les deux salles suivantes, dont une harmonieuse série de six chapiteaux catalans décorés de personnages, à comparer aux animaux des chapiteaux bourguignons de la même époque (XIIe siècle). Les œuvres les plus fascinantes demeurent toutefois les quatre apôtres qui ornaient jadis la Sainte-Chapelle.

LES ARTS PRÉCIEUX

Une salle du premier étage présente par ordre chronologique les objets précieux que possède le musée, dont certains très anciens comme un trésor gaulois ou des têtes de lion en cristal datant des IVe au VIe siècles. L'émaillerie y est bien représentée avec une collection comprenant aussi bien des cloisonnés byzantins, une Crucifixion saxonne, que des plaques d'autel limousines, mais les pièces d'orfèvrerie demeurent les plus spectaculaires avec de nombreuses croix richement ouvragées, de superbes reliquaires et, bien entendu, la délicate *Rose d'or de Bâle*, la première de ce genre que l'on connaisse.

Croix italienne (fin du XVe siècle)

Bloc du pilier des *nautes*

LES RUINES GALLO-ROMAINES

Le vaste frigidarium (20 m de long sur 11,50 de large et 14 de haut) des thermes du musée de Cluny, construits sur le modèle de ceux de Trajan à Rome, est la seule salle romaine de France à avoir conservé ses voûtes. Elle abrite quatre blocs, sculptés de divinités gauloises et latines, qui appartenaient à un pilier dédié à Jupiter par la corporation des *nautes*. Il fut retrouvé en 1711 sous Notre-Dame. Une dizaine d'autres salles entourent le frigidarium et on peut, en visitant les galeries du sous-sol, les plus vieux souterrains de la capitale, découvrir les salles de chauffe et les égouts d'un établissement thermal antique.

LES TAPISSERIES DE LA DAME À LA LICORNE

Ces six tapisseries tissées dans le sud des Pays-Bas à la fin du XVe siècle sont exposées dans une rotonde spécialement aménagée dans ce but. D'une extraordinaire élégance, elles représentent, pour les cinq premières, des allégories des sens : la vue (regarder dans un miroir), l'ouïe (jouer de la musique), le goût (manger des confiseries), l'odorat (humer une fleur) et le toucher (tenir la corne de la licorne). Dans la sixième tapisserie, la Dame enferme le trésor de ses sens dans un coffret pour s'offrir tout entière à Dieu, son «seul désir».

La licorne de la 6e tapisserie

Le Panthéon ⓫

G uéri en 1744 d'une grave maladie, Louis XV décida de construire une église en accomplissement du vœu qu'il avait fait lorsqu'il se trouvait au plus mal. L'architecte Jacques-Germain Soufflot fut chargé d'élever ce sanctuaire dédié à sainte Geneviève. Commencé en 1764, mais achevé seulement en 1790, l'édifice néoclassique se vit presque immédiatement transformé en un temple laïque, le Panthéon, destiné à recevoir les tombeaux des «grands hommes de l'époque de la liberté française». Il redevint l'église Ste-Geneviève de 1806 à 1831, puis de 1852 jusqu'aux obsèques de Victor Hugo, en 1885, depuis lesquelles il est resté le monument des Français illustres.

La façade
Son portique de 22 colonnes corinthiennes est inspiré de celui du Panthéon de Rome.

Les arcs du dôme, qui pèse 10 000 tonnes, construits par Rondelet après la mort de son maître, Jacques-Germain Soufflot, réunissent les quatre piliers de soutien avec une grâce évoquant l'architecture gothique.

Le bas-relief du fronton
Sculpté par David d'Angers, il représente la Patrie distribuant des couronnes de laurier à ses grands hommes.

L'intérieur du Panthéon
Il a la forme d'une croix grecque dont le dôme surplombe l'intersection des branches.

Entrée

À NE PAS MANQUER :

★ Le dôme

★ Les fresques de sainte Geneviève

★ La crypte

★ **Les fresques de sainte Geneviève**
Pierre Puvis de Chavannes peignit au XIXe siècle sur le mur sud de la nef ces scènes de la vie de la sainte patronne de Paris.

La lanterne du dôme
ne laisse filtrer qu'une lumière ténue, un éclairage trop vif n'ayant pas été jugé approprié pour le tombeau des héros de la Patrie.

MODE D'EMPLOI

Place du Panthéon. **Plan** 17 A1.
C 43 54 34 51. **M** Jussieu, Cardinal-Lemoine. 84 vers Panthéon ; 21, 27, 38, 85 vers la gare du Luxembourg. **RER** Luxembourg. **P** Place Edmond-Rostand. **Crypte ouv.** avr.-sept. : 9 h 30-18 h 30 t.l.j. ; oct.-mars : 10 h-17 h 30 t.l.j. (der. ent. : 45 mn av. la ferm.). **Fermé** 1er jan., 1er mai, 11 nov., 25 déc. **Accès payant** obligatoire pour la crypte.

★ **Le dôme**
Culminant à 83 mètres, ce dôme composé de trois coupoles s'inspire de celui de St-Paul à Londres et du dôme des Invalides (p. 188).

Les galeries du dôme
commandent une vue magnifique sur Paris.

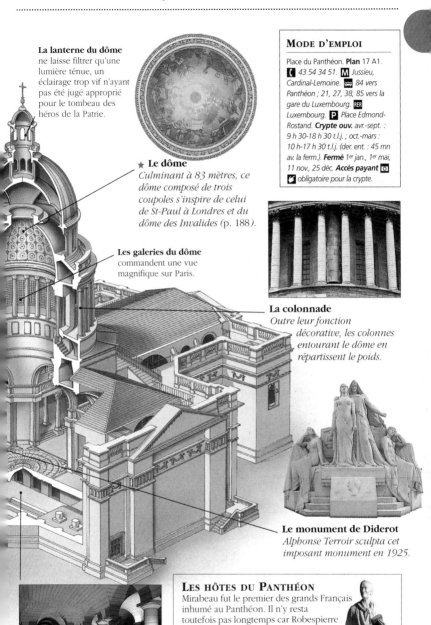

La colonnade
Outre leur fonction décorative, les colonnes entourant le dôme en répartissent le poids.

Le monument de Diderot
Alphonse Terroir sculpta cet imposant monument en 1925.

★ **La crypte**
Divisée en galeries par des colonnes doriques, elle s'étend sous tout le bâtiment et abrite les tombeaux de grands hommes.

LES HÔTES DU PANTHÉON

Mirabeau fut le premier des grands Français inhumé au Panthéon. Il n'y resta toutefois pas longtemps car Robespierre le remplaça par Marat qui connut à son tour une disgrâce posthume : on jeta ses restes aux égouts. Parmi les 61 personnages qui reposent sous le monument aujourd'hui on ne compte qu'une seule femme, Mme Berthelot, qui partage le tombeau de son mari, le célèbre chimiste. Les écrivains sont plus nombreux : Victor Hugo, Emile Zola, Jean-Jacques Rousseau et Voltaire qu'une statue attribuée à Jean-Antoine Houdon représente en pied devant sa sépulture.

LE QUARTIER DU JARDIN DES PLANTES

Ce quartier en bord de Seine, où les arènes de Lutèce se nichent dans un square discret, est des plus tranquilles. Il tire son caractère des vastes espaces occupés par l'hôpital de la Salpêtrière et, surtout, le jardin des Plantes créé dès 1626 sous Louis XIII. Les rois de l'Ancien Régime y cultivaient des plantes médicinales et il est aujourd'hui occupé par le musée d'Histoire naturelle. Toutefois, le quartier s'anime dans la rue Mouffetard, où se tient tous les jours un marché, et aux abords de la place de la Contrescarpe qui ont gardé le charme d'un village médiéval.

LE QUARTIER D'UN COUP D'ŒIL

Musées
Musée de la Sculpture en plein air ❷
Collection des minéraux de Jussieu ❹
Muséum national d'histoire naturelle ❿
La manufacture des Gobelins ⓭

Architecture moderne
Institut du monde arabe ❶

Eglise et mosquée
St-Médard ❽
Mosquée de Paris et Institut musulman ❾

Places, parcs et jardins
Ménageries ❸
Place de la Contrescarpe ❻
Jardin des Plantes ⓫

Rues et bâtiments historiques
Arènes de Lutèce ❺
Rue Mouffetard ❼
L'hôpital de la Pitié-Salpêtrière ⓬

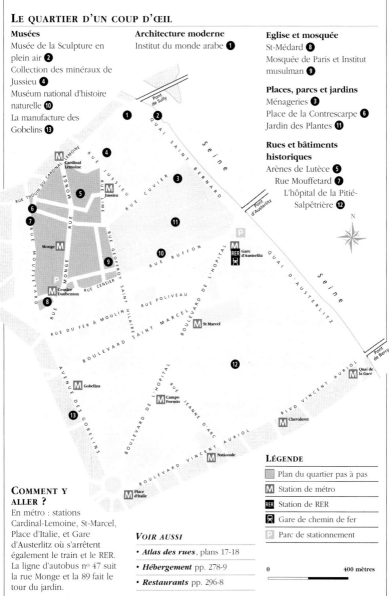

COMMENT Y ALLER ?
En métro : stations Cardinal-Lemoine, St-Marcel, Place d'Italie, et Gare d'Austerlitz où s'arrêtent également le train et le RER. La ligne d'autobus n° 47 suit la rue Monge et la 89 fait le tour du jardin.

VOIR AUSSI
• *Atlas des rues*, plans 17-18
• *Hébergement* pp. 278-9
• *Restaurants* pp. 296-8

LÉGENDE
▨ Plan du quartier pas à pas
Ⓜ Station de métro
RER Station de RER
🚉 Gare de chemin de fer
P Parc de stationnement

0   400 mètres

Le marché de la rue Mouffetard

Le quartier du jardin des Plantes pas à pas

Deux médecins de Louis XIII, Jean Héroard et Guy de la Brosse fondèrent en 1626 le jardin royal des Plantes médicinales dans le faubourg Saint-Victor, alors beaucoup moins peuplé que le quartier de la rue Mouffetard voisin. Ces deux zones pourtant proches connurent aux XVIIIe et XIXe siècles deux évolutions très dissemblables. Alors qu'autour du jardin des Plantes s'élevaient des habitations plutôt cossues, le caractère populaire de la «Mouffe» s'accentuait. Depuis les années 60, cependant, les classes aisées s'installent dans ses ruelles pittoresques.

Station de métro Cardinal-Lemoine

La place de la Contrescarpe
Cafés et restaurants très animés le soir bordent cette petite place d'aspect villageois **6**

★ La rue Mouffetard
L'un des plus vieux marchés en plein air de Paris se tient dans l'une de ses plus anciennes rues puisqu'elle suit le tracé d'un chemin gaulois et conserve l'aspect qu'elle avait au Moyen Age **7**

La fontaine du Pot-de-fer, l'une des 14 que créa Marie de Médicis sur la rive gauche au moment de son installation au palais du Luxembourg, fut remaniée sur des dessins de Le Vau en 1671.

Station de métro Monge

Le passage des Postes, ancienne ruelle percée en 1830, donne dans la rue Mouffetard.

St-Médard
Sa construction commença au milieu du XVe siècle et s'acheva en 1655. L'architecte Petit-Radel éleva en 1784 la grande chapelle de son chevet et fit canneler les colonnes du chœur à l'antique **8**

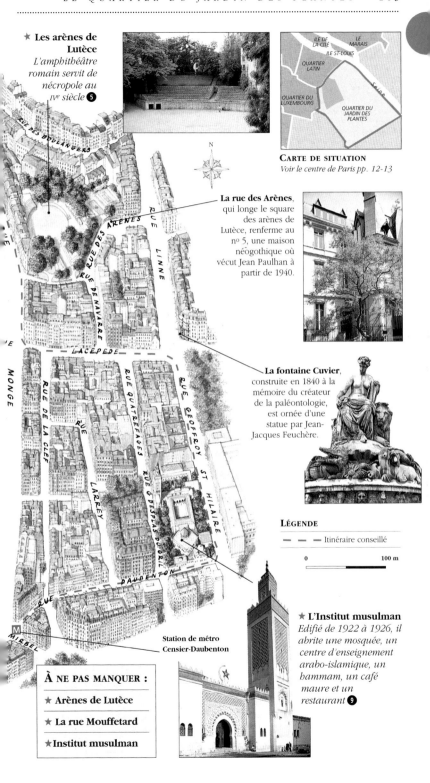

★ **Les arènes de Lutèce**
L'amphithéâtre romain servit de nécropole au IVe siècle **5**

CARTE DE SITUATION
Voir le centre de Paris pp. 12-13

ILE DE LA CITÉ
LE MARAIS
ILE ST-LOUIS
QUARTIER LATIN
QUARTIER DU LUXEMBOURG
SEINE
QUARTIER DU JARDIN DES PLANTES

La rue des Arènes, qui longe le square des arènes de Lutèce, renferme au nº 5, une maison néogothique où vécut Jean Paulhan à partir de 1940.

RUE DES BOULANGERS
RUE DES ARÈNES
RUE DE NAVARRE
RUE LINNÉ
LACÉPÈDE
MONGE
RUE DE LA CLEF
RUE QUATREFAGES
RUE LARREY
RUE G. TESPLAS DU DOUZIL
RUE GEOFFROY ST HILAIRE
DAUBENTON
RUE
MIRBEL

La fontaine Cuvier, construite en 1840 à la mémoire du créateur de la paléontologie, est ornée d'une statue par Jean-Jacques Feuchère.

LÉGENDE

— — — — Itinéraire conseillé

0   100 m

Station de métro Censier-Daubenton

★ **L'Institut musulman**
Edifié de 1922 à 1926, il abrite une mosquée, un centre d'enseignement arabo-islamique, un hammam, un café maure et un restaurant **9**

À NE PAS MANQUER :

★ **Arènes de Lutèce**

★ **La rue Mouffetard**

★ **Institut musulman**

L'Institut du monde arabe ❶

1, rue des Fossés-St-Bernard 75005.
Plan 13 C5. 🎧 40 51 38 38.
Ⓜ *Jussieu, Cardinal-Lemoine.*
***Musée et expositions temporaires
ouvertes** 10 h-18 h mar.-dim.*
***Bibliothèque ouverte** 13 h-20 h
mar.-sam. **Accès payant.*** ♿ ✉
Conférences 🎬 💻

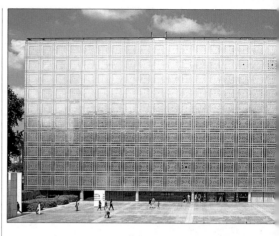

Vingt pays arabes
fondèrent avec la France,
en 1980, cet institut destiné à
favoriser les échanges entre
cultures islamiques et
occidentale. L'élégant édifice
moderne qui l'abrite, œuvre
des équipes de Jean Nouvel
et d'Architecture Studio, marie
matériaux modernes et
traditions de l'architecture
arabe. Organisé autour d'un
patio, il dresse vers le ciel
une tour de marbre blanc
évoquant un minaret, visible à
travers la façade Ouest, qui
renferme une étonnante
bibliothèque : ses milliers de
livres tapissent le côté d'une
immense rampe en spirale.

Sur trois des niveaux de
l'immeuble, un musée
présente la civilisation
musulmane du VIIe siècle à
nos jours, notamment la
création contemporaine. On
peut consulter dans l'espace
Image et Son, au premier
sous-sol, des centaines de
documents audiovisuels, et le
salon de thé, au neuvième
étage, commande une vue
superbe de Paris.

La Grande Fenêtre (1974) par Cardenas

Le musée de la Sculpture en plein air ❷

Quai St-Bernard 75005. **Plan** 13 C5.
🎧 43 26 91 90. Ⓜ *Austerlitz.* **Ouv.**
10 h-17 h mar.-sam. ♿

Malgré les outrages qu'ont
fait subir le temps et les
vandales aux œuvres
exposées, ce musée gratuit
aménagé en 1980 en bordure
de Seine dans le square St-
Bernard reste une promenade
agréable pendant la journée.
La quarantaine de pièces qui
la ponctuent présente un
raccourci de la sculpture de
la seconde moitié du
XXe siècle avec, notamment,
La Table du silence de
Constantin Brancusi,
Demeure no 1 d'Etienne
Martin, *Marseille* de César, *La
Grande Fenêtre* d'Augustin
Cardenas et *Hydrorrhage*
d'Ipousteguy.

Les ménageries ❸

57, rue Cuvier 75005. **Plan** 17 C1.
🎧 40 79 37 94. Ⓜ *Jussieu,
Austerlitz.* **Ouvert** oct.-mars : 9 h-
17 h 30 ; avr.-sept. : 9 h-18 h t.l.j. 🚫
♿ 🎬 💻 📷

Henri Bernardin de Saint-
Pierre fonda le premier
zoo public de France
pendant la Révolution à
partir des rares animaux de
la ménagerie royale de
Versailles à avoir survécu,
et de ceux, beaucoup
plus nombreux,
confisqués aux forains.
La collection
s'agrandit jusqu'à la
guerre de 1870 où
la famine, pendant
le siège imposé par
les Allemands, entraîna
l'abattage des bêtes
(*p. 224*). Conçue dans le but
pédagogique d'en faciliter
l'étude, la présentation
des animaux permet
généralement d'en approcher
de très près. Particulièrement
intéressant, le vivarium,
où insectes et petits animaux,
régulièrement renouvelés,
vivent dans une
reconstitution exacte de leur
habitat naturel.

Le cadre agréable du jardin
des Plantes renferme
également une riche
ménagerie de reptiles, une
grande et belle fauverie, une
importante singerie, des
fosses à ours et plusieurs
volières.

Les joies du zoo

Façade Sud
Inspirés des traditionnels moucharabiehs *(balcons fermés par un grillage de bois qui protègent du soleil et du regard, du Maroc à l'Asie du Sud-Est), 1 600 panneaux métalliques la couvrent afin de filtrer la lumière.*

Chaque panneau comprend 21 iris dont l'ouverture varie automatiquement en fonction de l'intensité de lumière reçue par une cellule photoélectrique.

L'iris central est formé de lames dont le dessin laisse aussi passer de la lumière sur le pourtour de l'ouverture.

Les iris périphériques s'ouvrent et se ferment à l'unisson de l'iris central, créant une trame délicate d'ombre et de lumière à l'intérieur du bâtiment.

La collection des minéraux de Jussieu ❹

Université Pierre-et-Marie-Curie, 34, rue Jussieu 75005. **Plan** 13 C5.
(44 27 52 88. **M** *Jussieu.*
***Ouvert** 13 h-18 h merc.-lun. **Fermé** certains jours fériés.* **⊘** **⯐**

Silicates du Zaïre, lapis-lazulis d'Aghanistan, malachites et azurites du Katanga, ce petit musée **Topaze** installé au rez-de-chaussée de la tour 25 de l'université propose dans une superbe présentation inspirée de celle de la salle des joyaux de Téhéran une collection de près de 700 minéraux différents provenant du monde entier.

Les arènes de Lutèce ❺

Rue de Navarre 75005. **Plan** 17 B1.
M *Jussieu. Voir p. 19.*

La taille de ces arènes (elles accueillaient 15 000 spectateurs sur 35 rangs de sièges) édifiées probablement à la fin du Iᵉʳ siècle révèle que Lutèce était à l'époque une cité bien moins importante qu'Arles ou Nîmes. Dotées d'une scène, qui interrompait l'ovale des gradins, elles servaient aussi bien aux représentations théâtrales qu'aux jeux du cirque, un double usage spécifique à la Gaule. Leur démolition commença avec les grandes invasions barbares du IIIᵉ siècle, quand on incorpora certaines de leurs pierres aux fortifications de l'île de la Cité.

Peu à peu ensevelies, les ruines, pendant des siècles, ne restèrent plus dans les mémoires que par le nom du lieu : le clos des Arènes. Leur découverte remonte à 1869 et aux travaux de percement de la rue Monge, mais il fallut attendre 1883 et une campagne animée en particulier par Victor Hugo pour que de véritables fouilles les mettent au jour. Leur restauration définitive s'acheva en 1918.

Les arènes de Lutèce et le square Capitan

BUFFON ET LE JARDIN DES PLANTES

Nommé en 1739, à 32 ans, intendant du Jardin du roi (futur jardin des Plantes), Georges Louis Leclerc, comte de Buffon, entreprend de développer tous les départements d'étude de ce qui deviendra en 1793 le Muséum national d'histoire naturelle doté de 12 chaires d'enseignement. En 1749, il publie les trois premiers tomes de son *Histoire naturelle*, ouvrage immense qui en comptera 36 et que ses disciples achèveront après sa mort en 1788, et où transparaissent les premières intuitions évolutionnistes (*L'Origine des espèces* de Darwin ne paraîtra qu'en 1859.)

Illustration de l'*Histoire naturelle* de Buffon

La place de la Contrescarpe ❻

75005. **Plan** 17 A1. Ⓜ *Place-Monge.*

Le site, qui se trouvait à l'époque hors les murs, tire son nom du remblai du fossé de l'enceinte de Philippe Auguste. La place actuelle fut créée en 1852 à l'emplacement du carrefour que bordait le Cabaret de la Pomme de Pin (plaque commémorative au n° 1) apprécié de Rabelais et fréquenté au XVIe siècle par les poètes de la Pléiade, Ronsard et Du Bellay notamment.

Avec ses terrasses de café et ses musiciens de rue, la Contrescarpe, très animée le soir et les week-ends, offre toujours un cadre pittoresque où venir discuter autour d'un verre.

Vestige de l'enceinte médiévale

Fromage, rue Mouffetard

La rue Mouffetard ❼

75005. **Plan** 17 B2. Ⓜ *Censier-Daubenton, Place-Monge.* **Marchés** : *8 h-13 h mar.-dim. Voir* **Boutiques et marchés** *p. 326*

Ancienne portion de la voie romaine qui reliait Lutèce à Rome, cette rue qui grimpe le flanc sud de la montagne Sainte-Geneviève est l'une des plus vieilles de Paris. Les maisons qui la bordent datent pour beaucoup des XVIe, XVIIe et XVIIIe siècles et respectent le tracé que la voie avait au Moyen Age. Nombre d'entre elles ont conservé d'anciennes enseignes comme celle de la Bonne Source au n° 122, ou un beau décor peint comme celui de la charcuterie du n° 134.

Le quartier est célèbre pour ses marchés à ciel ouvert, celui de la rue Mouffetard, bien entendu, mais aussi ceux des places Monge et Maubert, et le Village africain de la rue de l'Arbalète.

St-Médard ❽

141, rue Mouffetard 75005. **Plan** 17 B2. Ⓒ *44 08 87 00.* Ⓜ *Censier-Daubenton.* **Ouvert** 10 h-12 h, 15 h-19 h t.l.j. 🖼 ♿

Cette petite église dont la construction progressa par étapes du XVe au XVIIIe siècles est surtout connue pour son cimetière, en partie recouvert par un jardin aujourd'hui. Après la mort du janséniste François Pâris, il devint pendant cinq ans le théâtre de guérisons miraculeuses et de crises de convulsions et d'hystérie collective qui finirent par entraîner sa fermeture en 1732. Dès le lendemain, une main anonyme écrivit sur la porte : « De par le Roi, défense à Dieu de faire miracle en ce lieu. »

La mosquée de Paris et l'Institut musulman ❾

Place du Puits-de-l'Ermite 75005. **Plan** 17 C2. Ⓒ *45 35 97 33.* Ⓜ *Place-Monge.* **Ouvert** 9 h-12 h, 14 h-18 h sam.-jeu. **Fermé** fêtes musulmanes. **Accès payant.** 🚫 🍴 🖼 📷 Bibliothèque.

Les architectes Heubès, Fournez et Matouf édifièrent de 1922 à 1926 cet édifice de style hispano-mauresque dont le minaret se dresse à 33 m de hauteur. La mosquée s'organise autour d'un grand patio à vasque centrale inspiré de celui de l'Alhambra. La salle de prières présente une riche décoration

Décoration de l'intérieur de la mosquée

d'inspiration maghrébine, et chaque coupole une ornementation différente. Outre une bibliothèque et un centre d'enseignement, l'ensemble des bâtiments comprend un hammam (jours d'ouverture différents pour les hommes et les femmes), un café et un restaurant.

Le Muséum national d'histoire naturelle **❿**

2, rue Buffon 75005. **Plan** 17 C2.
▐ 40 79 30 00. Ⓜ *Jussieu, Austerlitz.*
Ouvert 10 h-17 h merc.-lun. (der. ent. :
16 h 30). **Fermé** j. fériés en sem. **Accès
payant.** Ⓓ ☐ ☐ *Bibliothèque.*
Grande Galerie : 36, rue Geoffroy-
Saint-Hilaire. ▐ 40 79 39 39. **Ouv.**
10 h-18 h lun.-dim.

Crâne de dimétrodon (reptile)

Il est organisé en quatre départements : la paléontologie, le musée possédant près d'un million de fossiles dont celui d'un mammouth ; l'anatomie comparée où l'on peut suivre l'évolution du squelette des vertébrés ; la paléobotanique, retraçant l'histoire des végétaux depuis deux milliards d'années et la botanique ; la minéralogie, section qui comporte une salle de cristaux géants et présente les pierres précieuses de Louis XIV. Héritière de la galerie de Zoologie du muséum inaugurée en 1889, la **Grande Galerie de l'Évolution** a réouvert ses portes en juin 1994. Elle présente, dans un cadre totalement rénové, une exposition permanente structurée par le thème de l'évolution, des espaces d'expositions temporaires et des espaces pédagogiques. Ne manquez pas, dans l'ancienne galerie des Oiseaux, la salle des espèces menacées et disparues.

Le jardin des Plantes **⓫**

57, rue Cuvier 75005. **Plan** 17 C1.
Ⓜ *Jussieu, Austerlitz.* **Ouvert** 9 h-18 h
(17 h hiver) t.l.j.

Fondé en 1626 par deux médecins de Louis XIII, ce jardin botanique ouvert au public en 1640 se développa sous la direction de Buffon de 1739 à 1788. S'y promener permet d'admirer un parc écologique aménagé dès 1938, les 2 600 espèces de plantes de l'école de botanique et le jardin alpin où les jardiniers cultivent 2 000 plantes originaires aussi bien de l'Himàlaya que de la Corse.

Il renferme trois magnifiques serres et un petit pavillon de bronze, le premier bâtiment métallique du monde, édifié en 1786 au sommet d'un labyrinthe.

L'hôpital de la Salpêtrière **⓬**

47, bd de l'Hôpital 75013. **Plan** 18 D3.
Ⓜ *St-Marcel, Austerlitz.*
ⓇⒺⓇ *Gare d'Austerlitz.* **Chapelle ouv.** :
8 h 30- 18 h 30 t.l.j. ✝ 15 h 30.

En 1654, Louis XIV transforma en « hôpital général pour le renfermement des pauvres » une ancienne fabrique de poudre qui laissa son nom à la nouvelle institution. Libéral Bruant se chargea d'une grande partie de la reconstruction, édifiant notamment la belle chapelle en forme de croix grecque et à dôme octogonal où prêcha Bossuet.

Cèdre du Liban, jardin des Plantes

L'hôpital de la Salpêtrière

La manufacture des Gobelins **⓭**

42, av. des Gobelins 75013.
Plan 17 B3. ▐ 43 37 12 60.
Ⓜ *Gobelins.* **Visites guidées
seulement** 14 h, 14 h 45 mar.-jeu.
Pour réserver ▐ 44 61 21 69. **Accès
payant. Fermé** jours fériés. ▣

Tapisserie de Le Brun à Versailles

Si Henri IV créa dès 1601 un atelier royal de tapisserie dans la teinturerie qu'avait fondée Jean Gobelin vers 1440, l'établissement prit sa véritable ampleur sous Louis XIV et l'administration de Colbert pour devenir, regroupant tous les principaux métiers de l'ameublement, la manufacture royale des Meubles de la Couronne chargée d'équiper le palais de Versailles (*pp. 248-53*). Rattachée au Mobilier national depuis 1937, elle conserve des traditions datant du Roi-soleil même si ses liciers exécutent désormais les cartons d'artistes contemporains.

LE QUARTIER DU LUXEMBOURG

Quel Parisien ne rêve pas d'habiter en bordure du Luxembourg, l'un des plus grands jardins de la capitale pourtant situé au cœur de la rive gauche entre Montparnasse et le Quartier latin ? Aux XIe et XIIe siècles se dressait en ce lieu le château Vauvert de si mauvaise réputation que Philippe Auguste n'osa pas l'inclure dans son enceinte. Seuls des saints pouvaient oser affronter son diable et saint Louis offrit le site à des chartreux qui y établirent leur monastère. Ses terrains furent confisqués pendant la Révolution afin d'agrandir le jardin créé par Marie de Médicis autour de son palais. Prison pendant la Convention puis siège du gouvernement sous le Directoire, celui-ci ne cessa plus de remplir un rôle politique et abrite aujourd'hui le Sénat.

Des voiliers, loués aussi bien par des adultes que des enfants, naviguent sur le grand bassin du jardin du Luxembourg.

LE QUARTIER D'UN COUP D'ŒIL

Musées
Musée du Service de santé de l'armée ⑩
Ecole nationale supérieure des Mines ⑪

Bâtiments historiques
Palais du Luxembourg ❸
Institut catholique de Paris ❻

Eglises
St-Sulpice ❷
St-Joseph-des-Carmes ❼
Val-de-Grâce ❾

Places et jardins
Place St-Sulpice ❶
Jardin du Luxembourg ❺

Fontaines
Fontaine de Médicis ❹
Fontaine de l'Observatoire ❽

COMMENT Y ALLER ?

Deux stations de métro, Mabillon et St-Sulpice, et une de RER, Luxembourg, desservent le quartier. La ligne d'autobus n°38 longe le jardin à l'est par le bd St-Michel et la ligne 82 au sud par la rue A.-Comte. Les lignes 58 et 89 passent au nord, rue de Rennes.

VOIR AUSSI

• **Atlas des rues**, plans 12, 16
• **Hébergement** pp. 278-9
• **Restaurants** pp. 296-8

LÉGENDE

- ▪ Plan du quartier pas à pas
- Ⓜ Station de métro
- RER Station de RER
- Ⓟ Parcs de stationnement

0   400 m

Parties d'échecs au jardin du Luxembourg

Le quartier du Luxembourg pas à pas

À quelques pas de l'agitation des boulevards St-Germain et St-Michel, le jardin qui entoure le palais du Luxembourg offre un havre de silence et de paix au cœur de la cité. Créé dès le xviie siècle, il ne devint réellement public qu'au xixe quand le comte de Provence (futur Louis XVIII) permit l'accès aux fruits du verger en échange d'un faible droit d'entrée. Les allées du parc et les rues bordées de vieilles maisons, au Nord, autour de l'église St-Sulpice, n'ont pas perdu leur charme et attirent toujours de nombreux visiteurs.

★ **St-Sulpice**
La construction de cette église classique sur les plans de Daniel Gittard prit 134 ans. Sa façade est de Giovanni Servandoni ❷

Vers St-Germain-des-Prés

RUE HENRI DE JOUVENEL

RUE SERVANDONI

RUE GARANCIÈRE

RUE FÉROU

RUE DE VAUGIRARD

La place St-Sulpice
Les quatre évêques (Bossuet, Fénelon, Massillon et Fléchier) de sa fontaine fixent les quatre points cardinaux, mais cardinaux ils ne devinrent point ❶

Le monument à Delacroix (1890) se trouve près des jardins privés du Sénat. Sous le buste du peintre romantique, Jules Dalou représenta les allégories de l'Art, du Temps et de la Gloire

À NE PAS MANQUER :

★ **St-Sulpice**

★ **Le jardin du Luxembourg**

★ **Le palais du Luxembourg**

★ **La fontaine de Médicis**

★ **Le jardin du Luxembourg**
Nombre des belles statues qui l'ornent datent du règne de Louis-Philippe au xixe siècle ❺

La rue de Tournon est bordée de boutiques de luxe, de librairies anciennes et de grands hôtels particuliers, dont celui de Châtillon (XVIIIe siècle), au nº 2, où vécurent Balzac, Musset et Gide.

CARTE DE SITUATION
Voir le centre de Paris pp. 12-13

LÉGENDE

— — — Itinéraire conseillé

0   100 mètres

★ **Le palais du Luxembourg**
Jacques-Louis David, qui y était incarcéré, y dessina en 1794 la première esquisse de L'Enlèvement des Sabines ❸

★ **La fontaine de Médicis**
Salomon de Brosse, pense-t-on, la construisit au XVIIe siècle dans le style des grottes italiennes ❹

Sainte Geneviève, à qui une statue (1845) par Michel-Louis Victor rend hommage, organisa le ravitaillement de Paris que les Huns d'Attila réduisaient à la famine. Elle fut inhumée sur le mont Lucotitius qui devint la montagne Ste-Geneviève mais laissa son nom, qui se transforma en Luxembourg, au faubourg voisin.

Le grand bassin octogonal attribué à Jean-François Chalgrin invite, les beaux jours d'été, à se croire à la plage.

La place St-Sulpice ❶

75006. **Plan** 12 E4. **M** *St-Sulpice.*

La grande place que domine l'église St-Sulpice date de la seconde moitié du XVIIIe siècle. La fontaine des Quatre-Evêques de Joachim Visconti se dresse depuis 1844 en son centre.
Au no 8, le café de la Mairie, fréquent décor de film, doit son nom à la mairie du VIe arrondissement, également sur la place, qui abrite la bibliothèque des Arts graphiques du typographe Edmond Morin (1859-1937).

Vitrail de Saint-Sulpice

St-Sulpice ❷

Place St-Sulpice 75006. **Plan** 12 E5.
C 46 33 21 78. **M** *St-Sulpice.*
Ouvert 8 h 30-17 h 15 t.l.j.
🕭 *Fréquentes.* 📷

Commencée en 1646, la construction de cette église, l'une des plus grandes de Paris, demanda plus d'un siècle. Sa façade, ornée d'une colonnade à deux étages, n'avait pas un aspect aussi austère à l'origine mais la foudre détruisit son fronton en 1870. De larges fenêtres baignent de lumière l'intérieur en croix latine au chœur entouré d'un spacieux déambulatoire. Deux curieux bénitiers, de part et d'autre de l'entrée, sont formés de coquilles naturelles que la République de Venise offrit à François Ier et dont Jean-Baptiste Pigalle sculpta les supports.
La 1re chapelle à droite renferme les peintures de Delacroix : *La Lutte de Jacob avec l'ange* (p. 137), *Héliodore chassé du temple* et *Saint Michel terrassant le démon* qui attirent tant de visiteurs.

Le palais du Luxembourg ❸

15, rue de Vaugirard 75006.
Plan 12 E5. **C** 42 34 20 00.
M *Odéon.* **RER** *Luxembourg.* ✉
1er dim. du mois, 10 h 30-12 h 30.
Visites *organisées par la Caisse nationale des monuments.*
C 44 61 21 69. *S'inscrire av. le 15 du mois précédent.* **Accès payant.** 📵

La Florentine Marie de Médicis, souffrant du mal du pays, fit construire par Salomon de Brosse ce palais de style italien près de la résidence des Gondi, ses compatriotes. Louis XIV y fit plus tard élever ses enfants, la Convention le transforma en prison, le Directoire y installa le siège du gouvernement et il devint pendant la Seconde Guerre mondiale le quartier général de la Luftwaffe. Depuis 1958, le palais est le siège du Sénat.

La fontaine de Médicis

La fontaine de Médicis ❹

15, rue de Vaugirard 75006.
Plan 12 F5. **RER** *Luxembourg.*

Auguste Ottin exécuta en 1866 les sculptures d'inspiration mythologique qui ornent cette superbe fontaine baroque construite au début du XVIIe siècle sur ordre de Marie de Médicis, comme le rappellent les armoiries décorant son fronton.

Le jardin du Luxembourg ❺

Bd St-Michel 75006. **Plan** 12 E5.
C 42 34 20 00. **RER** *Luxembourg.*
Ouvert *avr.-oct. : 7 h 30-21 h 30 t.l.j. ; nov.-mars : 8 h 15-17 h t.l.j. (les heures peuvent varier un peu).* 🖥

Superbe oasis de verdure au cœur de la rive gauche, ce jardin, sans doute le plus populaire de Paris, se prête aussi bien aux flâneries des amoureux attirés par son cadre romantique, qu'aux discussions des étudiants venus du Quartier latin voisin ou aux jeux des enfants qui y trouvent guignol, balançoires, poneys, un manège et même des cours d'apiculture.
Grands et petits se retrouvent autour du vaste bassin octogonal pour y faire naviguer les voiliers qu'on y loue à l'heure.

Sculptures du palais du Luxembourg

L'Institut catholique de Paris ❻

21, rue d'Assas 75006. **Plan** 12 D5.
🏛 *44 39 52 52.* Ⓜ *St-Placide,
Rennes.* **Ouv.** : *lun.-ven. sur r.d.v.*
Fermé *juil.-août*

Cet établissement
d'enseignement fondé en
1875 et restauré en 1930
abrite deux petits musées,
l'un consacré à Edouard
Branly, professeur à l'Institut
et inventeur en 1890
du radioconducteur
dont découla la
télégraphie sans fil,
l'autre, sous l'intitulé
Bible et Terre sainte,
consacré à la
présentation d'objets
de fouilles découverts
en Terre sainte.

**Statue dans la cour de
l'Institut catholique**

St-Joseph-des-Carmes ❼

70, rue de Vaugirard 75006. **Plan** 12 D5.
🏛 *44 39 52 00.* Ⓜ *St-Placide.* **Ouvert**
7 h-19 h lun.-sam., 9 h 15-19 h dim.
Fermé *lun. de Pâques, Pentecôte* ♿ 📷

Construite de 1613 à 1620,
cette chapelle de l'ancien
couvent des Carmes-
Déchaussés (l'actuel
séminaire des Carmes
rattaché à l'Institut
catholique) devint une prison
pendant la Révolution et le
théâtre, lors des massacres de
septembre 1792 (*pp 28-9*), de
l'assassinat de 115 prêtres
dont les restes reposent dans
la crypte.

Façade de St-Joseph-des-Carmes

Les Quatre Parties du monde

La fontaine de l'Observatoire ❽

Place Ernest-Denis, dans l'av. de
l'Observatoire. **Plan** 16 E2.
🚉 *Port-Royal.*

Cette fontaine édifiée par
Davioud en 1875 orne les
jardins de l'Observatoire créés
au sud de celui du
Luxembourg sur un terrain
confisqué aux chartreux de
Vauvert en 1790. Le célèbre
bronze de Jean-Baptiste
Carpeaux, les *Quatre parties
du monde* la décore. C'est
pour des raisons d'équilibre
que l'artiste ne représenta pas
le cinquième continent,
l'Océanie.

Le Val-de-Grâce ❾

1, place Alphonse-Laveran 75005.
Plan 16 F2. 🏛 *40 51 47 00.* 🚉
Port- Royal. **Ouvert** *9 h-17 h t.l.j.*
✝ *Fréquentes.*

Après la naissance de
Louis XIV, Anne
d'Autriche fonda en exécution
d'un vœu cette église en
1645. Son jeune fils (sept ans)
posa lui-même la première
pierre. Avec son dôme
richement décoré de
sculptures et son baldaquin
inspiré de celui créé par Le

Bernin pour la basilique
Saint-Pierre, ce sanctuaire est
probablement celui de Paris
le plus proche du baroque
romain. Pierre Mignard
peignit en 1663 la *Gloire des
bienheureux*, fresque de la
coupole qui comprend plus
de deux cents personnages.

Le musée du Service de Santé de l'armée ❿

1, place Alphonse-Laveran 75005. **Plan**
16 F2. 🏛 *40 51 47 28.* 🚉 *Port-Royal.*
Fermé *jusqu'en 1996 sauf expositions
temporaires.*

Egalement appelé musée
du Val-de-Grâce car il
occupe une aile de l'ancien
couvent transformé en
hôpital, ce musée fondé
pendant la Première Guerre
mondiale évoque l'histoire de
la médecine militaire.
   On peut notamment y voir
une exposition de prothèses
et d'instruments de chirurgie,
certains très primitifs, et les
reconstitutions d'hôpitaux de
campagne et de transports
sanitaires par avion et chemin
de fer.

**L'intérieur d'un train-hôpital
(gravure de 1887)**

L'Ecole nationale supérieure des mines ⓫

60, bd St-Michel. **Plan** 16 F1.
🏛 *40 51 91 45.* 🚉 *Luxembourg.*
Musée ouvert *10 h-12 h, 14 h-17 h
mar. et sam., 14 h-17 h merc.-ven.*
📷 📷

Fondée en 1783 par
Louis XIV, cette grande
école d'où sortent aujourd'hui
bien peu d'ingénieurs en
géologie abrite le musée de la
Minéralogie qui renferme une
collection systématique de
roches du monde entier et de
nombreuses météorites.

MONTPARNASSE

C'est à la gare Montparnasse que débarquaient les Bretons venus tenter leur chance à la capitale et ce quartier est resté traditionnellement le leur comme le rappellent des enseignes telles À Saint-Brieuc ou À la Ville de Guingamp. Pendant toute la première partie du XXe siècle, Montparnasse devient en outre un centre international de la bohème. Peintres et sculpteurs comme Picasso, Modigliani ou Zadkine y trouvent des ateliers pour travailler et des écrivains et poètes de tous pays les rejoignent : Apollinaire, Max Jacob, Henry Miller. Paris a perdu avec la Seconde Guerre mondiale ce rôle de capitale internationale de l'art mais les rues de Montparnasse, malgré la tour qui les domine, gardent leur cachet. De petits cafés-théâtres ont ouvert leurs portes et avec les cinémas, ils continuent d'attirer du monde.

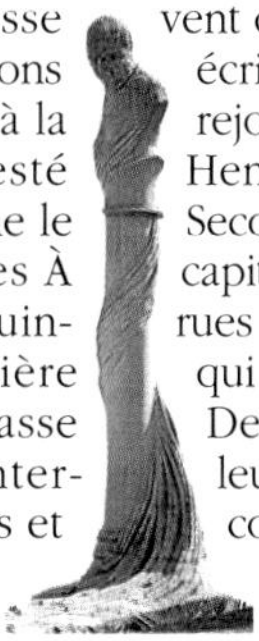

Monument de Charles Augustin Ste-Beuve au cimetière du Montparnasse

LE QUARTIER D'UN COUP D'ŒIL

Rues et bâtiments historiques
Rue Campagne-Première ❸
Catacombes ❿
Observatoire de Paris ⓫

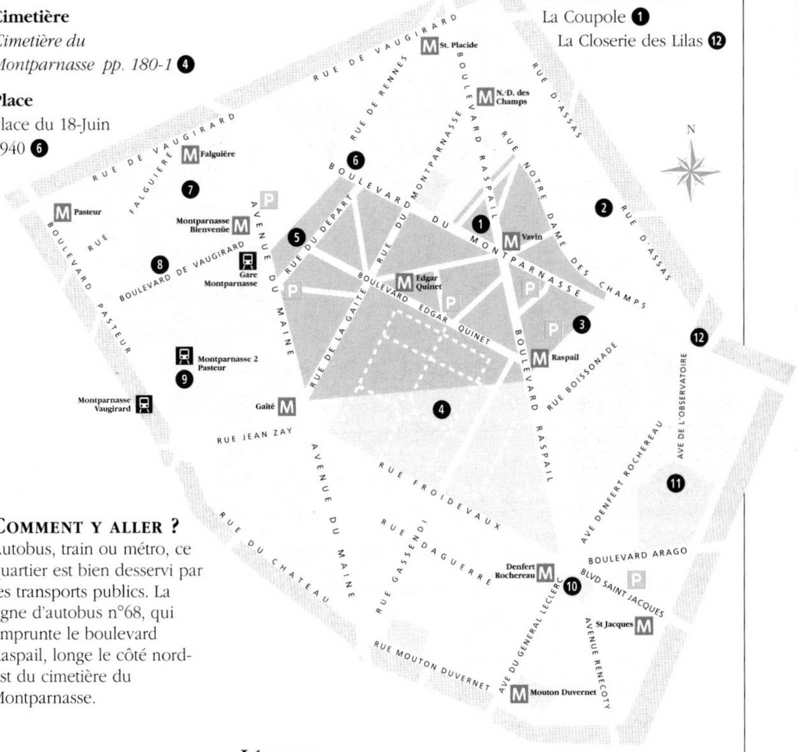

Musées
Musée Zadkine ❷
Musée Antoine-Bourdelle ❼
Musée de la Poste ❽

Architecture moderne
Tour Montparnasse ❺
Gare Montparnasse ❾

Cafés et restaurants
La Coupole ❶
La Closerie des Lilas ⓬

Cimetière
Cimetière du Montparnasse pp. 180-1 ❹

Place
Place du 18-Juin 1940 ❻

COMMENT Y ALLER ?

Autobus, train ou métro, ce quartier est bien desservi par les transports publics. La ligne d'autobus n°68, qui emprunte le boulevard Raspail, longe le côté nord-est du cimetière du Montparnasse.

VOIR AUSSI

• ***Atlas des rues***, Plans 15-16
• ***Hébergement*** pp. 278-9
• ***Restaurants*** pp. 296-8

LÉGENDE

- Plan du quartier pas à pas
- M Station de métro
- Gare de chemin de fer
- P Parc de stationnement

0 — 400 m

Montparnasse vu de la tour Eiffel

Montparnasse pas à pas

Bien que le vaste complexe moderne de la tour Maine-Montparnasse ait remplacé à partir de 1961 la vieille gare Montparnasse dont une locomotive traversa un jour la façade, le quartier reste marqué par l'atmosphère qu'y créèrent artistes et écrivains pendant tout le début du siècle : grands cafés, cabarets et cinémas continuent d'y entretenir une vie intense jusque tard dans la nuit.

★ La Coupole
Récemment restaurée, cette immense brasserie Art déco devint dès sa fondation en 1927 un rendez-vous d'artistes et d'écrivains ❶

★ Le cimetière du Montparnasse
Le plus petit des cimetières parisiens abrite cette émouvante Séparation d'un couple *par de Max* ❹

Le Théâtre Montparnasse, au n° 31, a conservé sa décoration Belle Epoque.

★La tour Montparnasse
Haute de 200 m, elle repose sur 56 piliers qui s'enfoncent à 62 m dans le sol ❺

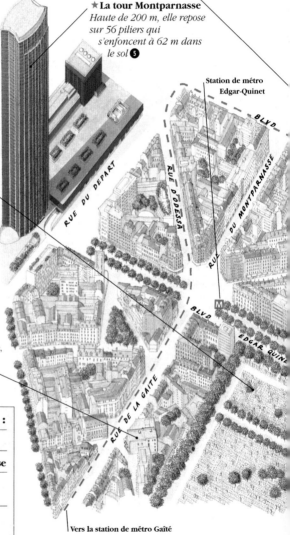

Station de métro Edgar-Quinet

BLVD

RUE DU DEPART

RUE D'ODESSA

RUE DU MONTPARNASSE

M

BLVD

EDGAR QUINET

RUE DE LA GAITE

Vers la station de métro Gaîté

À NE PAS MANQUER :

★ **La Coupole**

★ **La tour Montparnasse**

★ **La rue Campagne-Première**

★ **Le cimetière du Montparnasse**

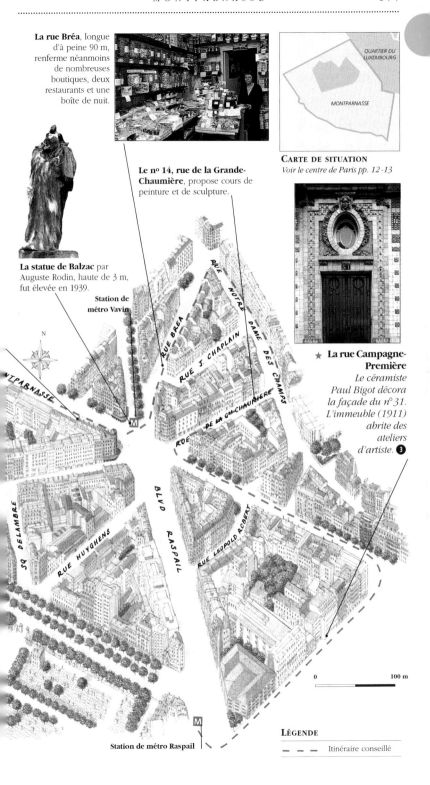

La rue Bréa, longue d'à peine 90 m, renferme néanmoins de nombreuses boutiques, deux restaurants et une boîte de nuit.

CARTE DE SITUATION
Voir le centre de Paris pp. 12-13

QUARTIER DU LUXEMBOURG

MONTPARNASSE

Le nº 14, rue de la Grande-Chaumière, propose cours de peinture et de sculpture.

La statue de Balzac par Auguste Rodin, haute de 3 m, fut élevée en 1939.

Station de métro Vavin

★ **La rue Campagne-Première**
Le céramiste Paul Bigot décora la façade du nº 31. L'immeuble (1911) abrite des ateliers d'artiste. ❸

RUE BRÉA

RUE NOTRE DAME DES CHAMPS

RUE J. CHAPLIN

RUE DE LA Gde CHAUMIÈRE

SQ DELAMBRE

RUE HUYGHENS

BLVD RASPAIL

RUE LEOPOLD ROBERT

MONTPARNASSE

0   100 m

Station de métro Raspail

LÉGENDE

— — — Itinéraire conseillé

L'intérieur de La Coupole

La Coupole ❶

102, bd du Montparnasse 75014.
Plan 16 D2. 43 20 14 20. M
Vavin, Montparnasse. **Ouvert** 7 h 30-
2 h t.l.j. **Fermé** le soir du 24 déc. Voir
Restaurants et cafés p. 303.

Récemment rénové après
son achat par le groupe
Flo, cet immense café-
brasserie-dancing, qui eut
comme clients aussi bien
Georges Simenon et Jean-Paul
Sartre que Joséphine Baker et
son lionceau, a conservé ses
célèbres piliers décorés par
30 artistes dont Chagall et
Brancusi.

**Les Trois Belles (1950) par Ossip
Zadkine**

Le Musée Zadkine ❷

100 bis, rue d'Assas 75006. **Plan** 16
E1. 43 26 91 90. M *Vavin.*
Ouvert 10 h-17 h 30 mar.-dim. **Fermé**
jours fériés. **Accès payant.**

Le sculpteur d'origine russe
Ossip Zadkine emménagea
dans cet atelier au fond d'une
cour en 1928 et y habita

jusqu'à sa mort en 1967. C'est
là qu'il réalisa sa grande œuvre
commémorative, *Ville détruite,*
commandée par la ville de
Rotterdam après la Seconde
Guerre mondiale, et deux
monuments à Vincent Van
Gogh, l'un pour la Hollande et
l'autre pour Auvers-sur-Oise.

Un musée l'occupe
désormais qui présente
300 sculptures permettant de
suivre l'évolution de l'artiste
du cubisme à
l'expressionnisme et
l'abstraction.

La rue Campagne-
Première ❸

75014. **Plan** 16 E2. M *Raspail.*

De nombreux artistes,
Modigliani, Miró, Max
Ernst, Picasso, Giacometti,
Kandinsky habitèrent cette
rue bordée d'intéressants
immeubles Art déco. L'un des
précurseurs de la
photographie moderne,
Eugène Atget (1856-1927),
avait son atelier au n° 17.

Le cimetière du
Montparnasse ❹

Voir pp. 180-1.

La tour
Montparnasse ❺

Place Raoul-Dautry 75014. **Plan** 15
C2. M *Montparnasse-Bienvenüe.*
Ouvert avr.-sept. : 9 h 30-23 h 30
t.l.j. ; oct.-mars : 10 h-22 h t.l.j. **Accès
payant.**

Cette édifice d'acier et de
verre fumé, le plus grand
immeuble de bureaux
d'Europe à sa création en
1973, offre depuis
son sommet, ou
depuis le bar et le
restaurant du
56e étage, une vue
panoramique sur la
capitale d'autant
plus exceptionnelle,
disent les mauvaises
langues, que c'est le
seul endroit dans un
rayon de 10 km d'où
on ne voit pas la
tour elle-même.

La place du 18-Juin
1940 ❻

75015. **Plan** 15 C1.
M *Montparnasse-Bienvenüe.*

Une plaque sur le mur d'un
centre commercial
rappelle que c'est ici que le
général Leclerc, qui avait
établi son poste de
commandement dans
l'ancienne gare Montparnasse
dont la façade donnait sur la
place, reçut le 25 août 1944 la
reddition de la garnison
nazie du *Gross Paris*
commandée par
von Choltitz.

**Héraklès archer (1909) par
Antoine Bourdelle**

Le Musée Antoine-
Bourdelle ❼

16, rue Antoine-Bourdelle 75015.
Plan 15 B1. 45 48 67 27.
M *Montparnasse-Bienvenüe.*
Ouvert 10 h-17 h 40 mar.-dim.
(der. ent. : 17 h 15). **Fermé** jours
fériés. **Accès payant.**

Sculpteur prolifique qui fut
l'assistant de Rodin, Antoine
Bourdelle vécut et travailla
dans cet atelier de 1884 à 1929.
Sa veuve le légua à la ville de
Paris qui inaugura le musée en
1949.

Celui-ci possède près de 900
sculptures, présentées
dans le cadre
d'expositions
régulièrement
renouvelées, dont les
plâtres originaux des
œuvres monumentales
de Bourdelle. On peut
notamment admirer
ses bas-reliefs du
Théâtre des Champs-
Elysées, et l'*Héraklès
archer* qui lui apporta
la célébrité en 1909.

Une vue de la tour

Timbre-poste dessiné par Miró

Le musée de la Poste ❽

34, bd de Vaugirard 75015.
Plan 15 B2. **℡** 42 79 23 45.
Ⓜ *Montparnasse-Bienvenüe.* **Ouvert**
10 h-18 h lun.-sam. **Fermé** *jours
fériés.* **Accès payant.**

Ce musée propose en
15 salles une histoire
quasiment exhaustive de la
poste, commençant même par
la naissance de l'écriture. Tout
ce qui permit ou permet
d'acheminer le courrier y est
présenté, des diligences et
paquebots-poste aux avions
de « l'Aéropostale » et au TGV.
À ne pas manquer pour les
philatélistes : la collection de
tous les timbres de France.

Un TGV, gare Montparnasse

La gare Montparnasse ❾

Bd Pasteur 75015. **Plan** 15 B2.
Ⓜ *Montparnasse-Bienvenüe. Voir*
Aller à Paris *p. 362.*

Des proxénètes avaient pris
l'habitude de venir
accoster dans l'ancienne gare
Montparnasse les jeunes
Bretonnes trop naïves qui y
débarquaient. Celles qui
descendent aujourd'hui du
TGV-Atlantique dans le
nouveau terminus de
l'ensemble Maine-Montparnasse
ne sont plus aussi faciles à
berner. Victor Vasarely décora
le hall où de nombreux
provinciaux continuent d'avoir
leur premier contact avec Paris.

Les Catacombes ❿

1, place Denfert-Rochereau 75014.
Plan 16 E3. **℡** 43 22 47 63.
Ⓜ *Denfert-Rochereau.*
Ouvert *14 h-16 h mar.-ven., 9 h-
11 h, 14 h-16 h sam. et dim.* **Fermé**
jours fériés. **Accès payant.**

Le cimetière des Innocents,
à l'emplacement de
l'actuel square des Innocents
près des Halles, avait près de
mille ans quand il fut décidé
en 1786 de transporter les
ossements qu'il contenait
dans les carrières creusées au
pied des trois « montagnes » :
Montparnasse, Montrouge et
Montsouris. Ce transfert dura
quinze mois puis l'ossuaire
servit à vider d'autres
cimetières et accueillit
finalement toutes les
dépouilles retrouvées dans le
sol de Paris. Ce royaume des
morts, estime-t-on, renferme
les restes de six millions de
personnes. D'une superficie
de 11 000 m², il n'occupe
qu'une infime partie des
anciennes carrières
souterraines de la capitale.

L'Observatoire de Paris ⓫

61, av. de l'Observatoire 75014.
Plan 16 E3. **℡** 40 51 22 21.
Ⓜ *Denfert-Rochereau.* **Ouvert** :
*1ᵉʳ sam. du mois à 14 h 30 sur
demande écrite.* **Fermé** *août.* **Accès
payant.**

Édifié à partir de 1667 sur
ordre de Louis XIV au lieu-
dit le Grand Regard car, hors
de la ville, il offrait un
horizon dégagé,

l'Observatoire fut le théâtre
de bien des accomplissements
scientifiques. On y établit
notamment la carte de la
Lune en 1679 et Urbain Le
Verrier y effectua les calculs
qui permirent la découverte
de Neptune en 1846. Quoique
le plus ancien d'Europe en
service, il demeure l'un des
grands centres mondiaux de
recherche astronomique.

La façade de l'Observatoire

La Closerie des Lilas ⓬

171, bd du Montparnasse 75014.
Plan 16 E2. **℡** 43 26 70 50.
RER *Port-Royal.*
Ouvert *11 h-1 h t.l.j.*

Bar en chêne clouté de
cuivre, tables massives,
lambris, vieux miroirs et sol
en mosaïque, le décor de ce
célèbre café est superbe mais
sa clientèle probablement
plus huppée aujourd'hui
qu'aux époques où le
fréquentèrent, pour ne citer
qu'eux, Verlaine, André
Breton, Strindberg, Lénine,
Trostky ou Hemingway, qui y
écrivit en six semaines *Le
Soleil se lève aussi.*

Ossements aux catacombes

Le cimetière du Montparnasse ❹

Bien qu'il soit moins illustre que celui du Père-Lachaise, de nombreux personnages célèbres, notamment des artistes et écrivains, reposent dans ce cimetière aux allées rectilignes créé en 1824 à l'emplacement d'anciennes fermes et d'une propriété des frères de St-Jean-de-Dieu afin de recevoir les corps des habitants de la rive gauche et ceux des suppliciés. La rue Emile-Richard qui le partage depuis 1891 en petit et grand cimetière est la seule de Paris à n'être bordée d'aucune maison et à ne compter aucun riverain vivant.

★ **Le cénotaphe de Charles Baudelaire**
De Charmoy sculpta ce monument à la mémoire de l'auteur des Fleurs du mal.

Samuel Beckett, écrivain irlandais, se fixa à Paris où il mourut en 1989.

Dans le **tombeau de la famille Pétain** reposent la femme et le fils du Maréchal. Ce dernier est, quant à lui, enterré à l'île d'Yeu.

Guy de Maupassant mourut en 1893.

Alfred Dreyfus était un officier juif injustement accusé de trahison en 1894. Cette affaire a été à l'origine d'un scandale politique et social.

Frédéric Auguste Bartholdi sculpta la statue de la Liberté (1886) de New York.

André Citroën créa en 1919 l'entreprise de fabrication d'automobiles qui porte toujours son nom.

A V E   D U   M I D I

A V E   T H I E R R Y

R U E   E M I L E   R I C H A R D

A V E   D E   L ' E S T

★ **Tombe de Charles Pigeon**
Cette tombe Belle Epoque représente l'industriel et inventeur français et sa femme en gisant.

Le Baiser de **Brancusi**
Le grand artiste d'origine roumaine qui sculpta cette célèbre œuvre cubiste mourut en 1957. Il est enterré juste de l'autre côté de la rue Emile-Richard.

Charles Augustin Sainte-Beuve, écrivain et critique de l'époque romantique, fut considéré un temps comme le «père de la critique moderne».

Camille Saint-Saëns, pianiste, organiste et compositeur décédé en 1921, a laissé une œuvre d'une grande pureté d'écriture.

À NE PAS MANQUER :

★ **Le cénotaphe de Charles Baudelaire**

★ **La tombe de Charles Pigeon**

★ **Jean-Paul Sartre et Simone de Beauvoir**

★ **Serge Gainsbourg**

★ **Serge Gainsbourg**
C'est ici que le provocateur et poétique auteur-compositeur du Poinçonneur des Lilas *fut mis dans «un grand trou».*

MODE D'EMPLOI

3, bd Edgar-Quinet. **Plan** 16 D3. 🚪
44 10 86 50. Ⓜ *Edgar-Quinet.* 🚌
38, 83, 91 vers Port-Royal. RER *Port-Royal.* 🅿 *Rue Campagne-Première, bd St-Jacques.* **Ouv.** *mars-nov. : 8 h-18 h lun.-ven., 8 h 30-18 h sam., 9 h-18 h dim. ; déc.-fév. : 8 h-17 h 30 lun.-mer., 8 h 30-17 h 30 sam., 9 h-17 h 30 dim.* **Gratuit.** 📷 ♿

Une tour est tout ce qui subsiste d'un moulin du XIVe ou XVe siècle qui fit également office d'estaminet au XVIIe siècle.

Le Génie du sommeil éternel
L'ange de bronze de Daillion surplombe le rond-point du cimetière.

Tristan Tzara, écrivain roumain a été le chef de file du mouvement littéraire et artistique dada à Paris dans les années 20.

Henri Laurens
La statue de la Douleur qui orne la tombe de ce sculpteur français est son œuvre.

Man Ray, peintre et photographe américain, s'installa à Paris en 1921. Son œuvre comprend de nombreux clichés de Montparnasse.

Charles Baudelaire repose ici auprès de sa mère mais dans le caveau de sa belle-famille qu'il détestait.

Chaïm Soutine, peintre juif lituanien, débarqua sans un sou à Paris en 1913. Il devint un des représentants marquants de l'école de Paris.

Jean Seberg
Actrice hollywoodienne adoptée par les réalisateurs de la «nouvelle vague», elle mourut à Paris en 1979 à l'âge de 41 ans.

★ **Jean-Paul Sartre et Simone de Beauvoir**
Le célèbre couple repose ici. Son œuvre philosophique et littéraire a marqué toute la fin du XXe siècle.

JEAN PAUL SARTRE
1905 - 1980
SIMONE DE BEAUVOIR
1908 - 1986

LES INVALIDES ET LE QUARTIER DE LA TOUR EIFFEL

Canon du musée de l'Armée

Deux vastes espaces verts font de ce quartier l'un des plus aérés de la capitale.

Sur le Champ-de-Mars, ancien terrain de manœuvres de l'Ecole militaire, la tour Eiffel, monument élevé à la gloire de l'industrie pour l'Exposition universelle de 1887 surplombe la Seine. L'esplanade qui

s'étend devant l'hôtel des Invalides, imposant corps de bâtiments de 13 ha dominé par le célèbre dôme, fut tracée en 1704, à l'époque où l'aristocratie commençait à construire de somptueux hôtels dans cette partie de la rive gauche, notamment rues de Varenne et de Grenelle toujours très cotées aujourd'hui. Quelques immeubles Art nouveau subsistent avenue Rapp.

LE QUARTIER D'UN COUP D'ŒIL

Rues et bâtiments historiques
Hôtel des Invalides ⑥
Hôtel Matignon ⑧
Assemblée nationale et Palais-Bourbon ⑪
Rue Cler ⑬
Les égouts ⑭
Champ-de-Mars ⑮
N° 29, avenue Rapp ⑰
Ecole militaire ⑲

Musées
Musée de l'Ordre de la Libération ❸
Musée de l'Armée ❹
Musée des Plans-Reliefs ❺

Musée Rodin ❼
Musée de la Seita ⑫

Eglises et temples
Dôme des Invalides pp. 188-9 ❶
St-Louis-des-Invalides ❷
Sainte-Clotilde ⑩

Monuments et fontaines
Fontaine des Quatre-Saisons ❾
Tour Eiffel pp. 192-3 ⑯

Architecture moderne
Village suisse ⑱
UNESCO ⑳

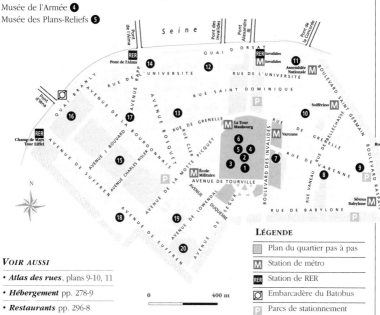

COMMENT Y ALLER ?
Outre le métro, trois stations de RER (Invalides, Pont-de-l'Alma et Champ-de-Mars) desservent ce quartier. Parmi les nombreuses lignes d'autobus qui le traversent, la 69 prend la rue St-Dominique vers l'est et la rue de Grenelle au retour, la ligne 87 emprunte l'avenue de Suffren et la 28 suit l'avenue de la Motte-Picquet.

LÉGENDE
- Plan du quartier pas à pas
- **M** Station de métro
- **RER** Station de RER
- **▢** Embarcadère du Batobus
- **P** Parcs de stationnement

VOIR AUSSI
- *Atlas des rues*, plans 9-10, 11
- *Hébergement* pp. 278-9
- *Restaurants* pp. 296-8

0   400 m

La tour Eiffel de nuit

Les Invalides pas à pas

Agent de la police montée

Louis XIV fit édifier de 1671 à 1676 par Libéral Bruant l'imposant hôtel royal des Invalides, qui donne son nom au quartier, afin d'y hospitaliser les soldats blessés. Jules Hardouin Mansart, qui travailla également à Versailles, prit la direction des travaux en 1677, construisant l'église Saint-Louis et le célèbre dôme où repose Napoléon Bonaparte. Les restes de l'Empereur ne furent transférés qu'en 1840, 19 ans après sa mort, dans le grand sarcophage de porphyre rouge placé dans la crypte sous une ouverture circulaire au centre du sanctuaire. Appliquée à l'occasion du bicentenaire de la Révolution, une nouvelle dorure, la cinquième depuis 1706, a rendu récemment au dôme toute sa splendeur.

Station de métro Latour-Maubourg

La façade de l'hôtel, longue de 196 m, est percée de lucarnes ayant toutes la forme d'un trophée différent. Une tête d'Hercule surmonte le portail.

★ Le musée de l'Armée
Il retrace l'histoire militaire de la préhistoire à la Seconde Guerre mondiale. On peut notamment y suivre l'évolution qui, des anciens étendards conduisait aux drapeaux actuels ❹

AVE DE TOURVILLE

À NE PAS MANQUER :

★ **Le dôme et le tombeau de Napoléon**

★ **St-Louis-des-Invalides**

★ **Le musée de l'Armée**

★ **Le Musée Rodin**

Le musée de l'Ordre de la Libération
Documents et souvenirs y retracent le combat de la Résistance ❸

AVE DE SÉGUR

Le musée des Plans-Reliefs
Il présente notamment les maquettes de villes et sites fortifiés de la collection de Louis XIV ❶

LÉGENDE

– – – Itinéraire conseillé

0   100 m

L'Ordre de la Libération et la boussole du général de Gaulle

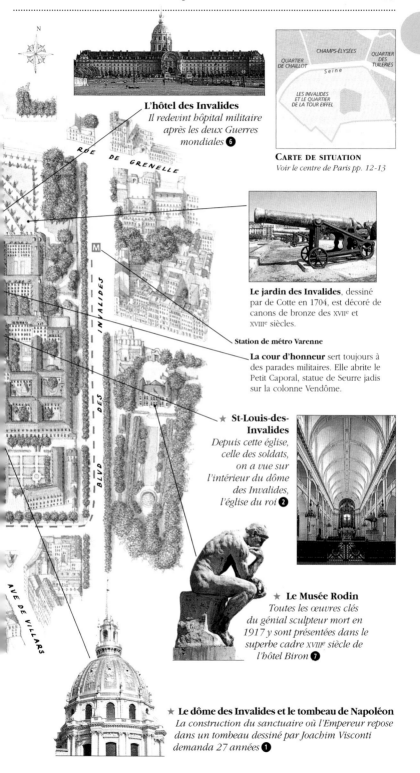

L'hôtel des Invalides
Il redevint hôpital militaire après les deux Guerres mondiales ❻

CARTE DE SITUATION
Voir le centre de Paris pp. 12-13

Le jardin des Invalides, dessiné par de Cotte en 1704, est décoré de canons de bronze des XVIIᵉ et XVIIIᵉ siècles.

Station de métro Varenne

La cour d'honneur sert toujours à des parades militaires. Elle abrite le Petit Caporal, statue de Seurre jadis sur la colonne Vendôme.

★ **St-Louis-des-Invalides**
Depuis cette église, celle des soldats, on a vue sur l'intérieur du dôme des Invalides, l'église du roi ❷

★ **Le Musée Rodin**
Toutes les œuvres clés du génial sculpteur mort en 1917 y sont présentées dans le superbe cadre XVIIIᵉ siècle de l'hôtel Biron ❼

★ **Le dôme des Invalides et le tombeau de Napoléon**
La construction du sanctuaire où l'Empereur repose dans un tombeau dessiné par Joachim Visconti demanda 27 années ❶

Le dôme des Invalides ❶

Voir pp 188-9.

St-Louis-des-Invalides ❷

Hôtel des Invalides 75007. **Plan** 11 A3. 📞 44 42 37 65. **Ouvert** *avril-sept. : 10 h-18 h t.l.j. ; oct.-mars : 10 h-17 h t.l.j.*

J ules Hardouin Mansart éleva de 1679 à 1708 sur des plans de Libéral Bruant cette « église des soldats » dont la longue nef n'est décorée que de drapeaux pris à l'ennemi. Berlioz fit donner pour la première fois son *Requiem* sur son grand orgue construit au XVIIe siècle par Alexandre Thierry. Dehors, une batterie d'artillerie apportait son renfort à l'orchestre.

Outre les dépouilles de très nombreux militaires, les caveaux du sanctuaire renferment les cendres de Rouget de l'Isle.

Le musée de l'Ordre de la Libération ❸

51 bis, bd de Latour-Maubourg 75007. **Plan** 11 A4. 📞 47 05 04 10. Ⓜ *Latour-Maubourg.* **Ouvert** *10 h-18 h t.l.j.* **Fermé** *jours fériés.* **Accès payant.** 📷 🎥 *sur r.d.v.*

L e général de Gaulle fonda l'Ordre de la Libération en 1940 à Brazzaville pour

L'autel de St-Louis-des-Invalides

La façade du musée de l'Ordre de la Libération

récompenser les individus ou collectivités ayant apporté une contribution exceptionnelle à la libération de la France. 18 unités militaires, 5 villes et 1 036 personnes le reçurent, dont quelques étrangers tels Winston Churchill ou Eisenhower.

Le musée retrace dans près de 200 vitrines l'histoire des cinq années de lutte de la Résistance et des corps expéditionnaires français jusqu'à la Libération.

Canons du musée de l'Armée

Le musée de l'Armée ❹

Hôtel des Invalides 75007. **Plan** 11 A3. 📞 44 42 37 70. Ⓜ *Latour-Maubourg, Varenne.* **Ouvert** *avr.-sept. : 10 h-18 h (17 h l'hiver) t.l.j..* **Fermé** *nomb. j. fériés.* **Accès payant.** 📷 ♿ *r.d.c. seulement.* 🎥 📽 📱 *Film.*

I nstallé dans deux des bâtiments, dits de l'Orient et de l'Occident, qui entourent la cour d'honneur de l'hôtel des Invalides, ce musée, l'un des plus riches du monde en ce domaine, illustre l'histoire militaire de l'âge de pierre à la fin de la Deuxième Guerre mondiale.

Armes d'attaque et de défense y sont également représentées et on peut entre autres admirer de splendides armures et une remarquable collection d'épées comprenant celle de François Ier. Curieusement, c'est le bâtiment de l'Occident qui abrite la salle orientale où se trouvent, notamment, de

superbes arcs et carquois turcs et iraniens, ainsi que d'extraordinaires habits de guerre chinois et japonais.

Dans le bâtiment de l'Orient, la salle Turenne, ancien réfectoire des sous-officiers invalides, abrite un vaste assortiment de trophées, drapeaux et étendards de 1619 à 1945, et un magnifique portrait de Napoléon par Ingres. Beaucoup d'autres souvenirs évoquent l'Empereur, tels sa tente de campagne, la salle de parade du couronnement ou la reconstitution du salon où il mourut en exil.

Le musée des Plans-Reliefs ❺

Hôtel des Invalides 75007. **Plan** 11 B3. 📞 45 51 95 05. Ⓜ *Latour-Maubourg, Varenne.* **Ouvert** *10 h-17 h 45 (16 h 45 l'hiver) t.l.j.* **Fermé** *1er jan., 1er mai, 1er et 11 nov., 25 déc.* **Accès payant.** 📷 📱

Plan d'Alessandria, Italie (1813)

C ommencée par Louis XIV en 1668, la collection de maquettes et plans de villes et sites fortifiés qu'il présente était considérée comme secret-défense jusqu'en 1927 et ne devint accessible au public que dans les années 50. Une partie de l'exposition, particulièrement intéressante, permet de comparer les formes que prirent six villes aux origines et aux sites différents.

L'hôtel des Invalides ❻

75007. **Plan** 11 A3. 📞 44 42 37 70. Ⓜ Latour-Maubourg, Varenne. **Ouvert** 10 h-17 h t.l.j. **Fermé** jours fériés

Entrée principale des Invalides

L ouis XIV fonda par un édit du 24 mai 1670 le premier hôpital français destiné à recevoir les soldats devenus invalides, qui se retrouvaient réduits à la mendicité ou à chercher asile dans un monastère. La construction du majestueux bâtiment, auquel Libéral Bruant donna une façade classique ornée d'un somptueux portail, dura de 1671 à 1676, et l'établissement accueillit presque immédiatement plus de 5 000 pensionnaires. Il n'en reste aujourd'hui plus qu'une centaine. L'hôtel abrite, outre une bibliothèque et les musées de l'Armée, des Plans-Reliefs et de l'Ordre de la Libération, de nombreux services administratifs et la résidence du gouverneur militaire de Paris.

Le Musée Rodin ❼

77, rue de Varenne 75007. **Plan** 11 B3. 📞 47 05 01 34. Ⓜ Varenne. **Ouvert** 10 h-17 h t.l.j. **Fermé** jours fériés **Accès payant.** 🚫 ♿ 🖥 📷

A uguste Rodin vécut et travailla de 1908 jusqu'à sa mort en 1917 dans le cadre élégant de l'hôtel Biron qui abrite depuis son musée où sculptures définitives et

études permettent d'appréhender dans sa totalité le travail de cet immense artiste.

Parmi les nombreux chefs-d'œuvre exposés, *Les Bourgeois de Calais*, *Le Penseur* et *La Porte de l'enfer* se trouvent dans la cour d'honneur et la *Main de Dieu*, *Saint Jean-Baptiste* et *Le Baiser* au rez-de-chaussée. Au premier étage, ne pas manquer les études pour *La Porte de l'enfer* et la collection de peintures de Rodin comprenant notamment des Van Gogh et un Monet.

L'hôtel Matignon ❽

57, rue de Varenne 75007. **Plan** 11 C4. Ⓜ Solférino, Rue-du-Bac. **Fermé** au public.

L a construction de ce très bel hôtel fut commencée en 1721 par Jean Courtonne pour un fils du maréchal de Luxembourg et achevée par une fille du prince de Monaco devenue comtesse de Matignon. Après la Révolution, Talleyrand, la sœur de Louis-Philippe et le comte de Paris l'habitèrent.

Depuis 1959, cet hôtel au très vaste jardin privé est la résidence du Premier ministre.

Le Baiser (1886) au Musée Rodin

La fontaine des Quatre-Saisons ❾

57-59, rue de Grenelle 75007. **Plan** 11 C4. Ⓜ Rue-du-Bac.

T urgot inaugura en 1745 cette fontaine commandée en 1739 par les échevins de Paris à Edme Bouchardon, précurseur du classicisme en France, et destinée à alimenter en eau le riche quartier du boulevard Raspail. Le sculpteur représenta des allégories de la ville de Paris, de la Seine et de la Marne au-dessus d'élégants bas-reliefs illustrant les quatre saisons.

Alfred de Musset habita longtemps juste derrière le monument, au nº 59, où il écrivit plusieurs de ses œuvres.

Sculptures de Ste-Clotilde

Sainte-Clotilde ❿

23 bis, rue Las-Cases 75007. **Plan** 11 B3. 📞 44 18 62 64. Ⓜ Solférino, Varenne, Invalides. **Ouvert** 8 h-19 h t.l.j. **Fermé** fêtes civiles. 🖥

L 'architecte d'origine allemande Christian Gau s'inspira du gothique du XIVe siècle pour concevoir ce sanctuaire à plan en croix latine (la première église néogothique de Paris) dont il commença en 1846 la construction. Théodore Ballu l'acheva trois ans après sa mort survenue en 1853.

Geoffroy-Dechaume, James Pradier, Francisque Duret, William Bouguereau et Eugène Guillaume participèrent à la décoration de Sainte-Clotilde. Le compositeur César Franck fut son organiste pendant 32 ans.

Le dôme des Invalides ❶

Jules Hardouin Mansart s'inspira
d'un projet de François Mansart,
son grand-oncle, pour construire de
1679 à 1706 le plus beau dôme de
Paris, l'un des chefs-d'œuvre de
l'architecture française du XVIIe siècle.
Contrairement à St-Louis-des-
Invalides, l'église des soldats que
l'architecte édifiait en même temps,
ce sanctuaire devait être réservé à
l'usage exclusif du Roi-Soleil.

Louis XIV envisagea sans doute d'en
faire la nécropole des Bourbons à la
place de la basilique Saint-Denis
mais il ne mena pas ce projet à
terme et le tombeau qu'accueillit
finalement le dôme des Invalides fut
celui de Napoléon. Véritable
monument mémorial militaire,
l'édifice abrite les sépultures
d'autres grands soldats tels les
maréchaux Foch et Lyautey.

La coupole
*Elle reçut sa
première dorure
en 1715.*

**① Le tombeau de Joseph
Bonaparte**
*La première chapelle à
droite de l'entrée abrite le
sarcophage du frère aîné de
l'Empereur. Celui-ci l'avait fait
roi de Naples.*

Entrée principale

② Le monument de Vauban
*Sur ce monument cénotaphe ne
renfermant que le cœur de Sébastien Le
Prestre de Vauban, commandé en 1808
par Napoléon Ier, Antoine Etex a représenté
la Science et la Guerre au chevet du
commissaire général des fortifications de
Louis XIV. Si le génie de Vauban, fait
maréchal en 1703, donna bien des
victoires au Roi-Soleil, sa franchise finit
par lui faire perdre la faveur du souverain.*

⑥ La crypte
Les escaliers qui mènent à la crypte du tombeau de Napoléon se trouvent de part et d'autre du maître-autel derrière lequel une vitre permet de voir l'intérieur de l'église Saint-Louis.

MODE D'EMPLOI

Hôtel national des Invalides, av. de Tourville. **Plan** 11 A3.
📞 44 42 37 67. Ⓜ *Latour-Maubourg, Varenne.* 🚌 *32, 63, 93 vers Les Invalides.*
RER *Invalides.* 🚤 *Tour Eiffel.* P *Rue de Constantine.* **Ouvert** *oct.-mars : 10 h-17 h ; avr.-sept. : 10 h-18 h t.l.j.* **Fermé** *1er jan., 1er mai, 1er nov., 25 déc.* **Accès payant.** 📷 ♿ *accès limité.* 🎧 *groupes* 📞 *45 55 37 70*

LÉGENDE

— — — Itinéraire de la visite

⑤ La chapelle St-Jérôme
Elle renferme le tombeau de Jérôme Bonaparte, plus jeune frère de Napoléon et roi de Westphalie. Le corps de l'Aiglon y attendit de 1940 à 1969 son transfert dans la crypte.

Escalier de la crypte

④ Le plafond du dôme
En 1692, Charles de la Fosse décora la coupole d'une fresque qui représente saint Louis remettant son épée au Christ.

③ Le tombeau du maréchal Foch
Paul Landowski exécuta en 1937 cet imposant monument de bronze.

LE RETOUR DE NAPOLÉON

Soucieux d'apaiser les républicains et les bonapartistes hostiles à son régime monarchique, Louis-Philippe décida en 1840 de rapatrier le corps de Napoléon, exauçant son vœu que « ses cendres reposent sur les bords de la Seine ». Le corps de l'Empereur, protégé par six cercueils, ne fut cependant placé dans la crypte du dôme des Invalides qu'en 1861, au terme d'une somptueuse cérémonie organisée par son neveu, Napoléon III.

L'Assemblée nationale et le Palais-Bourbon ⓫

126, rue de l'Université 75007. **Plan** 11 B2.
[C] 40 63 60 00. [M] Assemblée-Nationale.
[RER] Invalides. **Ouv.** 10 h, 14 h, 15 h sam.
Pièce d'identité exigée. [O] [I] Entrée
visiteurs 33, quai d'Orsay

Construit de 1722 à 1728 pour la duchesse de Bourbon, fille de Louis XIV, puis confisqué pendant la Révolution pour abriter le Conseil des Cinq-Cents, le Palais-Bourbon est aujourd'hui le siège de l'Assemblée nationale.

L'Assemblée nationale

Le musée de la Seita ⓬

12, rue Surcouf 75007. **Plan** 11 A2.
[C] 45 56 60 17. [M] Invalides,
Latour-Maubourg. **Ouvert** 11 h-
19 h lun.-sam. **Fermé** jours fériés.
[O] [&] [I] Projections.

Installé dans un bâtiment édifié en 1963 sur le site de la première manufacture de cigarettes de France, ce

Pipe du XIXe siècle

musée présente cinq siècles d'histoire du tabac et de ses usages. Les collections comprennent aussi bien herbiers, gravures et maquettes illustrant la culture et la transformation de la plante, qu'une remarquable réunion d'objets liés à sa consommation : râpes à priser, tabatières, pipes, cendriers, fume-cigarette et même le cabinet à cigares fabriqué spécialement par Diehl pour Napoléon III.

La rue Cler ⓭

75007. **Plan** 10 F3.
[M] Ecole-Militaire, Latour-Maubourg.
Marché ouv. mar.-sam.. Voir
Boutiques et marchés pp. 326-7.

Le septième arrondissement est l'un des quartiers les plus chic et les plus paisibles de Paris, l'un des plus âgés et des plus conservateurs également. Exception à cette

règle, la rue Cler, piétonnière au sud de la rue de Grenelle, est très animée et bordée de nombreux commerces. Quoique chers, les produits qu'ils proposent sont généralement d'excellente qualité, en particulier les pâtisseries et les fromages.

À voir : l'immeuble Art nouveau au n° 33 et celui du n° 151 de la rue de Grenelle.

Les égouts ⓮

En face du 93, quai d'Orsay 75007.
Plan 10 F2. [C] 47 05 10 29.
[M] Pont-de-l'Alma. **Ouvert** 11 h-16 h
sam.-merc.. [O] [✓] [I]

La tradition situe la construction du premier égout de Paris au XIVe siècle mais c'est l'ingénieur Eugène Belgrand qui établit pour Napoléon III le système qui fonctionne encore de nos jours. À sa mort, en 1878, le réseau mesurait environ 600 km, il en compte 2 100 aujourd'hui.

C'est à partir de 1867 que l'on organisa des visites de ces souterrains, en wagonnets tout d'abord puis en barques. Depuis 1972, elles s'effectuent à pied. Dans les galeries, des plaques émaillées indiquent les noms des rues dont les égouts suivent le tracé.

L'intérieur d'une boutique d'alimentation de la rue Cler

Entrée du nº 29, avenue Rapp

Le Champ-de-Mars ⓯

75007. **Plan** 10 E3. Ⓜ *Champ-de-Mars Tour-Eiffel, Ecole-Militaire.*

L'ancien champ de manœuvre de l'Ecole militaire doit à la fête de la Fédération qui s'y tint le 14 juillet 1790 d'avoir été nivelé. 250 000 volontaires vinrent prêter leurs bras au gigantesque chantier afin de l'achever à temps pour le premier anniversaire de la prise de la Bastille. Cet espace dégagé en plein Paris servit également de cadre à des courses de chevaux, des envols de ballons et à l'organisation des Expositions universelles, en particulier celle de 1889 pour laquelle on érigea la tour Eiffel.

Ascension en ballon

La tour Eiffel ⓰

Voir pp. 192-3

Le nº 29, avenue Rapp ⓱

75005. **Plan** 10 E2. Ⓜ *Pont-de-l'Alma.*

Jules Lavirotte, architecte inclassable et souvent dénigré, édifia en 1901 au numéro 29 de l'avenue Rapp la maison du céramiste Bigot. Très ouvragée, la façade Art nouveau en briques et grès polychromes, bien que décorée de figures féminines d'un érotisme subversif pour l'époque, lui valut le premier prix du concours de Façades de la ville de Paris. Lavirotte construisit également l'immeuble du nº 3, square Rapp, aisément reconnaissable à sa guérite d'angle, et l'hôtel Céramic au nº 34 de l'avenue de Wagram.

Le Village suisse ⓲

Avenue de Suffren 75015. **Plan** 10 E4. Ⓜ *Dupleix.* **Ouvert** *jeu.-lun.*

Pour l'Exposition universelle de 1900, le gouvernement suisse édifia au Champ-de-Mars une reconstitution de village alpin si fidèle qu'il ne manquait même pas les montagnes. Les visiteurs partis, des brocanteurs s'y installèrent puis, à partir des années 1950-60, des antiquaires.

L'Ecole militaire ⓳

1, place Joffre 75007. **Plan** 10 F4. Ⓜ *Ecole-Militaire.* **Visites** *sur autorisation spéciale (écrire au commandant d'armes).* 🅾

Jacques-Ange Gabriel, architecte de la place de la Concorde, entreprit la construction de ce magnifique corps de bâtiment classique en 1751 mais ne l'acheva qu'en 1773. Dès 1753, cependant, l'édifice accueillit l'école fondée par Louis XV pour enseigner l'art de la guerre à 500 gentilshommes pauvres. Le roi est d'ailleurs représenté sur la façade du pavillon central, côté Champ-de-Mars, sous les traits de la Victoire, l'une des quatre allégories décorant l'entablement du dôme.

Âgé de 19 ans, Napoléon Bonaparte reçut sa confirmation en 1875 dans la superbe chapelle Louis XVI de l'école.

Louis XV étudiant les plans de l'Ecole militaire

L'Unesco ⓴

7, place de Fontenoy 75007. **Plan** 10 F5. 🅒 *45 68 10 00.* Ⓜ *Ségur, Cambronne.* **Ouvert** *9 h 30-12 h 30, 14 h 30-18 h lun.-ven. (der. ent. : 17 h 45).* **Fermé** *j. fériés et sessions de conférences.* 🅾 ♿ 🅿 🅗 🅘 *Expositions, projections.*

Inauguré en 1958, le siège de l'Organisation des nations unies pour l'éducation, la science et la culture présente un aperçu intéressant des grandes tendances architecturales et artistiques du milieu de ce siècle. On peut y admirer de nombreuses œuvres d'art moderne, notamment de grands panneaux muraux de Picasso et Miró et des sculptures d'Henry Moore.

Silhouette au repos d'Henry Moore à l'Unesco (1958)

La tour Eiffel ⓰

La tour Eiffel depuis le Trocadéro

Construite à partir du 28 juillet 1887 par l'ingénieur Gustave Eiffel pour l'Exposition universelle de 1889, cette célèbre tour métallique, le plus haut bâtiment du monde jusqu'à l'érection de l'Empire State Building en 1931, ne remporta pas l'unanimité dès son inauguration. Le poète Paul Verlaine préférait effectuer un détour plutôt que de la voir et on faillit la détruire en 1909. Plus personne n'y songe aujourd'hui et un nouvel éclairage, placé dans ses superstructures et non à l'extérieur, met en valeur depuis 1986 l'élégance diaphane de sa charpente.

Dentelle métallique
Selon son architecte, la structure complexe de poutrelles, si souvent admirée, de la tour Eiffel ne répondait à l'origine à aucun souci esthétique mais servait juste à assurer la stabilité de l'édifice face au vent.

La salle des machines
Pour les ascenseurs de sa tour, Eiffel préféra la sécurité à la vitesse.

À NE PAS MANQUER :

⭐ **Le buste d'Eiffel**

⭐ **Le Cinémax**

⭐ **Le mécanisme des ascenseurs**

⭐ **La galerie panoramique**

⭐ **Le Cinémax**
Ce petit musée propose un court-métrage présentant l'histoire du monument. On y découvre notamment quelques visiteurs célèbres comme Charlie Chaplin, Joséphine Baker ou Adolf Hitler.

AUDACES ET DÉSILLUSIONS

La tour Eiffel a suscité bien des inconsciences. On l'a escaladée, dévalée en vélo, utilisée comme portique de trapèze ou pour sauter en parachute. En 1911, un tailleur parisien du nom de Reisfeldt décida de s'envoler depuis son parapet, équipé d'ailes artificielles de sa fabrication. Selon l'autopsie, il succomba à une attaque cardiaque avant de s'écraser au sol.

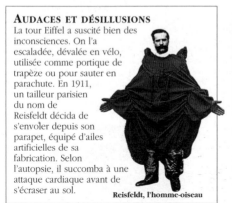

Reisfeldt, l'homme-oiseau

⭐ **Le mécanisme des ascenseurs**
Toujours en parfait état de fonctionnement, ces éléments mécaniques datent de la construction de la tour en 1889.

Le troisième étage peut accueillir 800 personnes à 274 m du sol.

★ **La galerie panoramique**
Par temps clair, on distingue la cathédrale de Chartres distante de 75 km.

MODE D'EMPLOI

Champ-de-Mars. **Plan** 10 D3.
📞 44 11 23 45. Ⓜ *Bir-Hakeim.*
🚌 42, 69, 72, 82 vers Champ-de-Mars. 🚆 *Champ-de-Mars.*
🅾 *Tour Eiffel.* 🅿 *sur le site.*
Ouvert *sept.-juin : 9 h 30-23 h (der. ent. : 22 h 30) ; juil. et août : 9 h-minuit (der. ent. : 23 h).* **Accès payant.** 🅾 ♿ 🍴 🚻
Projections, bureau de poste.

Les ascenseurs doubles
Au plus fort de la saison touristique, la capacité limitée des ascenseurs signifie parfois deux heures d'attente avant de pouvoir atteindre le sommet.

Le deuxième étage est séparé du premier par 700 marches... ou quelques minutes d'ascenseur.

Le restaurant le Jules Verne est l'un des meilleurs de Paris et l'on y apprécie autant la nourriture que la vue (*p. 304*).

Le premier étage se trouve à 57 m, ou 360 marches, du niveau du sol. On peut aussi prendre l'ascenseur.

LA TOUR EN CHIFFRES
• 320 m de haut (y compris l'antenne)
• 15 cm de plus les jours de forte chaleur à cause de la dilatation du métal.
• 1 652 marches jusqu'au 3e étage
• 2,5 millions de rivets
• Jamais plus de 12 cm de ballant
• 10 100 tonnes
• 40 tonnes de peinture tous les quatre ans

La construction de la tour

★ **Le buste d'Eiffel**
Gustave Eiffel (1832-1923) reçut la Légion d'honneur en 1889 et l'on plaça son buste, sculpté par Antoine Bourdelle, sous la tour en 1930.

Des bronzes dorés, œuvres de plusieurs sculpteurs, décorent le parvis central du palais de Chaillot

RER Avenue Foche

11

BOULEVARD FLANDRIN

RUE DE LA FAISANDE

RUE

AVENUE

RER Avenue Henri Martin

AVE HENRI MART

RUE

M La Muette

RUE D

RER Boulain La Muett

RUE DES

RUE

RUE DE BOULAINVILLI

LE QUARTIER DE CHAILLOT

Depuis cette colline, un château surplombait la Seine au Moyen Age. Il devint au XVIIᵉ siècle le couvent de la Visitation. Ce dernier fut rasé, en même temps que celui des Minimes voisin, quand Napoléon décida d'édifier en ce lieu un sompteux palais pour son fils, le roi de Rome. La chute de l'Empire mit fin à ce projet et le baron Haussmann perça les larges avenues qui conver-

Sculptures du bassin du Trocadéro

gent vers la place du Trocadéro où s'édifièrent au cours du XXᵉ siècle les riches immeubles et hôtels particuliers caractéristiques de cette partie de Paris. Consulats et ambassades, dont l'imposante légation du Vatican, occupent certains d'entre eux. Le quartier renferme aussi de très nombreux musées, dont plusieurs dans le palais de Chaillot édifié en 1937.

LE QUARTIER D'UN COUP D'ŒIL

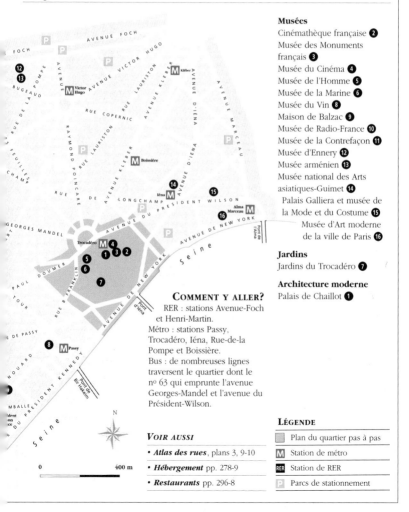

Musées

Cinémathèque française ❷
Musée des Monuments français ❸
Musée du Cinéma ❹
Musée de l'Homme ❺
Musée de la Marine ❻
Musée du Vin ❽
Maison de Balzac ❾
Musée de Radio-France ❿
Musée de la Contrefaçon ⓫
Musée d'Ennery ⓬
Musée arménien ⓭
Musée national des Arts asiatiques-Guimet ⓮
Palais Galliera et musée de la Mode et du Costume ⓯
Musée d'Art moderne de la ville de Paris ⓰

Jardins

Jardins du Trocadéro ❼

Architecture moderne

Palais de Chaillot ❶

COMMENT Y ALLER?

RER : stations Avenue-Foch et Henri-Martin.
Métro : stations Passy, Trocadéro, Iéna, Rue-de-la-Pompe et Boissière.
Bus : de nombreuses lignes traversent le quartier dont le n⁰ 63 qui emprunte l'avenue Georges-Mandel et l'avenue du Président-Wilson.

VOIR AUSSI

• *Atlas des rues*, plans 3, 9-10
• *Hébergement* pp. 278-9
• *Restaurants* pp. 296-8

LÉGENDE

	Plan du quartier pas à pas
M	Station de métro
RER	Station de RER
P	Parcs de stationnement

Le quartier de Chaillot pas à pas

L à où Napoléon n'eut pas le temps
d'édifier l'extraordinaire demeure
dont il rêvait pour son fils, la
IIIe République construisit un premier
palais pour l'Exposition universelle de
1878, celui du Trocadéro,
puis, pour celle de 1937,
le palais de Chaillot dont
les deux immenses ailes
courbes dominent
toujours la Seine. Un large
parvis les sépare, orné de
statues et de bassins. Il
s'ouvre sur une vaste terrasse d'où l'on a
une vue splendide sur le fleuve, la tour
Eiffel et l'Ecole militaire.

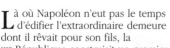

La statue du maréchal Ferdinand Foch,
œuvre de Robert Wlérick et Raymond Martin,
fut dévoilée le 11 novembre 1951, année du
centenaire de la naissance du
commandant en chef qui
conduisit les armées alliées à la
victoire en 1918.

Station de métro
Trocadéro

La place du Trocadéro, remaniée en
1878 pour l'Exposition universelle,
s'appelait auparavant place du Roi-de-
Rome en l'honneur du fils de Napoléon.

N

PL DU TROCADÉRO

PL J
MARTI

PAUL DOUMER

AVE

RUE FRANKLIN

BLVD DELESSE

★ **Le musée de la Marine**
Outre de remarquables
maquettes, ce musée présente
d'anciens instruments de
navigation ❻

Le palais de Chaillot
Ce bâtiment néo-
classique remplaça
pour l'Exposition
universelle de 1937 le
palais du Trocadéro
construit en 1878 ❶

★**Le musée de l'Homme**
Ce fauteuil du Bénin est
l'un des très nombreux
objets d'Afrique que
renferme le musée ❺

★**Le musée du Cinéma**
Le mannequin de la
mère de Bates dans
Psychose fait partie des
accessoires qui y sont
exposés ❹

Le musée des Monuments français
Reproductions et maquettes retracent l'histoire de l'art monumental français ❸

Le Théâtre national de Chaillot
présente ses spectacles dans deux salles sous la terrasse, dont une petite de 1 200 places (*pp. 330-1*).

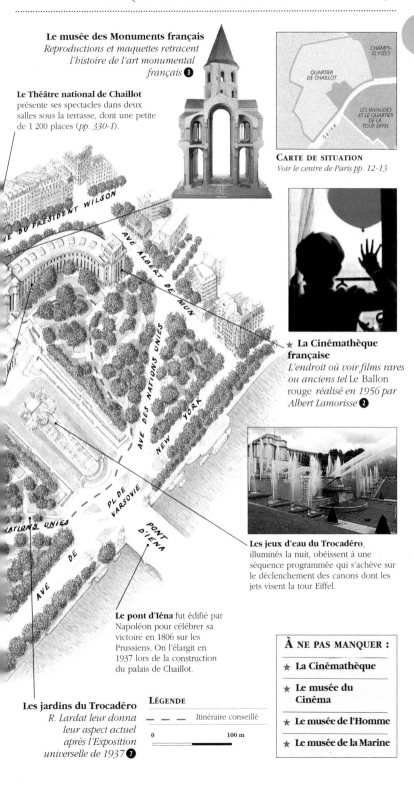

CARTE DE SITUATION
Voir le centre de Paris pp. 12-13

★ **La Cinémathèque française**
L'endroit où voir films rares ou anciens tel Le Ballon rouge *réalisé en 1956 par Albert Lamorisse* ❷

Les jeux d'eau du Trocadéro, illuminés la nuit, obéissent à une séquence programmée qui s'achève sur le déclenchement des canons dont les jets visent la tour Eiffel.

Le pont d'Iéna fut édifié par Napoléon pour célébrer sa victoire en 1806 sur les Prussiens. On l'élargit en 1937 lors de la construction du palais de Chaillot.

Les jardins du Trocadéro
R. Lardat leur donna leur aspect actuel après l'Exposition universelle de 1937 ❼

LÉGENDE

— — — Itinéraire conseillé

0 _____ 100 m

À NE PAS MANQUER :

★ **La Cinémathèque**

★ **Le musée du Cinéma**

★ **Le musée de l'Homme**

★ **Le musée de la Marine**

Le grand bassin du Trocadéro au pied du palais de Chaillot

Le palais de Chaillot ❶

17, place du Trocadéro 75016.
Plan 9 C2. **M** *Trocadéro.* **Ouvert**
9 h 45-17 h 15 merc.-lun. 🍴 ▣ 📷

Sur le site privilégié de la colline de Chaillot qui surplombe la Seine, les architectes Azéma, Louis-Auguste Boileau et Jacques Carlu édifièrent pour l'Exposition universelle de 1937 cet immense palais de style néoclassique, composé de quatre pavillons monumentaux et de deux ailes courbes de 195 m de long, entièrement recouvert de calcaire doré de l'Yonne. Reliefs et statues de très nombreux sculpteurs des années trente ornent aussi bien ses façades que le parvis, entre les pavillons d'entrée, et la terrasse dominant la Seine et le Champ-de-Mars.
    L'édifice abrite quatre

musées, la Cinémathèque française et le Théâtre national de Chaillot (*pp. 330-31*), l'ancien TNP fondé par Jean Vilar où s'illustrèrent notamment de jeunes acteurs comme Jeanne Moreau ou Gérard Philipe.

La Cinémathèque française ❷

Palais de Chaillot, 7, av. Albert-de-Mun 75016. **Plan** 10 D2. 📞 *45 53 21 86.*
M *Trocadéro, léna.* **Séances** *19 h et 21 h mer.-ven. ; 16 h 30 sam. et dim.*
Accès payant. *Voir* **Se distraire** *pp. 340-41*

Créée en 1936 par un passionné, Henri Langlois, la Cinémathèque, où Jean-Luc Godard et François Truffaut nourrirent leur vocation, constitue la plus riche collection de films du monde. Elle dispose depuis 1963 d'une

salle de projection au palais de Chaillot et, depuis peu, d'une autre, rue du Faubourg-du-Temple (*voir p. 341*). On peut y voir des rétrospectives organisées autour d'un thème, d'un acteur ou d'un réalisateur.

Maquette de l'église de Bagneux au musée des Monuments français

Le musée des Monuments français ❸

Palais de Chaillot, place du Trocadéro 75016. **Plan** 9 C2. 📞 *44 05 39 10.*
M *Trocadéro.* **Ouvert** *10 h-18 h merc.-lun.* **Accès payant.**
📷 ▣ 🍴 📷

Créé en 1879 à l'initiative de Viollet-le-Duc, l'architecte qui restaura Notre-Dame, ce musée présente au moyen de moulages de sculptures et de reproductions de peintures murales l'évolution de l'art monumental français du VIIe au XIXe siècles. De nombreuses maquettes permettent en outre de suivre celle de l'architecture. Une salle est en particulier consacrée aux recherches effectuées par les constructeurs romans et gothiques.

Extraits du film *Voyage dans la Lune* (1902) de Georges Méliès

Le musée du Cinéma ❹

Palais de Chaillot, place du Trocadéro 75016. **Plan** 9 C2. 📞 *45 53 21 86.* 🅼 *Trocadéro.* **Ouvert** *10 h-17 h merc.-dim.* **Accès payant.** 🚫 📷 *Obligatoire. Voir* **Se distraire** *pp. 340-41.*

Henri Langlois éprouvait une telle passion pour le septième art qu'il ne se contenta pas, pour en conserver le patrimoine, de sauver les vieux films et de créer la Cinémathèque. Ce musée, dont il est également le fondateur, présente plus de 5 000 objets en rapport avec le cinéma : lanternes magiques, scénarios, souvenirs photographiques, costumes portés par des stars comme Rudolf Valentino ou Marylin Monroe, et même un décor de *Broadway Melody*, première comédie musicale de la M.G.M., et la reconstitution des studios de Georges Méliès.

Robot au musée du Cinéma

Le musée de la Marine ❻

Palais de Chaillot, 17, place du Trocadéro 75016. **Plan** 9 C2. 📞 *45 53 31 70.* 🅼 *Trocadéro.* **Ouvert** *10 h-18 h merc.-lun. (der. ent. : 17 h 30).* **Fermé** *1er mai.* **Accès payant.** 📷 🚫 🍴 🎞 *Projections. Bibliothèque de référence.*

Fondé en 1827 par un fils de Charles x, il occupe depuis 1943 une partie de l'aile Ouest du palais de Chaillot et retrace l'histoire de la marine française depuis les vaisseaux du XVIIe siècle jusqu'aux porte-avions et sous-marins nucléaires modernes. Si le musée est particulièrement réputé pour ses maquettes, certaines vieilles de trois siècles, il présente également de très nombreuses peintures, des sculptures, des instruments de navigation, des scaphandres et de véritables embarcations dont une couffa, barque de joncs utilisée sur le Tigre, et le canot d'apparat de Napoléon.

Masque du Gabon, musée de l'Homme

Le musée de l'Homme ❺

Palais de Chaillot, 17, place du Trocadéro 75016. **Plan** 9 C2. 📞 *44 05 72 72.* 🅼 *Trocadéro.* **Ouvert** *9 h 45-17 h 15 merc.-lun.* **Fermé** *jours fériés.* **Accès payant.** 📷 *Expositions, projections.* 🍴 🖥

Installé depuis 1938 dans l'aile occidentale du palais de Chaillot, ce musée illustre par ses collections trois des principales sciences de l'homme : l'anthropologie, la préhistoire et, surtout, l'ethnologie, étude des pratiques sociales et culturelles des groupes humains. On peut ainsi découvrir au travers d'admirables œuvres d'art, pièces archéologiques ou objets quotidiens, les civilisations traditionnelles des cinq continents (très riche collection africaine) et des peuples arctiques.

Décoration du musée de la Marine

Les jardins du Trocadéro ❼

75016. **Plan** 10 D2. 🅼 *Trocadéro.*

D'une superficie de 10 hectares, ce magnifique espace vert restauré après l'Exposition universelle de 1937 s'organise autour du grand bassin, au pied de la terrasse du palais de Chaillot, et des pelouses décorées de bronzes dorés et de sculptures en pierre qui l'encadrent. De part et d'autre, les jardins, richement arborés et agrémentés de bassins, de rocailles et de ruisseaux, descendent en pente douce jusqu'au pont d'Iéna. Ils offrent un cadre de promenade très agréable, en particulier en soirée quand des jeux de lumière ajoutent leur magie à celle des jets d'eau du grand bassin.

Dans les jardins du Trocadéro

Le musée du Vin et caveau des Echansons ❽

5, square Charles-Dickens, rue des Eaux 75016. **Plan** 9 C3. 📞 *45 25 63 26.* 🅼 *Passy.* **Ouvert** *12 h-18 h t.l.j.* **Accès payant.** 🚫 ♿ 📷 🍴

Des personnages de cire évoquent l'histoire des grands vignobles français dans ces anciennes carrières que les moines de Passy utilisèrent comme caves au Moyen Age. L'exposition comprend aussi de nombreux objets en rapport avec la vigne et le vin, notamment une belle collection de bouteilles anciennes. Les visiteurs peuvent également déguster, et acheter, de bons crus.

Plaque sur la maison de Balzac

La maison de Balzac ❾

47, rue Raynouard 75016. **Plan** 9 B3. *42 24 56 38.* *Passy, La-Muette.* ***Ouvert*** *10 h-17 h 40 mar.-dim. (der. ent. : 17 h 30).* ***Fermé*** *jours fériés.* ***Accès payant****.*

Cette maison, où l'auteur vécut de 1840 à 1847 sous un faux nom : Monsieur de Brugnol, pour échapper à ses créanciers, est l'une des dernières du quartier à conserver le charme du vieux Passy. Balzac y écrivit plusieurs de ses romans, notamment *La Cousine Bette* (1846). La demeure abrite un musée à sa mémoire ouvert au public depuis 1949.

On peut en particulier y visiter son cabinet de travail, qui a conservé mobilier et objets personnels d'origine, et une salle consacrée à Madame Hanska qui entretint une relation épistolaire avec l'écrivain pendant 18 ans mais ne devint sa femme que cinq mois avant sa mort.

L'aile gauche du bâtiment renferme la bibliothèque Balzac qui propose aux lecteurs, outre les œuvres complètes de l'auteur, la totalité des thèses et essais qui lui furent consacrés.

Poste de radio datant de 1955

Le musée de Radio-France ❿

116, av. du Président-Kennedy 75016. **Plan** 9 B4. *42 30 21 80.* *Ranelagh.* ***Ouvert*** *10 h 30-17 h 30 lun.-sam.* ***Fermé*** *jours fériés.* ***Accès payant****.* *Obligatoire (ttes les heures).*

L'architecte Henri Bernard conçut la maison de Radio-France inaugurée en 1963 dont les trois couronnes concentriques abritent en bordure de Seine près de 60 studios de radio (et leurs annexes techniques), un studio de télévision, et un millier de bureaux. Une tour de 23 étages renferme les archives au centre de cet ensemble architectural d'une superficie de 2 ha que l'on visite en même temps que son musée.

Celui-ci retrace l'histoire des télécommunications depuis le télégraphe optique des frères Chappe (1793) jusqu'aux plus modernes transistors, en passant par le premier télégramme envoyé de la tour Eiffel en 1898 et la reconstitution du studio Radiola construit en 1923.

Le musée de la Contrefaçon ⓫

16, rue de la Faisanderie 75016. **Plan** 3 A5. *45 01 51 11.* *Porte-Dauphine.* ***Ouvert*** *14 h-16 h 30 lun. et merc., 9 h-12 h ven.* ***Fermé*** *jours fériés.*

Alcools, parfums, vêtements ou accessoires, les produits de luxe français sont imités dans le monde entier depuis des décennies. Ce musée, fondé à l'initiative de l'Union des fabricants, retrace l'histoire du plagiat, n'hésitant pas à remonter jusqu'aux Gaulois et tout ce qu'ils copièrent sur les Romains.

Après avoir présenté de nombreuses imitations, de bagages Louis Vuitton ou de montres Cartier notamment, l'exposition insiste sur les risques encourus par ceux qui se livrent à de telles contrefaçons.

Le musée d'Ennery ⓬

59, av. Foch 75016. **Plan** 3 B5. *45 53 57 96.* *Porte-Dauphine.* ***Ouvert*** *14 h-17 h 45 jeu. et dim.* ***Fermé*** *en août.*

Adolphe d'Ennery, le populaire auteur des *Deux Orphelines*, amassa dans cet hôtel du second Empire une incroyable collection d'objets d'art d'Extrême-Orient. La plupart datent du XVIIe au XIXe siècles et proviennent de Chine et du Japon. On peut admirer du mobilier, des boîtes en céramique, des figurines représentant personnages et animaux, réels ou mythiques, et des centaines de *netsukés*, sortes de petites décorations de ceinture japonaises sculptées dans l'os, le bois ou l'ivoire.

Vase chinois (XVIIIe s.) au musée d'Ennery

Couronne arménienne (XIXe s.)

Le Musée arménien ⓭

59, av. Foch 75016. **PLan** 3 B5. *45 56 15 88.* *Porte-Dauphine.* ***Ouvert*** *14 h-18 h jeu. et dim.* ***Fermé*** *jours fériés et en août.*

Ce musée n'occupe que deux pièces mais il présente de grands trésors. Les plus anciens, vestiges du royaume d'Ourartou (VIIe s. av. J.-C.), rappellent que les origines du peuple arménien ont 4 000 ans, et les œuvres contemporaines témoignent de la vitalité de sa culture.

Entrée du Musée Guimet

Le musée National des Arts Asiatiques - Guimet ⓮

6, place d'Iéna 75016. **Plan** 10 D1.
📞 47 23 61 65. Ⓜ Iéna. **Ouvert**
9 h 45-18 h merc.-lun. (der. ent. :
16 h 45). **Accès payant.** 📷 ♿ ☕
🏛 Panthéon bouddhique ouvert au
19, av. d'Iéna (même horaire que le
musée).

F ondé à Lyon en 1879 par un
industriel, Emile Guimet, ce
musée était au moment de son
transfert à Paris en 1889, le
premier du monde à inclure un
centre de recherches
orientales. On peut y admirer,
entre autres merveilles
originaires de toute l'Asie, la
plus riche collection d'art
khmer d'Occident, de superbes
bronzes et porcelaines chinois,
et, dans les galeries situées
avenue d'Iéna, une
présentation du bouddhisme
au Japon et en Chine.

Le palais Galliera et le musée de la Mode et du Costume ⓯

10, av. Pierre-1er-de-Serbie 75116.
Plan 10 E1. 📞 47 20 85 23.
Ⓜ Iéna, Alma-Marceau. **Ouvert**
10 h-17 h 40 mar.-dim. **Accès
payant. Section enfantine.**

L ouis Ginain acheva en
1892 la construction de
cet édifice inspiré de la
Renaissance italienne que lui
avait commandé la duchesse
Maria de Ferrari Galliera. Le
palais abrite aujourd'hui les
collections du musée de la
Mode : plus de 10 000
costumes du XVIIIe siècle à nos
jours dont certains offerts par
de célèbres élégantes telles la
baronne Hélène de Rothschild
et la princesse Grace de
Monaco.
    Du fait de leur fragilité, ces
vêtements sont présentés
dans le cadre d'expositions
temporaires consacrées, soit à
un grand couturier
(nombreux sont ceux, tels
Lanvin ou Balmain, à avoir
fait d'importantes donations
au musée), soit à un thème
particulier.

Le musée d'Art moderne de la ville de Paris ⓰

11, av. du Président-Wilson 75016.
Plan 10 E1. 📞 47 23 61 27.
Ⓜ Iéna. **Ouvert** 10 h-17 h 30 mar.-
ven., 10 h-19 h sam.et dim. **Fermé**
jours fériés. **Accès payant.** 📷 ♿
🎞 💻 🏛 Projections

**Sculptures de Gabriel Forestier à
l'entrée du musée**

I nstallé dans l'aile orientale
du palais de Tokyo, ce
musée présente des œuvres de
toutes les principales
tendances de l'art au XXe siècle,
notamment de grandes
compositions telles *La Fée
Electricité* de Raoul Dufy et *La
Danse* d'Henri Matisse. Au
dernier étage, l'ARC propose
toutes les six semaines une
exposition temporaire de
créations contemporaines.

Jardin et façade postérieure du palais Galliera

LES CHAMPS-ELYSÉES

L'urbanisation de l'avenue des Champs-Elysées, la plus connue et la plus prestigieuse de Paris, celle des grands défilés et célébrations officielles, ne date que du second Empire. En 1777, quelques troupeaux de vaches y paissaient encore. De nos jours, sa partie Est, entre la place de la Concorde et le rond-point des Champs-Elysées, demeure bordée de larges allées arborées, souvenir de la promenade que Marie de Médicis fit aménager en 1616 pour prolonger le

Lampadaire du pont Alexandre-III

jardin des Tuileries. En revanche, le haut de l'avenue, jusqu'à la place de l'Etoile, est bordé de cinémas, de boutiques, de sièges de banques et de compagnies aériennes, de restaurants et cafés chic, et, depuis peu, de fast-foods. Dans les artères voisines, les vitrines des grands noms de la haute couture rappellent que ce quartier est voué au luxe et aux affaires. Le long de la rue Saint-Honoré, se trouvent le palais de l'Elysée et de nombreux bâtiments d'ambassades et de consulats.

LE QUARTIER D'UN COUP D'ŒIL

Rues et bâtiments historiques
Palais de l'Elysée ❺

Avenue Montaigne ❻
Avenue des Champs-Elysées ❽
Place Charles-de-Gaulle (l'Etoile) ❾

Monument
Arc de triomphe pp. 208-9 ❿

Pont
Pont Alexandre-III ❶

Musées
Grand Palais ❷
Palais de la Découverte ❸
Petit Palais ❹
Musée Jacquemart-André ❼

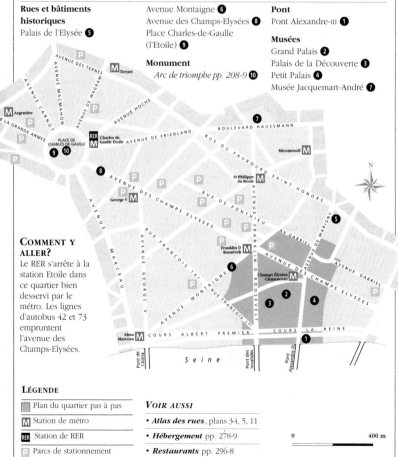

COMMENT Y ALLER?
Le RER s'arrête à la station Etoile dans ce quartier bien desservi par le métro. Les lignes d'autobus 42 et 73 empruntent l'avenue des Champs-Elysées.

LÉGENDE

▨ Plan du quartier pas à pas
Ⓜ Station de métro
RER Station de RER
Ⓟ Parcs de stationnement

VOIR AUSSI

• *Atlas des rues*, plans 3-4, 5, 11
• *Hébergement* pp. 278-9
• *Restaurants* pp. 296-8

0   400 m

L'Arc de triomphe vu de nuit

Les Champs-Elysées pas à pas

Les jardins qui bordent l'avenue des Champs-Elysées n'ont guère changés depuis que l'architecte Jacques-Ignace Hittorff les remodela en 1838. Les pavillons qu'il édifia y subsistent, notamment le pavillon Gabriel installé dans l'ancien Alcazar d'été, célèbre café-concert pendant la IIIᵉ République. Les Grand et Petit Palais qui se font face de part et d'autre de l'avenue Winston-Churchill vinrent les compléter en 1900 pour l'Exposition universelle. Ils abritent des expositions. L'art est également à l'honneur dans les galeries, souvent spécialisées dans les œuvres contemporaines, qui bordent l'avenue Matignon.

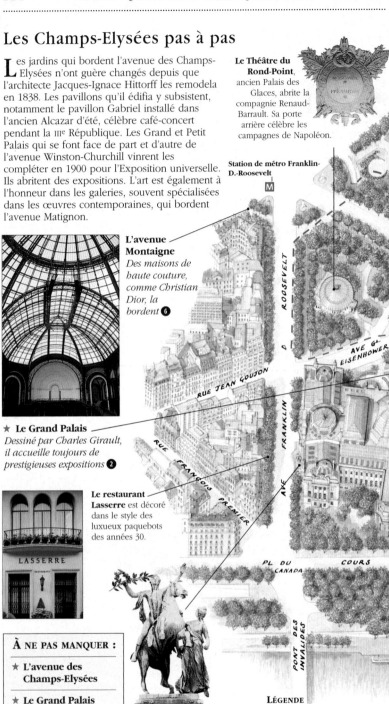

Le Théâtre du Rond-Point, ancien Palais des Glaces, abrite la compagnie Renaud-Barrault. Sa porte arrière célèbre les campagnes de Napoléon.

Station de métro Franklin-D.-Roosevelt Ⓜ

L'avenue Montaigne *Des maisons de haute couture, comme Christian Dior, la bordent* ❻

★ **Le Grand Palais** *Dessiné par Charles Girault, il accueille toujours de prestigieuses expositions* ❷

Le restaurant Lasserre est décoré dans le style des luxueux paquebots des années 30.

LASSERRE

ROOSEVELT

AVE Gᵃˡ EISENHOWER

RUE JEAN GOUJON

RUE FRANÇOIS PREMIER

FRANKLIN

AVE

PL DU CANADA

COURS

PONT DES INVALIDES

À NE PAS MANQUER :

★ **L'avenue des Champs-Elysées**

★ **Le Grand Palais**

★ **Le Petit Palais**

★ **Le pont Alexandre-III**

Le palais de la Découverte *Une paire de statues équestres encadre l'entrée de ce centre de découverte des sciences* ❸

LÉGENDE

– – – Itinéraire conseillé

0 ——— 100 m

★L'avenue des Champs-Elysées
Elle sert de décor aux défilés marquant les célébrations exceptionnelles comme le bicentenaire de la Révolution **8**

CARTE DE SITUATION
Voir le centre de Paris pp. 12-13

Station de métro Champs-Elysées-Clémenceau

Vers la place de la Concorde

Les jardins des Champs-Elysées connurent une grande popularité après avoir accueilli l'Exposition universelle de 1855. Marcel Proust, entre autres illustres Parisiens, aimait s'y promener.

★ Le Petit Palais
Il abrite les collections hétéroclites du musée des Beaux-Arts de la ville qui comprennent aussi bien des sculptures antiques que des œuvres de Renoir **4**

Vers les Invalides

★ Le pont Alexandre-III
La portée de son arche unique et sa faible courbure font de ce pont une réussite aussi bien technique qu'esthétique **1**

Le pont Alexandre-III ❶

75008. **Plan** 11 A1. **M** *Champs-Elysées-Clemenceau.*

L e tsar Alexandre III, père de Nicolas II, le dernier empereur de Russie, posa en 1886 la première pierre de ce pont que ses ingénieurs achevèrent à temps pour l'Exposition universelle de 1900. Pourtant, ils s'étaient vus imposer de très sévères contraintes techniques : l'ouvrage ne pouvait reposer que sur les deux berges afin de ne pas gêner le trafic fluvial et il ne devait pas créer d'obstacle à la vue des Invalides depuis les Champs-Elysées.

Pour y répondre, ils réalisèrent l'un des plus beaux ponts de Paris, structure métallique d'une seule volée qu'ornent nymphes, génies des eaux, monstres marins et, au sommet des piliers, quatre Renommées dorées : celles des Sciences, de l'Art, du Commerce et de l'Industrie.

Le pont Alexandre-III

Le Grand Palais ❷

Porte A, av. Eisenhower 75008. **Plan** 11 A1. **C** *44 13 17 30.* **M** *Champs-Elysées-Clemenceau.* **Fermé** en partie pour restauration. **Accès payant** pour les expositions. 🚫 ♿ 🚻 📷 🍴 🖥 📷

I nauguré à la même période que le pont Alexandre-III, le Grand Palais présente un curieux contraste, caractéristique de l'époque de sa construction, entre le sévère habillage en pierre de ses façades et l'exubérance de

sa décoration et des structures métalliques de son immense verrière. C'est la nuit que l'édifice est le plus beau, vu de l'extérieur, quand les quadriges du sculpteur Georges Récipon se détachent sur la verrière illuminée. L'intérieur Art nouveau, en particulier la grande halle, est malheureusement inaccessible en ce moment. Seules les galeries nationales accueillent des expositions.

Le palais de la Découverte

Le palais de la Découverte ❸

Av. Franklin-D.-Roosevelt 75008. **Plan** 11 A1. **C** *40 74 80 00.* **M** *Franklin-D.-Roosevelt.* **Ouvert** 9 h 30-18 h mar.-sam., 10 h-19 h dim. **Accès payant**. 📷 📷 🖥

C réé en 1937 par des savants, son musée propose aux visiteurs d'effectuer eux-mêmes des expériences afin de découvrir les bases de sciences telles que l'informatique, les mathématiques, l'astronomie, la physique, la chimie, la biologie et la médecine.

Entrée du Petit palais

Le Petit Palais ❹

Av. Winston-Churchill 75008. **Plan** 11 B1. **C** *42 65 12 73.* **M** *Champs-Elysées-Clemenceau.* **Ouvert** 10 h-17 h 45 mar.-dim. **Fermé** jours fériés. **Accès payant**. 🚫 ♿ 📷

D essiné par le même architecte que le Grand Palais, Charles Giraud, et pour la même Exposition universelle, le bâtiment présente le même mélange insolite entre académisme et style Art nouveau. Construit autour d'un charmant jardin intérieur bordé d'un péristyle, il abrite le musée des Beaux-Arts de la ville de Paris dont les collections se divisent entre un fonds d'art ancien, regroupant des œuvres allant de l'antiquité égyptienne au XVIIIe siècle européen, et le fonds d'art français du XIXe siècle constitué à partir des achats et commandes de la ville. On peut ainsi y admirer aussi bien un ensemble d'émaux limousins du XVIe siècle, que des majoliques de la Renaissance italienne, des peintures flamandes et hollandaises ou une collection de portraits impressionnistes.

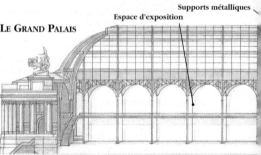

Supports métalliques

Espace d'exposition

LE GRAND PALAIS

Le palais de l'Elysée ❺

55, rue du Faubourg-St-Honoré 75008. **Plan** 5 B5. Ⓜ *St-Philippe-du-Roule.* **Fermé** *au public.*

Construit pour le comte d'Evreux en 1718, il devint la résidence de la marquise de Pompadour en 1753 puis, en 1805, celle de Murat et de sa femme, Caroline Bonaparte. Il conserve deux très belles pièces de cette époque : le salon Murat (où se tient de nos jours le Conseil des ministres) et le salon d'Argent où Napoléon Iᵉʳ abdiqua le 22 juin 1815. Résidence du chef de l'Etat depuis 1873, le palais a vu se succéder 19 présidents de la République jusqu'à François Mitterrand : leurs appartements privés sont situés dans l'aile, côté rue de l'Élysée.

Garde de l'Elysée

L'avenue Montaigne ❻

75008. **Plan** 10 F1. Ⓜ *Franklin-D.-Roosevelt.*

Aujourd'hui très élégante, cette avenue était réputée au XIXᵉ siècle pour ses salles de danse, comme le bal Mabille fréquenté notamment par Baudelaire, et son jardin d'hiver où les Parisiens se pressaient pour écouter Adolphe Sax jouer de l'instrument qu'il venait d'inventer : le saxophone.

Le Musée Jacquemart-André

Le Musée Jacquemart-André ❼

158, bd Haussmann 75008. **Plan** 5 A4. ☎ *45 62 39 94.* Ⓜ *Miromesnil, St-Philippe-du-Roule.* **Ouvert** *groupes avec conférencier sur r.d.v.* 🚫 ✔ 🏛

Situé dans un hôtel du XIXᵉ siècle superbement décoré par ses propriétaires, ce musée qu'ils constituèrent présente, entre autres trésors, une remarquable collection de peintures de la Renaissance italienne comprenant des chefs-d'œuvre d'Andrea Mantegna (1431-1506), de Vittore Carpaccio (1465-1526) et de Paolo Ucello (1397-1475).

L'avenue des Champs-Elysées ❽

75008. **Plan** 5 A5. Ⓜ *Franklin-D.-Roosevelt, George-v.*

L'histoire de cette avenue, « voie triomphale » de Paris depuis le retour du corps de Napoléon en 1840, remonte aux allées, créées pour Marie de Médicis dans l'axe du jardin des Tuileries, que Le Nôtre aménagea en une spacieuse promenade à partir de 1667. L'artère ne fut toutefois pas prolongée jusqu'à l'Etoile avant la fin du XVIIIᵉ siècle et le quartier ne se développa qu'au second Empire (1852-70). Résidences particulières et grands hôtels de voyageurs s'élevèrent alors et des cafés comme le Fouquet's créèrent la réputation de l'avenue.

La place Charles-de-Gaulle (l'Etoile) ❾

75008. **Plan** 4 D4. Ⓜ *Charles-de-Gaulle-Etoile.*

La place de l'Etoile, rebaptisée Charles-de-Gaulle en 1969, fut aménagée par le baron Haussman (*pp. 32-3*) à partir de 1854 autour de l'Arc de triomphe. Les 12 avenues qui y débouchent en font un carrefour apprécié des automobilistes amateurs de sensations fortes.

L'Arc de triomphe vu de l'ouest

L'Arc de triomphe ❿

Voir pp. 208-9

Coupole vitrée

Quadrige (char tiré par 4 chevaux) de Récipon

L'Arc de triomphe ❿

La façade est de l'Arc de triomphe

Napoléon posa la première pierre de ce prestigieux momument en 1806 mais ses troupes n'eurent pas l'occasion de défiler dessous. En effet, la construction, interrompue par la chute de l'Empire, ne s'acheva qu'en 1836 sous le règne de Louis-Philippe. L'édifice, qui respectait les plans de son architecte, Jean Chalgrin, décédé en 1811, mesurait 50 mètres de hauteur totale (dont 29 sous la voûte) et 45 de large.

Trente boucliers au sommet du monument portent les noms de grandes victoires de la République et de l'Empire en Europe comme en Afrique.

Façade est

La frise, sculptée par Rude, Brun, Jacquet, Laitié, Caillouette et Seurre l'Aîné, montre sur cette façade (est) le départ des armées françaises et sur l'autre leur retour.

La bataille d'Aboukir, bas-relief de Seurre l'Aîné, évoque la victoire de Napoléon sur les troupes turques en 1799.

Le triomphe de 1810
Ce haut-relief de Cortot célèbre le traité de Vienne signé après la victoire de Wagram en

À NE PAS MANQUER :

★ **Le Départ des volontaires de 1792**

★ **Le tombeau du Soldat inconnu**

★ **Le tombeau du Soldat inconnu**
Sa flamme est allumée depuis le 28 janvier 1921.

CHRONOLOGIE

1806 Napoléon commande un arc de triomphe à Chalgrin

1836 Louis-Philippe achève l'Arc

1885 Obsèques de Victor Hugo à l'Arc de triomphe

1944 Libération de Paris. De Gaulle descend les Champs-Elysées

1800	1850	1900	1950

1840 Le cortège funèbre de Napoléon passe sous l'Arc

1815 Chute de Napoléon. Les travaux cessent

1919 Défilé de la victoire des armées alliées

LA PARADE NUPTIALE DE NAPOLÉON

Napoléon divorça de Joséphine en 1809 parce qu'elle ne lui donnait pas d'enfants. Les diplomates arrangèrent l'année suivante un mariage avec Marie-Louise, la fille de l'empereur d'Autriche. Pour l'arrivée de la promise, Chalgrin édifia un modèle grandeur nature, en toile tendue sur une charpente de bois, de l'Arc de triomphe dont les travaux venaient à peine de commencer.

MODE D'EMPLOI

Place Charles de Gaulle.
Plan 4 D4. **[**🕿**]** 43 80 31 31.
M Charles-de-Gaulle–Etoile.
🚌 22, 30, 31, 73, 92 vers Place Charles-de-Gaulle. **RER** Charles-de-Gaulle–Etoile. **P** aux environs de la place. **Musée ouvert** 10 h-18 h t.l.j. **Fermé** 1er mai. **Accès payant.** 🅾 🎦 sur demande. 🎧 🏛

La plate-forme, qui surplombe d'un côté les Champs-Elysées et de l'autre la Défense, offre une vue superbe de Paris.

Les Funérailles de Marceau
Ce général vainquit les Autrichiens en 1795 mais tomba sous leurs balles l'année suivante.

La bataille d'Austerlitz par Gechter montre l'armée de Napoléon brisant la glace du lac Satschan en Autriche afin de noyer les troupes ennemies.

Des officiers de l'Empire ont leurs noms gravés sur les petites arches.

Entrée du musée

⭐ **Le Départ des volontaires de 1792**
Le chef-d'œuvre de François Rude est souvent appelé la Marseillaise.

La place Charles-de-Gaulle
Douze avenues dessinent une étoile autour de l'Arc de triomphe. Plusieurs portent le nom de grands militaires comme Foch et Marceau (pp. 32-3).

LE QUARTIER DE L'OPÉRA

Le 14 janvier 1858, le patriote italien Felice Orsini tenta d'assassiner Napoléon III alors qu'il se rendait à l'Opéra situé alors rue Le Peletier. L'empereur décida la création d'une salle de spectacle qu'il pourrait rejoindre sans craindre un attentat. Le projet de l'architecte Charles Garnier remporta le concours lancé à cet effet et le baron Haussmann perça la large avenue reliant au Louvre l'édifice et la place conçue pour le mettre en valeur. Le palais Garnier domine aujourd'hui l'un des carrefours les plus animés de Paris dans un quartier où banques, agences de voyage et grands magasins se sont installés sur les boulevards rénovés au second Empire. Les rues qu'ils coupent ont conservé leur cachet plus ancien. De nombreux passages, précurseurs des galeries marchandes modernes, y débouchent.

Les coulisses de l'Opéra (1889) par J. Beraud

Les explorer offre une merveilleuse promenade dans un cadre d'une autre époque. Si Jean-Paul Gaultier tient boutique dans le passage le plus élégant, la galerie Vivienne, le passage Jouffroy, le passage Verdeau, celui des Panoramas ou le minuscule passage des Princes, rêve de fumeur de pipe devenu réalité, ont gardé plus d'authenticité. Sur le boulevard des Capucines, juste à côté du célèbre Café de la Paix, une inscription au n° 14 rappelle qu'on y donna en décembre 1895 les premières projections cinématographiques.

LE QUARTIER D'UN COUP D'ŒIL

Rues et bâtiments historiques
Place de la Madeleine ❷
Les Grands Boulevards ❸
Palais de la Bourse ❾
Avenue de l'Opéra ⓬

Eglise
La Madeleine ❶

Salle de spectacle
Opéra de Paris Garnier ❹

Musées
Musée de l'Opéra ❺
Musée Grévin ❼

Cabinet des Médailles et des Antiques ❿
Bibliothèque nationale ⑪

Boutiques
Hôtel Drouot ❻
Les galeries ❽

COMMENT Y ALLER?

Plusieurs lignes de métro se croisent à la station Opéra et la ligne A du RER s'arrête à Auber. Les lignes d'autobus 42 et 52 empruntent le boulevard de la Madeleine et les lignes 21, 27 et 29 l'avenue de l'Opéra.

VOIR AUSSI

• *Atlas des rues*, plans 5-6

• *Hébergement* pp. 278-9

• *Restaurants* pp. 296-8

LÉGENDE

Plan du quartier pas à pas
Ⓜ Station de métro
RER Station de RER
P Parcs de stationnement

0   400 mètres

Une haie de vestales éclaire l'accès à l'Opéra

Le quartier de l'Opéra pas à pas

Il suffit de rester assez longtemps au Café de la Paix, a-t-on dit, pour voir passer le monde entier. Pendant la journée, Parisiens et visiteurs se pressent dans ce quartier de banques et de grands magasins pour y faire des affaires ou des courses. Des boutiques chic de la place de l'Opéra à des établissements comme Marks & Spencer, il y en a pour tous les goûts. Le soir, cinémas, théâtres et, bien entendu, l'Opéra, attirent une foule très différente qui emplit les cafés après les représentations.

Statue par Gurnery sur l'Opéra

La place de la Madeleine
Au n° 26, les célèbres magasins Fauchon proposent des mets raffinés du monde entier ❷

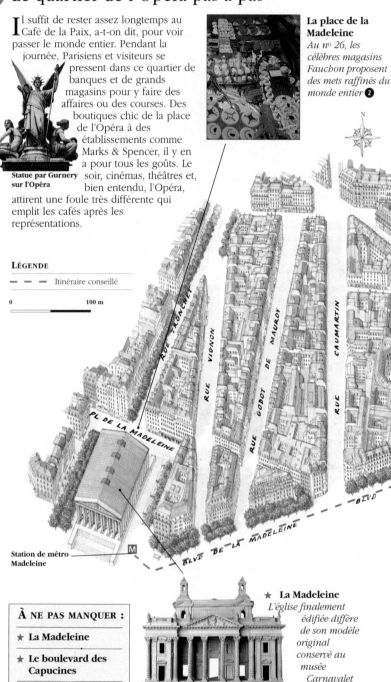

LÉGENDE

– – –   Itinéraire conseillé

0   100 m

Station de métro Madeleine

M

RUE TRONCHET

RUE VIGNON

RUE GODOT DE MAUROY

RUE CAUMARTIN

PL DE LA MADELEINE

BLVD DE LA MADELEINE

BLVD

★ **La Madeleine**
L'église finalement édifiée diffère de son modèle original conservé au musée Carnavalet (pp. 96-7) ❶

À NE PAS MANQUER :

★ **La Madeleine**

★ **Le boulevard des Capucines**

★ **L'Opéra Garnier**

★ **L'Opéra Garnier**
*Cet Opéra où se mêlent tous les styles est devenu
le symbole de l'opulence du second Empire* ❹

CARTE DE SITUATION
Voir le centre de Paris pp. 12-13

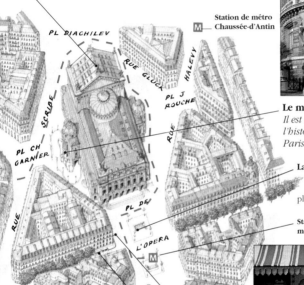

Station de métro
Ⓜ **Chaussée-d'Antin**

Le musée de l'Opéra
*Il est consacré à
l'histoire de l'Opéra de
Paris* ❺

La place de l'Opéra
est un des carrefours
à la circulation la
plus dense de Paris.

**Station de
métro Opéra**
Ⓜ

Le Café de la Paix a conservé
son décor du XIXe siècle dessiné
par Garnier (*p. 311*).

Le Harry's Bar, fondé par
Harry MacElhone en 1913, a
eu Francis Scott Fitzgerald
et Ernest Hemingway parmi
ses habitués.

★ **Le boulevard des
Capucines**
*Sur ce boulevard où le
photographe Nadar eut son
studio, les frères Lumière
donnèrent au Grand Café
la première projection
publique du cinématographe
le 28 décembre 1895* ❸

Le Ravissement de sainte Madeleine (1837), derrière le maître-autel de la Madeleine, est de Charles Marochetti

La Madeleine ❶

Place de la Madeleine 75008. **Plan** 5 C5.
☎ 42 65 52 17. Ⓜ *Madeleine*.
Ouvert *7 h-19 h lun.-sam., 8 h-13 h 30, 15 h 30-19 h dim.*
✝ *fréquentes.* **Concerts.** 📷 🎫
Voir **Se distraire** *p. 336*

Impressionnant temple grec, vu depuis la place de la Concorde, l'église Sainte-Marie-Madeleine est un des monuments les plus célèbres de Paris. Elle ne ressemble en rien à l'édifice prévu lorsqu'on posa la première pierre en 1764 : sa construction, entamée par Pierre Contant d'Ivry, puis poursuivie par Guillaume Couture qui modifia une première fois les plans, connut une longue interruption pendant la Révolution. Napoléon confia à P-A. Vignon le soin de transformer le bâtiment inachevé en temple de la Gloire et ce choix décida de l'aspect final du sanctuaire, entièrement entouré de colonnes corinthiennes, même s'il ne fut achevé qu'en 1845.

Ses massives portes de bronze sculptées ouvrent sur un intérieur somptueux et d'une grande homogénéité décorative. On peut notamment y admirer, dans le vestibule, le *Baptême du Christ* de François Rude. L'orgue, par Cavaillé-Coll (1846), est un instrument réputé.

La place de la Madeleine ❷

75008. **Plan** 5 C5. Ⓜ
Madeleine. **Marché aux fleurs ouvert** : *8 h-19 h 30 mar.-sam.*

Cette place, créée en même temps que l'église, est un des grands centres mondiaux de l'alimentation de luxe. On y trouve en effet presque côte à côte les magasins

Boîte de chez Fauchon

Fauchon, les établissements Hédiard et la Maison de la Truffe (*pp. 322-3*). Un petit marché aux fleurs (*p. 326*) permet en outre d'acheter le bouquet sans lequel, malgré le caviar d'Iran, les délicats plats préparés, les chocolats de Madame de Sévigné et les grenadilles du Brésil, un souper n'est pas vraiment fin.

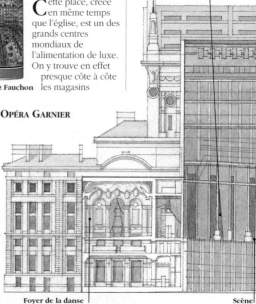

Décors actionnés par des treuils

OPÉRA GARNIER

Foyer de la danse   Scène

Les Grands Boulevards ❸

75002 & 75009. **Plan** 6 D5–7C5.
Ⓜ *Madeleine, Opéra, Richelieu-Drouot, Montmartre.*

Huit larges boulevards – de la Madeleine, des Capucines, des Italiens, Montmartre, Poissonnière, de Bonne-Nouvelle, Saint-Denis et Saint-Martin – relient la place de la Madeleine à celle de la République, suivant le tracé de l'enceinte de Charles V transformée au XVIIe siècle en promenade. Ils devinrent sous le règne de Napoléon III le haut lieu des mondanités et de l'élégance parisiennes mais n'ont conservé ce caractère luxueux qu'aux abords de la Madeleine et de l'Opéra où grands cafés, théâtres, et somptueuses vitrines rappellent la belle époque des Grands Boulevards. Jusqu'à la porte St-Martin, ceux-ci restent néanmoins très animés, quoique dans un style plus populaire.

C'est là que débouchent de nombreux passages et que l'on trouve le musée Grévin (*p. 216*), le théâtre des Variétés (1807), celui des Nouveautés (1920) ou le cinéma Le Rex (1932) à la salle si vaste qu'on y organise des jeux d'eau à Noël.

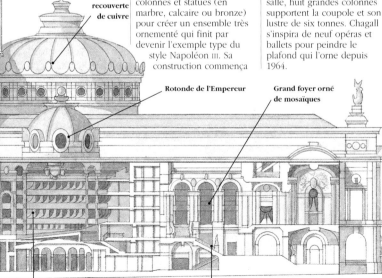

Boulevard des Italiens

L'Opéra Garnier ❹

Place de l'Opéra 75009. **Plan** 6 E4.
Ⓒ *47 42 57 50.* Ⓜ *Opéra.* **Fermé** *pour restauration jusqu'en 1996. Voir* **Se distraire** *pp 334-6.*

Ce n'est pas sans raison que l'on compare souvent le palais édifié par Charles Garnier à une gigantesque pâtisserie. Tous les styles s'y mêlent, du classique au baroque, multipliant coupoles, frises, colonnes et statues (en marbre, calcaire ou bronze) pour créer un ensemble très ornementé qui finit par devenir l'exemple type du style Napoléon III. Sa construction commença en 1862 après d'importants travaux de terrassement qui comprirent la création d'un lac souterrain destiné à stabiliser le sol et décrit par Gaston Leroux dans son *Fantôme de l'Opéra*. La guerre de 1870 ralentit les travaux si bien que le palais ne fut inauguré qu'en 1875 sous la IIIe République. Napoléon III ne put donc jamais emprunter la double rampe du pavillon ouest, prévue à l'origine pour lui permettre d'accéder en voiture à la salle.

Parmi les quatre groupes allégoriques qui décorent la façade : *La Musique, La Poésie lyrique, Le Drame lyrique* et *La Danse*, ce dernier est la copie qu'exécuta le sculpteur Paul Belmondo (le père de l'acteur) du chef-d'œuvre de Jean-Baptiste Carpeaux exposé au musée d'Orsay (*pp. 114-7*). À l'intérieur du palais, un extraordinaire escalier d'honneur rococo conduit au grand foyer décoré de mosaïques, de fresques et de sculptures, ainsi qu'aux différents niveaux de galeries et couloirs où se déroulait le cérémonial mondain qui accompagnait au XIXe siècle les représentations. Dans la salle, huit grandes colonnes supportent la coupole et son lustre de six tonnes. Chagall s'inspira de neuf opéras et ballets pour peindre le plafond qui l'orne depuis 1964.

Statue par Millet

Coupole recouverte de cuivre

Rotonde de l'Empereur

Grand foyer orné de mosaïques

Salle d'environ 2 000 places

Escalier d'honneur

L'affiche du musée Grévin

Le musée de l'Opéra ❺

8, rue Scribe 75009. **Plan** 6 D4.
☎ 47 42 07 02. Ⓜ Opéra. **Ouvert** 10 h-17 h lun.-sam. **Fermé** jours fériés. **Accès payant.** ☎ téléphoner au 44 61 20 00. ☐

Ce charmant petit musée, situé dans ce qui aurait dû être le pavillon privé de Napoléon III, retrace l'histoire de l'Opéra Garnier et des grands artistes qui mirent leur talent à son service. Ses collections comprennent portraits et bustes, maquettes de décors et souvenirs, tels des chaussons de danse de Nijinsky. Une superbe bibliothèque publique consacrée au théâtre et à la musique le complète. Elle possède plus de 80 000 volumes et près de 100 000 dessins, photos et affiches.

L'hôtel Drouot ❻

9, rue Drouot 75009. **Plan** 6 F4.
☎ 48 00 20 20. Ⓜ Richelieu Drouot. **Ouvert** 11 h-18 h lun.-sam. ☐ ☐ ☐ Voir **Boutiques et marchés** pp. 324-5.

Le plus important hôtel des ventes de France, appelé le Nouveau Drouot depuis que des bâtiments modernes ont remplacé en 1980 ceux d'origine, est installé depuis 1851 sur le site de l'ancienne ferme de la Grande Batelière et doit son nom, comme la rue où il se trouve, à un aide de camp de Napoléon, le comte Antoine Drouot. Même si les maisons Sotheby's et Christie's, de Londres, tiennent aujourd'hui le premier rang mondial, les ventes aux enchères qui s'y déroulent offrent l'occasion d'assister à un intéressant spectacle et d'admirer une très grande variété d'objets rares. Les amateurs frustrés d'avoir raté une affaire peuvent encore tenter leur chance chez les nombreux antiquaires et marchands de timbres qui tiennent boutique aux alentours.

Le musée Grévin ❼

10, bd Montmartre 75009.
Plan 6 F4. ☎ 47 70 85 05.
Ⓜ Rue Montmartre. **Ouvert** 13 h-18 h t.l.j., 10 h-18 h vacances scolaires (der. ent. : 18 h). ☐

Fondé en 1882, ce musée de personnages de cire au décor riche en or et en marbre présente dans ses galeries souterraines des reconstitutions historiques, telle l'arrestation de Louis XVI, au rez-de-chaussée les mannequins de personnalités contemporaines marquantes, et au premier étage deux spectacles : le palais des Mirages et le Cabinet fantastique. Une annexe au Forum des Halles (*p. 109*) évoque la vie de Paris pendant la Belle Epoque.

La galerie Vivienne

Les galeries ❽

75002. **Plan** 6 F5. Ⓜ Bourse.

Appelées souvent « passages », ces galeries commerçantes généralement protégées d'une verrière se multiplièrent sur la rive droite au début du XIXe siècle. Les grands travaux du baron Haussmann n'en épargnèrent qu'une trentaine. Plusieurs débouchent sur le boulevard Montmartre, dont le passage Jouffroy, avec ses magasins de jouets et ses librairies spécialisées dans le cinéma et le théâtre, ou celui des Panoramas, qui connut un tel succès qu'on y effectua les premiers essais d'éclairage au gaz en 1817 avant de lui ajouter de nouvelles galeries à partir de 1834. D'autres ont leur entrée rue des Petits-Champs. Superbement rénovée, la galerie Vivienne où habita Vidocq en est l'une des plus charmantes avec son sol de mosaïque, ses boutiques raffinées et son excellent salon de thé.

Modèle d'un décor pour *Les Huguenots* (1875), au musée de l'Opéra

La colonnade de la façade néo-classique du palais de la Bourse

Le palais de la Bourse ❾

(Bourse des valeurs) 4, pl de la Bourse 75002. **Plan** 6 F5. **C** 42 33 99 83 (tours). **M** Bourse. **Ouvert** 13 h 30-15 h lun.-ven. ✷ ✷ obligatoire. **Films**.

Napoléon Ier commanda en 1808 ce temple du commerce néo-classique à l'architecte Brongniart mais la Bourse ne s'y installa qu'en 1826.

À l'intérieur, la salle de la Corbeille, décorée de peintures en grisaille, garde son animation et son nom bien que l'informatisation des marchés en ait fait disparaître la corbeille des agents de change.

Camée de la Sainte-Chapelle au cabinet des Antiques

Le cabinet des Médailles et des Antiques ❿

Bibliothèque nationale, 58, rue de Richelieu 75002. **Plan** 6 F5. **C** 47 03 83 40. **M** Bourse. **Ouvert** 13 h-17 h t.l.j. (der. ent. : 16 h 30), 13 h-18 h dim. **Fermé** jours fériés. **Accès payant**. ▣ ▯

Installé à la Bibliothèque nationale, ce musée propose une superbe collection de bijoux et d'objets précieux, notamment le trésor gallo-romain de Berthouville et le grand camée de la Sainte-Chapelle.

La Bibliothèque nationale ⓫

58, rue de Richelieu 75001. **Plan** 6 F5. **C** 47 03 81 26. **M** Bourse. **Ouvert** 10 h-20 h lun.-sam. (salles des expositions seulement). Permis exigé pour la salle de lecture. **Fermé** jours fériés. ✷

Les Valois fondèrent en France la tradition des bibliothèques royales et, en 1537, une ordonnance de François Ier rendit obligatoire le dépôt de tout ouvrage imprimé. La Bibliothèque nationale compte

Bibliothèque nationale

aujourd'hui environ douze millions de volumes auxquels s'ajoutent des pièces aussi rares que deux bibles de Gutenberg et des manuscrits d'auteurs tels que Marcel Proust ou Victor Hugo. Son cabinet des Estampes, le plus ancien et le plus riche du monde, possède douze millions de gravures et deux millions de photographies. Malheureusement, sa salle de consultation, qui date du XIXe siècle, n'est ouverte qu'aux chercheurs. L'achèvement de la Bibliothèque de France, près de Tolbiac, devrait permettre un accès plus libre à cette immense somme de savoir.

L'avenue de l'Opéra ⓬

75001 & 75002. **Plan** 6 E5. **M** Opéra, Pyramides.

Cette avenue large de 30 mètres achevée en 1876 entre le Louvre et l'Opéra Garnier est un exemple caractéristique des grandes artères percées par le baron Haussman, dans le cadre de sa modernisation de la capitale, (pp. 32-3) qui détruisirent la majeure partie du Paris médiéval. L'imposante uniformité des immeubles qui la bordent contraste avec les maisons des XVIIe et XVIIIe siècles du quartier alentour. C'est au restaurant Drouant, sur la place Gaillon toute proche, que se réunit chaque année le jury qui décerne le prix Goncourt.

Si agences de voyage et magasins de luxe demeurent les commerces traditionnels de l'avenue de l'Opéra, des enseignes en japonais se mêlent de plus en plus aux leurs. Au n° 27, la fausse entrée en trompe-l'œil sur la façade du Centre national d'arts plastiques est de Fabio Rietti.

Avenue de l'Opéra

MONTMARTRE

Montmartre et l'art sont insé-
parables. Vers la fin du
XIXᵉ s., le quartier était le
rendez-vous de peintres, d'écrivains, de poètes et de leurs
disciples, qui se retrouvaient
dans les maisons closes, les
cabarets et autres lieux de
divertissement qui firent la
réputation de dépravation de
Montmartre. La plupart de ces
artistes et hommes de lettres
ont depuis longtemps quitté ce

**Théâtre de rue à
Montmartre**

quartier dont la vie nocturne, toujours
exubérante, n'a cependant plus le
charme d'antan.

La butte Montmartre n'en conserve
pas moins remarquablement intact
l'agrément de son atmosphère villageoise. Les groupes de touristes

impatients qui gravissent la colline se
rassemblent d'ordinaire sur la place
du Tertre, où prospèrent portraitistes et marchands de
souvenirs. Ailleurs, ce sont des
squares charmants, des rues
sinueuses, de petites terrasses, d'interminables escaliers,
et la célèbre vigne dont la
vendange des quelques
grappes donne lieu à des
festivités au début de
l'automne. Montmartre offre
également de spectaculaires points
de vue sur la capitale, plus particulièrement depuis le parvis du Sacré-
Cœur. Des Edith Piaf en herbe perpétuent aujourd'hui dans les restaurants
la longue tradition de divertissement
typique de la butte.

LE QUARTIER D'UN COUP D'ŒIL

**Bâtiments historiques
et rues**
Bateau-Lavoir ⓫
Moulin de la Galette ⓮
Avenue Junot ⓯

Eglises
Sacré-Cœur pp. 224 –5 ❶
St-Pierre de Montmartre ❷

Chapelle du Martyre ❽
St-Jean-l'Evangéliste de
Montmartre ❿

Musées et galeries
Espace Montmartre ❹
Musée de Montmartre ❺
Musée d'Art naïf Max Fourny ❼
Musée de l'Art juif ⓰

Places
Place du Tertre ❸
Place des Abbesses ❾

Cimetière
Cimetière de Montmartre ⓭

Théâtres et boîtes de nuit
Au Lapin Agile ❻
Moulin-Rouge ⓬

VOIR AUSSI
• *Atlas des rues*, plans 2, 6, 7
• *La promenade
à Montmartre* pp. 266 –7
• *Hébergement* pp. 278 –9
• *Restaurants* pp. 296 –8

COMMENT Y ALLER ?
Plusieurs stations de métro,
Abbesses et Pigalle notamment,
desservent le quartier. Le
Montmartrobus parcourt la
butte au départ de Pigalle. La
ligne de bus 80 longe le
cimetière de Montmartre, et la
ligne 85 la rue de Clignancourt.

LÉGENDE

▢	Plan du quartier
Ⓜ	Métro
Ⓟ	Parc de stationnement

0   400 mètres

L'étroite rue Rustique serpente jusqu'au Sacré-Cœur

Montmartre pas à pas

Depuis deux siècles, la butte Montmartre est synonyme de peinture. Théodore Géricault et Camille Corot la fréquentèrent au début du XIXᵉ siècle ; au XXᵉ siècle, Maurice Utrillo l'immortalisa dans son œuvre. Aujourd'hui, les peintres des rues y prospèrent, grâce aux foules de touristes qui fréquentent ce quartier où par endroits subsiste l'atmosphère du Paris d'avant-guerre. L'étymologie de Montmartre, *mons martyrum*, conserve la mémoire de martyrs suppliciés à Paris vers 250 apr. J.-C.

Peintre des rues

La vigne de Montmartre est la dernière vigne subsistant à Paris. Le premier samedi d'octobre, on y fête le commencement des vendanges.

Métro Lamarck-Caulaincourt

RUE ST-
RUE DE L'ABREUVOIR
RUE DES
RUE C
RUE ST-
NORVINS
RUE LEPIC
BL J B CLEMENT
RUE POULBOT
RUE DE LA MIRE
RAVIGNAN
PL E GOUDEAU
RUE
RUE
RUE
RUE DES TROIS FRERES

★ **Au Lapin Agile**
Cette boîte de nuit d'aspect champêtre est depuis 1910 le cadre de rencontres littéraires ❻

La Mère Catherine était en 1814 l'un des restaurants préférés des Cosaques. Ils avaient l'habitude de frapper sur les tables en criant «Bistro !» («vite» en russe) – d'où le nom de bistro.

L'Espace Montmartre Salvador Dali
L'exposition rend hommage à l'éclectisme du peintre Dali, dont certaines œuvres sont présentées ici pour la première fois au public français ❹

★ **La place du Tertre**
Elle regorge de portraitistes. Au 3 sont célébrés les enfants de Paris, popularisés par les dessins du peintre Poulbot ❸

À NE PAS MANQUER :

★ **Sacré-Cœur**

★ **Place du Tertre**

★ **Musée de Montmartre**

★ **Au Lapin Agile**

LÉGENDE

– – – Itinéraire conseillé

0   100 mètres

★ **Le musée de Montmartre**
Le musée abrite l'œuvre d'artistes ayant vécu dans le quartier : ce Portrait de Femme *(1918) est dû au peintre et sculpteur italien Amedeo Modigliani* ❺

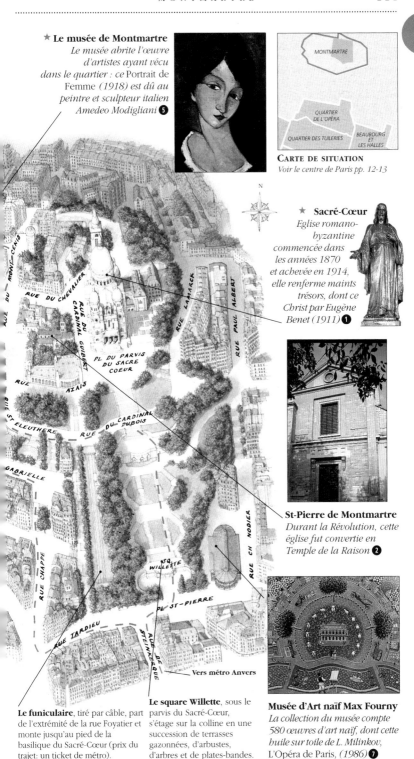

CARTE DE SITUATION
Voir le centre de Paris pp. 12-13

★ **Sacré-Cœur**
Eglise romano-byzantine commencée dans les années 1870 et achevée en 1914, elle renferme maints trésors, dont ce Christ *par Eugène Benet (1911)* ❶

St-Pierre de Montmartre
Durant la Révolution, cette église fut convertie en Temple de la Raison ❷

Musée d'Art naïf Max Fourny
La collection du musée compte 580 œuvres d'art naïf, dont cette huile sur toile de L. Milinkov, L'Opéra de Paris, *(1986)* ❼

Le funiculaire, tiré par câble, part de l'extrémité de la rue Foyatier et monte jusqu'au pied de la basilique du Sacré-Cœur (prix du trajet: un ticket de métro).

Le square Willette, sous le parvis du Sacré-Cœur, s'étage sur la colline en une succession de terrasses gazonnées, d'arbustes, d'arbres et de plates-bandes.

Peintures à Montmartre

Le Sacré-Cœur ❶

Voir pp. 224–5.

Saint-Pierre de Montmartre ❷

2, rue du Mont-Cenis 75018.
Plan 6 F1. 📞 46 06 57 63.
Ⓜ *Abbesses.* **Ouvert** *t.l.j.* 8 h 30-
19 h. ✝ *fréquent.* 📷 ⚫ **Concerts.**

Édifiée à l'ombre du Sacré-
Cœur, Saint-Pierre de
Montmartre, l'une des plus
anciennes églises de Paris, est le
vestige de la grande abbaye
bénédictine de Montmartre,
fondée en 1133 par Louis VI et
son épouse, Adélaïde de
Savoie, première abbesse qui
fut enterrée ici.

Les quatre colonnes en
marbre qui se dressent à
l'intérieur sont les vestiges
présumés du temple romain qui
occupait à l'origine le site. Le
chœur voûté date du XIIᵉ siècle ;
la nef fut remodelée au
XVᵉ siècle et la
façade occidentale
au XVIIIᵉ siècle.
L'abbesse fut
guillotinée durant la
Révolution puis
l'église tomba en
désuétude. Elle fut
reconsacrée en 1908.
Des vitraux de style
gothique remplacent
ceux détruits par
une bombe durant la
Seconde Guerre
mondiale. L'église
possède également
un petit cimetière
qui n'est ouvert au
public qu'à la Toussaint.

La Place du Tertre ❸

75018. **Plan** 6 F1. Ⓜ *Abbesses.*

Cette place pittoresque, qui
culmine à quelques 130 m
d'altitude, est le point le plus
élevé de Paris. Jadis occupée
par des gibets abbatiaux, elle
est aujourd'hui peuplée de
peintres dont les prédéces-
seurs commencèrent à
exposer ici leur travail au
XIXᵉ siècle. Elle est bordée de
restaurants animés, dont La
Mère Catherine qui date de
1793. Le 23, aujourd'hui
bureau d'information du Vieux
Montmartre, était à l'époque le
siège de l'irrévérencieuse
« commune libre », fondée en
1920 pour perpétuer l'esprit
bohème du quartier.

Le peintre espagnol Salvador Dali

Espace Montmartre Salvador Dali ❹

11, rue Poulbot 75018.
Plan 6 F1.
📞 42 64 40 10.
Ⓜ *Abbesses.* **Ouvert**
t.l.j. de 10 h à 19 h.
Accès payant. 🖌

**Portail de
l'église Saint-Pierre**

Au cœur de
Montmartre, le
musée expose en
permanence
330 œuvres du
peintre et sculpteur
Salvador Dali. Dans
un espace étonnant,
l'accrochage reflète
la personnalité théâtrale de ce
génie du XXᵉ siècle : des jeux

de lumière éclairent
successivement ses œuvres
surréalistes, tandis que le
rythme régulier de sa voix
ponctue la visite. Ce musée
original possède également
une galerie d'art et une
bibliothèque.

Le musée de Montmartre ❺

12, rue Cortot 75018. **Plan** 2 F5.
📞 46 06 61 11. Ⓜ *Lamarck-
Caulaincourt.* **Ouvert** 11h-18 h
Mar.–Dim.
Accès payant. 🚫 📷

Cette charmante demeure
appartenait au XVIIᵉ siècle
à l'acteur Roze de Rosimond
(Claude de la Rose), membre
de la troupe de Molière, et
qui, comme son mentor,
mourut en scène lors d'une
représentation du *Malade
Imaginaire*. A partir de 1875,
cette grande bâtisse blanche,
probablement la plus belle de
Montmartre, servit
d'habitation et d'atelier à un
grand nombre de peintres,
dont Maurice Utrillo et sa
mère, Suzanne Valadon,
ancienne acrobate et modèle,
et elle aussi peintre à ses
heures.

Le musée retrace l'histoire
de Montmartre, de l'époque
des abbesses à nos jours, à
travers objets, documents,
dessins et photographies. Il
possède en particulier une
riche collection de souvenirs
de la vie de bohème, ainsi
qu'une reconstitution du café
de L'Abreuvoir, le bistro
préféré d'Utrillo.

Reconstitution du café de l'Abreuvoir

La façade de style champêtre du Lapin Agile, célèbre boîte de nuit parisienne

Au Lapin Agile ❼

22, rue des Saules 75018. **Plan** 2 F5.
📞 *46 06 85 87*. Ⓜ️ *Lamarck-Caulaincourt*. **Ouvert** *9 h à 14 h Mar.-Dim. Voir* **Se distraire à Paris** *pp. 330-31.*

L e nom actuel de l'ancien Cabaret des Assassins provient de l'enseigne peinte par l'humoriste André Gill, qui figure un lapin sautant d'une casserole (*Le Lapin à Gill*, d'où *Le Lapin Agile*). Les peintres et les intellectuels qui le fréquentèrent au tournant du siècle en firent la renommée. C'est ici qu'en 1911 le romancier Roland Dorgelès, par haine de l'art moderne prôné par Picasso et les autres peintres du « Bateau-Lavoir » (13, place Emile-Goudeau), commit un canular aux dépens de l'un des clients, le poète, critique d'art et défenseur du cubisme, Guillaume Apollinaire. Dorgelès accrocha un pinceau à la queue de l'âne du cafetier, et le barbouillage qui en résulta fut exposé au Salon des indépendants sous le titre *Coucher de soleil sur l'Adriatique*.

Les locaux furent achetés en 1903 par le chansonnier Aristide Bruant (représenté dans une série d'affiches de Toulouse-Lautrec). Aujourd'hui, le cabaret s'efforce de faire revivre son atmosphère d'antan.

Le musée d'Art naïf Max Fourny ❼

Halle St-Pierre, 2, rue Ronsard 75018. **Plan** 7 A1. 📞 *42 58 74 12*. Ⓜ️ *Anvers*. **Ouvert** *10 h à 18 h Mar.-Dim.* **Accès payant**.
🚫 ♿ 🖥️ 🛗

L 'art naïf se caractérise d'ordinaire par la simplicité de ses thèmes, ses aplats de couleurs vives et la non-observation des règles de la perspective. Grâce à ses activités d'éditeur, Max Fourny rencontra maints peintres naïfs : ce musée singulier, situé dans la halle Saint-Pierre, abrite sa collection de peintures et de sculptures

Le Mur, par F. Tremblot (1944)

provenant de plus d'une trentaine de pays. Nombreuses expositions temporaires autour d'un thème.

La halle Saint-Pierre accueille également le musée en Herbe, un musée pour enfants conçu pour les sensibiliser à l'écologie par des expositions et des ateliers. Le bâtiment en fer et verre, qui date du XIXe siècle, faisait partie du marché aux tissus Saint-Pierre.

La Chapelle du martyre ❽

9, rue Yvonne-Le-Tac 75018. **Plan** 6 F1. Ⓜ️ *Pigalle*. **Ouvert** *10 h-12 h, 15 h-17 h Ven.-Mer.*

C ette chapelle du XIXe siècle est bâtie sur le site de la chapelle d'un couvent médiéval qui, dit-on, marquait le lieu où les premiers martyrs chrétiens et le premier évêque de Paris, saint Denis, furent décapités par les Romains en l'an 250. C'est en 1534, dans la crypte de la chapelle d'origine, qu'Ignace de Loyola, fondateur de la Compagnie de Jésus (le puissant ordre jésuite créé pour protéger l'Eglise catholique des attaques de la Réforme), prononça ses vœux avec six compagnons.

Le Sacré-Cœur **❶**

Vitrail de la rose sud-est (1960)

Au début de la guerre franco-prussienne de 1870, deux hommes d'affaires catholiques firent un vœu : celui d'édifier une église consacrée au Sacré-Cœur du Christ si la France sortait victorieuse du conflit. Les deux hommes, Alexandre Legentil et Rohault de Fleury, virent Paris épargnée par l'invasion, en dépit de la guerre et d'un long siège, et la construction de la basilique du Sacré-Cœur, commença donc en 1875 sous la direction de Mgr Guibert, archevêque de Paris. Les plans de Paul Abadie étaient directement inspirés de l'église romano-byzantine Saint-Front de Périgueux. Achevée en 1914, la basilique ne fut consacrée qu'en 1919, après la victoire de la France sur l'Allemagne.

La façade
Les jardins sous le parvis offrent la meilleure vue sur le dôme et les tourelles du Sacré-Cœur.

Le campanile (1895) de 83 m de haut renferme l'une des plus grosses cloches au monde. Celle-ci pèse 18,5 tonnes et son battant 850 kg.

★ **La grande mosaïque du Christ**
L'immense mosaïque du Christ (1912-1922) est l'œuvre de Luc Olivier Merson.

La Vierge à l'enfant (1896)
P. Brunet a exécuté deux statues du déambulatoire dont cette statue en argent.

LE SIEGE DE PARIS
Après l'invasion de la France par la Prusse en 1870, la faim poussa les Parisiens à manger tous les animaux de la ville durant les quatre mois du siège de Paris décrété par Bismark.

★ **La crypte voûtée**
Le cœur de Legentil y repose dans une urne en pierre.

À NE PAS MANQUER :

★ **La grande mosaïque du Christ**

★ **Le portail en bronze**

★ **Le dôme ovoïde**

★ **La crypte voutée**

★ **Le dôme ovoïde**
est le second sommet de Paris après la tour Eiffel.

MODE D'EMPLOI

35, rue de Chevalier 75018.
Plan 6 F1. 📞 *42 51 17 02.*
Ⓜ *Abbesses (puis prendre le funiculaire jusqu'aux marches du Sacré- Cœur), Anvers, Barbès-Rochechouart, Château-Rouge, Lamarck-Caulaincourt.*
🚌 *30, 54, 80, 85.* 🅿 *Bd de Clichy, rue Custine.* **Basilique ouverte** *t.l.j. 6 h 45-23 h.* **Dôme et crypte ouvert** *t.l.j. 9 h-19 h (18 h en hiver).*
Crypte et dôme : accès payant*.*
✝ *7 h, 8 h, 9 h, 9 h 45, 11 h, 11 h 30, 12 h 30, 16 h, 18 h, 22 h 15 Dim. ; chaque heure de 7 h à 11 h, 18 h 30, 22 h 15 en semaine.*
🚫 ♿ 📷 🎞 *Films dans la crypte.*

Escalier en colimaçon

La structure intérieure
soutenant le dôme est en pierre.

La galerie des vitraux
offre une vue d'ensemble sur l'intérieur.

La statue du Christ
La statue la plus importante de la basilique domine symboliquement deux saints en bronze.

Les statues équestres
La statue de Jeanne d'Arc, de même que son pendant, saint Louis, est de H. Lefebvre.

★ **Le portail en bronze**
Les bas-reliefs ornant le portail du porche d'entrée illustrent des scènes de la vie du Christ, telle que cette Cène*.*

Entrée principale

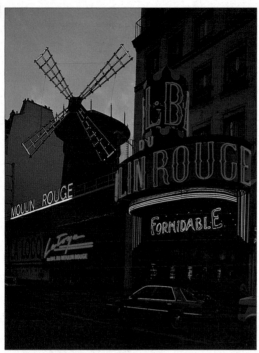

La célèbre silhouette du bal du Moulin-Rouge

La place des Abbesses **❾**

75018. **Plan** 6 F1. **M** *Abbesses.*

C'est l'une des places les plus pittoresques de Paris, à mi-chemin entre la place Pigalle et ses boîtes de nuits, et la place du Tertre investie par les portraitistes et les touristes. Ne manquez pas la station de métro Abbesses avec sa marquise en fer forgé et ses verres de lampe. Conçue par

L'entrée du métro Abbesses

l'architecte Hector Guimard, c'est l'une des rares entrées de métro de style art nouveau subsistant à Paris.

Saint-Jean l'Evangéliste **❿**

19, rue des Abbesses 75018. **Plan** 6 F1. **C** *46 06 43 96.* **M** *Abbesses.* **Ouvert** *9 h-midi, 15 h-19 h 30 Lun.-Sam., 8 h 30-midi, 15 h-18 h Dim. (9 h-midi jours fériés).* **↑** *Fréquent.* 📷 ✔ 📱

C onçue par Anatole de Baudot et achevée en 1904, cette église fut la première à être construite en béton armé. Les motifs floraux des murs intérieurs et des piliers sont typiques de l'art nouveau, tandis que les arcs entrecroisés rappellent l'architecture islamique. Son parement en brique rouge lui a valu le surnom de Saint-Jean-des-Briques.

Détail de la façade de Saint-Jean l'Evangéliste

Le Bateau-Lavoir **⓫**

13, place Emile-Goudeau 75018. **Plan** 6 F1. **M** *Abbesses.* **Fermé** *au public*

H aut lieu de la vie artistique et littéraire, cette ancienne fabrique de pianos doit son nom à sa ressemblance avec les bateaux-lavoirs amarrés jadis le long de la Seine. C'est ici que vécurent de 1890 à 1920 quelques-uns des peintres et des poètes les plus talentueux de leur époque, dans des conditions sordides : ils n'avaient qu'un seul robinet à leur disposition et devaient utiliser les lits à tour de rôle. Van Dongen, Marie Laurencin, Juan Gris et Modigliani y résidèrent notamment, ainsi que Picasso qui y peignit en 1907 *Les Demoiselles d'Avignon*, œuvre considérée comme fondatrice du cubisme. Détruit par un incendie en 1970, l'édifice délabré fut remplacé par une réplique en béton offrant des ateliers aux peintres de passage.

Le Moulin-Rouge **⓬**

82, bd de Clichy 75018. **Plan** 6 E1. **C** *46 06 00 19.* **M** *Blanche.* **Ouvert** *t.l.j. 8 h-14 h.* **Accès payant.** *Voir Loisirs p. 339.*

S eules sont d'origine les ailes rouges de cette boîte de nuit construite en 1885 et transformée en dancing en 1900. Le cancan est né dans les bals de la rue de la Grande-Chaumière dans le quartier de Montparnasse, mais restera à jamais associé au Moulin-Rouge, où cette danse excentrique et tapageuse fut immortalisée par les affiches et les dessins de Toulouse-Lautrec. Aujourd'hui, d'étincelantes revues aux effets spéciaux ultra-modernes perpétuent le fameux jeté de jambe des célèbres Jeanne Avril et Valentin le Désossé.

Nijinski repose à Montmartre

Le cimetière de Montmartre ⑬

20, av Rachel 75018. **Plan** 2 D5. ☎
43 87 64 24. Ⓜ *Place de Clichy.*
Ouvert *t.l.j.* 8 h-17 h 30 (der. ent. :
17 h 15). ♿

Depuis le début du
XIXᵉ siècle, ce cimetière est
la dernière demeure de
maintes personnalités des arts.
Les compositeurs Hector
Berlioz et Jacques Offenbach
(le créateur du thème du
cancan), le poète allemand
Heinrich Heine, le danseur
russe Nijinski et le cinéaste
François Truffaut ne sont que
quelques-unes des nombreuses
célébrités enterrées ici.

Le peintre Maurice Utrillo
repose dans un autre cimetière
de Montmartre, le cimetière
Saint-Vincent, près du square
Roland Dorgelès.

Le Moulin de la Galette ⑭

Angle des rue Girardon et rue Lepic
75018. **Plan** 2 E5. Ⓜ *Lamarck-
Caulaincourt.* ***Fermé*** au public.

De la trentaine de moulins,
utilisés pour moudre le
grain ou presser le raisin, qui
ponctuaient jadis le paysage
de Montmartre, seuls deux
subsistent aujourd'hui : le
Moulin du Radet, plus loin
rue Lepic, et le Moulin de la
Galette, reconstruit.

Ce dernier, édifié en 1622,
est également connu sous le
nom de Blute-fin. L'un de ses
meuniers, Debray, aurait été

crucifié sur ses ailes durant le
siège de Paris en 1814, après
avoir tenté de repousser
l'envahisseur cosaque. Au
tournant du siècle, le moulin,
devenu un bal célèbre,
inspira plusieurs peintres,
dont Auguste Renoir et
Vincent Van Gogh.

La rue Lepic, en pente
raide, bénéficie de nombreux
commerces et d'un excellent
marché (*voir p. 327*).
Au n° 54 résidaient jadis le
peintre impressionniste
Armand Guillaumin, au
premier étage, et Van Gogh,
au troisième étage.

Le Moulin de la Galette

L'avenue Junot ⑮

75018. **Plan** 2 E5. Ⓜ *Lamarck-
Caulaincourt.*

Percée en 1910, cette large
artère paisible compte de
nombreux ateliers et
résidences d'artistes. Les
mosaïques du n° 13 ont été
conçues par l'un de ses
anciens occupants,
l'illustrateur Francisque

Poulbot, célèbre pour ses
dessins de gamins des rues, et
pour avoir inventé un type de
jeu de billard. Au n° 15, la
Maison Tristan Tzara, qui
appartenait jadis au poète
dadaïste d'origine roumaine,
et fut conçue par l'architecte
autrichien Adolf Loos pour
s'adapter aux goûts du poète.

À côté de l'avenue Junot,
en haut des marches de l'allée
des Brouillards, se trouve une
folie du XVIIIᵉ siècle, le
château des Brouillards
où résida au XIXᵉ siècle
l'écrivain symboliste Gérard
de Nerval qui se suicida
dans un accès de démence
en 1855.

Le musée de l'Art juif ⑯

42, rue des Saules 75018. **Plan** 2 F5.
☎ 42 57 84 15. Ⓜ *Lamarck -
Caulaincourt.* 🚌 *80, 64.* ***Ouvert*** *15 h-
18 h Dim-jeu.* ***Accès payant.*** 📷 📁

Ce musée a pour objet la
promotion de l'art juif
ancien et moderne, religieux
ou laïc. Ses collections
comprennent des
lithographies du peintre
d'origine russe Marc Chagall,
ainsi qu'un exemplaire d'une
bible illustrée par lui, des
dessins de l'école de Paris et
nombre de peintures
contemporaines. Une salle est
consacrée aux maquettes à
l'échelle de synagogues
fortifiées et de la Jérusalem
antique. Fondé en 1948, le
musée est aujourd'hui situé
au troisième étage d'un
bâtiment du Centre juif.
Celui-ci comporte
également un centre
culturel et un oratoire.

Maquette de synagogue, par O. Piaski, musée de l'Art juif

EN DEHORS DU CENTRE

La plupart des palais édifiés hors de Paris, qui furent à l'origine les retraites campagnardes de l'aristocratie et de la bourgeoisie d'après la Révolution, sont aujourd'hui convertis en musées. Versailles est assurément l'un des plus somptueux, mais si l'on préfère l'époque moderne, l'architecture de Le Corbusier vaut également le détour. Deux parcs thématiques, EuroDisney et le parc de la Villette, amuseront petits et grands ; mais d'autres espaces verts offrent aussi l'occasion de se détendre loin de l'agitation de la ville.

LA RÉGION PARISIENNE D'UN COUP D'ŒIL

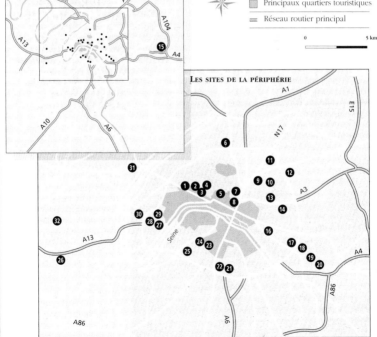

LE GRAND PARIS

LÉGENDE

☐ Principaux quartiers touristiques
═ Réseau routier principal

0   5 km

LES SITES DE LA PÉRIPHÉRIE

Jardin paysager sur une île du bois de Boulogne

Le nord-ouest de Paris

La cathédrale St-Alexandre-Nevski

La cathédrale Saint-Alexandre-Nevski ❶

12, rue Daru 75008. **Plan** 4 F3.
📞 42 27 37 34. **M** Courcelles.
Ouvert 15 h-17 h Mar. & Ven.
✝ 18 h Sam., 10 h Dim. **📷** ✓

Cette imposante cathédrale russe orthodoxe, aux cinq coupoles en cuivre doré, témoigne de la présence à Paris d'une importante communauté russe. Conçue par l'académie des Beaux-Arts de St-Pétersbourg et financée par le tsar Alexandre II et la communauté russe de Paris, elle fut achevée en 1861. A l'intérieur, un mur d'icônes divise la nef en deux. Le plan en croix grecque ainsi que les somptueuses mosaïques et fresques sont de style néo-byzantin, tandis que les façades et les coupoles dorées sont de conception traditionnelle russe orthodoxe.

La population russe de Paris s'est considérablement accrue au lendemain de la révolution bolchevique de 1917, après que des milliers de Russes ont trouvé refuge dans la capitale. Le quartier de la rue Daru, où la cathédrale est édifiée, constitue une « petite Russie » dotée d'écoles, d'académies de danse, de délicieux salons de thé et de librairies où peuvent flâner les curieux.

Le parc Monceau ❷

Bd de Courcelles 75017. **Plan** 5 A3.
📞 42 27 08 64. **M** Courcelles.
Ouvert t.l.j. 7 h-20 h. Voir **Cinq promenades à pied** pp. 258–9.

Ce havre de verdure date de 1778, année où le duc de Chartres (futur duc d'Orléans) commanda au peintre, écrivain et jardinier-paysagiste amateur Louis Carmontelle la conception de ce magnifique jardin. Egalement créateur de décors de théâtre, Carmontelle dessina un « jardin de rêve », un paysage exotique peuplé de folies architecturales, selon les modes anglaise et allemande de l'époque. En 1783, le paysagiste écossais Thomas Blaikie transforma une partie du parc en jardin à l'anglaise. Le parc fut le cadre du premier atterrissage attesté en parachute, effectué par André-Jacques Garnerin le 22 octobre 1797.

Après plusieurs changements de propriétaire, le parc fut acquis en 1852 par l'Etat, la moitié du terrain étant vendue à des promoteurs immobiliers, et les 9 ha restant convertis en jardin public. Celui-ci, restauré, accueillit de nouveaux édifices dessinés par Adolphe Alphand, l'architecte des bois de Boulogne et de Vincennes.

Le parc, qui demeure de nos jours l'un des plus chics de Paris, a perdu un grand nombre de ses caractéristiques d'origine. Seuls subsistent une naumachie ornementale (bassin creusé dans un cirque où les Romains donnaient des batailles navales) flanquée d'une colonnade corinthienne, une arcade Renaissance, des pyramides, une rivière ainsi que le pavillon de Chartres, une charmante rotonde qui servait jadis de barrière d'octroi.

Le musée Nissim de Camondo

Le musée Nissim de Camondo ❸

63, rue de Monceau 75008.
Plan 5 A3. **📞** 45 63 26 32.
M Monceau, Villiers. **Ouvert** 10 h-12 h, 14 h-17 h Mer.-Dim. **Fermé** jours fériés. **Accès payant. Centre des Arts du Livre 📞** 45 63 37 39.
📷 **♿** ✓

En 1914, le comte Moïse de Camondo, influent financier juif, édifia cet hôtel particulier dans le style du Petit Trianon de Versailles (voir pp. 248-248), afin d'y abriter son exceptionnelle collection de mobilier XVIIIᵉ siècle, de peintures et d'autres objets de prix. Le musée recrée l'ambiance d'un hôtel noble des époques Louis XV et Louis XVI : tapis de la Savonnerie, tapisseries de Beauvais et service Buffon (porcelaine de Sèvres à décor d'oiseaux). En 1935, Camondo légua son hôtel et son contenu à l'Etat, en souvenir de son fils Nissim tué durant la Première Guerre mondiale.

La colonnade flanquant la naumachie du parc Monceau

Le musée Cernuschi ➍

7, av. Vélasquez 75008.
Plan 5 A3. ☎ 45 63 50 75.
Ⓜ *Villiers, Monceau.* **Ouvert** 10 h-
17 h 40 Mar.-Dim. **Fermé** jours fériés.
Accès payant 🚫 📷 📁

Cet hôtel particulier, proche
du parc Monceau,
renferme la collection d'art
extrême-oriental du politicien
et banquier Enrico Cernuschi
(1821-1896). Celle-ci
comprend un Bodhisattva assis
(être divin bouddhiste) du Vᵉ
siècle du Yunkang ; *La Tigresse*
(un vase en bronze du XIIᵉ
siècle av. J.-C.) ; et *Chevaux et
palefreniers*, une peinture sur
soie T'ang du VIIIᵉ siècle,
attribuée au plus grand peintre
de chevaux de l'époque,
l'artiste de cour Han Kan.

Le Bodhisattva du musée Cernuschi

Le musée Gustave Moreau ➎

14, rue de La Rochefoucauld 75009.
Plan 6 E3. ☎ 48 74 38 50.
Ⓜ *Trinité.* **Ouvert** 11 h-17 h 15,
Lun. et Ven., 10 h-12 h 45, 14 h-
17 h 15 Jeu.-Dim. **Accès payant.** 📷
📁 📁

Le peintre symboliste
Gustave Moreau (1826-
1898), célèbre pour ses
sujets allégoriques et
mythologiques traités en un
style vivant et imaginatif,
légua à l'État une vaste
collection de plus de 1 000
huiles et aquarelles et 7 000
dessins, conservée dans son
hôtel particulier. On pourra y
admirer *Jupiter et Sémélé*, l'un
de ses tableaux les plus
extraordinaires.

L'Ange voyageur, de Gustave
Moreau, musée Gustave Moreau

Le marché aux puces de Saint-Ouen ➏

Rue des Rosiers, St-Ouen 75018.
Plan 2 F2. Ⓜ *Porte de Clignancourt.*
Ouvert 7 h-18 h Sam.-Lun.
Voir **Marchés** *p. 327.*

Le plus ancien et le plus
important des marchés aux
puces parisiens couvre une
superficie de 6 ha près de la
porte de Clignancourt. Au XIXᵉ
siècle, les chiffonniers et les
vagabonds se rassemblaient
pour vendre leurs modestes
biens à l'extérieur des
fortifications qui marquaient
les limites de la ville. Une
tradition commerciale s'est
bientôt développée sur le site.
C'était dans les années 1920
un véritable marché où l'on
pouvait dénicher des chefs-
d'œuvre vendus à bas prix par
des marchands ignorants.

Aujourd'hui subdivisées en
marchés spécialisés, mobilier,
antiquités, bric-à-brac,
vaisselle, bijoux anciens,
peinture, disques de
gramophone ou fripes, les
puces de Saint-Ouen sont plus

Éventaire africain, marché aux puces

particulièrement connues
pour leurs meubles et objets
décoratifs du second Empire
(1852-1870). Les bonnes
affaires sont devenues rares de
nos jours, pourtant quelques
150 000 chineurs, touristes et
marchands se rassemblent ici
tous les week-ends, et
déambulent parmi les plus de
2 000 éventaires couverts ou
en plein air. On trouvera
d'autres stands forains dans les
rues avoisinantes, rue des
Rosiers, rue Voltaire, rue Jean-
Henri-Fabre et avenue
Michelet.

**Le Vase d'Abyssinie,
cristal de Baccarat
et bronze**

Le musée du Cristal de Baccarat ➐

30 bis, rue de Paradis 75010.
Plan 7 B4. ☎ 47 70 64 30.
Ⓜ *Gare de l'Est.* **Ouvert** 9 h-18 h
Lun.-Ven., 10 h-12 h, 14 h-17 h Sam.
📷 📁 📁

La rue de Paradis compte de
nombreux détaillants en
verrerie et en céramique, dont la
société Baccarat, fondée en 1764
en Lorraine. À côté du salon
d'exposition Baccarat, le musée
de Cristal, également connu
sous le nom de musée Baccarat,
présente plus de 1 200 articles
manufacturés, notamment des
services créés pour les cours
royales ou impériales d'Europe,
ainsi que les plus belles pièces
sorties des ateliers lorrains.

Façade ouest de la porte Saint-Denis, jadis entrée de la ville

Les portes Saint-Denis et Saint-Martin ❽

Boulevards St-Denis & St-Martin 75010.
Plan 7 B5. **M** *Saint-Martin, Strasbourg-Saint-Denis.*

Ces portes, qui donnent accès à deux anciennes et importantes voies nord-sud de même nom, marquaient à l'origine l'entrée de la ville. L'arc de la porte Saint-Denis, édifiée en 1672 par François Blondel, a 23 m de haut. Il est orné de bas-reliefs allégoriques, de François Girardon, le sculpteur de Louis XIV, à la gloire des victoires remportées par l'armée françaises en Flandre et sur le Rhin. La porte Saint-Martin, haute de 17 m, fut édifiée en 1674 par Pierre Bullet, un élève de Blondel.

La place de la Bastille sur le canal Saint-Martin

Elle commémore la prise de Besançon et la victoire contre la Triple-Alliance des Pays-Bas, de l'Allemagne et de l'Espagne.

Le canal Saint-Martin ❾

Plan 8 E2. **M** *Jaurès, Jacques-Bonsergent, Goncourt. Voir **Cinq promenades à pied** pp. 260-1.*

Long de 5 km et percé en 1825, le canal offre un raccourci au trafic fluvial entre les boucles de la Seine. Depuis toujours aimé des romanciers, des cinéastes et des touristes, il est fréquenté par les péniches et les bateaux de plaisance mouillant à l'Arsenal, et débouche au nord sur le bassin de la Villette gardé par l'élégante rotonde néo-classique de la Villette, illuminée la nuit.

Le parc des Buttes-Chaumont ❿

Rue Manin 75019 (accès principal : rue Botzaris). **C** 42 41 66 60.
M *Botzaris, Buttes-Chaumont.*
Ouvert t.l.j. 8 h-18 h ⓫

Pour beaucoup, ce parc est le plus agréable de Paris. A l'origine décharge à ordures, carrière et gibet, le site vallonné fut réaménagé dans les années 1860 par le baron Haussmann.

Celui-ci fit appel à l'architecte paysagiste Adolphe Alphand, qui fut également responsable d'un vaste programme d'aménagement en bancs et lampadaires des avenues parisiennes nouvellement percées. L'ingénieur Darcel et le jardinier paysagiste Barillet-Deschamps contribuèrent également à la création de ce parc unanimement salué à l'époque. Dans ce cadre accidenté, ils dessinèrent un lac et son île faite de rochers naturels et artificiels, surplombée par un temple romain et agrémentée d'une cascade, de rivières, de passerelles. Les visiteurs peuvent aujourd'hui goûter aux charmes du canotage ou des promenades à dos d'âne.

Le rocher et temple du parc des Buttes-Chaumont

Le parc de la Villette ⓫

Voir pp. 234–9.

Formule 1 Renault, Centre international de l'automobile

Le Centre international de l'automobile ⓬

25, rue d'Estienne-d'Orves, 93500 Pantin. **C** 48 10 80 00. **M** *Hoche.*
Ouvert 11 h-18 h Mer.-Lun., 11 h-22 h Mar. **Accès payant.** **&** *Films, vidéo. Bibliothèque.* 🎥 ⓫ 🖥 📷

Ouvert dans une ancienne usine, ce musée possède environ 150 voitures et motos, provenant du monde entier. Les expositions sont régulièrement renouvelées.

L'est de Paris

Le musée Edith Piaf ⓭

5, rue Crespin-du-Gast 75011.
📞 *43 55 52 72.* Ⓜ *Ménilmontant.*
Ouvert *13 h-18 h Lun.-Jeu.*
Visites *sur r.d.v.* **Fermé** *jours fériés.*
Accès payant. 🚫 📷 ✔ 🚻

Élevée dans les quartiers populaires de l'est parisien, Edith Piaf débuta sa carrière de chanteuse dans les bistrots populaires, avant de devenir une star internationale à la fin des années 30.

Elle n'a jamais vécu à l'adresse où ce musée fut créé en 1967 par l'association des Amis d'Edith Piaf qui a depuis réuni de nombreux souvenirs dans ce petit appartement : photos et portraits, correspondance, vêtements, lithographies par Charles Kiffer et livres – tous offerts par les beaux-parents de Piaf ou légués par d'autres chanteurs. Les disques de la chanteuse morte en 1963 et enterrée au Père-Lachaise (*voir pp. 240-1*) sont joués à la demande dans le musée.

Le cimetière du Père-Lachaise ⓮

Voir pp. 240-1.

Disneyland Paris ⓯

Voir pp. 242-5.

Minnie et Mickey

Bas-relief, façade du musée national des Arts africains et océaniens

Le marché d'Aligre ⓰

Place d'Aligre 75012. **Plan** *14 F5.*
Ⓜ *Ledru-Rollin.* **Ouvert** *t.l.j. 9 h 30-13 h.*

Le dimanche matin, ce marché animé offre l'image la plus pittoresque de Paris, bruissant des cris des commerçants français, arabes et africains qui proposent au chaland fruits, légumes, fleurs et vêtements. A côté, on trouvera dans le marché couvert viandes, charcuteries fines, fromages et légumes de premier choix.

Le vieux Paris et le Paris moderne se côtoient dans le quartier d'Aligre. Les anciens artisans coexistent avec une population « branchée » bon chic bon genre nouvellement implantée, attirée par la récente transformation du quartier voisin de la Bastille. (*voir p. 130*).

Le musée national des Arts africains et océaniens ⓱

293, av. Daumesnil 75012.
📞 *44 74 84 80.*
Ⓜ *Porte Dorée.*
Ouvert *10 h-17 h 20 mer.-lun.* (der. ent. : *16 h 50*). **Fermé** *le 1ᵉʳ mai.*
Accès payant. 🚫 ♿ ✔ 🚻

Le musée est abrité dans un édifice art déco, dessiné par Albert Laprade et Léon Jaussely pour l'Exposition coloniale de 1931. La grande frise de façade, par A. Janniot, illustre les contributions françaises dans les territoires d'outre-mer.

Il possède une remarquable collection d'art primitif et tribal d'Afrique occidentale, centrale et du Nord, d'Océanie et d'Australasie. On y verra notamment des masques antilope du Mali, des défenses d'ivoire sculptées du Bénin, des bijoux marocains, des peintures sur écorce aborigènes, des masques et des figurines en bois ou cuivre d'Afrique occidentale et centrale.

Des aquariums de poissons tropicaux et des terrariums de crocodiles et tortues sont installés au sous-sol.

Autobus des années 30, musée des Transports urbains

Le musée des Transports urbains ⓲

60, av. de Sainte-Marie, 94160 St Mandé. 📞 *43 28 37 12.*
Ⓜ *Porte Dorée.* **Ouvert** *14 h 30-18 h sam. et dim.* **Accès payant.** 📷

Ce musée occupe un ancien dépôt de bus à proximité du bois de Vincennes. Consacré aux transports publics urbains, fondé et administré par des amateurs passionnés, il possède une collection de plus de 100 véhicules (la plupart exposés) dont certains remontent au XVIIᵉ siècle : voitures à cheval, trolleybus, trams ainsi qu'un bel ensemble d'anciens wagons de métro.

Le musée compte également plusieurs anciens autobus parisiens à plate-forme, considérés aujourd'hui comme plutôt dangereux.

Le parc de la Villette ⓫

Les anciens abattoirs et le marché aux bestiaux ont été transformés en un impressionnant parc urbain dessiné par Bernard Tschumi. Doté d'équipements sophistiqués, et occupant 55 ha de terrain dans un quartier autrefois déshérité, ce parc a pour objectif de faire revivre une tradition de convivialité et d'activités culturelles diverses, ainsi que de stimuler l'intérêt pour les arts et les sciences. Les travaux ont débuté en 1984. Le parc, qui comprend aujourd'hui un musée des sciences, une salle de concert rock, un pavillon d'exposition, une salle de cinéma hémisphérique et un conservatoire de musique, constitue un ensemble unifié par des folies, des promenades, des jardins et des aires de jeu.

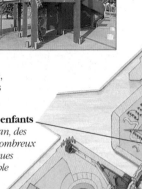

Les folies
Cubes rouges ponctuant le parc, elles offrent divers services, garderies, cafés et ateliers pour enfants.

Aire de jeu pour enfants
Un dragon toboggan, des jeux d'éveil et de nombreux équipements ludiques forment un véritable paradis pour les plus jeunes.

★ **La grande halle**
L'ancienne halle aux bestiaux a été transformée en espace d'exposition polyvalent doté d'un sol mobile et d'un auditorium.

Entrée

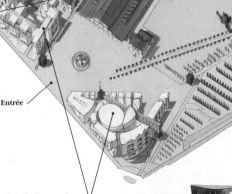

À NE PAS MANQUER :

★ Cité des sciences

★ Grande Halle

★ Cité de la musique

★ Zénith

★ **Cité de la musique**
Ce complexe abrite un conservatoire, une salle de concert, une bibliothèque, des salles de travail et un musée.

La Maison de la Villette
centralise les renseignements
historiques concernant le site
et le quartier, et organise des
expositions.

Entrée

MODE D'EMPLOI

30, av. Corentin-Cariou 75019.
📞 40 05 81 41. Ⓜ Porte de
la Villette. 🚌 150, 152, 250A
vers Porte de la Villette. 🅿 sur
place. **Ouvert** 9 h-18 h Mar-
Dim. **Accès payant.** 🎫 ♿ 🔊
🎵 **Concerts. Films, vidéo.**
Centre de conférence.
Bibliothèque.

★ **La Cité des sciences**
*Les équipements ultra-
modernes de ce vaste
musée des sciences
proposent des
expériences étonnantes.*

La Géode
*Grâce à son
gigantesque écran à
360 °, aux effets
spéciaux, ce cinéma
offre au spectateur
l'illusion de sensations
extraordinaires,
comme celle de
marcher dans l'espace.*

★ **Le Zénith**
*Sous sa tente de polyester, cette salle de
concert rock offre une capacité de plus
de 6 000 places assises.*

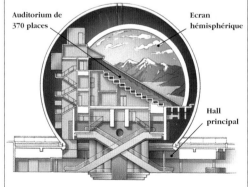

Auditorium de
370 places

Ecran
hémisphérique

Hall
principal

L'Argonaute
*Un sous-marin des années
50 et un musée de la
navigation constituent
cette exposition.*

LA GÉODE
La sphère de 36 m de diamètre est recouverte d'une « peau »
composée de 6 500 triangles en acier inoxydable sur
lesquels se reflète le ciel. A l'intérieur, dans la salle de
cinéma hémisphérique, des films consacrés à la nature, au
voyage et à l'espace sont projetés sur un écran de 1 000 m².

La Cité des sciences de La Villette

Cet immense musée des sciences et des techniques occupe le plus grand des anciens abattoirs de la Villette. Le bâtiment de 40 m de haut couvre une superficie de plus de 3 ha.

L'architecte Adrien Fainsilber l'a conçu en imaginant une interrelation avec trois thèmes naturels : l'eau qui environne l'édifice, la végétation qui le pénètre par les serres, et la lumière qui se déverse à travers les coupoles. Le musée s'étage sur cinq niveaux ; son cœur, l'exposition Explora, occupe les niveaux 1 et 2. Le visiteur y découvre à travers des jeux électroniques interactifs les questions relatives à l'espace, à l'informatique ou au son. Des cinémas, une salle d'informations scientifiques, un centre de conférence, une bibliothèque et des boutiques sont répartis sur les autres niveaux.

Statue d'Atlas

Les coupoles
Les deux coupoles translucides de 17 m de diamètre filtrent la lumière naturelle qui pénètre dans le hall principal.

★ **Le planétarium**
Dans cet auditorium de 260 places, des projecteurs à effets spéciaux et une sonorisation ultra-moderne permettent d'évoquer le cosmos.

Le hall principal
Un réseau de piliers, de ponts, d'escalators et de balcons crée une ambiance de cathédrale futuriste.

Entrée ouest

À NE PAS MANQUER :

★ **Planétarium**

★ **Station spatiale**

★ **Le pont de verdure**

★ **La station spatiale**
Cette fascinante exposition de fusées montre comment les astronautes sont envoyés dans l'espace et comment ils y vivent.

Les douves imaginées par Fainsilber, situées à 13 m sous le niveau du parc, permettent à la lumière naturelle de pénétrer dans les niveaux inférieurs du bâtiment. Les reflets sur l'eau en soulignent le caractère massif.

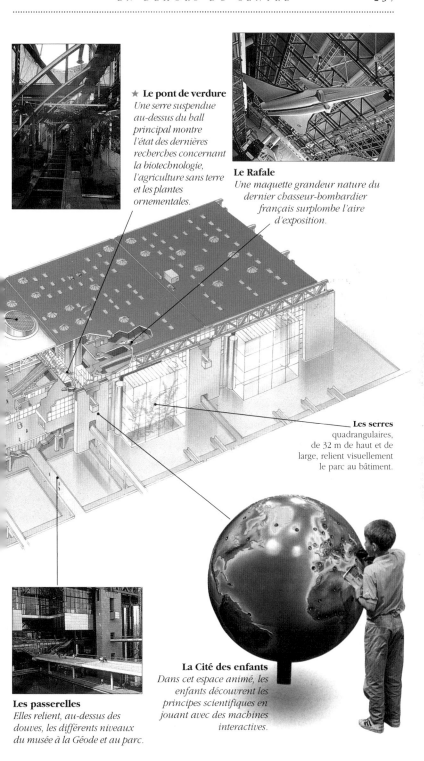

★ **Le pont de verdure**
Une serre suspendue au-dessus du hall principal montre l'état des dernières recherches concernant la biotechnologie, l'agriculture sans terre et les plantes ornementales.

Le Rafale
Une maquette grandeur nature du dernier chasseur-bombardier français surplombe l'aire d'exposition.

Les serres
quadrangulaires, de 32 m de haut et de large, relient visuellement le parc au bâtiment.

La Cité des enfants
Dans cet espace animé, les enfants découvrent les principes scientifiques en jouant avec des machines interactives.

Les passerelles
Elles relient, au-dessus des douves, les différents niveaux du musée à la Géode et au parc.

La Cité des sciences : Explora

L'exposition Explora, qui occupe les niveaux 1 et 2 de la Cité, est une invitation à découvrir l'univers des sciences et des techniques. Des présentations multimédias audacieuses et inventives, des systèmes informatisés interactifs et des maquettes didactiques nous permettent de mieux comprendre les ordinateurs, l'espace, l'océan, la terre, le son et le cinéma. Enfants et adultes apprennent en jouant avec la lumière, l'espace et le son. Les plus petits peuvent marcher sur l'éponge sonore, expérimenter des illusions d'optique, voir comment les astronautes vivent dans l'espace, chuchoter à travers l'écran sonore parabolique et écouter les murs parlants. Les adolescents apprennent quelles sont les conditions de vie et de travail sous l'eau, comment les effets spéciaux sont réalisés au cinéma, écoutent l'histoire d'une étoile et assistent à la naissance d'une montagne.

Les paraboles sonores
Ces écrans paraboliques transmettent une conversation entre deux personnes distantes de 15 m.

Les fresques de Jacques Monory, plaques d'alu peintes et reliées par des tubes de néon, ornent la façade du planétarium.

★ **Dans les étoiles**
Le simulateur astronomique projette 10 000 étoiles sur la coupole du planétarium. Les effets visuels et sonores créent la sensation d'un époustouflant voyage dans l'espace.

Niveau 2

La Starball
Les 10 000 objectifs du projecteur sphérique du planétarium reproduisent les images du ciel que découvrent les astronautes en orbite autour de la Terre.

Niveau 1

★ **La bulle sonore**
Les visiteurs assiss de part et d'autre de cet énorme ballon gonflé au gaz carbonique, et focalisant le son de la voix, s'entendent parfaitement.

Le Télé-X est une maquette de satellite grandeur nature dotée de systèmes interactifs.

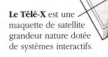

LÉGENDES DU PLAN DE SOL

▢	Expositions permanentes
▢	Expositions temporaires
▢	Planétarium
▢	Espace d'expositions futures
▢	Espace interdit au public

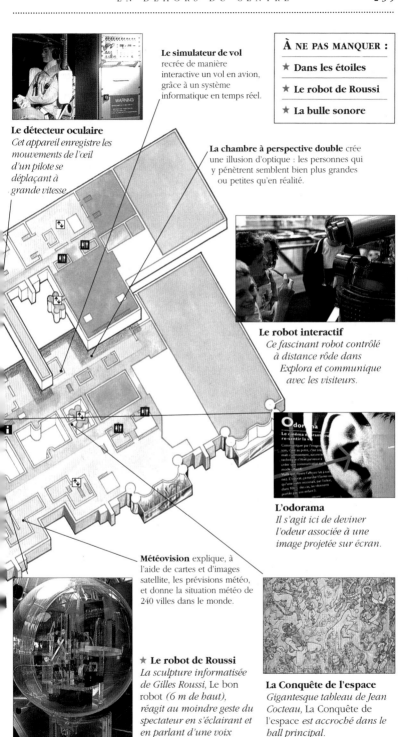

Le simulateur de vol recrée de manière interactive un vol en avion, grâce à un système informatique en temps réel.

À NE PAS MANQUER :

★ **Dans les étoiles**

★ **Le robot de Roussi**

★ **La bulle sonore**

Le détecteur oculaire
Cet appareil enregistre les mouvements de l'œil d'un pilote se déplaçant à grande vitesse.

La chambre à perspective double crée une illusion d'optique : les personnes qui y pénètrent semblent bien plus grandes ou petites qu'en réalité.

Le robot interactif
Ce fascinant robot contrôlé à distance rôde dans Explora et communique avec les visiteurs.

L'odorama
Il s'agit ici de deviner l'odeur associée à une image projetée sur écran.

Météovision explique, à l'aide de cartes et d'images satellite, les prévisions météo, et donne la situation météo de 240 villes dans le monde.

★ **Le robot de Roussi**
La sculpture informatisée de Gilles Roussi, Le bon robot *(6 m de haut), réagit au moindre geste du spectateur en s'éclairant et en parlant d'une voix synthétique.*

La Conquête de l'espace
Gigantesque tableau de Jean Cocteau, La Conquête de l'espace *est accroché dans le hall principal.*

Le cimetière du Père-Lachaise ⓮

Le cimetière le plus prestigieux de Paris est situé sur une colline boisée dominant la ville. Jadis propriété du Père de La Chaise, le confesseur de Louis XIV, le terrain fut racheté en 1803 sur ordre de Napoléon pour y créer un nouveau cimetière qui devint très populaire au sein de la bourgeoisie parisienne. Ici sont enterrées de nombreuses personnalités, notamment Honoré de Balzac et le compositeur Frédéric Chopin et, plus récemment, le chanteur Jim Morrison ou l'acteur Yves Montand. Les tombes célèbres et les étonnants monuments funéraires qui ponctuent ce lieu paisible invitent à une promenade nostalgique.

Le columbarium fut édifié à la fin du XIXᵉ siècle. La danseuse américaine Isadora Duncan est l'une des personnalités dont les cendres reposent ici.

Marcel Proust
Dans son roman A la recherche du temps perdu *Proust dépeint somptueusement la Belle Époque.*

★ **Simone Signoret et Yves Montand**
Le plus célèbre couple du cinéma français de l'après-guerre fut également connu pour ses relations orageuses et ses idées de gauche.

Allan Kardec fonda au XIXᵉ siècle une secte de spiritisme qui conserve toujours de fervents partisans. Sa tombe est constamment fleurie par des adeptes.

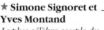

Sarah Bernhardt
La grande tragédienne, qui mourut en 1923 à l'âge de 78 ans, devint célèbre pour ses interprétations de rôles classiques.

Le monument aux morts de Paul-Albert Bartolmé compte parmi les plus belles sculptures monumentales du cimetière. Il domine l'allée centrale.

À NE PAS MANQUER :

★ **Oscar Wilde**

★ **Jim Morrison**

★ **Edith Piaf**

★ **Simone Signoret et Yves Montand**

Entrée

Frédéric Chopin, le grand compositeur polonais, fit partie de la génération des romantiques français.

Théodore Géricault
Le chef-d'œuvre du peintre romantique, Le Radeau de la Méduse *(voir p. 124) est représenté sur son tombeau.*

★ Oscar Wilde

Le dramaturge irlandais, esthète et bel esprit, banni par la vertueuse Angleterre, mourut à Paris en 1900 dans l'alcool et la débauche. Son monument est l'œuvre de Jacob Epstein.

Les cendres de Molière furent transférées ici en 1817, afin de donner davantage de lustre au nouveau cimetière.

MODE D'EMPLOI

16, rue du Repos. 43 70 70 33.
M Père Lachaise, Alexandre Dumas. 62, 69, 26 vers place Gambetta. P Place Gambetta.
Ouvert t.l.j. 8 h-17 h 30.

Le mur des Fédérés est le mur contre lequel les derniers défenseurs de la Commune furent fusillés par les Versaillais en 1871. C'est aujourd'hui un lieu de pèlerinage des sympathisants de la gauche.

★ Edith Piaf

Surnommée « la môme moineau » en raison de sa taille menue, Piaf, la plus grande figure de la chanson populaire de ce siècle, prêta ses accents pathétiques pour chanter le peuple de Paris.

Victor Noir
La statue grandeur nature de ce journaliste du XIXe siècle tué par Pierre Bonaparte, un cousin de Napoléon III, aurait des vertus bénéfiques pour la fertilité…

Georges Rodenbach, poète du XIXe siècle, est représenté sortant de sa tombe, le bras tendu et tenant une rose.

Elisabeth Demidov, princesse russe morte en 1818, est honorée par un temple classique dessiné par Quaglia.

François Raspail
Le tombeau de ce partisan des révolutions de 1830 et 1840, très souvent incarcéré, représente une prison.

★ Jim Morrison
Les causes exactes de la mort, en 1971, du chanteur des Doors demeurent inconnues.

Disneyland Paris ⑮

Ce parc de loisirs fait partie du vaste complexe édifié sur 600 ha à Marne-la-Vallée, à 32 km à l'est de Paris. Les cinq sections du parc sont inspirées du « Royaume magique » de leurs homologues d'outre-Atlantique. Si les attractions ont souvent pour thème les personnages de la littérature enfantine européenne, comme Peter Pan ou la Belle au bois dormant, le caractère et l'esprit du parc demeurent cependant

Minnie Mouse

essentiellement américains, avec notamment l'évocation d'un Far West d'opérette. Ce parc de loisirs, inauguré en 1992, après moins de quatre ans de travaux, comprend le parc à thèmes, des hôtels, des équipements sportifs et des campings.

La Cabane des Robinson est un refuge perché dans les branches d'un immense figuier banian artificiel.

Cottonwood Creek Ranch est la reconstitution d'un ranch, avec écuries et corral, artisanat indien et dépôt de chemin de fer.

★ **Big Thunder Mountain**
Un train de mine file à toute vapeur dans cette montagne inspirée des paysages du Far West.

Le chemin de fer d'Euro-Disneyland possède quatre locomotives à vapeur de style 1890 qui circulent dans le parc à thème via le diorama du Grand Canyon.

Alice's Curious Labyrinth
Le château de la reine de Cœur domine ce jardin labyrinthique peuplé par les personnages d'Alice au pays des merveilles.

Pirates of the Carribean sont des automates assiégeant une imposante forteresse.

Adventure Isle est le site du navire pirate du capitaine Crochet et de la grotte de Ben Gunn.

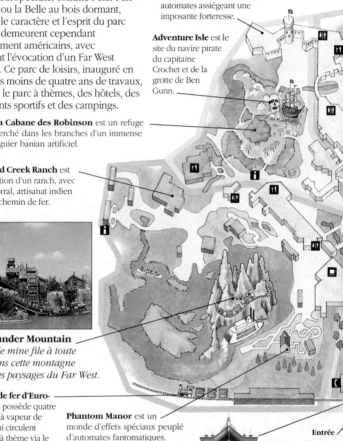

Phantom Manor est un monde d'effets spéciaux peuplé d'automates fantomatiques.

Entrée

Légende du parc à thème

- ☐ Main Street, USA
- ☐ Frontierland
- ☐ Adventureland
- ☐ Fantasyland
- ☐ Discoveryland

★ **Main Street Station**
Cette gare de style victorien est l'entrée du parc thématique et le point de départ des trains à vapeur.

★ **Château de la Belle au bois dormant**
L'attraction centrale du parc réunit les styles des châteaux médiévaux et français.

It's a Small World est un voyage musical à travers des paysages peuplés d'enfants en costumes régionaux.

Le visionarium est un cinéma où se mêlent dessins animés, acteurs réels et effets spéciaux informatisés.

Videopolis Au-dessus de l'entrée de ce lieu de spectacle plane un imposant vaisseau spatial.

Star Tours, inspiré de *La Guerre des étoiles*, emmène le visiteur dans un voyage spatial à bord du vaisseau galactique Starspeeder 3000.

Orbitron
Sur ce manège futuriste, le visiteur peut s'envoler au-dessus du parc thématique, dans des fusées inspirées des dessins de machines volantes de Léonard de Vinci.

Autopia
Ici, le visiteur peut conduire une voiture de course futuriste dans un paysage utopique en spirale.

MODE D'EMPLOI

Marne-la-Vallée. ☎ *64 74 30 00.*
RER *Marne-la-Vallée.* 🚌 navettes pour Disneyland Paris de Roissy-Charles de Gaulle et d'Orly.
🅿 sur place. **Ouvert** *juil-août : t.l.j. 9 h-23 h ; sept-juin : t.l.j. 9 h-19 h. (Les horaires d'ouvertures sont sujets à modifications, tél. pour vérifier.)*
Accès payant. ♿

À NE PAS MANQUER :

★ **Big Thunder Mountain**

★ **Château de la Belle au Bois Dormant**

★ **Main Street Station**

L'HÉRITAGE DE WALT DISNEY
Dans les années 20, Disney créa à Hollywood ses célèbres personnages de dessins animés, Mickey, Pluto et les autres. Ses techniques d'animation sophistiquées et son sens aigu des affaires, mis au service de la nostalgie de l'enfance et de l'évasion dans l'imaginaire, firent son succès durant la période de la crise de 1929 et de la Seconde Guerre mondiale. Son rêve suprême, le dessin animé devenu réalité tridimensionnelle, se concrétisa en 1954 avec l'inauguration du premier Disneyland près de Los Angeles. Walt Disney est mort en 1966, mais son héritage a été conservé pour le plus grand plaisir de millions de spectateurs.

À la découverte de Disneyland

Les 56 ha du parc thématique sont subdivisés en cinq thèmes : Main Street USA, Frontierland, Adventureland, Fantasyland et Discoveryland, évocations nostalgiques d'un passé légendaire aux attractions imprégnées du folklore hollywoodien. Le concept d'ensemble, avec ses constructions hétéroclites, son chemin de fer et ses merveilles de technologie, doit beaucoup aux grandes expositions universelles du XIXᵉ siècle.

MAIN STREET, USA

Le quartet du Dapper's Dan's Hair Cuts

Main Street évoque une petite ville américaine du début du siècle. Les façades victoriennes ont été conçues en fonction de leurs coloris, de leur variété et de l'authenticité de leurs détails. Dans la rue circulent des tramways à cheval, de vieux autobus, une antique voiture de pompiers ainsi qu'un fourgon de police d'époque, qui tous transportent les visiteurs vers la place centrale, près du château de la Belle au bois dormant, d'où l'on peut rejoindre les quatre autres sections du parc. Partant de Main Street Station, à l'entrée du parc, de vieux trains à vapeur traversent le diorama du Grand Canyon, puis s'arrêtent à Discoveryland, à Frontierland et à Fantasyland.

Dans la rue, les nombreuses attractions comptent notamment l'Harmony Barber Shop, un quartet de barbiers munis de leurs accessoires, savon à barbe, blaireaux et rasoirs. Le marchand d'automobiles de Main Street expose d'authentiques voitures anciennes, comme la superbe Reliable Dayton High Wheeler de 1907. Le grand magasin (Emporium) du XIXᵉ siècle regorge d'objets d'époque, dont un changeur de monnaie à câbles.

Dans la journée, la fanfare de Dixieland anime la parade, un spectaculaire défilé de chars décorés. Cet événement se renouvelle le soir avec des chars illuminés sur lesquels évoluent les personnages de Disney et des dizaines d'acteurs et de figurants.

FRONTIERLAND

Le Far West du XIXᵉ siècle a inspiré le thème de Frontierland où le visiteur accède en passant par le

Le train de Big Thunder Mountain

Pluto sur Main Street

portail en rondins de Fort Comstock. C'est ici que commencent les grandes montagnes russes, l'une des principales attractions de Disneyland : un train de mine fonce à travers Big Thunder Mountain, dans un paysage de canyon parsemé de rochers, d'ossements d'animaux, de puits de mine et de ponts branlants. Sur la rivière du fleuve, des bateaux à aubes de l'époque de Mark Twain et des canoës indiens proposent une balade plus tranquille au milieu du paysage de Frontierland.

Phantom Manor est un château tarabiscoté, aux pièces sombres et mystérieuses peuplées de fantômes malicieux. Le Lucky Nugget Saloon, avec ses danseuses de cancan, propose une tapageuse revue de music-hall.

Le train de Disneyland fait le tour du parc à thème, en passant par le diorama du Grand Canyon, à la pointe sud de Frontierland : c'est un paysage de montagnes escarpées où est évoquée la vie de la faune sauvage dans le désert.

Au ranch de Cottonwood Creek, les enfants peuvent s'approcher des animaux de la ferme laissés en liberté. Tout en se promenant sur les trottoirs en bois de la ville minière de Thunder Mesa, le visiteur découvrira également la gare de chemin de fer, avec son mobilier d'époque, son télégraphe traditionnel et son vieux poêle à bois.

ADVENTURELAND

Le thème de cette section du parc s'inspire des contes et de la littérature enfantine, comme les aventures de Peter Pan.

Pirates of the Carribean sont l'attraction principale de cette partie du parc : un fort colonial espagnol du XVIIIᵉ siècle est assiégé et pillé par des pirates-robots grandeur nature, dans un crescendo d'explosions et d'effets sonores réalistes.

Le roman de Jean-Rodolphe Wyss, *Le Robinson suisse*, qui raconte les aventures d'une famille naufragée sur une île déserte des mers du Sud, a inspiré La Cabane des Robinson. Celle-ci est construite dans Adventure Isle, et perchée sur un arbre artificiel haut de 27 m. Un escalier en colimaçon conduit aux étages supérieurs de la cabane, jusqu'au sommet de l'arbre d'où l'on découvre une vue panoramique sur le parc.

Le galion pirate du capitaine Crochet

Dans Cannonball Cove, le gigantesque rocher du Crâne et le bateau pirate du XVIIIe siècle commandé par le capitaine Crochet sont autant de terrains de jeu pour les enfants. Sur la rive nord de l'île, une course au trésor conduit le visiteur au plus profond de la caverne de Ben Gunn, l'un des personnages de *L'Île au trésor*, le roman de Robert Louis Stevenson. La chasse se poursuit dans une ambiance mystérieuse où résonnent les cris des chauves-souris et les chansons des pirates fantômes.

Au bazar exotique, avec son entrée ornementale, ses tours en grès coloré et ses dômes en bulbes multicolores, on trouvera gadgets, bijoux ou masques sculptés.

Le capitaine Crochet à Adventureland

FANTASYLAND

C'est le « pays » qui plaît le plus aux jeunes enfants, car c'est ici que l'univers des

Les tasses de Mad Hatter's Tea Cups

contes de fée devient réalité, traité dans le style des classiques de Disney.

L'emblème de Disneyland, le château de la Belle au bois dormant, domine le centre du parc. Cet ensemble pittoresque, aux tourelles élancées, rappelle lointainement le Louvre médiéval (*voir pp. 122-3*). Le village lui-même est un sympathique mélange d'architecture médiévale française, allemande et suisse. Le visiteur découvre en se promenant les diverses attractions consacrées aux personnages de la littérature enfantine revus par Disney. Chez Blanche-Neige et les sept nains, il peut monter dans le train minier des sept nains et apercevoir dans la forêt hantée la méchante sorcière jeter un sort à Blanche-Neige. Les voyages de Pinocchio sont illustrés par des marionnettes et des automates qui jouent les personnages de Geppetto et de Jiminy Cricket.

Le visiteur peut également s'envoler au-dessus de Londres et de « Never Land » en compagnie de Peter Pan, voltiger dans un manège aérien avec Dumbo the Flying Elephant, tourbillonner dans les tasses de Mad Hatter's Tea Cups, et se perdre dans le labyrinthe d'Alice au pays des merveilles avant d'arriver au château de la Reine de cœur.

DISCOVERYLAND

Consacré aux grandes inventions et à l'avenir de l'humanité, doté d'une architecture avant-gardiste et des dernières trouvailles de la technologie, c'est le thème le plus futuriste du parc.

Le visionarium est un cinéma proposant un extraordinaire voyage dans le temps, projeté sur un gigantesque écran circulaire. Cinémagique présente des films en relief, dont une courte comédie musicale d'anticipation avec Michael Jackson dans le rôle du capitaine Eo, le voyageur intergalactique.

Grâce à un étonnant dispositif, Star Tours simule un voyage dans l'espace inspiré du film *La Guerre des étoiles*. Au-dessus de l'entrée de Videopolis, à la fois dancing et salle de concert, flotte l'impressionnant vaisseau spatial Hyperion.

Hyperion à l'entrée de Videopolis

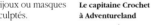

Le bois de Vincennes ⓙ

Ⓜ *Château de Vincennes, Porte de Charenton, Porte Dorée.*
ℝ𝔼ℝ *Fontenay-sous-Bois, Joinville.*
Ouvert *t.l.j. de l'aube au crépuscule.*
Parc zoologique ℂ *44 75 20 10.*
Ouvert *en été t.l.j. 9 h-18 h ; en hiver t.l.j. 9 h-17 h 30.* **Accès payant.** 🖻 ♿

Ancienne possession de l'abbaye de Saint-Maur puis terrain de chasse acquis par la couronne au XIᵉ siècle, le bois de Vincennes fut négligé durant le règne de Louis XIV, avant d'être replanté et restauré dans sa splendeur d'origine par Louis XV. Un champ de tir y fut créé en 1796. En 1860, Napoléon III donna le bois à la ville de Paris pour qu'il soit converti en parc à l'anglaise.

Le bois doit en grande partie sa physionomie actuelle à Adolphe Alphand, l'architecte paysagiste du baron Haussmann, qui l'agrémenta de plusieurs plans d'eau, comme le lac de Gravelle, et de rivières artificielles.

Le vaste lac Daumesnil, très apprécié des amateurs de canotage, est l'une des principales attractions du bois, avec le parc zoologique et la foire du Trône (la plus grande fête foraine de France, qui a lieu chaque année sur la pelouse de Reuilly, du dimanche des Rameaux à la fin mai). L'on y trouve également un centre bouddhiste international ainsi que le Parc floral. Plus au sud, le théâtre de la Cartoucherie donne souvent des spectacles de qualité (*voir p. 332*).

La station météo du parc Montsouris

Le château de Vincennes ⓚ

Av. de Paris 94300 Vincennes.
ℂ *43 28 15 48.* Ⓜ *Château de Vincennes.* ℝ𝔼ℝ *Vincennes.* **Ouvert** *t.l.j. 10 h-18 h* **Accès payant.** 📷 ✶
Recommandé dans le donjon et la chapelle. 🖻

Le château de Vincennes est composé de plusieurs bâtiments défendus par un rempart et des fossés. Il a servi au fil des siècles de résidence royale, de prison, de manufacture de porcelaine et d'arsenal.

Le donjon du XIVᵉ siècle, bel exemple d'architecture militaire médiévale, abrite le musée du château. Au second étage se trouvaient les appartements royaux où le roi Henry V d'Angleterre mourut de dysenterie en 1422. Pour pouvoir être transporté et enterré dans son pays, son corps fut bouilli dans les cuisines. La chapelle royale, de style gothique, mérite également le détour : achevée vers 1550, elle présente de belles rosaces en pierre ainsi qu'une magnifique nef. Les deux pavillons royaux du XVIIᵉ siècle, dessinés par l'architecte Louis Le Vau autour de la cour principale du château, sont aujourd'hui occupés par un musée des insignes militaires.

Le château, qui fut délaissé après l'achèvement de Versailles, fut converti en arsenal par Napoléon, puis en forteresse en 1840. Le manoir primitif fut rasé. Se délabrant au fil du temps, il fut gravement endommagé par une bombe allemande en 1944. De grands travaux de restauration lui ont redonné aujourd'hui son lustre d'origine.

Le sud de Paris

Le parc Montsouris ⓛ

Bd Jourdan 75014. ℂ *45 88 28 60.* Ⓜ *Porte d'Orléans.* ℝ𝔼ℝ *Cité Universitaire.* **Ouvert** *t.l.j. 7 h 30-19 h* 🖻

Ce parc à l'anglaise, dessiné par le paysagiste Adolphe Alphand entre 1865 et 1878, possède un agréable restaurant, des pelouses en pente, de grands arbres centenaires, ainsi qu'un lac où viennent nicher de nombreuses espèces d'oiseaux. Par sa taille, c'est le second parc dans Paris *intra-muros*. La station météorologique de la ville y est également installée.

Le château de Vincennes récemment restauré

La Cité universitaire ❷

19-21, bd Jourdan 75014.
C 44 16 64 00. **RER** Cité Universitaire.

C'est une ville internationale en miniature où résident plus de 5 000 étudiants étrangers. Créée dans les années 20 par des bienfaiteurs du monde entier, la Cité compte aujourd'hui 37 résidences, chacune d'un style architectural différent. La Maison de la Suisse et la Maison franco-brésilienne furent dessinées par l'architecte Le Corbusier. La Maison internationale, donation de John D. Rockefeller en 1936, possède une bibliothèque, un restaurant, une piscine et un théâtre. La communauté estudiantine anime par sa présence ce quartier de Paris un peu assoupi.

La Maison du Japon, Cité universitaire

Notre-Dame-du-Travail ❷

59, rue Vercingétorix 75014.
Plan 15 B3. **C** 44 10 72 92.
M Pernety. **Ouvert** t.l.j. 8 h-20 h.
🔔 11 h Dim.

D atant de 1902, cette église est constituée d'un singulier assemblage de pierres, de moellons et de briques maintenu par une structure rivetée en acier et fer. Elle est l'œuvre du père Soulange-Boudin, un prêtre qui organisa des coopératives ouvrières et s'efforça de réconcilier le monde du travail et le

La cloche Sébastopol de l'église Notre-Dame-du-Travail

capitalisme. Les paroissiens ouvriers se cotisèrent pour sa construction, mais la somme réunie s'avéra insuffisante, ce qui explique notamment l'absence de clocher. Sur la façade, la cloche Sébastopol, trophée de la guerre de Crimée offert par Napoléon III à la population du quartier Plaisance. L'intérieur de style art nouveau, récemment restauré, est orné de tableaux de saints patrons.

L'institut Pasteur ❷

25, rue du Docteur-Roux 75015. **Plan** 15 A2. **C** 45 68 82 82. **M** Pasteur. **Ouvert** 14 h-17 h 30 Lun.-Ven. **Fermé** août, jours fériés. **Accès payant.** 🚫 **Films**, vidéo. 🎬 📱

F ondé en 1887-1889 par Louis Pasteur, le savant qui découvrit le procédé de la pasteurisation du lait ainsi que les vaccins de la rage et du charbon, l'institut est un important centre de la recherche médicale de pointe. Le musée de l'établissement abrite une reconstitution du logement et du laboratoire de Pasteur, fidèles à l'original jusque dans leurs moindres détails. La tombe de Pasteur se trouve dans la crypte du sous-sol, dans une petite chapelle de style byzantin, et celle du Dr Emile Roux, l'inventeur du sérum antidiphtérique, dans le jardin voisin. L'institut possède des laboratoires de recherche fondamentale et appliquée, des amphithéâtres, un département d'échantillons de référence, ainsi qu'un hôpital créé pour la mise en œuvre des théories de Pasteur.

Le bâtiment d'origine de l'institut date de 1888. À l'intérieur se trouve une bibliothèque ainsi que les laboratoires où le professeur Luc Montagnier, le découvreur du virus HIV en 1983, dirige les recherches sur le sida.

La façade de La Ruche

La Ruche ❷

7, passage de Dantzig 75015.
M Porte de Versailles.

A insi nommé en raison de ses ateliers en alvéoles, cet ancien pavillon aux vins de l'Exposition de 1900 fut reconstruit sur ce site en 1902 pour loger de jeunes peintres. Parmi les artistes qui quittèrent Montmartre pour s'installer à Montparnasse, nombreux sont ceux qui vinrent habiter ici. Parmi les plus connus, on peut citer Fernand Léger, Marc Chagall, Amedeo Modigliani et le sculpteur Constantin Brancusi. Pendant un temps, 140 peintres travaillaient à La Ruche. Le bâtiment, classé monument historique, abrite aujourd'hui une communauté d'artistes de tous les pays.

Louis Pasteur

Versailles ❷

Voir pp. 248-253.

Le château et le parc de Versailles 26

Le visiteur qui découvre les somptueux intérieurs de ce palais gigantesque, ou se promène dans ses vastes jardins, comprendra pourquoi ce château est la gloire du règne du Roi-Soleil. Sur le site du modeste pavillon de chasse de son père, Louis XIV commença en 1668 à édifier le plus grand palais d'Europe, où 20 000 courtisans pouvaient loger à la fois. Les architectes Louis Le Vau et Jules Hardouin-Mansart conçurent

Statue de flûtiste dans les jardins

les bâtiments, Charles Le Brun la décoration intérieure, et le grand paysagiste André Le Nôtre dessina les jardins à la française, traçant des perspectives d'allées et de bosquets, de haies et de plates-bandes parsemées de bassins et de fontaines.

★ **Les jardins à la française**
Allées orthogonales et perspectives lointaines caractérisent le jardin à la française.

L'Orangerie fut construite sous le parterre du Midi, pour l'hivernage des plantes exotiques.

Le parterre du Midi, avec ses massifs d'arbustes, domine le bassin des Suisses.

★ **Le château**
Louis XIV fit du château le centre du pouvoir politique en France.

Le Parterre d'eau et ses grands bassins sont ornés de superbes statues en bronze.

Le bassin de Latone
Des bassins de marbre s'élèvent sous la statue de la déesse Latone par Balthazar Marsy.

Le bassin du Dragon
Au centre de celui-ci se dresse un dragon ailé.

Le jardin du Roi et le bassin du Miroir ont été dessinés dans le goût anglais par Louis XVIII au XIXᵉ siècle.

La Colonnade
Mansart a conçu cette arcade circulaire en marbre en 1685.

Le Grand Canal poursuit la longue perspective des allées sur plusieurs centaines de mètres.

Le Petit Trianon
Edifié en 1762 par Louis XV, ce palais en miniature devint l'un des séjours préférés de Marie-Antoinette.

Le bassin de Neptune
Dans ce bassin dû à Le Nôtre et Mansart, des groupes de sculptures projettent de spectaculaires jets d'eau.

★ **Le Grand Trianon**
Louis XIV fit bâtir en 1687 ce somptueux palais de pierre et de marbre rose pour s'écarter des rigueurs du protocole de la cour en compagnie de sa maîtresse, Mᵐᵉ de Maintenon.

À NE PAS MANQUER :

★ **Le Château**

★ **Les jardins**

★ **Le Grand Trianon**

Le château de Versailles

Armoiries dorées au Petit Trianon

Le palais s'est développé en une série d'« enveloppes » autour du pavillon de chasse d'origine dont la façade basse en brique est toujours visible au centre. Dans les années 1660, Louis Le Vau fit un premier ajout en édifiant plusieurs ailes, ornées de bustes en marbre, de trophées antiques et de toitures dorées. Du côté du jardin, la façade fut augmentée d'une colonnade, une vaste terrasse étant prévue au niveau du premier étage. Mansart, qui poursuivit les travaux en 1678, bâtit les deux immenses ailes du Nord et du Midi et combla la terrasse de Le Vau pour créer la galerie des Glaces. Il dessina également la chapelle achevée en 1710. L'Opéra fut ajouté en 1770 par Louis XV.

L'aile du Midi
Louis-Philippe transforma les anciens appartements des princes en musée de l'histoire de France.

La cour du Roi, séparée de la cour des Ministres par une grille ouvragée sous le règne de Louis XIV, n'était accessible qu'aux carrosses royaux.

La statue de Louis XIV, érigée par Louis-Philippe en 1837, est installée à l'emplacement de l'ancien portail doré qui marquait l'entrée de la cour du Roi.

À NE PAS MANQUER :

★ **La cour de Marbre**

★ **L'Opéra**

★ **La Chapelle royale**

La cour des Ministres

Le portail principal
La grille et le portail de Mansart, surmontés par les armoiries royales, ferment la cour des Ministres.

CHRONOLOGIE

1667 Percement du Grand Canal	*Louis xv*			**1833** Louis-Philippe transforme le château en musée
1668 Le Vau bâtit le nouveau château	**1722** Louis xv, 12 ans, règne sur Versailles	**1793** Exécution de Louis xvi et de Marie-Antoinette		

1650	1700	1750	1800	1850

1671 Le Brun commence la décoration intérieure	**1715** Mort de Louis xiv. La cour délaisse Versailles	**1789** Le roi et la reine, contraints de quitter Versailles, se rendent à Paris	
1661 Louis xiv agrandit le château	**1682** Louis xiv et Marie-Thérèse s'installent à Versailles	**1774** Louis xvi et Marie-Antoinette vivent à Versailles	**1919** Signature du traité de Versailles, le 28 juin

L'horloge
Hercule et Mars flanquent l'horloge dominant la cour de Marbre.

★ **La cour de Marbre**
Elle est ornée d'un dallage, d'urnes et de bustes en marbre, et d'un balcon doré.

L'aile du Nord
Abritant à l'origine les appartements royaux, l'aile est désormais occupée par la chapelle, l'Opéra et les galeries de tableaux.

★**L'Opéra**
Il fut achevé en 1770, pour le mariage du futur roi Louis xvi avec Marie-Antoinette.

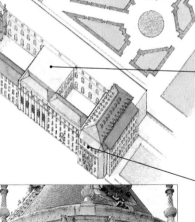

★**La Chapelle royale**
Dernière œuvre majeure de Mansart, la chapelle baroque à deux étages est le dernier apport de Louis xiv à Versailles.

Dans le château de Versailles

Les somptueux intérieurs, d'un luxe vraiment royal, occupent le premier étage du château. La chambre du roi et celle de la reine donnent sur la cour de Marbre. Les grands appartements, où se déroulaient les activités officielles de la cour, prennent jour sur les jardins. Ces intérieurs richement décorés par Charles Le Brun sont ornés de marbres, de sculptures, de tentures ou de peintures murales, et de mobilier de prix. A commencer par le salon d'Hercule, chaque grand appartement est dédié à une divinité olympienne. L'apogée en est la galerie des Glaces, avec ses 17 grands miroirs faisant face à une arcade de fenêtres hautes.

★ **La chambre de la Reine**
Les reines de France y donnaient publiquement naissance aux futurs rois.

À NE PAS MANQUER :

★ **La Chapelle royale**

★ **Le salon de Vénus**

★ **La galerie des Glaces**

★ **La chambre de la Reine**

LÉGENDE

☐ Aile du Midi

☐ Le salon du Sacre

☐ Appartements de Madame de Maintenon

☐ Appartements privés de la reine

☐ Grands appartements

☐ Appartements privés du roi

☐ Aile du Nord

☐ Espace non public

Entrée

La bibliothèque de Louis XVI est revêtue de lambris néo-classiques.

Le salon du Sacre est orné d'immenses portraits de Napoléon par Jacques-Louis David.

Entrée

★ **Le salon de Vénus**
Une statue de Louis XIV est campée dans ce somptueux décor de marbre.

★ **La Chapelle royale**
Le premier étage était réservé à la famille royale, et le rez-de-chaussée à la cour. Elle est décorée de marbre blanc, de dorures et de peintures murales d'esprit baroque.

★ La galerie des Glaces
Cette salle aux murs tapissés de miroirs s'étend sur 70 m le long de la façade ouest. En 1919, le traité de Versailles mettant fin à la première guerre mondiale y fut signé.

Œil-de-Bœuf

La chambre du Roi où Louis XIV mourut en 1715, à 77 ans.

Le salon de la Guerre
Le thème de la guerre est évoqué par le bas-relief en stuc d'Antoine Coysevox représentant Louis XIV chevauchant vers la victoire.

Le cabinet du **Conseil** est la salle où le roi recevait ses ministres et sa famille.

Le salon d'Apollon
Dessiné par Le Brun et dédié à Apollon, c'était la salle du trône de Louis XIV. Une copie du célèbre portrait du roi par Hyacinthe Rigaud (1701) y est accrochée.

Le salon d'Hercule

Escaliers vers le rez-de-chaussée

UNE REINE POURCHASSÉE
Le 6 octobre 1789, dans la nuit, une foule de Parisiens envahit le palais pour s'emparer de Marie-Antoinette, la reine détestée. Réveillée en sursaut, celle-ci, traversant la pièce appelée Œil de Bœuf, se précipita dans les appartements du roi, chez qui elle trouva refuge.

Le lendemain matin, les émeutiers triomphants reconduisirent à Paris le roi et la reine. Le couple royal ne devait plus jamais revenir à Versailles.

L'ouest de Paris

Fenêtre art nouveau, rue La Fontaine

La rue La Fontaine ㉗

75016. **Plan** 9 A4 Ⓜ *Jasmin, Michel-Ange Auteuil.* ⓇⒺⓇ *Radio-France*

L a rue La Fontaine et les rues avoisinantes conservent quelques-uns des exemples les plus intéressants de l'architecture du début du XXᵉ s.. Le Castel Béranger, au nᵒ 14, est un immeuble d'habitation édifié en matériaux peu onéreux, orné pourtant de vitraux, de fer forgé voluté, de balcons et de mosaïques. Cet édifice fit la réputation de l'architecte art nouveau Hector Guimard à qui l'on confia ensuite la réalisation des bouches du métro. On trouvera dans la même rue d'autres exemples de son style, comme l'hôtel Mezzara au nᵒ 60.

La fondation Le Corbusier ㉘

8-10, square du Docteur-Blanche 75016. 🎧 42 88 41 53. Ⓜ *Jasmin.* **Ouvert** 10 h-12 h 30, 13 h 30-17 h lun.-ven. (17 h Ven.). **Fermé** jours fériés, août, 24 déc.-2 jan. **Accès payant.** ▣ **Films, vidéo.** ▤ **Voir Histoire de Paris** pp. 36-7.

L es villas La Roche (*voir p. 265*) et Jeanneret, les deux premières constructions parisiennes de Charles-Edouard Jeanneret, dit Le Corbusier, l'un des architectes les plus brillants et les plus influents du XXᵉ s., furent édifiées au début des années 20 dans le paisible quartier d'Auteuil. Elles illustrent ses conceptions révolutionnaires : béton nu aux formes cubistes ; façades ouvertes sur toute leur longueur reposant sur des piliers et, pièces emboîtées les unes dans les autres pour offrir un éclairage et un volume maximaux.

La villa La Roche appartenait au mécène Raoul La Roche. Les deux villas ont été transformées en centre de documentation sur Le Corbusier. Des conférences y sont fréquemment données.

Le musée Marmottan ㉙

2, rue Louis-Boilly 75016. 🎧 42 24 07 02. Ⓜ *La Muette.* **Ouvert** 10 h-17 h 30 mar.-dim. **Fermé** jours fériés. **Accès payant.** ▤

L e musée fut créé en 1932, dans l'hôtel particulier de l'historien de l'art Paul Marmottan, lorsque celui-ci légua à l'Institut de France sa résidence ainsi que sa collection de tableaux et de meubles Renaissance, Consulat et premier Empire. Le musée changea de vocation en 1971, après le legs par Michel Monet de 65 tableaux de son père, le peintre impressionniste Claude Monet. Certaines de ses toiles les plus célèbres sont accrochées ici, dont *Impression, soleil levant* (l'œuvre éponyme de l'impressionnisme), une *Cathédrale de Rouen* et plusieurs *Nymphéas*.

Outre une partie de la collection personnelle de Monet, dont des tableaux de Camille Pissarro, d'Auguste Renoir et d'Alfred Sisley, le musée expose des enluminures médiévales.

La Barque (1887) de Claude Monet, musée Marmottan

Le bois de Boulogne ㉚

75016. Ⓜ *Porte Maillot, Porte Dauphine, Porte d'Auteuil, Sablons.* **Ouvert** 24 h/24. **Accès payant** : *jardins spécialisés et musées.* ♿ **Jardin Shakespeare** 🎭 **Théâtre en plein air** 🎧 45 24 08 16. **Jardin de Bagatelle** 🎧 40 67 97 00. **Ouvert** t.l.j. 8 h 30-20 h ; **Roseraie** juin-oct. **Jardin d'Acclimatation** 🎧 40 67 90 80. **Ouvert** t.l.j. 10 h-18 h. ▣ **Musée en Herbe** 🎧 40 67 97 66. **Ouvert** 10 h-18 h dim.-ven., 14 h-18 h Sam. ♿ **Musée des Arts et Traditions populaires** 🎧 44 17 60 00. **Ouvert** 9 h 45-17 h 15 h mer.-lun. **Accès payant.** ♿ ▤

C e parc de 865 ha, situé entre les limites ouest de Paris et la Seine, est la ceinture verte de la ville. Il offre de nombreuses possibilités de promenades à pied, à

Villa La Roche, Fondation Le Corbusier

Un pavillon du parc de Bagatelle, bois de Boulogne

bicyclette ou à cheval, de canotage et de pique-nique.

Vestige de l'immense forêt du Rouvre, le bois de Boulogne fut redessiné et paysagé au XIXᵉ siècle, sous Napoléon III, par le baron Haussmann qui s'inspira de Hyde Park à Londres.

Deux jardins intéressants se trouvent dans le bois de Boulogne. Le Pré Catelan, parc indépendant, possède le plus grand hêtre de Paris, quant aux élégants jardins de Bagatelle ils comptent de nombreuses variétés de plantes et une célèbre roseraie où chaque 21 juin a lieu un concours international de roses. La villa fut édifiée au XVIIIᵉ siècle en 64 jours, à la suite d'un pari entre le comte d'Artois et sa belle-sœur, Marie-Antoinette.

Évitez de vous promener dans le bois après la tombée de la nuit.

La Grande Arche de la Défense

La Défense ❸❶

La Grande Arche. ☎ 49 07 27 27. ⒭ *La Défense*. **Ouvert** dim.-ven. 9 h-18 h, sam. et jours fériés 9 h-19 h. **Accès payant.** ⬛ ⬛ *Voir* **Histoire de Paris** pp. 38-9.

L es 80 ha de gratte-ciel du quartier des affaires de l'ouest parisien constituent la plus vaste opération immobilière lancée en Europe depuis les années 60. De nombreuses compagnies nationales ou multinationales y sont établies. Plusieurs œuvres d'art contemporain, dont une sculpture de Juan Miró et la fontaine monumentale d'Agam, ont transformé le parvis en musée à ciel ouvert.

Plein d'élégance et de pureté, le cube évidé de la Grande Arche, qui pourrait contenir Notre-Dame, fut construit en 1989 par l'architecte danois Otto von Spreckelsen. L'arche abrite la Fondation internationale des droits de l'homme, et accueille en permanence une à deux expositions. De la terrasse on a une vue magnifique sur Paris.

Le château de La Malmaison ❸❷

Av. du Château 92500 Rueil-Malmaison. ☎ 47 49 20 07. ⒭ *La Défense* puis bus 258. **Ouvert** 10 h-midi, 13 h 30-17 h mer.-lun. (16 h 30 en hiver). **Accès payant.** ♿ limité. ⬛ *Voir* **Histoire de Paris** pp. 30-1.

J oséphine de Beauharnais, l'épouse de Napoléon Iᵉʳ, acheta en 1799 ce château du XVIIᵉ siècle, complété ultérieurement par une magnifique véranda, des statues classiques et un petit théâtre. Napoléon et ses proches venaient s'y reposer entre deux campagnes. Le château, qui devint la résidence

Le lit de l'impératrice Joséphine, château de La Malmaison

principale de Joséphine après son divorce, est aujourd'hui un musée napoléonien, de même que le château de Bois-Préau, à proximité.

Mobilier, portraits, objets et souvenirs de la famille impériale – notamment le trône de Napoléon provenant de Fontainebleau, le lit de camp sur lequel il mourut en 1821 et son masque mortuaire – sont exposés dans des salons reconstitués de style premier Empire.

CINQ PROMENADES À PIED

Paris est une ville propice à la flânerie. La plupart de ses sites majeurs sont peu éloignés les uns des autres, et tous se trouvent à proximité du cœur de la ville, l'île de la Cité.

Les 14 quartiers touristiques décrits dans le chapitre *Quartier par quartier* sont illustrés de plans où sont suggérés des itinéraires de balades qui font découvrir au visiteur la plupart des sites les plus intéressants. Paris possède cependant un grand nombre de lieux moins connus, mais tout aussi remarquables, dont l'histoire, l'architecture ou l'ambiance particulières révèlent d'autres aspects de la capitale.

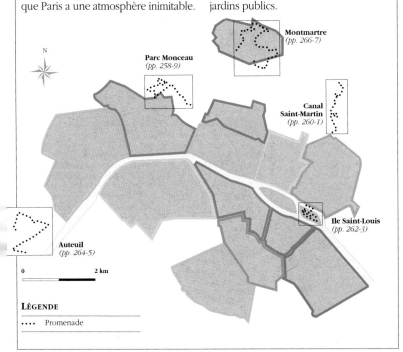

Statue du parc Monceau

Les cinq promenades suivantes conduisent le visiteur jusqu'aux principaux sites touristiques du quartier concerné, mais elles s'arrêtent aussi à des cafés, des marchés, des églises, des jardins secrets, des vieilles rues au caractère encore villageois qui donnent à Paris son cachet si particulier. C'est ce mélange du passé et du présent qui fait que Paris a une atmosphère inimitable.

Ces promenades font alterner les quartiers élégants d'Auteuil, de Monceau et de l'île Saint-Louis avec les vieux quartiers populaires de Montmartre et du canal Saint-Martin. Auteuil est réputé pour l'architecture luxueuse et avant-gardiste de ses immeubles d'habitation, Monceau pour ses somptueux hôtels particuliers second Empire, et l'île Saint-Louis pour ses demeures du grand siècle, ses quais bordés d'arbres, ses rues étroites et les stars de la littérature ou du show business qui y habitent. Les vieilles rues villageoises de Montmartre, quant à elles, bruissent encore du souvenir des peintres maudits et de la vie de bohème, tandis que près du canal Saint-Martin, les écluses tranquilles et les passerelles de fer conservent le charme nostalgique du vieux Paris populaire.

Toutes ces promenades sont faciles d'accès grâce aux transports en commun (les stations de métro et les lignes de bus les plus proches sont indiquées dans les encadrés *Mode d'emploi*). Pour chacune d'elles sont suggérés des pauses de détente, cafés, restaurants, squares ou jardins publics.

Montmartre
(pp. 266-7)

Parc Monceau
(pp. 258-9)

Canal Saint-Martin
(pp. 260-1)

Ile Saint-Louis
(pp. 262-3)

Auteuil
(pp. 264-5)

N

0   2 km

LÉGENDE

···· Promenade

Paysage d'automne au bord de la Seine

Une heure et demie dans le quartier du parc Monceau

Cette promenade traverse le parc Monceau datant de la fin du XVIIIᵉ siècle, centre d'un élégant quartier construit sous le second Empire et s'achève place Saint-Augustin après avoir emprunté des rues bordées d'opulents hôtels particuliers qui attestent la fortune de certains Parisiens. Pour le détail de la visite du parc Monceau, voir pages 230-1.

Du parc Monceau à l'avenue Velasquez

La promenade débute au métro Monceau ①, boulevard de Courcelles. Entrez dans le parc par la rotonde XVIIIᵉ siècle de Nicolas Ledoux ②, flanquée par deux magnifiques grilles en fer forgé doré du XIXᵉ siècle surmontées de quatre réverbères ouvragés.

d'hôtels particuliers néo-classiques du XIXᵉ siècle. Au nᵒ 7, le splendide musée Cernuschi ⑥ abrite une collection d'art d'Extrême-Orient.

Le portail Ruysdaël

La rotonde du parc Monceau ②

Prenez la seconde allée à gauche après le monument de Guy de Maupassant ③ (1897), l'un des six monuments dédiés à la mémoire d'importants écrivains et musiciens français, répartis dans le parc et généralement composés d'un buste du grand homme agrémenté d'une muse en pâmoison.

En face se dresse la fabrique la plus importante du parc, une colonnade corinthienne recouverte de mousse ④ bordant un petit étang romantique. Faites le tour de la colonnade et passez sous l'arche du XVIᵉ siècle ⑤ provenant de l'ancien hôtel de ville de Paris (*voir p. 102*).

Tournez à gauche dans l'allée de la Comtesse-de-Ségur et rejoignez l'avenue Velasquez, bordée d'arbres et

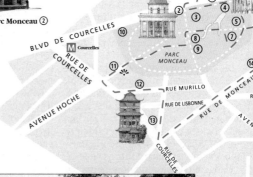

La colonnade du parc Monceau ④

La statue d'Ambroise Thomas ⑧

De l'avenue Velasquez à l'avenue Van-Dyck

Revenez dans le parc et tournez à g. dans la seconde petite allée sinueuse, bordée par une pyramide moussue du XVIIIᵉ siècle ⑦, ainsi que par d'antiques tombeaux, une arcade en pierre, un obélisque et une petite pagode chinoise. Le charme mélancolique de ces fausses ruines est représentatif de l'esprit romantique de la fin XVIIIᵉ siècle.

Tournez à dr. dans la première allée après la pyramide et revenez vers l'allée centrale. En face, un pont Renaissance enjambe une petite

rivière. Tournez à g. et dépassez le monument dédié au compositeur Ambroise Thomas (1902) ⑧. Juste derrière, une cascade dévale une petite montagne artificielle. Tournez à g. dans l'allée suivante et avancez jusqu'au monument à Charles Gounod (1897) ⑨ à g. De là, suivez la première allée sinueuse vers la sortie sur l'avenue Van-Dyck. A dr. en face, dans l'angle du parc, se trouve le monument à Chopin ⑩ (1906) et, en regardant dans l'allée de la Comtesse-de-Ségur, on peut voir le monument au grand poète français du XIXᵉ siècle, Alfred de Musset.

De l'avenue Van-Dyck à la rue de Monceau

Quittez le parc et empruntez l'avenue Van-Dyck. Le n° 5, à droite, est un impressionnant hôtel particulier néo-baroque ⑪ édifié par le chocolatier Emile Meunier ; le n° 6 est typique du style néo-Renaissance revenu à la mode dans les années 1860. Au-delà de la grille ouvragée s'ouvre la belle perspective de l'avenue Hoche avec l'Arc de triomphe au loin. Passez la grille et tournez à gauche dans la rue de

La cascade de la montagne

Courcelles, puis à nouveau à gauche dans la rue Murillo bordée d'hôtels particuliers, de style XVIIIe siècle et néo-Renaissance ⑫. Au carrefour de la rue Rembrandt, se trouve à gauche, une autre entrée du parc et, à droite, un imposant immeuble d'habitation 1900 (au n° 7) ainsi qu'une élégante résidence Renaissance à porte d'entrée en bois sculpté (au n° 1). A l'angle de la rue Rembrandt et de la rue de Courcelles, on peut voir le plus singulier des édifices du quartier : une pagode de cinq étages qui abrite la galerie d'un marchand d'art asiatique ⑬. Tournez à gauche dans la rue de Monceau, dépassez l'avenue Ruysdaël et continuez jusqu'au musée Nissim de Camondo, au 63, rue de Monceau ⑭. Les immeubles proches qui valent le détour sont aux 52, 60 et 61 de la même rue ⑮.

Le boulevard Malesherbes

Au carrefour de la rue de Monceau et du boulevard Malesherbes, tournez à gauche. Ce boulevard, avec ses nobles immeubles d'habitation de six étages, est typique des grandes avenues percées à Paris par le baron Haussmann, sous le second Empire (*voir pp. 32-3*). Ces immeubles plurent aussitôt à la grande bourgeoisie industrielle mais

furent très décriés par les amoureux de Paris, artistes ou écrivains qui les comparèrent aux buildings new yorkais. Au 75, la façade en marbre de Benneton, le graveur de cartes de visite et de papier à lettre le plus chic de Paris ⑯. A gauche, presque sur le boulevard Haussmann, se dresse l'église Saint-Augustin ⑰, la plus grande construite à Paris au XIXe siècle, par Victor Baltard. Entrez dans l'église par le porche arrière donnant sur la rue de la Bienfaisance, traversez la nef et sortez par le portail principal. A gauche, l'imposant bâtiment du Cercle militaire ⑱ abrite le club des officiers de l'armée française. En face, la statue en bronze de Jeanne d'Arc ⑲. Continuez jusqu'à la place Saint-Augustin et la station de métro Saint-Augustin.

La statue de Jeanne d'Arc ⑲

LÉGENDE

— Itinéraire

⋇ Point de vue

Ⓜ Métro

0   250 mètres

MODE D'EMPLOI

Départ : bd de Courcelles.
Longueur : 3 km.
Comment y aller ? Métro le plus proche : Monceau ; bus : lignes 30, 84 et 94.
Eglise Saint-Augustin : ouvert 7 h-19 h t.l.j.
Haltes : Dans le parc Monceau, près du pont Renaissance, un kiosque sert boissons et en-cas. Place de Rio-de-Janeiro, deux cafés fréquentés par les employés du quartier, et une brasserie en face de l'église Saint-Augustin. Le square Marcel Pagnol est un endroit agréable pour se détendre et se remémorer les attraits du parc à la fin de la balade.

La pagode chinoise ⑬

Une heure et demie le long du canal Saint-Martin

Cette balade le long du canal Saint-Martin, qui relie le bassin de la Villette à la Seine, a une atmosphère très différente de celle que l'on peut ressentir dans les quartiers plus chic. Ici, les plus vieux bâtiments – usines, entrepôts, habitations, restaurants et cafés – sont autant de vestiges du capitalisme triomphant et du monde ouvrier du XIXᵉ siècle. Mais l'on appréciera également le charme un peu nostalgique des vieilles passerelles en fer, des quais bordés d'arbres, des pêcheurs à la ligne, des péniches et des eaux calmes des grands bassins du canal. Une promenade le long du canal, c'est aussi évoquer les souvenirs du vieux Paris, celui d'Arletty ou d'Edith Piaf.

La Barrière de la Villette, XVIIIᵉ siècle ②

Le bassin de la Villette, perspective nord ③

De la place de Stalingrad à l'avenue Jean-Jaurès

En partant du métro Stalingrad ①, suivez le boulevard de la Villette jusqu'au nouveau square situé en face de la Barrière de la Villette ②, l'un des rares octrois du XVIIIᵉ siècle subsistant à Paris, édifié dans les années 1780 par le célèbre architecte Nicolas Ledoux. Le square, les fontaines et les terrasses ont été créés récemment pour offrir une perspective sur le bassin de la Villette ③ au nord. Longez l'avenue Jean-Jaurès, à gauche, jusqu'à la première écluse ④ fermant le canal.

Du quai de Valmy à la rue Bichat

Empruntez le quai de Jemmapes qui longe la rive est du canal sur toute sa

Vue du pont de la rue E.-Varlin

LÉGENDE

— Itinéraire

☆ Point de vue

Ⓜ Métro

0   500 mètres

Le jardin de la cour de l'hôpital Saint-Louis ⑭

NUE JEAN JAURES

AVE SECRETAN

Passerelles sur le canal ⑤

longueur jusqu'au premier pont à hauteur de la rue Louis-Blanc ⑤. Traversez le pont et passez sur le quai de Valmy. De l'angle, on aperçoit dans la rue Louis-Blanc la façade de granit et de verre du nouveau tribunal industriel de Paris ⑥. Continuez le long du quai de Valmy. A hauteur de la rue E.-Varlin, traversez le pont ⑦ d'où l'on a un magnifique point de vue sur la seconde écluse du canal, les jardins publics et les vieux réverbères. De l'autre côté du pont, à l'angle du quai de Jemmapes et le long de la rue Haendel piétonne, vous verrez des H.L.M. en terrasses ⑧. À proximité se trouve le siège du parti communiste français ⑨, place du Colonel-Fabien. Cet édifice

construit entre 1968 et 1971 est facilement reconnaissable à sa façade vitrée curviligne.
Revenez quai de Jemmapes : au 134 ⑩ subsiste l'un des derniers bâtiments en briques et fer qui bordaient le canal au XIXe siècle. Il témoigne de l'importante activité industrielle du quartier à cette époque. Au 126 ⑪, se trouve une résidence pour personnes âgées, aux monumentales arcades en béton et aux fenêtres en encorbellement. Plus loin, le no 112 ⑫ est un immeuble d'habitation art déco, avec oriels, balcons ornementaux en fer et céramique.
Le rez-de-chaussée est occupé par un café ouvrier typique des années 30. Là, le canal s'incurve vers la troisième écluse enjambée par une charmante passerelle en fer ⑬.

De l'hôpital Saint-Louis à la rue Léon-Jouhaux
Tournez à gauche dans la rue Bichat menant au remarquable hôpital Saint-Louis ⑭, qui constitue l'un des meilleurs exemples de l'architecture du début du XVIIe siècle. Entrez dans la cour de l'hôpital par le vieux portail principal, coiffé d'un haut toit à la française. L'hôpital, construit en brique et en pierre, fut fondé en 1607 par Henri IV, pour soigner les pestiférés. Quittez la cour par le portail central de l'aile située à gauche En passant devant la chapelle du XVIIe siècle ⑮, vous débouchez dans la rue de la Grange-aux-Belles.

Tournez à gauche et revenez vers le canal. À l'angle de la rue de la Grange et du quai de Jemmapes se dressait jusqu'en 1627 le célèbre gibet de Montfaucon ⑯, l'un des principaux lieux d'exécution du Paris médiéval. Empruntez le quai de Jemmapes. Au 101 ⑰, la façade d'origine de l'hôtel du Nord rendu célèbre par le film des années 30. En face, une autre passerelle en fer et un pont levant ⑱ forment un tableau pittoresque. Traversez le pont et continuez à descendre le quai de Valmy jusqu'à la dernière passerelle ⑲, à l'angle de la rue Léon-Jouhaux. Là, le canal devient souterrain et se prolonge sous une large voûte de pierre.

Entrée de l'hôpital Saint-Louis ⑭

Du square Frédéric-Lemaître à la place de la République
Longez le square Frédéric-Lemaître ⑳ jusqu'au début du boulevard Jules-Ferry dont le centre est occupé par un jardin public. À l'entrée, du jardin, on peut voir la statue de La Grisette ㉑, une bouquetière des années 1830 évoquant les jeunes ouvrières du quartier. À gauche, débouche la rue populaire et commerçante, du Faubourg-du-Temple ㉒. Descendez la rue sur la droite jusqu'à la station de métro place de la République.

Vitrine de magasin rue du Temple ㉒

Une heure et demie autour de l'île Saint-Louis

Cette balade autour de l'île Saint-Louis emprunte des quais bordés d'arbres, du pont Louis-Philippe au quai d'Anjou, et passe devant les somptueux hôtels particuliers xviie siècle qui donnent à ce quartier son air de noblesse. Elle traverse ensuite le cœur de l'île, le long de sa rue principale, rue Saint-Louis-en-l'Ile, agrémentée de restaurants chic, de cafés, de galeries d'art et de boutiques à la mode, avant de revenir par la rive nord de l'île au pont Marie. Pour plus de renseignements sur les principaux sites, voir pages 77 et 87.

L'île Saint-Louis vue de la rive gauche

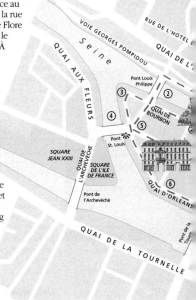

Pêcheurs sur les quais de l'île Saint-Louis

Du métro Saint-Paul à la rue Jean-du-Bellay

En partant du métro Saint-Paul ①, prenez la rue François-Miron et tournez à g. rue de Fourcy. Descendez la rue des Nonnains-d'Hyères pour rejoindre le quai de l'Hôtel-de-Ville puis le pont Louis-Philippe ②. Traversez le pont et immédiatement à dr. empruntez les escaliers descendant sur le quai. Faites le tour de la pointe ouest ombragée de l'île ③, puis remontez vers la passerelle Saint-Louis ④. Face au pont, à l'angle de la rue Jean-du-Bellay, le Flore en l'Ile ⑤, le café le plus chic de l'île. À côté, l'un des dépositaires du célèbre glacier Berthillon.

Le quai d'Orléans

À l'angle de la rue Jean-du-Bellay et du quai d'Orléans, beau point de vue sur Notre-Dame et le dôme du Panthéon. Le long du quai, au 12 ⑥, se trouve l'un des nombreux hôtels particuliers xviie siècle, avec de beaux balcons en fer forgé. Au 18-20, remarquer les fenêtres hispano-mauresques de l'hôtel Rolland.

Péniche passant devant un quai de l'île Saint-Louis

Légende

—	Itinéraire
✼	Point de vue
Ⓜ	Métro

0   250 mè

Au 6, la bibliothèque polonaise, fondée en 1838, possède un petit musée consacré au poète Adam Mickiewicz ⑦. On peut y voir quelques partitions de Chopin et des manuscrits autographes de George Sand et de Victor Hugo. À dr., le pont de la Tournelle ⑧ traverse la Seine vers la rive gauche.

Du quai de Béthune au pont Marie

Dépassez le pont et continuez quai de Béthune : Marie Curie (prix Nobel de physique) vécut au 36 ⑨ ; de beaux balcons en ferronnerie ornent les nᵒˢ 34 et 30. L'hôtel Richelieu ⑩, au 18, est l'une des plus belles demeures de l'île. Son jardin conserve ses arcades classiques d'origine.

Tournez à gauche dans la rue Bretonvilliers où se dresse une imposante demeure XVIIᵉ siècle ⑪ reposant sur une arche classique qui enjambe la rue. Revenez sur le quai de Béthune et continuez jusqu'au pont de Sully ⑫, construit à la fin du XIXᵉ siècle. En face, le délicieux square Barye ⑬ est un jardin public ombragé, tracé sur la pointe est de l'île et offrant de beaux points de vue sur le fleuve. De là, empruntez le quai d'Anjou jusqu'à l'angle de la rue Saint-Louis-en-l'Ile pour découvrir la plus célèbre demeure du quartier, l'hôtel Lambert ⑭

restaurants à la mode. Au 31, le glacier Berthillon ⑱ ; au 60, un magasin d'antiquités ⑲ qui possède une vitrine XIXᵉ siècle d'origine et, au 51, l'une des rares demeures XVIIIᵉ siècle de l'île, l'hôtel Chernizot ⑳ dont le superbe balcon rocaille s'appuie sur des chimères.

Chimère au 51, rue Saint-Louis-en-l'île ⑳

Tournez à droite rue Jean-du-Bellay jusqu'au pont Louis-Philippe. Tournez à droite quai de Bourbon, bordé par quelques-uns des plus beaux hôtels particuliers de l'île, le plus remarquable étant l'hôtel Jassaud, au 19 ㉑. Continuez jusqu'au pont Marie ㉒, datant du XVIIᵉ siècle, et traversez-le pour rejoindre la station de métro Pont Marie.

Portail de l'église Saint-Louis ⑰

[plan/carte]

JE DE L'HOTEL DE VILLE

Ⓜ Ponte Marie

QUAI DES CELESTINS

VOIE GEORGES POMPIDOU

QUAI D'ANJOU

ST LOUIS EN L'ILE

㉒ ⑯ ⑮ ⑰ ⑪ ⑭ ⑩ BLVD HENRI IV

Pont de Sully

Pont de Sully ⑫ ⑬

Seine

N

(voir pp. 24-5), où a vécu Michèle Morgan. Longez le quai d'Anjou vers l'hôtel de Lauzun ⑮, à l'austère façade classique et aux somptueux balcons dorés. Tournez à gauche dans la rue Poulletier ; au 5 bis, se trouve le couvent des Filles de la Charité ⑯. Plus loin, à l'angle de la rue Poulletier et de la rue Saint-Louis-en-l'Ile, l'église Saint-Louis ⑰, avec sa curieuse horloge accrochée comme une enseigne, est le cadre de nombreux concerts. Remontez la rue Saint-Louis-en-l'Ile avec ses petits

Le pont Marie, du XVIIᵉ siècle ㉒

Fenêtres de l'hôtel Rolland

MODE D'EMPLOI

Départ : *métro Saint-Paul.*
Longueur : *2,6 km.*
Comment y aller ? *La promenade commence au métro Saint-Paul, mais le bus 67 dessert la rue du Pont-Louis-Philippe et le pont de Sully ; les lignes 86 et 87 traversent également l'île.*
Haltes : *nombreux cafés, dont le Flore en l'Ile (voir p. 311) et les succursales du glacier Berthillon (p. 311). Parmi les restaurants de la rue Saint-Louis-en-l'Ile : l'Auberge de la Reine Blanche et Au Gourmet de l'Ile, ainsi qu'une pâtisserie et un fromager. On pourra flâner le long des quais ombragés et dans le square Barye, sur la pointe est de l'île.*

Une heure et demie dans le quartier d' Auteuil

Le caractère contrasté des rues du quartier explique en partie l'attrait de cette promenade au cœur de ce bastion de la bourgeoisie parisienne. Après l'ambiance quasi-villageoise de la rue d'Auteuil où commence la balade, on découvre plusieurs chefs-d'œuvre de l'architecture moderne, rue La Fontaine et rue du Docteur-Blanche, avant d'arriver à la station de métro Jasmin, terme de la promenade. Pour plus de renseignements voir page 254.

Obélisque, place
d'Auteuil ①

La rue d'Auteuil

La promenade commence place d'Auteuil ①, véritable place de village agrémentée d'une superbe entrée de métro par Guimard, d'un obélisque funéraire du XVIIIe siècle et de l'église néo-romane Notre-Dame-d'Auteuil datant du XIXe siècle. Descendez la rue d'Auteuil, la rue principale de l'ancien village et goûtez à son charme un peu provincial. La brasserie Batifol ② occupe l'emplacement de la plus vieille taverne du quartier, fréquentée au XVIIe siècle par Molière et sa troupe. Les demeures du n° 45-47 ③ furent les résidences des présidents américains John Adams et de son fils John Quincey Adams. Rejoignez la place Jean-Lorrain ④ où se tient le marché du quartier. La fontaine Wallace (eau potable) est l'une de celles offertes au XIXe siècle par le millionnaire

Fontaine Wallace ④

anglais Richard Wallace. À dr., descendez la rue Donizetti jusqu'à la villa Montmorency ⑤, une voie privée bordée de luxueuses villas construites sur l'ancienne propriété campagnarde de la comtesse de Boufflers.

La rue La Fontaine

Empruntez la rue La Fontaine, célèbre pour ses nombreuses demeures dessinées par Hector Guimard. Au 65, l'ensemble d'ateliers d'Henri Sauvage ⑥ est l'un des bâtiments art déco les plus originaux de Paris. Au 60, une maison art nouveau ⑦ de Guimard. Plus loin, au 40, une petite chapelle néo-gothique ⑧ et des immeubles d'habitation art nouveau, aux 19 et 21 ⑨. Le Castel Béranger ⑩, au 14, est la construction la plus spectaculaire de Guimard. Elle possède un superbe portail en fer forgé.

MODE D'EMPLOI

Départ : place d'Auteuil
Longueur : 3 km.
Comment y aller ? La station de métro la plus proche est Église d'Auteuil ; les lignes de bus 22, 52 et 62 desservent également le point de départ.
Où faire une pause ? : rue d'Auteuil, la brasserie Batifol, à la mode, au décor 1930, est assez bon marché. Au 19, rue La Fontaine, un petit café art nouveau, au sol carrelé et au zinc d'origine. La place Jean Lorrain est un square ombragé où le promeneur pourra se reposer, ainsi que dans le petit jardin en face de la chapelle néo-gothique au 40, rue La Fontaine. Plus loin, place Rodin, agréable jardin public.

Porte du 28, rue d'Auteuil

*Villa
Montmorency*

LÉGENDE

— Itinéraire

☆ Point de vue

Ⓜ Métro

0   250 mètres

De la rue de l'Assomption à la rue Mallet-Stevens

De l'angle de la rue de l'Assomption, on peut voir la Maison de Radio-France ⑪ construite en 1963 pour abriter la radio et la télévision françaises (*voir p. 200*). C'était l'un des premiers édifices modernes de l'après-guerre à Paris. Tournez à g. dans la rue de l'Assomption et marchez jusqu'au 18, un bel immeuble d'habitation des années 20 ⑫. Tournez à g. dans la rue du Général-Dubail et suivez-la jusqu'à la place Rodin, où le superbe nu en

Oriel au 3, square Jasmin ⑲

bronze du sculpteur, *L'Âge d'airain* (1877) ⑬, occupe le centre du rond-point.

Revenez rue de l'Assomption par l'avenue Théodore-Rousseau et tournez à g. vers l'avenue

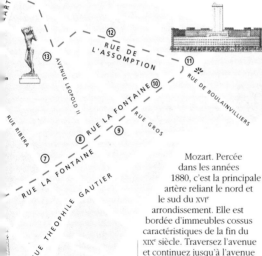

Mozart. Percée dans les années 1880, c'est la principale artère reliant le nord et le sud du XVIe arrondissement. Elle est bordée d'immeubles cossus caractéristiques de la fin du XIXe siècle. Traversez l'avenue et continuez jusqu'à l'avenue des Chalets où se trouvent des pavillons ⑭ qui rappellent que le faubourg d'Auteuil était un séjour campagnard au milieu du XIXe siècle. Plus loin rue de l'Assomption, l'église néo-Renaissance Notre-Dame-de-l'Assomption ⑮. Tournez à g. dans la rue du Docteur-Blanche. Au 9, et dans la rue Mallet-Stevens contiguë ⑯, un alignement de demeures de style moderne international dessinées par le célèbre architecte Mallet-Stevens. Dans cette enclave avant-gardiste résidaient des architectes, des designers, des artistes et leurs clients éclairés. Les proportions d'origine furent cependant altérées dans les années 60 par l'ajout

Cour du 14, rue La Fontaine ⑩

d'un troisième étage.

Continuez dans la rue du Docteur-Blanche jusqu'à la villa du Docteur-Blanche. Au fond de cette petite impasse, se trouve la construction moderne la plus célèbre d'Auteuil, la Villa Roche, de Le Corbusier ⑰. Avec la Villa Jeanneret contiguë, elle abrite aujourd'hui la Fondation Le Corbusier (*voir pp. 36-37*). Cet archétype du modernisme, nu et géométrique, a été conçu en 1924 pour un collectionneur d'art. La maison met en œuvre les techniques du béton armé révolutionnaires pour l'époque.

18, rue de l'Assomption, détail ⑫

De la rue du Docteur-Blanche à la rue Jasmin

Revenez sur vos pas rue du Docteur-Blanche et tournez à dr. dans la rue Henri-Heine. Le 18 bis ⑱, un très élégant immeuble d'habitation néo-classique des années 1920, contraste harmonieusement avec la façade art nouveau voisine, l'une des dernières créations de Guimard en 1926, moins audacieuse que celle du Castel Béranger, mais utilisant pourtant encore la brique, avec des oriels et un toit terrasse. Tournez à g. dans la rue Jasmin. Dans la seconde impasse à g., une autre réalisation de Guimard, au 3, square Jasmin ⑲. Le métro se trouve au bout de la rue Jasmin.

L'Âge d'airain ⑬

Une heure et demie à Montmartre

La balade commence au pied de la butte, où les anciens théâtres et bals, jadis fréquentés et représentés par de nombreux peintres, de Renoir à Picasso, ont aujourd'hui cédé la place à des boîtes de nuit ou à des sex-shops. Elle monte ensuite jusqu'au village d'origine, le long de rues étroites qui conservent l'atmosphère évoquée dans la peinture de Van Gogh, par exemple. La promenade se termine ensuite à la place Blanche. Pour plus de détails concernant les principaux sites de Montmartre, voir pp. 218-227.

Montmartre vu dans le lointain

De la place Pigalle à la rue Ravignan

La promenade débute place Pigalle ①, très animée, et suit la rue Frochot jusqu'à la rue Victor-Massé. À l'angle, se trouve l'entrée d'une voie privée, bordée de pavillons cossus du début du siècle ②. En face, au 27, rue Victor-Massé, un bel immeuble d'habitation milieu du XIXe siècle, et au nº 25, la demeure où vécurent Vincent Van Gogh et son frère Théo en 1886 ③. Dans les années 1890, Le Chat Noir ④, le plus célèbre cabaret montmartrois prospérait au nº 12 . Au bout de la rue commence l'avenue Trudaine, sage et ombragée. Prenez la rue Lallier, à g., jusqu'au boulevard de Rochechouart. Tournez à dr. dans le boulevard : le nº 84 est

Le portail de l'avenue Frochot

MODE D'EMPLOI

Départ : place Pigalle
Longueur : 2,3 km. La promenade emprunte des rues très escarpées; si la montée vous effraie, prenez le Montmartrobus place Pigalle. Ce bus suit en grande partie notre itinéraire.
Comment y aller ? La station de métro la plus proche est Place Pigalle; les lignes de bus 30, 54 et 67 desservent également le point de départ.
Où s'arrêter ? Nombreux cafés et magasins rue Lepic et rue des Abbesses. Le Rayon de la Santé, place Dullin, est l'un des meilleurs restaurants végétariens de la capitale. Jardins publics où l'on pourra se reposer à l'ombre : place Jean-Baptiste Clément et square S. Busson, sur l'avenue Junot.

la première adresse du Chat Noir, et au 82, le Grand Trianon ⑤ est le plus vieux cinéma encore en activité. Il date du début des années 1890. Plus loin, au nº 74, subsiste la façade du premier bal cancan du quartier, l'Elysée-Montmartre ⑥.

Tournez à g. rue Steinkerque, qui mène aux jardins du Sacré-Cœur, puis à g. rue d'Orsel, qui conduit à la place Charles-Dullin où se trouve le petit Théâtre de l'Atelier ⑦, du début du XIXe siècle. Continuez à gravir la colline par la rue des Trois-Frères et tournez à g. rue Yvonne-Le-Tac, qui mène à la place des Abbesses ⑧. C'est l'un des squares les plus agréables et les plus animés du quartier. Il a conservé intacte son entrée de métro art nouveau par Hector Guimard.

Rue André-Antoine ⑩

En face, Saint-Jean-l'Evangéliste ⑨ est une étonnante église en brique et mosaïques art nouveau. À dr. de l'église descend un escalier qui mène à la petite rue André-Antoine : le peintre néo-impressionniste Georges Seurat vécut au n° 39 ⑩. Poursuivez rue des Abbesses et tournez à dr. dans la rue Ravignan.

La rue Ravignan
D'ici, on a une vue panoramique sur Paris. Grimpez l'escalier qui mène à la place Emile-Goudeau ⑪. À g., au 13, se trouve l'entrée du Bateau-Lavoir, où vécurent et

Saint-Jean l'Evangéliste, détail ⑨

travaillèrent de nombreux artistes montmartrois, comme Picasso au début du siècle. Plus haut, à l'angle des rues Orchampt et Ravignan, on peut voir un pittoresque alignement d'ateliers d'artistes ⑫.

De la rue Ravignan à la rue Lepic
Continuez à grimper sur la butte le long du petit jardin de la place Jean-Baptiste-Clément ⑬. Au sommet, traversez la rue Norvins. En face, se trouve un vieux restaurant montmartrois, À la Bonne Franquette ⑭, qui, comme Aux Billards en Bois, était très prisé des peintres au XIXᵉ siècle. Longez l'étroite rue Saint-Rustique, d'où l'on aperçoit le Sacré-Cœur. Au bout, à dr., la place du Tertre ⑮, la place principale du village. De là, prenez la rue du Mont-Cenis, et montez jusqu'à la rue Cortot : au n° 6 vécut le compositeur Erik Satie ⑯ ; au 12, le musée de Montmartre ⑰. Tournez à dr. dans la rue des Saules, dépassez la petite vigne de Montmartre ⑱ jusqu'au Lapin Agile ⑲, à l'angle de la rue Saint-Vincent.

Revenez sur vos pas rue des Saules et tournez à dr. dans la rue de l'Abreuvoir, bordée de villas et de jardins début de siècle. Continuez dans l'allée des Brouillards : le n° 6 ⑳ fut la dernière résidence montmartroise de Renoir. Descendez les escaliers jusqu'à la rue Simon-Demeure, et tournez tout de suite à g. dans un petit parc que vous traverserez pour rejoindre l'avenue Junot. Au 15 ㉑ vécut le poète dadaïste Tristan Tzara au début des années 20. Remontez l'avenue Junot, tournez à dr. dans la rue Girardon et encore à dr. dans la rue Lepic.

Le cabaret Au Lapin Agile ⑲

De la rue Lepic à la rue Blanche
À l'angle se dresse le Moulin Radet ㉒, l'un des derniers de Montmartre. Continuez rue Lepic : à dr., au sommet de la pente, se trouve le Moulin de la Galette ㉓. Tournez à g. dans la rue de l'Armée-d'Orient et ses ateliers d'artistes ㉔, puis à nouveau à g. dans la rue Lepic. Van Gogh vécut au n°54 ㉕ en juin 1886. Poursuivez jusqu'à la place Blanche : sur le boulevard de Clichy, à dr., se trouve l'un des music-halls les plus célèbres du quartier, le Moulin-Rouge ㉖.

RUE SAINT VINCENT

⑰ ⑯

⑮

Peintre au travail place du Tertre ⑮

RUE DANCOURT

⑦

⑤ ⑥

Anvers Ⓜ

VD DE ROCHECHOUART

RUE BOCHART DE SARON

Le music-hall Le Moulin-Rouge, près de la place Blanche ㉖

LES BONNES ADRESSES

HÉBERGEMENT

Paris est la ville d'Europe qui offre le plus grand nombre de chambres d'hôtel. Certaines sont très luxueuses, comme dans les palaces ou les établissements de renommée internationale, tel Le Ritz, d'autres sont plus simples, parfois situées dans les vieux quartiers de Paris. C'est affaire de goût et aussi de moyens. Pour vous aider à faire votre choix, nous avons visité des hôtels de toutes catégories et nous vous en proposons une large sélection, tous d'un bon rapport qualité/prix. La liste des pages 278-279 vous permettra de mieux fixer votre choix ; les hôtels y sont classés par catégorie et par quartier. Pour plus de détails sur chaque établissement, reportez-vous aux pages 280-285. Si vous souhaitez un autre type d'hébergement, vous trouverez toutes les indications nécessaires pages 272 à 274.

OÙ CHERCHER UN HOTEL

À Paris, les hôtels tendent à se regrouper par catégorie, la Seine traçant une frontière entre le Paris des affaires et celui des loisirs : les hôtels de luxe sont en général situés sur la rive droite et les hôtels de charme sur la rive gauche.

La plupart des palaces, notamment Le Royal Monceau, le Bristol, Le George V, Le Meurice et Le Plaza-Athénée, se trouvent dans les quartiers chic proches des Champs-Élysées. D'autres hôtels, moins connus mais tout aussi élégants, sont situés dans le quartier résidentiel des ambassades près du palais de Chaillot.

Toujours rive droite, dans le quartier rénové du Marais, nombre d'anciens hôtels particuliers ont été convertis en de petits hôtels de charme aux tarifs abordables. Le quartier proche des Halles, notamment celui de la rue Saint-Denis attirent cependant prostituées

et toxicomanes. Au sud du Marais, de l'autre côté de la Seine, l'île Saint-Louis et l'île de la Cité possèdent chacune plusieurs hôtels agréables.

Les secteurs touristiques les plus célèbres de la rive gauche offrent une excellente gamme de petits hôtels de grand caractère. De la bohème du quartier latin aux quartiers plus bourgeois des Invalides et de la tour Eiffel, en passant par le très chic Saint-Germain-des-Prés, les hôtels tendent à refléter ces changements subtils.

Un peu à l'écart du centre, Montparnasse offre plusieurs grands hôtels d'affaires construits dans des tours. Les nombreux établissements des quartiers de la gare du Nord et de la gare de Lyon sont souvent rudimentaires (certains sont même carrément miteux, ouvrez l'œil). Montmartre possède un ou deux hôtels agréables, si les pentes de la butte ne vous effraient pas, mais attention aux hôtels soit-disant montmartrois,

L'hôtel de Crillon (voir p 280)

installés en fait dans le quartier chaud de Pigalle. Si vous cherchez un hébergement, la meilleure période de la journée sera en fin de matinée (après le départ des précédents clients et le nettoyage de chambres) ou en milieu d'après-midi. Si tout est complet, essayez encore après 18 h, lorsque les chambres réservées non réclamées sont libérées. Ne vous fiez pas à l'impression que donne la réception, vous êtes en droit de visiter la chambre proposée et, éventuellement, de demander à en voir une autre.

Les informations concernant les hôtels proches des aéroports se trouvent dans le chapitre *Comment se rendre à Paris* (pp. 360-365).

LE PRIX DES HOTELS

Les tarifs, toujours élevés, ne sont pas forcément plus intéressants en basse saison (de la mi-novembre à mars, ou en juillet et août), car les

L'hôtel du Louvre (*voir p. 281*), entre le Louvre et le Palais-Royal

congrès et autres manifestations attirent beaucoup de monde tout au long de l'année. Dans les hôtels les plus prestigieux, la taille de la chambre ou sa situation peuvent avoir une incidence sur le prix.

Les chambres à deux lits sont un peu plus chères que les chambres à lit double, et un occupant unique payera presque autant que deux personnes partageant la chambre. Les chambres à un lit sont rares et souvent spartiates ou exiguës. Les chambres sans salle de bains sont environ 20 % moins chères. Vous aurez sans doute de nombreux restaurants à proximité, il n'est donc pas utile de prendre la demi-pension.

Il est toujours possible de demander une remise : pour un groupe ou pour un enfant, par exemple. Certains hôtels font même des prix aux étudiants, aux familles ou aux personnes âgées.

SUPPLÉMENTS OCCULTES

Selon la législation en vigueur, taxes et services sont inclus dans les prix affichés à la réception ou dans les chambres. Les pourboires sont superflus, sauf en cas de service particulier – par exemple si le concierge prend pour vous une réservation à un spectacle. Cependant, avant de réserver votre chambre, demandez toujours si le petit-déjeuner est inclus ou non

L'hôtel Meurice (*voir p. 281*), quartier des Tuileries

dans le prix. Attention aux extras, comme le mini-bar, souvent très cher, de même que le blanchissage, le parking ou le téléphone dans votre chambre, surtout si la communication passe par le standard de l'hôtel.

Les hôtels pratiquent un taux de change inférieur à celui des banques : veillez à avoir assez d'espèces pour payer votre note, sauf si vous la réglez par carte de crédit ou chèques de voyage.

CLASSEMENT DES HÔTELS

Les hôtels sont classés en cinq catégories par le ministère du Tourisme : de une à quatre étoiles, plus le quatre étoiles grand luxe. Le nombre d'étoiles indique la qualité du service offert (par exemple, un hôtel trois étoiles ou plus doit posséder un ascenseur). Mais cette classification ne garantit en rien la qualité de l'accueil, la propreté ou le bon goût de la décoration.

SERVICES

Si peu d'hôtels inférieurs à quatre étoiles possèdent un restaurant, il y a presque toujours une salle de petit déjeuner. Certains restaurants d'hôtel sont fermés en août. Les plus vieux hôtels manquent souvent de salon. Les hôtels plus modernes et plus chers offrent souvent un service supérieur, et généralement un bar. Les établissements bon marché sont en général dépourvus d'ascenseur – ça compte si vous devez monter vos valises ! –. D'ordinaire, seuls les hôtels les plus chers offrent un parking.

Consultez à ce sujet les tableaux des pages 280-285. Si vous voyagez en voiture, vous préférerez peut-être les chaînes d'hôtels de la périphérie (*voir pp. 273-274*). Dans tous les hôtels, sauf les plus modestes, les chambres ont un téléphone, souvent une télévision, mais rarement une radio. Les lits doubles sont courants, mais précisez si vous en souhaitez un ou non.

L'hôtel George V (*voir p. 285*)

Statue dans l'hôtel Relais Christine (*voir p. 282*)

Le Plaza-Athénée (*voir p. 285*), Champs-Elysées

HÔTEL MODE D'EMPLOI

Les lits d'hôtel ont encore souvent le traversin traditionnel. Si vous le trouvez inconfortable, remplacez-le par des oreillers. Demandez une chambre avec w.-c. et bain si le cabinet de toilette (lavabo et bidet) ne vous convient pas. Eau courante signifie simplement lavabo avec eau froide et chaude. Un duplex est une suite sur deux étages.

Le traditionnel petit déjeuner d'hôtel, avec café, viennoiserie et jus de fruit cède progressivement la place à un buffet plus copieux garni notamment de charcuteries, d'œufs, de viandes froides et de fromages. Dans certains hôtels de luxe, les petits déjeuners d'affaires sont devenus si courants qu'il vaut mieux réserver sa place la veille si l'on ne souhaite pas le prendre dans sa chambre. Sinon, allez au café le plus proche où les Parisiens aiment à prendre un « petit noir » au comptoir en lisant le journal.

La note se règle d'ordinaire avant midi : si vous occupez plus longtemps votre chambre, vous devrez acquitter une nuitée supplémentaire.

SÉJOURS COURTS

Paris est une destination si recherchée par les hommes d'affaires et les touristes que les tarifs week-end sont rares. Si aucun événement majeur n'a lieu durant la basse saison, vous pourrez toujours essayer de négocier une remise mais sans aucune garantie.

VOYAGER AVEC SES ENFANTS

Les familles accompagnées de jeunes enfants pourront souvent partager une même chambre, avec un supplément minime, voire nul. Rares sont les hôtels refusant les enfants, mais les équipements spécifiques font parfois défaut.

PERSONNES HANDICAPÉES

Les informations concernant les facilités d'accès en fauteuil roulant ont été fournies par les hôtels eux-mêmes. De façon générale, rares sont les établissements bien adaptés aux handicapés. **L'Association des paralysés de France** et le **Comité national français de liaison pour la réadaptation des handicapés** publient à ce sujet diverses brochures d'information. (*Pour les adresses : voir* Répertoire *p. 274.*)

RÉSIDENCES HÔTELIÈRES

Le groupement des **Résidences de tourisme** gère un parc d'appartements dotés d'une cuisine ou d'une kitchenette, et offre quelques services d'hôtellerie, moyennant un supplément. Les nuitées varient de 400 F pour un petit studio à plus de 2 000 F pour un appartement de plusieurs personnes. Contactez soit **Paris-Séjour-Réservation**, soit directement chaque résidence dont la liste

Le paisible hôtel des Grands Hommes (*voir p. 282*)

complète est fournie par l'**Office du tourisme de Paris**.

Paris Bienvenue et **Allô Logement temporaire** proposent des logements à louer d'une semaine à six mois, parfois il s'agit des appartements de Parisiens momentanément absents. Les prix sont comparables à ceux des résidences de tourisme, un peu moins élevés pour les plus grands appartements. **France-Lodge** et **Bed and Breakfast 1** proposent également des appartements (*adresses : voir* Répertoire *p. 274.*)

SÉJOUR CHEZ L'HABITANT

Institution typiquement britannique, le « bed and breakfast » (chambre avec petit déjeuner) devient à la mode en France ; le prix de ce type d'hébergement est abordable : en moyenne de 100 à 250 F la chambre. **Café Couette**, **Bed and Breakfast 1** et **France-Lodge** proposent des chambres chez les particuliers, avec petit déjeuner, et les deux dernières associations des appartements meublés avec cuisine pour un séjour minimum d'une semaine. France-Lodge demande un droit d'inscription pour le service offert.

Pour une cotisation assez élevée, l'association **Accueil France famille** propose un hébergement pour une ou deux personnes dans des familles parisiennes, choisies par ses soins en fonction de votre personnalité. Les prix sont également supérieurs à ceux des autres associations. L'âge minimum requis est de 16 ans, pour un séjour minimum d'une semaine. (*Voir* Répertoire *p. 274.*)

LES CHAÎNES D'HÔTELS

En périphérie, on trouvera de nombreux établissements de type motel appartenant à des chaînes hôtelières comme Campanile, Formule 1, Ibis, Primevère, Climat ou Fimotel, et accueillant aussi bien l'homme d'affaires que le touriste. Ce sont des hôtels relativement peu coûteux et pratiques si vous avez une voiture. Ne vous attendez pas à y trouver une ambiance typiquement

La terrasse de l'hôtel Atala (*p. 284*)

Le jardin du Relais Christine (*voir p. 282*)

parisienne… La plupart d'entre eux sont construits sur des avenues bruyantes et sans attrait. Les plus récents sont bien équipés et mieux décorés que les plus anciens. Plusieurs chaînes (Sofitel, Novotel, Frantour et Mercure) visent une clientèle d'affaires, avec un meilleur service, des

L'hôtel Prince de Galles-Sheraton (*voir p. 285*)

prix plus élevés, et parfois un bon rapport qualité/prix durant le week-end. La plupart éditent des brochures et des plans indiquant la localisation précise de l'établissement. (*Voir* Répertoire *p. 274.*)

AUBERGES DE JEUNESSE ET DORTOIRS

L'Accueil des jeunes en France offre un service de réservation pour le jour même dans les auberges de jeunesse, pour un prix légèrement supérieur à celui

des auberges elles-mêmes, généralement de 100 à 250 F par nuit.

Il existe plusieurs réseaux d'auberges de jeunesse à Paris. Les **Maisons internationales de la jeunesse et des étudiants** (MIJE) possèdent des dortoirs pour les 18-30 ans, installés dans trois splendides hôtels particuliers du Marais. Pas de réservation à l'avance (sauf pour les groupes) : téléphonez le jour même au bureau d'accueil.

L'**UCRIF** (Union des centres de rencontres internationales de France) possède neuf centres dans les environs de Paris, avec chambres simples, doubles et dortoirs. Pas de limite d'âge. Certains de ces centres offrent des activités culturelles et sportives.

La **Fédération unie des auberges de jeunesse** (FUAJ) est membre de la Fédération internationale des auberges de jeunesse. Pas de limite d'âge dans les deux auberges parisiennes. (*Adresses : voir* Répertoire *p. 274.*)

LE CAMPING

Si le **camping du bois de Boulogne** (de 60 à 150 F par nuit) est l'unique camping intra-muros, il existe un grand nombre de terrains en région parisienne, certains proches du RER. Pour plus de détails, consultez l'Office du tourisme de Paris ou la brochure éditée par la **Fédération française de camping-caravaning**. (*Voir* Répertoire *p. 274.*)

CARNET D'ADRESSES

AGENCES

Ely 12 12
9, rue d'Artois 75008.
☎ 43 59 12 12.
FAX 42 56 24 31.

**Paris-Séjour-
Réservation**
90, av. des Champs-Élysées
75008.
☎ 42 56 30 00.
FAX 42 89 42 97.

OFFICE DU TOURISME ET DES CONGRÈS

Bureau principal :
127, av. des Champs-
Elysées 75008.
☎ 49 52 53 54.
FAX 49 52 53 00.
Bureaux dans les
aéroports, gares et à la
tour Eiffel.

VOYAGEURS HANDICAPÉS

**Association des
paralysés de
France**
17, bd A.-Blanqui 75013.
☎ 40 78 69 00.

CNFLRH
38, bd Raspail 75007.
☎ 45 48 90 13.

APPARTEMENTS MEUBLÉS

**Allô Logement
Temporaire**
4, pl. de la Chapelle 75018.
☎ 42 09 00 07.
FAX 46 07 14 41.

At home in Paris
16, rue Médéric 75017.
☎ 42 12 40 90.
FAX 42 12 40 48.

RÉSIDENCES DE TOURISME

Beverly Hills
35, rue de Berri 75008.
☎ 43 59 55 55.
FAX 42 56 52 75.

Les Citadines
27, rue Esquirol 75013.
☎ 44 23 51 51.
FAX 45 86 59 76.

Flatotel
14, rue du Théâtre 75015.
☎ 45 75 62 20.
FAX 45 79 73 30.

Pierre et Vacances
10, pl. Charles-Dullin 75018.
☎ 42 57 14 55.
FAX 42 54 48 87.

Résidence Orion
18, pl. d'Italie 75013.
☎ 40 78 15 00.
FAX 40 78 16 99.

Résidence du Roy
8, rue François-1er 75008.
☎ 42 89 59 59.
FAX 40 74 07 92.

SÉJOURS CHEZ LES PARTICULIERS

**Accueil France
famille**
5, rue François-Coppée
75015.
☎ 45 54 22 39.
FAX 45 58 43 25.

Bed and Breakfast 1
7, rue Campagne Première
75014.
☎ 40 47 69 20.
FAX 40 47 69 20.

Café Couette
8, rue d'Isly 75008.
☎ 42 94 92 00.
FAX 42 94 93 12.

France-Lodge
5, rue du Faubourg-
Montmartre 75009.
☎ 42 46 68 19.
FAX 42 46 65 61.

CHAÎNES D'HÔTELS

Frantour Suffren
20, rue Jean-Rey 75015.
☎ 45 78 50 00.
FAX 45 78 91 42.

**Golden Tulip
Saint-Honoré**
218, rue du Faubourg-
St-Honoré 75008.
☎ 49 53 03 03.
FAX 40 75 02 00.

Hilton
18, av. de Suffren 75015.
☎ 42 73 92 00.
FAX 47 83 62 66.

**Holiday Inn
République**
10, pl. de la République
75010.
☎ 43 55 44 34.
FAX 47 00 32 34.

Ibis Paris Bercy
77, rue de Bercy 75012.
☎ 43 42 91 91.
FAX 43 42 34 79.

**Mercure Paris
Bercy**
6, bd Vincent-Auriol 75013.
☎ 45 82 48 00.
FAX 45 82 19 16.

**Mercure Paris
Montparnasse**
20, rue de la Gaîté 75014.
☎ 43 35 28 28.
FAX 43 27 98 64.

**Mercure Paris
Vaugirard**
69, bd Victor 75015.
☎ 44 19 03 03.
FAX 48 28 22 11.

**Méridien
Montparnasse**
19, rue du Commandant-
Mouchotte 75014.
☎ 44 36 44 36.
FAX 44 36 47 00.

Nikko
61, quai de Grenelle
75015.
☎ 40 58 20 00.
FAX 45 75 42 35.

Novotel Paris Bercy
85, rue de Bercy 75012.
☎ 43 42 30 00.
FAX 43 45 30 60.

**Novotel Paris Les
Halles**
8, pl. Marguerite-de-
Navarre 75001.
☎ 42 21 31 31.
FAX 40 26 05 79.

Pullman St-Jacques
17, bd St-Jacques 75014.
☎ 40 78 79 80.
FAX 40 78 78 04.

Pullman Windsor
14, rue Beaujon 75008.
☎ 45 63 04 04.
FAX 42 25 36 81.

Quality Inn
92, rue de Vaugirard
75006.
☎ 42 22 00 56.
FAX 42 22 05 39.

Sofitel Paris
8, rue Louis Armand
75015.
☎ 40 60 30 30.
FAX 40 60 30 49.

Sofitel Paris CNIT
2, pl. de la Défense, BP 210
92053.
☎ 46 92 10 10.
FAX 46 92 10 50.

**Sofitel Paris La
Défense**
34, cours Michelet 92060.
☎ 47 76 44 43.
FAX 47 73 72 74.

Warwick
5, rue de Berri 75008.
☎ 45 63 14 11.
FAX 42 56 77 59.

AUBERGES DE JEUNESSE ET DORTOIRS

**Accueil des jeunes
en France**
119, rue St-Martin 75004.
☎ 42 77 87 80.

**Fédération unie
des auberges de
jeunesse – Centre
national**
27, rue Pajol 75018.
☎ 44 89 87 27.

**Maison
internationale de
la jeunesse et des
étudiants**
11, rue du Fauconnier
75004.
☎ 42 74 23 45.
FAX 42 74 08 93.

**La Maison de
l'UCRIF**
72, rue Rambuteau 75001.
☎ 40 26 57 64.
FAX 40 26 58 20.

CAMPING

**Camping du bois de
Boulogne/Ile-de-France**
Allée du Bord-de-l'Eau
75016.
☎ 45 24 30 00.

**Fédération française de
camping-caravaning**
78, rue de Rivoli 75004.
☎ 42 72 84 08.
FAX 42 72 70 21

COMMENT RÉSERVER ?

L a saison touristique parisienne bat son plein en mai, juin, septembre et octobre, mais de nombreuses manifestations (salons, foires commerciales ou grandes expositions) peuvent remplir la plupart des hôtels tout au long de l'année. L'ouverture d'Euro-Disney a encore aggravé la situation, car de nombreux visiteurs préfèrent loger à Paris et se rendre chez Mickey en RER. Juillet et août sont des mois plus calmes, car les Parisiens partent souvent en vacances à cette époque. Mais le traditionnel « fermé au mois d'août » n'est plus véritablement de mise : la moitié environ des hôtels, restaurants et commerces restent ouverts tout l'été.

Après avoir choisi votre hôtel, il est essentiel de réserver au moins un mois à l'avance. Les hôtels décrits plus loin font partie des meilleurs de leur catégorie et sont particulièrement recherchés. Réservez six semaines à l'avance en mai et octobre, de préférence directement auprès de la réception de l'hôtel. Durant les périodes les plus chargées, vous devrez généralement confirmer votre réservation par courrier ou télécopie.

Si vous préférez faire appel à une centrale de réservation, **Ely 12 12** et **Paris-Séjour-Réservation** se chargent de réserver à votre nom une chambre d'hôtel, un appartement dans une résidence de tourisme ou même une péniche sur la Seine !

Si votre budget n'est pas trop serré, ou si tout est complet, vous pourrez effectuer votre réservation auprès de l'**Office du tourisme de Paris**, qui offre un service de réservation sur place pour un surcoût raisonnable.

LES ARRHES

L orsque vous effectuerez votre réservation par téléphone, on vous demandera soit votre numéro de carte de crédit, soit des arrhes. Cet acompte correspond généralement à 15 % du prix de

Bureau d'information touristique, aéroport Charles-de-Gaulle

la chambre. Les arrhes se règlent par carte de crédit, par chèque bancaire ou par mandat. D'ordinaire, l'hôtel conservera votre chèque en caution jusqu'à votre arrivée. Il vous sera ensuite restitué et l'on vous présentera une note globale au moment de votre départ. Assurez-vous que l'hôtel accepte bien les règlements par chèque. Dès la réservation vous pouvez préciser quelle chambre vous souhaitez.

Le jour où vous avez réservé, présentez-vous à l'hôtel avant 18 h ou passez un coup de fil pour prévenir de votre retard, sinon vous risquez de perdre votre chambre. Tout établissement qui annule une réservation confirmée par un acompte rompt l'accord contractuel qui le lie à son client : ce dernier est alors en droit d'exiger un dédommagement équivalent à au moins deux fois les arrhes versées. En cas de problème, consultez l'Office du tourisme.

LES BUREAUX D'INFORMATION TOURISTIQUE

L es guichets d'information des aéroports offrent un service de réservation pour le jour même, à condition de se présenter soi-même. Les bureaux d'information des gares du Nord, de l'Est, de Lyon, d'Austerlitz et Montparnasse proposent un service comparable. Ils possèdent également la liste des hôtels de la capitale, et certains prennent des réservations pour les spectacles (*voir* Informations pratiques *p. 350*).

LÉGENDE DES TABLEAUX
Les hôtels figurant pp. 280-285 sont classés par quartier en fonction de leur prix. Tous sont centraux. Les symboles complétant les adresses résument les services offerts.

🛁 toutes chambres avec bains et/ou douche, sauf mention contraire

1️⃣ chambres pour une personne

⊞ chambres pour deux personnes ou plus, ou lit supplémentaire dans une chambre pour deux personnes

24 service dans la chambre 24 h/24

📺 télévision dans toutes les chambres

🍸 mini-bar dans toutes les chambres

🚭 chambres non fumeurs disponibles

🏙 belle vue de l'hôtel

❄ climatisation dans toutes les chambres

🏋 salle de culture physique

🏊 piscine dans l'hôtel

💼 service affaires : messagerie, fax et téléphone dans toutes les chambres. Salle de réunion dans l'hôtel.

👶 équipement pour enfants et service de baby-sitting

♿ accès fauteuil roulant

🛗 ascenseur

🐕 animaux autorisés dans les chambres (précisez que vous venez avec un animal). La plupart des hôtels acceptent les chiens d'aveugle, que les autres animaux soient acceptés ou non.

🅿 parking à l'hôtel

🌳 jardins/terrasse

🍷 bar

🍴 restaurant

ℹ bureau d'information touristique

💳 cartes de crédit acceptées : AE American Express, DC Diners Club, MC Mastercard/Access, V Visa, JCB Japanese Credit Bureau

Catégories de prix pour une chambre pour deux personnes, petit déjeuner, taxes et service compris
Ⓕ moins de 600 F
ⒻⒻ de 600 à 900 F
ⒻⒻⒻ de 900 à 1 300 F
ⒻⒻⒻⒻ de 1 300 à 1 700 F
ⒻⒻⒻⒻⒻ plus de 1 700 F

Les meilleurs hôtels de Paris

Paris est réputé pour son hôtellerie. Celle-ci excelle dans toutes les catégories, des luxueux palaces aux simples pensions de famille, en passant par les hôtels de charme au caractère intime et convivial. Capitale de la culture et de la mode, la ville a de tous temps attiré les grands de ce monde, mais aussi des visiteurs plus modestes. On y trouve donc presque côte à côte les plus beaux établissements et d'autres plus sommaires. Les hôtels proposés plus loin (*voir p. 280-285*) ont tous cette atmosphère parisienne qui est si inimitable. Voici un choix des meilleurs d'entre eux.

Le Bristol
L'image même du luxe dans le quartier de l'élégance parisienne. (Voir p. 284.)

Champs-Elysées

Quartier de Chaillot

L   A   S   E

Quartier des Invalides et de la tour Eiffel

Le Balzac
Petit mais élégant, cet hôtel est plein de charme. Le restaurant Bice est très coté. (Voir p. 284.)

L'hôtel de Crillon
Ce palais fut édifié pour Louis XV. (Voir p. 280.)

Le Plaza-Athénée
Au cœur du quartier de la haute couture, c'est un des hôtels préférés du monde de la mode. Une décoration magnifique et un superbe restaurant en sont les principales attractions. (Voir p. 285.)

Le Duc de Saint-Simon
Dans ce paisible établissement de la rive gauche, aménagé dans un hôtel particulier XVIIIᵉ siècle, les chambres donnent sur un joli jardin. (Voir p. 283.)

Le Grand Hôtel
Construit pour Napoléon III en 1862, ce monument historique a été fréquenté par les plus grands, de Mata Hari à Winston Churchill. (Voir p. 285.)

L'Hôtel
Cet hôtel élégant, où mourut Oscar Wilde, est également célèbre pour ses chambres un peu étranges, dont l'une fut meublée et occupée par Mistinguett, la star du music-hall.
(Voir p. 281.)

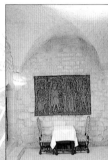

Le Relais Christine
Feu de bois et jolis meubles, cet oasis de calme au cœur de la ville a beaucoup de charme. (Voir p. 282.)

Quartier de l'Opéra

artier des uileries

Beaubourg et Les Halles

ermain-des-Prés

Le Marais

Ile de la Cité

Ile St-Louis

Quartier du Luxembourg

Quartier latin

Quartier du jardin des Plantes

L'Hôtel du Jeu de Paume
Cette ancienne salle de jeu de paume fut intelligemment convertie en hôtel. (Voir p. 280.)

0   1 km

Le Lutétia
Décoré récemment par la styliste Sonia Rykiel. (Voir p. 282.)

L'Abbaye Saint-Germain
Ce petit hôtel secret, proche du jardin du Luxembourg, possède un jardin et une cour pleine de charme. (Voir p. 282.)

Choisir un hôtel

Les établissements cités dans ces pages suivantes ont tous été testés et évalués spécialement pour ce guide. Le tableau présente une sélection des divers éléments susceptibles de guider votre choix. Pour plus d'informations concernant chaque hôtel, se reporter aux pages 280 à 285.

	NOMBRE DE CHAMBRES	GRANDES CHAMBRES	SERVICE AFFAIRES	ÉQUIPEMENTS POUR ENFANTS	RESTAURANT RECOMMANDÉ	PROCHE DES BOUTIQUES ET DES RESTAURANTS	CALME	SERVICE DES CHAMBRES 24/24
ILE ST-LOUIS, LE MARAIS *(voir p. 280)*								
Hôtel de la Bretonnerie (F)	31		●			●		
Hôtel des Deux-Iles (F)(F)	17		●				●	
Saint-Louis Marais (F)(F)	15		●				●	●
Hôtel du Jeu de Paume (F)(F)	32	●					●	
Le Saint-Merry (F)(F)	11					●		
Le Saint-Paul-le-Marais (F)(F)	27	●				●		●
QUARTIER DES TUILERIES *(voir pp. 280-281)*								
Agora (F)	29							●
Hôtel de Champagne (F)	40		●					
Le Brighton (F)(F)	70		●			●		
Hôtel de la Place du Louvre (F)(F)	20		●					
Le Regina (F)(F)(F)	130	●	●	●		●		●
Hôtel de Crillon (F)(F)(F)(F)	163	●	●	●	●	●		●
Hôtel du Louvre (F)(F)(F)(F)	200	●	●	●		●		●
Le Meurice (F)(F)(F)(F)	187	●	●		●	●		●
Le Ritz (F)(F)(F)(F)	187	●	●	●	●	●		●
ST-GERMAIN-DES-PRÉS *(voir pp. 281-2)*								
Atlantis (F)	34		●					●
Lenox St-Germain (F)	34					●	●	
Hôtel du Globe (F)	15		●				●	
Hôtel de Lille (F)	20					●		
Hôtel Louis II (F)	22					●		●
Hôtel du Quai Voltaire (F)	33		●					●
Hôtel des Marronniers (F)(F)	37					●	●	
Hôtel des Saints-Pères (F)(F)	37					●	●	
Le Sénateur (F)(F)	43		●	●		●		
L'Hôtel (F)(F)(F)	27		●	●	●	●	●	●
Le Lutétia (F)(F)(F)	276	●	●	●		●		●
Le Relais Christine (F)(F)(F)	51		●	●		●	●	●
QUARTIER LATIN *(voir p. 282)*								
Esmeralda (F)	19						●	●
Hôtel des Grandes Écoles (F)	48			●			●	
Hôtel des Grands Hommes (F)(F)	32		●	●			●	
Hôtel de Notre-Dame (F)(F)	34					●	●	
Hôtel du Panthéon (F)(F)	34			●			●	
QUARTIER DU LUXEMBOURG *(voir p. 282)*								
Le Perreyve (F)	30		●				●	●
Hôtel de l'Abbaye St-Germain (F)(F)	48			●		●		●
Le Récamier (F)(F)(F)	30					●	●	
MONTPARNASSE *(voir pp. 282-283)*								
Istria (F)	26			●		●	●	●

Catégories de prix pour une chambre pour deux personnes, petit déjeuner, taxes et service compris, par nuitée :
F moins de 600 F
F F de 600 à 900 F
F F F de 900 à 1 300 F
F F F F de 1 300 à 1 700 F
F F F F F plus de 1 700 F

PROCHE DES COMMERCES ET DES RESTAURANTS
À moins de cinq minutes à pied des commerces et des restaurants.

ÉQUIPEMENTS POUR ENFANTS
Mise à disposition de lits d'enfant et service de baby-sitting. Quelques hôtels proposent également des repas enfant et des chaises hautes en salle à manger.

SERVICE AFFAIRES
Service de messagerie, fax, bureau et téléphone dans toutes les chambres. Salle de réunion dans l'hôtel.

	Prix	NOMBRE DE CHAMBRES	GRANDES CHAMBRES	SERVICE AFFAIRES	ÉQUIPEMENTS POUR ENFANTS	RESTAURANT RECOMMANDÉ	PROCHE DES BOUTIQUES ET DES RESTAURANTS	CALME	SERVICE DES CHAMBRES 24/24
Lenox Montparnasse	F	52		●				●	
La Villa des Artistes	F	59		●				●	
Le Ferrandi	F F	42	●					●	
L'Atelier Montparnasse	F F	17		●				●	
Le St-Grégoire	F F	20		●			●	●	
INVALIDES (voir p. 283)									
Hôtel Bourgogne et Montana	F F	35	●	●					
Hôtel de Suède	F F	41		●					
Hôtel de Varenne	F F	24		●					
Les Jardins d'Eiffel	F F	44		●				●	●
QUARTIER CHAILLOT, PORTE MAILLOT (voir pp. 283-284)									
Le Hameau de Passy	F F	32		●					●
Le Centre Ville Étoile	F F	20		●					●
Étoile Pereire	F F	21		●					●
Passy Eiffel	F F	50							●
Concorde La Fayette	F F F F	1 000				●			●
Le Méridien	F F F F	1 025	●	●	●				●
CHAMPS-ELYSÉES (voir pp. 284-285)									
Concortel	F F	37	●	●					●
Le Lido	F F	32		●					●
Résidence Lord Byron	F F	32	●				●	●	
L'Atala	F F F	49	●	●	●		●		
Élysée	F F F	30		●					●
Hôtel Galileo	F F F	27		●				●	●
Claridge-Bellman	F F F F	42	●				●		
Le Vernet	F F F F	57	●	●			●		●
Le Bristol	F F F F F	196	●	●	●	●	●		●
Le George V	F F F F F	298	●	●	●	●	●		●
Prince de Galles-Sheraton	F F F F F	171	●	●	●	●	●		●
Plaza-Athénée	F F F F F	214		●		●			●
Royal Monceau	F F F F F	219	●	●	●	●			●
Hôtel de la Trémoille	F F F F	110	●	●	●		●	●	
QUARTIER DE L'OPÉRA (voir p. 285)									
Hôtel des Boulevards	F	18		●			●		
L'Ambassador	F F F F	298	●	●	●	●	●		●
Le Grand Hôtel	F F F F F	514		●	●	●	●		●
Le Westminster	F F F F	104		●	●		●		
MONTMARTRE (voir p. 285)									
Le Terrass Hôtel	F F F	101	●	●					
EN DEHORS DU CENTRE (voir p. 285)									
Hôtel de Banville (75017)	F F	39							●

ILE SAINT-LOUIS
LE MARAIS

L'Hôtel de la Bretonnerie

22, rue Ste-Croix-de-la-Bretonnerie 75004. **Plan** 13 C3.
📞 48 87 77 63. FAX 42 77 26 78.
Fermé août. *Chambres :* 31. 🛏 ①
📺 📶 📶 MC, V. Ⓕ

Cet hôtel du XVIIᵉ, dans la charmante rue Sainte-Croix-de-la-Bretonnerie, est l'un des plus confortables du Marais. Les chambres, spacieuses, sont décorées de meubles anciens et ont des poutres apparentes. Accueil particulièrement aimable.

L'Hôtel des Deux-Iles

59, rue St-Louis-en-l'île 75004.
Plan 13 C4. 📞 43 26 13 35.
FAX 43 29 60 25. *Chambres :* 17.
🛏 ① 📺 📶 📶 🕭 🛉 Ⓕ Ⓕ

C'est un vrai privilège que de séjourner dans l'île Saint-Louis : cet ancien hôtel particulier du XVIIᵉ siècle vous en offre l'occasion pour un prix abordable. Son atmosphère est tranquille ; ses chambres, quoique petites, sont charmantes et bien isolées, et le salon, aménagé dans une cave voûtée possède une grande cheminée.

Saint-Louis Marais

1, rue Charles-V 75004. **Plan** 14 D4.
📞 48 87 87 04. FAX 48 87 33 26.
Chambres : 15. 🛏 ① 📶 📶 📶
Ⓕ Ⓕ

Un hôtel chaleureux comme une maison de campagne. Poutres, courettes, mansardes, la maison est de guingois et c'est là tout son charme. Les chambres sont d'un très bon confort, on est au cœur de l'histoire de Paris.

L'Hôtel du Jeu de Paume

54, rue St-Louis-en-l'île 75004.
Plan 13 C4. 📞 43 26 14 18.
FAX 40 46 02 76. TX 205160.
Chambres : 32. 🛏 ① 📺 📶 🕭 📶
📶 🕖 📶 🛉 📶 AE, DC, MC, V, JCB.
Ⓕ Ⓕ

Cet ancien jeu de paume de l'île Saint-Louis a été habilement transformé en pension de famille, avec ascenseur à parois de verre, poutres apparentes, carrelage en terre cuite, sauna et plusieurs charmantes chambres en duplex. L'accueil est chaleureux.

Le Saint-Merry

78, rue de la Verrerie 75004.
Plan 13 B3. 📞 42 78 14 15.
FAX 40 29 06 82. *Chambres :* 11. 🛏
9. 📶 📶 Ⓕ Ⓕ

À proximité du Centre Pompidou, cet hôtel est l'ancien presbytère du XVIIᵉ siècle de l'église Saint-Merry. Meublé en style gothique, l'établissement vaut le coup d'œil, surtout la chambre nᵒ 9 traversée par un arc-boutant de l'église.

Le Saint-Paul-le-Marais

8, rue de Sévigné 75004. **Plan** 14 D3.
📞 48 04 97 27. FAX 48 87 37 04.
Chambres : 27. 🛏 ① 📶 📶 📺 📶 📶
📶 AE, DC, MC, V, JCB. Ⓕ Ⓕ

Proche de la place des Vosges, au cœur du Marais, cet hôtel à poutres apparentes et vieilles pierres est meublé avec raffinement. On préférera les chambres donnant sur cour pour ne pas subir le bruit provenant de l'étroite rue de Sévigné. Le sourire de l'accueil vous mettra immédiatement à l'aise.

LE QUARTIER
DES TUILERIES

Agora

7, rue de la Cossonnerie 75001.
Plan 13 A2. 📞 42 33 46 02.
FAX 42 33 80 99. *Chambres :* 29.
🛏 ① 📶 📶 📺 📶 AE, MC, V, JCB.
Ⓕ

Les chambres de ce gentil hôtel ne sont pas immenses mais chacune possède son charme, un meuble, un bibelot, un fauteuil : on sent que rien n'est laissé au hasard et que l'on est bien aux antipodes d'un hôtel de chaîne. Toutes les chambres du sixième sont mansardées.

Hôtel de Champagne

17, rue Jean-Lantier 75001.
Plan 13 A3. 📞 42 36 60 00.
FAX 45 08 43 33. *Chambres :* 40.
🛏 ① 📶 📺 📶 📶 📶 MC, V, JCB.
Ⓕ

Depuis un siècle, le charme de cet immeuble s'est peaufiné. Les pierres de taille, les meubles peints, les poutres apparentes renforcent l'histoire chaleureuse de cette douce maison. Petits déjeuners copieux et service adorable.

Le Brighton

218, rue de Rivoli 75001. **Plan** 12 D1.
📞 42 60 30 03. FAX 42 60 41 78.
TX 217431 F. *Chambres :* 70. 🛏 ① 📶
📺 📶 📶 📶 📶 🛉 AE, DC, MC, V,
JCB. Ⓕ Ⓕ

Jadis joyau de la rue de Rivoli, l'hôtel Brighton a été sauvé du déclin par une société japonaise. Sous de hauts plafonds à moulures, les chambres prennent jour par de grande fenêtres donnant soit sur le jardins des Tuileries, soit sur la cour. Certaines possèdent un balcon. Les chambres sur cour sont plus calmes mais moins attrayantes.

Hôtel de la Place du Louvre

21, rue des Prêtres-Saint-Germain-l'Auxerrois 75001. **Plan** 13 A4.
📞 42 33 78 68. FAX 42 33 09 95.
Chambres : 20. ① 📶 📺 📶 📶 🛏
📶 AE, DC, MC, V, JCB. Ⓕ Ⓕ

Une bonne maison qui date du XVIᵉ siècle. L'accueil est adorable et les prestations sont accompagnées d'un large sourire. Les duplex placés sur les toits sont très demandés.

Le Regina

2, place des Pyramides 75001.
Plan 12 E1. 📞 42 60 31 10.
FAX 40 15 95 16. TX 670834.
Chambres : 130. 🛏 📶 📶 📺 📶 📶
📶 🛉 📶 📶 🛏 📶 📶 📶 AE,
DC, MC, V, JCB. Ⓕ Ⓕ Ⓕ Ⓕ

Peu connu des touristes, cet hôtel possède un salon dont les boiseries, exceptionnel exemple d'art nouveau, ont servi de décor à de nombreux films. Avec leurs meubles anciens, les chambres donnant rue de Rivoli ont une vue magnifique.

L'Hôtel de Crillon

10, place de la Concorde 75008.
Plan 11 C1. 📞 44 71 15 00.
FAX 44 71 15 02. TX 290204.
Chambres : 163. 📶 📶 📺 📶 📶 📶 📶
📶 📶 📶 📶 🛉 📶 AE, DC, MC, V,
JCB. Ⓕ Ⓕ Ⓕ Ⓕ Ⓕ

Occupant une situation exceptionnelle place de la Concorde, l'Hôtel de Crillon, d'une élégance luxueuse mais discrète, est célèbre pour son salon de marbre, sa galerie en chêne doré et la magnifique salle à manger du salon des Ambassadeurs. Les hommes d'État étrangers y descendent lors de leurs voyages officiels. Les plus belles chambres donnent sur la place de la Concorde. L'hôtel possède en outre une somptueuse suite royale et une terrasse.

L'Hôtel du Louvre

Place André-Malraux 75001.
Plan 12 E1. (44 58 38 38.
FAX 44 58 38 01. TX 220412 LVR.
Chambres : 200. ▯ 1 ▥ 24 TV Y ▨
▤ ▦ ▧ ▨ ▩ Y ▮ ▯ ▰ AE, DC,
MC, V, JCB. ⒻⒻⒻⒻⒻ

Cet hôtel est un mystère : malgré
une situation de premier ordre
entre le Louvre et le Palais-Royal, il
n'a jamais été véritablement
apprécié, et sa brasserie demeure
relativement peu fréquentée. Si
vous y séjournez, réservez la suite
Pissarro d'où l'artiste peignit *La
Place du Théâtre Français*.

Le Meurice

228, rue de Rivoli 75001. **Plan** 12 D1.
(44 58 10 10. FAX 44 58 10 15. TX
220256. **Chambres :** 180. ▯ 1 ▥ 24 TV
Y ▨ ▤ ▦ ▧ ▨ ▩ Y ▮ ▯
▰ AE, DC, MC, V, JCB. ⒻⒻⒻⒻⒻ

Avec d'excellentes copies des stucs
et du mobilier d'origine, l'hôtel
Meurice est le parfait exemple
d'une rénovation réussie. La salle à
manger est installée dans le Grand
Salon du rez-de-chaussée. De
délicieux après-midi musicaux sont
donnés dans le salon Pompadour.
Les chambres luxueuses et
spacieuses des premier et second
étages donnent sur le jardin des
Tuileries : réservez-les longtemps à
l'avance.

Le Ritz

15, place Vendôme 75001. **Plan** 6 D5.
(42 60 38 30. FAX 48 16 31 78.
TX 670112. **Chambres :** 187.
▤ 1 ▥ 24 TV Y ▨ ▤ ▦ ▧ ▨ ▩ ▮
▯ 1 ▥ ▨ ▩ Y ▮ AE, DC, MC, V, JCB.
ⒻⒻⒻⒻⒻ

Après un siècle d'existence, le Ritz
est toujours digne de sa haute
réputation d'élégance et de
confort. Le mobilier Louis XVI, les
cheminées de marbre et les lustres
sont tous d'origine. Le duc de
Windsor descendait dans la suite
Windsor. Hemingway était un
habitué du bar Hemingway (qui
ne sert qu'à certaines occasions).
Aussi ne soyez pas surpris de
croiser Henry Kissinger ou
Madonna dans la salle du petit
déjeuner.

SAINT-GERMAIN-
DES-PRÉS

Atlantis

4, rue du Vieux-Colombier 75006.
Plan 12 D4. (45 48 31 81.
FAX 45 48 35 16. **Chambres :** 34. ▯
▯ 1 ▥ 24 TV ▮ ▯ ▰ ▱ ▲
MC, V, JCB. Ⓕ

Les géraniums dégoulinent aux
fenêtres ce qui donne à cette
maison une touche provinciale.
On est à deux pas de la splendide
place Saint-Sulpice, à trois
enjambées de Montparnasse et de
Saint-Germain. Cet hôtel est un
repère d'habitués fanatiques, c'est
la plus belle carte de visite pour
cet établissement.

Le Lenox Saint-
Germain

9, rue de l'Université 75007. **Plan** 12
D3. (42 96 10 95. FAX 42 61 52 83.
TX 205937. **Chambres :** 34. ▯ 26.
TV ▮ ▯ Y ▰ AE, DC, MC, V. Ⓕ

Sa simplicité fait le charme de cet
hôtel situé au cœur du faubourg
Saint-Germain. L'accueil est
souvent désinvolte. Les chambres
sont impeccables ; celles en
duplex possèdent des balcons
fleuris, des cheminées d'angle et
des poutres apparentes.

Hôtel du Globe

15, rue des Quatre-Vents 75006.
Plan 12 F4. **Chambres :** 15. ▯ ▯ 1 ▥ ▮ ▯ Ⓕ

Il faut beaucoup de patience pour
obtenir une chambre dans ce petit
hôtel. Les habitués se repassent
l'adresse tant les prix sont
attrayants. Chaque chambre a un
charme fou. La propriétaire parle
de sa maison avec passion.
Meubles cirés, poutres, jolis tissus,
fleurs, rien ne manque. Une vraie
carte postale.

L'Hôtel de Lille

40, rue de Lille 75007. **Plan** 12 D2.
(42 61 29 09. FAX 42 61 53 97.
Chambres : 20. ▯ TV ▮ ▯ Y ▰ AE,
DC, MC, V. Ⓕ

Situé au cœur du noble faubourg
Saint-Germain, à proximité des
musées d'Orsay et du Louvre, cet
hôtel possède des chambres
modernes mais petites, et un bar
minuscule. Quelques chambres
n'ont qu'une douche. Un charmant
salon a été aménagé dans les
caves voûtées.

Hôtel Louis II

2, rue Saint-Sulpice 75006.
Plan 12 E4. (46 33 13 80.
FAX 46 33 17 29. **Chambres :** 22. ▯
▯ 1 ▥ 24 ▮ ▯ TV ▰ ▱ AE, DC, MC, V,
JCB. Ⓕ

Un joli petit hôtel à l'angle de
deux rues. Les chambres sont
décorées avec beaucoup de goût :
poutres apparentes, petits recoins,
tissu aux murs donnent une
touche très personnelle à cette
douce maison.

L'Hôtel du Quai
Voltaire

19, quai Voltaire 75007. **Plan** 12 D2.
(42 61 50 91. FAX 42 61 62 26.
Chambres : 33. ▯ 29. ▯ 1 ▥ 24 TV
sur demande. ▮ ▯ Y ▰ ▱ AE,
DC, MC, V. Ⓕ

Dominant la Seine, cet hôtel fut
jadis le préféré de Baudelaire, de
Pissarro et de Blondin. Mal
isolées, les chambres donnant sur
le quai souffrent du bruit de la
circulation. La vue est cependant
superbe et les chambres ont
vraiment du caractère.

L'Hôtel des
Marronniers

21, rue Jacob 75006. **Plan** 12 E3.
(43 25 30 60. FAX 40 46 83 56.
Chambres : 37. ▯ 1 ▥ ▰ ▱ ▯
ⒻⒻ

Situé entre cour et jardin, l'hôtel
offre un calme absolu. La
décoration est quelconque, mais
les chambres sur cour du 4e
étage dominent les toits de Paris
et le clocher de l'église Saint-
Germain-des-Prés. Réservez
longtemps à l'avance, car l'hôtel
est fréquenté par une clientèle
régulière.

L'hôtel des Saints-
Pères

65, rue des Sts-Pères 75006.
Plan 12 E3. (45 44 50 00.
FAX 45 44 90 83. **Chambres :** 37. ▯
33. ▥ TV ▮ ▯ ▰ ▱ Y ▰ MC, V.
ⒻⒻ

Du vieil hôtel particulier de Saint-
Germain-des-Prés dans lequel il
est installé, cet hôtel a conservé le
jardin intérieur et l'escalier
d'origine avec sa rampe du
XVIIe siècle. La froideur du salon
est compensée par les chambres
calmes et spacieuses – la meilleure
possède une fresque et une salle
de bains masquée seulement par
un paravent.

Le Sénateur

10, rue de Vaugirard 75006.
Plan 12 F5. (43 26 08 83.
FAX 46 34 04 66. TX 200091.
Chambres : 43. ▯ 1 ▥ TV ▮ ▯
▰ ▱ ▯ ▲ ▰ AE, DC, MC, V,
JCB. ⒻⒻ

Le principal attrait de cet
hôtel est sa situation, à proximité
du Sénat et du Luxembourg. La
plupart des chambres sont
classiques et fonctionnelles,
mais le salon arbore un papier
peint tropical plus fantaisiste. Les
salles de bains sont chrome et
nickel.

L'Hôtel

13, rue des Beaux-Arts 75006.
Plan 12 E3. **[** 43 25 27 22.
FAX 43 25 64 81. **Chambres : 27.**
🏠 24 📺 🍽 🔲 🛗 🔊 🔲 🍴 🍷
AE, DC, MC, V, JCB. **FFFF**

Nulle part ailleurs l'on ne
trouvera une cage d'escalier
à dôme, des caves voûtées
décorées comme un harem,
un arbre traversant la salle
à manger, un agneau métallique
à toison d'or, un perroquet
dans une cage gigantesque.
Ici, l'on peut occuper la chambre
où mourut Oscar Wilde,
dormir dans le lit de Mistinguett
ou dans la chambre du Cardinal.
D'une qualité et d'un style
irréprochables, L'Hôtel est une
oasis de tranquillité
au cœur de Saint-Germain-des-
Prés.

Le Lutétia

45, bd Raspail 75006. **Plan** 12 D4.
[49 54 46 46. **FAX** 49 54 46 00.
TX 270424. **Chambres : 276.** 🏠 🏢
24 📺 🍷 🔊 🧺 🛗 🛗 🔊 🔲 🔲
🍴 🍷 🍷 AE, DC, MC, V, JCB. 🔲
FFFF

L'unique palace de la rive gauche
a longtemps eu une clientèle
provinciale régulière. Un
ambitieux programme de
rénovation lui a redonné son
lustre d'antan, de style à la fois
art nouveau et art déco. Les
éditeurs du quartier fréquentent
son restaurant et son bar
littéraire. Le Lutétia est un hôtel
chic où habite notamment le
sculpteur César.

Le Relais Christine

3, rue Christine 75006.
Plan 12 F4. **[** 43 26 71 80.
FAX 43 26 89 38. **TX** 202606.
Chambres : 51. 🏠 🏢 🍷 🍷 🔊
🧺 🔊 🔲 🔲 🔲 🍷 🔲 AE, DC, MC,
V. **FFFF**

Toujours complet, c'est l'exemple
même de l'hôtel de charme.
Intime havre de paix au cœur
de Saint-Germain-des-Prés, il
occupe le cloître d'une abbaye
du XVIᵉ siècle. Le petit déjeuner
est servi dans une ancienne
chapelle. Les chambres sont
lumineuses et spacieuses, surtout
les duplex.

LE QUARTIER LATIN

L'Esmeralda

4, rue St-Julien-le-Pauvre 75005.
Plan 13 A4. **[** 43 54 19 20.
FAX 40 51 00 68. **Chambres : 19.**
🏠 16. 🔲 🏢 24 📺 🔲 🍴 🔲 **F**

Hôtel bohème au cœur du
Quartier latin, sa décoration,
avec murs de pierre et poutres
apparentes, reflète divers styles
et époques. Son charme
irrésistible a séduit jadis Chet
Baker, Terence Stamp et Serge
Gainsbourg. Les meilleures
chambres donnent
sur Notre-Dame.

L'Hôtel des Grandes Écoles

75, rue Cardinal-Lemoine 75005.
Plan 13 B5. **[** 43 26 79 23.
FAX 43 25 28 15. **Chambres : 48.**
🏠 39. 🏢 🧍 🔊 🔲 🔲 🔲 MC, V.
F

Entre le Panthéon et la place de
la Contrescarpe, sur la Montagne
Sainte-Geneviève, cet hôtel est un
étonnant groupe de trois petites
demeures autour d'un jardin. Le
bâtiment principal a été
entièrement rénové, mais les
deux autres ont conservé leur
charme vieillot.

L'Hôtel des Grands Hommes

17, place du Panthéon 75005.
Plan 17 A1. **[** 46 34 19 60.
FAX 43 26 67 32. **TX** 200185.
Chambres : 32. 🏠 🔲 🏢 📺
🍷 🔲 🔊 🧺 🍷 🔲 AE, DC, MC,
V. **FF**

Les professeurs de la Sorbonne
fréquentent cette calme pension
de famille proche du jardin du
Luxembourg, au cœur du
Quartier latin. Vue imprenable sur
le Panthéon du haut des
chambres mansardées du dernier
étage. Les chambres sont
confortables et équipées de salles
de bains plaisantes, mais sans
attrait particulier.

L'Hôtel Notre-Dame

19, rue Maître-Albert 75006.
Plan 13 B5. **[** 43 26 79 00.
FAX 46 33 50 11. **TX** 205060.
Chambres : 34. 🏠 📺 🍷 🔲 🔲 AE,
MC, V. **FF**

À ne pas confondre avec l'hôtel
de même nom quai Saint-Michel,
cet hôtel, base idéale pour
découvrir le vieux Paris, donne
sur Notre-Dame d'un côté et sur
le Panthéon de l'autre.

L'Hôtel du Panthéon

19, place du Panthéon 75005.
Plan 17 A1. **[** 43 54 32 95.
FAX 43 26 64 65. **TX** 206435.
Chambres : 34. 🏠 🔲 📺 🍷 🔲
🍷 🔲 AE, DC, MC, V. **FF**

Géré par la même famille qui
possède l'Hôtel des Grands
Hommes, l'accueil y est aussi
chaleureux et la décoration
également sobre. La chambre 33
possède un lit à baldaquin.

LE QUARTIER DU LUXEMBOURG

Le Perreyve

63, rue Madame 75006. **Plan** 12 E5.
[45 48 35 01. **FAX** 42 84 03 30.
TX 205080 F. **Chambres : 30.** 🏠 🔲
🏢 🔲 🧺 🔊 🔲 🔲 🔲 AE, DC,
MC, V. **F**

Les 30 chambres sobres, simples et
proprettes de cet hôtel situé dans
une rue tranquille entre
Montparnasse et Saint-Germain sont
fréquentées par des universitaires
accueillis ici en amis. Les chambres
d'angle ou les chambre mansardées
du 6ᵉ étage ont le plus de charme.

L'Hôtel de l'Abbaye Saint-Germain

10, rue Cassette 75006. **Plan** 12 D5.
[45 44 38 11. **FAX** 45 48 07 86.
Chambres : 46. 🏠 🏢 24 📺 🔊 🔲
🔲 🔲 🍷 🔲 AE, MC, V. **FF**

Jadis abbaye, cet hôtel élégant à
l'atmosphère paisible possède des
chambres petites, impeccablement
meublées, certaines ayant encore
leurs poutres d'origine. La belle cour
et la cheminée du salon sont une
invitation à la détente. Les chambres
en rez-de-chaussée donnent sur le
jardin. Les confortables duplex sont
chaudement recommandés.

Le Récamier

3 bis, place St-Sulpice 75006.
Plan 12 E4. **[** 43 26 04 89.
Chambres : 30. 🏠 23. 🔲 🏢 🔊 🔲
V. **FFF**

Située place Saint-Sulpice, à deux
pas de Saint-Germain-des-Prés,
cette pension de famille ne possède
ni télévision, ni restaurant. Son
charme désuet est bien connu des
écrivains et des amoureux de la rive
gauche. On préférera une chambre
donnant à la fois sur cour (pour le
soleil) et sur la place (pour la vue).

MONTPARNASSE

Istria

29, rue Campagne-Première 75014.
Plan 16 E2. **[** 43 20 91 82.
FAX 43 22 48 45. **Chambres : 26.** 🏠 🔲
🏢 24 🔊 📺 🔲 🍴 🔲 AE, MC, V, JCB.
F

Au cours de son histoire, cet hôtel a vu passer tout ce que Montparnasse a pu compter comme peintres, auteurs et poètes. Pauvres et riches y ont puisé leurs forces. On a rien dérangé de cette atmosphère à la fois solennelle et chaleureuse, on a modernisé, bien sûr. Cet hôtel est un havre de paix avec sa petite cour fleurie.

Le Lenox Montparnasse

15, rue Delambre 75014. **Plan** 16 D2. 【 43 35 34 50. ⓕⱯⱯ 43 20 46 64. **Chambres :** 52. 🛏 46. 📺 🔧 🔥 🛏 📶 🔚 AE, DC, MC, V, JCB. Ⓕ

Moins chic que le Lenox Saint-Germain, cet hôtel a pourtant beaucoup de charme. Outre le bar art déco, l'atmosphère d'ensemble est d'une sobre élégance. Les six suites de l'étage supérieur possèdent toutes une cheminée. Des repas légers sont servis dans les chambres jusqu'à 2 h du matin, ce qui est inhabituel pour un établissement de cette taille.

La Villa des Artistes

9, rue de la Grande-Chaumière 75006. **Plan** 16 D2. 【 43 26 60 86. ⓕⱯⱯ 43 54 73 70. ⓉⓍ 204080 F. **Chambres :** 59. 🛏 🔚 📺 🔥 🛏 📶 🔟 🔚 AE, DC, MC, V. Ⓕ

Cherchant à recréer l'ambiance Belle Époque qu'appréciaient les peintres de Montparnasse, cet hôtel offre des chambres impeccables aux salles de bains somptueuses, mais son charme principal réside dans le grand jardin avec une fontaine où est servi le petit déjeuner. Certaines chambres donnent sur cour. Un accueil tout particulier est réservé aux enfants de plus de 5 ans.

Le Ferrandi

92, rue du Cherche-Midi 75006. **Plan** 15 C1. 【 42 22 97 40. ⓕⱯⱯ 45 44 89 97. **Chambres :** 42. 🛏 33. 🔟 🔀 🔥 🔥 🛏 📶 🔚 P 🔚 AE, DC, MC, V. ⒻⒻ

La rue du Cherche-Midi est bien connue des amateurs de lèche-vitrines. Cet hôtel tranquille possède une cheminée dans le salon et des chambres confortables, plusieurs avec lits à baldaquin.

L'Atelier Montparnasse

49, rue Vavin 75006. **Plan** 16 D1. 【 46 33 60 00. ⓕⱯⱯ 40 51 04 21. **Chambres :** 17. 🛏 🔟 🔚 📺 🔥 🔥 🛏 📶 🔚 AE, DC, MC, V, JCB. ⒻⒻ

La mosaïque qui décore le sol du hall a été exécutée par les gérants. Les chambres aux couleurs pastel possèdent des salles de bains revêtues de faïence reproduisant des œuvres de Gauguin, Picasso ou Chagall. Accueil familial et chaleureux.

Le Saint-Grégoire

43, rue de l'Abbé-Grégoire 75006. **Plan** 11 C5. 【 45 48 23 23. ⓕⱯⱯ 45 48 33 95. ⓉⓍ 205343. **Chambres :** 20. 🛏 🔟 📺 🔥 🔥 🛏 📶 P 🔟 🔚 AE, DC, MC, V, JCB. ⒻⒻ

Les chambres immaculées de cet ancien hôtel particulier sont décorées de mobilier XIXe siècle. Au salon, le feu crépite dans la cheminée. L'excellent petit déjeuner est servi dans la cave voûtée. Certaines chambres ont une terrasse privée.

LES INVALIDES

L'Hôtel Bourgogne et Montana

3, rue de Bourgogne 75007. **Plan** 11 B2. 【 45 51 20 22. ⓕⱯⱯ 45 56 11 98. **Chambres :** 35. 🛏 33. 📺 🔥 🔥 🔥 🛏 📶 🔟 🔟 🔚 AE, DC, MC, V. ⒻⒻ

En face de l'Assemblée nationale, cet hôtel d'apparence sage, détendu et intime, possède un bar en acajou, un vieil ascenseur et un hall circulaire à colonnes de marbre rose. Par comparaison, les chambres sont plus ordinaires, sauf celles du 4e étage qui ont une jolie vue sur la place de la Concorde.

L'Hôtel de Suède

31, rue Vaneau 75007. **Plan** 11 B4. 【 47 05 00 08. ⓕⱯⱯ 47 05 69 27. ⓉⓍ 200596 F. **Chambres :** 41. 🛏 36. 🔟 🔥 🔥 🔥 🔚 AE, MC, V. ⒻⒻ

Donnant sur les jardins de l'hôtel Matignon, résidence du Premier ministre, cet hôtel dispose de chambres élégantes à la décoration XVIIIe siècle et aux teintes pastel. L'accueil est d'une rare chaleur. Les chambres des étages supérieurs ont une vue sur les jardins.

L'Hôtel de Varenne

44, rue de Bourgogne 75007. **Plan** 11 B2. 【 45 51 45 55. ⓕⱯⱯ 45 51 86 63. ⓉⓍ 205329. **Chambres :** 24. 🛏 🔥 📺 🔥 🔥 🛏 🔟 🔚 AE, MC, V. ⒻⒻ

La façade sévère de l'hôtel masque un étroit jardin sur cour où l'on sert le petit déjeuner en été. Le double vitrage des chambres atténue le bruit de la circulation ; les chambres donnant sur cour sont les plus calmes et les plus attrayantes.

Les Jardins d'Eiffel

8, rue Amélie 75007. **Plan** 10 F3. 【 47 05 46 21. ⓕⱯⱯ 45 55 28 08. **Chambres :** 44. 🛏 🔟 🔚 📺 🔥 🔥 🛏 🔚 AE, DC, MC, V, JCB. ⒻⒻ

Cet hôtel a été conçu pour l'Exposition universelle ; il en a gardé les folies avec ses splendides verrières. Des expositions sont régulièrement organisées pour le plus grand plaisir de la clientèle étrangère qui adore cette maison. L'été on prend son petit déjeuner sur une terrasse, loin des bruits où le charme est quotidien.

LE QUARTIER DE CHAILLOT LA PORTE MAILLOT

Le Hameau de Passy

48, rue de Passy 75016. **Plan** 9 B3. 【 42 88 47 55. ⓕⱯⱯ 42 30 83 72. **Chambres :** 32. 🛏 🔟 🔚 📺 🔥 🔥 🛏 🔚 AE, DC, MC, V, JCB. Ⓕ

C'est un hôtel pour poètes ou pour écrivains, car le charme de cette maison est immense. Caché dans une impasse fleurie, on est accueilli avec un large sourire. Les chambres sont petites mais bien décorées, on ouvre sa fenêtre sur un petit jardin. La maison de Balzac n'est pas loin, on s'installe dans un petit salon pour écrire ses premiers vers.

Le Centre Ville Etoile

6, rue des Acacias 75017. **Plan** 4 D3. 【 43 80 56 18. ⓕⱯⱯ 47 54 93 43. **Chambres :** 20. 🛏 🔟 🔚 📺 🔥 🔚 AE, DC, MC, V, JCB. ⒻⒻ

Il faut rêver en noir et blanc pour descendre dans ce petit hôtel : murs blancs, meubles noirs, moquette noire et blanche, couvre-lit blanc. Voilà une maison moderne, originale qui se chante en noires et blanches.

Étoile Pereire

146, bd Pereire 75017. **Plan** 4 D2. 【 42 67 60 00. ⓕⱯⱯ 42 67 02 90. **Chambres :** 21. 🛏 🔟 🔚 📺 🔥 🔚 AE, DC, MC, V, JCB. ⒻⒻ

Les jardins du boulevard Pereire apportent une touche campagnarde à cet hôtel. Toutes les chambres donnent sur une cour, le silence est roi. Le décor est soigné et le petit déjeuner mérite une mention.

Passy Eiffel

10, rue de Passy 75016. **Plan** 9 B3.
45 25 55 66. FAX 42 88 89 88.
Chambres : 50. AE, DC, MC, V, JCB. ©©

La chambre qui ouvre sur le petit jardin privatif est très demandée mais les autres, quoique petites, sont bien équipées et très propres. Quelques petites chambres disposées sur deux étages communicants sont idéales pour les familles.

Le Concorde Lafayette

3, place du Général-Koenig 75017.
Plan 3 C2. 40 68 50 68.
FAX 40 68 50 43. TX 650892. **Fermé en août. Chambres : 1 000.** AE, DC, MC, V, JCB.
©©©©

La tour de l'hôtel qui domine le Palais des Congrès de la porte Maillot possède de nombreux équipements – un club de gym, un étonnant bar au 33e étage, plusieurs restaurants, une galerie marchande, et des chambres – cellules, toutes identiques, offrant une vue toujours plus splendide à mesure que l'on est plus haut.

Le Méridien

81, bd Gouvion-St-Cyr 75017.
Plan 3 C2.
40 68 34 34. FAX 40 68 35 10.
TX 690652. **Chambres : 1 025.** AE, DC, MC, V, JCB.
©©©©

Malgré son manque de charme, Le Méridien est l'un des hôtels les plus appréciés car il est bien situé en face du Palais des Congrès et du terminal Air France pour l'aéroport de Roissy. Son restaurant est l'un des meilleurs de l'hôtellerie parisienne. Son Club Lionel Hampton, reconnu dans le petit monde du jazz, organise des brunches et accueille les big bands les dimanches d'hiver.

LES CHAMPS-ELYSÉES

Concortel

21, rue Pasquier 75008.
Plan 5 C4.
42 65 45 44. FAX 42 65 18 33.
Chambres : 37. AE, DC, MC, V, JCB. ©©

Depuis le petit salon qui ouvre sur un patio fleuri, les hommes d'affaires, habitués du lieu, organisent leurs rendez-vous. Cette maison est une aubaine au cœur de la ville. Confort, gentillesse et service impeccable, on croit rêver.

Le Lido

4, passage de la Madeleine 75008.
Plan 5 C5. 42 66 27 37. FAX 42 66 61 23. **Chambres : 32.** AE, DC, MC, V, JCB. ©©

Pas de strass, pas de paillettes pour ce Lido mais un charme éblouissant. Voilà une maison très personnelle habilement décorée, cossue, un rien bourgeoise. Meubles Louis XIII, jolis tapis, fleurs fraîches, on se retrouve transporté en Sologne coincé entre la Madeleine et la Concorde.

La Résidence Lord Byron

5, rue Chateaubriand 75008. **Plan** 4 E4.
43 59 89 98. FAX 42 89 46 04.
TX 649662. **Chambres : 32.** AE, MC, V, JCB. ©©

Ce petit hôtel discret, proche de l'Étoile, possède un jardin sur cour où le petit déjeuner est servi en été. Ses chambres lumineuses, relativement calmes, sont assez petites, et celles du 6e étage ont une belle vue. Si vous souhaitez plus d'espace, demandez l'une des rares chambres avec salon ou une chambre en rez-de-chaussée dans le pavillon entre les deux jardins.

L'Atala

10, rue Chateaubriand 75008.
Plan 4 E4. 45 62 01 62.
FAX 42 25 66 38. TX 640576.
Chambres : 49. AE, DC, MC, V, JCB. ©©©

Dans une rue calme proche des Champs-Elysées, les chambres de l'Atala donnent sur un jardin planté de grands arbres. Le restaurant en terrasse est fleuri d'hortensias, et les chambres du 8e étage offrent une vue spectaculaire sur la tour Eiffel. La décoration des chambres manque cependant d'imagination ; l'accueil et le restaurant sont quelconques.

Élysée

12, rue des Saussaies 75008.
Plan 5 B5. 42 65 29 25.
FAX 42 65 64 28. **Chambres : 30.** AE, DC, MC, V, JCB.
©©©

Ceux qui choisissent la vie de château s'installent dans le lit à baldaquin de la chambre 601. Les poètes s'installent au 6e, dans les petites suites adorables. Le décor est élégant, sobre et de bon goût. Le ministère de l'Intérieur est juste à côté, c'est dire que l'on dort en toute sécurité.

Hôtel Galileo

54, rue Galilée 75008. **Plan** 4 E5.
47 20 66 06. FAX 47 20 67 17.
Chambres : 27. AE, MC, V, JCB. ©©©

C'est un feu de bois dans la cheminée qui accueille le client, tout est douceur dans cette maison meublée XVIIIe siècle. Une impression de maison amie règne dans chacune des chambres, le petit jardin ajoute au charme, on tient là un exemple de l'hôtellerie française.

Le Claridge-Bellman

37, rue François-1er 75008. **Plan** 4 F5.
47 23 54 42. FAX 47 23 08 84.
TX 641150 BELLMAN. **Chambres : 42.** AE, DC, MC, V. ©©©©

Version miniature du vieux Claridge, l'hôtel est géré avec une grande compétence par ses anciens directeurs. Calme et sage, l'établissement est décoré de meubles de style. Les chambres mansardées du 6e étage sont ravissantes.

Le Vernet

25, rue Vernet 75008. **Plan** 4 E4.
47 23 43 10. FAX 44 31 85 69.
Chambres : 57. AE, DC, MC, V, JCB.
©©©©

Encore relativement peu connu du grand public, cet hôtel possède pourtant une salle à manger abritée sous une majestueuse verrière créée par Gustave Eiffel, l'architecte de la tour du même nom. Les grandes chambres calmes sont agréablement meublées et la clientèle a libre accès au club de gym du Royal Monceau.

Le Bristol

112, rue du Faubourg-St-Honoré 75008. **Plan** 5 A4. 42 66 91 45.
FAX 42 66 34 16. TX 280961 BRISHOT.
Chambres : 196. AE, DC, MC, V, JCB. ©©©©©

L'un des meilleurs hôtels de Paris, le Bristol est idéalement situé entre la salle de congrès de l'Élysée-Palace et les boutiques chic du faubourg Saint-Honoré. Les grandes chambres, magnifiquement décorées, possèdent de somptueuses salles de bains en marbre. La salle à manger d'époque est ornée de tapisseries flamandes et d'étincelants lustres en cristal. En été, le petit déjeuner est servi sous un vélum à côté du jardin.

Le George v

31, av. George-V 75008.
Plan 4 E5. 〖 47 23 54 00.
FAX 47 20 40 00. TX 650082.
Chambres : 298. 🖼 1 🔲 📺 🍽 🔁 ▤ 🔁 🔁 🕹 🔁 🔁 🔁 🔁 🔁 🔁 🔁 *AE, DC, MC, V, JCB.* ⓕⓕⓕⓕⓕ

Luxueux hôtel international, le George v possède un élégant restaurant avec patio, Les Princes. Cet établissement de légende, avec ses salons intimes, son mobilier ancien, ses tableaux et ses souvenirs, a malheureusement perdu un peu de son charme durant sa rénovation. La salle du petit déjeuner est fréquentée par les gens du monde de la presse. Service irréprochable.

Le Prince de Galles-Sheraton

33, av George-V 75008. **Plan** 4 E5.
〖 47 23 55 11. FAX 47 20 96 92.
TX 651627. *Chambres :* 171.
🖼 1 🔲 📺 🍽 🔁 ▤ 🔁 🔁 🕹 🔁 🔁 🔁 🔁 🔁 *AE, DC, MC, V, JCB.*
ⓕⓕⓕⓕ

Cet hôtel, commodément situé près des Champs-Elysées, souffre d'être considéré comme un second choix après son voisin, le George v. L'établissement est en effet moins prestigieux que ce dernier, sa clientèle est moins renommée et ses chambres sont en retard d'une rénovation. Seul le confortable bar britannique et le restaurant supportent la comparaison.

Le Plaza-Athénée

25, av Montaigne 75008.
Plan 10 F1. 〖 47 23 78 33.
FAX 47 20 20 70. TX 650092.
Chambres : 214. 🖼 1 🔁 🔲 📺 🍽 ▤ 🔁 🔁 🔁 🔁 🔁 🔁 *AE, DC, MC, V, JCB.* ⓕⓕⓕⓕⓕ

Le légendaire Plaza-Athénée a ouvert ses portes sur la prestigieuse avenue Montaigne voici plus de 80 ans. C'est un hôtel pour les nouveaux mariés, la vieille aristocratie et la haute couture. Ses tapisseries des Gobelins sont splendides. Parmi ses restaurants, Le Régence est vraiment plein de charme, surtout en été sur la terrasse ornée de lierre ; on dit que Le Relais est le grill le plus snob de Paris, plus particulièrement lors des présentations de mode. Les chambres récemment remeublées répondent aux plus hautes normes du luxe contemporain.

Le Royal Monceau

37, av Hoche 75008. **Plan** 4 F3.
〖 45 61 98 00. FAX 42 99 89 91.
TX 650361. *Chambres :* 219.
🖼 🔁 🔲 📺 🍽 ▤ 🔁 🔁 🔁 🔁 🔁 🔁 🔁 🔁 🔁 *AE, DC, MC, V, JCB.* ⓕⓕⓕⓕ

Majestueusement situé entre l'Étoile et le parc Monceau, cet hôtel a retrouvé, après rénovation, son lustre d'antan. Son club de santé est l'un des plus luxueux de Paris, et Le Carpaccio, son restaurant, est l'une des meilleures tables italiennes de la capitale. Le petit déjeuner est servi dans un admirable belvédère vitré. Les chambres sont élégantes – on préférera une chambre donnant sur la cour, ou l'une des prestigieuses suites.

L'Hôtel de la Trémoille

14, rue de la Trémoille 75008. **Plan** 10 F1.
〖 47 23 34 20. FAX 40 70 01 08. TX 640344 F. *Chambres :* 110. 🖼 1 🔁 📺 🍽 ▤ 🔁 🔁 🔁 🔁 🔁 *AE, DC, MC, V.* ⓕⓕⓕⓕⓕ

Cet hôtel est aussi impressionnant que décontracté. Les femmes de chambre répondent avec un sourire au premier appel, un feu crépite dans la cheminée du restaurant, les chambres sont meublées avec raffinement et les salles de bains sont luxueuses.

LE QUARTIER
DE L'OPÉRA

Hôtel des Boulevards

10, rue de la Ville-Neuve 75002.
Plan 7 A5. 〖 42 36 02 29.
FAX 42 36 15 39. *Chambres :* 18.
1 🔁 ⓕ

À deux pas de l'Opéra et des Halles, ce petit hôtel entièrement refait a ses habitués. Le décor des chambres est très simple, l'équipement fonctionnel, le service très souriant, une adresse pratique un point c'est tout.

L'Ambassador

16, bd Haussmann 75009. **Plan** 6 E4.
〖 42 46 92 63. FAX 42 46 19 84.
TX 285912. *Chambres :* 298.
🖼 1 🔁 🔲 📺 🍽 ▤ 🔁 🔁 🔁 🔁 🔁 🔁 🔁 🔁 *AE, DC, MC, V, JCB.* ⓕⓕⓕⓕ

Un des meilleurs hôtels art déco de Paris, L'Ambassador a retrouvé son luxe d'antan après rénovation : moquettes profondes, mobilier ancien et, au rez-de-chaussée, des colonnes de marbre rose, des lustres en cristal de Baccarat et des tapisseries d'Aubusson. La cuisine

est remarquable : le chef officiait auparavant au Grand Véfour (*voir p. 301*).

Le Grand Hôtel

2, rue Scribe 75009. **Plan** 6 D5.
〖 40 07 32 32. FAX 42 66 12 51.
TX 220875. *Chambres :* 514. 🖼 1 🔁 🔲 📺 🍽 ▤ 🔁 🔁 🔁 🔁 🔁 🔁 🔁 🔁 *AE, DC, MC, V, JCB.* ⓕⓕⓕⓕⓕ

La chaîne Intercontinental a investi plusieurs millions de francs dans le Grand Hôtel. Outre le sompteux salon Opéra sous la coupole art déco, un club de santé a été aménagé et les chambres bénéficient désormais des derniers raffinements du confort contemporain.

Le Westminster

13, rue de la Paix 75002. **Plan** 6 D5.
〖 42 61 57 46. FAX 42 60 30 66.
TX 680035. *Chambres :* 102. 🖼 📺 🍽 🔁 🔁 🔁 🔁 🔁 🔁 🔁 🔁 *AE, DC, MC, V, JCB.* ⓕⓕⓕⓕ

Situé entre le Ritz et le jardin des Tuileries, cet hôtel possède un restaurant peu prisé, mais des chambres agréablement meublées, certaines avec des meubles de style, une cheminée en marbre, des lustres et des pendules XVIIIᵉ siècle.

MONTMARTRE

Le Terrass Hôtel

12, rue Joseph-de-Maistre 75018.
Plan 6 E1. 〖 46 06 72 85.
FAX 42 52 29 11. TX 280830.
Chambres : 101. 🖼 1 🔁 📺 🍽 🔁 🔁 🔁 🔁 🔁 🔁 🔁 🔁 *AE, DC, MC, V, JCB.* ⓕⓕⓕ

Du haut des étages supérieurs et depuis la terrasse du petit déjeuner, l'hôtel offre une vue panoramique sur les toits de Paris. Toutes les chambres sont confortables, mais quelconques. Certaines conservent leurs boiseries art déco d'origine.

EN DEHORS DU CENTRE

L'Hôtel de Banville

166, bd Berthier 75017.
〖 42 67 70 16. FAX 44 40 42 77.
TX 643025. *Chambres :* 39.
🔲 📺 🍽 🔁 🔁 🔁 🔁 🔁 *AE, MC, V.* ⓕⓕ

Cette ancienne pension de famille des années 30 a conservé son portail en fer forgé, son escalier de pierre et son ascenseur d'origine. Ses salons sont cossus et ses chambres confortables ; celles du 8ᵉ étage offrent la meilleure vue.

RESTAURANTS, CAFÉS ET BARS

La réputation de la gastronomie française n'est pas usurpée : alors pourquoi ne pas profiter d'un séjour à Paris pour goûter ses raffinements puisque toutes les cuisines régionales y sont représentées ? La plupart des restaurants servent la cuisine française, mais la cuisine chinoise, vietnamienne et nord-africaine n'est pas en reste, de même que l'italienne, la grecque, la libanaise ou l'indienne. Les établissements que nous avons sélectionnés (*voir pp. 299-*309) sont les meilleurs de Paris, chacun dans sa catégorie de prix. Les tableaux et le chapitre Choisir un restaurant, pages 296 à 298, sont classés par quartier et par prix. La plupart des établissements servent de midi à 2 h du matin, leurs menus offrant souvent des plats à prix fixes. En général, les Parisiens s'attablent pour le dîner vers 20 h 30 et la plupart des établissements servent de 19 h 30 à 23 h environ (*voir également* Repas légers et casse-croûte *pp. 310-311*).

QUE MANGER ?

Paris offre un formidable choix gastronomique, des plats en sauce aux célèbres pâtisseries, en passant par les cuisines régionales (*voir pp. 290-291*), que l'on dégustera dans les brasseries et les bistrots en fonction de la région dont est originaire le chef. À toute heure du jour, on peut consommer des repas simples mais succulents dans les cafés, les bars à vin ou les brasseries. Toutefois certains cafés, comme le Bar de la Croix-Rouge (*voir p. 311*), dans le quartier du Luxembourg, réputés pour leurs assiettes de viandes froides, ne servent pas de plat chaud à déjeuner.

La meilleure cuisine étrangère provient essentiellement du Viêt-nam et d'Afrique du Nord. Les restaurants dits de couscous servent des plats copieux, parfois épicés, bon marché mais de qualité inégale. Les restaurants vietnamiens, également d'un bon rapport qualité/prix, offrent une alternative légère à la cuisine française parfois trop riche. Il y a également nombre de bons restaurants japonais, notamment rue Saint-Roch.

OÙ TROUVER LES BONS RESTAURANTS ET CAFÉS ?

On mange bien à peu près partout dans Paris, les meilleurs restaurants et cafés étant en règle générale ceux que fréquentent les Parisiens eux-mêmes.

La rive gauche offre probablement la plus grande concentration de restaurants, surtout dans les secteurs touristiques tels Saint-Germain-des-Prés et le Quartier latin. Si la qualité varie, certaines terrasses de bistrots ou de bars à vin sont véritablement dignes d'éloges. (Pour les bistrots, brasseries et restaurants avec terrasse, voir Choisir un restaurant, pages

Le restaurant Beauvilliers
(*voir p. 307*)

296 à 298.) Le Quartier latin, principalement du côté de la place Maubert et de la rue des Écoles, abonde également en petits restaurants vietnamiens et chinois.

Les quartiers à la mode du Marais et de la Bastille offrent de nombreux petits bistrots, salons de thé et cafés, certains récents et branchés, d'autres plus traditionnels mais tout aussi bons.

Les quartiers des Champs-Élysées et de la Madeleine, où rares sont les bonnes tables abordables, sont envahis de fast-foods et de cafés hors de prix et souvent médiocres.

Plusieurs grands cafés des années 20 occupent le boulevard Montparnasse, notamment Le Sélect, La Coupole, Le Dôme et La Rotonde (*voir p. 311*). Une rénovation leur a redonné leur lustre d'antan.

Dans le quartier Louvre-Rivoli, plusieurs restaurants,

L'élégant magasin et salon de thé de Mariage Frères

ou bistrots sympathiques sont concurrencés par des cafés pour touristes aux prix exorbitants. À côté, aux Halles, les nombreux fast-foods et restaurants médiocres font de l'ombre aux établissements reconnus.

Mis à part de bons restaurants japonais et quelques excellentes brasseries, le quartier de l'Opéra et des grands boulevards n'est pas le meilleur pour bien manger. Près de la Bourse, les agents de change fréquentent des restaurants et des bistrots réputés.

À Montmartre, un certain nombre de restaurants pour touristes se partagent le secteur avec de rares petits bistrots très agréables. Les établissements les plus chers sont le luxueux Beauvilliers (*voir p. 307*) et La Table d'Anvers (*voir p. 307*) d'inspiration italienne, près de la Butte Montmartre.

Les restaurants des quartiers Invalides, tour Eiffel et Palais de Chaillot, tranquilles le soir, sont en général moins bruyants et plus posés que les établissements des quartiers animés la nuit. Leurs prix sont parfois élevés.

Les deux quartiers asiatiques de Paris, au sud de la place d'Italie et à Belleville, rassemblent de nombreux restaurants exotiques, vietnamiens et chinois excellents et très bon marché. Si Belleville regorge aussi de petits restaurants nord-africains, on n'y trouve pas de vrai restaurant de cuisine française.

Décoration à La Tour d'Argent (*p. 302*)

Le Grand Véfour aux Tuileries (*voir p. 301*)

LES TYPES DE RESTAURANTS ET DE CAFÉS

L'un des aspects les plus agréables de la restauration parisienne, c'est la diversité des tables. Les petits bistrots proposent souvent un choix limité de plats à prix modérés tandis que ceux de style Belle Époque, avec bar en zinc, miroirs et faïence, sont plus particulièrement remarquables pour leur décor. Généralement, la cuisine proposée est régionale et traditionnelle. De nombreux chefs de restaurants chic ayant également ouvert leur propre bistrot, ceux-ci sont souvent d'excellent rapport qualité/prix.

Les brasseries, vastes établissements animés, ont souvent un vague caractère alsacien – plats de choucroute arrosés de pichets de vin d'Alsace – et proposent des menus pantagruéliques. La plupart servent jusque tard dans la nuit.

Les cafés (et certains bars à vin) ouvrent tôt le matin et, sauf les grands cafés touristiques, ferment d'ordinaire vers 21 h. Boissons et restauration légère, à base de salades, charcuterie et œufs, sont servis toute la journée. Pour le déjeuner, la plupart proposent également

Ardoise de menu à la brasserie Le Dôme

un petit choix de plats du jour. Les prix varient d'un quartier à l'autre, en fonction de l'affluence touristique. Les cuisines des cafés les plus chic, comme le Café de Flore, Les Deux Magots ou le Café Beaubourg, sont ouvertes tard le soir. Les bistrots à bière proposent notamment à leur menu des moules-frites et des tartes à l'oignon.

Dans une ambiance décontractée, les bars à vin servent des déjeuners à prix modérés accompagnés de vin au verre, et des casse-croûte, comme par exemple d'excellentes tartines du fameux pain Poilâne avec du fromage ou de la charcuterie. Quelques-uns restent ouverts pour le dîner.

Les salons de thé, ouverts à l'heure du déjeuner ou dans la matinée jusqu'en fin d'après-midi, servent souvent des déjeuners, et surtout des pâtisseries à l'heure du goûter, accompagnées de café, de chocolat chaud ou d'excellents thés. Certains, comme Le Loir dans la Théière, ont un cadre décontracté, avec canapés et grandes tables, tandis que d'autres, comme Mariage Frères, sont plus formels. Angélina, rue de Rivoli, est réputé pour ses chocolats chauds, et Ladurée pour ses macarons au chocolat. (Adresses : *voir p. 311.*)

LES RESTAURANTS VÉGÉTARIENS

À Paris, les restaurants végétariens sont rares, et les autres établissements ont toujours poissons et viandes au menu. Si vous êtes un végétarien pur et dur il sera cependant presque partout possible de commander une salade, ou bien deux entrées.

N'hésitez pas à faire changer la composition du plat : si l'on vous propose une salade au jambon, aux petits lardons ou au foie gras, demandez au serveur de vous la faire préparer sans viande. Dans les restaurants nord-africains vous pourrez aussi commander un couscous sans viande, sans grosse difficulté.

LE PRIX DES RESTAURANTS

Le prix d'un repas varie du très bon marché à l'astronomique. On peut encore trouver un copieux déjeuner dans un restaurant ou un café pour 60 F, mais il faut compter en moyenne 200 à 250 F vin compris pour un repas dans un restaurant ou une brasserie de qualité. (Les vins ont une incidence significative sur la note.) Pour les restaurants les plus chers, comptez de 400 F environ vin compris à 1 000 F ou plus dans les établissements de luxe. Le menu à prix fixe souvent proposé, surtout au déjeuner, offre presque toujours le meilleur rapport qualité/prix. Certains restaurants proposent des menus pour moins de 100 F

Le Carré des Feuillants
(*voir p. 301*)

mais le vin n'est pas toujours compris. Le café est toujours en supplément.

La loi oblige les restaurants à afficher leurs menus à l'extérieur. Les prix indiqués incluent le service, mais un pourboire sera toujours le bienvenu (de quelques francs à 5 % de la note, selon la qualité du service).

La carte Visa est très largement acceptée, la carte American Express plus rarement, et certains bistrots n'acceptent aucune carte de crédit. Renseignez-vous avant de réserver. Les chèques de voyages et les Eurochèques sont souvent refusés, et les cafés, eux, n'acceptent que des espèces.

RÉSERVER UNE TABLE

Dans tous les cas, il vaudra mieux réserver avant de vous rendre dans le restaurant ou la brasserie de votre choix. Sinon, vous risquez d'avoir à attendre qu'une table se libère.

COMMENT S'HABILLER ?

À l'exception de quelques restaurants très guindés, vous pouvez porter la tenue de votre choix, dans les limites du raisonnable. Nos tableaux (*voir pp. 299-309*) précisent quels établissements exigent la tenue de ville.

LE MENU ET LA COMMANDE

Dans les petits bistrots et restaurants, voire dans certaines brasseries, les menus sont souvent manuscrits, donc parfois difficiles à lire. N'hésitez pas à demander l'aide du serveur.

Celui-ci prendra votre commande dans l'ordre de l'entrée et du plat principal. Le dessert se commande généralement après que vous avez terminé le plat principal. Certains desserts chauds

Le restaurant du célèbre salon de thé Angélina (*voir p. 311*)

doivent être préparés dès le début de votre repas. Le serveur vous le précisera, ou la carte des desserts portera la mention « à commander avant le repas ».

Les entrées consistent généralement en un choix de salades de saison, de pâtés, d'assiettes de légumes chauds ou froids, ou de tartes salées, ou bien encore, sardines à l'huile, œufs mayonnaise, hareng… Les fruits de mer que proposent les brasseries peuvent faire office de plat principal. Celui-ci est généralement une viande, une volaille ou un poisson, parfois du gibier en automne dans les grands établissements. La plupart des restaurants

Le Pavillon Montsouris, près du parc Montsouris (*voir p. 309*)

Le Train Bleu, le restaurant de la gare de Lyon (*voir p. 309*)

proposent des plats du jour, composés de produits frais de saison, et souvent d'excellent rapport qualité/prix.

Le fromage est servi avant le dessert, qu'il peut remplacer. Certains demandent une salade pour accompagner leur fromage. Le café est servi après le dessert et non avec. Précisez si vous le souhaitez au lait. Les tisanes deviennent également populaires après le dîner.

Dans la plupart des restaurants, le serveur vous demandera si vous souhaitez un apéritif avant de passer commande. L'apéritif typique, c'est le kir (vin blanc et cassis), ou le kir royal (champagne et cassis). En général, on ne consomme pas d'alcool fort avant le repas (*voir* Que boire à Paris *pp. 292-293*).

La carte des vins est souvent distincte du menu, et dans les plus grands restaurants celle-ci vous est généralement apportée par le sommelier après que vous avez consulté le menu.

LE SERVICE

Le repas étant considéré en France comme un agréable passe-temps, le service est souvent de grande qualité, mais parfois lent. Dans les petits restaurants, ne vous attendez pas à être servi rapidement : les plats sont cuisinés dans l'ordre des commandes, et il n'y a souvent qu'un seul serveur.

LES ENFANTS

Les enfants sont généralement bien accueillis, mais les restaurants bondés n'ont souvent guère de place pour les poussettes et les chaises hautes ou les chaises d'enfant sont vraiment exceptionnelles.

FUMEUR – NON FUMEUR

Si une législation récente oblige les restaurants à prévoir des tables non fumeurs, elle est inégalement appliquée. Certains restaurants, et plus particulièrement les cafés, sont généralement plutôt enfumés.

ACCÈS FAUTEUIL ROULANT

Les restaurants n'ont souvent pas d'accès spécialement aménagé pour les fauteuils roulants. Prévenez lors de la réservation, et l'on vous gardera une table commodément située.

Le restaurant Lucas Carton (*p. 307*)

Que manger à Paris ?

Chèvre

La gastronomie française est un art en constante évolution. À base de sauces, de viande, de volaille et de poisson, la cuisine classique a abandonné ses immenses menus d'antan et délaissé la nouvelle cuisine des années 70. Aujourd'hui, les chefs de maints restaurants parisiens s'intéressent davantage aux plats régionaux ainsi qu'à une cuisine plus simple, de caractère familial, faite de produits de saison, d'une grande fraîcheur. La cuisine française est d'ordinaire peu épicée. Elle a recours aux fines herbes : ciboulette, persil ou estragon, par exemple – ingrédients essentiels à la saveur des sauces et des bouillons. La cuisine régionale la plus appréciée dans la capitale provient du Lyonnais, de la Bourgogne et du Sud-Ouest. Les traditions provençales, aux accents d'ail et d'huile d'olive, gagnent également en popularité. La cuisine lyonnaise se caractérise par ses salades copieuses et ses plats roboratifs, telle l'andouillette. Les spécialités bourguignonnes et du Sud-Ouest, également riches, comptent notamment le foie gras, le jambon ou le homard persillé et le cassoulet, solide ragoût de porc ou d'oie et de haricots blancs.

Les croissants
Pas de petit déjeuner parisien sans un croissant bien doré.

Les pains au chocolat
En dessous de la Loire, ils sont baptisés « chocolatines ».

Les brioches
Dorées et moelleuses, elles accompagnent le petit déjeuner.

La baguette
Les Parisiens considèrent qu'il n'est de bonne baguette qu'à Paris.

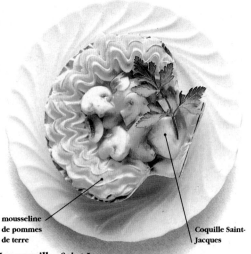

mousseline
de pommes
de terre

Coquille Saint-Jacques

Les coquilles Saint-Jacques
Elles sont revenues à la mode dans les restaurants dont les chefs aiment les produits frais et savoureux. On les sert de différentes façons, avec ou sans leur coquille.

Le foie gras
Réservé aux grandes occasions, le foie gras tend à se démocratise

Les moules marinières
Un grand classique des brasseries et des bars à bière.

Les escargots
Leur persillade à l'ail est déconseillée si vous avez un rendez-vous galant.

Le homard persillé
Crustacé breton, cuisiné avec des échalotes et des fines herbes.

Les œufs en cocotte à l'estragon
Les choses les plus simples sont souvent les plus savoureuses.

Les andouillettes à la lyonnaise
Ce plat est un grand classique des brasseries.

Les noisettes d'agneau
Ces petites et tendres côtelettes sont sautées au beurre et servies avec une garniture.

Le chèvre tiède sur un lit de salade
Très à la mode sur de nombreux menus.

Brie de Meaux   **Crottins de Chavignol**

Les fromages
Venus des quatre coins de France, les fromages que vous goûterez à Paris sont les plus variés. Ne dit-on pas qu'ils sont aussi nombreux que les jours de l'année ?

Pont-l'Evêque

Camembert au lait cru

Les crêpes suzette
Elle sont servies avec une sauce à l'alcool.

La tarte Tatin
Cette tarte aux pommes est une spécialité parisienne.

La tarte alsacienne
Rustique et chaleureuse, elle est garnie de pommes ou de prunes.

Que boire à Paris ?

A Paris, on pourra découvrir la grande diversité des vins français. Au restaurant, il revient moins cher de commander du vin en carafe de 25 cl (quart), 50 cl (demi) ou 75 cl (pichet, l'équivalent d'une bouteille). Les cafés et les bars à vin servent également du vin au verre, que ce soit un « petit blanc » ou un « ballon de rouge » selon les expressions consacrées. Le vin du patron constitue souvent un choix digne de confiance.

La dernière vigne de Paris, près du Sacré-Cœur (*voir p. 220*)

LES VINS ROUGES

Certains des plus grands crus au monde – et les plus chers – proviennent des régions de Bordeaux et de Bourgogne, mais pour la consommation de tous les jours, on choisira dans la gigantesque gamme de petits bordeaux, de côtes-du-rhône, ou de beaujolais. Ce dernier, provenant du sud de la Bourgogne, est suffisamment léger pour être servi frais.

Bouteilles de bordeaux et de bourgogne aux formes caractéristiques

Les bordeaux, surtout les grands crus comme le château-margaux, sont parmi les meilleurs vins rouges au monde.

Les bourgognes rouges, vins capiteux, proviennent notamment de Gevrey-Chambertin, dans la Côte-de-Nuits.

Le beaujolais nouveau, vin fruité, est fêté le 15 nov. dans tous les cafés de France.

Les vins de la Loire, notamment le chinon, excellent, sont généralement légers et secs.

Le sud des Côtes-du-Rhône est célèbre pour le Châteauneuf-du-Pape, produit au nord d'avignon.

Le nord des Côtes-du-Rhône produit des vins à robe sombre et bouquet généreux.

TABLEAU DES MILLÉSIMES

	1992	1991	1990	1989	1988	1987	1986	1985	1984
BORDEAUX									
Margaux, St-Julien, Pauillac, St-Estèphe	6	5	9	8	7	5	8	8	4
Graves, Pessac-Léognan (rouge)	6	4	8	7	9	5	7	8	4
Graves, Pessac-Léognan (blanc)	7	5	8	8	9	6	8	7	4
Saint-Emilion, Pomerol	6	3	8	10	8	6	7	9	3
BOURGOGNE									
Chablis	6	5	9	8	7	5	8	8	4
Côte-de-Nuits (rouge)	6	6	10	9	8	7	6	10	4
Côte-de-Beaune (blanc)	5	6	8	9	8	5	8	8	5
LOIRE									
Bourgueil, Chinon	6	4	9	10	8	5	6	9	3
Sancerre (blanc)	7	7	8	7	8	6	8	6	5
RHÔNE									
Hermitage (rouge)	6	6	10	9	9	5	6	9	5
Hermitage (blanc)	7	6	10	9	9	5	6	8	6
Côte-rôtie	6	8	7	9	8	5	6	10	4
Châteauneuf-du-Pape	7	5	10	9	8	4	7	8	6

Cette échelle de 1 à 10, évaluation générale du millésime considéré, n'est donnée qu'à titre indicatif.

LES VINS BLANCS

Les meilleurs blancs proviennent de Bordeaux ou de Bourgogne. Pour le quotidien, on goûtera également un anjou blanc ou un sauvignon de Touraine. Les vins d'Alsace sont un choix sûr. Le sauternes, le barsac ou le côteaux-du-Layon accompagnent à merveille les fruits.

Riesling d'Alsace et bourgogne

Les vins d'Alsace portent le nom du cépage tel le célèbre gewürztraminer.

Les vins blancs de la Loire comptent notamment le Pouilly-fumé, un blanc très sec, à bouquet parfois fumé.

Les bourgognes blancs comprennent le chablis, au bouquet généreux, élevé dans les vignobles du nord de la région.

La Loire produit entre autres le Muscadet, blanc sec idéal pour accompagner vos plats de fruits de mer.

LES VINS PÉTILLANTS

En France, on fête tout événement au champagne, millésimé ou non, de petit producteur ou de grande marque. D'autres régions viticoles produisent des vins selon la méthode champenoise, souvent bien moins onéreux, comme les crémants de Loire ou de Bourgogne, le vouvray, le saumur mousseux, ou la blanquette de Limoux.

Champagne

Le champagne, produit à l'est de Paris, est le plus célèbre vin pétillant. Le Billecart-Salmon est un champagne rosé.

Les bordeaux liquoreux sont des vins de dessert à robe dorée, le Barsac et le Sauternes étant les plus célèbres.

APÉRITIFS ET DIGESTIFS

L'apéritif universel, c'est le kir (vin blanc mélangé de crème de cassis). Le rafraîchissant pastis, au goût d'anisette, servi avec de la glace et un pichet d'eau, est également très commun, de même que les vermouths, comme le Noilly-Prat. Les digestifs accompagnent souvent le café en fin de repas : il peut s'agir d'alcools blancs (eaux-de-vie de fruits), de cognac ou d'armagnac (eau-de-vie de raisin), ou bien encore de calvados, (eaux-de-vie de cidre).

Le kir : vin blanc et cassis

LES BIÈRES

En France, la bière est servie en bouteille ou en demi pression. La bière française blonde est la moins chère : les meilleures marques sont Meteor et Mutzig, puis la « 33 » et la Kronenbourg. La Leffe est une bière plus maltée, blonde ou brune (au goût plus prononcé). Pelforth brasse d'excellentes bières brunes et blondes. Certains bars et cafés sont spécialisés dans les bières étrangères, notamment les bières belges, très maltées et capiteuses. (Pour les bars à bière, voir *Repas légers et snacks, pp. 310-311.*)

LES AUTRES BOISSONS

Les boissons aux couleurs vives que l'on boit dans tous les cafés de Paris sont des sirops à l'eau, vert émeraude pour le sirop à la menthe ou rose pour la grenadine. Les jus de fruits comme le jus de tomate sont servis en bouteille, à moins que vous ne préfériez un citron pressé ou une orange pressée, servis avec une carafe d'eau et du sucre afin de l'accommoder à votre goût. À Paris, l'eau du robinet est tout à fait buvable, mais si vous lui trouvez un goût désagréable, demandez une eau minérale, gazeuse ou plate, en bouteille.

Le citron pressé est servi avec de l'eau et du sucre

Les meilleurs restaurants de Paris

L e nombre des restaurants à Paris dépasse de loin celui d'une capitale de taille comparable. Du café le plus modeste aux tables les plus prestigieuses, chacun pourra y trouver son compte. Même dans le plus humble des bistrots, le pain et les pâtisseries sortent souvent du four du boulanger, et les fromages seront à cœur. Les établissements illustrés ci-dessous ne sont que quelques-uns des plus remarquables de ceux qui figurent sur le tableau des pages 299 à 309. Ils ont été choisis autant pour le charme de leur cadre que l'excellence de leur cuisine.

Le Grand Colbert
*Dans une demeure
bistorique, cette belle
brasserie sert les grands
classiques.*
(Voir p. 306.)

Champs-Elysées

Quartier de Chaillot

*Quartier de
l'Opéra*

*Quartier des
Tuileries*

L A   S E I N E

*Quartier des Invalides
et de la tour Eiffel*

*St-Germain-
des-Prés*

*Quart
Luxen*

Chiberta
*Cet élégant restaurant propose,
superbement préparé, le meilleur de
la gastronomie moderne
française.* (Voir p. 305.)

Montparnasse

Taillevent
*Un cadre discrètement
luxueux, une cuisine
remarquable, une cave
extraordinaire et un
service impeccable font
de ce restaurant un haut
lieu de la gastronomie
française.* (Voir p. 306.)

L'Arpège
*A proximité du musée Rodin,
ce restaurant moderne propose
une cuisine d'un raffinement
exceptionnel.* (Voir p. 303.)

0 km   1

Chartier
Son animation et sa cuisine de ménage font de cette ancienne soupe populaire à la décoration début de siècle un lieu très sympathique. (Voir p. 306.)

La brasserie Flo
L'authentique cuisine alsacienne, les choucroutes, les fruits de mer, les excellents vins et bières du terroir attirent de nombreux gourmets.
(Voir p. 308.)

Au Pied de Cochon
Ce haut lieu magnifiquement restauré des Halles propose d'authentiques plats de brasserie. (Voir p. 300.)

eaubourg et Les Halles

Benoît
Cet archétype du bistrot, orné de miroirs 1912, sert les grands classiques de la cuisine française.
(Voir p. 300.)

Le Marais

Ile de la Cité

Ile St-Louis

artier latin

La brasserie Bofinger
Datant de 1864, la plus ancienne des brasseries parisiennes est réputée pour son décor, ses excellents fruits de mer, et son menu à toute épreuve.
(Voir p. 299.)

Quartier du jardin des Plantes

Pharamond
Mosaïques et carrelages colorés font de cet ancien bistrot un joyau art nouveau.
(Voir p. 300.)

La Tour d'Argent
Ce restaurant célèbrissime, avec sa vue panoramique, est considéré comme le summum du luxe. (Voir p. 302.)

Choisir un restaurant

Les établissements présentés ici ont été sélectionnés pour leur bon rapport qualité/prix ou pour leur cuisine exceptionnelle. Ce tableau résume les éléments susceptibles d'influencer votre choix. Pour plus de détails concernant les restaurants cités, voir pp. 299 à 309 ; pour les cafés et les bars à vin, voir Repas légers et snacks pp. 310-311.

		SPÉCIALITÉS DE FRUITS DE MER	MENU À PRIX FIXE	OUVERT TARD LE SOIR (APRÈS 22 H 30)	MENU POUR ENFANTS	TERRASSE	RESTAURANT CALME	SPÉCIALITÉS VÉGÉTARIENNES
ILE DE LA CITÉ *(voir p. 299)*								
Le Vieux Bistrot	ⒻⒻⒻ		■			●		
LE MARAIS *(voir pp. 299-300)*								
Jacques Melac	Ⓕ		■					
Le Trumilou	Ⓕ		■		■	●		●
Le Baracane	ⒻⒻ		■					
Chez Jenny	ⒻⒻ		■	●		●		●
La Guirlande de Julie	ⒻⒻ			●		●		
Le Passage	ⒻⒻ					■	■	
L'Alisier	ⒻⒻ		■		■			
Ma Bourgogne	ⒻⒻ					●		
La Plantation	ⒻⒻ			●				
Brasserie Bofinger	ⒻⒻⒻ			●				
Fouquet's Bastille	ⒻⒻⒻ		■	●				
L'Ambroisie ★	ⒻⒻⒻⒻⒻ						■	
BEAUBOURG ET LES HALLES *(voir p. 300)*								
Le Béarn	Ⓕ					●		
Chez Elle	ⒻⒻ					●		
Le Grizzli	ⒻⒻ		■			●		
Saudade	ⒻⒻ							
Au Pied de Cochon	ⒻⒻⒻ			●		●		
Pharamond	ⒻⒻⒻ		■					
Benoît ★	ⒻⒻⒻⒻ							
LE QUARTIER DES TUILERIES *(voir pp. 300-301)*								
Le Rubis	Ⓕ		■					
Gaya	ⒻⒻⒻ	●						
Le Grand Louvre	ⒻⒻⒻ				■			
Armand au Palais-Royal	ⒻⒻⒻ		■					
Les Ambassadeurs ★	ⒻⒻⒻⒻⒻ		■					
Le Carré des Feuillants ★	ⒻⒻⒻⒻⒻ		■					
Goumard Prunier	ⒻⒻⒻⒻⒻ	●						
Le Grand Véfour ★	ⒻⒻⒻⒻ		■					
ST-GERMAIN-DES-PRÉS *(voir pp. 301-302)*								
Au Pied de Fouet	Ⓕ		■					
Le Restaurant des Beaux-Arts	Ⓕ		■					
Le Petit Saint-Benoît	Ⓕ							
Aux Fins Gourmets	ⒻⒻ							
Le Muniche	ⒻⒻ		■	●		●		
La Rôtisserie d'en Face	ⒻⒻ							
Aux Charpentiers	ⒻⒻ					●		
La Brasserie Lipp	ⒻⒻⒻ			●		●		
Yugaraj	ⒻⒻⒻ		■					●
Restaurant Jacques Cagna ★	ⒻⒻⒻⒻⒻ		■					
LE QUARTIER LATIN *(voir p. 302)*								
Polidor	Ⓕ		■	●				
Restaurant A	Ⓕ		■	●				
Loubnane	Ⓕ		■	●				

Catégorie de prix pour un repas avec entrée et dessert, une demi-bouteille de vin de la maison, taxes et service compris :
F moins de 150 F
FF 150 - 250 F
FFF 250 - 350 F
FFFF 350 - 500 F
FFFFF plus de 500 F

★ Vivement recommandé

MENU À PRIX FIXE
Menu proposé au déjeuner et/ou au dîner.

MENUS ENFANTS
Sert des portions pour enfants. (Ceux-ci sont bien accueillis dans la plupart des établissements, même s'ils ne disposent pas d'aménagements adaptés.)

RESTAURANT CALME
Atmosphère tranquille et intime, sans musique d'ambiance.

	Prix	Spécialités de fruits de mer	Menu à prix fixe	Ouvert tard le soir (après 22 h 30)	Menu pour enfants	Terrasse	Restaurant calme	Spécialités végétariennes
La Brasserie Balzar	FF			●		●		
Campagne et Provence	FF							
La Rôtisserie du Beaujolais	FF		■			●		
Le Restaurant Moissonnier	FF							
La Tour d'Argent ★	FFFFF		■		■		■	
LE QUARTIER DU JARDIN DES PLANTES (voir p. 303)								
Au Petit Marguéry	FFF		■			●		
MONTPARNASSE (voir p. 303)								
La Brasserie du Lutétia	F		■	●				
Le Bistrot du Dôme	FF	●				●		
Le Caméléon	FF		■					
La Coupole	FF		■	●				●
Le Caroubier	FF							
LE QUARTIER DES INVALIDES ET DE LA TOUR EIFFEL (voir pp. 303-304)								
Thoumieux	F		■					
Le Calmont	F		■			●		
Le Café Bordelais	FF		■					
Chez Françoise	FF		■	●		●		
Le Bistrot de Breteuil	FF		■		■	●		
L'Oeillade	FF		■					●
L'Arpège ★	FFFFF		■					
Le Jules Verne	FFFFF		■					
LE QUARTIER DE CHAILLOT ET DE LA PORTE MAILLOT (voir pp. 304-305)								
L'Huîtrier	FF	●						
Quach	FF							
Oum El Banine	FF						■	
Chez Géraud	FF		■					
Chez Fred	FF		■					
La Butte Chaillot	FFF			●	■	●		
Jamin/Joël Robuchon ★	FFFFF		■					
Le Vivarois ★	FFFFF				■			
LES CHAMPS-ELYSÉES (voir pp. 305-306)								
Le Val d'Or	F		■			●		
Le Relais de l'Entrecôte	F			●		●		
Goldenberg	FF			●				
À ma Bourgogne	FF							
Le Bœuf sur le Toit	FF	●	■	●				
Sébillon	FF			●				
Le Relais Boccador	FF		■					
L'Espace Pierre Cardin	FFF					●		●
La Fermette Marbeuf 1900	FFF		■			●		
Savy	FFF						■	
Chiberta ★	FFFF		■				■	
La Maison Blanche/15 Avenue Montaigne	FFFF					●		
Guy Savoy ★	FFFFF							
Laurent ★	FFFFF		■			●		
Taillevent ★	FFFFF							

Catégorie de prix pour un repas avec entrée et dessert, une demi-bouteille de vin de la maison, taxes et service compris :
Ⓕ moins de 150 F
ⒻⒻ 150 - 250 F
ⒻⒻⒻ 250 -350 F
ⒻⒻⒻⒻ 350 - 500 F
ⒻⒻⒻⒻⒻ plus de 500 F

★ Vivement recommandé

MENU À PRIX FIXE
Menu proposé au déjeuner et/ou au dîner.

MENUS ENFANTS
Sert des portions pour enfants. (Ceux-ci sont bien accueillis dans la plupart des établissements, même s'ils ne disposent pas d'aménagements adaptés.)

RESTAURANT CALME
Atmosphère tranquille et intime, sans musique d'ambiance.

	Spécialités de fruits de mer	Menu à prix fixe	Ouvert tard le soir (après 22 h 30)	Menu pour enfants	Terrasse	Restaurant calme	Spécialités végétariennes
LE QUARTIER DE L'OPÉRA *(voir pp. 306-307)*							
Chartier Ⓕ		●					
La Ferme St-Hubert Ⓕ						●	●
A Priori Thé Ⓕ		●			●		
Le Souletin ⒻⒻ		●	●				
Chez Clément ⒻⒻ			●				
Café Runtz ⒻⒻ			●				
Willi's Wine bar ⒻⒻ		●					
Le Grand Colbert ⒻⒻ		●	●	●			
Au Petit Riche ⒻⒻⒻ		●	●				
Chez Georges ⒻⒻⒻ							
Le Vaudeville ⒻⒻⒻ		●	●	●	●		
Lucas Carton ★ ⒻⒻⒻⒻⒻ		●					
MONTMARTRE *(voir p. 307)*							
Beauvilliers ⒻⒻⒻⒻ		●			●		
La Table d'Anvers ⒻⒻⒻⒻ		●					
EN DEHORS DU CENTRE *(voir pp. 307-309)*							
Dao Vien (75013) Ⓕ		●					
Au Soleil d'Austerlitz (75005) Ⓕ		●			●		
Le Réveil du Xᵉ (75010) Ⓕ		●					
Le Berry's (75008) Ⓕ			●				
A la Courtille (75020) ⒻⒻ		●			●		
L'Armoise (75015) ⒻⒻ		●					
Astier (75011) ⒻⒻ		●		●			
L'Auberge du Bonheur (75016) ⒻⒻ		●		●	●		
Le Bistro des Deux Théâtres (75009) ⒻⒻ		●	●	●			
Le Gourmet des Ternes (75008) ⒻⒻ		●			●		
Le Vin des Rues (75014) ★ ⒻⒻ					●		
Chardenoux (75011) ⒻⒻ				●			
La Régalade (75014) ⒻⒻ		●	●				
Chez Fernand (75011) ⒻⒻ		●					
La Datcha Lydie (75015) ⒻⒻ							
La Perle des Antilles (75014) ⒻⒻ		●		●			
Julien (75010) ⒻⒻ			●				
Les Amognes (75011) ⒻⒻⒻ		●			●		
Aux Senteurs de Provence (75015) ⒻⒻⒻ		●			●		
Le Bistrot d'à Côté (75017) ⒻⒻⒻ					●		
Brasserie Flo (75010) ⒻⒻⒻ		●	●	●			
Le Clos Morillons (75015) ⒻⒻⒻ		●				●	
Le Pavillon Montsouris (75014) ⒻⒻⒻ		●			●	●	
La Table de Pierre (75017) ⒻⒻⒻ					●	●	
Au Trou Gascon (75012) ⒻⒻⒻ		●					
Le Train Bleu (75012) ★ ⒻⒻⒻⒻ		●					
Faucher (75017) ⒻⒻⒻⒻ		●			●	●	

ILE DE LA CITÉ

Le Vieux Bistrot

14, rue du Cloître-Notre-Dame 75004.
Plan 13 B4. **[** 44 07 35 63. **Ouvert**
12 h-14 h, 19 h 30-22 h 30 t.l.j. **Fermé**
24-25 déc. **&** **▦** **▤** V. **⊕⊕⊕**
En dépit de son nom et de sa
situation au cœur du quartier
touristique, à proximité de Notre-
Dame, c'est un bistrot honnête et
authentique que fréquentent de
nombreux restaurateurs et
célébrités du spectacle. Le décor
un peu austère convient
parfaitement à ces lieux, et son
interprétation des classiques, filet
de bœuf à la moelle, bœuf
bourguignon, gratin dauphinois,
tarte Tatin et profiteroles, est tout
simplement excellente.

LE MARAIS

Jacques Melac

42, rue Léon-Frot, 75011.
[43 70 59 27. **Ouvert** 8 h 30-
19 h 30 lun.-ven. ; 8 h 30-21 h mar.
et jeu. **▤** CB, V. **⊕**
Avec sa moustache gourmande et
ses larges bretelles, Jacques Melac
clame haut et fort son Aveyron
natal. Il tue le cochon «au pays»
et fait revenir le boudin à Paris.
Dès l'ouverture, on est alléché
par les parfums de cochonailles.
Artistes et gens du quartier se
poussent du coude verre à la
main. Tripes, aligoté et blanquette
mijotent sagement. La vigne court
sur la façade : une vraie carte
postale !

Le Trumilou

84, quai de l'Hôtel-de-Ville 75004.
Plan 13 B3. **[** 42 77 63 98.
Ouvert 12 h-15 h, 19 h-23 h t.l.j.
❖ **▦** **▤** MC, V. **⊕**
Malgré son décor quelconque, ce
vaste restaurant sur les quais attire
une importante clientèle
d'étudiants, d'artistes et de petits
budgets. Les prix sont aussi
modérés que le service est amical.
Les plats, simples, comprennent
notamment terrines, œuf
mayonnaise, gigot d'agneau,
canard aux pruneaux et goûteuses
tartes aux pommes.

La Baracane

38, rue des Tournelles 75004.
Plan 14 E3. **[** 42 71 43 33. **Ouvert**
12 h-14 h 30, 19 h 30-minuit lun.-
ven., 19 h-minuit sam. **▤** MC, V.
⊕⊕
Dans le quartier hautement
touristique, et souvent cher, du
Marais, ce petit restaurant propose

des mets d'excellente qualité à
prix raisonnables. Dans les
anciens locaux de l'Oulette
(désormais installé vers Nation), le
même propriétaire sert la même
cuisine du Sud-Ouest, notamment
de succulents confits de lapin (cuit
en terrine), queues de bœuf
braisées, poires pochées au
madère et à la crème de cassis,
ainsi qu'un magnifique pain
maison aux châtaignes.

Chez Jenny

39, bd du Temple 75003.
Plan 14 D1. **[** 42 74 75 75.
Ouvert 11 h 30-1 h du matin t.l.j.
❖ **&** **V** **▤** AE, DC, MC, V.
⊕⊕
Depuis sa création voici plus de
60 ans, cette vaste brasserie de la
place de la République demeure
un bastion de la cuisine
alsacienne. Le costume régional
des serveuses complète la
convivialité de l'atmosphère. La
choucroute spéciale Jenny suivie
d'une tarte aux fruits ou d'un
sorbet arrosé d'une eau-de-vie
assortie feront un solide repas.

La Guirlande de Julie

25, place des Vosges 75003.
Plan 14 D3. **[** 48 87 94 07.
Ouvert 12 h-1 h du matin t.l.j.
& **▦** MC, V. **⊕⊕**
Ce beau restaurant a pour écrin la
fabuleuse place des Vosges, datant
du XVIIe siècle. Claude Terrail,
professionnel accompli et
propriétaire de la Tour d'Argent
(*voir p. 302*), a fait ici appel à un
excellent chef. Le décor ici est
féminin, rafraîchissant et séduisant.
Les tables près de la fenêtre, dans
la première salle, offrent une vue
superbe. Par beau temps, une
terrasse est installée sous les
arcades voûtées.

Le Passage

18, passage de la Bonne-Graine
75011. **Plan** 14 F4.
[47 00 73 30. **Ouvert** 12 h-14 h 30,
19 h 30-23 h 30 lun.-ven., 19 h 30-
23 h 30 sam. **❖** **&** **▯** **▤** AE, MC.
⊕⊕
Cette table aussi accueillante
que confortable est nichée
passage de la Bonne-Graine,
à deux pas de la place de la
Bastille. Officiellement bar à vin
(superbe carte de vins au verre
ou en bouteille), la maison
propose un menu complet :
choix de 5 sortes d'andouillettes
et de plats du jour variés,
souvent accompagnés d'un
délicieux gratin de pommes de
terre. Les fromages sont
excellents, les desserts, dont
un monumental éclair au
chocolat, sont bons.

L'Alisier

26, rue de Montmorency 75003.
Plan 13 B2. **[** 42 72 31 04.
Ouvert 12 h-14 h 15, 19 h 30-22 h
lun.-ven. **❖** **&** **▤** AE, MC, V.
⊕⊕
Le chef Jean-Luc Dodeman
propose une cuisine intéressante,
soigneusement apprêtée :
croustillant d'escargots (en croûte,
et dorés au four) à la ratatouille,
salade de saumon fumé et de
blanc de canard, escalopine de
thon et poulet au romarin et
gingembre. La maison est petite,
mais vous pourrez tout de même
choisir entre la salle du rez-de-
chaussée façon bistrot, et celle de
l'étage, au décor élégante, au décor
Louis XVI. Le menu à prix fixe du
déjeuner et du dîner présente un
excellent rapport qualité/prix.

Ma Bourgogne

19, place des Vosges, 75004.
Plan 14 D3. **[** 42 78 44 64. **Ouvert**
t.l.j. de 8 h à 1 h du matin. **▦** **⊕⊕**
À deux pas de la maison de Victor
Hugo, sur la plus jolie place de
Paris, voilà un endroit rêvé pour
grignoter un sandwich à l'heure
où le tout-Paris rejoint son bureau.
Vins de soif et beaujolais poussant
à la ripaille, viandes grillées et
charcuteries choisies calment les
estomacs affamés. C'est auvergnat,
c'est bougnat : le Cantal servi sur
un plateau place des Vosges.

La Plantation

5, rue Jules-César, 75012. **Plan** 14 E5.
[43 07 64 15. Service jusqu'à
22 h 30. **Fermé** dim. **▤** V, AE. **⊕⊕**
Lisette Gagelin est d'origine indo-
guadeloupéenne, Réginald son
mari est auvergnat, la rencontre
«dans l'assiette» est splendide. Les
sauces orientales soulignent à
merveille l'art culinaire créole.
Acras, crabe farci, boudin, cabri,
colombo, poisson-lune ou requin-
demoiselle, la carte chante… la
meilleure adresse antillaise de la
place.

La brasserie Bofinger

5, rue de la Bastille 75004.
Plan 14 E4. **[** 42 72 87 82. **Ouvert**
12 h-15 h, 18 h 30-1 h du matin lun.-
ven., 12 h-1 h du matin, sam. et dim.
& **▤** AE, DC, MC, V. **⊕⊕⊕**
Si Bofinger affirme qu'il s'agit de
la plus ancienne brasserie de
Paris, fondée en 1864, c'est
certainement l'une des plus belles,
avec ses vitraux début de siècle,
ses banquettes en cuir, ses
appliques en cuivre et ses
peintures murales exécutées par
l'artiste alsacien Hansi. On y sert
d'excellents fruits de mer, de

Légende des symboles *voir p. 289*

respectables choucroutes, des grillades, ainsi que le plat du jour du chef. L'établissement, situé en face de l'Opéra, de l'autre côté de la place de la Bastille, est très fréquenté : vous risquez d'attendre une table (même en ayant réservé) avant et après les représentations.

Le Fouquet's Bastille

130, rue de Lyon 75012. **Plan** 14 E4. 📞 43 42 18 18. **Ouvert** 12 h-15 h, 18 h 30-minuit lun.-ven., 18 h 30-minuit sam. 🍴 ⚙ 🅰 AE, DC, MC, V, JCB. 🇫🇷🇫🇷🇫🇷

L'empire en expansion du Fouquet's comprend désormais une luxueuse brasserie en rez-de-chaussée et un restaurant à l'étage. La première propose une cuisine de brasserie traditionnelle, tout en recherchant légèreté et originalité. La longue salle à manger, face à la place de la Bastille, offre un séduisant décor moderne. C'est le lieu idéal pour dîner avant ou après une représentation à l'Opéra.

L'Ambroisie

9, place des Vosges 75004. **Plan** 14 D3. 📞 42 78 51 45. **Ouvert** 12 h-15-14 h 30, 20 h 15-22 h 30 mar.-sam. ⚙ 🅿 ★ ⚙ MC, V. 🇫🇷🇫🇷🇫🇷🇫🇷🇫🇷

Cet établissement discret et romantique est unanimement apprécié par les guides gastronomiques. On y accepte des réservations pour 40 couverts un mois à l'avance (pas un jour de plus ni de moins). Monsieur Pacaud, le chef, et son épouse ont soigneusement restauré cette ancienne bijouterie, agrémentée aujourd'hui d'un élégant sol en pierre et d'un éclairage subtil. La carte propose notamment une mousse de poivron rouge, un feuilleté de truffe, des langoustines au sésame et un croustillant d'agneau.

BEAUBOURG
ET LES HALLES

Le Béarn

2, place Sainte-Opportune 75001. **Plan** 13 A2. 📞 42 36 93 35. **Ouvert** 12 h-15 h, 19 h-22 h lun.-sam. 🔜 🇫🇷

Dans un quartier où le « m'as-tu-vu » l'emporte sur la qualité, voilà un bistrot simple et vrai, propre comme un sou neuf. À chaque jour son plat, cuisine mijotée franche comme un baiser de conscrit, vins en carafe choisis par le patron : Saint-Pourçain, petits bordeaux déclassés. On est bien et c'est le principal.

Chez Elle

7, rue des Prouvaires 75001. **Plan** 13 A2. 📞 45 08 04 10. **Ouvert** 12 h-14 h 30, 20 h-23 h lun.-ven. 🔜 ⚙ MC, V. 🇫🇷🇫🇷

Cet agréable bistrot, décoré en nuances de jaune, est l'une des rares adresses haut de gamme du quartier touristique des Halles. Le menu, classique, propose notamment une salade de lentilles chaudes au lard, un steak tartare, des grillades et des desserts familiers, œufs à la neige ou crème caramel.

Le Grizzli

7, rue St-Martin 75004. **Plan** 13 B3. 📞 48 87 77 56. **Ouvert** 12 h-14 h 30, 19 h 30-23 h lun.-sam. 🍴 🔜 ⚙ AE, MC, V. 🇫🇷🇫🇷

Un changement de propriétaire a redonné une seconde jeunesse au Grizzli, fondé en 1903 et à l'époque, l'un des derniers établissements à présenter des ours. Le chef s'inspire essentiellement des produits de son Sud-Ouest natal, jambons, fromages et vins provenant de sa famille. Le cadre est chaleureux et le monte-plats soumis à un usage intensif.

Saudade

34, rue des Bourdonnais 75001. **Plan** 13 A2. 📞 42 36 30 71. **Ouvert** 12 h-14 h, 19 h 30-23 h lun.-sam. ⚙ AE, DC, MC V. 🇫🇷🇫🇷

C'est probablement le meilleur restaurant portugais de Paris, et ses magnifiques carrelages font davantage penser au Tage qu'aux rives de la Seine. Le plat portugais de base, la morue salée, est apprêté ici de diverses manières, en beignets, à la tomate et à l'oignon, ou avec des pommes de terre et des œufs. Le porcelet rôti et le *cozido* (le ragoût national portugais) sont d'autres savoureux plats typiques. Bon choix de vins portugais et de portos.

Au Pied de Cochon

6, rue Coquillière 75001. **Plan** 12 F1. 📞 42 36 11 75. **Ouvert** 24 h sur 24 t.l.j. ⚙ 🔜 ⚙ AE, DC, MC, V. 🇫🇷🇫🇷🇫🇷

Cette brasserie, au décor restauré, était jadis fréquentée par la bonne société qui venait à l'aube savourer la soupe à l'oignon, au coude à coude avec les travailleurs de l'ancien marché des Halles. Bien que très touristique, l'établissement n'en demeure pas moins plaisant, et chacun y trouvera son compte.

Pharamond

24, rue de la Grande-Truanderie 75001. **Plan** 13 B2. 📞 42 33 06 72. **Ouvert** 12 h-14 h 30, 19 h 30-22 h 30 mar.-sam., 19 h 30-22 h 30 dim.-lun. **Fermé** juil.-août : sam. et dim. ⚙ 🔜 ⚙ AE, DC, MC, V. 🇫🇷🇫🇷🇫🇷

Fondé en 1870, ce bistrot sérieux, qui a survécu au transfert des halles à l'extérieur de Paris, rappelle un XIXᵉ siècle révolu, avec ses carrelages et mosaïques, ses belles boiseries et ses miroirs. Au titre des spécialités, on y savourera notamment les tripes à la mode de Caen et le bœuf en daube. Le cidre y est excellent.

Benoît

20, rue St-Martin 75004. **Plan** 13 B2. 📞 42 72 25 76. **Ouvert** 12 h-14 h, 20 h-22 h lun.-ven. 🅿 ★ 🇫🇷🇫🇷🇫🇷🇫🇷

C'est le summum du bistrot parisien. Le propriétaire conserve amoureusement l'agréable faux marbre, les cuivres astiqués et les rideaux de dentelle de la décoration créée par son grand-père en 1912. Au menu de son excellente cuisine de bistrot, on goûtera les salades, le foie gras maison, le bœuf à la mode et le cassoulet. La carte des vins est extraordinaire.

LE QUARTIER
DES TUILERIES

Le Rubis

10, rue du Marché-Saint-Honoré, 75001. **Plan** 12 D1. 📞 42 61 03 34. **Ouvert** 7 h-22 h, lun.-ven., 9 h-16 h, sam. 🇫🇷

Un des plus jolis bars à vin de la capitale avec son grand zinc, ses néons et ses patrons aveyronnais. Omelettes, jambonneau servis sur assiette, andouillette ou plat du jour voilà un programme tout simple proposé à une clientèle qui apprécie aussi le vignoble français ; il ne manque plus qu'un petit air d'accordéon. Vins intéressants.

Gaya

17, rue Duphot 75001. **Plan** 5 C5. 📞 42 60 43 03. **Ouvert** 12 h-14 h 30, 19 h-22 h 30 lun.-sam. ⚙ AE, MC, V. 🇫🇷🇫🇷🇫🇷

Avant de restaurer la maison Goumard Prunier, datant du XIXᵉ siècle, Monsieur Goumard régnait sur son bistrot de la mer haut de gamme. Ici, le menu est composé de poissons simplement apprêtés. La salle du rez-de-chaussée est ornée d'un beau carrelage portugais.

Le Grand Louvre

Le Louvre 75001. **Plan** 12 F2.
[40 20 53 41. **Ouvert** 12 h-15 h,
19 h-22 h merc.-lun. **⬛ ⬛ ☺** AE,
DC, MC, V, JCB. **ⒻⒻⒻ**

Il est exceptionnel de découvrir un
aussi bon restaurant de musée, situé
sous la pyramide de l'entrée, et dont
le sobre décor de bois et d'acier se
marie avec la structure de verre. Le
menu s'inspire du Sud-Ouest – cou
d'oie farci, foie gras, bœuf en daube,
glace au pruneau à l'armagnac –
avec une touche d'originalité due au
talent d'André Daguin, l'un des
meilleurs chefs de sa région.

Armand au Palais-Royal

6, rue de Beaujolais 75001. **Plan** 12 F1.
[42 60 05 11. **Ouvert** 12 h-14 h,
20 h-23 h 30 lun.-mer., 20 h-23 h 30
sam. **⬛☺** AE, MC, V. **ⒻⒻⒻ**

Si ce charmant établissement situé
derrière le Palais-Royal était jadis
une étable, cela ne préjuge en rien
de la qualité de la cuisine :
Monsieur Perron, le chef, a
travaillé avec les plus grands. Les
déjeuners sont tranquilles, les
dîners romantiques et très parisiens
sous les arcades de brique et de
pierre. L'appétissant menu à la
carte propose des huîtres au curry,
des filets de dorade à l'orange, et
une estouffade de pigeon au vin.

Les Ambassadeurs

10, place de la Concorde 75008.
Plan 11 C1. **[** 42 65 11 12. **Ouvert**
7 h-10 h 30, 12 h-14 h 30, 19 h-
22 h 15 t.l.j. **⬛☺⬛⬛⬛★**
☺ AE, DC, MC, V, JCB. **ⒻⒻⒻⒻⒻ**

C'est le restaurant principal du
luxueux Hôtel de Crillon (*voir
p. 280*), et l'un des deux seuls
restaurants d'hôtel à Paris salués
de 2 étoiles au Michelin. Le
menu du chef Christian Constant
est l'un des plus créatifs et les plus
passionnants de la capitale,
associant les meilleurs produits du
marché aux plus humbles, comme
son araignée de mer au porc ou
son gratin dauphinois au homard.
Son talent s'illustre également dans
ses associations d'herbes fines et
d'épices, tels son bar au sésame
ou ses beignets de cannelle. Le
service est splendide et la salle à
manger de marbre, dominant la
place de la Concorde, est
époustouflante.

Le Carré des Feuillants

14, rue de Castiglione 75001.
Plan 12 D1. **[** 42 86 82 82. **Ouvert**
sept.-juil. : 12 h-14 h, 19 h 30-22 h 30
lun.-ven., 19 h 30-22 h 30 sam. **⬛**
⬛★☺ AE, DC, MC, V, JCB.
ⒻⒻⒻⒻⒻ

Cet établissement est la vitrine de
l'éminent chef Alain Dutournier,
qui compose son menu des
meilleurs produits de son Sud-
Ouest natal, agneau, bœuf, foie
gras et volaille, dans un élégant
décor de cristal de Venise et de
plafonds en trompe-l'œil
apportant une touche rustique. La
carte des vins est exceptionnelle.

Goumard Prunier

9, rue Duphot 75001. **Plan** 5 C5.
[42 60 36 07. **Ouvert** 12 h-
14 h 30, 19 h-22 h 30 mar.-sam.
⬛⬛☺ AE, DC, MC, V, JCB.
ⒻⒻⒻⒻ

Le nom de Prunier est synonyme
de fruits de mer. Monsieur
Goumard, qui a restauré cet
établissement du XIXᵉ siècle, n'a
pas regardé à la dépense : cuisine
élégante, fabuleuses appliques et
sculptures Lalique, en harmonie
parfaite avec les éléments
décoratifs d'origine 1900 et 1930.
Le poisson est d'une fraîcheur
absolue, et les desserts sont
excellents.

Le Grand Véfour

17, rue de Beaujolais 75001.
Plan 12 F1. **[** 42 96 56 27.
Ouvert 12 h 30-14 h 15, 19 h 30-
22 h 15 t.l.j. **Fermé** sept.-juil. : sam.
et dim. ; août. **⬛⬛⬛★☺**
AE, DC, MC, V, JCB. **ⒻⒻⒻⒻⒻ**

Ce restaurant du XVIIIᵉ siècle,
classé, est pour beaucoup l'un
des plus séduisants de Paris. Son
chef Guy Martin conserve
apparemment sans effort ses
2 étoiles au Michelin, avec des
créations telles que ses coquilles
Saint-Jacques au fromage de
Beaufort, ses ravioles de choux à
la crème de truffe ou ses galettes
d'endives. Demandez la table
préférée de Colette (ou bien
celles de Napoléon ou de Victor
Hugo), dans la salle de toutes les
célébrations.

SAINT-GERMAIN-DES-PRÉS

Au Pied de Fouet

45, rue de Babylone 75007.
Plan 11 C4. **[** 47 05 12 27.
*Attention le soir, service jusqu'à
21 h 30 lun.-sam.* **Ⓕ**

Avec ses quatre tables voici un
des plus petits restaurants de
Paris. Véritable pension de
famille, les habitués ont leur rond
de serviette rangé dans leur
casier. On attend sa place en
sirotant un kir au comptoir tout

en se régalant de la vue sur la
cuisine. Petit salé, bavette
escortée d'une purée maison,
boudin aux pommes... des plats
pour nostalgiques de la cuisine
de maman.

Le Restaurant des Beaux-Arts

11, rue Bonaparte 75006. **Plan** 12 E3.
[43 26 92 64. *Service jusqu'à 23 h
t.l.j.* **Ⓕ**

Face aux Beaux-Arts, on
rencontre, à la table d'à côté, les
étudiants d'aujourd'hui qui
partagent un coq au vin, on
croise les étudiants d'hier
nostalgiques d'un pot au feu
généreux. Ce restaurant est
potache à souhait, une vraie cure
de jouvence.

Le Petit Saint-Benoît

4, rue Saint-Benoît 75006.
Plan 12 E3. **[** 42 60 27 92.
Ouvert 12 h-14 h, 19 h-22 h lun.-ven.
⬛ Ⓕ

C'est la table des petits budgets
et des habitués du quartier.
On y mange au coude à coude
et les serveuses n'ont pas la
langue dans leur poche.
Le décor subsiste tant bien que
mal depuis des années, et la
cuisine familiale est de bon
rapport qualité/prix.

Aux Fins Gourmets

213, bd St-Germain 75007.
Plan 11 C3. **[** 42 22 06 57.
Ouvert 12 h-14 h 30, 19 h 30-22 h
mar.-sam., 19 h 30-22 h lun. **ⒻⒻ**

Situé depuis de nombreuses
années à l'extrémité du
boulevard Saint-Germain, non
loin de l'Assemblée nationale,
cette accueillante table de
quartier offre une cuisine
roborative et sans prétention, aux
spécialités du sud-ouest, dont un
bon cassoulet. Les pâtisseries
proviennent de chez l'excellent
Peltier.

Le Muniche

7, rue Saint-Benoît 75006.
Plan 12 E4. **[** 42 61 12 70.
Ouvert 12 h-2 h du matin t.l.j. **⬛**
⬛ ⬛ ☺ AE, DC, MC, V, JCB.
ⒻⒻ

Avec Le Petit Zinc, à côté,
(appartenant à la même maison
mère), cet établissement est une
véritable institution
germanopratine. Son classique et
honnête menu de brasserie
propose fruits de mer,
choucroutes, poissons et viandes
au gril. L'amabilité des serveurs
complète l'animation de
l'ambiance.

La Rôtisserie d'En Face

2, rue Christine 75006. **Plan** 12 F4.
[43 26 40 98. **Ouvert** 12 h-
14 h 30, 19 h-23 h (23 h 30 ven.)
lun.-ven., 19 h-23 h 30 sam.
[MC, V. **(F)(F)**

Cet élégant restaurant façon
bistrot, le second du chef 2 étoiles
Jacques Cagna, a fait sensation du
jour au lendemain. Même les
nantis y apprécient l'excellent
rapport qualité/prix, et une foule
de gens chic s'y presse pour la
formule à prix fixe, très
raisonnable, proposant les
meilleurs produits, notamment un
poulet rôti de la ferme à la purée,
un saumon grillé aux épinards, et
des profiteroles au chocolat.

Aux Charpentiers

10, rue Mabillon 75006. **Plan** 12 E4.
[43 26 30 05. **Ouvert** 12 h-15 h,
19 h-23 h t.l.j. **Fermé** jours fériés.
[AE, DC, MC, V. **(F)(F)**

La gastronomie de ce bistrot que
fréquentent étudiants et habitués
de Saint-Germain-des-Prés est
aussi immuable que son cadre.
Vous pourrez y commander les
yeux fermés d'excellents plats de
bistrot, comme le veau marengo
ou le bœuf à la mode, ainsi que
les pâtisseries maison, le tout servi
à prix raisonnable dans la grande
salle un peu bruyante.

La Brasserie Lipp

151, bd St-Germain 75006.
Plan 12 E4. **[** 45 48 53 91. **Ouvert**
9 h-2 h du matin t.l.j. **[** AE, DC,
MC, V. **(F)(F)(F)**

C'est la brasserie que l'on aime
détester, et pourtant la clientèle de
personnalités du spectacle et de la
politique ne cesse d'y revenir pour
ses plats de tradition, harengs à la
crème ou millefeuilles
monumentaux. Demandez une
table au rez-de-chaussée, un must.
La salle de l'étage est surnommée
la Sibérie.

Yugaraj

14, rue Dauphine 75006. **Plan** 12 F3.
[43 26 44 91. **Ouvert** 12 h-
14 h 15, 19 h-23 h mar.-dim., 19 h-
23 h lun. **[** V **[** AE, DC, MC, V.
(F)(F)(F)

Cette table est souvent
considérée comme le meilleur
restaurant indien de la capitale.
L'excellent chef a une préférence
marquée pour l'Inde du Nord, sa
région natale, d'où il importe les
épices essentielles à sa cuisine.
La carte des vins est
étonnamment bonne, car l'on
estime ici que bière ou rosé ne
sauraient suffire à accompagner ces
mets.

Le Restaurant Jacques Cagna

14, rue des Grands-Augustins 75006.
Plan 12 F4. **[** 43 26 49 39. **Ouvert**
12 h-14 h, 19 h 30-22 h 30 lun.-ven.,
19 h 30-22 h 30 sam. **[** **[** **[** ★
[AE, DC, MC, V, JCB.
(F)(F)(F)(F)

Cet élégant hôtel particulier du
XVIIᵉ siècle, au cœur du vieux
Paris, est l'écrin de la splendide
cuisine à la fois classique et
contemporaine du chef Jacques
Cagna. Une occasionnelle touche
orientale indiquera les
préférences régionales de ce
dernier. On y savourera une
salade de mulet au foie gras, un
pigeon confit, et le classique
Paris-Brest (choux à la crème
pralinée). La carte des vins est
admirable.

LE QUARTIER LATIN

Polidor

41, rue Monsieur-le-Prince, 75006.
Plan 12 F5. **[** 43 26 95 34. Service
jusqu'à 0 h 30 sauf le dimanche :
23 h. **(F)**

On va chez Polidor comme on va
à la cantine. Voilà un des plus
vieux bistrots parisiens où
écrivains et artistes usent leurs
fonds de culotte depuis des
générations. Installé devant une
volaille rôtie on évoque Balzac,
dévorant une blanquette on se
prend pour Picasso. Polidor reste
l'antichambre de Saint-Germain-
des-Prés.

Restaurant A

5, rue de Poissy 75005. **Plan** 13 B5.
[46 33 85 54. Service jusqu'à 23 h
mar.-dim. **[** V, AE. **(F)**

Voilà une des plus authentiques
cuisines chinoises dont les
recettes remontent au XVIIIᵉ siècle.
Le patron mi-cuisinier mi-
historien est un artiste, un vrai,
qui sculpte la glace et façonne
pour ses hôtes des petites
figurines en pâte de riz qu'il offre
à la fin du repas. C'est très bon,
c'est très beau, voilà une adresse
attachante.

Loubnane

29, rue Galande 75005. **Plan** 13 A4.
Tél. 43 54 21 27 et 43 26 70 60.
Service jusqu'à 23 h 30, fermé le lun.
midi. **[** V, DC, AE. **(F)**

Le chef de cuisine est un ancien
cuisinier de maison bourgeoise
autant dire que les *mezzés* sont
servis généreusement. Le patron,
hôte délicieux, surveille d'un œil

les fourneaux et de l'autre le
bonheur de ses clients. Certains
soirs, on descend à la cave pour
écouter des chants libanais, c'est
un pur régal…

La Brasserie Balzar

49, rue des Écoles 75005. **Plan** 13 A5.
[43 54 13 67. **Ouvert** 12 h-0 h 30.
Fermé en août, Noël et Nouvel An.
[**[** AE, V. **(F)(F)**

C'est davantage l'ambiance que
l'honnête cuisine de brasserie qui
attire ici une nombreuse
clientèle. L'atmosphère est
typiquement rive gauche, et les
boiseries résonnent de
conversations entre étudiants et
professeurs de la Sorbonne
voisine.

Campagne et Provence

25, quai de la Tournelle 75005.
Plan 13 B5. **[** 43 54 05 17. **Ouvert**
12 h-14 h, 20 h-23 h mar.-jeu., 12 h-
14 h, 20 h-1 h du matin ven. et sam.,
20 h-23 h lun. **[** MC, V. **(F)(F)**

Cette petite table des quais, face à
Notre-Dame, offre une cuisine
remarquable à un prix défiant
toute concurrence. Le célèbre
chef Gilles Epié a concocté un
appétissant menu aux saveurs et
couleurs toutes provençales :
légumes farcis à la brandade de
morue, omelette de ratatouille à
l'anchoyade, daube de canard aux
olives. La carte des vins de terroir
est aussi diversifiée que ses prix
sont modérés.

La Rôtisserie du Beaujolais

19, quai de la Tournelle 75005.
Plan 13 B5. **[** 43 54 17 47. **Ouvert**
12 h-14 h 30, 19 h 30-23 h 15 mar.-
dim. **[** V. **(F)(F)**

Tout est dit dans l'enseigne. Face
à la Seine, et appartenant à
Claude Terrail (propriétaire de la
Tour d'Argent voisine), le
restaurant possède une grande
rôtisserie à viandes et volailles.
La plupart des produits et des
fromages proviennent des
meilleurs fournisseurs lyonnais.
Le vin que l'on y boit, c'est du
beaujolais, tout naturellement.

Le Restaurant Moissonnier

28, rue des Fossés-St-Bernard 75005.
Plan 13 B5. **[** 43 29 87 65.
Ouvert 12 h-13 h 30, 19 h-21 h 15
mar.-sam., 12 h-14 h dim. **[** MC, V.
(F)(F)

Ce bistrot familial apporte un
petit goût de province au cœur
de la capitale. Ses spécialités
traditionnelles ont un fort

penchant pour le lyonnais : salades, gras-double, quenelles et gâteau au chocolat. Le beaujolais figure en bonne place sur la carte des vins. Demandez une table au rez-de-chaussée, plus animé que l'étage.

La Tour d'Argent

15-17, quai de la Tournelle 75005. **Plan** 13 B5. **(** 43 54 23 31. **Ouvert** 12 h-14 h 30, 20 h-22 h 30 mar.-dim. **▮●▮ ☆ ⬚ ⬚ ⬚ ★ ▨** AE, DC, MC, V. **ⒻⒻⒻⒻⒻ**

Fondée en 1582, la Tour d'Argent semble éternelle. Claude Terrail, son propriétaire patricien, a fait appel à plusieurs jeunes chefs pour rajeunir son menu classique. Le bar du rez-de-chaussée abrite également un musée de la gastronomie. De là, un ascenseur mène au restaurant panoramique et à son luxe débridé. Certains trouvent le service condescendant, mais enfin, c'est la Tour. La cave est certainement l'une des meilleures au monde.

LE QUARTIER DU JARDIN DES PLANTES

Au Petit Marguéry

9, bd de Port-Royal 75013. **Plan** 17 B3. **(** 43 31 58 59. **Ouvert** 12 h-14 h 15, 19 h 30-22 h 30 mar.-sam. **▮●▮ ⬚ ▨** **▨** AE, DC, V. **ⒻⒻⒻ**

Sur ce bistrot confortable et digne de confiance règnent trois frères qui créent maints plats introuvables dans les menus classiques : consommé froid de homard au caviar, salade de champignons au foie gras, morue aux épices et gâteau au chocolat au sabayon de moka. Champignons, escargots et gibiers sont servis en saison.

MONTPARNASSE

Le Bistrot du Dôme

1, rue Delambre 75014. **Plan** 16 D2. **(** 43 35 32 00. **Ouvert** 12 h-14 h 30, 19 h 30-23 h t.l.j. **⬚ ▨** AE, MC, V. **ⒻⒻ**

C'est le restaurant jumeau de la célèbre brasserie du Dôme. On y vient pour le poisson (et les fruits de mer), de l'humble sardine à l'aristocrate turbot, tous de premier choix. Les mets simplement apprêtés mettent en valeur la saveur du poisson. Carrelage multicolore et verre de Venise rehaussent

le thème jaune et bleu du décor. L'ambiance y est aussi gaie que l'établissement est sans prétention.

Le Caméléon

6, rue de Chevreuse 75006. **Plan** 16 E2. **(** 43 20 63 43. **Service** jusqu'à 22 h 30 mar.-sam. **▨** V. **ⒻⒻ**

Lorsque l'on sait que Raymond Faucher est un ancien boucher, on se précipite sur sa carte de viandes avec frénésie. L'onglet, la bavette ou le tendron tiennent le haut du pavé dans ce bistrot très Montparnasse des années 20. Vins de comptoir intéressants.

La Brasserie du Lutétia

Hôtel Lutétia, 23, rue de Sèvres 75006. **Plan** 12 D4. **(** 49 54 46 76. **Service jusqu'à minuit t.l.j.** **▨** V, DC, AE. **Ⓕ**

Dans un décor moderne et très personnel de Slavik, on se régale d'une vraie « cuisine bistrot » signée Philippe Renard. Le service est très rapide, les fruits de mer sont gorgés d'iode, le tout-Paris circule ... que peut on espérer de plus ?

La Coupole

102, bd du Montparnasse 75014. **Plan** 16 D2. **(** 43 20 14 20. **Ouvert** 7 h 30-2 h du matin t.l.j. **Fermé** le soir du 24 déc. **▮●▮ Ⓥ ▨** AE, DC, MC, V, JCB. **ⒻⒻ**

Depuis sa fondation en 1927, le tout-Paris des arts et de la littérature fréquente cette célèbre brasserie. Elle appartient aujourd'hui au même propriétaire que la Brasserie Flo, et propose un menu comparable : excellents fruits de mer, saumon fumé, choucroute et d'innombrables desserts. Le curry d'agneau est l'une de ses spécialités. Le remarquable décor d'époque a été rafraîchi, et l'ambiance y est trépidante du petit déjeuner à 2 h du matin. (*Voir également* p. 178).

Le Caroubier

122, avenue du Maine 75014. **Plan** 15 C3. **(** 43 20 41 49. **Service** jusqu'à 22 h 30 mar.-dim. midi. **▨** V. **ⒻⒻ**

L'Afrique du Nord servie sur assiette. Le Caroubier est une bonne adresse pour les nostalgiques de l'Algérie d'autrefois. Adrienne et son mari concoctent un couscous époustouflant, la *pastilla* est un exemple. Dans la petite salle tout en longueur, il ne manque que les palmiers et le sable fin.

LE QUARTIER DES INVALIDES ET DE LA TOUR EIFFEL

Thoumieux

79, rue Saint-Dominique 75007. **Plan** 11 A2. **(** 47 05 49 75. **Ouvert** 12 h-15 h 30, 18 h 30-minuit lun.-sam., 12 h-minuit dim. **▮●▮ ▨** MC, V. **Ⓕ**

Cette table impeccablement tenue offre un excellent rapport qualité/prix. Les produits de première fraîcheur sont presque tous faits maison, et notamment le foie gras, les rillettes de canard, le cassoulet et la mousse aux deux chocolats. La jeunesse huppée du quartier s'y rend volontiers. Le décor est simple et le service rapide.

Le Calmont

35, av Duquesne 75007. **Plan** 11 A4. **(** 47 05 67 10. **Service** jusqu'à 22 h 30 lun.-sam. **⬚ ▨** V, AE, DC. **Ⓕ**

Située juste derrière les Invalides, cette brasserie reste anonyme avec son décor néo-branché. Ce qui change tout, c'est le maître des lieux : Michel Battu, Aveyronnais moustachu. Ce vrai mousquetaire de la cuisine « arrange » des casse-croûte, dès 7 h 30, composés de jambon à l'os, de tripoux, de viandes grillées. Tout est frais, tout est bon, un parfum d'ail flotte au-dessus des marmites, bref, une cuisine familiale sincère accompagnée de vins excellents.

Le Café Bordelais

74, bd de la Tour-Maubourg, 75007. **Plan** 11 A3. **(** 45 51 50 58. **Service** jusqu'à 23 h t.l.j. **⬚ ▨** toutes. **ⒻⒻ**

Un confortable restaurant-brasserie qui ouvre sur les Invalides où les bons plats du jour redonnent force et enthousiasme aux touristes. Cuisine bourgeoise ou omelette baveuse, chacun trouve son bonheur dans cette bonne maison.

Chez Françoise

Aérogare des Invalides, esplanade des Invalides, 75007. **Plan** 11 B2. **(** 47 05 49 03. **Service** jusqu'à minuit t.l.j. **⬚ ▨** V, AE, DC. **ⒻⒻ**

Les parlementaires viennent en voisins. On se retrouve au sous-sol de l'aérogare avant ou après son avion, dans un décor composé d'arbres, de plantes et de ventilateurs à pales. Un esprit un brin colonial flotte au-dessus d'une cuisine bourgeoise simple et classique. Le vin est servi en carafe, le jarret de veau ou le plat mitonné pousse à la conversation, rien ne bouge chez Françoise, c'est rassurant et un brin angoissant à la fois.

Le Bistrot de Breteuil

3, place de Breteuil 75007. **Plan** 11 A5. 45 67 07 27. **Ouvert** 12 h-14 h 30, 19 h-22 h 30 t.l.j. **☎ 🏃 ♿ ⏚ 📺** **🍴** MC, V. **Ⓕ Ⓕ**

Sur l'aimable place de Breteuil, lieu presque bucolique, ce bistrot attire la clientèle aisée du quartier davantage pour ses prix raisonnables que pour la qualité de sa cuisine : escargots aux noisettes, saumon aux épinards, entrecôte marchand de vin. La terrasse est agréable.

L'Œillade

10, rue de St-Simon 75007. **Plan** 11 C3. 42 22 01 60. **Ouvert** 12 h 30-14 h, 19 h 45-23 h lun.-ven., 19 h 45-23 h sam. **🍴** **🍴** MC, V. **Ⓕ Ⓕ**

D'importants articles publiés à l'étranger ont contribué à la notoriété touristique de ce restaurant accueillant qui n'en demeure pas moins digne d'intérêt. Au titre de ses menus variés à prix fixe, on appréciera notamment l'éperlan frit, la piperade aux œufs pochés, la sole meunière, le rôti d'agneau au cumin et les œufs à la neige.

L'Arpège

84, rue de Varenne 75007. **Plan** 11 B3. 45 51 47 33. **Ouvert** 12 h-14 h, 19 h 30-22 h lun.-ven., 19 h 30-22 h dim. **🍴** **🎴** ★ **🍴** AE, DC, V. **Ⓕ Ⓕ Ⓕ Ⓕ Ⓕ**

À proximité du musée Rodin, le restaurant du chef Alain Passard est l'un des mieux pensés de la capitale, remarquable non seulement pour son simple décor de bois blond, la vivacité de son service, mais aussi pour l'excellence des mets. Son homard aux navets en vinaigrette et son canard Louise Passard sont déjà des classiques. Maints plats sont achevés en salle. Ne manquez pas la gargantuesque tarte aux pommes.

Le Jules Verne

2ᵉ étage, tour Eiffel 75007. **Plan** 10 D3. 45 55 61 44. **Ouvert** 12 h-14 h 30, 19 h 15-22 h 30 t.l.j. **🍴** ♿ **🎴** **🎵** **♫** **🍴** AE, DC, MC, V. **Ⓕ Ⓕ Ⓕ Ⓕ Ⓕ**

Le Jules Verne n'est pas un piège à touristes : au deuxième étage de la tour Eiffel, c'est désormais l'une des tables les plus recherchées de la capitale. Le décor intégralement noir s'accorde à la tour, et la cuisine a des saveurs très appétissantes. Demandez l'une des deux salles, à l'est ou à l'ouest, pour admirer votre vue préférée.

LE QUARTIER DE CHAILLOT ET DE LA PORTE MAILLOT

L'Huîtrier

16, rue Saussier-Leroy 75017. **Plan** 4 E2. 40 54 83 44. **Ouvert** 10 h 30-15 h, 19 h-23 h t.l.j. **Fermé** du 21 juin au 31 août. **🍴** MC, V. **Ⓕ Ⓕ**

Ce restaurant récemment rénové a pour spécialité les fruits de mer, et plus particulièrement les huîtres que l'on commande à la douzaine ou à la demi-douzaine, mais il propose également divers poissons. Excellente halte gastronomique en allant ou en revenant du marché de la rue Poncelet, à proximité.

Quach

47, avenue Raymond-Poincaré, 75016. **Plan** 9 C1. 47 27 98 40 Service jusqu'à 23 h. **Ouvert** t.l.j. sauf le sam. midi. **🍴** AE, DC, V. **Ⓕ Ⓕ**

C'est ici que l'on mange le meilleur canard laqué de la capitale. Présenté en trois services – avec la peau grillée roulé dans une petite crêpe, avec la chair servie en ragoût léger, avec le bouillon aux vertus bienfaitrices. On sort de chez Quach l'humeur au beau fixe : cet homme est un gourou des poêlons.

Oum El Banine

16 bis, rue Dufrenoy 75016. **Plan** 9 A1. 45 04 91 22. **Ouvert** 12 h-14 h 30, 19 h 30-23 h lun.-ven., 19 h 30-23 h sam. **🍴** AE, V. **Ⓕ Ⓕ**

La propriétaire de ce petit restaurant ouvert dans ce quartier résidentiel a appris son art au Maroc, auprès de sa mère dont elle mitonne les plats favoris, excellentes soupe *harira* (épaisse et épicées), *pastilla* (tarte salée à pâte feuilletée) et *brik* (triangle feuilleté farci). Le couscous aux cinq ragoûts au choix est exemplaire, et le *tagine* (ragoût braisé) n'est pas moins savoureux.

Chez Géraud

31, rue Vital 75016. **Plan** 9 B3. 45 20 33 00. **Ouvert** 12 h-14 h, 19 h 30-22 h lun.-ven. **🍴** **🍴** MC, V. **Ⓕ Ⓕ**

Géraud Rongier, le jovial maître de céans, vous accueillera comme un ami et s'efforcera de vous faire apprécier votre repas. Sa scrupuleuse cuisine du marché ne

retiendra que le meilleur des produits du jour : salade de gésiers de canard, saucisse sabodet nappée de sauce au vin rouge, raie à la moutarde, pigeon rôti au porto et gâteau au chocolat amer. Le beau décor mural en carrelage a été créé spécialement pour le restaurant.

Chez Fred

190 bis, bd Pereire 75017. **Plan** 4 D2. 45 74 20 48. Service jusqu'à 23 h lun.-sam. **🍴** V. **Ⓕ Ⓕ**

Voilà un vrai bouchon lyonnais dirigé par un homme hors normes : Fred. Ce dernier fait manger à ses hôtes ce que lui souhaite manger. Quenelles, andouillettes, bœuf bourguignon, tête de veau, pot-au-feu sont les fleurons d'une maison qui ne manque pas d'ambiance. Le vin frais se boit à la régalade, voilà une adresse heureuse.

La Butte Chaillot

112, av. Kléber 75116. **Plan** 4 D5. 47 27 88 88. **Ouvert** 12 h-14 h 30, 19 h-minuit t.l.j. **📺** **🍴** AE, V. **Ⓕ Ⓕ Ⓕ**

C'est le plus récent restaurant du chef réputé Guy Savoy, et c'est aussi le plus moderne, avec ses parquets cirés, ses murs laqués ocre et beige et son massif escalier d'acier et de verre menant vers la salle au sous-sol. La cuisine raffinée, du terroir et de bistrot, comprend notamment salade d'escargots, huîtres à la mousse de crème, rôti de veau au romarin et tarte aux pommes, qui attirent une clientèle très chic.

Jamin/Joël Robuchon

59, av Raymond-Poincaré 75016. **Plan** 3 C5. 47 27 12 27. **Ouvert** 12 h-14 h, 19 h 30-21 h 30 lun.-ven. **🍴** **🎴** **🎵** ★ **🍴** AE, DC, V. **Ⓕ Ⓕ Ⓕ Ⓕ Ⓕ**

Pour pénétrer dans ce haut lieu de la gastronomie française, l'un des restaurants de la capitale les plus louangés par les critiques, vous devrez réserver des mois à l'avance, car c'est certainement la table la plus recherchée au monde. Le restaurant a récemment déménagé et son nouveau cadre est toujours aussi comble. Le style et les saveurs intenses de la cuisine de Joël Robuchon bouleversent les gourmands même les plus endurcis : son talent sait magnifier les ingrédients les plus humbles – ravioli de langoustine, gelée de caviar au chou-fleur, côtelette de veau sous la mère et agneau avec sa salade de fines herbes.

Le Vivarois

192-194, av. Victor-Hugo 75016.
Plan 9 A1. 45 04 04 31. **Ouvert**
12 h-14 h, 20 h-21 h 30 lun.-ven.
Fermé en août. ⑦ ⑥ ⑤ ★ ⚑ AE,
DC, MC, V. ⒻⒻⒻⒻⒻ

Claude Peyrot, le génial et
fantasque chef qui officie dans ce
restaurant moderne et sobre, est
l'un des plus grands de sa
génération. Sa pâte feuilletée et
ses poissons demeurent sans
équivalents, et sa mousse de
poivron rouge ou ses huîtres
chaudes au curry sont devenus
des modèles de la cuisine
moderne. Il prépare aussi des
menus à la demande.

LES CHAMPS-ELYSÉES

Le Val d'Or

28, av. Franklin-Roosevelt, 75008.
Plan 5 A5. 43 59 95 81. **Ouvert**
à l'heure du déjeuner, pour les plats
chauds ; jusqu'à 21 h pour le bar
lun.-ven. (le samedi, le bar est ouv.
jusqu'à 17 h). ⚑ ⚑ V. Ⓕ

Un vrai bistrot des années 60 avec
sa grande salle où l'on s'encanaille
dès le petit jour autour d'un jambon
à l'os exceptionnel accompagné de
vins frais qui donnent des ailes à la
matinée. Au sous-sol, Géraud
Rongier, bel auvergnat, sert une
cuisine bourgeoise comme on
l'aime là-bas, au pays. Les vins
arrivent ici en barrique, la côte de
bœuf est de Salers… plus
Auvergnat… tu meurs !

Le Relais de l'Entrecôte

15, rue Marbeuf 75008. **Plan** 4 F5.
49 52 07 17. Service jusqu'à
23 h 30 t.l.j. ⚑ ⚑ V. Ⓕ

Aux heures de pointe, il faut faire
la queue pour obtenir sa table. De
l'entrecôte et des frites
croustillantes, une formule toute
simple mais irréprochable. Service
féminin d'une très grande
courtoisie.

Goldenberg

69, av de Wagram 75017. **Plan** 4 E3.
42 27 34 79. Service jusqu'à 23 h
t.l.j. ⚑ V. ⒻⒻ

Patrick Goldenberg (le neveu du
célèbre Jo) tient là une des
adresses les plus branchées de la
capitale. Aux heures de pointe, un
verre de vin casher à la main, on
se pâme devant d'excellents
zakouskis, des pastramis et divers
plats d'Europe centrale. C'est entre
le casse-croûte et le vrai repas,
entre le banquet et le goûter :
chacun y trouve son compte.

À ma Bourgogne

133, bd Haussmann 75008. **Plan** 5 B4.
45 63 50 61. **Service** jusqu'à 22 h
lun.-ven. ⚑ ⚑ V, AE. ⒻⒻ

Chaque client trouve sa formule
dans cette bonne auberge. On
reste accroché au comptoir pour
grignoter un jambon à l'os, on se
glisse à table pour savourer un
plat du jour et quelques
lyonnaiseries ou, l'on descend dans
la salle voûtée pour festoyer tel un
notaire de province. Une vraie
cuisine bourgeoise rassurante.

Le Bœuf sur le Toit

34, rue du Colisée, 75008. **Plan** 5 A4.
43 59 83 80. Service jusqu'à 2 h
du matin t.l.j. ⚑ V, DC, AE. ⒻⒻ

Une splendide brasserie art déco
précédée par un remarquable
banc de coquillages. Plats canailles
pour le souper, douzaine d'huîtres
pour le petit creux d'avant le
spectacle, on pratique ici le sur-
mesure à toute heure.

Sébillon

66, rue Pierre-Charron 75008.
Plan 4 F5. 43 59 28 15. **Ouvert**
12 h-15 h, 19 h-minuit lun.-ven.,
19 h-minuit sam. ⚑ AE, DC, MC, V.
ⒻⒻ

Récemment inauguré tout à côté
des Champs-Elysées,
l'établissement est une succursale
du Sébillon d'origine, qui a nourri
la bourgeoisie de Neuilly depuis
1913. Le menu est identique :
nombreux fruits de mer, salade de
homard, coquilles Saint-Jacques à
la provençale, côtes de bœuf et
éclairs gargantuesques. La
spécialité demeure le gigot
d'agneau, à volonté, tranché dans
la salle au décor agréable.

Le Relais Boccador

20, rue du Boccador 75008. **Plan** 10 F1.
47 23 31 98. Service jusqu'à
22 h 30 t.l.j. ⚑ V. ⒻⒻ

Un petit italien classique et
merveilleux avec boiseries,
nappage et petites lampes.
Essentiellement fréquenté par
les habitués du quartier qui aiment
le petit accent du patron qui sert
les raviolis ou le carpaccio… la
dolce vita au cœur de Paris.

L'Espace Pierre Cardin

1-3, av. Gabriel 75008. **Plan** 5 B5.
42 66 11 70. **Ouvert** été : 12 h-
15 h, 19 h 30-minuit ; hiver : 12 h-
15 h t.l.j. V ⚑ ⚑ ⒻⒻⒻ

Dans les jardins des Champs-
Elysées, à deux pas de la
Concorde, ce restaurant au décor
éblouissant appartient à l'empire

Pierre Cardin. En dépit du menu à
la carte, on préférera les
savoureux buffets de plats et de
desserts. La terrasse faisant face
aux jardins est particulièrement
agréable par beau temps.

La Fermette Marbeuf 1900

5, rue Marbeuf 75008. **Plan** 4 F5.
47 20 45 59. **Ouvert** 12 h-15 h,
19 h 30-23 h 30 t.l.j. ⑦ ⚑
ⒻⒻⒻ

Une fabuleuse décoration Belle
Époque, composée de mosaïques,
carrelages et fer forgé, a été
découverte sous les murs de
formica de ce bistrot des Champs-
Elysées brusquement projeté sur le
devant de la scène. Outre le cadre
magnifique, la Fermette Marbeuf
propose une bonne cuisine de
brasserie, notamment un menu à
prix fixe digne d'éloges ainsi que
de nombreux crus de qualité.
Cette table très parisienne est aussi
très bruyante en fin de soirée.

Savy

23, rue Bayard 75008. **Plan** 10 F1.
47 23 46 98. **Ouvert** 12 h-15 h,
19 h 30-23 h lun.-ven. **Fermé** en août.
⚑ MC, V. ⒻⒻⒻ

Bien que situé à quelques pas de
Dior et d'autres adresses
prestigieuses, Savy a su demeurer
depuis soixante ans un honnête
bistrot de quartier. La décoration
art déco crée une atmosphère
rustique, et la solide cuisine
inspirée de l'Auvergne natale de
Monsieur Savy offre d'alléchantes
saveurs : chou farci, croquettes de
morue, épaule d'agneau rôtie,
pintade et tarte aux pruneaux.

Chiberta

3, rue Arsène-Houssaye, 75008.
Plan 4 E4. 45 63 77 90. Service
jusqu'à 22 h 30 lun.-ven. ⑥ ⑦ ⚑ ★
⚑ AE, DC, MC, V, JCB. ⒻⒻⒻⒻ

Dans un cadre raffiné avec des
décorations florales subtiles, un
restaurant à la renommée
incontestée. Consommé d'écrevisses
et crème au caviar, turbot de ligne
braisé au Riesling font partie des
excellentes spécialités de la cuisine
de Philippe Da Silva.

La Maison Blanche / 15 Avenue Montaigne

15, av. Montaigne 75008.
Plan 10 F1. 47 23 55 99. **Ouvert**
12 h-14 h, 20 h-23 h lun.-ven., 20 h-
23 h sam. ⑥ ⚑ ⚑ AE, MC, V.
ⒻⒻⒻⒻ

Le célèbre restaurant La Maison
Blanche a rajouté 15 Avenue
Montaigne à son enseigne lorsqu'il

s'est installé ici, au-dessus du théâtre des Champs-Elysées. Le décor est d'un moderne sans concession, mais la superficie de la salle touche à l'opulence. Les saveurs et les couleurs de la cuisine influencée par la Provence et le Sud-Ouest attirent en foule une clientèle mondaine.

Guy Savoy

18, rue Troyon 75017. **Plan** 4 D3. 43 80 40 61. **Ouvert** 12 h-14 h 30, 19 h 30-22 h 30 lun.-ven., 19 h 30-22 h 30 sam. ★ AE, MC, V.

L'un des restaurants les plus chic de la capitale, le Guy Savoy propose le meilleur en tout : une grande salle à manger élégante, un service irréprochable, et la remarquable cuisine de Guy Savoy lui-même, dont les plats sont aussi beaux que savoureux : aspic d'huîtres, moules aux champignons, poulet de Bresse déglacé au vinaigre de Xérès, pigeon poché ou grillé aux lentilles, sans oublier les desserts extraordinaires. Bien que n'utilisant que peu de crème ou de bouillon, M. Savoy parvient à tirer de ses ingrédients toute leur saveur.

Laurent

41, av. Gabriel 75008. **Plan** 5 B5. 42 25 00 39. **Ouvert** 12 h 30-14 h 30, 19 h 30-23 h lun.-ven., 19 h 30-23 h sam. **Fermé** jours fériés. ★ AE, DC, MC, V.

Situé dans les jardins des Champs-Elysées, ce beau pavillon XIXᵉ siècle, à façade vieux rose, est la table des riches et des puissants. La salle à manger est décorée avec opulence et la merveilleuse terrasse protégée des regards indiscrets par une épaisse haie. Les hors-d'œuvre arrivent sur un chariot et la salade de homard est préparée à côté de la table. Les cannelloni de légumes aux encornets, un excellent agneau et un choix d'alléchantes pâtisseries sont autant de classiques.

Taillevent

15, rue Lamennais 75008. **Plan** 4 F4. 45 61 12 90. **Ouvert** 12 h 15-14 h 30, 19 h 30-22 h 30 lun.-ven. ★ AE, DC, MC, V.

Taillevent est le plus élégant et le plus distingué des établissements 3 étoiles de la capitale. Sa digne tranquillité ne convient pas à tout le monde, mais la sincérité de l'accueil de Jean-Claude Vrinat, maître de céans, le service impeccable, l'extraordinaire carte des vins et la cuisine néo-classique

du jeune chef Philippe Legendre contribueront à rendre inoubliable votre repas. Vous pourrez savourer au menu le chausson de céleri aux morilles et aux truffes, l'agneau des Pyrénées au chou, ainsi qu'un moelleux (crème) au poivron. Le chef pâtissier est l'un des plus éminents de Paris. Vous devrez bien sûr réserver des mois à l'avance.

LE QUARTIER DE L'OPÉRA

Chartier

7, rue du Faubourg-Montmartre 75009. **Plan** 6 F4. 47 70 86 29. **Ouvert** 11 h-15 h, 18 h 30 t.l.j. V.

En dépit de son impressionnant décor 1900 classé, ce restaurant caverneux s'adresse aujourd'hui comme depuis toujours aux petits budgets, étudiants et touristes, mais certains des plus anciens habitués s'y rendent pour la cuisine traditionnelle (œufs mayonnaise, pâté maison, poulet rôti et steak au poivre).

La Ferme Saint-Hubert

21, rue Vignon 75008. **Plan** 6 D5. 47 42 79 20. **Ouvert** 12 h-15 h, 19 h-22 h 30 lun.-sam. AE, DC, MC, V.

Ce restaurant, qui est celui de la célèbre fromagerie du même nom, située à côté, fait salle comble autant à l'heure du déjeuner que le soir. La bonne cuisine à base de fromage constitue une alternative gourmande aux plats traditionnels : la maison s'enorgueillit du meilleur croque-monsieur de la capitale, et propose raclettes (à volonté), fondues (deux sortes différentes), salades au fromage, ainsi que des plateaux de fromages.

A Priori Thé

35-37, galerie Vivienne 75002. **Plan** 6 F5. 42 97 48 75. **Ouvert** 12 h-19 h lun.-sam., 12 h 30-18 h dim. V.

Sous la belle verrière de la galerie Vivienne, on grignote, on mange une salade, une viande froide, un plat du jour, dans un fauteuil en rotin. La patronne est anglaise, généreuse comme un gâteau au chocolat. C'est très simple mais tellement bon !

Le Souletin

6, rue de la Vrillière 75001. **Plan** 12 F1. 42 61 43 78. **Fermé** le dim. V.

En dehors des grands matchs au parc des Princes, ne cherchez pas sur le stade les rugbymen français, ils se trouvent attablés chez Jean-Pierre Cachau qui, entre deux spécialités basques, leur pousse la chansonnette. L'ambiance est toujours colorée et la bonhomie est une entrée obligatoire quel que soit votre menu.

Chez Clément

17, bd des Capucines 75002. **Plan** 6 E5. 47 42 00 25. **Ouvert** 11 h à 1 h du matin t.l.j. MC, V.

À deux minutes de l'Opéra, ce bistrot confortable sert jusqu'au milieu de la nuit des spécialités de viandes roties. Le plat du jour, particulièrement bon marché, est disponible à déjeuner comme au dîner.

Café Runtz

16, rue Favart 75002. **Plan** 6 F5. 42 96 69 86. **Ouvert** 9 h-23 h 30 lun.-ven. **Fermé** jours fériés. AE, MC, V.

Cette agréable brasserie est depuis le début du siècle l'une des rares tables véritablement alsaciennes de la capitale. Des photos d'acteurs célèbres rappellent la proximité de la salle Favart (l'ancien Opéra-Comique). On y savourera d'excellentes spécialités régionales comme la salade de gruyère, la tarte à l'oignon, de généreuses choucroutes et des tartes. Le service est amical.

Willi's Wine Bar

13, rue des Petits-Champs 75001. **Plan** 12 F1. 42 61 05 09. **Ouvert** 11 h-23 h lun.-sam. V.

Tim Johnston est un Ecossais qui connaît les vins du monde entier sur le bout des doigts. On les déguste perché sur un tabouret ou installé dans la délicieuse salle à manger, on les escorte d'une tarte à la tomate, d'un travers de porc au miel. Les plats sont au service du vin, et les clients cultivent, ici, leur accent britannique. Dès que le soleil bascule, l'ambiance se crée, c'est un régal.

Le Grand Colbert

4, rue Vivienne 75002. **Plan** 6 F5. 42 86 87 88. **Ouvert** 12 h-15 h, 19 h-1 h du matin t.l.j. **Fermé** mi-juillet-août. AE, DC, MC, V, JCB.

Situé dans la galerie Colbert appartenant à la Bibliothèque nationale, cette table est certainement l'une des plus belles brasseries de Paris. Sa longue salle unique, divisée par des panneaux de verre sablé, est ornée de tableaux et de miroirs. Au menu : des spécialités traditionnelles, filets de hareng aux pommes de terre ou à la crème, escargots, soupe à l'oignon, le classique merlan Colbert (gratiné à la chapelure) et des grillades.

Au Petit Riche

25, rue le Peletier 75009. **Plan** 6 F4.
📞 47 70 68 68. **Ouvert** 12 h 15-14 h 15, 19 h-minuit lun.-sam. 🍽️
🍽️ AE, DC, MC, V, JCB. Ⓕ Ⓕ Ⓕ

Une atmosphère formidable caractérise cet authentique bistrot : les petites salles, resplendissantes de cuivres astiqués, de boiseries et de miroirs, sont fréquentées à midi par les habitués de la salle des ventes de l'hôtel Drouot, et le soir par une clientèle tout aussi parisienne. On y célèbre la région de la Loire : rillettes de Vouvray, boudin, andouillettes et vins du cru.

Chez Georges

1, rue du Mail 75002. **Plan** 12 F1.
📞 42 60 07 11. **Ouvert** 12 h-14 h, 19 h-21 h 45 lun.-sam. **Fermé** jours fériés. 🍽️ AE, MC, V. Ⓕ Ⓕ Ⓕ

La plupart des anciens restaurants de quartier autour de la place des Victoires ont été remplacés par des boutiques de créateur de mode, mais Chez Georges est l'un des rares établissements à avoir résisté. Avec son décor éclectique et ses serveuses pragmatiques, il attire les Parisiens qui savent apprécier la véritable cuisine de bistrot, terrine de foie de volaille, sole meunière et baba au rhum.

Le Vaudeville

29, rue Vivienne 75002. **Plan** 6 F5.
📞 40 20 04 62. **Ouvert** 6 h 30-2 h du matin t.l.j. 🍽️ 🅥 ♿ 🈲 🍽️ AE, DC, MC, V, JCB. Ⓕ Ⓕ Ⓕ

C'est l'un des sept établissements appartenant à Jean-Paul Bucher, le roi de la brasserie parisienne. Dans un magnifique cadre art déco composé, on y sert d'excellents fruits de mer, le célèbre saumon fumé de Bucher, ainsi qu'une grande variété de poissons et de plats de brasserie classique, pied de porc ou andouillette. On appréciera également le service aimable et rapide, ainsi que l'animation qui règne dans la salle toujours comble.

Lucas Carton

9, place de la Madeleine 75008.
Plan 5 C5. 📞 42 65 22 90. **Ouvert** 12 h-14 h 30, 20 h-22 h 30 lun.-sam. **Fermé** en août. 🍽️ 🈲 🅥 ★ 🍽️ MC, V. Ⓕ Ⓕ Ⓕ Ⓕ Ⓕ

Soit vous adorerez l'audacieuse cuisine du désormais légendaire Alain Senderens (3 étoiles au Michelin), soit vous la détesterez. Au nombre de ses créations si souvent copiées, foie gras au chou, canard Apicius épicé et tarte Tatin à la mangue. Dans l'étonnant décor art déco, un service diligent répond aux vœux d'une clientèle très élégante. Plusieurs menus à prix fixe sont proposés, vin compris.

MONTMARTRE

Beauvilliers

52, rue Lamarck 75018. **Plan** 2 E5.
📞 42 54 54 42. **Ouvert** 12 h-14 h, 19 h 30-22 h 30 mar.-sam., 19 h 30-22 h 30 lun. 🍽️ 🈲 🈲 🍽️ AE, MC, V. Ⓕ Ⓕ Ⓕ Ⓕ Ⓕ

Cette table joyeuse est la meilleure de Montmartre et l'une des plus festives de Paris. Les salles fleuries sont animées par le chaleureux chef Édouard Carlier. C'est ici que le célèbre chef Paul Bocuse vient dîner lorsqu'il séjourne à Paris, tout comme de nombreuses célébrités. Carlier, qui trouve son inspiration dans de vieux livres de cuisine, propose un menu toujours différent, et toujours passionnant : escabèche de rouget (cuit et mariné), rognonnade de veau (longe et rognons de veau), filet de bœuf farci et tarte au citron très citronnée, que l'on pourra savourer sur une agréable terrasse couverte.

La Table d'Anvers

2, place d'Anvers 75009. **Plan** 7 A2.
📞 48 78 35 21. **Ouvert** 12 h-14 h 30, 19 h 30-23 h 30 lun.-sam. **Fermé** en août. 🍽️ ♿ 🈲 🍽️ AE, DC, MC, V. Ⓕ Ⓕ Ⓕ Ⓕ Ⓕ

Ce restaurant de sérieuse réputation, proche de la butte Montmartre, est géré par un père et ses deux fils. Le menu s'inspire de l'Italie et de la Provence : gnocchi de langoustine et champignons des bois, lapin à la polenta, bar au thym et au citron. Les pâtisseries et les desserts sont parmi les meilleurs de la capitale.

EN DEHORS DU CENTRE

Dao Vien

82, rue Baudricourt 75013.
📞 45 85 20 70. **Ouvert** 12 h-15 h, 19 h-23 h t.l.j. 🍽️ ♿ Ⓕ

Il existe de nombreux restaurants orientaux dans le premier quartier chinois de la capitale, mais cette amicale table vietnamienne, très agréable, remporte de nombreux suffrages. Au titre de ses spécialités, on goûtera la soupe saïgonnaise, les crêpes fourrées aux œufs, le poulet au gingembre et le thé au jasmin.

Au Soleil d'Austerlitz

18, bd de l'Hôpital 75005.
Plan 18 D2. 📞 43 31 22 38. **Service** jusqu'à 21 h lun.-sam. 🈲 🈲 🍽️ V. Ⓕ

Située juste en face de la gare, il est plus agréable d'attendre le train dans cette brasserie que sur le quai. La cuisine que mitonne la patronne est franche et sincère, les pommes de terre sont rissolées au beurre, les charcuteries viennent de l'Aveyron et les vins sont choisis dans le vignoble par le patron. Une adresse réconfortante pour ceux qui ont du vague à l'âme.

.Le Réveil du Xᵉ

35, rue du Château-d'Eau 75010.
Plan 7 C4. 📞 42 41 77 59. **Service** jusqu'à 21 h lun.-ven. 🈲 🍽️ V. Ⓕ

Située derrière la mairie et à côté du conservatoire de musique, cette adresse est un carrefour de rencontres. Verre à la main (vins exceptionnels), on grignote au comptoir une charcuterie, on s'installe à table autour d'un pâté aux pommes de terre, d'un petit salé ou d'une omelette aux cèpes. Voici une adresse formidablement vivante.

Le Berry's

46, rue de Naples 75008. **Plan** 5 B2.
📞 40 75 01 56. **Ouvert** 12 h-1 h du matin lun.-sam. 🈲 🍽️ V. Ⓕ

Le Berry's est l'annexe du restaurant gastronomique Le Grenadin. C'est ici que l'on s'encanaille autour de plats bourgeois comme les aime Patrick Cirotte. Andouillette, tendron de veau, viandes mijotées, pâté aux pommes de terre, voilà du vrai Berry que l'on allonge largement de Sancerre frais, gouleyant, bon... encore une adresse heureuse.

À La Courtille

1, rue des Envierges 75020.
📞 46 36 51 59. **Ouvert** 12 h-14 h, 20 h-22 h 45 t.l.j. 🍽️ 🈲 🈲 🍽️ MC, V. Ⓕ Ⓕ

Ce restaurant à la mode offre l'une des vues les plus originales et inattendues sur la capitale. Le décor minimaliste met en valeur des photographies anciennes montrant le quartier avant son déclin et les rénovations qui l'ont transfiguré à jamais. La carte sans prétention propose des mets simples : terrine de canard, salade de légumes crus, haddock aux choux et à la crème, bifteck-frites et une bonne crème caramel. Les tartes sont cependant décevantes, mais les vins, au verre ou en bouteille sont excellents.

L'Armoise

67, rue des Entrepreneurs 75015. **(** 45 79 03 31. **Ouvert** 12 h 15-13 h 45, 19 h 30-22 h 15 lun.-ven., 19 h 30-22 h 30 sam. **Fermé** en août. **⏹** **⏺** V. **Ⓕ**Ⓕ

Le talentueux chef propriétaire de ce restaurant de quartier apparemment ordinaire mérite plus d'attention qu'on ne lui en accorde. Son foie gras au céleri rémoulade, son foie de veau et son magret de canard au miel sont succulents, et les prix très raisonnables. C'est une table agréable, à l'ambiance familiale.

Astier

44, Rue Jean-Pierre-Timbaud 75011. **Plan** 14 E1. **(** 43 57 16 35. **Ouvert** 12 h-14 h, 19 h-23 h lun.-ven. **Fermé** en août et jours fériés. **⏹** **♿** MC, V. **Ⓕ**Ⓕ

Divers changements de propriétaires n'ont heureusement altéré en rien ce restaurant de quartier : la carte est certainement la meilleure de Paris pour le prix, ce que confirment les salles agréables toujours combles. Les plats sont exquis : soupe de moules au safran, lapin sauce moutarde, magret de canard au miel, fromages parfaits et quelques crus dignes d'éloges.

L'Auberge du Bonheur

Allée de Longchamp, bois de Boulogne 75016. **Plan** 3 A3. **(** 42 24 10 17. **Ouvert** mars-août : 12 h-15 h, 19 h 30-22 h t.l.j. ; sept.-janv. : 12 h-15 h dim.-ven. **⏹** **♿** **♿** **⏺** DC, MC, V. JCB. **Ⓕ**Ⓕ

C'est probablement l'établissement le plus abordable des restaurants du bois de Boulogne. En été, on peut déjeuner sur la terrasse de graviers, à l'ombre des châtaigniers et des platanes, derrière une haie de glycines et de bambous et, par temps froid, dans le chalet confortable. Un service sans prétention complète les mets simplement apprêtés, des grillades essentiellement.

Le Bistrot des Deux Théâtres

18, rue Blanche 75009. **Plan** 6 D3. **(** 45 26 41 43. **Ouvert** 12 h-14 h, 19 h 30-0 h 30 t.l.j. **⏹** **⏺** MC, V. **Ⓕ**Ⓕ

Si vous ne disposez que d'un petit budget, le menu formule de ce restaurant du quartier des théâtres est une véritable aubaine : pour un prix très raisonnable, on vous propose un apéritif, une entrée et un plat au choix (notamment du foie gras de canard et du saumon fumé accompagné de blinis), fromage ou dessert et une demi-bouteille de vin.

Le Gourmet des Ternes

87, bd de Courcelles 75008. **Plan** 4 F3. **(** 42 27 43 04. **Service** jusqu'à 21 h 30 lun.-ven. **🌂** l'été. **⏺** V. **Ⓕ**Ⓕ

Il faut se hisser sur la pointe des pieds pour apercevoir, par-dessus les rideaux, les gourmets entassés les uns contre les autres. Le patron sert des viandes exceptionnelles. On se bat ici pour obtenir un strapontin au premier ou au second service, une belle affaire de famille qui sent bon la province.

Le Vin des Rues

21, rue Boulard 75014. **Plan** 16 D4. **(** 43 22 19 78. **Déjeuner** seulement et dîner le merc. et ven. **Fermé** dim. et lun. **🌂** **◻** ★ **Ⓕ**Ⓕ

Un bistrot comme il n'en existe plus avec ses habitués qui jouent aux cartes, un patron qui a de vraies humeurs, et une cuisine lyonnaise à souhait. Réservez, il n'y a rien à voir, tout est à boire et à manger les yeux fermés.

Chardenoux

1, rue Jules-Vallès 75011. **(** 43 71 49 52. **Ouvert** 12 h-14 h 30, 20 h-22 h 30 lun.-ven. **Fermé** en août. **⏺** AE, MC, V. **Ⓕ**Ⓕ

Ce bistrot classique, qui aurait besoin d'un petit coup de pinceau, demeure cependant l'un des plus beaux de la capitale, avec ses boiseries, ses verres sablés, et son impressionnant bar fait de 17 marbres différents. Grand choix de salades et de plats à base d'œuf, de charcuteries ou de plats régionaux rares, l'aligot (purée mêlée de tomme fraîche) ou le gigot brayaude (piqué d'ail et braisé au vin blanc avec des pommes de terre). La carte des vins met l'accent sur la vallée de la Loire et le bordelais. L'ambiance est agréable.

La Régalade

49, av Jean-Moulin, 75014. **Plan** 16 D5. **(** 45 45 68 58. **Service** jusqu'à minuit mar.-sam. **⏺** V. **Ⓕ**Ⓕ

Yves Candeborde, solide chef béarnais, est la dernière coqueluche parisienne. La réservation s'impose avant de se glisser dans ce petit restaurant aux allures familiales. Le menu-carte est exceptionnel et l'imagination du chef à son comble. La Régalade se visite au même titre que la tour Eiffel ou Beaubourg !

Chez Fernand

17, rue de la Fontaine-au-Roi 75011. **Plan** 8 E5. **(** 43 57 46 25. **Ouvert** 12 h-14 h 30, 20 h-23 h mar.-sam. **Fermé** en août. **⏹** **⏺** MC, V. **Ⓕ**Ⓕ

La banalité du décor de cette petite table proche de la place de la République ne préjuge en rien de la cuisine qu'on y propose, normande de caractère, avec une pointe de créativité : rillettes de maquereau, raie au camembert, canards diversement apprêtés, et tarte normande (aux pommes) flambée au calvados. Les prix sont modiques pour la qualité des plats, et le Fernandises (le restaurant du chef, à côté) est encore moins cher.

La Datcha Lydie

7, rue Dupleix 75015. **Plan** 10 E4. **(** 45 66 67 77. **Service** jusqu'à 22 h jeu.-mar. **⏺** V. **Ⓕ**Ⓕ

Dans un quartier très calme, voici une des meilleures adresses russes de Paris. Hareng gras, bortsch et pirojkis sont remarquables. Le patron a revisité le répertoire de la cuisine russe, c'est sublime ! On peut également rapporter à la maison un certain nombre de spécialités.

La Perle des Antilles

36, av. Jean-Moulin 75014. **Plan** 16 D5. **(** 45 42 91 25. **Ouvert** 12 h-15 h, 19 h 45-23 h lun.-sam. **⏹** **♿** **♿** **🎵** **⏺** AE, MC, V. **Ⓕ**Ⓕ

Ce joli restaurant aux murs blancs tachetés de vert et de jaune est un véritable petit morceau d'Antilles à Paris. On y mitonne des spécialités haïtiennes : acras de légumes, gratin de mirliton (sorte de courge), divers plats créoles à base de crabe ou de poulet. Les épices sont utilisées avec modération et les ingrédients sont d'une fraîcheur irréprochable. On y passera une agréable soirée de week-end : l'orchestre et le punch d'apéritif vous emporteront dans les Îles.

Julien

16, rue du Faubourg-St-Denis 75010.
Plan 7 B5. **(** *47 70 12 06.* **Ouvert**
12 h-15 h, 19 h-1 h 30 du matin t.l.j.
AE, DC, MC, V. **(F)(F)**

Avec son superbe décor 1880,
Julien est un établissement haut de
gamme aux prix raisonnables.
Appartenant au même propriétaire
que la Brasserie Flo, le service y
est tout aussi amical et les desserts
aussi variés. Sa cuisine de
brasserie ne manque pas
d'imagination : foie gras chaud
aux lentilles, pied de porc pané,
sole grillée et cassoulet à la Julien.

Les Amognes

243, rue du Faubourg-St-Antoine
75011. **(** *43 72 73 05.* **Ouvert**
12 h-14 h 30, 19 h 30-23 h mar.-sam.
Fermé *en août.* V.
(F)(F)(F)

Le chef Thierry Coué a travaillé
sous la direction de l'illustre Alain
Senderens (de chez Lucas Carton,
p. 307), ce qui est plutôt une
recommandation. Son petit
restaurant entre Bastille et Nation
n'est pas le plus joli, mais la
nourriture y est excellente et
souvent originale : tarte aux
sardines, beignets de morue aux
tomates au basilic, thon aux
artichauts et poivrons, daurade à
l'huile de piment et soupe d'ananas
à la piña colada. Cela vaut le
voyage.

Aux Senteurs de Provence

295, rue Lecourbe 75015.
(*45 57 11 98.* **Ouvert** *12 h 15-14 h,
19 h 15-22 h mar.-sam.* **Fermé** *du 1er
au 21 août.* AE, DC,
MC, V. **(F)(F)(F)**

La Toscane rencontre la Provence
dans les cuisines de ce tranquille
restaurant peint de gris et de rouge
lie de vin : raviolis au thon, morue
à l'oseille, daube d'agneau,
bouillabaisse et bourride (autre
soupe de poissons aillée). L'assiette
de gourmandises est composée de
différents desserts délicieux.

Le Bistrot d'à Côté

10, rue Gustave-Flaubert 75017.
Plan 4 E2. **(** *42 67 05 81.* **Ouvert**
12 h 30-14 h 30, 19 h 30-23 h t.l.j.
AE, DC, MC, V. **(F)(F)(F)**

Le premier des bistrots du célèbre
chef Michel Rostang demeure le
plus sympathique de tous. Les
meubles de la petite salle à manger,
aux banquettes de moleskine de
rigueur, semblent avoir été
dénichés dans le grenier de grand-
mère. On s'y délecte de maints
plats lyonnais, salade de lentilles,

cervelas ou sabodets, andouillettes
et gratin de macaroni. À midi, il a
les faveurs des cadres travaillant
dans le quartier, et le soir celles des
notables du quartier.

Brasserie Flo

7, cour des Petites-Écuries 75010.
Plan 7 B4. **(** *47 70 13 59.* **Ouvert**
12 h-15 h, 19 h-1 h 30 du matin t.l.j.
AE, DC, MC, V.
(F)(F)(F)

Cette authentique brasserie
alsacienne, fondée en 1885, donne
dans un passage situé dans un
quartier un peu douteux, mais
mérite le détour : les belles
boiseries et les vitraux du décor
sont uniques en leur genre, et le
menu comporte choucroutes et
poissons simplement mais
excellemment apprêtés, arrosés de
vin d'Alsace au pichet.

Le Clos Morillons

50, rue des Morillons 75015.
(*48 28 04 37.* **Ouvert** *12 h-
14 h 15, 20 h-22 h 15 lun.-ven., 20 h-
22 h 15 sam.* MC, V.
(F)(F)(F)

Ce restaurant familial a une carte
en constante évolution où se
ressent l'intérêt du chef pour la
cuisine orientale : poulet au
sésame ou homard au gingembre.
Les autres plats sont plus
conventionnels et la terrine de
pommes de terre au foie gras, par
exemple, est particulièrement
réussie. Inclus dans le prix du
menu on trouve un joli choix de
vins de Loire.

Le Pavillon Montsouris

20, rue Gazan 75014. **(** *45 88 38 52.*
Ouvert *12 h-14 h 30, 19 h 30-22 h
t.l.j.* AE, DC, MC, V.
(F)(F)(F)

Ce bâtiment restauré, en lisière du
charmant parc Montsouris, a une
longue histoire : sa clientèle
comptait jadis Trotsky, Mata Hari
et Lénine. De nos jours,
l'attrayante salle aux coloris pastel
et la terrasse sous les arbres
composent un décor captivant
pour un menu d'excellent rapport
qualité/prix. On y savourera une
soupe de moules, un carpaccio de
canard, une galette de pigeon et
un clafoutis de mangue. Le service
étant parfois lent lorsqu'il y a
affluence, on s'y rendra lorsqu'on
aura du temps devant soi.

La Table de Pierre

116, bd Pereire 75017. **Plan** 4 E1.
(*43 80 88 68.* **Ouvert** *12 h-15 h,
19 h-23 h lun.-ven., 12 h-15 h sam. et
dim.* AE, MC, V.
(F)(F)(F)

Bien que le décor Louis XVI hérité
du précédent établissement ne
convienne pas à un restaurant
basque, cela est largement
compensé par la jovialité du
maître des lieux et l'intérêt du
menu. Une foule élégante se
rassemble ici pour déguster les
spécialités régionales : piperade,
poivrons farcis à la brandade de
morue, filet de morue en sauce
verte, cuisse de canard farcie et
gâteau basque (à la crème
pâtissière et aux cerises).

Au Trou Gascon

40, rue Taine 75012. **(** *43 44 34
26.* **Ouvert** *12 h-14 h, 19 h 30-22 h
lun.-ven.* **Fermé** *en août, Noël et
Nouvel An.* AE, DC,
MC, V, JCB. **(F)(F)(F)**

Cet authentique bistrot 1900,
appartenant au célèbre chef Alain
Dutournier (du Carré des
Feuillants), demeure l'un des
restaurants les plus prisés de
Paris : jambon de Chalosse, foie
gras, agneau des Pyrénées et
volaille de la région, tout illustre la
délicieuse cuisine gasconne. La
mousse au chocolat blanc de
Dutournier est désormais un
classique.

Le Train Bleu

20, bd Diderot 75012. **Plan** 18 E1.
(*43 43 09 06.* **Ouvert** *12 h-14 h,
19 h-22 h t.l.j.* ★ AE,
DC, MC, V. **(F)(F)(F)(F)**

Les buffets de gare étaient jadis
de hauts lieux de la gastronomie.
Aujourd'hui, seul le Train Bleu de
la gare de Lyon (du nom du
rapide qui emmenait à l'époque
la bonne société sur la côte
d'Azur) demeure digne d'éloges.
Dans un fabuleux décor Belle
Époque, la cuisine de brasserie
haut de gamme propose
notamment des spécialités
lyonnaises ainsi que d'excellentes
pâtisseries.

Faucher

123, av de Wagram 75017.
Plan 4 E2. **(** *42 27 61 50.* **Ouvert**
*12 h-14 h 30, 20 h-22 h lun.-ven.,
20 h-22 h 30 sam.*
AE, MC, V. **(F)(F)(F)(F)**

M. et Mme Faucher prennent
autant soin de leur restaurant que
de leurs hôtes. La vaste salle à
manger beige, aux grandes
fenêtres, est très agréable, et la
terrasse bordée d'une haie est un
enchantement par beau temps. La
cuisine ne manque pas
d'originalité : millefeuilles
d'épinard et d'émincé de bœuf
cru, œufs farcis aux truffes,
turbot à la crème de caviar et
excellents desserts.

Repas légers et snacks

Point n'est besoin de se rendre au restaurant pour célébrer la bonne chère et les crus nationaux si intimement liés à la vie quotidienne parisienne. Que vous souhaitiez déjeuner ou prendre un verre dans un café, un bar à vin ou un salon de thé, acheter une crêpe, une quiche ou une pizza à emporter, ou vous préparer un pique-nique, les repas sur le pouce constituent l'une des grandes forces gastronomiques de la capitale.

Les amateurs de boisson y trouveront également leur compte. Dans la quasi-totalité des quartiers, les bars à vin proposent les meilleurs crus au verre, tandis que les bars à bière offrent un choix considérable de bières provenant de tous pays. Les noctambules auront également à leur disposition les bars d'hôtel et les bars ouverts tard la nuit.

LES CAFÉS

À tous les coins de rue on trouve un café, du plus petit au plus grand, avec flipper ou décoration Belle Époque. On y mange et boit à toute heure de la journée : il y a foule au petit déjeuner, quand croissants et petits pains au chocolat se débitent aussi rapidement que les grands crèmes et les express serrés.

Le déjeuner est également une heure de pointe : le menu, qui propose généralement un ou plusieurs plats du jour, est souvent dans les plus petits cafés la véritable aubaine gastronomique de la capitale, dépassant rarement 80 F vin compris. Les plats proposés sont d'ordinaire copieux (sauté d'agneau ou blanquette de veau, par exemple) suivis de desserts alléchants, tartes ou crème caramel. Les en-cas de base, salades, sandwichs et omelettes, sont d'ordinaire servis à toute heure. Le **Bar de la Croix Rouge**, à Saint-Germain-des-Prés, est l'un des plus remarquables de sa catégorie.

Les cafés de musée sont pour la plupart dignes de confiance, ceux du Centre Pompidou (*voir p. 110-111*) et du musée d'Orsay (*voir p. 144-145*) étant particulièrement recommandables. Si vous faites du shopping à la Samaritaine (*voir p. 313*), allez découvrir son café sur le toit (ouvert en saison), offrant un beau panorama.

Les cafés situés dans les quartiers des touristes et des noctambules (Saint-Germain-des-Prés, Champs-Élysées, Montparnasse, Opéra et Bastille) demeurent ouverts tard la nuit, certains jusqu'à 3 h du matin.

LES BARS À VIN

La plupart des bars à vin sont des lieux très conviviaux où se retrouvent les habitués du quartier. Ouverts tôt le matin, beaucoup se font cafés pour le petit déjeuner et offrent au déjeuner un menu succinct, mais de qualité. Il vaudra mieux s'y rendre avant midi ou après 13 h 30 si l'on souhaite éviter l'affluence ; la plupart sont fermés après 21 h.

Les propriétaires de bar à vin se passionnent généralement pour leurs crus, qu'ils achètent le plus souvent directement chez le producteur : bordeaux jeunes ou vins de la Loire, du Rhône et du Jura.

Outre les succursales de **L'Ecluse**, qui tendent à se spécialiser dans les vins de Bordeaux, partout ailleurs vous trouverez de délicieux petits vins à prix raisonnables.

LES BARS À BIERE ET LES PUBS

Outre les pubs de caractère anglo-saxon, on trouvera également à Paris des bars à bière (ou académies de la bière) qui proposent aussi des plats traditionnels : moules-frites, tarte aux poireaux et tarte à l'oignon sont des exemples classiques. La liste des bières que l'on pourra y déguster est impressionnante : des gueuzes belges (très maltées et à forte teneur en alcool) aux légères « Weißbier » allemandes et à la Guiness en passant par toutes les bières du monde.

Certains bars à bière sont ouverts à midi, tandis que les pubs n'ouvrent qu'en fin d'après-midi, jusque vers 1 h ou 2 h du matin.

LES BARS

La capitale ne manque pas de bars où terminer la soirée. Certaines brasseries, comme **La Coupole** ou **Le Bœuf sur le Toit**, possèdent de longs comptoirs de zinc ou de bois, où officient des barmans accomplis. Le plus élégant des bars d'hôtel (et probablement le plus cher) est le bar principal du Ritz (*voir p. 281*). Le nostalgique **bar Hemingway**, toujours au Ritz, est plus sombre et moins chic, et ouvert seulement à certaines occasions.

Le bar du restaurant **Le Fouquet's**, sur les Champs-Élysées, n'est pas moins élégant. L'un des lieux les plus animés de la capitale la nuit est le piano-bar de **La Closerie des Lilas**. Le **Rosebud** et le **China Club** accueillent une clientèle jeune et branchée. Le **Piano Vache** est plus rock, tandis que le **Birdland** possède une collection considérable de disques de jazz.

LA NOURRITURE À EMPORTER

Lorsque le Parisien éprouve une petite faim, il aime manger une crêpe dans la rue, mais les bonnes crêperies se font de plus en plus rares. On trouvera des sandwichs de diverses compositions chez de nombreux traiteurs, épiceries ou boulangeries, mais la nouvelle venue à Paris, c'est la fougasse d'origine méridionale, sortie du four, fourrée aux lardons ou à l'oignon (notamment chez **Cosi**).

Les glaciers ouvrent généralement vers midi et ferment tard le soir en été, ou vers 19 h en hiver. N'hésitez pas à faire la queue devant chez **Berthillon** : vous y trouverez les meilleures glaces de la capitale.

CARNET D'ADRESSES

ILE DE LA CITÉ ET ILE SAINT-LOUIS

Bars à vin
Au Franc Pinot
1, quai de Bourbon
75004. **Plan** 13 C4.

Taverne Henri IV
13, place du Pont-Neuf
75001. **Plan** 12 F3.

Salons de thé
La Crêpe-en-l'Isle
13, rue des Deux-Ponts
75004. **Plan** 13 C4.

Le Flore en l'Ile
42, quai d'Orléans
75004. **Plan** 13 B4.

Glaciers
Maison Berthillon
31, rue St-Louis-en-l'Ile
75004. **Plan** 13 C4.

LE MARAIS

Cafés
Ma Bourgogne
19, place des Vosges
75004. **Plan** 14 D3.

Bars à vin
Le Passage
18, passage de la Bonne-
Graine 75011. **Plan** 14 F4.

La Tartine
24, rue de Rivoli 75004.
Plan 13 C3.

Salons de thé
Le Loir dans la Théière
3, rue des Rosiers 75004.
Plan 13 C3.

Mariage Frères
30-32, rue du Bourg-
Tibourg 75004.
Plan 13 C3.

Bars
China Club
50, rue de Charenton
75012. **Plan** 14 F5.

Fouquet's Bastille
130, rue de Lyon 75012.
Plan 14 E4.

La Mousson
9, rue de la Bastille
75004. **Plan** 14 E4.

Bars à bière
Café des Musées
49, rue de Turenne
75003. **Plan** 14 D3.

BEAUBOURG ET LES HALLES

Cafés
Café Beaubourg
100, rue St-Martin 75004.
Plan 13 B2.

Café Costes
(Voir p. 108.)

Pubs
Flann O'Brien
6, rue Bailleul 75001.
Plan 12 F2.

QUARTIER DES TUILERIES

Bars à vin
Blue Fox Bar
25, rue Royale 75008.
Plan 5 C5.

La Cloche des Halles
28, rue Coquillière 75001.
Plan 12 F1.

Juvenile's
47, rue de Richelieu 75001.
Plan 12 E1.

Salons de thé
Angélina
226, rue de Rivoli 75001.
Plan 12 D1.

Ladurée
16, rue Royale 75008.
Plan 5 C5.

Bars
Bars du Ritz
15, place Vendôme 75001.
Plan 6 D5.

ST-GERMAIN-DES-PRÉS

Cafés
Bar de la Croix Rouge
2, carrefour de la Croix-
Rouge 75006. **Plan** 12 D4.

Café de Flore
(Voir p. 139.)

Les Deux Magots
(Voir p. 138.)

Sandwich Bars
Cosi
54, rue de Seine 75006.
Plan 12 E4.

Bars à vin
Bistro des Augustins
39, quai des Grands-
Augustins 75006. **Plan** 12 F4.

Le Sauvignon
80, rue des Saints-Pères
75007. **Plan** 12 D4.

Bars
Birdland
20, rue Princesse 75006.
Plan 12 E4.

Le Lenox
9, rue de l'Université
75007. **Plan** 11 B2.

La Villa à l'Hôtel
La Villa 29, rue Jacob
75006. **Plan** 12 E3.

QUARTIER LATIN

Bars à vin
Les Pipos
2, rue de l'Ecole polytech-
nique 75005. **Plan** 13 A5.

Bars
Le Piano-Vache
8, rue Laplace 75005.
Plan 13 A5.

Bars à bière
La Gueuze
19, rue Soufflot 75005.
Plan 12 F5.

JARDIN DES PLANTES

Cafés
Café Mouffetard
116, rue Mouffetard
75005. **Plan** 17 B2.

Pubs
Finnegan's Wake
9, rue des Boulangers
75005. **Plan** 17 B1.

Le Moule à Gâteau
111, rue Mouffetard
75005. **Plan** 17 B2.

Glaciers
Häagen-Dazs
3, place de la Contrescarpe
75005. **Plan** 17 A1.

QUARTIER DU LUXEMBOURG

Cafés
Le Rostand
6, place Edmond-Rostand
75006. **Plan** 12 F5.

Bars à bière
L'Académie de la Bière
88, bd de Port-Royal
75005. **Plan** 17 B3.

MONTPARNASSE

Bars
La Closerie des Lilas
171, bd du Montparnasse
75006. **Plan** 16 E2.

Cafés
Le Dôme
108, bd du Montparnasse
75014. **Plan** 16 D2.

La Rotonde
105, bd du Montparnasse
75014. **Plan** 16 D2.

Le Sélect
99, bd du Montparnasse
75006. **Plan** 16 D2.

Bars à vin
Le Rallye
6, rue Daguerre 75014.
Plan 16 D4.

Salons de thé
Max Poilâne
29, rue de l'Ouest
75014. **Plan** 15 C3.

Bars
La Coupole (café bar)
102, bd du Montparnasse
75014. **Plan** 16 D2.
(Voir aussi p. 178.)

Le Rosebud
11 bis, rue Delambre
75014. **Plan** 16 D2.

CHAMPS-ELYSÉES

Bars à vin
L'Ecluse
64, rue François-Ier
75008. **Plan** 4 F5.

Ma Bourgogne
133, bd Haussmann
75008. **Plan** 5 B4.

Sandwich Bars
Cosi
53, av des Ternes 75017.
Plan 4 D3.

Bars
Le Bœuf sur le Toit
34, rue du Colisée
75008. **Plan** 5 A5.

Le Fouquet's (café bar)
99, av des Champs-
Elysées 75008. **Plan** 4 F5.

QUARTIER DE L'OPÉRA

Cafés
Café de la Paix
12, bd des Capucines
75009. **Plan** 6 E5.
(Voir aussi p. 213.)

Bars à vin
Bistro du Sommelier
97, bd Haussmann
75008. **Plan** 5 C4.

BOUTIQUES ET MARCHÉS

Paris semble incarner la définition même du luxe et de l'art de vivre. Des hommes et des femmes dicrètement élégants prennent un verre aux terrasses des bistrots qui bordent les quais, sur une splendide toile de fond architecturale, ou font leurs emplettes dans les nombreuses petites boutiques spécialisées. Le chic parisien se décline des accessoires et bijoux fantaisie les moins onéreux aux créations de la haute couture, et le style se décèle jusque dans le raffinement de la gastronomie et l'apprêt des tables. Les magasins et les marchés sont pour le Parisien l'occasion de s'adonner à l'un de ses passe-temps favoris : faire ses courses en flânant. Pour vivre « à la parisienne », rue du Faubourg-Saint-Honoré, ou chez les bouquinistes le long des quais, voici, présentées dans les pages suivantes, quelques-unes des meilleures adresses de la capitale.

HORAIRES D'OUVERTURE

Les magasins ouvrent d'habitude de 9 h 30 à 19 h, du lundi au samedi, mais les horaires peuvent varier. Quelques boutiques ferment une heure ou deux durant le déjeuner, et les marchés et magasins de quartier sont généralement fermés le lundi. En été, surtout au mois d'août, de nombreux commerces sont fermés pour congé.

COMMENT PAYER

Les espèces mises à part, les chèques de voyage sont relativement bien acceptés par les commerçants. La carte de crédit universelle à Paris, c'est la carte Visa ; les autres cartes ne sont pas toujours acceptées. Les Eurochèques sont en théorie utilisables en France, mais certaines banques préfèrent les éviter, et seuls les plus grands magasins les acceptent volontiers.

EXEMPTION DE LA TVA

Dans l'ensemble de la CEE, une TVA de 5 % à 25 % est appliquée sur les biens et les services. En France, les non-ressortissants communautaires peuvent obtenir un remboursement de la TVA pour tout achat supérieur à 2 000 F effectué chez le même commerçant, à la condition que leur séjour en France ne dépasse pas six mois. Si vous voyagez en groupe, vous pourrez regrouper vos achats pour atteindre la somme minimale requise.

Les grands magasins vous fourniront un « bordereau de détaxe » ou un « bordereau de vente » qu'ils vous aideront à remplir. En quittant la France, ou la CEE, présentez ce formulaire à la douane qui donnera suite à votre demande de détaxe auprès du lieu de l'achat, avant que le magasin ne vous retourne le remboursement de la TVA en

Shopping avenue Montaigne

francs français. Si vous connaissez quelqu'un à Paris, il sera peut-être plus rapide de lui demander d'effectuer pour vous les démarches auprès du magasin. À Orly et Roissy, certains guichets de banque sont habilités à procéder au remboursement sur place. La TVA sur les produits alimentaires, le vin et le tabac n'est pas remboursée.

LES SOLDES

Les soldes ont principalement lieu en janvier et en juillet. Depuis peu, certains magasins proposent également des rabais avant Noël. Il peut s'agir d'articles en stock ou dégriffés (vêtements de styliste dont on aura enlevé la marque, et datant souvent de la saison précédente), ou de fripes (vêtements d'occasion). Les soldes sont souvent mises en valeur dans le magasin en début des démarques, puis reléguées au fond de la boutique.

La magnifique façade art déco de la Samaritaine

LES GRANDS MAGASINS

L e véritable plaisir du
shopping à Paris, ce sont
les petites boutiques
spécialisées. Mais si le temps
vous manque, et si vous
souhaitez regrouper vos
achats, faites un tour dans les
grands magasins.

La plupart des grands
magasins ont un système de
caisse centralisée : après
paiement de la facture,
revenez voir la vendeuse
auprès de laquelle vous avez
effectué votre achat. Elle vous
le remettra au vu du ticket de
caisse attestant du règlement.
Cela peut prendre du temps,
d'autant plus que le Parisien
n'a cure des files d'attente :
faites vos achats tôt le matin,
et évitez le samedi. Les grands
magasins proposent des
marchandises
souvent
équiva-
lentes, mais
chacun a
sa marque
distinctive.
**Le
Printemps**,
réputé pour
ses
équipements
ménagers,
possède trois
magasins spécialisés
respectivement dans la mode
masculine, la maison, et la
mode féminine et enfantine.
Des défilés de mode y sont
organisés le mardi à 10 h (et le
vendredi en été). Son rayon
parfumerie est l'un des mieux
pourvus au monde, et son

La boutique Kenzo, place des Victoires (*voir pp. 316-317*)

restaurant sous la coupole est
l'un des meilleurs du genre.
Le **BHV** est le paradis du
bricoleur ; il possède un
restaurant avec vue sur la
Seine. **Le Bon Marché**, rive
gauche, a été dessiné par
Gustave Eiffel. C'est le
plus ancien des grands
magasins parisiens, et
le plus chic. Son
rayon alimentation
vaut le détour. On
trouvera aux
Galeries Lafayette
tous les vêtements dans
toutes les gammes de
prix. Des défilés de
mode sont organisés le
mercredi à 11 h (et le
vendredi en été). **La
Samaritaine** est l'un des plus
anciens grands magasins de la
capitale : on y organise de
nombreuses promotions et
l'on y trouve souvent les
mêmes articles qu'aux
Galeries Lafayette, parfois
moins chers. Outre ses
excellents rayons sportswear
et articles de sport, les
équipements ménagers et les
meubles font souvent l'objet
de soldes intéressants. Le
restaurant sur le toit (fermé de
la fin octobre au début avril)
offre une vue panoramique
sur la Seine. Au **Virgin
Megastore**, ouvert
tard le soir, tous les disques
ainsi qu'une bonne librairie,
de même qu'à la **FNAC**
(éditions en langues
étrangères à la FNAC Forum
des Halles) qui vend en outre
du matériel électronique. La
nouvelle FNAC Micro-
informatique est spécialisée
dans les ordinateurs.

Plateau d'escargots
de Bourgogne

Les pains de Lionel Poilâne avec le
fameux carré (*voir pp. 322-323*)

ADRESSES

Au Printemps
64, bd Haussmann 75009.
Plan 6 D4. 42 82 50 00.

B.H.V.
52-64, rue de Rivoli 75004.
Plan 13 B3. 42 74 90 00.

Bon Marché
5, rue de Babylone 75007.
Plan 11 C5. 44 39 80 00.

Aux puces de Vanves (*voir p. 327*)

FNAC
Forum Les Halles, 1, rue Pierre-Lescot
75001. **Plan** 13 A2. 40 41 40 00.
L'une des deux succursales.

FNAC Micro-informatique
71, bd Saint-Germain 75005.
Plan 13 A5. 44 41 31 50.

Galeries Lafayette
40, bd Haussmann 75009.
Plan 6 E4. 42 82 34 56.
L'une des deux succursales.

La Samaritaine
75, rue de Rivoli 75001.
Plan 12 F2. 40 41 20 20.

Virgin Mégastore
52-60, av. des Champs-Elysées 75008.
Plan 4 F5. 49 53 50 00.

Les meilleurs magasins et marchés de Paris

La capitale possède une myriade de magasins, des vénérables maisons à l'ancienne, aux enseignes récentes, contemporaines et avant-gardistes. L'animation des quartiers du centre n'a d'égale que celle des marchés : vous y trouverez tout, des fruits et légumes exotiques aux plus belles antiquités. Que vous recherchiez des chaussures cousues main, des vêtements à la coupe parfaite, des fromages fermiers traditionnels, ou que vous souhaitiez simplement vous imprégner de l'atmosphère, vous ne serez jamais déçu.

Place de la Madeleine
Les épiceries de luxe sont regroupées derrière l'église de la Madeleine. (Voir p. 214.)

LE QUARTIER DE LA HAUTE COUTURE

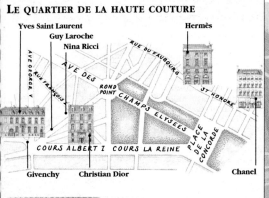

Yves Saint Laurent
Guy Laroche
Nina Ricci
Hermès
AVE GEORGE V
RUE FRANÇOIS
AVE DES
RUE DU FAUBOURG
ROND POINT
ST HONORE
CHAMPS ELYSEES
COURS ALBERT I   COURS LA REINE
PLACE DE LA CONCORDE
Givenchy   Christian Dior
Chanel

Voir médaillon

Champs-Elysées

Chanel
Coco Chanel (1883-1971) régna sur la haute couture au 31, rue Cambon. Le magasin principal est situé avenue Montaigne. (Voir p. 317.)

Quartier des Invalides et de la tour Eiffel

Rue de Rivoli
On trouvera des souvenirs bon marché, comme celui-ci, dans les boutiques de la rue de Rivoli. (Voir p.130.)

Le marché de la porte de Vanves
est spécialisé dans les livres anciens, le linge de maison, les cartes postales, la porcelaine et les instruments de musique. *(Voir p. 327.)*

Kenzo
Le styliste japonais crée une mode masculine, féminine et enfantine haute en couleurs. (Voir p. 317.)

Cartier
Les premiers bijoux Cartier, aux pierres magnifiques, sont toujours très recherchés. Le magasin de la rue de la Paix vend l'ensemble des collections. (Voir p. 319.)

Rue de Paradis
Vous trouverez dans les magasins de manufacture de la rue (notamment chez Porcelainor, Baccarat et Lumicristal) porcelaines et cristallerie à prix réduit. (Voir pp. 320-321.)

Passage des Panoramas
Ce passage jadis très prospère abrite encore un graveur. (Voir p. 216.)

Quartier de l'Opéra

0   1 km

N

rtier des Tuileries

Beaubourg et Les Halles

Le Marais

N
E

St-Germain-des-Prés

Ile de la Cité

Ile St-Louis

Quartier latin

Rue des Francs-Bourgeois
L'Image du Grenier sur l'Eau vend des cartes postales, des affiches et des estampes. (Voir pp. *324-5.*)

Quartier du Luxembourg

Quartier du jardin des Plantes

tparnasse

La rue Mouffetard
abrite un marché d'excellents produits frais. *(Voir p. 327.)*

Le Forum des Halles
Ses arcades de verre abritent de nombreuses boutiques. (Voir p. 109.)

Les vêtements et les accessoires

Pour beaucoup, Paris est synonyme de mode, et le style parisien signifie l'élégance dans sa plus haute expression. Bien davantage que partout ailleurs dans le monde, la Parisienne semble incarner le chic discret, toujours en phase avec la mode de son temps. Le Parisien, quant à lui, tient compte des styles, et sait associer avec panache matières et coloris.

Dénicher au meilleur prix le vêtement dont vous rêvez implique de connaître les bonnes adresses, car pour chaque maison de haute couture de l'avenue Montaigne, il y a une douzaine de magasins de jeunes créateurs aspirant à devenir le nouveau Christian Lacroix, et des centaines de boutiques de prêt-à-porter.

LA HAUTE COUTURE

Paris est la capitale de la haute couture : les robes, tailleurs et ensembles haute couture sont des vêtements uniques, conçus par l'une des 23 maisons de couture répertoriées par la Fédération française de la couture, et dont les critères sont draconiens : certains des plus grands couturiers, comme Claude Montana et Karl Lagerfeld n'en font pas partie. Les prix astronomiques de la haute couture demeurent hors de portée de la plupart des bourses, mais c'est sur celle-ci que repose toute l'industrie de la mode, de la confection et du prêt-à-porter, comme vous pouvez vous en inspire.

La saison est lancée par les présentations des collections haute couture en janvier et juillet, qui ont lieu pour la plupart au Louvre dans la cour Carrée (voir p. 123). Si vous souhaitez assister à une présentation, vous aurez plus de chance d'obtenir une place à un défilé privé : téléphonez à la maison de couture ou, si vous séjournez à Paris, allez au magasin et demandez quand aura lieu le prochain défilé. Les principales présentations de mode sont organisées pour les acheteurs et la presse : téléphonez un mois à l'avance au service de presse des maisons de couture. Vous ne serez assuré d'une place que lorsque vous recevrez votre invitation.

La plupart des maisons de couture commercialisent également une ligne de prêt-à-porter, pas vraiment bon marché, mais qui vous donnera l'occasion de porter à moindre coût l'élégance et la créativité « couture ».

LA MODE FÉMININE

Les grands couturiers sont essentiellement regroupés rive droite, la plupart entre la rue du Faubourg-Saint-Honoré et la luxueuse avenue Montaigne : **Chanel**, **Ungaro**, **Christian Lacroix**, **Nina Ricci**, **Louis Féraud**, **Yves Saint Laurent**, **Hanae Mori**, **Pierre Cardin**, **Gianni Versace**, **Christian Dior**, **Guy Laroche**, **Jean-Louis Scherrer**, où vous coudoierez les célébrités et les puissants de ce monde.

Hermès, c'est le chic sport classique. L'élégance italienne de **MaxMara** est assez prisée en France, et personne ne résiste aux ensembles **Giorgio Armani**. **Karl Lagerfeld**, de chez Dior, a également lancé sa propre griffe.

Le théâtral **Paco Rabanne** est le seul grand couturier officiel de la rive gauche ; vous trouverez dans le quartier bien d'autres maisons de couture renommées : **Sonia Rykiel** pour les tricots, **Junko Shimada** pour le sportswear, et **Barbara Bui** pour ses vêtements très féminins.

La majorité des créateurs de la rive droite possèdent une enseigne rive gauche, où ils proposent également leur prêt-à-porter, qu'il s'agisse de l'extrême qualité de **Georges Rech**, de la couture raffinée d'**Yves Saint Laurent**, des ruchés féminins de **Chantal Thomass** ou des lignes puissantes de **Myrène de Prémonville**. Les bodys de **Diapositive** ont du succès. Les vêtements d'**Irié**, aux prix raisonnables, résistent aux variations de la mode.

Vous trouverez à Paris d'innombrables boutiques de prêt-à-porter. La belle place des Victoires attire la clientèle de la rue du Faubourg-Saint-Honoré. **Victoire** commercialise les meilleures collections de stylistes, notamment celles de Michael Klein, Helmut Lang et Thierry Mugler. Si votre garde-robe manque de couleurs, allez chez **Kenzo**, ou essayez **Thierry Mugler** pour son look film noir des années 40. A proximité, **Ventilo** offre un charmant salon de thé ; **Equipment** est réputé pour ses classiques chemisiers en soie aux coloris divers. **Comme des Garçons** propose une mode d'avant-garde pour hommes et femmes. À côté, la rue Jean-Jacques Rousseau est devenue l'un des nouveaux centres de la mode : les créations originales de **Sybilla** et **Kashiyama** suscitent de nombreux émules.

L'excentrique **Jean-Paul Gaultier** a ouvert une boutique au Forum des Halles. Ses collections « senior » et « junior » reflètent davantage les prix et styles que l'âge, tandis que celles de **Claudie Pierlot** et d'**Agnès B** (très branchées) sont d'une élégance éternelle.

Le Marais regroupe les créateurs qui montent : **Lolita Lempicka** et **L'Eclaireur** se sont installés rue des Rosiers, **Nina Jacob**, **Et Vous** et **Le Garage** (chemises unisexes originales) rue des Francs-Bourgeois. La boutique de l'audacieux **Azzedine Alaïa** se trouve à l'angle de la rue.

Le quartier de la Bastille offre maintes boutiques de mode : **Eres** pour les maillots de bain, ou **Mac Douglas** pour les cuirs.

Kookaï crée des robes provocantes et des pastiches de tailleurs Chanel. **Bruce Field**, **Chipie** et **Chevignon** proposent une mode unisexe façon Amérique des années 50. **Réciproque** est la boutique des vêtements dégriffés.

CARNET D'ADRESSES

MODE FÉMININE

Agnès B
6, rue du Jour 75001.
Plan 13 A1.
42 08 56 56.
Plusieurs succursales.

Azzedine Alaïa
7, rue de Moussy 75004.
Plan 13 C3.
40 27 85 58.

Barbara Bui
23, rue Etienne-Marcel
75001. **Plan** 13 A1.
40 26 43 65.
L'une des 2 succursales.

Bruce Field
67, rue Rambuteau
75004. **Plan** 13 B2.
48 04 79 09.

Chanel
42, av Montaigne 75008.
Plan 5 A5.
47 20 84 45.
Plusieurs succursales.

Chantal Thomass
5, rue du Vieux-Colombier
75006. **Plan** 12 E4.
45 44 60 11.

Chevignon
18, rue du Four 75006.
Plan 12 E4.
43 54 59 97.
Plusieurs succursales.

Chipie
16, rue du Four 75006.
Plan 12 E4.
46 34 62 32.
Plusieurs succursales.

Christian Dior
11, rue François Ier 75008.
Plan 10 F1.
40 73 54 44.

Christian Lacroix
73, rue du Faubourg-St-
Honoré 75008. **Plan** 5 B5.
42 65 79 08.

Claudie Pierlot
4, rue du Jour 75001.
Plan 13 A1.
42 21 38 38.
L'une des 2 succursales.

Comme des Garçons
40-42, rue Etienne-Marcel
75002. **Plan** 13 A1.
42 33 05 21.

Diapositive
12, rue du Jour 75001.
Plan 13 A1.
42 21 34 41.
Plusieurs succursales.

L'Eclaireur
3 ter, rue des Rosiers
75004. **Plan** 13 C3.
48 87 10 22.

Equipment
46, rue Etienne-Marcel
75002. **Plan** 13 A1.
40 26 17 84.

Eres
2, rue Tronchet 75008.
Plan 5 C5.
47 42 24 55.
L'une des 2 succursales.

Et Vous
15, rue des Francs-
Bourgeois 75004.
Plan 14 D3.
48 87 48 98.
L'une des 2 succursales.

Le Garage
23, rue des Francs-
Bourgeois 75004.
Plan 14 D3.
48 04 73 72.
L'une des 2 succursales.

Georges Rech
273, rue St-Honoré
75008. **Plan** 12 D1.
42 61 41 14.
Plusieurs succursales.

Gianni Versace
62, rue du Faubourg-St-
Honoré 75008. **Plan** 5 C5.
47 42 88 02.
L'une des 2 succursales.

Giorgio Armani
6, place Vendôme 75001.
Plan 6 D5.
42 61 55 09.

Guy Laroche
22, rue de La Trémoille
75008. **Plan** 10 F1.
40 69 68 00.
Plusieurs succursales.

Hanae Mori
10, av. Montaigne 75008.
Plan 10 F1.
47 42 52 03.
Plusieurs succursales.

Hermès
24, rue du Faubourg-St-
Honoré 75008. **Plan** 5 C5.
40 17 47 17.

Irié
8, rue du Pré-aux-Clercs
75007. **Plan** 12 D3.
42 61 18 28.

Jean-Louis Scherrer
51, av. Montaigne 75008.
Plan 5 A5.
42 99 05 79.

Jean-Paul Gaultier
6, rue Vivienne 75002.
Plan 12 F1.
42 86 05 05.

Junior Gaultier
7, rue du Jour 75001.
Plan 13 A1.
40 28 01 91.

Junko Shimada
54, rue Etienne-Marcel
75001. **Plan** 12 F1.
42 36 36 97.
L'une des 2 succursales.

Karl Lagerfeld
51, rue François Ier 75008.
Plan 5 C5.
42 89 23 38.

Kashiyama
147, bd St-Germain
75006. **Plan** 12 E4.
46 34 11 50.
L'une des 2 succursales.

Kenzo
3, place des Victoires 75001.
Plan 12 F1.
40 39 72 03.

Kookaï
46, rue St-Denis, place des
Innocents 75001.
Plan 13 A2.
40 26 40 30.
Plusieurs succursales.

Lolita Lempicka
3 bis, rue des Rosiers
75004. **Plan** 13 C3.
42 74 42 94.

Louis Féraud
88, rue du Faubourg-St-
Honoré 75008. **Plan** 5 B5.
42 65 27 29.
Plusieurs succursales.

Mac Douglas
9, rue de Sèvres 75006.
Plan 12 D4.
45 48 14 09.
Plusieurs succursales.

MaxMara
37, rue du Four 75006.
Plan 12 D4.
43 29 91 10.
L'une des 2 succursales.

Myrène de Prémonville
38, rue du Bac 75007.
Plan 12 D3.
45 49 46 96.

Nina Jacob
23, rue des Francs-
Bourgeois 75004.
Plan 14 D3.
42 77 41 20.

Nina Ricci
17, rue François-Ier 75008.
Plan 10 F1.
49 52 56 00.
L'une des 2 succursales.

Paco Rabanne
23, rue du Cherche-Midi
75006. **Plan** 12 D5.
42 22 87 80.

Pierre Cardin
83, rue du Faubourg-St-
Honoré 75008. **Plan** 5 C5.
42 66 62 94.
L'une des 2 succursales.

Réciproque
89-95, rue de la Pompe
75016. **Plan** 9 A1.
47 04 30 28.

Sonia Rykiel
175, bd St-Germain
75006. **Plan** 12 D4.
49 54 60 60.
L'une des 2 succursales.

Sybilla
62, rue Jean-Jacques
Rousseau 75001.
Plan 13 A1.
42 36 03 63.

Thierry Mugler
49, av. Montaigne 75008.
Plan 10 F1.
47 23 37 62.
L'une des 2 succursales.

Ungaro
2, av Montaigne 75008.
Plan 10 F1.
47 23 61 94.

Ventilo
27 bis, rue du Louvre
75002. **Plan** 12 F2.
42 33 18 67.

Victoire
12, place des Victoires
75002. **Plan** 12 F1.
42 61 09 02.
Plusieurs succursales.

Yves Saint Laurent
5, av. Marceau 75016.
Plan 10 E1.
47 23 72 71.
Plusieurs succursales.

LA MODE ENFANTINE

L es vêtements pour enfants se déclinent dans tous les styles et toutes les gammes de prix. Maints créateurs de mode pour adultes ont ouvert des boutiques pour enfants, notamment **Kenzo**, **Baby Dior**, **Sonia Rykiel**, **Agnès B** et **Caddie** (cette dernière vend diverses griffes).

Les chaînes de prêt-à-porter comme **Benetton** et **Bonpoint** (qui vend des articles aussi chic que chers) proposent une vaste gamme de vêtements. Salopettes et blouses ont fait le succès de **Tartine et Chocolat**.

Froment-Leroyer vend probablement le meilleur habillement classique et **Six Pieds Trois Pouces** un grand choix de styles.

LA MODE MASCULINE

C ertains couturiers créent des costumes pour hommes, hors de prix, mais l'habillement masculin relève essentiellement du prêt-à-porter.

Rive droite, vous trouverez **Giorgio Armani**, **Karl Lagerfeld**, **Pierre Cardin**, **Kenzo**, **Lanvin** (également beaux accessoires) et **Yves Saint Laurent**. Rive gauche, **Michel Axel** est réputé pour ses cravates et **Francesco Smalto** pour ses élégantes créations que porte Jean-Paul Belmondo. Les vêtements de **Yohji Yamamoto** sont destinés à ceux qui veulent faire sensation, tandis que **Gianni Versace**, c'est le chic italien. **Olivier Strelli**, c'est le chic éternel.

LA BIJOUTERIE

L es maisons de couture vendent également des bijoux et des foulards de grand luxe, bijoux classiques de **Chanel** ou créations clin d'œil de **Christian Lacroix**. La **Boutique YSL** est spécialisée dans les accessoires et **Kalinger** est l'un des grands noms de la bijouterie fantaisie. **Isabel Canovas** crée des boucles d'oreilles, des chapeaux et des gants provocants.

Boucheron et **Mauboussin** sont deux joailliers parmi les plus chers de Paris, de même

qu'**Harry Winston** (le préféré d'Elizabeth Taylor) et **Cartier**.

La bijouterie fantaisie à la mode se trouve dans le Marais, à la Bastille et aux Halles : les boucles d'oreilles tourbillonnantes de **Sophie Sitbon**, le grand choix de **Fugit Amor**, **Scooter** pour les jeunes Parisiennes branchées et **Agatha** pour ses imitations Chanel.

CHAUSSURES, SACS ET CEINTURES

H arel propose une vaste gamme de luxueuses chaussures en cuir exotique, **Charles Jourdan** une grande diversité de coloris, **Sidonie Larizzi** des chaussures assorties aux montres Swatch à bracelet cuir, et **Carel** les classiques.

Bowen propose d'élégantes chaussures traditionnelles pour hommes, de même que **Fenestrier**. **Christian Lacroix, Paloma Picasso** et **Sepcœur** créent de merveilleux sacs à main et ceintures.

Longchamp, **Gucci** et **Hermès** vendent également des articles de maroquinerie. Pour un grand choix de chaussures, bottes et sacs à des prix plus raisonnables, essayez **Jet-Set**. **Zandoli** propose le plus grand choix de ceintures.

LA CHAPELLERIE

M arie Mercié, modiste réputée pour ses canotiers, possède des boutiques rive droite et rive gauche. **Sybilla** vend de jolis chapeaux, **Chéri-Bibi** des créations frivoles et drôles à des prix raisonnables. **Philippe Model** est l'un des chapeliers les plus inventifs de Paris.

LA LINGERIE

C hantal Thomass vend une lingerie luxueuse et coquine, **Rêve de soie** les griffes célèbres, et la petite boutique **Capucine Puerari** de magnifiques dessous. **La Boîte à Bas** et **Fanny Liautard** sont également très prisées.

TABLEAU DE CORRESPONDANCE DES TAILLES

Vêtements pour enfants

France	2-3	4-5	6-7	8-9	10-11	12	14	14+ (années)
Belgique	2-3	4-5	6-7	8-9	10-11	12	14	14+ (années)
Canada	2-3	4-5	6-6x	7-8	10	12	14	16 (taille)

Chaussures pour enfants

France	24	25½	27	28	29	30	32	33	34
Belgique	24	25½	27	28	29	30	32	33	34
Canada	7½	8½	9½	10½	11½	12½	13½	1½	2½

Robes, jupes et manteaux pour femmes

France	34	36	38	40	42	44	46
Belgique	34	36	38	40	42	44	46
Canada	6	8	10	12	14	16	18

Chemisiers et pull-over pour femmes

France	81	84	87	90	93	96	99 (cm)
Belgique	81	84	87	90	93	96	99 (cm)
Canada	6	8	10	12	14	16	18 (taille)

Chaussures pour femmes

France	36	37	38	39	40	41
Belgique	36	37	38	39	40	41
Canada	5	6	7	8	9	10

Complets pour hommes

France	44	46	48	50	52	54	56	58
Belgique	44	46	48	50	52	54	56	58
Canada	34	36	38	40	42	44	46	48

Chemises pour hommes

France	36	38	39	41	42	43	44	45
Belgique	36	38	39	41	42	43	44	45
Canada	14	15	15½	16	16½	17	17½	18

Chaussures pour hommes

France	39	40	41	42	43	44	45	46
Belgique	39	40	41	42	43	44	45	46
Canada	7	7½	8	8½	9½	10½	11	11½

MODE ENFANTS

Baby Dior
30, av Montaigne 75008.
Plan 10 F1.
📞 40 73 54 44.

Benetton
59, rue de Rennes 75006.
Plan 12 E4.
📞 45 48 47 46.
Plusieurs succursales.

Bonpoint
15, rue Royale 75008.
Plan 5 C5.
📞 47 42 52 63.
Plusieurs succursales.

Caddie
38, rue François-Iᵉʳ 75008.
Plan 10 F1.
📞 47 20 79 79.

Froment-Leroyer
7, rue Vavin 75006.
Plan 16 E1.
📞 43 54 33 15.
Plusieurs succursales.

Six Pieds Trois Pouces
78, av. de Wagram 75017.
Plan 4 E2. 📞 46 22 81 64.
Plusieurs succursales.

Tartine et Chocolat
105, rue du Faubourg-St-Honoré 75008.
Plan 5 B5. 📞 45 62 44 04.
L'une des 2 succursales.

Agnès B, Kenzo, Sonia Rykiel
(Voir p. 317.)

MODE MASCULINE

Francesco Smalto
44, rue François-Iᵉʳ 75008.
Plan 4 F5. 📞 47 20 70 63.

Gianni Versace, Giorgio Armani, Karl Lagerfeld, Kenzo
(Voir p. 317.)

Lanvin
22, rue du Faubourg-St-Honoré 75008.
Plan 5 C5.
📞 44 71 33 33.
L'une des 2 succursales.

Michel Axel
121, bd St-Germain 75006.
Plan 12 E4.
📞 43 54 07 04.

Olivier Strelli
7, bd Raspail 75007.
Plan 12 D4.
📞 45 44 77 17.
L'une des 2 succursales.

Pierre Cardin
59, rue du Faubourg-St-Honoré 75008.
Plan 5 B5.
📞 42 66 49 65.

Yohji Yamamoto
69, rue des Saints-Pères 75006.
Plan 12 E4.
📞 45 48 22 56.

Yves Saint Laurent
12, place St-Sulpice 75006.
Plan 12 E4.
📞 43 26 84 40.

LA BIJOUTERIE

Agatha
97, rue de Rennes 75006.
Plan 12 D5.
📞 45 48 81 30.

Boucheron
26, place Vendôme 75001.
Plan 6 D5.
📞 42 61 58 16.

Boutique YSL
32, rue du Faubourg-St-Honoré 75008.
Plan 5 C5.
📞 42 65 01 15.

Cartier
13, rue de la Paix 75002.
Plan 6 D5.
📞 42 61 58 56.
Plusieurs succursales.

Fugit Amor
11, rue des Francs-Bourgeois 75004.
Plan 14 D3.
📞 42 74 52 37.

Harry Winston
29, av. Montaigne 75008.
Plan 10 F1.
📞 47 20 03 09.

Isabel Canovas
16, av. Montaigne 75008.
Plan 10 F1.
📞 47 20 10 80.

Kalinger
60, rue du Faubourg-St-Honoré 75008.
Plan 5 B5.
📞 42 66 24 39.

Mauboussin
20, place Vendôme 75001.
Plan 6 D5.
📞 45 55 10 00.

Scooter
10, rue de Turbigo 75001.
Plan 13 A1.
📞 45 08 89 31.
Plusieurs succursales.

Sophie Sitbon
9, rue Thorigny 75003.
Plan 14 D2.
📞 42 78 35 01.

Chanel, Christian Lacroix
(Voir p. 317.)

LES CHAUSSURES, SACS ET CEINTURES

Bowen
5, place des Ternes 75017.
Plan 4 E3.
📞 42 27 09 23.
Plusieurs succursales.

Carel
4, rue Tronchet 75008.
Plan 6 D4.
📞 42 66 21 58.
Plusieurs succursales.

Charles Jourdan
86, av. des Champs-Elysées 75008. **Plan** 4 F5.
📞 45 62 29 28.
Plusieurs succursales.

Fenestrier
23, rue du Cherche-Midi 75006. **Plan** 12 D5.
📞 42 22 66 02.

Gucci
350, rue St-Honoré 75001. **Plan** 5 C5.
📞 42 96 83 27.
L'une des 2 succursales.

Harel
8, av. Montaigne 75008.
Plan 10 F1.
📞 47 20 75 00.
L'une des 2 succursales.

Jet-Set
85, rue de Passy 75016.
Plan 9 B3.
📞 42 88 21 59.
L'une des 2 succursales.

Longchamp
390, rue St-Honoré 75001. **Plan** 5 C5.
📞 42 60 00 00.

Paloma Picasso
5, rue de la Paix 75002.
Plan 6 D5.
📞 42 86 02 21.

Sepcœur
3, rue Chambiges 75008.
Plan 10 F1.
📞 47 20 98 24.

Sidonie Larizzi
8, rue de Marignan 75008. **Plan** 4 F5.
📞 43 59 38 87.

Zandoli
2, rue du Parc-Royal 75003. **Plan** 14 D3.
📞 42 71 90 39.

Hermès
(Voir p. 317.)

LA CHAPELLERIE

Chéri-Bibi
82, rue de Charonne 75011. **Plan** 14 F4.
📞 43 70 51 72.

Marie Mercié
56, rue Tiquetonne 75002. **Plan** 13 A1.
📞 40 26 60 68.
L'une des 2 succursales

Philippe Model
33, place du Marché-St-Honoré 75001. **Plan** 12 D1.
📞 42 96 89 02.

Sybilla
(Voir p. 317.)

LA LINGERIE

La Boîte à Bas
27, rue Boissy-d'Anglas 75008. **Plan** 5 C5.
📞 42 66 26 85.
Plusieurs succursales.

Capucine Puerari
55 bis, rue des Saints-Pères 75006. **Plan** 12 D4.
📞 45 49 26 90.

Chantal Thomass
11, rue Madame 75006.
Plan 12 E4.
📞 45 44 07 52.

Fanny Liautard
2, place des Vosges 75004.
Plan 14 D3.
📞 42 77 73 44.

Rêve de Soie
2, rue Cler 75007.
Plan 10 F3.
📞 45 51 96 38.

Cadeaux et souvenirs

On trouvera à Paris un grand choix d'idées de cadeaux et souvenirs typiques, de l'accessoire de créateur au presse-papiers tour Eiffel, en passant par l'épicerie fine. Les boutiques de la rue de Rivoli regorgent de babioles bon marché. **Les Drapeaux de France** proposent des souvenirs de qualité, de même que les boutiques de musée, où vous trouverez des reproductions d'œuvres d'art et des créations de jeunes stylistes : chez **Le Musée**, et aux musées du **Louvre**, d'**Orsay** ou **Carnavalet**.

LA PARFUMERIE

Outre les nombreuses ventes promotionnelles sur les parfums et les cosmétiques, certaines boutiques proposent une détaxe aux clients non ressortissants de la CEE sur présentation du passeport, notamment **Eiffel Shopping**, près de la tour Eiffel, la chaîne **Sephora** et les grands magasins.

Le magasin à l'ancienne mode **Détaille** vend des articles de parfumerie traditionnelle. **Caron** propose de nombreuses fragrances créées au début du siècle, introuvables ailleurs, et **Annick Goutal** des essences naturelles dans de très jolis flacons. Les soins de beauté **Guerlain** sont universellement réputés, et **L'Artisan Parfumeur** crée des parfums pour célébrer un souvenir particulier ou recrée ceux du passé, notamment les parfums portés à la cour de Versailles.

LA MAISON

La jolie vaisselle que l'on trouve à Paris est parfois difficile à rapporter chez soi, mais de nombreuses boutiques proposent un service d'expédition dans toute la France. La rue Royale rassemble les magasins de décoration d'intérieurs les plus luxueux, de la porcelaine ancienne à l'argenterie contemporaine. Les pâtes de verre art nouveau et art déco de **Lalique** sont collectionnées dans le monde entier.

Maintes grandes marques possèdent un salon d'exposition rue de Paradis, où vous pourrez obtenir des remises intéressantes sur la porcelaine et la cristallerie : essayez **Lumicristal**, qui vend du Baccarat, du Daum et du Limoges, **Baccarat** (magasin également place de la Madeleine) qui commercialise sa propre production. **Peter** fabrique des couteaux à la pièce, avec manche en bois ou en pierre dure. Pas de dîner sans chandelles : le plus grand choix de bougies se trouve chez **Point à la Ligne**.

Pour les tissus, essayez **Agnès Comar**, ou les décorateurs d'intérieurs **Pierre et Patrick Frey** qui présentent dans leur salon d'exposition de fabuleux tissus déclinés en coussins, dessus-de-lit et nappes.

La Chaise Longue vend un grand choix d'objets pour la maison et de cadeaux originaux. **Axis** est spécialisé dans le gadget design, et **La Tuile à Loup** dans l'artisanat traditionnel.

LIVRES, JOURNAUX ET REVUES

Les hebdomadaires **Pariscope**, **L'Officiel des Spectacles** et **7 à Paris** vous renseigneront de la manière la plus détaillée et la plus claire qui soit sur l'ensemble des spectacles, théâtres, cinémas, restaurants et autres divertissements proposés dans la capitale.

La presse étrangère est bien représentée chez les marchands de journaux des quartiers touristiques ainsi que dans certaines librairies. On y trouvera notamment l'*International Herald Tribune*, *La Libre Belgique* ou *Le Journal de Genève*.

Certains grands magasins ont un rayon librairie (*voir* Les Grands Magasins *p. 313*). Les librairies de la rue de Rivoli et **Brentano** vendent des livres en langue étrangère, ainsi que **Shakespeare and Co**, une petite librairie très conviviale. **Village Voice** est spécialisé dans la littérature américaine, de même que **The Abbey Bookshop** où l'on trouvera des livres d'occasion. **Tea and Tattered Pages** est une librairie anglaise vendant également des ouvrages d'occasion.

La librairie **La Hune** est spécialisée dans les beaux-arts, le design, l'architecture, la littérature, la photographie, la mode, le théâtre et le cinéma. On trouvera chez **Joseph Gibert** toutes les éditions de littérature générale et scolaire. **Le Divan** possède d'importants rayonnages consacrés aux sciences sociales, à la psychologie, à la littérature et à la poésie.

LES FLEURISTES

Certains fleuristes parisiens, comme **Christian Tortu**, sont aussi célèbres que les grands couturiers. **Georges et Liliane François** est une maison très réputée. **Aquarelle** propose un beau choix de fleurs à des prix raisonnables, et **Mille Feuilles** est le fleuriste à voir si vous visitez le Marais. (*Voir également* Les marchés spécialisés *p. 326*.)

LES MAGASINS SPECIALISÉS

La Civette, probablement le plus beau débit de tabac de la capitale, possède une magnifique cave à cigares. **À l'Olivier** vend des huiles et des vinaigres exotiques. Les gourmands trouveront du miel de lavande et d'acacia à **La Maison du Miel**, ainsi que des savons au miel et des bougies. **Mariage Frères** est très réputé pour ses 350 variétés de thé.

On pourra acheter des tissus couture chez **Wolff et Descourtis**, ou des violons modernes et anciens, onéreux ou non, chez **Vassilev**. Aux **Jeux Descartes**, vous trouverez tous les jeux de cartes et de tarot. **Au Nain Bleu** est un magasin de jouet mondialement connu. **Cassegrain**, également célèbre, vend du papier à lettres et des articles de bureaux haut de gamme, de même que **Calligrane**. Si vous recherchez un beau stylo plume, faites un tour chez **Les Crayons de Julie**.

CARNET D'ADRESSES

BOUTIQUES DE SOUVENIRS ET DE MUSÉES

Les Drapeaux de France
34, galerie Montpensier 75001. **Plan** 12 E1.
📞 40 20 00 11.

Le Musée
(Reproductions de la Réunion des musées nationaux.)
Niveau 2, Forum des Halles, Porte Berger 75001.
Plan 13 A2. 📞 40 39 92 21.

Musée Carnavalet
(Voir p. 97.)

Musée du Louvre
(Voir p. 123.)

Musée d'Orsay
(Voir p. 145.)

LA PARFUMERIE

Annick Goutal
16, rue de Bellechasse 75007. **Plan** 11 C3.
📞 42 60 52 82.
Plusieurs succursales.

L'Artisan Parfumeur
24, bd Raspail 75007.
Plan 16 D1.
📞 42 22 23 32.
Plusieurs succursales.

Détaille
10, rue St-Lazare 75009.
Plan 6 D3.
📞 48 78 68 50.

Eiffel Shopping
9, av. de Suffren 75007.
Plan 10 D3.
📞 45 66 55 30.

Guerlain
68, av. des Champs-Elysées 75008. **Plan** 4 F5.
📞 47 89 71 84.
Plusieurs succursales.

Parfums Caron
34, av. Montaigne 75008.
Plan 10 F1.
📞 47 23 40 82.

Sephora
50, rue de Passy 75016.
Plan 9 B3.
📞 45 20 03 15.
Plusieurs succursales.

LA MAISON

Agnès Comar
7, av. George-V 75008.
Plan 10 E1.
📞 47 23 33 85.

Axis
18, rue Guénégaud 75006.
Plan 12 F3.
📞 43 29 66 23.
L'une des 2 succursales.

Baccarat
11, place de la Madeleine 75008. **Plan** 5 C5.
📞 42 65 36 26.
(Voir aussi p. 231.)

La Chaise Longue
30, rue Croix-des-Petits-Champs 75001. **Plan** 12 F1.
📞 42 96 32 14.
Plusieurs succursales.

Lalique
11, rue Royale 75008.
Plan 5 C5. 📞 42 65 33 70.

Lumicristal
22 bis, rue de Paradis 75010. **Plan** 7 B4.
📞 47 70 27 97.

Peter
191, rue du Faubourg-St-Honoré 75008. **Plan** 4 F3.
📞 45 63 88 00.

Pierre et Patrick Frey
2, rue de Fürstenberg 75006. **Plan** 12 E4.
📞 46 33 73 00.

Point à la Ligne
25, rue de Varenne 75007. **Plan** 11 C3.
📞 44 28 44 45.

La Tuile à Loup
35, rue Daubenton 75005.
Plan 17 B2.
📞 47 07 28 90.

LIVRES, JOURNAUX ET REVUES

The Abbey Bookshop
29, rue de la Parcheminerie 75005. **Plan** 13 A4.
📞 46 33 16 24.

Brentano
37, av. de l'Opéra 75002.
Plan 6 E5.
📞 42 61 52 50.

Le Divan
37, rue Bonaparte 75006.
Plan 12 E3.
📞 43 26 84 73.

Gibert Joseph
26, bd St-Michel 75006.
Plan 12 F5.
📞 44 41 88 88.

La Hune
170, bd St-Germain 75006. **Plan** 12 D4.
📞 45 48 35 85.

Shakespeare and Company
37, rue de la Bûcherie 75005. **Plan** 13 A4.
Pas de téléphone.

Tea and Tattered Pages
24, rue Mayet 75006.
Plan 15 B1.
📞 40 65 94 35.

Village Voice
6, rue Princesse 75006.
Plan 12 E4.
📞 46 33 36 47.

LES FLEURISTES

Aquarelle
15, rue de Rivoli 75004.
Plan 13 C3.
📞 40 27 99 10.
Plusieurs succursales.

Christian Tortu
6, carrefour de l'Odéon 75006. **Plan** 12 F4.
📞 43 26 02 56.
L'une des 2 succursales.

Georges et Liliane François
119, rue de Grenelle 75007. **Plan** 11 B3.
📞 45 51 73 18.

Mille Feuilles
2, rue Rambuteau 75003.
Plan 13 C2.
📞 42 78 32 93.

LES BOUTIQUES SPÉCIALISÉES

À La Civette
157, rue St-Honoré 75001. **Plan** 12 F2.
📞 42 96 04 99.

À L'Olivier
23, rue de Rivoli 75004.
Plan 13 C3.
📞 48 04 86 59.

Au Nain Bleu
408, rue St-Honoré 75008.
Plan 5 C5.
📞 42 60 39 01.

Calligrane
4-6, rue du Pont-Louis-Philippe 75004.
Plan 13 B4.
📞 48 04 31 89.

Cassegrain
422, rue St-Honoré 75008.
Plan 5 C5.
📞 42 60 20 08.
L'une des 2 succursales.

Les Crayons de Julie
17, rue de Longchamp 75116. **Plan** 10 D1.
📞 44 05 02 01.

Jeux Descartes
52, rue des Écoles 75005.
Plan 13 A5.
📞 43 26 79 83.
L'une des 3 succursales.

La Maison du Miel
24, rue Vignon 75009.
Plan 6 D5.
📞 47 42 26 70.

Mariage Frères
(Voir p. 286.)

Vassilev
45, rue de Rome 75008.
Plan 5 C3. 📞 45 22 69 03.

Wolff et Descourtis
18, galerie Vivienne 75002. **Plan** 12 F1.
📞 42 61 80 84.

À boire et à manger

A Paris, la gastronomie est autant à l'honneur que la mode : foie gras, charcuteries, fromages et vins tiennent la première place. Certaines rues, comme la rue Montorgueil (*voir p. 327*), sont bordées d'un si grand nombre de magasins d'alimentation qu'on pourra se concocter un pique-nique pour vingt personnes en un rien de temps. La rue Rambuteau, à côté du Centre Pompidou, offre de merveilleux poissonniers, fromagers et traiteurs. (*Voir également* Que manger et boire à Paris ? *pp. 290-293* et Repas légers et snacks *pp. 310-311*.)

LE PAIN ET LES PÂTISSERIES

On trouvera dans la capitale toute la gamme des pains et des pâtisseries des quatre coins de France, baguette, bâtard (plus trapu) et ficelle (plus fine), de même que la fougasse méridionale, fourrée aux oignons, aux fines herbes ou aux épices, les traditionnels croissants ordinaires ou au beurre et pains au chocolat du petit déjeuner, ou bien encore les chaussons aux pommes, parfois fourrés aux poires, aux prunes ou à la rhubarbe.

Lionel Poilâne vend probablement le seul pain de Paris connu sous le nom de son boulanger : ses excellentes miches de pain de campagne connaissent un succès considérable. Le week-end, on fait la queue devant sa boulangerie, ainsi qu'à la fournée de 16 h.

D'aucuns estiment que **Ganachaud** fait le meilleur pain de Paris : dans ses fours à l'ancienne cuisent trente sortes de pain, dont des pains aux noix ou aux fruits.

Les Panetons est le meilleur représentant d'une chaîne de boulangeries : on y trouvera une grande diversité de pains, aux cinq céréales, au sésame, ainsi qu'un mouchoir aux pommes, son interprétation du traditionnel chausson.

Maintes épiceries juives proposent les meilleurs pains de seigle de la capitale. **Jo Goldenberg** est le plus connu. Les croissants de **Stohrer**, maison fondée par le pâtissier de Louis XV en 1730, sont probablement les meilleurs de Paris.

Dans le four à bois du **Moulin de la Vierge** cuisent des pains et des gâteaux au blé entier. À Montparnasse, le seul concurrent des baguettes, fougasses et pâtisseries de **Saibron**, c'est **Max Poilâne**. Le pain aux olives noires et les pains complets aux noisettes et raisin de **J.-L. Poujauran** sont réputés.

LE CHOCOLAT

Le chocolat occupe une place privilégiée au cœur des gourmands. Les créations de **Christian Constant**, à faible teneur en sucre et à base de cacao pur, sont appréciées des vrais connaisseurs. Outre ses pâtisseries et ses plats de traiteur, **Dalloyau** propose toutes les sortes de chocolat. **Fauchon**, l'épicier de luxe mondialement connu, produit également d'excellents chocolats et pâtisseries. **Lenôtre** vend les classiques truffes au chocolat et pralinés. Robert Linxe, de **La Maison du Chocolat**, invente des chocolats fourrés d'ingrédients étonnants. **Richart** propose des chocolats merveilleusement présentés et hors de prix, enrobés de chocolat noir ou fourrés à la liqueur.

LA CHARCUTERIE ET LE FOIE GRAS

Les charcuteries vendent parfois fromages, escargots, truffes, saumon fumé, caviar et vin, ainsi que des plats de traiteur. **Fauchon** possède un excellent rayon d'épicerie

fine, de même que le **Bon Marché**. **Hédiard** est une épicerie de luxe comparable à Fauchon. La **Maison de la Truffe** vend également du foie gras et des saucissons. On trouvera chez **Petrossian** du caviar bélouga, du thé de Géorgie et de la vodka russe. Le Lyonnais et l'Auvergne sont très réputés pour leur charcuterie, vendue notamment au **Terrier**. **Aux Vrais Produits d'Auvergne** possède plusieurs succursales vendant des saucisses sèches ou fumées, ainsi qu'un délicieux cantal. **Pou** doit sa réputation à ses pâtés en croûte, boudins, saucissons de Lyon, jambons et foie gras. Non loin des Champs-Élysées, **Vignon** vend un magnifique foie gras, des saucissons de Lyon, ainsi que des plats préparés.

Avec la truffe et le caviar, le foie gras est le mets le plus recherché des gastronomes : sa qualité (et son prix) dépend du foie et de sa préparation. La plupart des épiceries fines en vendent : **Pierre Champion** et **La Comtesse du Barry** (six succursales à Paris) sont des maisons dignes de confiance ; **Divay**, relativement bon marché, expédie à l'étranger ; **Labeyrie** propose des foies gras superbement présentés, idéals à offrir en cadeau.

LE FROMAGE

Si l'incontestable favori, c'est le camembert, on ne saurait oublier les innombrables autres fromages de France. Un bon fromager vous aidera dans votre choix. **Marie-Anne Cantin**, qui défend activement les méthodes traditionnelles de production, en propose d'excellents exemples dans son magasin. D'aucuns affirment qu'**Alléosse** est le meilleur fromager de la capitale: la façade aurait besoin d'être ravalée, mais tous les fromages sont affinés selon la tradition. La **Maison du Fromage** et la **Maison du Fromage-Radenac** vendent toutes deux des fromages de ferme, dont beaucoup en voie de disparition, comme le brie truffé (en saison). Le chèvre de chez **Boursault** est particulièrement remarquable, et ses fromages du jour sont vendus à des prix très intéressants sur le trottoir. Le roquefort de chez **Barthélémy**, rue de Grenelle, est exceptionnel.

LES VINS

Les magasins de la chaîne **Nicolas** ont presque entièrement accaparé le marché : on en trouvera une succursale dans tous les quartiers, proposant une vaste gamme de crus pour tous budgets. Les vendeurs éclaireront votre choix. **L'Arbre à Vin**, les **Caves Retrou** et le charmant magasin **Legrand** sont de véritables

institutions. Les **Caves Taillevent** valent le détour : la cave, gigantesque, abrite quelques-uns des meilleurs vins au monde. **Bernard Péret** possède également une cave très complète. Le splendide **Ryst-Dupeyron** propose portos, whiskies, vins ainsi que l'armagnac personnel de M. Ryst. Celui-ci pourra personnaliser votre bouteille pour une occasion spéciale.

CARNET D'ADRESSES

LE PAIN ET LES PÂTISSERIES

Ganachaud
150-4, rue de Ménilmontant 75020. (46 36 13 82.

J.-L. Poujauran
20, rue Jean-Nicot 75007.
Plan 10 F2.
(47 05 80 88.

Jo Goldenberg
7, rue des Rosiers 75004.
Plan 13 C3.
(48 87 20 16.

L'établissement Poilâne
8, rue du Cherche-Midi 75006. **Plan** 12 D4.
(45 48 42 59.

Max Poilâne
29, rue de l'Ouest 75014.
Plan 15 B3.
(43 27 24 91.
Plusieurs succursales.

Le Moulin de la Vierge
105, rue Vercingétorix 75014. **Plan** 15 A4.
(45 43 09 84.
Plusieurs succursales.

Les Panetons
113, rue Mouffetard 75005. **Plan** 17 B2.
(47 07 12 08.
Plusieurs succursales.

Saibron
4, place Constantin-Brancusi 75014. **Plan** 15 C3.
(43 21 76 18.

Stohrer
51, rue Montorgueil 75002. **Plan** 13 A1.
(42 33 38 20.

LES CHOCOLATS

Christian Constant
37, rue d'Assas 75006.
Plan 16 E1.
(45 48 45 51.
L'une des 2 succursales.

Dalloyau
99-101, rue du Faubourg-St-Honoré 75008.
Pan 5 B5.
(43 59 18 10.

Fauchon
26, place de la Madeleine 75008. **Plan** 5 C5.
(47 42 60 11.

Lenôtre
15, bd de Courcelles 75008. **Plan** 5 B2.
(45 63 87 63.
Plusieurs succursales.

La Maison du Chocolat
225, rue du Faubourg-St-Honoré 75008. **Plan** 4 E3.
(42 27 39 44.
Plusieurs succursales.

Richart
258, bd St-Germain 75007. **Plan** 11 C2.
(45 55 66 00.

LA CHARCUTERIE ET LE FOIE GRAS

Au Bon Marché
(Voir p. 313.)

Aux Vrais Produits d'Auvergne
98, rue Montorgueil 75002. **Plan** 13 A1.
(42 36 28 99.

Comtesse du Barry
1, rue de Sèvres 75006.
Plan 12 D4.
(45 48 32 04.
Plusieurs succursales.

Divay
50, rue du Faubourg-St-Denis 75010. **Plan** 7 B4.
(47 70 06 86.
L'une des 2 succursales.

Fauchon
26, place de la Madeleine 75008. **Plan** 5 C5.
(47 42 60 11.

Hédiard
21, place de la Madeleine 75008. **Plan** 5 C5.
(43 12 88 75.
Plusieurs succursales.

Labeyrie
6, rue Montmartre 75001.
Plan 13 A1. (45 08 95 26.
L'une des 2 succursales.

Maison de la Truffe
19, place de la Madeleine 75008. **Plan** 5 C5.
(42 65 53 22.

Petrossian
18, bd Latour-Maubourg 75007. **Plan** 11 A2.
(45 51 38 74.

Pierre Champion
5, rue du Marché-St-Honoré 75001. **Plan** 12 D1.
Pas de téléphone.

Pou
16, av. des Ternes 75017.
Plan 4 D3. (43 80 19 24.

Terrier
58, rue des Martyrs 75009.
Plan 6 F2. (48 78 96 45.

Vignon
14, rue Marbeuf 75008.
Plan 4 F5. (47 20 24 26.

LES FROMAGES

Alléosse
13, rue Poncelet 75017.
Plan 4 E3. (46 22 50 45.

Barthélémy
51, rue de Grenelle 75007.

Plan 12 D4. (45 48 56 75.

Boursault
71, av. du Général-Leclerc 75014. **Plan** 16 D5.
(43 27 93 30.

Maison du Fromage
62, rue de Sèvres 75007.
Plan 11 C5.
(47 34 33 45.
L'une des 2 succursales.

Maison du Fromage-Radenac
Marché Beauveau, place d'Aligre 75012.
Plan 14 F5.
(43 43 52 71.

Marie-Anne Cantin
12, rue du Champ-de-Mars 75007. **Plan** 10 F3.
(45 50 43 94.

LES VINS

L'Arbre à Vin, Caves Retrou
4, rue du Rendez-Vous 75012. (43 46 81 10.

Bernard Péret
6, rue Daguerre 75014.
Plan 16 D4.
(43 22 08 64.

Caves Taillevent
199, rue du Faubourg-St-Honoré 75008.
Plan 4 F3.
(45 61 14 09.

Legrand
1, rue de la Banque 75002.
Plan 12 F1.
(42 60 07 12.

Nicolas
31, place de la Madeleine 75008. **Plan** 5 C5.
(42 68 00 16.
Plusieurs succursales.

Ryst-Dupeyron
79, rue du Bac 75007.
Plan 12 D3.

L'art et les antiquités

À Paris, on trouvera des œuvres d'art et des antiquités chez des marchands et des antiquaires de réputation mondiale, mais aussi au marché aux puces et dans les galeries. De nombreux antiquaires et marchands sont regroupés rue du Faubourg-Saint-Honoré : ils méritent une visite, même si vous n'avez pas les moyens d'acheter. Le Carré Rive Gauche est une association de 30 antiquaires. Vous devrez vous munir d'un certificat d'authenticité pour exporter une œuvre d'art de plus de 20 ans, et tout objet de plus de 100 ans ayant une valeur supérieure à un million de francs, pour bénéficier de l'exemption des droits d'exportation. Demandez conseil auprès des grands antiquaires, et déclarez vos achats à la douane.

L'EXPORTATION

Les autorisations d'exportation d'œuvres d'art sont délivrées par le **Centre français du commerce extérieur**, et doivent être visées par le **SETIICE**. Pour toute information, reportez-vous au *Bulletin officiel des douanes*, disponible auprès du Service des commandes.

LE MOBILIER MODERNE

En Attendant les Barbares propose un superbe choix de mobilier dernier cri. L'**Academy** expose le travail de Jean-Michel Wilmotte, qui a dessiné le mobilier du Grand Louvre. Au Quartier latin, **VIA** et **Avant-Scène** sont les meilleures adresses pour le mobilier et les objets d'art de stylistes contemporains.

LES ANTIQUITÉS

Les antiquaires sont regroupés dans plusieurs quartiers. Le Carré Rive Gauche est situé entre la Seine et la rue de l'Université. **Didier Aaron** est un expert international pour les XVIIᵉ et XVIIIᵉ siècles. **L'Arc en Seine** et **Anne-Sophie Duval** vendent l'art nouveau et l'art déco.

Quinze antiquaires de la rue Saint-Honoré ont constitué la **Cour aux antiquaires**. Non loin du Louvre, le **Louvre des antiquaires** (*voir p. 210*) vend du mobilier de qualité, très onéreux. Le **Village Saint-Paul**, également constitué d'un regroupement d'antiquaires, est ouvert le dimanche.

LES OBJETS D'ART

Jean-Pierre de Castro vend de l'argenterie ancienne, **L'Arlequin** de la cristallerie XIXᵉ siècle, et **La Calinière** des objets d'art et des lampes anciennes. **Verreglass** est spécialisé dans les verres du XIXᵉ siècle aux années 1960.

REPRODUCTIONS, AFFICHES ET ESTAMPES

La superbe galerie d'art contemporain **Artcurial** offre certainement le plus grand choix de revues internationales sur l'art, de livres et d'estampes. **La Hune**, boulevard Saint-Germain, possède un grand rayon de livres sur l'art. Les boutiques de musée, notamment celles du musée d'Art moderne (*voir p. 201*), du Louvre (*voir p. 123*), du musée d'Orsay (*voir p. 145*) et du Centre Pompidou (*voir p. 111*) vendent des ouvrages d'art récents et des posters.

On trouvera chez **L. et M. Durand-Sessert**, à la Bastille, les catalogues d'exposition d'artistes contemporains en vogue. **Jean-Marie Le Fell** vend des livres, des photos et des cartes postales sur Paris, ainsi que des affiches originales des années 1870 à 1930. Une visite à **L'Image du Grenier sur L'Eau** pourra durer tout un après-midi : vous y trouverez des milliers de cartes postales, ainsi que des affiches et des estampes. Ou bien flânez sur les quais et feuilletez les livres d'occasion des bouquinistes.

LES GALERIES D'ART

Les galeries d'art de solide réputation sont regroupées dans le quartier de l'avenue Montaigne. La célèbre galerie **Louise Leiris**, fondée par Kahnweiler, le marchand qui « découvrit » Picasso et Braque, vend toujours des chefs-d'œuvre du cubisme. **Artcurial** organise de nombreuses expositions et possède une collection permanente d'œuvres du XXᵉ siècle, de Miró, Max Ernst, Picasso ou Giacometti. La galerie **Montaigne** propose de l'art des années 60 et contemporain. **Lelong** défend l'art contemporain, et **Urban Gallery**, appartenant à des capitaux japonais, vend des œuvres des impressionnistes à nos jours.

Rive gauche, **Adrien Maeght** possède une collection considérable de tableaux et publie des ouvrages sur l'art. La **Galerie 1900-2000** organise d'excellentes expositions thématiques, et **Daniel Gervis** propose une vaste collection d'estampes et de gravures abstraites. **Dina Vierny**, fondée par l'une des modèles du sculpteur Maillol, est un bastion du modernisme. Comme dans la mode, de nouvelles galeries, essentiellement d'avant-garde, se sont ouvertes dans les quartiers du Marais et de la Bastille. **Yvon Lambert**, **Daniel Templon** (spécialisé dans l'art américain), **Zabriskie** et **Alain Blondel** sont les principales galeries du Marais, **Lavignes-Bastille** et **L. et M. Durand-Dessert** les étoiles montantes de la Bastille.

LES SALLES DES VENTES

Drouot-Richelieu (*voir p. 216*) est le principal hôtel des ventes de Paris. Les enchères, auxquelles assistent principalement des professionnels, peuvent être intimidantes. La *Gazette de l'Hôtel Drouot* ainsi que le catalogue des ventes de Drouot-Richelieu publient le calendrier des ventes.

Les paiements se font uniquement en espèces ou en chèques libellés en francs, mais vous trouverez un bureau de change sur place. Le prix de la vente est augmenté d'une commission de 10 % à 15 %. Les objets sont exposés la veille de 10 h à 18 h, et de 11 h à midi le jour de la vente. Les objets de moindre importance sont vendus à Drouot-Nord. Là, les enchères ont lieu de 9 h à midi, et les objets ne sont exposés que 5 mn avant la vente. Les enchères les plus prestigieuses se tiennent à Drouot-Montaigne.

Le **Crédit municipal** organise environ 12 ventes aux enchères par mois : il s'agit essentiellement d'objets, bijoux et fourrures déposés en gage par des Parisiens impécunieux. Les règles sont les mêmes qu'à Drouot ; le calendrier de ces ventes est également publié dans la *Gazette de l'Hôtel Drouot*. Le **Service des domaines** vend toutes sortes de biens, provenant de saisies judiciaires ou en douane. Les objets sont exposés de 10 h à 11 h 30 le jour de la vente. Vous pourrez souvent y faire d'excellentes affaires.

CARNET D'ADRESSES

L'EXPORTATION

Centre français du commerce extérieur
10, av. d'Iéna 75016. **Plan** 10 D1. ☎ 40 73 30 00.

SETIICE
8-10, rue de la Tour-des-Dames 75009. **Plan** 6 E3. ☎ 44 63 25 25.

Service des commandes
SEDEC, 24, bd de l'Hôpital, BP 438 75005. **Plan** 18 D2. ☎ 40 73 33 36.

MOBILIER MODERNE

Academy
5, place de l'Odéon 75006. **Plan** 12 F5. ☎ 43 29 07 18.

Avant-Scène
4, place de l'Odéon 75006. **Plan** 12 F5. ☎ 46 33 12 40.

En Attendant les Barbares
50, rue Etienne-Marcel 75002. **Plan** 12 F1. ☎ 42 33 37 87.

ANTIQUITÉS

Anne-Sophie Duval
5, quai Malaquais 75006. **Plan** 12 E3. ☎ 43 54 51 16.

L'Arc en Seine
31, rue de Seine 75006. **Plan** 12 E3. ☎ 43 29 11 02.

La Cour aux antiquaires
54, rue du Faubourg-St-Honoré 75008. **Plan** 5 C5. ☎ 47 42 72 84.

Didier Aaron
118, rue du Faubourg-St-Honoré 75008. **Plan** 5 C5. ☎ 47 42 47 34.

Village St-Paul
Entre le quai des Célestins, la rue St-Paul et la rue Charlemagne 75004. **Plan** 13 C4.

OBJETS D'ART

La Calinière
68, rue Vieille-du-Temple 75003. **Plan** 13 C3. ☎ 42 77 40 46.

Jean-Pierre de Castro
17, rue des Francs-Bourgeois 75004. **Plan** 14 D3. ☎ 42 72 04 00.

Verreglass
32, rue de Charonne 75011. **Plan** 14 F4. ☎ 48 05 78 43.

REPRODUCTIONS, AFFICHES ET ESTAMPES

A L'Image du Grenier sur L'Eau
45, rue des Francs-Bourgeois 75004. **Plan** 13 C3. ☎ 42 71 02 31.

Artcurial
9, av. Matignon 75008. **Plan** 5 A5. ☎ 42 99 16 16.

La Hune
(Voir p. 321.)

L. et M. Durand-Dessert
28, rue de Lappe 75011. **Plan** 14 F4. ☎ 48 06 92 23.

Librairie Le Fell
16, rue de Tournon 75006. **Plan** 12 E3. ☎ 43 26 52 89.

GALERIES D'ART

Adrien Maeght
42-46, rue du Bac 75007. **Plan** 12 D3. ☎ 45 48 45 15.

Alain Blondel
4, rue Aubry-Le-Boucher 75004. **Plan** 13 B2. ☎ 42 78 66 67.
L'une des 2 galeries.

Daniel Gervis
14, rue de Grenelle 75007. **Plan** 12 D4. ☎ 45 44 41 90.

Daniel Templon
30, rue Beaubourg 75003. **Plan** 13 B1. ☎ 42 72 14 10.
L'une des 2 galeries.

Dina Vierny
36, rue Jacob 75006. **Plan** 12 E3. ☎ 42 60 23 18.

Galerie 1900-2000
8, rue Bonaparte 75006. **Plan** 12 E3. ☎ 43 25 84 20.

Lelong
13-14, rue de Téhéran 75008. **Plan** 5 A3. ☎ 45 63 13 19.

Lavignes-Bastille
27, rue de Charonne 75011. **Plan** 14 F4. ☎ 47 00 88 18.

Louise Leiris
47, rue de Monceau 75008. **Plan** 5 A3. ☎ 45 63 28 85.

Montaigne
36, av. Montaigne 75008. **Plan** 10 F1. ☎ 47 23 32 35.

Urban Gallery
22, av. Matignon 75008. **Plan** 5 A5.

Yvon Lambert
108, rue Vieille-du-Temple 75003. **Plan** 14 D2. ☎ 42 71 09 33.

Zabriskie
37, rue Quincampoix 75004. **Plan** 13 B2. ☎ 42 72 35 47.

HÔTELS DES VENTES

Crédit municipal
55, rue des Francs-Bourgeois 75004. **Plan** 13 C3. ☎ 42 71 25 43.

Drouot-Montaigne
15, av. Montaigne 75008. **Plan** 10 F1. ☎ 48 00 20 80.

Drouot-Nord
64, rue Doudeauville 75018. ☎ 48 00 20 90.

Drouot-Richelieu
9, rue Drouot 75009. **Plan** 6 F4. ☎ 48 00 20 20.

Service des domaines
15-17, rue Scribe 75009. **Plan** 6 D4. ☎ 44 94 78 00.

Les marchés

Pour le plaisir des yeux, pour l'animation et l'ambiance, rien ne vaut les marchés parisiens : grands marchés couverts, marchés aux étals régulièrement renouvelés, et marchés de rue permanents où devant les magasins se dressent les étalages des marchands de quatre-saisons. Chacun possède sa personnalité particulière, qui reflète celle du quartier où il est installé. Les marchés les plus célèbres sont décrits ici, avec l'indication de leurs horaires d'ouverture. L'Office du tourisme (*voir p. 274*) vous en donnera la liste complète. Tout en flânant entre les étalages, n'oubliez pas de garder un œil sur votre porte-monnaie, et soyez prêt à marchander dans les marchés aux puces.

LES MARCHÉS DE QUATRE-SAISONS

Le Français accorde un soin tout particulier à ce qu'il met dans son assiette et, s'il en avait le temps, le Parisien ferait sûrement ses courses tous les jours, pour se procurer les produits alimentaires les plus frais possibles. Le marché est donc une institution où il y a souvent foule. La plupart des marchés de quatre-saisons sont ouverts de 8 h à 13 h et de 16 h à 19 h du mardi au samedi, et de 9 h à 13 h le dimanche. Il vaudra mieux faire votre marché le matin, lorsque les denrées viennent d'être sorties des cageots, et que l'affluence est moins importante.

Ouvrez l'œil : les fruits ou légumes d'un splendide étalage sont parfois abîmés en dessous. Achetez de préférence les produits au détail plutôt que préemballés. Les commerçants n'apprécient guère que vous vous serviez vous-même à l'étalage, mais vous pourrez leur indiquer ceux des fruits et légumes que vous souhaitez.

Si vous faites vos courses tous les jours dans le même marché, les commerçants vous reconnaîtront, et vous traiteront royalement. Vous apprendrez également quels sont les meilleurs étalages, et quels produits acheter. Les fruits et légumes de saison seront à l'évidence plus avantageux en termes de fraîcheur et de prix.

LES MARCHÉS AUX PUCES

On dit souvent que l'on ne fait plus de bonnes affaires au marché aux puces, ce qui est en grande partie vrai, mais ça vaut la peine de s'y rendre, pour le simple plaisir de chiner. N'oubliez pas que l'on ne s'attendra pas toujours à ce que vous payiez le prix indiqué, car les commerçants présument en général que vous allez marchander. Si vous dénichez l'objet de vos rêves, cela pourra être autant une question de chance que de connaissance : les commerçants eux-mêmes n'ont souvent qu'une vague idée de la valeur réelle des objets, ce qui peut jouer à votre avantage. Le marché aux puces de Saint-Ouen, composé d'un grand nombre de marchés plus petits, est le plus grand et le plus célèbre du genre.

Rue et place d'Aligre

(Voir p. 233.)

Avec ses airs de souk africain, c'est probablement le marché le moins cher et le plus sympathique de la capitale. Situé dans un quartier populaire de plus en plus à la mode, il est encore authentiquement parisien. On y trouve des produits de France, d'Afrique du Nord, ou des Antilles. L'animation atteint son comble le week-end, quand aux cris des marchands se mêlent ceux des militants, tous partis politiques confondus, qui cherchent à attirer l'attention du chaland sur une pétition contre le dernier scandale politique. Les étalages de la place d'Aligre vendent essentiellement du bric-à-brac et des fripes. Il y a également un beau marché couvert qui abrite un excellent fromager, la Maison du Fromage-Radenac (*voir p. 322-323*).

Rue Clerc

(Voir p. 190.)

Ce marché haut de gamme est essentiellement fréquenté par la grande bourgeoisie qui vit et travaille dans le quartier. On y trouve d'excellentes denrées, notamment une épicerie bretonne et quelques bons fromagers.

Le marché des Enfants-Rouges

39, rue de Bretagne 75003. **Plan** 14 D2. **M** *Temple, Filles-du-Calvaire.* **Ouvert** 8 h-13 h, 16 h-19 h mar.-sam., 9 h-13 h dim.

Ce charmant et ancien marché de quatre-saisons de la rue de Bretagne est en partie couvert. Il date de 1620. Parfois, le dimanche matin, des

---

LES MARCHÉS SPÉCIALISÉS

Les amateurs de plantes et de fleurs ne manqueront pas le Marché aux fleurs de la Madeleine, le Marché de l'Ile de la Cité ou le petit marché sur le terre plein des Ternes. Le dimanche, le marché aux plantes de l'Ile de la Cité cède la place au Marché aux Oiseaux. Les philatélistes iront fouiner au Marché aux Timbres où on peut également dénicher des cartes postales anciennes. A Montmartre, enfin, le Marché Saint-Pierre est réputé pour son énorme choix de tissus (vêtement et ameublement) à tous les prix.

Marché aux fleurs Madeleine

Place de la Madeleine 75008. **Plan** 5 C5. **M** *Madeleine.* **Ouvert** 8 h-19 h 30 mar.-dim.

Marché aux fleurs Ternes

Place des Ternes 75008. **Plan** 4 E3. **M** *Ternes.* **Ouvert** 8 h-13 h, 16 h-19 h 30 mar.-sam., 8 h-13 h dim.

Marché Saint-Pierre

Place Saint-Pierre 75018. **Plan** 6 F1. **M** *Anvers.* **Ouvert** 9 h-18 h lun.-sam.

Marché aux timbres

Cour Marigny 75008. **Plan** 5 B5. **M** *Champs-Elysées.* **Ouvert** 10 h au coucher du soleil jeu., sam. et dim.

chanteurs de rue et des accordéonistes l'animent de leur musique.

Le marché St-Germain

Rue Mabillon et rue Lobineau 75005. **Plan** 12 E4. **M** *Mabillon.* **Ouvert** 8 h-13 h, 16 h-19 h mar.-sam., 9 h-13 h dim.

L'un des rares marchés couverts subsistant à Paris a été agrandi après rénovation. Outre les étalages de produits biologiques, vous y trouverez des spécialités italiennes, grecques, mexicaines et asiatiques.

La rue Lepic

75018. **Plan** 6 F1. **M** *Blanche, Lamarck-Caulaincourt.* **Ouvert** 8 h-13 h mar.-dim.

Le marché de quatre-saisons de la rue Lepic est situé à deux pas des sites touristiques de Montmartre, dans une rue sinueuse typique encore préservée de la modernisation. L'affluence y est grande le week-end.

La rue de Lévis

Bd des Batignolles 75017. **Plan** 5 B2. **M** *Villiers.* **Ouvert** 8 h-13 h, 16 h-19 h mar.-sam., 9 h-13 h dim.

À proximité du parc Monceau, la rue de Lévis est un marché populaire plein d'animation, offrant plusieurs bonnes pâtisseries, un excellent fromager et un charcutier réputé pour ses tourtes. On trouvera dans la partie de la rue menant vers la rue Cardinet des merceries et des marchands de tissu.

La rue Montorgueil

75001 et 75002. **Plan** 13 A1. **M** *Les Halles.* **Ouvert** 8 h-13 h, 16 h-19 h mar.-sam., 9 h-13 h dim.

Dernier vestige de l'ancien marché des Halles, la rue Montorgueil, repavée, a retrouvé son lustre d'antan. Vous pourrez acheter aux étals des fruits et légumes exotiques, bananes vertes et autres patates douces, des denrées traditionnelles dans les épiceries fines, des gâteaux à la pâtisserie Stroher (*voir p. 322-323*), voire de belles poteries marocaines.

La rue Mouffetard

(*Voir p. 166.*)

La rue Mouffetard est l'une des plus anciennes rues-marchés de la capitale. Bien que devenue très touristique et parfois excessivement chère, elle demeure une rue charmante proposant des denrées de qualité. Il vaudra la peine de faire la queue pour le pain sorti du four de la boulangerie Les Panetons, au 113 (*voir p. 322-323*). Il y a également un marché africain dans la rue Daubenton adjacente.

La rue Poncelet

75017. **Plan** 4 E3. **M** *Ternes.* **Ouvert** 8 h-12 h 30, 16 h-19 h 30 mar.-sam., 8 h-12 h 30 dim.

Le marché de la rue Poncelet est situé à l'écart des principaux quartiers touristiques, mais son atmosphère parisienne vaut le détour. Outre les nombreuses boulangeries, pâtisseries et charcuteries, goûtez les authentiques spécialités auvergnates des Fermes d'Auvergne.

Le marché de la porte de Vanves

Av. Georges-Lafenestre et av. Marc-Sangnier 75014. **M** *Porte-de-Vanves.* **Ouvert** 8 h-18 h 30 sam. et dim.

C'est un petit marché aux puces où vous trouverez toutes sortes de bric-à-brac et d'objets d'occasion, et parfois du mobilier ancien. Il vaudra mieux y aller tôt le samedi matin pour profiter des meilleures affaires. Des peintres exposent leur travail à proximité, place des Artistes.

Le marché Président-Wilson

Av. du Président-Wilson, entre place d'Iéna et rue Debrousse 75016. **Plan** 10 D1. **M** *Alma-Marceau.* **Ouvert** 7 h-13 h merc. et sam.

Installé au milieu de l'avenue du Président-Wilson, à deux pas du musée d'Art moderne et du palais Galliera (musée de la Mode), ce marché très chic a pris beaucoup d'importance en raison du manque de commerces d'alimentation dans le quartier.

Le marché aux puces de Montreuil

Porte de Montreuil, 93100 Montreuil et 75020. **M** *Porte-de-Montreuil.* **Ouvert** 8 h-18 h sam., dim. et lun.

Il vaudra mieux se rendre tôt le matin au marché aux puces de Montreuil, où les nombreux stands de fripes attirent une foule de jeunes gens. La plus grande partie du marché est occupé par des stands africains vendant des articles de quincaillerie, mais il y a également diverses puces, ainsi qu'un étalage d'épices exotiques.

Le marché aux puces de Saint-Ouen

(*Voir p. 231.*)

C'est le marché aux puces le plus célèbre, le plus cher, et celui qui attire les plus grandes foules. Plusieurs types de commerçants se partagent les lieux, du vendeur utilisant son coffre de voiture en guise d'étalage aux grands bâtiments abritant

d'innombrables stands, certains assez chic, d'autres de bric-à-brac sans grand intérêt. Le marché aux puces se trouve à 10-15 mn à pied du métro Porte de Clignancourt : ne vous laissez pas distraire par le marché Malik, touristique et miteux, que vous devrez traverser pour arriver aux puces de Saint-Ouen. Vous pourrez vous procurer au marché Biron, rue des Rosiers, le *Guide des puces*. Les marchands les plus huppés acceptent les cartes de crédit et s'arrangent pour expédier les objets à l'étranger. Les nouveaux stocks arrivent le vendredi, jour où les professionnels affluent ici, souvent du monde entier, à la recherche de la bonne affaire. Parmi les nombreux marchés qui constituent les puces de Saint-Ouen, signalons le marché Jules-Vallès pour ses objets d'art début de siècle, et le charmant marché Paul-Bert, plus cher, pour ses meubles, livres et gravures. Ces deux marchés vendent des articles d'occasion plutôt que des antiquités au sens propre du terme. Plus loin, le marché Biron vend des antiquités de prix, de très grande qualité. On trouvera dans le plus ancien et le plus grand des marchés, le marché Vernaison, des objets de collection, bijoux, lampes et vêtements. Ici, on ne saurait manquer de prendre un verre Chez Louisette, le café du coin, où marchands et clients se régalent de la bonne cuisine familiale, en écoutant des interprétations bien intentionnées de chansons d'Edith Piaf. Le marché Cambo, plus petit, propose des antiquités magnifiquement présentées. Le marché Serpette est plus snob : tous les objets sont à l'état neuf.

Le marché Raspail

Bd Raspail entre rue du Cherche-Midi et rue de Rennes 75006. **Plan** 12 D5. **M** *Rennes.* **Ouvert** 7 h-13 h mar., ven. et dim.

Le mardi et le vendredi, on trouvera au marché Raspail toutes les denrées typiquement françaises, de même que des produits portugais. Mais le grand jour, c'est le dimanche, lorsque les Parisiens attentifs à leur santé arrivent en foule pour acheter des produits biologiques. Malgré son prix, c'est un excellent marché.

Rue de Seine et rue de Buci

75006. **Plan** 12 E4. **M** *Odéon.* **Ouvert** 8 h-13 h, 16 h-19 h mar.-sam., 9 h-13 h dim.

Les commerces et les étalages qui bordent la rue de Seine et la rue de Buci sont aussi chers que très fréquentés, mais proposent des denrées de qualité. Il y a également un grand fleuriste et deux excellentes pâtisseries.

SE DISTRAIRE À PARIS

Que vous préfériez le théâtre classique ou le cabaret, les girls aux longues jambes des revues de music-hall ou le ballet, l'opéra ou le jazz, le cinéma ou les boîtes de nuit, le choix est vaste à Paris, sans oublier les innombrables spectacles et musiciens de rue, devant le Centre Pompidou, dans le métro, et partout ailleurs en ville.

Les Parisiens eux-mêmes n'aiment rien mieux que de flâner sur les boulevards ou de prendre un verre à une terrasse de bistrot en regardant passer le monde. En revanche, si vous souhaitez vous plonger au cœur du « gai Paris », les danseuses des célèbres revues de music-hall seront toujours les meilleures ambassadrices.

Les sportifs amateurs profiteront notamment du tennis, du tour de France et des courses de chevaux, et les plus actifs d'entre eux pourront profiter des centres de loisirs et des salles de gymnastique.

RENSEIGNEMENTS PRATIQUES

Le touriste à Paris ne sera jamais en manque d'information concernant les spectacles et divertissements proposés dans la capitale. **L'Office du tourisme et des congrès de Paris**, le principal centre d'information touristique, tient à votre disposition brochures et renseignements divers. Des bureaux sont ouverts dans toutes les gares ainsi qu'à la tour Eiffel. L'Office du tourisme gère un service de renseignements téléphoniques (sur répondeur) donnant le détail des concerts gratuits et des expositions. La réception de votre hôtel devrait également être à même de vous renseigner : vous y trouverez généralement des brochures, et l'on se fera souvent un plaisir de prendre une réservation à votre nom.

LES RÉSERVATIONS

En fonction de l'événement, vous pourrez soit acheter vos billets sur place, soit les réserver à l'avance, ce qui est conseillé s'il s'agit d'un spectacle à succès. La **FNAC** ou **Virgin Mégastore** vendent des billets pour la plupart des grands concerts, et parfois de musique classique. Quant aux spectacles de danse, d'opéra ou de théâtre, vous pourrez souvent vous procurer à la dernière minute des places peu chères, mais attention à la mention « sans visibilité » qui correspond aux places aveugles : si la salle n'est pas comble, les ouvreuses pourront vous proposer une place offrant une meilleure vue sur la scène.

Ballerine de l'Opéra-Garnier

Sortie en boîte de nuit

mais alors n'oubliez pas le pourboire !

Les bureaux de location des théâtres sont ouverts tous les jours de 11 h à 19 h environ ; la plupart acceptent les cartes de crédit, qu'il s'agisse d'une réservation par téléphone ou non. Vous devrez vous rendre sur place assez tôt pour retirer vos billets, sinon ceux-ci risquent d'être revendus avant le début du spectacle. Vous

Concert à l'Opéra-Garnier (*voir p. 335*)

QUOI DE NEUF À L'AFFICHE ?

Plusieurs programmes hebdomadaires des spectacles sont disponibles à Paris, notamment *Pariscope* (le plus simple d'utilisation) et *L'Officiel des spectacles*. Ils sont disponibles à partir du mercredi chez tous les marchands de journaux. *Le Figaro* publie également dans son édition du mercredi la liste et les adresses des spectacles. *Boulevard* est un bimensuel en anglais, en vente chez certains marchands de journaux et chez **W. H. Smith**.

La Locomotive, une gigantesque discothèque sur trois niveaux (*voir p. 338*)

pourrez toujours vous adresser au bureau de location pour acheter à la dernière minute une place non réclamée.

LES BILLETS AU MARCHÉ NOIR

Si vous tenez absolument à assister à un spectacle déjà complet, faites comme les autres : attendez à l'entrée avec un écriteau « cherche une (ou plusieurs) place(s) ». Les personnes ayant un billet en trop vous le vendront : mais leur prix sera peut-être plus élevé.

LES BILLETS À PRIX RÉDUIT

Le Kiosque Théâtre vend des places demi-tarif valables le jour même de la représentation, et vous demandera en contrepartie une petite commission par billet. Les cartes de crédit ne sont

Joueurs de pétanque (*voir p. 342*)

pas acceptées. Vous trouverez un kiosque place de la Madeleine, ouvert de 12 h 30 à 20 h du mardi au dimanche, ainsi que sur le parvis de la gare Montparnasse, ouvert de 12 h 30 à 20 h du mardi au samedi et de 12 h 30 à 16 h le dimanche.

AMÉNAGEMENTS POUR LES HANDICAPÉS

Lorsqu'ils existent, ils sont soit parfaitement conçus, soit épouvantables. De nombreuses salles disposent de places réservées aux fauteuils roulants, mais téléphonez pour vous en assurer. En ce qui concerne les transports en commun, métro et bus sont impraticables.

LES TRANSPORTS EN FIN DE SOIRÉE

Le métro (*voir pp. 368-369*) fonctionne jusqu'à 1 h du matin. Le dernier train quitte le terminus de ligne à 0 h 45, mais afin de ne pas rater votre correspondance, soyez sur le quai au plus tard à 0 h 30. Après cette heure, il ne vous restera plus qu'à prendre un bus de nuit (qui ne dessert que quelques quartiers, à la fréquence d'un par heure), ou le taxi. Les taxis sont hélés dans la rue, ou attendent le client aux stations de taxis. Aux heures d'affluence (et vers 2 h du matin, quand ferment de nombreux bars), il est parfois difficile de trouver un taxi libre.

ADRESSES UTILES

FNAC

Forum des Halles, 1, rue Pierre-Lescot 75001. **Plan** 13 A2. **[** 40 41 40 00.

Cinéma Le Grand Rex (*voir p. 340*)

FNAC

26, av des Ternes 75017.
Plan 4 D3. **[** 44 09 18 00.
Plusieurs succursales

Office du tourisme et des congrès de Paris

127, av. des Champs-Elysées 75008.
Plan 4 E4. **[** 49 52 53 54.
[47 20 88 98 (anglais) ; 47 20 57 58
(allemand) ; 47 23 63 84 (japonais).

Virgin Mégastore

52-60, av. des Champs-Elysées
75008. **Plan** 4 F5. **[** 40 74 06 48.

W. H. Smith

248, rue de Rivoli 75001.
Plan 11 C1. **[** 44 77 88 99.

Le théâtre

D es fastes compassés de la Comédie-Française aux farces de boulevard, en passant par les spectacles d'avant-garde, le théâtre prospère à Paris. La capitale, qui connaît également une longue tradition d'accueil de troupes invitées, attire de nombreuses productions étrangères, souvent jouées dans leur langue d'origine. Les nombreuses salles sont réparties un peu partout en ville. Les théâtres nationaux font relâche en août, mais la plupart des théâtres privés demeurent ouverts à cette époque. Vous trouverez la liste complète des pièces dans *Pariscope* et *L'Officiel des spectacles* (*voir p. 328*).

LES THÉÂTRES NATIONAUX

F ondée en 1680 par un décret royal, la **Comédie-Française** (*voir p. 120*), avec ses règles strictes d'interprétation, est considérée comme le bastion du théâtre français. Elle perpétue la tradition du théâtre classique, tout en proposant également les meilleures pièces modernes et contemporaines. La Comédie-Française est le plus ancien théâtre national au monde, et l'une des rares institutions de l'Ancien Régime à avoir survécu à la Révolution. Elle s'est installée dans ses locaux actuels après que les comédiens eurent occupé le Palais-Royal durant la Révolution. La traditionnelle salle tendue de velours rouge, rénovée dans les années 70, possède une scène bénéficiant des meilleurs équipements techniques. Le répertoire, classique, est surtout constitué d'œuvres de Corneille, Racine et Molière, sans oublier pour autant Marivaux, Alfred de Musset et Victor Hugo. La troupe donne également des représentations de pièces modernes, françaises ou étrangères. Le **Théâtre de l'Europe**, anciennement Théâtre de l'Odéon (*voir p. 140*), était la seconde salle de la Comédie-Française. Il est aujourd'hui spécialisé dans le répertoire étranger, joué dans sa langue d'origine. À côté, **Le Petit Odéon** met en scène des œuvres récentes, ainsi que celles en langue étrangère. Le **Théâtre National de Chaillot** possède une vaste salle dans les sous-sols du palais de Chaillot (*voir p. 198*). On y joue les principaux classiques

européens, et parfois des comédies musicales. Le théâtre possède également la **Salle Gémier** où sont créées des productions expérimentales. Le **Théâtre national de la Colline** possède deux salles où sont données des pièces du répertoire contemporain.

VERS LA PÉRIPHÉRIE

F lorissant complexe multisalle installé près du bois de Vincennes, **La Cartoucherie** (*voir p. 246*) abrite cinq théâtres d'avant-garde, dont le **Théâtre du Soleil**, de réputation internationale.

LES THÉÂTRES INDÉPENDANTS

L a **Comédie des Champs-Élysées**, le **Théâtre Hébertot** et **L'Atelier**, ce dernier produisant souvent des œuvres expérimentales, font partie des théâtres indépendants les plus importants. Les autres salles d'envergure sont le **Théâtre de l'Œuvre** (pièces françaises modernes), le **Théâtre Montparnasse** et le **Théâtre Antoine-Simone Berriau**, le pionnier du réalisme. Les spectacles du **Théâtre de La Madeleine** sont toujours d'un haut niveau. **La Huchette** s'est spécialisée dans l'œuvre de Ionesco. Le metteur en scène d'avant-garde Peter Brook travaille aux **Bouffes-du-Nord**. Pendant plus d'un siècle, le **Théâtre du Palais-Royal** fut le temple de la farce osée. Mais les auteurs français contemporains émules de Feydeau se faisant rares aujourd'hui, on y joue des adaptations du théâtre de boulevard anglais et américain. Citons également les **Bouffes-**

Parisiens, **La Bruyère**, le **Théâtre Michel** et le **Saint-Georges**. Le **Gymnase-Marie Bell** propose des one-man shows comiques.

LES CAFÉS-THÉÂTRES ET LES CHANSONNIERS

I l existe une longue tradition de spectacle de café, mais les cafés-théâtres actuels n'ont rien en commun avec les cafés-concerts du début du siècle. Cette forme moderne de théâtre doit son existence au fait que les jeunes comédiens et auteurs ne pouvaient jouer leurs pièces dans les théâtres établis, dont le prix des places était trop élevé pour les spectateurs de leur âge. La vogue des cafés-théâtres a commencé dans les années 60 et 70, époque où de jeunes inconnus nommés Coluche, Gérard Depardieu ou Miou-Miou firent leurs débuts au **Café de la Gare** avant de connaître la célébrité à l'écran. On pourra découvrir de nouveaux talents notamment au **Café d'Edgar**, au **Théâtre de Dix Heures** ou **Au Bec Fin** ; **Le Lucernaire** accueille des spectacles plus conventionnels. Les chansonniers et humoristes traditionnels se produisent **Au Lapin Agile** (*voir p. 223*) et au **Caveau des Oubliettes**. Le **Caveau de la République** et **Les Deux Ânes**, à Montmartre, sont réputés pour leurs satires politiques.

LE THÉÂTRE POUR ENFANTS

C ertains théâtres, comme le **Gymnase-Marie Bell**, la **Porte Saint-Martin** et le **Café d'Edgar** donnent des spectacles pour enfants en matinée les samedi, dimanche et mercredi. Quelques jardins publics possèdent un théâtre de marionnettes (*voir* Les théâtres indépendants *p. 331*).

THÉÂTRE EN PLEIN AIR

E n été, si le temps le permet, des représentations en français d'œuvres de Shakespeare et du théâtre classique français sont données dans le jardin Shakespeare du bois de Boulogne (*voir p. 254*).

LE THÉÂTRE EN LANGUE ÉTRANGÈRE À PARIS

Des œuvres des répertoires italien, russe ou américain sont parfois jouées dans leur langue d'origine (à l'Odéon). Le **Théâtre Marie-Stuart** donne des représentations en anglais le dimanche et le lundi.

LE THÉÂTRE DE RUE

Le théâtre de rue prospère en été. Jongleurs, mimes, cracheurs de feu et musiciens se rassemblent dans les quartiers touristiques, au Centre Pompidou (*voir pp. 110-111*), à Saint-Germain-des-Prés et aux Halles.

LES RÉSERVATIONS

Les places sont vendues au bureau de location du théâtre, par téléphone ou par l'intermédiaire des agences de théâtre. Les bureaux de location sont ouverts tous les jours de 11 h à 19 h environ ; certains acceptent les cartes de crédit.

LE PRIX DES PLACES

Les prix varient de 45 F à 145 F pour les théâtres nationaux, et de 50 F à 250 F pour les théâtres indépendants. Des tarifs réduits et étudiant sont disponibles dans certaines salles un quart d'heure avant le lever de rideau.

Le Kiosque Théâtre propose des places demi-tarif pour le jour même : les cartes de crédit ne sont pas acceptées, et l'on vous demandera une petite commission par billet. Un kiosque est ouvert place de la Madeleine et un autre sur le parvis de la gare Montparnasse (*voir p. 329*).

LA TENUE VESTIMENTAIRE

À moins d'assister à une représentation de gala de l'Opéra-Garnier, de la Comédie-Française ou à une première importante, on ne s'habille pas pour sortir au spectacle.

CARNET D'ADRESSES

LES THÉÂTRES NATIONAUX

Comédie-Française
2, rue de Richelieu
75001. **Plan** 12 E1.
[40 15 00 15.

Odéon Théâtre de l'Europe
Place de l'Odéon 75006.
Plan 12 F5.
[44 41 36 33.

Le Petit Odéon
Voir Odéon Théâtre de l'Europe.

Salle Gémier
Voir Théâtre National de Chaillot.

Théâtre national de Chaillot
Place du Trocadéro 75016.
Plan 9 C2.
[47 27 81 15.

Théâtre national de la Colline
15, rue Malte-Brun 75020.
[44 62 52 52.

VERS LA PÉRIPHÉRIE

La Cartoucherie
Voir Théâtre du Soleil.

Théâtre du Soleil
(Cartoucherie) Route du Champ-des-Manœuvres 75012.
[43 74 24 08.

LES THÉÂTRES INDÉPENDANTS

Antoine-Simone Berriau
14, bd de Strasbourg 75010. **Plan** 7 B5.
[42 08 77 71 et 42 08 76 58.

L'Atelier
Place Charles Dullin 75018. **Plan** 6 F2.
[46 06 49 24.

Bouffes-du-Nord
37 bis, bd de la Chapelle 75010. **Plan** 7 C1.
[46 07 34 50.

Bouffes-Parisiens
4, rue Monsigny 75002.
Plan 6 E5.
[42 96 60 24.

La Bruyère
5, rue La Bruyère 75009.
Plan 6 E3.
[48 74 76 99.

Comédie des Champs-Elysées
15, av Montaigne 75008.
Plan 10 F1.
[47 20 08 24.

Gymnase-Marie Bell
38, bd Bonne-Nouvelle 75010. **Plan** 7 A5.
[42 46 79 79.

Théâtre Hébertot
78 bis, bd des Batignolles 75017. **Plan** 5 B2.
[43 87 23 23.

La Huchette
23, rue de la Huchette 75005. **Plan** 13 A4.
[43 26 38 99.

Th. de la Madeleine
19, rue de Surène 75008.
Plan 5 C5.
[42 65 07 09.

Th. Marie-Stuart
4, rue Marie-Stuart 75002. **Plan** 13 A1.
[45 08 17 80.

Th. Michel
38, rue des Mathurins 75008. **Plan** 5 C4.
[42 65 35 02.

Th. Montparnasse
31, rue de la Gaîté 75014.
Plan 15 C2.
[43 22 77 74.

Th. de l'Œuvre
55, rue de Clichy 75009.
Plan 6 D2.
[48 74 42 52.

Th. du Palais-Royal
38, rue Montpensier 75001. **Plan** 12 E1.
[42 97 59 81 & 42 97 59 85.

Th. de la Porte St-Martin
16, bd St-Martin 75010.
Plan 7 C5. [42 08 00 32.

Th. St-Georges
51, rue St-Georges 75009.
Plan 6 E3.
[48 78 63 47.

CAFÉ THÉÂTRES ET CHANSONNIERS

Au Bec Fin
6, rue Thérèse 75001.
Plan 12 E1.
[42 96 29 35.

Au Lapin Agile
22, rue des Saules 75018.
Plan 2 F5.
[46 06 85 87.

Café d'Edgar
58, bd Edgar-Quinet 75014. **Plan** 16 D2.
[42 79 97 97.

Café de la Gare
41, rue du Temple 75004.
Plan 13 B2.
[42 78 52 51.

Caveau de la République
1, bd St-Martin 75003.
Plan 8 D5.
[42 78 44 45.

Caveau des Oubliettes
11, rue Saint-Julien-le-Pauvre 75005.
Plan 13 A4.
[43 54 94 97.

Les Deux Ânes
100, bd de Clichy 75018.
Plan 6 D1.
[46 06 10 26.

Le Lucernaire
53, rue Notre-Dame-des-Champs 75006.
Plan 16 D1.
[45 44 57 34.

La musique classique

La scène musicale parisienne n'a jamais été aussi vivante. Grâce aux subventions gouvernementales, un répertoire de grande qualité, d'opéra, d'œuvres classiques ou contemporaines, s'est constitué dans des salles exceptionnelles. De nombreux concerts sont également donnés dans les églises et dans le cadre de différents festivals.

Pour toute information concernant les concerts, consultez *Pariscope*, *L'Officiel des spectacles* ou *7 à Paris*. Vous trouverez dans la plupart des salles une brochure donnant la liste des concerts du mois. L'Office du tourisme et des congrès (*voir pp. 328-329*) tient également la liste des concerts gratuits et en plein air.

L'OPÉRA

Les amateurs d'opéra n'ont que l'embarras du choix : de nombreuses productions sont montées à l'Opéra-Bastille ainsi qu'à l'Opéra-Comique, et l'opéra tient une place importante dans la programmation du Théâtre du Châtelet et du Théâtre des Champs-Elysées. Diverses sociétés de concerts produisent également des opéras, ou bien des récitals de stars internationales comme Luciano Pavarotti.

L'**Opéra-Bastille**, ultramoderne, (*voir p. 98*) a été inauguré en 1989 ; après une période de rôdage, les productions utilisent aujourd'hui pleinement les systèmes de dispositifs scéniques et de déplacement des décors aussi complexes que perfectionnés. La salle offre 2 700 places, ayant toutes une bonne visibilité. La programmation comprend des œuvres du répertoire ou modernes, dotés d'une mise en scène souvent avant-gardiste : celle de *La Flûte Enchantée* s'inspirait du théâtre nô japonais, et le décor de *Saint-François d'Assise*, de Messiaen, était constitué d'écrans vidéo et de néons. On y donne également des spectacles de danse, lorsque l'Opéra-Bastille accueille le ballet du palais Garnier (*voir p. 215*), ainsi que des festivals de cinéma. L'Opéra-Bastille possède en outre deux salles plus petites, l'**Auditorium** (500 places) et le **Studio** (200 places), destinées aux concerts plus intimes de musique de chambre ou aux récitals. L'**Opéra Comique** de la salle Favart est destinée aux représentations parisiennes de productions provinciales ou étrangères. Bien que spécialisé dans l'opérette, il accueille également de superbes opéras baroques.

LES CONCERTS

Paris héberge trois orchestres symphoniques ainsi qu'une bonne demi-douzaine d'autres orchestres ; c'est aussi une étape obligée pour les orchestres européens et américains en tournée. La musique de chambre est également à l'honneur, soit dans la programmation des plus grandes salles, soit dans les églises. La **Salle Pleyel**, qui avec 2 300 places est la principale salle de concert de Paris, est aussi le siège de l'Orchestre de Paris. Deux concerts y sont donnés en moyenne chaque semaine durant la saison (d'octobre à juin). C'est également la salle principale de l'Ensemble orchestral de Paris, ainsi que d'associations orchestrales très réputées, comme les concerts Lamoureux, Pasdeloup ou Colonne, qui organisent des concerts d'octobre à Pâques. Le bâtiment abrite aussi deux salles plus petites destinées à la musique de chambre, la salle Chopin (470 places) et la salle Debussy (120 places). Devenu depuis quelques années l'une des principales salles de Paris, le **Théâtre du Châtelet** accueille concerts, opéras et ballets. Son programme de très grande qualité propose des œuvres du répertoire classique, comme *Così fan tutte* de Mozart ou *La Traviata* de Verdi, ou moderne, comme *Wozzeck* de Berg, ainsi que des concerts lyriques où se produisent des superstars du monde entier, sans oublier un cycle annuel de musique du XXe siècle. Le Philharmonique de Londres y est en résidence en février. Durant toute la saison, on peut y écouter des concerts en matinée et des récitals dans le foyer. Ses productions de moindre envergure sont données à l'**Auditorium du Châtelet** (également appelé Auditorium des Halles), salle de taille moyenne presque perdue dans l'immense station du RER. Le superbe **Théâtre des Champs-Elysées**, haut lieu de la musique classique, propose également des opéras et des ballets. Radio-France est copropriétaire du théâtre : l'Orchestre national de France s'y produit à de nombreuses reprises durant l'année, de même que maints orchestres et solistes en tournée. Les Concerts du dimanche matin organisent d'excellents concerts, principalement de musique de chambre, le dimanche à 11 h. Radio-France, le plus important organisateur de concerts de Paris, possède deux orchestres symphoniques majeurs, l'Orchestre national de France et l'Orchestre philharmonique. Ceux-ci jouent dans les différentes salles parisiennes, mais également à la **Maison de Radio-France** qui abrite une grande salle ainsi que plusieurs auditoriums plus petits, destinés aux concerts radiodiffusés ouverts au public (*voir p. 200, Musée de Radio-France*). La **Salle Gaveau** est une salle de taille moyenne : son programme chargé propose de la musique de chambre et des récitals. Radio-France y organise des concerts « brunch » le dimanche matin à 11 h durant la saison. Le nouvel **Auditorium du Louvre** a été construit dans le cadre du réaménagement du Louvre (*voir pp. 122-129*) ; on y donne essentiellement des récitals de musique de chambre. L'**Auditorium du musée d'Orsay** est une salle de taille moyenne aménagée dans le musée d'Orsay (*voir pp. 144-147*). L'entrée du musée donne droit aux concerts du déjeuner. Le prix des concerts du soir est variable. D'autres musées organisent fréquemment des concerts dans le cadre de leurs expositions, comme celle des troubadours d'Europe au musée de Cluny (*voir pp. 154-157*). L'association La Musique en Sorbonne organise une série de concerts au **grand amphithéâtre de la Sorbonne** ainsi qu'à l'**amphithéâtre Richelieu** : on a pu y entendre des œuvres de compositeurs d'Europe de l'Est dans le cadre du festival de musique slave. Des concerts sont parfois donnés au **Conservatoire d'art dramatique**, où le public parisien découvrit Ludwig van Beethoven en 1828 et où Berlioz présenta pour la première fois plusieurs de ses œuvres. Dans un genre différent, l'**Opus Café** est un bar où se produisent des quatuors à cordes. Pour plus de détails, reportez-vous au *Pariscope*.

LA MUSIQUE CONTEMPORAINE

L'Ensemble Inter-Contemporain tient le haut du pavé de la création contemporaine, mais des formations telles que L'Itinéraire, E2-M2 et Musique Oblique jouissent également des faveurs d'un public de connaisseur. Et pourtant aucune salle n'est spécifiquement dédiée à la musique contemporaine, généralement incluse dans le programme des principales salles de concert.

La grande salle du **Centre Pompidou** (*voir pp. 110-113*), au sous-sol et l'espace de projection de l'**IRCAM** voisin accueillent parfois des concerts, le plus souvent ceux de l'Ensemble InterContemporain. L'IRCAM est un institut de recherche musicale spécialisé dans la création expérimentale, fondé par le compositeur et chef d'orchestre Pierre Boulez. Les œuvres de compositeurs du xxe siècle plus anciens, comme Stravinsky ou Copland, sont également jouées.

Les espaces publics de la **Cité de la musique**, au Parc de la Villette (*voir p. 234*), sont en cours d'achèvement sur le site des anciens abattoirs de Paris : ils inclueront en 1994 une salle de concert moderne, qui sera dévolue à l'Ensemble InterContemporain. En attendant, le **Conservatoire national de musique** est déjà installé dans ses nouveaux locaux de la Villette. Ceux-ci comprennent une petite salle d'opéra ainsi que deux salles de concert, où le public est parfois autorisé à assister aux concerts des élèves. L'entrée est habituellement gratuite : téléphonez pour plus d'informations.

LES FESTIVALS

Plusieurs festivals d'importance sont organisés à Paris : le **Festival estival de Paris** a lieu de juillet à septembre dans diverses salles de la capitale, et propose des concerts de musique classique, ainsi que des opéras et des ballets.

Le **Festival d'automne à Paris** n'est pas tant un ensemble de concerts qu'un organisateur en coulisse, passant commande d'œuvres nouvelles, en subventionnant d'autres et, de façon générale, animant la scène musicale, chorégraphique et théâtrale de Paris de septembre à décembre.

Le **Festival de Saint-Denis**, en juin et juillet, est essentiellement axé sur les grandes œuvres chorales. La plupart des concerts sont donnés en la basilique Saint-Denis.

Le **Festival baroque de Versailles** a lieu de la mi-septembre à la mi-octobre ; c'est une ramification du Centre de musique baroque fondé à Versailles en 1988. Opéras, concerts, récitals, musique de chambre, ballets et pièces de théâtre ont pour cadre le fabuleux décor du château de Versailles (*voir pp. 248-253*).

Les places sont généralement vendues au bureau de location de la salle concernée, et certains festivals ont mis sur pied un système de pré-réservation par courrier.

LES CONCERTS DANS LES ÉGLISES

On pourra écouter de la musique dans toutes les églises de Paris, concerts classiques, récitals d'orgue ou simplement durant la messe. Les églises les plus splendides où des concerts ont régulièrement lieu sont **La Madeleine** (*voir p. 214*), **Saint-Germain-des-Prés** (*voir p. 138*), **Saint-Julien-le-Pauvre** (*voir p. 152*) et **Saint-Roch** (*voir p. 121*), mais aussi l'**église des Billettes**, **Saint-Sulpice** (*voir p. 172*), **Saint-Gervais-Saint-Protais** (*voir p. 99*), **Notre-Dame** (*voir pp. 82-85*) et la **Sainte Chapelle** (*voir pp. 88-89*).

Certains de ces concerts sont gratuits. Si vous ne parvenez pas à joindre l'église concernée, renseignez-vous auprès de l'Office du tourisme et des congrès de Paris (*voir pp. 328-329*).

LA MUSIQUE ANCIENNE

Un certain nombre d'ensembles de musique ancienne sont établis à Paris. Le programme des concerts de la Chapelle Royale au **Théâtre des Champs-Elysées** concerne la musique vocale, de la Renaissance à Mozart. Ses concerts de musique sacrée (notamment les cantates de Bach) ont lieu à **Notre-Dame-des-Blancs-Manteaux** (*voir p. 102*).

L'opéra baroque est davantage le domaine des Arts Florissants, qui se sont installés au **Théâtre du Châtelet** : ils y donnent de somptueux opéras français et italiens de Rossi à Rameau, mais se produisent également à l'**Opéra-Comique** (salle Favart) où ils ont joué *Atys* ou *Les Indes galantes* qui ont rencontré un vif succès.

Le **Théâtre de la Ville** est le haut lieu de la musique de chambre. Si vous souhaitez découvrir une musique typiquement française, l'Ensemble Clément Janequin, du nom du maître de la chanson parisienne paillarde du xvie siècle, se produit au **Théâtre du musée Grévin** (*voir p. 216*).

LA RÉSERVATION

En ce qui concerne l'achat des billets, vous obtiendrez presque toujours les meilleurs tarifs en vous adressant directement au bureau de location de la salle concernée. Les salles principales proposent une réservation par courrier jusqu'à deux mois à l'avance, et par téléphone de deux semaines à un mois à l'avance. Si vous souhaitez une bonne place, faites votre réservation le plus tôt possible.

Vous pourrez également obtenir des billets de dernière minute au bureau de location ; certaines salles comme l'Opéra-Bastille gardent jusqu'au dernier moment un certain nombre de places parmi les moins chères. Les agences de location, plus particulièrement celle de la FNAC (*voir p. 329*), voire le concierge d'un bon hôtel, seront susceptibles de vous aider. Ces agences acceptent les cartes de crédit, à la différence des bureaux de location de certaines salles.

Le jour même de la représentation, vous pourrez vous procurer des billets demi-tarif auprès du Kiosque Théâtre (*voir p. 329*), place de la Madeleine ou sur le parvis de la gare Montparnasse. En revanche, ce kiosque ne propose d'ordinaire de places que pour les théâtres privés. Maints théâtres et salles de concert font relâche en août : renseignez-vous au préalable pour éviter toute déconvenue.

LE PRIX DES PLACES

À l'Opéra-Bastille et dans les principales salles de concert, le prix des places varie de 50 F à 550 F, et de 30 F à 150 F dans les salles de moindre importance ou les églises comme la Sainte-Chapelle.

MUSIQUE CLASSIQUE

Amphithéâtre Richelieu de la Sorbonne
17, rue de la Sorbonne 75005. **Plan** 12 F5.
[42 62 71 71.

Auditorium
Voir Opéra de Paris Bastille.

Auditorium du Châtelet
(Auditorium des Halles)
Forum des Halles, Porte St-Eustache. **Plan** 13 A2.
[40 28 28 40.

Auditorium du Louvre
Musée du Louvre, rue de Rivoli 75001. **Plan** 12 E2.
[40 20 52 29.

Auditorium du musée d'Orsay
102, rue de Lille 75007. **Plan** 12 D2.
[40 49 48 14.

Cité de la musique
Parc de La Villette, 221, av. Jean-Jaurès 75019.
[44 84 45 00.

Conservatoire d'art dramatique
2 bis, rue du Conservatoire 75009. **Plan** 7 A4.
[42 46 12 91.

Conservatoire national de musique
Voir Cité de la Musique.

Église des Billettes
22, rue des Archives 75004. **Plan** 13 C2.
[42 72 38 79.

Festival d'automne à Paris
156, rue de Rivoli 75001.
Plan 12 F2.5
[42 96 12 27.

Festival St-Denis
61, bd Jules-Guesde 93200 St-Denis.
Plan 15 C3.
[42 43 30 97.

Grand Amphithéâtre de la Sorbonne
47, rue des Écoles 75005.
Plan 13 A5.
[42 62 71 71.

IRCAM
1, place Igor-Stravinsky 75004. **Plan** 13 B2.
[44 78 12 33.

La Madeleine
Place de la Madeleine 75008. **Plan** 5 C5.
[39 61 12 03.

Maison de Radio-France
116, av du Président-Kennedy 75016. **Plan** 9 B4.
[42 30 15 16.

Musique baroque au château de Versailles
Château de Versailles, Chapelle royale, 78000 Versailles [39 49 48 24.

Notre-Dame
Place du Parvis-Notre-Dame. **Plan** 13 A4.
[43 29 50 40.

Notre-Dame-des-Blancs-Manteaux
12, rue des Blancs-Manteaux 75004.
Plan 13 A4.
[42 72 09 37.

Opéra-Comique
(Salle Favart)
5, rue Favart 75002.
Plan 6 F5.
[42 86 88 83.

Opéra de Paris Bastille
120, rue de Lyon 75012.
Plan 14 E4.
[44 73 13 00.

Opus Café
167, quai de Valmy 75010.
Plan 8 D3.
[40 38 09 57 et 40 38 36 14.

Centre Pompidou
Plateau Beaubourg 75004.
Plan 13 B2.
[44 78 12 33.

Sainte-Chapelle
1, bd du Palais 75001.
Plan 13 A3.
[43 54 30 09.

St-Germain-des-Prés
Place St-Germain-des Prés 75006. **Plan** 12 E4.
[43 25 41 71.

St-Gervais-St-Protais
Place de l'Hôtel-de-Ville 75004. **Plan** 13 B3.
[42 72 64 99.

St-Julien-le-Pauvre
1, rue St-Julien-le-Pauvre 75005. **Plan** 13 A4.
[43 54 20 41.

St-Louis-en-l'Ile
19 bis, rue St-Louis-en-l'Ile 75004. **Plan** 13 C5.
[46 34 11 60.

St-Roch
296, rue St-Honoré 75001.
Plan 12 D1.
[42 60 81 69.

St-Sulpice
Place St-Sulpice 75006.
Plan 12 E4.
[46 33 21 78.

Salle Gaveau
45, rue La Boétie 75008.
Plan 5 B4.
[49 53 05 07.

Salle Pleyel
252, rue du Faubourg-St-Honoré 75008.
Plan 4 E3.
[45 61 53 00.

Studio
Voir Opéra de Paris Bastille.

Théâtre de la Ville
2, place du Châtelet 75001. **Plan** 13 A3.
[42 74 22 77.

Théâtre des Champs-Élysées
15, av. Montaigne 75008.
Plan 10 F1.
[49 52 50 50

Théâtre du Châtelet
2, rue Edouard-Colonne 75001. **Plan** 13 A3.
[40 28 28 40.

Théâtre du Musée Grévin
10, bd Montmartre 75009. **Plan** 6 F4.
[42 46 84 47.

Le ballet

En ce qui concerne le ballet, Paris est davantage un carrefour qu'un centre culturel. En raison de la politique gouvernementale de décentralisation, de nombreux corps de ballet prestigieux sont établis en province, mais séjournent fréquemment dans la capitale. Les Parisiens ne sont pas tendres: si un spectacle de ballet leur déplaît, ils ne se privent pas de le huer ou de quitter la salle, même au milieu de la représentation.

LE BALLET CLASSIQUE

Le magnifique **Opéra-Garnier** (*voir p. 215*) est le siège du Ballet de l'Opéra de Paris, l'un des meilleurs corps de ballet classique au monde.

Depuis l'inauguration de l'Opéra-Bastille en 1989, l'Opéra-Garnier a été presque exclusivement consacré aux spectacles de danse. C'est l'une des plus grandes salles d'Europe, avec une capacité de 2 200 places et une scène pouvant accueillir 450 danseurs.

De nombreux corps de ballet contemporains s'y produisent également, notamment la Martha Graham Company, Paul Taylor, Merce Cunningham, Alvin Ailey, Jerome Robbins et le Ballet de Marseille de Roland Petit.

En septembre 1994, l'Opéra-Garnier a fermé ses portes pour 18 mois de restauration. D'ici sa réouverture, les spectacles sont transférés à la Bastille.

LE BALLET CONTEMPORAIN

Le **Théâtre de la Ville** (jadis dirigé par Sarah Bernhardt) est devenu la première salle parisienne du ballet contemporain, grâce aux subventions gouvernementales qui lui permettent de pratiquer un tarif public relativement bon marché. C'est ici que maints chorégraphes contemporains se sont fait une réputation internationale, Jean-Claude Gallotta, Régine Chopinot, Daniel Larrieu ou Anne-Theresa de Keersmaeker entre autres. Vous pourrez également y applaudir le Wuppertal Tanz Theater de

Pina Bausch dont la chorégraphie tourmentée, existentielle, et souvent controversée, est très appréciée du public parisien.

Des concerts y sont également donnés durant la saison, qu'il s'agisse de musique de chambre, de récitals, de world music ou de jazz.

Située à Créteil, en banlieue sud, et grassement subventionnée par les institutions locales, la **Maison des arts de Créteil** présente quelques-uns des ballets les plus intéressants du pays. L'œuvre sombre et expressive de Maguy Marin, la chorégraphe de la compagnie de Créteil, a été unanimement saluée.

La Maison des arts accueille également des ballets novateurs, comme le Sydney Ballet ou le Kirov de Saint-Pétersbourg, plus classique.

Au cœur du quartier de la haute couture et des ambassades, l'élégante salle de 1 900 places du **Théâtre des Champs-Elysées** est fréquentée par un public choisi venu assister aux meilleurs ballets internationaux. C'est ici que Nijinski dansa pour la première fois le *Sacre du Printemps* de Stravinsky, salué par un scandale mémorable.

La salle, plus célèbre pour ses concerts de musique classique, a néanmoins accueilli récemment la Harlem Dance Company et le London Royal Ballet ; Mikhaïl Barychnikov et le chorégraphe américain Mark Morris s'y produisent régulièrement. Le Théâtre des Champs-Elysées parraine également les *Géants de la Danse*, une soirée très populaire où sont présentés

divers ballets internationaux.

Le charmant **Théâtre du Châtelet**, réputé pour ses opéras et ses concerts de musique classique, accueille également le très controversé chorégraphe du Ballet de Francfort, William Forsythe. C'est au **Théâtre de la Bastille** que se font connaître de jeunes compagnies de ballet expérimentales, ainsi que des troupes de théâtre d'avant-garde.

De nouvelles compagnies encore dépourvues de salle permanente, comme La P'tite Cie et L'Esquisse, font parler d'elles.

LE PROGRAMME

Pariscope et *L'Officiel des spectacles* vous informeront sur l'ensemble des spectacles de ballet ayant lieu à Paris durant votre séjour. Ceux-ci font aussi l'objet d'une campagne d'affichage dans le métro et dans la rue, en particulier sur les colonnes Morris.

LE PRIX DES PLACES

À l'Opéra-Garnier, le prix des places varie de 30 F à 350 F, de 40 F à 500 F au Théâtre des Champs-Elysées, et entre 60 et 180 F ailleurs.

LES SALLES DE BALLET

Maison des arts de Créteil
Place Salvador-Allende 94000 Créteil.
🛈 49 80 18 88.

Opéra de Paris Garnier
Place de l'Opéra 75009.
Plan 6 E5.
🛈 47 42 53 71.

Théâtre de la Bastille
76, rue Roquette 75011.
Plan 14 F3.
🛈 43 57 42 12.

Théâtre de la Ville
Voir p. 334.

Théâtre des Champs-Elysées
Voir p. 334.

Théâtre du Châtelet
Voir p. 334.

Rock, jazz et world music

Les mélomanes comme les rappeurs trouveront toutes les formes de musique imaginables à Paris et dans sa banlieue, depuis les rock-stars internationales se produisant dans les plus grandes salles jusqu'aux talentueux musiciens des rues et du métro, en passant par le reggae, la world music, le blues, le jazz et les autres expressions musicales. Paris, la deuxième ville après New York pour le nombre des clubs de jazz, offre en permanence un excellent choix d'orchestres.

La *Fête de la musique* a lieu chaque année, au solstice d'été (21 juin) : c'est le jour où chacun peut jouer de son instrument préféré, où bon lui semble dans Paris, et il n'est pas rare de voir presque côte à côte un orchestre de hard et un quatuor vocal de musique ancienne.

L'hebdomadaire *Pariscope* (en vente chaque mercredi chez tous les marchands de journaux) vous donnera la liste complète des concerts. Les amateurs de jazz liront également avec profit le mensuel *Jazz*.

LES PRINCIPALES SALLES

Les stars internationales se produisent d'ordinaire dans la gigantesque enceinte du **Palais omnisports de Bercy** ou au **Zénith**. Les salles plus petites, comme le mythique **Olympia** ou **Le Grand Rex** (qui est également un cinéma) offrent une ambiance plus intime, une excellente acoustique, et accueillent toutes les formes de musique, du folk au jazz en passant par la chanson et le rock.

LE ROCK ET LA MUSIQUE POP

Quelques groupes de rock parisiens, comme les Négresses Vertes, Noir Désir, La Mano Negra et les Rita Mitsouko ont acquis une certaine notoriété hors de nos frontières. Leur musique hérissée se situe à la jonction du rock et de la chanson de rue. Plusieurs groupes de rap français sont issus de la banlieue parisienne, comme Alliance Ethnique, NTM et MC Solaar, qui, bien que prônant une révolte active, semblent bien innocents comparés à leurs modèles américains hyper-violents.

La chanson pop française est pleine de vitalité. Parmi de nombreux chanteurs, citons Francis Cabrel, Michel Jonasz, Jacques Higelin, Julien Clerc, Jean-Louis Murat et le musicien de blues Paul Personne. De nombreux groupes étrangers se produisent également dans la capitale, devant un public plutôt animé, à **La Cigale** (un ancien cinéma), à l'**Elysée-Montmartre** et au **New Moon**, tous dans le quartier de Pigalle, de même que dans la gigantesque discothèque voisine du Moulin-Rouge (*voir p. 226*), **La Locomotive**, qui accueille à l'occasion des groupes de rock.

Le **Caf'Conc'** est spécialisé dans le rock et le *rythm and blues*. **Le Divan du Monde** accueille des groupes de rock du monde entier. **Le Bataclan**, à façade de pagode, où Jane Birkin fit ses débuts sur scène, ainsi que le **Rex Club** sont fréquentées par des groupes de styles divers.

De nombreuses boîtes de nuit parisiennes organisent également des concerts de rock (*voir pp. 338-339*).

LE JAZZ

La passion de Paris pour le jazz se traduit par d'innombrables clubs de jazz, toujours bondés, où jouent tous les soirs les plus grands talents. Nombreux sont les musiciens américains à s'être installés de façon permanente dans la capitale, séduits par la chaleur et la réceptivité du public parisien. On pourra y entendre tous les styles, du dixieland au free en passant par le bop et le jazz-rock.

Les clubs se répartissent de la quasi-salle de concert au piano-bar le plus modeste. Le **New Morning** est l'un des plus populaires, davantage pour les stars qui s'y produisent que pour son confort : le service est épouvantable, il y fait chaud et la salle est très enfumée. **Au Duc des Lombards** est un club très animé du quartier des Halles, qui accueille également des groupes de salsa.

À l'instar de maints clubs de jazz, l'élégant **Alligators** fait aussi restaurant. **Le Bilboquet**, plus intime, possède un décor Belle Époque qu'affectionnent les célébrités du cinéma ; en bas se trouve le **Club Saint-Germain**. Le dîner n'est pas toujours obligatoire, mais renseignez-vous au préalable.

Signalons aussi **Le Petit Journal Montparnasse** (jazz moderne), **Le Petit Journal Saint-Michel** (dixieland) et le **Sunset**. La réputation du **Petit Opportun** (60 places) n'est plus à faire. Le **Café de la Plage**, à la Bastille, propose divers styles de jazz. **Le Caveau de la Huchette**, qui ressemble à l'archétype de la boîte de jazz, n'est plus le leader de la scène du jazz parisien, mais demeure prisé par des étudiants qui viennent y écouter des big-bands.

Pour changer des caves enfumées, essayez les petits bars accueillants, comme **L'Eustache**, plutôt bon marché, ou le **China Club** à la mode, avec son décor de film noir des années 40. **Le Jazz-Club Lionel Hampton** de l'hôtel Méridien, d'excellente réputation, organise un jazz brunch le dimanche matin.

Si vous séjournez à Paris en juillet, ne manquez pas le festival annuel Halle That Jazz, organisé à la **Grande halle de la Villette**, qui accueille les plus grands, comme Rover Washington Jr, Fats Domino ou B.B. King. On peut également y voir des films sur le jazz ou assister à des *jam sessions* auxquels participe le gratin du jazz mondial. Le Festival de jazz de Paris a lieu chaque année en octobre.

Si vous aimez danser, allez au

Slow Club, où vous pourrez vous mêler à la foule dansant sur des rythmes bop.

LA WORLD MUSIC

Paris, avec sa nombreuse population originaire d'Afrique occidentale, du Maghreb, des Antilles et d'Amérique latine, est incontestablement la capitale de la world music. L'excellente **Chapelle des Lombards** accueille les meilleurs groupes de jazz, de salsa ou de musique brésilienne : on y danse jusqu'à l'aube. Blues, tango et rock-and-roll ont investi la cave médiévale du **Trois Mailletz**.

Les **Trottoirs de Buenos-Aires** vibrent toute la nuit au son du tango et sous les pas des danseurs.

Maints clubs de jazz proposent également les diverses musiques ethniques: africaines, brésiliennes et d'ailleurs au **New Morning**, reggae et salsa au **Café de la Plage**, du blues à la musique brésilienne au **Baiser Salé**. Makossa, Kassav, Malavoi et Manu Dibango sont très appréciés du public parisien.

LE PRIX DES ENTRÉES

Le prix d'entrée des clubs de jazz parisiens peut être élevé, dépassant souvent 100 F (la première consommation est généralement comprise). Si l'entrée n'est pas payante, il est vraisemblable que les consommations seront onéreuses, et qu'il faudra au moins en commander une.

LA RÉSERVATION

On pourra se procurer des billets pour les principaux concerts à la FNAC et chez Virgin Mégastore (*voir p. 329*), ou auprès du bureau de location de la salle et à l'entrée des clubs.

CARNET D'ADRESSES

SALLES PRINCIPALES

Le Grand Rex
1, bd Poissonnière 75002.
Plan 7 A5.
[40 26 22 92.

Olympia
28, bd des Capucines 75009. **Plan** 6 D5.
[47 42 25 49.

Palais Omnisports de Paris-Bercy
8, bd de Bercy 75012.
Plan 18 F2.
[43 46 12 21.

Zénith
211, av. de Jean-Jaurès 75019. [42 40 60 00.

ROCK ET POP

Le Bataclan
50, bd Voltaire 75011.
Plan 14 E1.
[47 00 30 12.

Caf' Conc'
6, rue St-Denis 75001.
Plan 13 A3.
[42 33 42 41.

La Cigale
120, bd Rochechouart 75018. **Plan** 6 F2.
[42 23 15 15.

Élysée-Montmartre
72, bd Rochechouart 75018. **Plan** 6 F2.
[44 92 45 45.

La Locomotive
Voir Clubs p. 339.

New Moon
66, rue Pigalle 75009.
Plan 6 E2. [49 95 92 33.

Le Divan du Monde
75, rue des Martyrs 75018.
Plan 6 F2.
[42 55 48 50.

Rex Club
5, bd Poissonnière 75002.
Plan 7 A5.
[42 36 83 98.

JAZZ

Alligators Jazz Club
23, av. du Maine 75015.
Plan 15 C2.
[42 84 11 27.

Au Duc des Lombards
42, rue des Lombards 75001. **Plan** 13 A2.
[42 33 22 88.

Baiser Salé
58, rue des Lombards 75001. **Plan** 13 A2.
[42 33 37 71.

Le Bilboquet
13, rue St-Benoît 75006.
Plan 12 E3.
[45 48 81 84.

Les Bouchons
19, rue des Halles 75001.
Plan 13 A2.
[42 33 28 73.

Café de la Plage
59, rue de Charonne 75011. **Plan** 14 F4.
[47 00 91 60.

Caveau de la Huchette
5, rue de la Huchette 75005. **Plan** 13 A4.
[43 26 65 05.

China Club
50, rue de Charenton 75012. **Plan** 14 F5.
[43 43 82 02.

Club St-Germain
Voir Bilboquet.

L'Eustache
37, rue Berger, Carré des Halles 75001.
Plan 13 A2.
[40 26 23 20.

La Grande Halle de la Villette
211, av. Jean-Jaurès 75019.
[40 03 75 00.

Jazz-Club Lionel Hampton
Hôtel Méridien, 81, bd Gouvion-St-Cyr 75017.
Plan 3 C3.
[40 68 34 42.

New Morning
7-9, rue des Petites-Écuries 75010.
Plan 7 B4.
[45 23 51 41.

Le Petit Journal Montparnasse
13, rue du Commandant-Mouchotte 75014.
Plan 15 C2.
[43 21 56 70.

Le Petit Journal St-Michel
71, bd St-Michel 75005.
Plan 16 F1.
[43 26 28 59.

Le Petit Opportun
15, rue des Lavandières-Ste-Opportune 75001.
Plan 13 A3.
[42 36 01 36.

Slow Club
130, rue de Rivoli 75001.
Plan 13 A2.
[42 33 84 30.

Sunset
60, rue des Lombards 75001. **Plan** 13 A2.
[40 26 46 60.

Les Trottoirs des Buenos-Aires
37, rue des Lombards 75001. **Plan** 13 A2.
[40 26 28 58.

WORLD MUSIC

Aux Trois Mailletz
56, rue Galande 75005.
Plan 13 A4.
[43 54 00 79

Baiser Salé
Voir Jazz.

Café de la Plage
Voir Jazz.

Chapelle des Lombards
19, rue de Lappe 75011.
Plan 14 F4.
[43 57 24 24.

New Morning
Voir Jazz.

Sunset
60, rue des Lombards 75001. **Plan** 13 A2.
[40 26 46 60.

Discothèques et boîtes de nuit

Les discothèques parisiennes suivent généralement les modes musicales anglo-saxonnes, sur lesquelles on danse le rock, interprétation très libre du rock-and-roll classique des années 50. Rares sont les boîtes de nuit authentiquement branchées, comme le **Balajo** ou les **Folies Pigalle**. Les discothèques sont en général bien établies. **Les Bains** et **Le Palace** qui existent depuis des années, connaissent des hauts et des bas mais parviennent à conserver une clientèle régulière.

Vous trouverez dans le supplément hebdomadaire du *Figaro* consacré aux spectacles, ainsi que dans *Pariscope*, toutes informations sur les horaires des discothèques. Vous pouvez également consulter les affiches du métro Bastille, ou écouter Radio Nova, sur 101.5 FM, pour le détail des soirées.

Les bals et les piano-bars sont également très fréquentés. Et si vous vous demandez comment vous habiller, sachez que la plupart des Parisiens se mettent sur leur trente et un (plus ou moins artistement négligé) pour sortir en boîte.

BRANCHÉ

La **Locomotive**, grande discothèque sur trois niveaux, attire une foule jeune, mi-B.C.B.G., mi-B.C.B.G., pour sa musique et son ambiance variées : des D.J. invités y ont popularisé la musique anglo-indienne, mais on y propose aussi des groupes de rock, de la soul music ainsi que des soirées à thème.

Le **Bataclan** est une grande salle de spectacle conviviale, remise à la mode par de nombreux concerts. Le samedi soir, après le spectacle, elle se transforme en boîte de nuit, la plus branchée à Paris en ce moment. Depuis quelques mois, ses samedis soirs sont devenus légendaires. Musiques new jack, funk et soul. **Là-Bas**, décoré par le designer Philippe Starck, avec ses murs en peluche et marbre noir, est la boîte N.A.P. par excellence.

Le **Club 79**, à tendance house music, est très fréquenté. Les tarifs bon marché de **La Scala** attirent les foules, et les aventureux font du patin à roulettes sur la sono rap et rock de **La Main Jaune**.

Les Bains, anciens bains turcs que fréquentait à l'époque Marcel Proust, est la boîte incontournable du show biz ; maints dîners privés sont organisés dans son restaurant dernier cri à l'étage.

Les gros bonnets de la pub et du cinéma fréquentent le **Rex**

Club où sont organisées des soirée à thème, du rock glamour à la house music, en passant par le funk, le reggae et la world music. Le **Zed Club** est aussi smart que bien fréquenté : un public de tous âges y danse le rock-and-roll.

CHIC

Être riche, beau et célèbre est une condition nécessaire, mais pas toujours suffisante, pour entrer chez **Castel's**. C'est un club privé où les happy few dînent dans l'un de ses deux excellents restaurants avant de gagner la piste de danse.

Regine's est essentiellement fréquenté par les cadres et les touristes aisés : on y dîne et danse sur une musique de variétés.

Lambrissé de bois, l'intime **Ritz Club**, du légendaire hôtel Ritz, n'est ouvert qu'aux membres et aux clients de l'établissement, mais les élégants sont également bienvenus. L'ambiance est très «smart» et la musique facile.

MODE

Jadis bal populaire, que fréquentaient notamment Edith Piaf et Jean Gabin, le **Balajo** est aujourd'hui une boîte de nuit très chic, mais qui demeure l'une des meilleures de Paris pour la danse, et l'une des rares ouvertes le lundi.

La jeunesse hyper-branchée

afflue aux **Folies Pigalle**. Ses soirées originales en font l'une des discothèques les plus animées du quartier. On y organise également des concerts rock.

WORLD MUSIC

Boîte de nuit afro-antillaise, aussi élégante que chère, le **Keur Samba** attire la jet-set africaine. L'ambiance bat son plein à 2 h du matin et dure jusqu'à l'aube. La **Casbah**, chic et jazzy, est l'un des meilleurs nouveaux venus sur la scène de la nuit parisienne. Son décor mi-africain mi-oriental attire mannequins et branchés qui, entre deux danses, peuvent faire quelques emplettes dans la boutique en sous-sol.

Le raï (la pop algérienne), une excellente sonorisation et un décor de stuc doré et de fausses pierres précieuses façon harem font du **Shéhérazade** l'une des boîtes de nuit les plus excitantes de la capitale. On pourra également entendre de la world music aux **Trottoirs de Buenos-Aires**, à la **Chapelle des Lombards** ainsi qu'aux **Trois Mailletz** (*voir* Rock, jazz et world music *pp. 336-337*).

GAY ET LESBIENNES

Tantôt clean et BCBG, tantôt plus débridées, garçons et filles se retrouvent au **Scorpion**. L'ambiance conviviale est parfois assez chaude. Certains soirs, spectacles de travestis et « male shows », à partir de 2 h du matin. Boîte très fréquentée, **Le Boy** prône la house music et les soirées travesties. La « nuit des seventies » du lundi est l'un des grands événements de la vie nocturne parisienne, que fréquentent également les hétérosexuels.

La Luna, à la Bastille, l'une des meilleures boîtes homo de la capitale, propose une excellente musique. Le thé dansant du dimanche après-midi au **Palace** (de 17 h à minuit) est l'événement gay le plus important de la semaine. La salle en sous-sol est réservée au **Privilège Kat**, un club de lesbiennes, les mardi, mercredi et jeudi soir.

CABARET

La revue de music-hall est un spectacle évoquant le Paris du début du siècle, la bohème et la débauche au champagne. De nos jours, se sont principalement des hommes d'affaires étrangers et des touristes en voyage organisé qui viennent y applaudir les girls, américaines pour la plupart.

Lorsqu'il s'agit choisir un cabaret, la règle est simple : les plus connus sont les meilleurs. Les girls des établissements cités ci-dessous sont garanties « topless », à plumes et paillettes provocantes. Selon le point de vue, c'est un spectacle magnifique, ou la quintessence du kitsch.

Sur la scène du **Lido**, très inspirée des shows de Las Vegas, évoluent les légendaires Bluebell Girls. Les **Folies Bergère** rajeunissent grâce à l'imagination du metteur en scène Alfredo Arias : c'est le plus ancien music-hall de Paris, et probablement le plus connu au monde.

Le **Crazy Horse Saloon** présente des tableaux plus osés ; les danseuses, simplement vêtues de lumière, répondent aux noms évocateurs de Betty Buttocks, Fila Volcana ou Nooka Bazooka. Ancien bar de style Far West, le Crazy Horse est devenu un écrin de la beauté internationale, avec seau à champagne à côté de chaque table, et où le strip-tease des revues déshabillées atteint la perfection du genre.

Le **Paradis Latin** est le plus « français » de tous les spectacles de cabaret de la capitale : ses tableaux de variétés, aux remarquables décors et effets spéciaux, ont pour cadre un beau théâtre de la rive gauche, en partie dessiné par Gustave Eiffel.

Plus élégants et moins touristiques, le **Don Camillo Champs-Elysées** et le **Don Camillo Rive Gauche** présentent tous deux d'excellents spectacles de chansonniers et de variétés. Le **Moulin-Rouge** (*voir p. 226*), que fréquentait jadis assidûment Toulouse-Lautrec, est le lieu de naissance du cancan, dont on pourra applaudir des parodies provocantes et travesties **Chez Madame Arthur**.

LE PRIX DES ENTRÉES

Certaines boîtes de nuit sont strictement privées, d'autres pratiquent un droit d'admission plus généreux. Les prix s'élèvent de 75 F à 100 F ou 200 F, voire davantage après minuit et le week-end, mais les femmes ont parfois droit à des réductions, ou à l'entrée gratuite.

Vous pourrez souvent dîner pendant le spectacle, ou simplement prendre un verre : ni l'un ni l'autre ne seront bon marché. Il vous en coûtera 150 F à 400 F pour l'entrée seule, 450 F à 700 F dîner compris. L'entrée comprend en général une première consommation. Attention, le prix de la seconde peut être exorbitant !

DISCOTHÈQUES ET CLUBS

Les Bains
7, rue du Bourg-L'Abbé 75003. **Plan** 13 B1.
📞 48 87 01 80.

Balajo
9, rue de Lappe 75011.
Plan 14 E4.
📞 47 00 07 87.

Le Bataclan
50, bd Voltaire 75011.
Plan 13 E1.
📞 47 00 30 12.

Casbah
18-20, rue de la Forge-Royale 75011.
📞 43 71 71 89.

Castel's
15, rue Princesse 75006.
Plan 12 E4.
📞 43 26 90 22.

Chez Madame Arthur
75 bis, rue des Martyrs 75018. **Plan** 6 F2.
📞 42 54 40 21.

Le Scorpion
25, bd Poissonnière 75002. **Plan** 7 A5.
📞 40 26 01 50

Club 79
79, av des Champs-Elysées 75008.
Plan 4 F5.
📞 47 23 68 75.

Crazy Horse Saloon
12, av. George-V 75008.
Plan 10 E1.
📞 47 23 32 32.

Don Camillo Rive Gauche
10, rue des Saints-Pères 75007. **Plan** 12 E3.
📞 42 60 82 84.

Folies Bergère
32, rue Richer 75009.
Plan 7 A4.
📞 44 79 98 98.

Folies Pigalle
11, place Pigalle 75009.
Plan 6 E2. 📞 48 78 25 56.

Keur Samba
79, rue de la Boétie 75008.
Plan 5 A4.
📞 43 59 03 10.

Là-Bas
6, rue Balzac 75008. **Plan** 4 F4. 📞 45 63 12 39.

Lido
116 bis, av. des Champs-Elysées 75008. **Plan** 4 E4.
📞 40 76 56 10.

La Locomotive
90, bd de Clichy 75018.
Plan 6 D1.
📞 42 57 37 37.

La Main Jaune
Place de la Porte-Champerret 75017. **Plan** 3 C1.
📞 47 63 26 47.

Moulin-Rouge
82, bd de Clichy 75018.
Plan 6 E1.
📞 46 06 00 19.

Palace
8, rue du Faubourg Montmartre 75009.
Plan 6 F4.
📞 42 46 10 87.

Paradis Latin
28, rue du Cardinal-Lemoine 75005. **Plan** 13 B5.
📞 43 25 28 28.

Privilège Kat
Voir Le Palace.

Regine's
49-51, rue de Ponthieu 75008. **Plan** 5 A5.
📞 43 59 21 60.

Rex Club
5, bd Poissonnière 75002.
Plan 7 A5.
📞 42 36 83 98.

Ritz Club
Hôtel Ritz, 15 Pl Vendôme 75001.
Plan 6 D5.
📞 42 60 38 30.

La Scala
188 bis, rue de Rivoli 75001. **Plan** 12 E2.
📞 42 60 45 64.

The Queen
102, av. des Champs-Élysees 75008. **Plan** 4 E4.
📞 42 89 31 32.

Tango
13, rue au Maire 75004.
Plan 13 C1
📞 42 72 17 78.

Zed Club
2, rue des Anglais 75005.
Plan 13 A5.
📞 43 54 93 78.

Le cinéma

Paris, capitale mondiale du septième art, a été le berceau du cinématographe voici plus d'un siècle, et l'incubateur de la « nouvelle vague », ce mouvement d'avant-garde très parisien qui rassembla à la fin des années 50 et au début des années 60 plusieurs cinéastes comme Claude Chabrol, François Truffaut, Jean-Luc Godard et Éric Rohmer, qui révolutionnèrent la façon de faire les films et de les voir. Plus de 300 écrans répartis en une centaine de salles proposent autant de films récents ou classiques dans la capitale. Même si le cinéma américain domine le marché, virtuellement chaque production cinématographique nationale du monde est visible à Paris. Le programme des salles change le mercredi. *Pariscope* et *L'Officiel des spectacles* (*voir p. 328*) donnent le détail des cinémas et des horaires de projection de quelque 300 films. Des comptes rendus et des articles plus substantiels sont publiés dans des revues hebdomadaires comme *Télérama*, et les cinéphiles avertis trouveront leur bonheur dans les magazines mensuels *Les Cahiers du Cinéma* et *Positif*. Les films sont soit projetés en version originale sous-titrée en français (« V.O. »), soit en version française doublée (« V.F. »). La Fête du cinéma a lieu chaque année en juin : pendant une journée, après avoir payé le plein tarif pour une séance, vous pouvez assister à autant d'autres séances que vous le souhaitez, celles-ci ne coûtant alors qu'un franc. Certains cinéphiles peuvent ainsi voir jusqu'à six films d'affilée !

LES QUARTIERS DES CINÉMAS

La plupart des cinémas parisiens sont regroupés dans quelques quartiers privilégiés qu'ils partagent avec les restaurants et les commerces. Les Champs-Élysées bénéficient de la plus forte densité de cinémas de la capitale : vous pourrez y voir les dernières superproductions hollywoodiennes comme les meilleurs films d'auteur français, ainsi que des reprises de classiques en version originale sous-titrée. Les cinémas des grands boulevards, dans le quartier de l'Opéra-Garnier, projettent des films en version originale sous-titrée ou en version française. La place de Clichy est le dernier bastion de la société Pathé, qui y possède pas moins de 13 écrans projetant tous des films doublés en français. Le centre commercial du Forum des Halles est le plus récent regroupement de cinémas de la rive droite. Si la rive gauche demeure le centre du cinéma d'art et d'essai et

des films de répertoire, on y projette également les plus récents succès du box-office. À la suite des nombreuses fermetures de salles intervenues durant ces dix dernières années dans le Quartier latin, la plupart des cinémas sont désormais regroupés dans le quartier Odéon-Saint-Germain-des-Prés. La rue Champollion fait exception : ses salles, aux programmes passionnants, ont survécu grâce à la vogue du cinéma d'art et d'essai. Au sud de la capitale, Montparnasse demeure un quartier de cinémas vivant où sont proposés des films en première exclusivité, doublés ou en version originale.

LES GRANDS ÉCRANS

Deux salles des grands boulevards rappellent les cinémas de la grande époque : **Le Grand Rex** avec ses 2 800 places et son décor baroque, et le **Max Linder Panorama**, entièrement réaménagé dans les années 80

par un groupe de cinéphiles indépendants qui y projette des films grand public ou du répertoire. Le **Kinopanorama**, avec son écran panoramique incurvé, est l'une des salles les plus fréquentées de la capitale, en dépit de sa situation excentrée dans le quartier de Grenelle. La nouvelle salle **Gaumont**, place d'Italie, offre le plus grand écran panoramique de France. **La Géode** (*voir p. 235*), construite à la Cité des sciences et de l'industrie de la Villette, propose un programme de films scientifiques à grand spectacle. La salle possède le plus grand écran hémisphérique du monde (1 000 m²) ; son système de projection « omnimax » utilise des films 70 mm à défilement horizontal, ce qui permet d'obtenir une image neuf fois plus grande qu'une classique pellicule 35 mm.

FESTIVALS ET FILMS D'ART ET D'ESSAI

Chaque semaine, on peut voir à Paris plus de 150 films représentant le meilleur du cinéma mondial. Les salles indépendantes du **Studio Action** sont spécialisées dans les classiques du cinéma américain. D'autres salles, comme celles du **Reflet Médicis Logos**, rue Champollion, et le **Panthéon** récemment rénové, près du jardin du Luxembourg, proposent des films d'art et d'essai et des classiques sur copie neuve.

LA CINÉMATHÈQUE FRANÇAISE

Créée par Henri Langlois en 1936 (*voir p. 198*), la Cinémathèque a été l'« école » particulière de la génération de la « nouvelle vague ». Les films de l'histoire mondiale du cinéma y sont projetés. Elle a perdu son monopole pour ce qui est de la projection des grands classiques, mais les cinéphiles peuvent toujours y voir des films rares retirés depuis longtemps de l'affiche. La Cinémathèque possède désormais deux salles, celle de la **Cinémathèque française au palais de Chaillot** (*voir p. 198*), et celle de la rue du Faubourg-du-Temple. Le **Palais de Tokyo** abrite également la FEMIS, l'école de cinéma et de télévision. Le billet plein tarif coûte environ 22 F, mais sont également proposés des abonnements à tarif réduit.

LES SALLES INSTITUTIONNELLES

Deux institutions culturelles parisiennes très fréquentées, le musée d'Orsay (*voir pp. 144-145*) et le Centre Pompidou (*voir pp. 110-111*) ont une programmation de films et de festivals du cinéma. Le musée d'Orsay organise fréquemment des projections (le plus souvent de films muets) en rapport avec ses expositions, et le Centre Pompidou, dans la **Salle Garance**, de vastes rétrospectives consacrées aux cinémas nationaux ou aux majors de l'industrie cinématographique.

La **Vidéothèque de Paris**, inaugurée en 1988 au cœur des Halles, possède des équipements ultramodernes pour la consultation de films et de bandes vidéo consacrés à Paris. La Vidéothèque organise des projections dans ses trois salles, tous les jours à partir de 14 h 30, et offre un système individualisé de consultation des ses collections vidéo. Fin mai et début juin, on y projette, comme à la Cinémathèque française, une sélection de films présentés au festival de Cannes.

LE PRIX DES PLACES

Comptez environ 45 F pour un film en première exclusivité, voire davantage pour une séance de durée supérieure à la normale. La plupart des salles proposent cependant des réductions diverses, notamment pour les étudiants, chômeurs, troisième âge, militaires et familles nombreuses. Le mercredi, toutes les salles de la capitale offrent à tous les spectateurs un tarif réduit (28 F environ). Les trois grands de la distribution en France, Gaumont, UGC et Pathé, proposent également des cartes d'abonnement. Les cinémas d'art et d'essai offrent une carte de fidélité donnant droit à une sixième entrée gratuite. Les grandes salles ont abandonné le système traditionnel du pourboire donné aux ouvreuses, à la différence des petits cinémas indépendants : 2 F par personne environ est un pourboire honnête. La première séance commence d'habitude vers 14 h, et la dernière entre 21 h et 22 h, ou à minuit les vendredi et samedi. Certains complexes de salles, comme ceux du Forum des Halles (*voir p. 109*), proposent des séances à tarif réduit en fin de matinée. Une séance comprend en théorie un court métrage précédant le film principal, mais la plupart des exploitants ont supprimé le premier au profit de la publicité, bien plus lucrative. Il vaudra cependant mieux arriver à l'avance si vous souhaitez voir un film à succès : les queues sont longues devant la caisse.

FILMS AYANT PARIS POUR CADRE

Le Paris historique (films tournés en studio)
Un chapeau de paille d'Italie
(René Clair, 1927)
Sous les toits de Paris
(René Clair, 1930)
Les Misérables
(Raymond Bernard, 1934)
Hôtel du Nord
(Marcel Carné, 1937)
Les Enfants du Paradis
(Marcel Carné, 1945)
Casque d'Or
(Jacques Becker, 1952)
La Traversée de Paris
(Claude Autant-Lara, 1956)
Playtime
(Jacques Tati, 1967)

Le Paris de la Nouvelle vague (films tournés en extérieur)
À bout de souffle
(Jean-Luc Godard, 1959)
Les 400 coups
(François Truffaut, 1959)

Films documentaires sur Paris
Paris 1900
(Nicole Vedrès, 1948)
La Seine a rencontré Paris
(Joris Ivens, 1957)

Paris vu par Hollywood
Le septième ciel
(Frank Borzage, 1927)
Camille
(Georges Cukor, 1936)
Un Américain à Paris
(Vincente Minnelli, 1951)
Gigi
(Vincente Minnelli, 1958)
Irma La Douce
(Billy Wilder, 1963)

SALLES

Cinémathèque française Palais de Chaillot
Place du Trocadéro 75016.
Plan 9 C2.
🎬 47 04 24 24.

Cinémathèque française République
18, rue du Faubourg-du-Temple 75011.
Plan 8 D5.
🎬 47 04 24 24.

Gaumont Grand Ecran Italie
30, pl. d'Italie 75013. **Plan** 17 B4. 🎬 45 80 77 00.

La Géode
26, av. Corentin-Cariou 75019. 🎬 40 05 80 00.

Le Grand Rex
1, bd Poissonnière 75002.
Plan 7 A5. 🎬 36 65 70 23.
🎬 42 36 83 93.

Kinopanorama
60, av. de la Motte-Picquet 75015. **Plan** 10 E5.
🎬 43 06 50 50.

Max Linder Panorama
24, bd Poissonnière 75009.
Plan 7 A5.
🎬 48 24 88 88.

Panthéon
13, rue Victor-Cousin 75005. **Plan** 12 F5.
🎬 43 54 15 04.

Reflets Médicis Logos
3, rue Champollion 75005. **Plan** 12 F5.
🎬 43 54 42 34.

Salle Garance
Centre Georges Pompidou, 19, rue Beaubourg 75004.
Plan 13 B2. 🎬 42 78 37 29.

Studio Action
Action Rive Gauche, 5, rue des Écoles 75005.
Plan 13 B5.
🎬 43 29 44 40.

Vidéothèque de Paris
2, Grande Galerie, Forum des Halles 75001.
Plan 13 A2.
🎬 44 76 62 20.

Sport et mise en forme

Paris propose toutes les activités sportives imaginables, avec cependant l'inconvénient que de nombreux équipements sont installés en banlieue. Certains événements, comme le tournoi de tennis de Roland-Garros ou les matchs du Parc des Princes sont de véritables institutions parisiennes. Pour tout détail concernant les manifestations sportives de Paris et de banlieue, contactez le service d'information gratuit d'**Allô Sports**. *Pariscope* et *L'Officiel des spectacles*, ainsi que le supplément du mercredi du *Figaro* publient la liste des événements sportifs de la semaine (*voir p. 328*). Le quotidien *L'Équipe* est exclusivement consacré au sport. Voir également *Les enfants à Paris*, p. 346.

LES SPORTS D'EXTÉRIEUR

Paris est la dernière étape du Tour de France : c'est au président de la République qu'il revient alors de remettre au vainqueur le maillot jaune si convoité.

Les courageux que n'effraie pas la circulation automobile dans Paris pourront louer des bicyclettes chez **Paris Vélo** (*voir p. 367*). La SNCF propose des forfaits voyage avec location de vélo comprise. La **Ligue Ile-de-France de Cyclotourisme** vous donnera toute information sur les plus de 300 clubs cyclistes que comptent Paris et sa région.

Le dimanche après-midi, les Parisiens aiment canoter au bois de Vincennes (*voir p. 246*), au bois de Boulogne (*voir p. 254*) et au parc des Buttes-Chaumont (*voir p. 232*).

Le week-end, les boulistes amateurs investissent la moindre étendue de sable ou de gravier pour s'adonner à la pétanque, que les Parisiens, sondage après sondage, affirment être leur sport préféré. La **Fédération française de pétanque et de jeux provençaux** vous donnera toute information.

Les terrains de golf sont tous situés en grande banlieue. Ce sont pour la plupart des clubs privés, mais certains acceptent les joueurs non membres. Contactez la **Fédération française du golf**, ou bien le **golf de Chevry**, le **golf de Saint-Pierre du Perray**, le **golf de Saint-Quentin-en-Yvelines** ou le **golf de Villennes**. Comptez au moins 160 F de droit d'entrée. Vous pourrez pratiquer l'équitation au bois de Boulogne et au bois de Vincennes. La **Ligue équestre de Paris** vous donnera tout renseignement.

Vous pourrez pratiquer le tennis dans les courts municipaux, tels que le **Tennis Luxembourg** dans le jardin du Luxembourg. Les courts, ouverts tous les jours, fonctionnent sur le mode premier arrivé premier servi. Le **Tennis de la Faluère**, au bois de Vincennes, est l'un des meilleurs de Paris, mais vous devrez réserver au moins 24 h à l'avance.

LES SPORTS D'INTÉRIEUR

Les nombreuses salles de gymnastique de la capitale proposent des forfaits pour la journée coûtant 120 F ou plus en fonction des équipements. L'**Espace Vit'halles** est l'un des premiers clubs de mise en forme ouverts à Paris. Le **Gymnase Club** (nombreuses salles à Paris) est aussi bien équipé que très fréquenté. **Jean de Beauvais**, aux équipements ultramodernes, propose des programmes de mise en forme personnalisés. Le **Club Quartier Gym** propose également des cours de boxe et d'arts martiaux.

Le **Ritz Gym**, doté probablement de la plus belle piscine couverte de Paris, est en théorie réservé à ses membres ainsi qu'aux clients de l'hôtel, mais vous pourrez acheter un forfait pour la journée si l'hôtel n'est pas complet.

On peut pratiquer le patin à glace toute l'année à la **Patinoire d'Asnières-sur-Seine**, et de septembre à mai à la **Patinoire des Buttes-Chaumont**. Outre le squash, le **Squash Club Quartier latin** propose des salles de billard et de gymnastique, ainsi qu'un sauna. On pourra également pratiquer le squash aux **Squash Montmartre**, **Squash Montparnasse** et **Squash Front de Seine**.

LE SPORT DANS UN FAUTEUIL

Un jour aux courses est une expérience à tenter. Le mondialement célèbre Prix de l'Arc de triomphe a lieu à l'**hippodrome de Longchamp** le premier dimanche d'octobre. Les courses de plat se déroulent à l'**hippodrome de Saint-Cloud** et à **Maisons-Laffitte**. L'**hippodrome d'Auteuil** accueille les steeples et l'**hippodrome de Vincennes** le trot attelé. Pour tout renseignement, téléphonez à la **Fédération des sociétés des courses de France**.

La course automobile des 24 heures du Mans, à 185 km au sud-ouest de Paris, est l'une des épreuves de sport mécanique les plus célèbres au monde. Elle a lieu chaque année à la mi-juin. Pour plus de détails, contactez la **Fédération française de sport automobile**.

Le **Palais Omnisports de Paris-Bercy** accueille divers événements sportifs, dont l'Open de tennis de Paris, les Six jours cyclistes, des concours hippiques, des démonstrations de niveau international d'arts martiaux et des concerts de rock.

Le **Parc des Princes**, qui peut accueillir 50 000 spectateurs, est le stade du Paris-Saint-Germain, la principale équipe de football de la capitale, et organise les internationaux de rugby.

Le tournoi international de tennis a lieu au **Stade Roland-Garros** de la fin mai à la mi-juin, époque durant laquelle le tout-Paris ne pense plus qu'au tennis. Si vous souhaitez obtenir des places, écrivez plusieurs mois à l'avance, car il est quasiment impossible d'en obtenir une dès le début des rencontres.

LA NATATION

L'**Aquaboulevard**, gigantesque centre de loisirs construit dans le sud de Paris (*voir p. 346*), propose une plage artificielle exotique, des piscines, toboggans à eau et rapides, mais également des courts de tennis et de squash, un golf, un bowling, des tables de ping-pong et de billard, une salle de gymnastique, des bars et des boutiques.

La **piscine Suzanne-Berlioux**, dotée d'un bassin olympique dans le sous-sol du Forum des Halles, est l'une des meilleures des nombreuses piscines municipales de la capitale. La **piscine Pontoise-Quartier latin** offre un charmant décor de mosaïques 1930, deux niveaux de cabines, un bain à remous et une machine à vagues. La **piscine Henri de Montherlant** fait partie d'un complexe sportif municipal doté également de courts de tennis et de salles de gymnastique.

DIVERS

B ase-ball, escrime, jogging dans les jardins publics, volley-ball, planche à voile à la Villette (*voir pp. 234-239*) et bowling sont quelques-uns des autres sports que vous pourrez pratiquer durant votre séjour à Paris.

CARNET D'ADRESSES

Allô Sports
[42 76 54 54.

Aquaboulevard
4, rue Louis-Armand
75015. [40 60 10 00.

Club Quartier Gym
19, rue de Pontoise
75005. **Plan** 13 B5.
[43 25 31 99.

Espace Vit'halles
48, rue Rambuteau
75003. **Plan** 13 B2.
[42 77 21 71.

Fédération française du golf
69, avenue Victor-Hugo
75016. **Plan** 3 C5.
[44 17 63 00.

Fédération française de pétanque et de jeux provençaux
9, rue Duperré 75009.
Plan 6 E2.
[48 74 61 63.

Fédération des sociétés des courses de France
22, rue de Penthièvre
75008. **Plan** 5 B4.
[42 25 96 71.

Fédération française de sport automobile
136, rue de Longchamp
75016. **Plan** 3 A5.
[47 27 97 39.

Golf de Chevry
Gif-sur-Yvette 91190.
[60 12 40 33.

Golf de Saint-Pierre du Perray
St-Pierre-du-Perray 91100.
[60 75 17 47.

Golf de St-Quentin-en-Yvelines
Trappes 78190.
[30 50 86 40.

Golf de Villennes
Route d'Orgeval,
Villennes-sur-Seine 78670.
[39 75 30 00.

Gymnase Club
26, rue Berri 75008.
Plan 4 F4.
[43 59 04 58.

Hippodrome d'Auteuil
Bois de Boulogne 75016.
[45 27 12 25.

Hippodrome de Longchamp
Bois de Boulogne 75016.
[44 30 75 00.

Hippodrome Maison-Lafitte
1, av. de la Pelouze 78600
Maison Lafitte. **Plan** 5 B2.
[39 62 90 95.

Hippodrome de St-Cloud
1, rue de Camp-Canadien,
St-Cloud 92210.
[47 71 69 26.

Hippodrome de Vincennes
2, route de la Ferme
75012 Vincennes.
[49 77 17 17.

Jean de Beauvais
5, rue Jean-de-Beauvais
75005.
Plan 13 A5.
[46 33 16 80.

Ligue équestre de Paris
257, av. Le Jour-se-Lève
92100 Boulogne
[47 61 16 06.

Ligue Ile-de-France de cylcotourisme
8, rue Jean-Marie-Jégo
75013. **Plan** 17 B5.
[39 46 39 19.

Palais omnisports de Paris-Bercy
8, bd Bercy 75012. **Plan**
18 F2. [43 46 12 21.

Parc des Princes
24, rue du Commandant-Guilbaud 75016.
[42 30 03 60.

Paris Vélo
2, rue du Fer-à-Moulin
75005. **Plan** 17 C2.
[43 37 59 22.

Patinoire d'Asnières-sur-Seine
Bd Pierre de Coubertin,
Asnières 92000.
[47 99 96 06.

Patinoire des Buttes-Chaumont
30, rue Édouard-Pailleron
75019. **Plan** 8 F2.
[42 08 72 26.

Piscine Henry de Montherlant
32, bd de Lannes 75016.
[45 03 03 28.

Piscine Pontoise-Quartier latin
19, rue de Pontoise
75005. **Plan** 13 B5.
[43 54 06 23.

Piscine nouveau Forum des Halles
10, place de la Rotonde,
Entrée Porte du Louvre,
Les Halles 75001.
Plan 13 A2.
[42 36 98 44.

Ritz Gym
Ritz Hotel, place Vendôme
75001. **Plan** 6 D5.
[40 20 92 16.

Stade Roland-Garros
2, av Gordon-Bennett
75016.
[47 43 48 00.

Squash Club Quartier latin
19, rue de Pontoise
75005. **Plan** 13 B5.
[43 54 82 45 et
43 25 31 99.

Squash Front de Seine
21, rue Gaston-de-Caillavet 75015. **Plan** 9 B5.
[45 75 35 37.

Squash Montmartre
14, rue Achille-Martinet
75018. **Plan** 2 E4.
[42 55 38 30.

Squash Rennes-Raspail
149, rue des Rennes
75006. **Plan** 16 D1.
[45 44 24 35.

Tennis de la Faluère
Route de la Pyramide
Bois de Vincennes 75012.
[43 74 40 93.

Tennis Luxembourg
Jardins du Luxembourg
bd St-Michel 75006.
Plan 12 E5.
[43 25 79 18.

LE PARIS DES ENFANTS

Il n'est jamais trop tôt pour faire découvrir à un enfant le caractère magique de la capitale. Une journée à EuroDisney (*voir pp. 242-245*) ou sur la Seine (*voir pp. 72-73*), la vertigineuse tour Eiffel (*voir pp. 192-193*) ou les tours de Notre-Dame (*voir pp. 82-85*) sont appréciées des grands comme des petits, et avec vos enfants c'est d'un regard neuf que vous les redécouvrirez. Les jardins à la française seront probablement davantage appréciés des adolescents et des adultes, mais tout le monde sera envoûté par les merveilles technologiques d'EuroDisney. En été, fêtes foraines, cirques et divers événements ont lieu dans les jardins et parcs, et notamment au bois de Boulogne (*voir p. 254*). Vous pourrez également emmener vos enfants dans un centre de loisirs, au musée, sur un terrain de jeu, ou voir un spectacle de café-théâtre.

La Cité des enfants à la Villette

CONSEILS PRATIQUES

Les familles avec de jeunes enfants sont bien accueillies dans les hôtels parisiens (*voir p. 272*) ainsi que dans la plupart des restaurants (*voir p. 289*). De nombreux lieux offrent des réductions pour enfants, et l'entrée gratuite pour les moins de 3 ou 4 ans. L'âge limite permettant de bénéficier de ces réductions est généralement 12 ans. De nombreux musées sont gratuits le dimanche ; dans d'autres, les enfants de moins de 18 ans bénéficient toute la semaine de l'entrée libre. L'Office du tourisme (*voir p. 274*) vous donnera tout renseignement concernant les réductions pour enfants, et sa brochure gratuite *Paris Sélection* contient la liste des événements et spectacles, de même que les hebdomadaires des spectacles comme *Pariscope*.

Maintes activités destinées aux enfants ont lieu après les classes, et notamment le mercredi après-midi, jour où les petits Français ne vont pas à l'école. Le **ministère de la Culture** vous renseignera sur les ateliers pour enfants des musées. Le **Centre d'information et de documentation de la jeunesse** tient à votre disposition la liste des activités réservées aux moins de 15 ans.

Pour tout conseil d'ordre général, téléphonez à **Inter-Service Parents**. Lits d'enfant et poussettes peuvent se louer dans les grandes agences de baby-sitting comme **Kids Service** et **Home Service**.

LES MUSÉES

La Cité des sciences et de l'industrie (*voir pp. 235-239*), à la Villette, est certainement le musée le mieux adapté aux enfants : ses présentations interactives et ses nombreuses expositions illustrent de manière captivante tous les aspects de la science et des techniques modernes ; les temps forts sont notamment les spectacles son et lumière, l'Odorama, le simulateur de vol et le cinéma de la Géode (*voir p. 235*). La Cité des enfants, récemment inaugurée, est plus particulièrement destinée aux jeunes enfants. Plus au centre de Paris, le

Automate du musée de la Musique mécanique

Palais de la découverte (*voir p. 206*) est un autre musée des sciences, à l'ancienne mode, mais très vivant, où les expérimentateurs adoptent le rôle du savant fou. Le musée de la Marine (*voir p. 199*) et le musée de la Musique mécanique (*voir p. 114*) sont aussi appréciés des enfants.

ADRESSES UTILES

Centre d'information et de documentation jeunesse
101, quai Branly 75015. **Plan** 10 D3.
Pas de téléphone.

Home Service
[C] *42 82 05 04.*

Le théâtre du Café d'Edgar

Les marionnettes du Guignol

Inter-Service Parents
☎ 43 48 28 28.

Kids Service
☎ 47 66 00 52.

Ministère de la Culture
3, rue de Valois 75042. **Plan** 12 F1.
☎ 40 15 80 00.

PARCS, ZOOS ET TERRAINS DE JEUX

Le jardin d'Acclimatation (*voir p. 254*) du bois de Boulogne, le meilleur parc d'attraction pour enfants de Paris, est assez cher. Durant l'année scolaire, il vaut mieux s'y rendre le mercredi après-midi ou le week-end. Le

Promenade à poney au jardin d'acclimatation

musée en Herbe (*voir p. 254*) propose des activités d'éveil ; vous pourrez confier vos enfants aux animateurs du Jardin des Halles, au Forum des Halles. Au bois de Vincennes, le parc floral (*voir p. 246*) offre des agrès pour enfants. Le zoo de Vincennes (*voir p. 246*) est le plus grand de Paris mais c'est la petite ménagerie (*voir p. 164*) qui est la plus charmante.

LES SPECTACLES

Maints centres de loisirs proposent des activités pour enfants. L'Atelier des enfants du Centre Pompidou (*voir p. 111*) organise des ateliers, des spectacles de mimes, marionnettes et autres activités d'éveil le mercredi et le samedi après-midi de 14 h 30 à 16 h.

Plusieurs cafés-théâtres, dont le Café d'Edgar (*voir p. 331*) et Au Bec Fin (*voir p. 331*), proposent des spectacles pour enfants, où le mime, la danse et la musique occupent une place importante. La télévision diffuse habituellement des programmes pour enfants de 7 h à 8 h et de 17 h à 18 h. Le cinéma le plus spectaculaire,

Lion au zoo du bois de Vincennes

c'est la Géode, à la Cité des sciences et de l'industrie (*voir p. 235*). Le cinéma **Le Saint-Lambert** est spécialisé dans les films pour enfants et les dessins animés.

Une journée au cirque constituera une sortie plus originale : le **Cirque de Paris** propose aux enfants une journée de découverte du cirque, durant laquelle ils verront les animaux, pourront se maquiller comme les clowns ou imiter les funambules. Le spectacle a lieu l'après-midi, après le déjeuner pris avec les artistes.

À Paris, les spectacles de marionnettes sont une tradition estivale : Guignol en est le personnage central. En été, les principaux jardins publics proposent un spectacle gratuit de Guignol le mercredi après-midi et le week-end. Consultez les hebdomadaires comme *Pariscope* et *L'Officiel des spectacles.*

ADRESSES

Cirque de Paris
Avenue de la Commune-de-Paris, 92000 Nanterre. ☎ 47 24 11 70.

Le Saint-Lambert
6, rue Péclet 75015. ☎ 48 28 78 87.

Répétition d'acrobates au Cirque de Paris

Feux d'artifice au-dessus du Château de la Belle au bois dormant, à EuroDisney

LES PARCS DE LOISIRS

Les cinq parcs à thème d'EuroDisney (*voir pp. 242-245*) sont les plus grands et les plus spectaculaires des environs de Paris : six hôtels ainsi qu'un camping pourront vous y accueillir. Le complexe comprend également un golf, des boutiques et des restaurants.

Le **Parc Astérix** est un parc à thème inspiré du célèbre et irascible héros gaulois. Six « mondes » thématiques figurent des gladiateurs, un marché aux esclaves et bien d'autres attractions. Le parc, situé à 38 km au nord-est de Paris, est desservi par une navette au départ de l'aéroport Charles-de-Gaulle (RER, ligne B).

SPORTS ET AUTRES DIVERTISSEMENTS

Le gigantesque **Aquaboulevard** est idéal pour les enfants dynamiques. Au nombre des autres piscines de Paris et des environs, dont l'hebdomadaire des spectacles *Pariscope* donne le détail, signalons celle du **Nouveau Forum**.

Les passionnés de patin ou de planche à roulettes pourront pratiquer leur sport devant le palais de Chaillot (*voir p. 198*) et sur la piste aménagée du parc Monceau (*voir pp. 258-259*). Les Buttes-Chaumont (*voir p. 232*) et EuroDisney (*voir pp. 242-245*) possèdent

Donald Duck

une patinoire.

Des manèges à l'ancienne mode fonctionnent près du Sacré-Cœur (*voir pp. 224-225*) ainsi qu'au Forum des Halles (*voir p. 109*) et place de la Nation. Une promenade en bateau-mouche sera également très amusante : les Bateaux-Mouches (*voir pp. 72-73*), la plus ancienne des nombreuses compagnies, partent du pont de l'Alma et passent devant les sites en bord de Seine, dont Notre-Dame. Une péniche amarrée à la Villette fait le tour des canaux de Paris. Des bateaux télécommandés ou des voiliers miniatures voguent sur le bassin du jardin du Luxembourg (*voir p. 172*). Vous pourrez emmener votre famille canoter sur les lacs du bois de Vincennes (*voir p. 246*) et du bois de Boulogne (*voir p. 254*), où vous pourrez également faire de l'équitation.

ADRESSES

Aquaboulevard

Forest Hill, 4, rue Louis-Armand 75015. **C** 40 60 10 00.
Ouvert 9 h-23 h t.l.j.

Nouveau Forum

10, place de la Rotonde, Les Halles 75001. **Plan** 12 F2. **C** 42 36 98 44.
Ouvert 11 h 30-22 h mar., jeu., ven.,
10 h-17 h merc., 9 h-17 h sam. et dim.

Parc Asterix

Plailly 60128. **C** 44 60 60 00. **Ouvert** deuxième semaine d'avr. à fin oct. : 10 h-18 h lun.-ven., 10 h-19 h sam. et dim.

« Skate » au pied de la tour Eiffel

LES BOUTIQUES POUR ENFANTS

A Paris, la mode enfantine est sans limites. La rue du Jour, près des Halles, offre plusieurs magasins pour enfants, comme Un Après-Midi de Chien, au 10, et Claude Vell, au 8. Vous trouverez également dans la capitale un grand nombre de magasins de jouets qui, comme les boutiques de vêtements, pratiquent parfois des prix un peu chers.

**Figurines inspirées de Tintin,
boutique Au Nain Bleu (*voir p. 321*)**

Manège près du Sacré-Cœur

L'ANIMATION DES RUES ET DES MARCHÉS

Musiciens, prestidigitateurs, cracheurs de feu et autres artistes des rues attirent les foules devant le Centre Pompidou (*voir pp. 110-111*). À Montmartre, les peintres de rue installés essentiellement place du Tertre (*voir p. 222*) seront toujours disposés à faire le portrait de vos enfants. Ces

Bateaux à louer au jardin du Luxembourg

derniers seront ravis d'emprunter le funiculaire montant vers le Sacré-Cœur (*voir pp. 224-225*) puis de redescendre les rues de la butte.

Les marchés parisiens sont aussi animés que pittoresques : le marché aux fleurs (et aux oiseaux) de l'Ile de la Cité (*voir p. 81*), ou les marchés de la rue Mouffetard (*voir p. 166 et 327*) au quartier latin, et de la rue de Buci, à Saint-Germain-des-Prés. Le marché aux puces de Saint-Ouen, le plus grand de la capitale se tient tous les week-ends place Clignancourt (*voir p. 231 et 327*).

Vos enfants apprécieront également les quais de l'Ile de la Cité et de l'Ile Saint-Louis.

POINTS DE VUE SUR PARIS ET SITES TOURISTIQUES

Tous les enfants veulent monter sur la tour Eiffel (*voir pp. 192-193*). Par temps clair, vous pourrez leur indiquer les nombreux sites qu'offre ce panorama spectaculaire et, la nuit, la ville illuminée est féerique. Les ascenseurs fonctionnent jusqu'à 23 h et l'affluence est moins grande.

Les enfants s'intéresseront également au Sacré-Cœur (*voir pp. 224-225*), dont la coupole est le second point culminant de Paris après la tour Eiffel, ainsi qu'à Notre-Dame (*voir pp. 82-83*). Ils aimeront nourrir les pigeons du square de la cathédrale, compter les 28 rois de Judée de la façade occidentale et vous écouter raconter l'histoire de Quasimodo. Du haut des tours, la vue est incomparable. Enfants et adultes découvrent avec émerveillement la Sainte-Chapelle (*voir pp. 88-89*), également dans l'Ile de la Cité (tarif réduit pour les enfants de moins de 17 ans).

Le Centre Pompidou (*voir pp. 110-111*) offre un contraste saisissant entre le Paris ancien et le Paris moderne, du haut de sa terrasse à laquelle on accède par les escaliers mécaniques de la façade. La terrasse supérieure de la tour Montparnasse haute de 58 étages (*voir p. 178*) donne également un point de vue spectaculaire sur la capitale, de même que la plate-forme au sommet de la grande arche de la Défense (*voir p. 255*).

AUTRES SITES INTÉRESSANTS

Les enfants découvrent rapidement l'aspect amusant des endroits insolites. Ils découvriront

avec amusement les égouts de Paris (*voir p. 190*) dont le fonctionnement est bien détaillé.

Les catacombes (*voir p. 179*) sont d'anciennes galeries de carrières

Escaliers mécaniques du Centre Pompidou

creusées à l'époque romaine, où s'entassent squelettes et crânes.

La Conciergerie (*voir p. 81*), dans l'Ile de la Cité, est l'ancienne prison où les aristocrates vivaient leurs dernières heures durant la Révolution. Les fascinantes figurines en cire du musée Grévin sont exposées boulevard Montmartre (*voir p. 216*) (salles consacrées à la Révolution, avec de terrifiants effets sonores), ainsi qu'au Forum des Halles (tableaux de la Belle Époque).

LES SOINS D'URGENCE

La permanence téléphonique d'Enfance et Partage fonctionne 24 h/sur 24. L'hôpital Necker est le plus grand hôpital parisien pour les enfants.

Enfance et Partage ℂ 43 55 85 85.

Hôpital Necker 149, rue de Sèvres 75015. **Plan** 15 B1. ℂ 42 73 80 00.

Une jeune visiteuse à Paris

RENSEIGNEMENTS PRATIQUES

INFORMATIONS GÉNÉRALES

Comme dans la plupart des grandes villes, vous risquez de perdre un temps précieux dans les transports et les files d'attente : un minimum d'organisation est donc nécessaire. Téléphonez au préalable afin de vous assurer que le lieu que vous souhaitez visiter est bien ouvert. L'achat d'une télécarte (*voir p. 356*) sera un investissement utile. Achetez vos tickets de métro par carnet de 10, ou bien une carte hebdomadaire (*voir pp. 368-371*). La *Carte Paris-Musée*, qui donne l'entrée gratuite dans les musées et monuments, fait également office de coupe-file. De 13 h à 15 h environ, la plupart des services publics sont fermés, ainsi que quelques musées et de nombreuses banques. Une visite guidée en autocar vous permettra de découvrir l'essentiel des sites touristiques et de vous orienter dans la capitale. Des tarifs réduits sont parfois pratiqués à certaines heures de la journée, ou le dimanche. Les étudiants pourront également bénéficier de réductions (*voir p. 358*).

LES MUSÉES ET LES MONUMENTS

Cent cinquante musées et monuments sont ouverts au public dans Paris, la plupart du lundi (ou mardi) au dimanche, et de 10 h à 17 h 40, certains en soirée. Les musées nationaux sont fermés le mardi, à l'exception du château de Versailles et du musée d'Orsay (fermés le lundi). Les musées municipaux, gérés par la ville de Paris, sont fermés le lundi.

L'entrée est généralement payante. Le dimanche, les musées nationaux proposent un tarif réduit de 50 %. Les moins de 18 ans bénéficient de l'entrée gratuite, les 18-25 ans et plus de 60 ans de l'entrée demi-tarif. Les musées municipaux, ainsi que quelques autres, sont gratuits le dimanche. Les moins de 7 ans et plus de 60 ans bénéficient de l'entrée gratuite durant toute la semaine. Pour avoir droit à la réduction, vous devez pouvoir en justifier la raison.

La *Carte Paris-Musée* (ou *Carte Inter-Musée*) vous donne droit à l'entrée gratuite et illimitée dans 63 musées et

La Carte Paris-Musée

Enseigne du bureau d'information des gares

monuments, sans faire la queue devant le guichet, avantage significatif au plus fort de la saison touristique, lorsque les files d'attente peuvent s'avérer décourageantes. La carte est en vente au guichet des musées et monuments de la capitale, des principales stations de métro et de RER, ainsi qu'à l'**Office du tourisme et des congrès de Paris**.

HORAIRES D'OUVERTURE

Vous trouverez dans ce guide les heures d'ouverture de chaque site touristique. La plupart des commerces sont ouverts de 9 h-10 h à 19 h-20 h du lundi au samedi, parfois plus avant dans la soirée en été (plus tard le samedi, plus tôt le dimanche) et avant les vacances. Les magasins d'alimentation ouvrent vers 7 h et ferment vers midi pour le déjeuner, puis rouvrent de 16 h-17 h à 20 h. Certains restaurants sont fermés au moins un jour par semaine. Les banques ouvrent de 9 h à 16 h 30-17 h 15 environ, du lundi au vendredi, et parfois de 9 h à midi le samedi.

Logo de l'Office du tourisme

Certaines ferment entre 12 h et 14 h et à midi la veille des jours fériés.

INFORMATION TOURISTIQUE

Sept bureaux de l'Office du tourisme sont répartis dans Paris, un dans les cinq gares SNCF, un à la tour Eiffel et un aux Champs-Elysées (*voir p. 351*). Vous y trouverez cartes, renseignements et brochures, ainsi qu'un service de réservation hôtelière. Dans les gares, ces bureaux sont particulièrement fréquentés en été, et l'attente y est souvent longue.

LES SPECTACLES

Disponibles chez tous les marchands de journaux, chaque mercredi, *Pariscope* et *L'Officiel des spectacles* (*voir p. 328*) sont les principaux hebdomadaires publiant la liste des spectacles, films, expositions, restaurants, discothèques et autres divertissements de la capitale.

Les agences de location Alpha-FNAC, réparties dans tout Paris (*voir p. 329*), vendent les billets des divers spectacles, ainsi que ceux des

Visite guidée en autobus

expositions temporaires des musées.

Le **Kiosque Théâtre** vend des billets demi-tarif pour le jour même de la représentation : vous en trouverez une place de la Madeleine, et un autre sur le parvis de la gare Montparnasse.

LES VISITES GUIDÉES

Cityrama et **Paris-Vision** proposent des visites guidées de Paris en autocar, avec un commentaire en français, anglais, italien, japonais ou allemand. La visite (deux heures environ) débute en centre ville et passe devant

Le bureau de location du Kiosque Théâtre

les principaux sites, mais ne s'y arrête pas toujours. Les horaires de départ sont variables : renseignez-vous au siège de la compagnie. **Paribus** organise des visites guidées en autobus qui s'arrêtent devant les principaux sites de la capitale: vous pouvez quitter le bus à l'arrêt souhaité, ou monter dans le suivant plus tard. La Caisse Nationale des Monuments Historiques propose de très intéressantes visites guidées à pied.

LES COMPAGNIES DE TOUR GUIDÉ EN AUTOCAR

Cityrama
4, place des Pyramides 75001. **Plan** 12 E1. [44 55 61 00.

Parisbus
3-5, rue Talma 75016. **Plan** 9 A3. [42 88 92 88.

Paris-Vision
214, rue de Rivoli 75001. **Plan** 12 D1. [42 60 31 25.

AMÉNAGEMENTS POUR LES HANDICAPÉS

Les aménagements pour handicapés sont assez limités : la plupart des trottoirs ont été surbaissés pour faciliter le passage des fauteuils roulants, mais de nombreux restaurants, hôtels, musées et monuments demeurent mal équipés. L'**Office du tourisme et des congrès de Paris** vous donnera toute information concernant les aménagements publics pour handicapés, et vous enverra sa brochure *Touristes Quand Même*.

INFORMATION HANDICAPÉS

Comité national pour la réadaptation des handicapés
38, bd Raspail 75007. **Plan** 12 D4. [45 48 90 13. **Ouvert** 9 h 30-12 h, 13 h-18 h lun.-ven. Information, conseil, assistance.

Les Compagnons du voyage
7, bd de l'Hôpital 75013. **Plan** 18 D2. [45 83 67 77. **Ouvert** 8 h 30-12 h, 14 h-17 h lun.-ven. Accompagnateurs 7j/7 dans les transports publics. Divers tarifs.

RATP Voyages accompagnés
21, bd Bourdon 75004. **Plan** 14 E4. [49 59 96 00. **Ouvert** 6 h-18 h lun.-ven. Téléphoner 48 heures à l'avance, accompagnateur en semaine, 9 h-18 h dans les transports publics. Service gratuit de porte à porte.

CARNET D'ADRESSES

OFFICE DU TOURISME

Office du tourisme et des congrès de Paris
127, av. des Champs-Élysées 75008. **Plan** 4 E4. [49 52 53 54. [49 52 53 56 (en anglais). **Ouvert** 9 h-20 h t.l.j. **Fermé** 25 déc., 1er jan.

Tour Eiffel
Champ de Mars 75007. **Plan** 10 F3. [45 50 34 36. **Ouvert** 9 h-18 h t.l.j.

OFFICES DU TOURISME DANS LES GARES

Gare d'Austerlitz
Emplacement arrivée grandes lignes. **Plan** 18 D2. [45 84 91 70. **Ouvert** 8 h-15 h lun.-sam.

Gare de l'Est
Emplacement hall des arrivées. **Plan** 7 C3. [46 07 17 73. **Ouvert** mai-oct. : 8 h-21 h lun.-sam. ; nov.-avr. : 8 h-20 h lun.-sam.

Gare de Lyon
Emplacement sortie grandes lignes. **Plan** 18 F1. [43 43 33 24. **Ouvert** mai-oct. : 8 h-21 h lun.-sam. ; nov.-avr. : 8 h-20 h lun.-sam.

Gare Montparnasse
Emplacement hall des arrivées. **Plan** 15 C2. [43 22 19 19. **Ouvert** mai-oct. : 8 h-21 h lun.-sam., nov.-avr. : 8 h-20 h lun.-sam.

Gare du Nord
Emplacement arrivées internationales. **Plan** 7 B2. [45 26 94 82. **Ouvert** mai-oct. : 8 h-21 h lun.-sam., 13 h-20 h dim. ; nov.-avr. : 8 h-20 h lun.-sam.

OFFICES DE TOURISME DE LA FRANCE À L'ÉTRANGER

Belgique
Maison de la France, 21, av. de la Toison-d'Or. Bruxelles. [(2) 513 07 62.

Suisse
Office du tourisme français 2, rue Talberg, place des Alpes 1060 Genève [(22) 732 86 10.

Santé et sécurité

Selon les points de vue, Paris est une ville sûre ou dangereuse. Quoi qu'il en soit, le simple bon sens vous permettra d'éviter tout problème. En cas de bobo durant votre séjour, vous pouvez toujours demander conseil à un pharmacien. Si vous tombez malade, téléphonez aux services d'urgence indiqués ci-dessous.

De nombreux autres services spécialisés sont également à votre disposition, notamment les Alcooliques anonymes ainsi qu'une assistance psychiatrique par téléphone.

Enseigne de pharmacie

Téléphone d'urgence dans les stations de métro

TÉLÉPHONES D'URGENCE

SAMU (ambulance)
15.

Police
17.

Pompiers
18.

SOS Médecins (déplacement à domicile)
43 37 77 77.

SOS Dentaire
43 37 51 00.

Grands brûlés
42 34 17 58 ou 42 34 12 12.

SOS Dépression
44 08 78 78.

Centre des maladies sexuellement transmissibles
40 78 26 00.

Centre du planning familial
48 88 07 28.
Ouvert 9 h-17 h 30 lun.-ven.

LA SÉCURITÉ DES PERSONNES

Pour une agglomération de 11 millions d'habitants, banlieue comprise, Paris est une ville étonnamment sûre. Les crimes de sang y sont relativement rares, et les agressions et rixes bien moins nombreuses que dans les autres grandes capitales. Évitez cependant les lieux isolés ou peu éclairés, et faites attention aux pickpockets, notamment dans le métro aux heures de pointe. Gardez toujours un œil sur vos effets personnels, sacs et bagages.

Si vous devez prendre le métro ou le RER la nuit, évitez autant que possible les longues correspondances des stations Montparnasse et Châtelet-Les Halles ; les femmes seules auront avantage à monter dans la première voiture, où se trouve le conducteur. Les stations RER sont souvent fréquentées par des groupes de jeunes banlieusards parfois un peu turbulents. Évitez de prendre le dernier RER desservant la banlieue. En cas d'urgence dans le métro, appelez le chef de station par l'intermédiaire du téléphone jaune installé sur tous les quais de métro et de RER, ou rejoignez le guichet de la station. La plupart des stations de métro et toutes les rames sont également équipées d'un arrêt d'urgence. En cas de problème en dehors du métro, ou aux arrêts de bus, téléphonez à la police en composant le 17.

LA SÉCURITÉ DES BIENS

Surveillez vos effets personnels et assurez-les avant de partir si vous êtes d'un naturel anxieux. Lors de vos déplacements, inutile d'emporter avec vous vos bijoux de famille, et ne conservez sur vous que le minimum d'argent nécessaire.

Sapeur pompier

Agent de police : femme et homme

Véhicule de police

Véhicule de premier secours des sapeurs pompiers

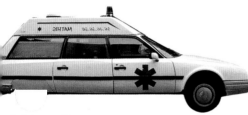

Ambulance parisienne

Les chèques de voyage constituent le moyen le plus sûr de transporter d'importantes sommes d'argent. Ne laissez jamais sans surveillance vos bagages dans les gares ou les stations de métro. En cas de vol, d'agression ou de disparition, appelez la police ou rendez-vous au commissariat de police le plus proche. Si vous êtes étranger, en cas de perte ou de vol de passeport, prévenez votre consulat (*voir p. 359*).

LES SOINS MÉDICAUX

Les ressortissants de la CEE peuvent bénéficier de la sécurité sociale française. Les soins sont cependant payants, et les tarifs hospitaliers varient du tout au tout. Le remboursement des frais médicaux implique une longue procédure administrative. Le touriste étranger aura intérêt à souscrire une assurance voyage, et à se renseigner au

préalable dans son pays d'origine auprès des services de santé et de son assureur. Les non-ressortissants communautaires devront se munir d'une assurance médicale personnelle.

En cas d'urgence médicale, appelez le **SAMU** (*voir encadré ci-contre*) ou les **sapeurs pompiers** dont les ambulances sont souvent les plus rapides. Toutes les casernes de pompiers disposent d'un service de premier secours et de soins médicaux d'urgence.

Les hôpitaux dotés d'un service d'urgence sont indiqués sur le plan de l'Index des rues (*voir p. 374*). Le personnel de l'**Hôpital américain** et de l'**Hôpital britannique** est anglophone.

Outre la liste des pharmacies ouvertes la nuit indiquée ci-contre, chaque officine affiche l'adresse de la pharmacie de garde la plus proche ouverte la nuit ou les jours fériés.

CARNET D'ADRESSES

BUREAU DES OBJETS TROUVÉS

Service des objets trouvés, 36, rue des Morillons 75015. *Ouvert* 8 h 30-17 h lun., merc., 8 h 30-20 h mar., jeu., 8 h 30-17 h 30 ven.

CENTRES MÉDICAUX

Hôtel-Dieu
1, parvis Notre-Dame 75001. **Plan** 13 A4. 42 34 82 34 (standard) et 42 34 82 32 (urgences).

Necker-Enfants malades
149, rue de Sèvres 75015 **Plan** 15 B1. 44 49 40 00 (standard) et 44 49 42 90 (urgences).

Hôpital américain
63, bd Victor-Hugo 92202. 46 41 25 25. Hôpital privé ; exige assurance et paiement avant admission.

Hôpital britannique
3, rue Barbès 92300 Levallois. 46 39 22 22. Hôpital privé.

Centre médical Europe
44, rue d'Amsterdam 75009. **Plan** 6 D3. 42 81 93 33. Soins dentaires 48 74 45 55. *Ouvert* 8 h-19 h lun.-ven., 8 h-18 h sam. Clinique privée, sur R.D.V. ou sur place.

PHARMACIES

Pharmacie du drugstore des Champs-Elysées
133, av. des Champs-Elysées 75008. **Plan** 4 E4. 47 20 39 25. *Ouvert* 9 h-2 h t.l.j.

Pharmacie du drugstore Saint-Germain
149, bd Saint-Germain 75006 **Plan** 12 E4. 42 22 80 00. *Ouvert* 9 h-2 h t.l.j.

Pharmacie Altobelli
6, bd des Capucines 75009. **Plan** 6 E5. 42 65 88 29. *Ouvert* 8 h-0 h 30 lun.-sam., 17 h-minuit dim.

Pharmacie des Halles
10, bd Sébastopol 75004. **Plan** 13 A3. 42 72 03 23. *Ouvert* 9 h-minuit lun.-sam., 12 h-minuit dim.

Pharmacie Dhery
84, av. des Champs-Élysées 75008. **Plan** 4 F5. 45 62 02 41. *Ouvert* 24 h/24 t.l.j., toute l'année.

Pharmacie Matignon
2, rue Jean-Mermoz 75008. **Plan** 5 A5. 43 59 86 55. *Ouvert* 8 h 30-2 h lun.-sam., 10 h-2 h dim.

Banques et monnaie

Les agences bancaires proposent généralement le meilleur taux de change. Les bureaux de change indépendants pratiquent des taux variables : avant d'effectuer toute transaction, prenez la peine de lire les clauses en petits caractères relatives aux commissions et frais de change.

LE CHANGE

Le montant des espèces ou devises que vous pouvez importer en France n'est soumis à aucune restriction. On préférera les chèques de voyage pour transporter des sommes importantes. Vous trouverez des bureaux de change dans les aéroports et les gares, ainsi que dans certains hôtels et magasins.

De nombreuses banques possèdent leurs propres bureaux de change qui offrent en général les taux les plus intéressants, mais prélèvent une commission.

Maints bureaux de change indépendants n'exigent pas de commission, mais pratiquent des taux assez élevés. Ouverts d'ordinaire de 9 h à 18 h du lundi au samedi, ils sont regroupés dans les quartiers des Champs-Élysées, de l'Opéra et de la Madeleine, à proximité des principaux sites touristiques, et dans les gares (ouverts tous les jours de 9 h à 21 h, fermés le dimanche dans les gares Saint-Lazare et Austerlitz).

CHÈQUES DE VOYAGE ET CARTES DE CRÉDIT

Ils sont délivrés par **American Express**,

Enseigne de bureau de change

Thomas Cook ou votre banque habituelle.

Les chèques de voyage American Express sont très largement honorés en France. L'American Express ne prélève pas de commission sur les chèques de voyage échangés dans ses bureaux. En cas de vol, les chèques sont immédiatement remplacés. Les agences à l'étranger du Crédit Lyonnais délivrent des chèques de voyage libellés en francs, et offrent généralement le meilleur taux de change à l'étranger.

En raison des commissions élevées, la plupart des commerçants n'acceptent pas la carte de crédit American Express. En revanche La **Carte Bleue/Visa** est très

Distributeur automatique de billets

largement utilisée : l'immense majorité des commerces, les compagnies aériennes, les hôtels et autres services la prennent volontiers. Les restaurants, stations-service et agences de voyage acceptent les paiements en chèques français, chèques de voyage ou cartes de crédit.

De très nombreuses agences bancaires sont équipées de distributeurs automatiques de billets et acceptent les cartes étrangères avec code d'identification secret. Un panneau indique les cartes acceptées par le distributeur. Le taux de change est favorable, mais les sociétés de carte de crédit ponctionnent une commission sur les retraits d'espèces. Si votre carte de crédit est retenue par le distributeur, renseignez-vous auprès de la succursale de la banque, ou auprès de la banque émettrice de la carte.

MONNAIE

Collectionneurs de billets, à vos albums ! Les Pascal, Montesquieu, Delacroix, Quentin de la Tour et Debussy vont peu à peu disparaître de la circulation. La Banque de France a lancé, le 20 octobre 1993, une nouvelle gamme de billets dont le premier est celui de 50 F à l'effigie de Saint-Exupéry. Gustave Eiffel (100 F), les frères Lumière (200 F) et Pierre et Marie Curie (500 F) suivront dans les trois prochaines années. Mais leur dessin est encore top secret. La Banque de France espère que ces billets seront les derniers qu'elle émettra avant l'adoption de la monnaie unique.

Billet de 500 F

Billet de 200 F

Billet de 100 F

Billet de 20 F

Billet de 50 F

Les pièces de monnaie

Les types gravés sur les pièces de 5, 10, 20, et 50 centimes et de 1 à 5 F ont été dessinés par des artistes célèbres du XIXe siècle. Le petit génie de la Bastille et le Mont St-Michel sont représentés sur les revers des pièces de 10 et 20 F.

20 F

10 F

5 F

2 F

1 F

50 centimes

20 centimes

10 centimes

5 centimes

Le téléphone et la poste

France Telecom et La Poste sont en charge des services des télécommunications et des services postaux. La Poste a mené ces dernières années une campagne de modernisation et offre un service complet de bureautique : photocopieuses, fax, minitel… On trouve dans tous les quartiers de Paris des bureaux de poste, signalés par leur logo bleu et jaune. Les cabines téléphoniques localisées dans la plupart des lieux publics s'utilisent avec des cartes téléphoniques : procurez-vous en une dès votre arrivée à Paris (à la poste ou dans un bureau de tabac).

Les cabines téléphoniques

En raison du vandalisme, les cabines fonctionnant à pièces sont devenues rares. Les cabines à carte sont très commodes d'emploi, mais vous devez posséder une télécarte.

Cabine téléphonique moderne à carte   **Cabine téléphonique ancienne à pièces**

MODE D'EMPLOI D'UN TÉLÉPHONE À CARTE (TÉLÉCARTE)

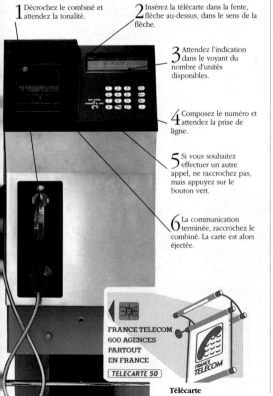

1 Décrochez le combiné et attendez la tonalité.

2 Insérez la télécarte dans la fente, flèche au-dessus, dans le sens de la flèche.

3 Attendez l'indication dans le voyant du nombre d'unités disponibles.

4 Composez le numéro et attendez la prise de ligne.

5 Si vous souhaitez effectuer un autre appel, ne raccrochez pas, mais appuyez sur le bouton vert.

6 La communication terminée, raccrochez le combiné. La carte est alors éjectée.

**FRANCE TELECOM
600 AGENCES
PARTOUT
EN FRANCE**
[TELECARTE 50]

Télécarte

LE TÉLÉPHONE

On trouve les annuaires dans les postes, les cafés et les restaurants. Pensez aussi à utiliser le Minitel, une spécialité française. Ce petit ordinateur domestique relié à une base de données des Télécom permet d'accéder à une quantité de services. Par le 11, vous pourrez interroger l'annuaire électronique, par le 36 15 + le code de votre choix, vous pourrez consulter les horaires de train ou d'avion (SNCF ou Air France), réserver vos places de théâtre (Billetel) et même entretenir de coquines conversations (Lola) ! Pour consulter la liste complète des codes Minitel : 36 15 MGS. Pour téléphoner en France depuis la Belgique et la Suisse, faites le 00 33, depuis le Canada, faites le 011 33. Le PCV (communication téléphonique payée par le destinataire) n'a plus cours en France, mais toutes les cabines publiques peuvent être appelées (le numéro de téléphone est affiché dans la cabine). La poste principale de la rue du Louvre (*voir p. 357*) est ouverte 24 h sur 24. Les hôtels tendent à majorer fortement le coût des communications téléphoniques, en particulier à destination de l'étranger.

QUELQUES NUMÉROS UTILES

Renseignements (en France et DOM-TOM) : composez le 12.
Télégrammes internationaux : composez le 05 33 44 11
Renseignements internationaux : composez le 19, attendez la tonalité, puis composez le 33 12 avant l'indicatif du pays.
En cas d'urgence, appelez le 17.

LE BON NUMÉRO

• Joindre les pays étrangers par un opérateur (établissement des communications, appels en PCV) : Belgique : 19, tonalité, puis 33 32 ; Canada : 19, tonalité, puis 33 11 ; Suisse : 19, tonalité, puis 33 41.
• Joindre les pays étrangers en automatique : pour appeler la Belgique : 19, tonalité, puis le 32 et votre numéro ; pour appeler le Canada, faites le 19, attendez la tonalité, puis le 1 et votre numéro ; pour appeler la Suisse, faites le 19, attendez la tonalité, puis le 41 et votre numéro.
• Les pages jaunes des annuaires de France

Telecom vous fourniront toutes sortes d'informations dont une liste complète des tarifs des communications vers l'étranger selon les horaires.
• Joindre la province depuis Paris : faites le 16 puis votre numéro.
• Joindre Paris depuis la province : faites le 16, attendez la tonalité, le 1 puis votre numéro.
Attention ! Nouvelle numérotation au printemps 1996 : le *16* n'existera plus et le *19* sera remplacé par le **00**. Tous les numéros auront 10 chiffres : les 8 actuels, précédés du **01** pour l'Île-de-France, **02** pour le Nord-Ouest, **03** pour le Nord-Est, **04** pour le Sud-Est et **05** pour le Sud-Ouest.

Le courrier et la poste

Enseigne de La Poste

Outre les services classiques – affranchissements, télégrammes, envoi en recommandé ou en express, envoi de colis et de livres – la poste vend également des timbres de collection, et gère comptes-chèques postaux, mandats et virements postaux. Les principaux bureaux de poste offrent un service de télécopie et de télex, ainsi que des cabines téléphoniques à carte et à pièces.

Paris-Champs Elysées

71, av. des Champs-Elysées 75008.
Plan 4 F5. **☎** 44 13 66 00.
FAX 42 56 13 71.
***Ouvert** 8 h-22 h lun.-sam., 10 h-12 h, 14 h-20 h dim. (après 19 h, uniquement affranchissement).*

L'AFFRANCHISSEMENT

Pour les cartes postales et les lettres de moins de 20 g à destination de la CEE, les timbres à 2,80 F sont vendus à

Carnet de 10 timbres

l'unité ou par carnets de 10, dans les postes ou les débits de tabac.

Les bureaux de poste sont ouverts de 8 h à 19 h du lundi au vendredi, et de 8 h à 12 h le samedi ; vous pourrez y consulter l'annuaire, acheter des télécartes, envoyer ou recevoir

des mandats, téléphoner dans le monde entier et affranchir votre courrier. Les boîtes aux lettres sont jaunes. Les envois en poste restante doivent porter le nom du destinataire en capitales d'imprimerie ainsi que la mention « poste restante », suivie de l'adresse de la poste du Louvre.

PRINCIPAUX BUREAUX DE POSTE

Paris-Louvre

52, rue de Louvre 75001. **Plan** 12 F1.
☎ 40 28 20 00. **FAX** 42 33 63 54.
***Ouvert** 24 h sur 24 t.l.j.*

Envois pour Paris   Envois pour la province et l'étranger

Boîte aux lettres parisienne

Les arrondissements de Paris

Paris est administrativement divisé en 20 arrondissements numérotés de 1 à 20 (voir p. 378). Les deux premiers chiffres du code postal – 75 – correspondent à Paris, et les deux derniers à l'arrondissement.

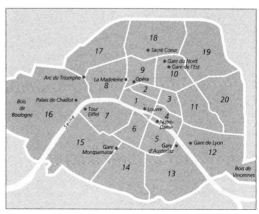

LA DOUANE ET L'IMMIGRATION

Les ressortissants de la CEE ne sont pas soumis à l'obligation de visa pour un séjour de moins de trois mois. Au-delà de cette période, une carte de séjour sera nécessaire. Les touristes en provenance du Canada devront se renseigner avant leur départ auprès du consulat de France de leur ville.

EXONÉRATION DE TVA

Les touristes non ressortissants de la CEE peuvent demander le remboursement de la TVA (*voir p. 312*) pour tout achat supérieur à 2 000 F destiné à l'exportation.

Les formulaires de détaxe sont à demander au moment de l'achat, et le remboursement de la TVA s'effectue quand vous êtes sur le point quitter le pays, dans un délai de 3 mois après l'achat. Certains biens ne peuvent faire l'objet d'une détaxe : produits alimentaires et boissons, médicaments, tabac, automobiles et motos (à la différence des bicyclettes !).

Flacon de parfum

DÉDOUANEMENT

Depuis le 1er janvier 1993, il n'y a plus de restriction concernant les produits transportés d'un pays à l'autre de la CEE, tant qu'il s'agit de biens destinés à votre consommation personnelle et non à la revente. Cependant, vous devrez parfois prouver que vous destinez à votre usage personnel les quantités dépassant les limites conseillées par la CEE : 10 l de spiritueux, 90 l de vin, 110 l de bière et 800 cigarettes.

FRANCHISE DE DOUANE

Jusqu'au 31 juin 1999, les limites concernant les achats exemptés de douane ou les biens importés en France par les ressortissants de la CEE sont les suivantes : 5 l de vin et 2,5 l de spiritueux titrant plus de 22°, ou 3 l titrant moins de 22°, 75 g de parfum, 1 kg de café, 200 g de thé et 300 cigarettes. Les non-ressortissants de la CEE peuvent importer 2 l de vin, et 1 l de spiritueux, ou 2 l titrant moins de 22°, 50 g de parfum, 500 g de café, 100 g de thé et 200 cigarettes. Les mineurs de moins de 17 ans ne sont pas autorisés à importer du tabac ou de l'alcool en franchise de douane.

L'IMPORTATION DES AUTRES BIENS

Les biens à usage manifestement personnel, et non destinés à la vente (automobile ou bicyclette par exemple) peuvent être importés en France en franchise de douane. Pour toute information, consultez la brochure *Bon Voyage*, disponible au Centre des renseignements des douanes.

RENSEIGNEMENTS DOUANIERS

Centre des renseignements des Douanes
238, quai de Bercy, Bâtiment H1, 75012. ☎ 40 01 02 06. FAX 42 60 21 54. **Ouvert** 9 h-17 h lun.-ven.

ADAPTATEURS ÉLECTRIQUES

En France, le courant électrique est le 220 volts alternatif. Les prises de courant à deux broches ont un diamètre plus ou moins important en fonction de l'ampérage). Les bons hôtels proposent des adaptateurs pour rasoirs électriques. Vous en trouverez également dans les grands magasins comme le BHV (*voir p. 313*).

Fiche électrique française

LES ÉTUDIANTS

Les étudiants titulaires d'une carte d'étudiant en cours de validité peuvent bénéficier de réductions de 25 % à 50 % dans les théâtres, musées, cinémas et principaux monuments. La *Carte Jeune* offre d'autres avantages : elle est en vente notamment au **CIDJ** (Centre d'information et de documentation jeunesse, *voir p. 359*). Le CIDJ les informera sur la vie étudiantine à Paris et tient une liste d'adresses de logements bon marché, sans toutefois proposer de réservation hôtelière. Paris compte trois auberges de jeunesse et centre d'information **AJF**, disposant de 8 000 lits pour étudiants et jeunes (*voir p. 359*).

LES TOILETTES PUBLIQUES

Les antiques et pittoresques vespasiennes de Paris ont disparu. Elles ont été remplacées par des toilettes payantes, installées le plus souvent sur les trottoirs. Ces toilettes, équipées d'un système de nettoyage automatique, ne doivent pas être utilisées par des enfants de moins de dix ans non acompagnés.

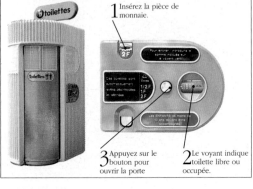

1 Insérez la pièce de monnaie.

2 Le voyant indique toilette libre ou occupée.

3 Appuyez sur le bouton pour ouvrir la porte.

TÉLÉVISION, RADIO ET PRESSE ÉCRITE

Paris est la capitale des médias français. Les studios d'enregistrement des plus grandes radios, des grandes chaînes de télévision, les rédactions des plus grands journaux (quotidiens et magazines) y sont concentrés de sorte que la France entière reçoit des informations qui passent à travers le prisme parisien. TF1, France 2, France 3, M6, Arte et Canal Plus sont les principales chaînes de télévision françaises. La plupart des quartiers de Paris sont câblés, ce qui leur permet de recevoir une quinzaine de chaînes

Presse étrangère en kiosque

supplémentaires dont TV5 (la chaîne de la francophonie), ZDF, la RAI, TVE, CNN et la BBC. Paris Première diffuse toutes sortes de reportages sur l'actualité parisienne : théâtre, cinéma, concerts, cafés, restaurants, évolution des quartiers, chantiers en cours, etc.

En plus des radios à audience nationale (France Inter, France Culture, France Musique, RTL, Europe 1, RMC), on peut écouter à Paris toute une gamme de radios « libres » aux programmes aussi nombreux que variés : chanson française et accordéon sur Radio Montmartre (102.7), jazz et voix si sensuelles qu'elles sont devenues légendaires sur FIP (105.1), discours pieux sur Radio Notre-Dame (100.7), musiques du monde entier et jingles étonnants sur Radio Nova (101.5), tubes à longueur de journée sur NRJ (100.3), musique baroque, romantique et contemporaine sur Radio classique (101.1), sketches hilarants et tubes anciens ou récents sur Rire et Chansons (97.4), informations en continu sur France Info (105.5)… il y en a pour tous les goûts.

Dans les multiples kiosques de la capitale, vous trouverez une presse abondante, nationale, régionale et internationale, européenne ou américaine dont *Le Soir*, *La Libre Belgique*, *Le Journal de Genève* ou le *Herald Tribune*. *Pariscope*, *L'Officiel des spectacles* vous donnent chaque semaine les programmes des activités de la capitale (théâtre, cinéma, concert, expositions) ainsi qu'une liste des restaurants.

LIBRAIRIES INTERNATIONALES

Brentano's
37, av. de l'Opéra 75002.
Plan 6 E5. 📞 *42 61 52 50*.
Ouvert 10 h-19 h lun.-sam.

Gibert Jeune
27, quai Saint-Michel 75005.
Plan 13 A4. 📞 *43 25 70 07*.
Ouvert 10 h-19 h lun.-sam.

W. H. Smith
248, rue de Rivoli 75001.
Plan 11 C1. 📞 *44 77 88 99*.
Ouvert 9 h 30-19 h lun.-sam.

L'HEURE PARISIENNE

Paris est en avance d'une heure sur l'heure G.M.T. L'heure d'hiver et l'heure d'été sont appliquées en France, comme en Suisse et en Belgique.

BUREAUX AJF

Beaubourg
119, rue St-Martin 75004.
Plan 13 B2.
📞 *42 77 87 80*.

Gare du Nord
Nouvelle Gare Banlieue
75010. **Plan** 7 B2.
📞 *42 85 86 19*.

Saint-Michel
139, bd St-Michel 75005.
Plan 16 F2.
📞 *43 54 95 86*.

INFO ÉTUDIANTS

CIDJ
101, quai Branly 75015.
Plan 10 E2.
📞 *44 49 12 00*.
Ouvert 10 h-18 h lun.-sam.

Œuvres universitaires et scolaires (CROUS)

39, av Georges Bernanos
75005. **Plan** 16 F2.
📞 *40 51 36 00*.

AMBASSADES

Belgique
9, rue de Tilsitt 75017.
Plan 4 E4. 📞 *44 09 39 39*.

Canada
35, av. Montaigne 75008.
Plan 10 F1.
📞 *44 43 29 00*.

Luxembourg
33, av. Rapp 75007.
Plan 10 E2.
📞 *45 55 13 37*.

Suisse
142, rue de Grenelle
75007. **Plan** 10 F3.
📞 *49 55 67 00*.

Grande-Bretagne
35, rue du Faubourg-St-
Honoré 75008.
Plan 5 C5. 📞 *42 66 91 42*.

CULTES

CATHOLIQUE
Basilique du Sacré-Cœur
35, rue du Chevalier-de-la-
Barre 75018.
Plan 6 F1. 📞 *42 51 17 02*.

Cathédrale de Notre-Dame
Place du Parvis-Notre-
Dame 75004. **Plan** 13 A4.
📞 *43 26 07 39*.

PROTESTANT
Eglise réformée de l'oratoire du Louvre
145, rue St-Honoré 75001.
Plan 12 F2. 📞 *42 60 21 64*.

Eglise réformée de Paris-Luxembourg
58, rue Madame 75006.
Plan 12 E5.
📞 *45 48 13 50*.

Eglise anglaise Saint-Georges
7, rue Auguste Vacquerie
75116. **Plan** 4 E5.
📞 *47 20 22 51*.

JUIF
Synagogue Nazareth
15, rue Notre-Dame-de-
Nazareth 75003.
Plan 7 C5.
📞 *42 78 00 30*.

MUSULMAN
Grande Mosquée de Paris
Place du Puits-de-l'Ermite
75005. **Plan** 17 B2.
📞 *45 35 97 33*.

ALLER À PARIS

Paris est au centre d'un immense réseau de lignes ferroviaires et aériennes. Toutes les capitales et les grandes villes européennes entretiennent des liaisons directes avec Paris, par avion ou par train, et il y a de nombreux vols directs en provenance de toutes les parties du monde : Amériques, Asie, Afrique… Les vols plus longs, en provenance d'Océanie ou d'Australie, demandent souvent une ou plusieurs escales.

Paris est aussi un important nœud routier desservi par plusieurs autoroutes d'importance européenne : la ville est donc facilement accessible par les touristes voyageant en automobile ou en car.

Boeing 737

L'ARRIVÉE EN AVION

Il y a des vols quotidiens en provenance de Genève par **Swissair**, de Bruxelles par **Sabena** et de Montréal par **Air Canada**. **Air France** offre également des liaisons régulières avec ces destinations. **Air Inter** propose des vols réguliers depuis les principales grandes villes de province : Lyon, Marseille, Nice, Rennes, Strasbourg, Bordeaux, etc.

Les prix pratiqués par les compagnies aériennes sont plus élevés en haute saison, de juillet à septembre, mais cette période peut varier d'une compagnie à l'autre. Renseignez-vous auprès du transporteur ou de votre agence de voyages pour bénéficier des tarifs les plus intéressants.

En raison de la concurrence féroce à laquelle se livrent les compagnies aériennes, celles-ci proposent parfois des remises importantes, comme les vols APEX, à la condition que vous achetiez votre billet de une à deux semaines, voire un mois, à l'avance. La modification de la date de départ ou de retour, ainsi que l'annulation sont cependant soumises à des surtaxes significatives.

Si vous recherchez les prix les plus intéressants, n'hésitez pas à faire le tour des agences de voyages de bonne réputation affrétant des vols charters. Veillez cependant à vous faire préciser l'éventualité d'un remboursement en cas de cessation d'activité de l'agence, et ne payez jamais l'intégralité du billet avant de l'avoir en main.

Vous trouverez page 363 les adresses d'agences de voyages parisiennes bien établies, proposant des vols charters ou réguliers à des prix très compétitifs. Celles-ci sont souvent représentées à l'étranger. Sachez également que les enfants peuvent bénéficier de tarifs réduits.

Durée des vols
À titre indicatif, voici quelques durées de vol en provenance de l'étranger :
Bruxelles : 45 mn ;
Genève : 1 h ;
Montréal : 7 h 30 ; New York : 8 h ; Papeete : 22 h.

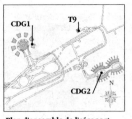

Plan d'ensemble de l'aéroport

L'AÉROPORT ROISSY-CHARLES DE GAULLE
Les terminaux CDG1, CDG2 et T9 sont reliés entre eux par des navettes. Le niveau inférieur est réservé à l'embarquement, le niveau supérieur aux arrivées. La plupart des transports vers Paris partent du niveau des arrivées.

CDG1 est utilisé par les vols internationaux, à l'exception d'Air France (voir CDG2).

CDG2 est utilisé par Air France et par quelques compagnies desservant l'Europe.

Navette Air France et RER (porte 6)

Bus RATP (porte 12)

Navette Euro-Disney (porte 1)

CDG2A

Navette Air France et bus (porte 5)

Station taxis (porte 7)

Bus RATP (porte 10)

CDG2C

Navette Air France et RER (porte 5)

CDG2B

CDG2D

Station taxis (porte 7)

Agences de location de voitures (portes 16 et 20)

Bus Air France vers Montparnasse (porte 26)

Navette RER (porte 28)

Station taxis (porte 16)

Bus Euro-Disney (porte 30)

Bus Air France vers porte Maillot et Étoile (porte 34)

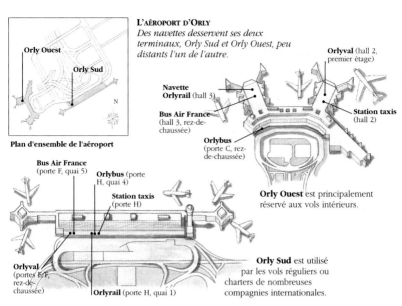

Plan d'ensemble de l'aéroport

L'AÉROPORT D'ORLY

Des navettes desservent ses deux terminaux, Orly Sud et Orly Ouest, peu distants l'un de l'autre.

Orly Ouest

Orly Sud

N

Orlyval (hall 2, premier étage)

Navette Orlyrail (hall 3)

Bus Air France (hall 3, rez-de-chaussée)

Station taxis (hall 2)

Orlybus (porte C, rez-de-chaussée)

Orly Ouest est principalement réservé aux vols intérieurs.

Bus Air France (porte F, quai 5)

Orlybus (porte H, quai 4)

Station taxis (porte H)

Orlyval (portes E-F, rez-de-chaussée)

Orlyrail (porte H, quai 1)

Orly Sud est utilisé par les vols réguliers ou charters de nombreuses compagnies internationales.

L'AÉROPORT DE ROISSY-CHARLES-DE-GAULLE

C'est le principal aéroport de Paris, situé à une trentaine de kilomètres au nord de la capitale. Il possède deux terminaux, CDG1 et CDG2, réservés aux vols réguliers, et un terminal, T9, aux vols charters. CDG2 est composé de deux bâtiments subdivisés en quatre sections, CDG2A, CDG2B, CDG2C et CDG2D.

Les liaisons Roissy-Paris
Pour vous rendre de Roissy à Paris, vous avez le choix entre le taxi, le bus et le RER. Un service de bus est assuré à la fois par Air France (vers l'ouest de Paris) et la RATP (vers le nord et l'est de Paris). Les bus Air France ne desservent que deux arrêts : la porte Maillot et Charles-de-Gaulle-Etoile, avec correspondances bus, métro et RER vers le centre ville. Le trajet dure environ 40 mn. Un bus Air France dessert également chaque heure la gare TGV-Montparnasse.
Au départ de la station de RER Auber, la ligne Roissybus met 45 mn au pour rejoindre les aérogares 1 et 2. La ligne 351 part de la place de la Nation. Le trajet dure environ 45 mn, et les départs ont lieu toutes

les 15 mn. Au terminus de ces deux lignes, vous trouverez une correspondance métro et RER.
La ligne RER Roissy Rail est desservie par une navette de bus au départ de chaque terminal. Les trains partent tous les quarts d'heure, et le trajet dure environ 35 mn jusqu'à la gare du Nord (correspondance métro et RER).
Le taxi est une solution idéale pour les arrivées en fin de soirée et les petits groupes, mais l'attente est parfois longue, et il vous en coûtera de 150 F à 250 F.

L'AÉROPORT D'ORLY

Le second aéroport de Paris, situé à 15 km au sud de la capitale, possède deux terminaux, Orly Sud et Orly Ouest.

Les liaisons Orly-Paris
Outre les transports desservant le sud de Paris, il existe une navette de bus pour Euro-Disney, qui part toutes les 45 mn.
Pour rejoindre le centre de Paris, vous avez le choix entre le taxi, le bus et le RER. Air France et la RATP (Orlybus) assurent un service de bus : les bus Air France desservent en 30 mn environ les Invalides et

Montparnasse, la navette Orlybus part tous les quarts d'heure et dessert en 50 mn environ la place Denfert-Rochereau. Le récent service Jet Bus dessert toutes les 12 mn la station de métro Villejuif-Louis-Aragon, terminus de la ligne 7.
Un bus fait la navette entre Orly et le RER Orlyrail situé à Rungis. Les trains partent toutes les 15 mn en direction de la gare d'Austerlitz (durée du trajet : 45 mn). Le service de train automatique Orlyval (départ toutes les 7-10 mn) dessert Antony, sur la ligne B du RER, avec correspondance pour Roissy Rail.
Les taxis ne manquent pas : en fonction de la circulation automobile, comptez 25-45 mn pour rejoindre le centre ville. Il vous en coûtera de 100 F à 180 F.

Le métro Orlyval

ARRIVER À PARIS PAR LA ROUTE ET PAR L'AUTOROUTE

Cinq autoroutes principales arrivent à Paris : l'A1 (autoroute du Nord) qui vient de Bruxelles, Calais ou Lille, l'A4 (autoroute de l'Est) qui vient de Strasbourg, Metz, Nancy, l'A6 (autoroute du Soleil) qui vient du Sud et du Sud-Est, l'A10 (Aquitaine) et l'A11 (Océane) qui viennent du Sud-Ouest et de la Bretagne. L'A13 enfin est l'autoroute de Normandie. L'A86 fera le tour de Paris mais elle n'est pas encore terminée. Elle permet néanmoins d'éviter la capitale, par exemple pour aller à EuroDisney par l'autoroute de l'est lorsque l'on arrive du nord. Attention, contrairement aux autres pays d'Europe, les panneaux bleus indiquent les autoroutes et les panneaux verts, les routes nationales. Pendant les vacances, particulièrement en été et pendant les grands week-ends de fêtes, la circulation est très dense. Les centres Bison futé informent très largement des embouteillages prévisibles et proposent des itinéraires bis qui passent par les routes nationales et départementales. Pendant le reste de l'année, des panneaux à messages variables et des radios dont les fréquences sont indiquées sur les autoroutes donnent également des informations sur les encombrements, la météo, etc. En cas de panne, on trouve tous les 2 km sur les autoroutes et tous les 4 km sur les nationales, des bornes d'appel d'urgence reliées à la police ou à la gendarmerie.

Les abords de Paris sont souvent impraticables, notamment en semaine, aux heures de pointe du matin et du soir (de 7 h à 10 h et de 17 h à 20 h) ainsi que le dimanche soir (de 16 h à 23 h), quand de nombreux habitants de la capitale rentrent de week-end.

L'ARRIVÉE EN AUTOCAR

La gare routière internationale de Paris se trouve à Bagnolet. Elle est desservie par le métro Galliéni (terminus de la ligne 3) et plusieurs lignes de bus. La principale compagnie de bus est Eurolines. Ses autocars relient Paris aux principaux pays européens (Belgique, Hollande, Irlande, Allemagne, Royaume-Uni, Italie, Espagne et Portugal). Il y a deux services quotidiens pour Bruxelles ou Anvers.

TÉLÉPHONES ET ADRESSES UTILES

Compagnie d'autocars
Eurolines
Gare routière internationale Paris-Galliéni
Av. du Gal-de-Gaulle 93170 Bagnolet
℡ 49 72 51 51.

Un autocar d'Eurolines

CNIR (centre national d'information routière)
℡ 48 94 33 33.
Allô météo France
℡ 36 68 02 75.

Service Minitel
36 15 Route.
36 15 Autoroute.
36 15 Météo.

Fréquences radio sur autoroute
Orléans : 107.7.
Lyon : 98.2.
Lille : 102.5.

Renault Assistance
(dépannage 24 h sur 24, toutes marques)
℡ 05 05 15 15.

L'ARRIVÉE EN TRAIN

Au cœur du réseau ferroviaire français et européen, Paris possède six gares internationales, gérées par la SNCF, la compagnie nationale de chemin de fer (*voir p. 373*).

La gare de Lyon, la principale gare de Paris, dessert le Sud de la France, les Alpes, l'Italie, la Suisse et la Grèce. La gare d'Austerlitz, rive gauche, assure les liaisons avec le Sud-Ouest, l'Espagne et le Portugal. La gare de l'Est

Le TGV : un fleuron de la technologie « made in France »

LE TGV

Le Train à Grande Vitesse circule à plus de 300 km/h, soit plus du double de la vitesse des autres trains français. Il y a trois lignes principales. Le TGV Sud-Est (de couleur orange) dessert Dijon, Lyon, Marseille, Nice, Lausanne et Genève à partir de la gare de Lyon. Le TGV Atlantique (de couleur bleue) dessert Bordeaux et la Bretagne au départ de la gare Montparnasse. Le nouveau TGV Nord relie Paris et Lille à partir de la gare du Nord.

dessert l'Est de la France, l'Allemagne, la Suisse, et l'Autriche.

Les trains au départ de Grande-Bretagne *via* Dieppe et les ports normands arrivent à la gare Saint-Lazare, ceux en provenance de Calais et Boulogne à la gare du Nord. La plupart des trains en provenance de Scandinavie, des Pays-Bas et de Belgique arrivent également à la gare du Nord. La gare Montparnasse, rive gauche, est le terminus des trains provenant de Bretagne.

La mise en service du Train à Grande Vitesse (TGV) en direction du Sud-Est, du Sud-Ouest, de la Bretagne et du Nord a considérablement réduit la durée des trajets. Attention : vous devrez vous munir d'une réservation obligatoire.

Les bureaux de l'Office du tourisme ouverts dans cinq gares assurent l'information des voyageurs (*voir p. 351*) et offrent un service de réservations hôtelières, ce qui est très pratique si vous arrivez la nuit.

Toutes les gares parisiennes sont desservies par les bus RATP et le métro, voire par le RER : la signalétique vous permettra de vous orienter et de rejoindre les correspondances de bus et de métro. Pour toute information concernant le mode d'emploi des gares SNCF, voir p. 372.

L'ARRIVÉE EN AUTOMOBILE

La capitale, de forme ovale, est ceinturée par le boulevard périphérique, voie rapide qui sépare le Paris intra-muros de la banlieue. Toutes les autoroutes menant à Paris débouchent sur le boulevard périphérique où les anciennes portes de la ville constituent aujourd'hui autant d'entrées (ou de sorties). En arrivant sur le périphérique, consultez votre plan de Paris pour savoir laquelle des portes est la plus proche de votre destination. Par exemple, si vous souhaitez vous rendre à l'Arc de triomphe, vous devrez sortir du périphérique à la porte Maillot.

CARNET D'ADRESSES

PRINCIPALES COMPAGNIES AÉRIENNES DESSERVANT PARIS

Air Canada
31, rue Falguière 75015.
Plan 15 A2.
☎ 44 50 20 20.

Air France
119, av. des Champs-Élysées 75008. **Plan** 4 E4.
☎ 44 08 22 22.

Air Inter
Agence Invalides
Aérogare des Invalides 75007. **Plan** 11 B2.
☎ 45 55 07 72.
Agence Opéra
14, av. de l'Opéra 75001.
Plan 12 E1.
☎ 42 60 08 52.
Agence Élysées
119, av. des Champs-Élysées 75008. **Plan** 4 E4.
☎ 47 23 59 58.

British Airways
12, rue Castiglione 75001.
Plan 12 D1.
☎ 47 78 14 14.

Canadian Airlines
24, av. Hoche 75008.
Plan 4 F3.
☎ 49 53 07 07.

Sabena
19, rue de la Paix 75002.
Plan 6 D5.
☎ 44 94 19 19.

Swissair
4, rue Ferrus 75014.
Plan 16 F4.
☎ 40 78 10 00.

CHARTERS

Access Voyages
6, rue Pierre-Lescot 75001. **Plan** 13 A2.
☎ 42 21 46 94.

Council Travel Services
16, rue Vaugirard 75006.
Plan 12 F5.
☎ 46 34 02 90.

Forum Voyages
1, rue Cassette 75006.
Plan 12 D5.
☎ 45 44 38 61.

Jumbo
19, av. de Tourville 75007.
Plan 11 A4.
☎ 47 05 01 95.

Nouvelles Frontières
5, av. de l'Opéra 75001.
Plan 12 E1.
☎ 46 34 55 30.

USIT Voyages
6, rue Vaugirard 75006.
Plan 12 F5.
☎ 43 29 85 00.

RENSEIGNEMENTS ORLY

Bus Air France
☎ 43 23 84 49.

Informations sur les vols
☎ 49 75 15 15.

Orlybus
☎ 45 65 60 00.

RENSEIGNEMENTS ROISSY-CHARLES-DE-GAULLE

Bus Air France
☎ 42 99 20 18.

Assistance aux handicapés
☎ 48 62 28 24.
(CDG 1).
☎ 48 62 59 00.
(CDG 2).

Urgences médicales
☎ 48 62 28 00.
(CDG 1).
☎ 48 62 53 32.
(CDG 2).

Informations sur les vols
☎ 48 62 22 80.

Consigne
☎ 48 62 20 85 (CDG 1).
☎ 48 62 14 80 (CDG 2).

Accompagnement
☎ 49 75 15 15 (Orly).
☎ 48 62 22 80 (Roissy).

Bus RATP
☎ 43 46 14 14.

RER
☎ 45 65 60 00.

HÔTELS À ORLY

Ibis
Orly Sud.
☎ 46 87 33 50.

Hilton Hotel
Orly Sud.
☎ 46 87 33 88.

Mercure
Orly Sud.
☎ 46 87 23 37.

HÔTELS À ROISSY-CHARLES-DE-GAULLE

Ibis
10, rue Verseau,
Roissy 95701.
☎ 48 62 49 49.

Eliance Cocoon
Aéroport Charles-de-Gaulle 95713.
☎ 48 62 06 16.

Holiday Inn
1, allée de Verger,
Roissy-en-France 95700.
☎ 34 29 30 00.

Ibis
2, av. Raperie,
Roissy-en-France 95700.
☎ 34 29 34 34.

Novotel
Aéroport Charles-de-Gaulle 95705.
☎ 48 62 00 53.

Sofitel
Aéroport Charles-de-Gaulle 95705.
☎ 48 62 23 23.

L'arrivée à Paris

Ce plan illustre les liaisons routières et ferroviaires desservant la capitale et ses deux aéroports principaux, ainsi que les autres destinations vers la France et l'Europe. Il illustre également les principales gares ferroviaires et routières, les navettes d'aéroport, ainsi que les lignes de bus et de RER desservant les aéroports. Vous y trouverez indiquées la fréquence des départs et la durée du trajet à partir des aéroports, de même que la durée approximative des liaisons ferroviaires avec d'autres villes. Les correspondances métro et RER sont précisées aux différents terminus.

TGV NORD

Le TGV Nord, inauguré le 28 septembre 1993, permet de se rendre à Lille en 50 mn. Il offre toutes sortes de nouveaux services (téléphones, nurserie…). Il devrait rejoindre Londres par l'Eurotunnel dans le courant de l'été 1994.

GARE SAINT-LAZARE

Simple embarcadère pour St-Germain en 1837, la gare St-Lazare, construite en 1852, et agrandie par la suite, est aujourd'hui la plus grande gare de banlieue d'Europe. 27 voies y accueillent chaque jour plusieurs centaines de trains dont quelques-uns seulement desservent les grandes lignes. C'est aussi la gare parisienne qui reçoit le plus de voyageurs : environ 131 millions par an soit plus du double de la population française ! 420 000 passagers y transitent quotidiennement, surtout aux heures de pointe : il n'y en a pas moins de 55 000 à l'arrivée, le matin, entre 8 et 9 h, et 95 600 au départ, le soir, entre 16 et 19 h. Alors si vous devez vous rendre à Versailles par le train, choisissez-bien vos horaires !

GARE MONTPARNASSE
Bordeaux *(3 h)*
Brest *(3 h)*
Madrid *(16 h 15)*
Nantes *(2 h)*

Porte Maillot
M (1) RER (A)(C)

Charles-de-Gaulle-Etoile
M (1)(2)(6) RER (A)

Champs-Elysées

Quartier de Chaillot

Gare St M (3)

Invalides
M (8)(13) RER (C)

Quartier des Invalides et de la tour Eiffel

Montparnasse

Gare Montparnasse
M (4)(6)(12)(13)

LÉGENDE
— SNCF *voir pp. 362-3*
— Autocars *voir p. 362*
— Bus RATP
— Bus Air France *voir p. 361*
— Roissy Rail *voir p. 361*
— Orlyrail *voir p. 361*
— Orlyval *voir p. 361*
— Orlybus *voir p. 361*
— Jet Bus *voir p. 361*
M Métro
RER RER

Porte d'Orléans M (4)

L'aéroport Roissy-Charles-de-Gaulle (*voir pp. 360-361*)

365

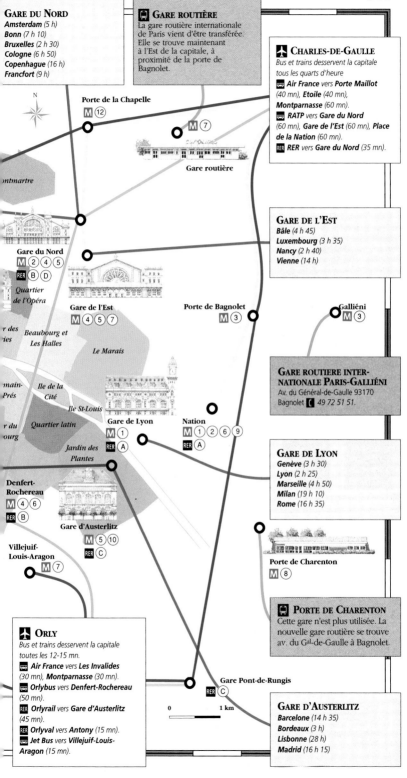

GARE DU NORD
Amsterdam (5 h)
Bonn (7 h 10)
Bruxelles (2 h 30)
Cologne (6 h 50)
Copenhague (16 h)
Francfort (9 h)

🚌 **GARE ROUTIÈRE**
La gare routière internationale de Paris vient d'être transférée. Elle se trouve maintenant à l'Est de la capitale, à proximité de la porte de Bagnolet.

✈ **CHARLES-DE-GAULLE**
Bus et trains desservent la capitale tous les quarts d'heure
🚌 *Air France vers Porte Maillot* (40 mn), *Etoile* (40 mn), *Montparnasse* (60 mn).
🚌 *RATP vers Gare du Nord* (60 mn), *Gare de l'Est* (60 mn), *Place de la Nation* (60 mn).
🚇 *RER vers Gare du Nord* (35 mn).

Porte de la Chapelle
M (12)

M (7)

Gare routière

ntmartre

N

Gare du Nord
M (2)(4)(5)
RER (B)(D)

Quartier
de l'Opéra

Gare de l'Est
M (4)(5)(7)

Porte de Bagnolet
M (3)

Galliéni
M (3)

GARE DE L'EST
Bâle (4 h 45)
Luxembourg (3 h 35)
Nancy (2 h 40)
Vienne (14 h)

r des
ies

Beaubourg et
Les Halles

Le Marais

main-
Prés

Ile de la
Cité

Ile St-Louis

r du
ourg

Quartier latin

Gare de Lyon
M (1)
RER (A)

Nation
M (1)(2)(6)(9)
RER (A)

GARE ROUTIERE INTER-NATIONALE PARIS-GALLIÉNI
Av. du Général-de-Gaulle 93170 Bagnolet ☎ 49 72 51 51.

Jardin des
Plantes

GARE DE LYON
Genève (3 h 30)
Lyon (2 h 25)
Marseille (4 h 50)
Milan (19 h 10)
Rome (16 h 35)

Denfert-
Rochereau
M (4)(6)
RER (B)

Gare d'Austerlitz
M (5)(10)
RER (C)

Porte de Charenton
M (8)

Villejuif-
Louis-Aragon
M (7)

🚌 **PORTE DE CHARENTON**
Cette gare n'est plus utilisée. La nouvelle gare routière se trouve av. du Gal-de-Gaulle à Bagnolet.

✈ **ORLY**
Bus et trains desservent la capitale toutes les 12-15 mn.
🚌 *Air France vers Les Invalides* (30 mn), *Montparnasse* (30 mn).
🚌 *Orlybus vers Denfert-Rochereau* (50 mn).
🚇 *Orlyrail vers Gare d'Austerlitz* (45 mn).
🚇 *Orlyval vers Antony* (15 mn).
🚌 *Jet Bus vers Villejuif-Louis-Aragon* (15 mn).

Gare Pont-de-Rungis
RER (C)

0   1 km

GARE D'AUSTERLITZ
Barcelone (14 h 35)
Bordeaux (3 h)
Lisbonne (28 h)
Madrid (16 h 15)

CIRCULER À PARIS

Paris est une ville dense et la marche demeure le meilleur moyen de la découverte. Le piéton peu habitué à l'agressivité de l'automobiliste parisien devra cependant demeurer sur ses gardes. Les encombrements de la circulation et l'impatience des conducteurs ne facilitent guère la tâche du cycliste. Seul un conducteur aux nerfs d'acier s'aventurera en centre ville : de nombreux sens interdits compliquent la circulation déjà très chargée, et le stationnement est aussi difficile que cher. Les bus, métros et RER de la RATP constituent le moyen le plus pratique et le moins coûteux de se déplacer en ville ; l'agglomération est divisée en 5 zones : les zones 1 et 2 correspondent à Paris *intra-muros*, les zones 3, 4 et 5 à la banlieue et aux aéroports. La capitale est divisée en 20 arrondissements, ce qui facilite notamment la localisation des adresses (*voir p. 357*).

Le passage clouté : pas si protégé qu'on le croit

Respectez les feux tricolores !

LE PIÉTON ET PARIS

Ouvrez l'œil avant de traverser la rue ! De nombreux passages protégés sont divisés par un îlot central : avant de vous engager sur la chaussée, faites attention aux bus et taxis venant à contresens, et respectez l'injonction « piétons traversez en deux temps ».

LE VÉLO ET PARIS

Le vélo est mal aimé à Paris. Il y a peu de fortes côtes, mais la circulation est très intense, et les automobilistes déboîtent ou ouvrent leur portière sans prêter la moindre attention aux cyclistes. Si vous voulez à tout prix faire du vélo : profitez du mois d'août, lorsque la plupart des Parisiens prennent leurs vacances !
La SNCF autorise les voyageurs à transporter leur bicyclette dans le train. Certaines gares SNCF de banlieue proposent un service de location de vélos, de même que certaines stations de métro et de RER, les week-ends d'été. Vous trouverez également des vélos à louer, le week-end, aux arrêts de bus du parc Floral, au bois de Vincennes, près du château, et tous les jours à Bagatelle, au bois de Boulogne.

À vélo à Paris, l'aventure commence.

LES TITRES DE TRANSPORT

Vous trouverez au guichet des stations de métro et de RER divers types de titres de transport. La carte hebdomadaire vous permet d'effectuer 2 voyages par jour en zones 1 et 2 durant 6 jours consécutifs. La carte formule 1 vous permet d'effectuer un nombre illimité de voyages durant 1 jour. La carte Paris visite vous accorde des tarifs réduits dans certains musées, et la carte orange est un abonnement mensuel dont le prix varie en fonction des zones. Ces titres de transport sont tous composés d'une carte d'identification et d'un coupon de transport.

Carte Paris visite

Coupon de la Carte Paris visite, valable 3 ou 5 jours

Carte orange

Coupon de carte orange, valable 1 mois

Tickets de métro, bus ou RER

Coupon hebdomadaire

Carte formule 1

Coupon de carte formule 1 valable 1 jour

L'AUTOMOBILE ET PARIS

S'il est plutôt déconseillé de rouler en voiture dans Paris, un véhicule sera utile pour visiter les environs. Les agences de location vous demanderont de présenter vos permis de conduire et passeport (et souvent une carte de crédit), ainsi qu'une seconde pièce d'identité (billets d'avion ou carte de crédit, par exemple) en cas de paiement par chèque ou espèces. Les automobilistes originaires de la CEE et du Canada ne sont pas tenus de posséder un permis de conduire international.

La priorité à droite est de règle, sauf sur les voies prioritaires. Les véhicules engagés sur un carrefour à sens giratoire ont priorité sur ceux qui s'y engagent, sauf indication contraire.

LE STATIONNEMENT

Contractuelle À Paris, le stationnement est un vrai casse-tête. Les aires de stationnement sont indiquées par le panneau « P » ou Parking payant sur le trottoir, ou par une inscription à même la chaussée. Utilisez les horodateurs pour payer votre place de stationnement. Dans certains quartiers résidentiels, le stationnement

Sens interdit

INTERDIT SUR TOUTE LA LONGUEUR DE LA VOIE

Stationnement interdit

AXE ROUGE

ARRÊT GÊNANT
ARTICLE A 371 DU CODE DE LA ROUTE

Arrêt interdit

30

Vitesse limitée

est autorisé sur les aires dépourvues de signalisation.

N'enfreignez jamais les interdictions Parking interdit ou Stationnement interdit.

Si votre véhicule est immobilisé par un sabot, ou a été enlevé en fourrière, téléphonez au commissariat de police. En cas d'enlèvement en fourrière, outre l'amende, vous devrez payer des frais proportionnels au nombre de jours de garde de votre véhicule. Les voitures saisies sont d'abord dirigées dans l'une des sept préfourrières de Paris, où elles sont gardées pendant 48 heures, avant d'être acheminées vers la fourrière proprement dite.

LOCATION ET RÉPARATION DE CYCLES

Bicloune
7, rue Froment 75011.
Plan 14 E3. ☎ 48 05 47 75.
Uniquement vente et réparation de cycles

Bicy-Club
8, porte de Champerret 75017.
Plan 3 C1. ☎ 47 66 55 92.
Location de cycles, 6 magasins en région parisienne

Paris Vélo
2, rue du Fer-à-Moulin 75005.
Plan 17 C2. ☎ 43 37 59 22.
Location de cycles.

Peugeot
72, av. de la Grande-Armée 75017. **Plan** 3 C3. ☎ 45 74 27 38.
Uniquement vente et réparation de cycles

RATP Information
☎ 47 66 55 92.

SNCF Information
☎ 45 82 50 50.

AGENCE DE LOCATION DE VOITURES

Les agences de location de voitures sont nombreuses à Paris. Les sociétés suivantes possèdent des bureaux à Roissy-Charles-de-Gaulle et Orly, dans les gares principales ainsi qu'en centre ville. Réservations et informations par téléphone :

Avis
☎ 46 10 60 60.

Budget
☎ 47 55 61 00.

EuroDollar
☎ 49 58 44 44.

Europcar
☎ 30 43 82 82.

Hertz
☎ 47 88 51 51.

TÉLÉPHONE D'URGENCE

En cas d'accident ou d'urgence, appelez la police en composant le 17. Nº de téléphone du standard de la Préfecture de police : 42 77 11 00. Vous trouverez dans l'annuaire le téléphone des commissariats de police.

COMMENT UTILISER UN HORODATEUR

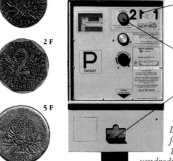

1 F

2 F

5 F

10 F

1 Insérez les pièces de 1, 2, 5 ou 10 F en fonction de la somme demandée.

2 Appuyez sur le bouton rouge pour obtenir un ticket.

3 Prenez le ticket et placez-le dans votre voiture, derrière le pare-brise.

Les horodateurs fonctionnent de 9 h à 19 h du lundi au vendredi. Sauf mention contraire, le stationnement est gratuit les samedis, dimanches, jours fériés et en août.

Se déplacer en métro

Logo de la RATP

Enseigne de métro début de siècle

Enseigne de métro moderne

L a RATP gère 13 lignes de métro, identifiées à la fois par leur numéro et leurs directions (terminus de chaque ligne), desservant Paris ainsi que la proche banlieue. Avec ses dizaines de stations (identifiables par leur logo, un M inscrit dans un cercle, et parfois par leurs entrées art nouveau) réparties dans toute la capitale, le métro est le moyen de transport le plus rapide et le moins cher.

Chaque station affiche près de la sortie un plan du quartier. Le métro et le RER fonctionnent de la même manière, le dernier desservant également la lointaine banlieue. Les premiers trains quittent leur terminus à 5 h 30, et les derniers y reviennent à 1 h 15.

Comment lire le plan du métro

Les lignes de métro et RER sont identifiées par leur code couleur, ainsi que par leur numéro indiqué aux deux terminus (directions) de la ligne. Certaines stations ne sont desservies que par une seule ligne, d'autres par plusieurs lignes de métro ou de RER, et certaines communiquent entre elles par des couloirs de liaison.

Stations de métro et de RER avec couloirs de correspondance

Stations de métro et de RER desservies par la même ligne

Ligne de métro

Station de métro desservie par deux lignes

Station de métro desservie par une ligne unique

Ligne de RER

Numéro d'identification de la ligne

LE RER

L e RER est un réseau de lignes desservant la grande banlieue et convergeant vers le centre de la capitale ; les quatre lignes de RER (A, B, C, D) se subdivisent en bifurcations (la ligne C, par exemple, possède 6 branches désignées par C1 à C6). Chaque train du RER est identifié par un nom de code (par ex. ALEX ou VERA) facilitant la consultation des horaires. Sur les quais, l'affichage électronique indique la direction (terminus) du train, ainsi que les stations desservies. Pour y accéder, les tickets de métro et les diverses cartes d'abonnement RATP sont valables.

Le logo RER inscrit dans un cercle indique les stations du RER dont les principales dans Paris sont : Charles-de-Gaulle-Étoile, Auber, Châtelet-Les-Halles, Gare de Lyon, Nation, Saint-Michel-Notre-Dame et Gare du Nord.

Dans Paris, le RER communique avec le réseau du métro, souvent par de longs couloirs de correspondance, ce qui peut faire perdre du temps, bien qu'il soit plus rapide d'emprunter le RER pour rejoindre une destination desservie également par le métro, La Défense ou Nation, par exemple.

Les aéroports parisiens, de nombreuses villes de banlieue et certains sites touristiques sont desservis par le RER : l'aéroport Roissy-Charles-de-Gaulle (ligne B3), Orly (lignes B4 et C2), EuroDisney (ligne A4) et Versailles (ligne C5).

Logo du RER

LA VENTE DES BILLETS

L es titres de transport sont en vente au guichet dans toutes les stations de métro et de RER. Certaines stations sont équipées de distributeurs automatiques vendant des tickets à l'unité ou par carnets de dix. À la différence du RER (wagons de 1ère classe et de 2e classe), tous les wagons du métro sont de 2e classe.

Le ticket de métro est valable pour un trajet unique (avec correspondance) dans les zones 1 et 2 du métro et du RER. Pour vous rendre en banlieue (zones 3, 4 et 5), vous devrez vous munir d'un ticket correspondant à votre destination (aéroports, par ex.). Consultez le tarif affiché au guichet des stations RER. Dans l'ensemble des transports en commun parisiens, conservez votre ticket jusqu'à destination : celui-ci pourra être contrôlé durant le voyage. Tout contrevenant devra sur le champ s'acquitter d'une amende.

Mode d'emploi du métro

1 Pour connaître quelle ligne de métro emprunter, cherchez d'abord votre destination sur un plan de métro (dans les stations, ainsi que sur les pages de garde à la fin de ce guide). Sur le plan, suivez du doigt la ligne jusqu'à son terminus dans le sens de votre trajet, ce qui vous donnera le nom de sa direction ainsi que son numéro, et vous permettra de vous orienter dans les stations.

Introduisez le ticket dans la première fente

Reprenez le ticket éjecté de la deuxième fente

2 Les tickets de métro sont en vente au guichet de toutes les stations. Certaines sont équipées de distributeurs automatiques. Tous les tickets de métro sont de 2e classe. Le ticket est valable pour un trajet unique avec toutes les correspondances nécessaires.

← DIRECTION
M 1 CHÂTEAU DE VINCENNES

GARE DE LYON
REUILLY-DIDEROT
NATION
PORTE DE VINCENNES
SAINT-MANDÉ-TOURELLE
BÉRAULT
CHÂTEAU DE VINCENNES

3 Pour accéder au quai, glissez le ticket (piste magnétique vers le bas) dans la première fente du portillon. Reprenez le ticket éjecté de la deuxième fente et poussez le portillon.

4 À l'entrée du quai, ou dans les couloirs, un panneau indique les stations desservies pour la direction correspondante (terminus). Le nom de la direction est également indiqué au milieu du quai.

DIRECTION
M 1
CHÂTEAU DE VINCENNES

5 Si vous devez changer de ligne, descendez à la station de correspondance et suivez les panneaux indiquant la direction appropriée.

6 Les portières des anciens wagons s'ouvrent en soulevant le loquet, celles des wagons modernes en appuyant sur le bouton vert. Un signal sonore indique la fermeture automatique des portières.

7 Le plan des stations desservies par la ligne, avec leurs éventuelles correspondances, est affiché dans chaque wagon.

← SORTIE

8 À destination, suivez les panneaux « sortie ». Un plan du quartier est affiché dans chaque station.

Se déplacer en bus

L e bus est un excellent moyen de découvrir les sites parisiens. La RATP gère à la fois le métro et le bus : les mêmes tickets sont valables dans ces deux types de transport. Les 58 lignes de bus sillonnant la capitale sont empruntées quotidiennement par plus de 2 000 bus. Ceux-ci constituent souvent le moyen de transport le plus rapide sur les courts trajets, mais ils subissent les encombrements de la circulation, et sont souvent bondés aux heures de pointe. Les horaires des premiers et derniers bus varient d'une ligne à l'autre : la plupart fonctionnent du lundi au samedi, de 6 h à 20 h 30.

Composteur

Arrêts de bus
Le panneau indique le numéro de la ligne, sur fond blanc pour les lignes fonctionnant tous les jours, sur fond noir pour celles ne fonctionnant ni le dimanche ni les jours fériés.

Panneau de terminus

Arrêt de bus　Panneau de bus de nuit

Ticket de bus

Le compostage des tickets
Insérez le billet dans le composteur, dans le sens de la flèche.

trois sections ou plus coûte deux tickets. Les carnets de 10 tickets sont en vente dans les stations de métro et dans les débits de tabac : le conducteur du bus ne délivre des billets qu'à l'unité. Les enfants de moins de 4 ans bénéficient de la gratuité, et les enfants de 4 à 10 ans du demi-tarif.

Les arrêts desservis par la ligne ainsi que les différentes sections sont affichés dans les voitures et aux arrêts. Le conducteur vous renseignera également sur le nombre de tickets nécessaires pour votre trajet.

Pour être valables, les tickets doivent être compostés

dans le bus : glissez-les dans la fente du composteur situé à côté de l'entrée de la voiture. Conservez votre ticket jusqu'à destination : le défaut de titre de transport, l'absence de compostage ou l'insuffisance du nombre de tickets peut vous valoir une forte amende. Les abonnements de type carte orange vous permettent d'effectuer un nombre illimité de trajets : il ne faut surtout pas les composter, mais les présenter au conducteur en montant en voiture.

Bouton d'arrêt demandé

LES TITRES DE TRANSPORT

L e coût d'un long trajet en bus est deux fois plus élevé que le trajet correspondant en métro. Chaque ligne de bus est divisée en plusieurs sections : un ticket n'est valable que pour deux sections ; un trajet de

---

Les bus parisiens
Le numéro de ligne et la destination du bus sont affichés au-dessus du pare-brise. Certains bus, de plus en plus rares, possèdent une plate-forme à l'arrière.

Montée des passagers à l'avant

Numéro de ligne

Destination

Avant de bus

Numéro de ligne affiché à l'arrière

Plate-forme arrière

Le plan de ligne

Le plan indique le numéro de la ligne, les sections, les arrêts, ainsi que les stations de métro et RER les plus proches. En bleu clair : le trajet que l'on peut effectuer avec un seul ticket (deux sections), en rouge : deux tickets (trois sections ou plus).

Arrêt de bus près d'une station de métro

Numéro de ligne

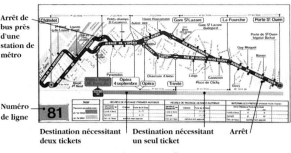

Destination nécessitant deux tickets

Destination nécessitant un seul ticket

Arrêt

MODE D'EMPLOI DU BUS

Les arrêts et les abribus portent le numéro des lignes les desservent. Ils affichent également le plan de la ligne, le nombre de tickets nécessaires à votre trajet, les correspondances, les horaires ainsi que l'heure des premier et dernier passages. La plupart des arrêts affichent en outre un plan du quartier. Faites signe au conducteur pour qu'il s'arrête. Certains nouveaux modèles de bus sont composés de deux voitures articulées : l'ouverture de leurs portes est commandée à l'extérieur comme à l'intérieur par un bouton rouge. Les bus sont tous équipés d'un signal d'arrêt sur demande. Certains ne desservent pas leur terminus : le nom de leur destination, affiché à l'avant, est barré d'un trait.

Les voitures ne disposent pas d'aménagements spécifiques pour les handicapés, mais certaines places leur sont réservées, ainsi qu'aux personnes âgées, mutilés de guerre et femmes enceintes. Ces places doivent être cédées à la demande.

LES BUS DE NUIT ET D'ÉTÉ

Les Noctambus, les 10 lignes de bus fonctionnant la nuit, ont tous pour terminus le Châtelet, soit sur l'avenue Victoria, soit sur la rue Saint-Martin. Leurs arrêts sont indiqués par un logo représentant une chouette sur une lune jaune. Faites signe au conducteur. Les abonnements de type carte orange sont valables, mais pas les tickets de métro : le conducteur vend les billets dont le prix varie selon la destination.

En été, la RATP fait fonctionner des bus au bois de Vincennes et au bois de Boulogne. Pour tout renseignement concernant ces services, le bus et le métro, ainsi que sur les titres de transport, téléphonez à la RATP.

RATP Information 53, quai des Grands-Augustins 75006.
43 46 14 14.

LES LIGNES UTILES

Ce plan indique quelques lignes desservant certains grands sites touristiques du centre de la capitale, avec les arrêts principaux, les stations de métro les plus proches et les monuments célèbres.

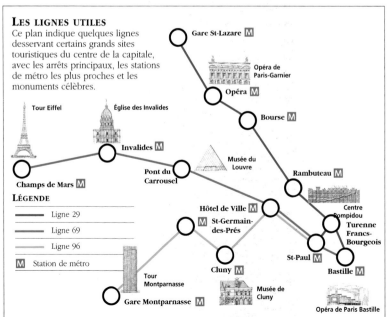

Voyager en train

La Société nationale des chemins de fer (SNCF)
gère à Paris deux types de services : les lignes
de banlieue et les grandes lignes. Les premières,
qui fonctionnent toutes à l'intérieur des
cinq zones du système de transport en
commun de la région parisienne (*voir
p. 366*), vous permettent d'aller découvrir
dans la journée des sites touristiques de la
région parisienne. Les grandes lignes
desservent la France métropolitaine et
l'étranger. Le TGV (*voir pp. 362-363*) a
considérablement réduit le temps du trajet entre Paris
et plusieurs grandes agglomérations régionales.

La gare de l'Est en 1920

LES GARES

Au cœur du réseau
ferroviaire français et
européen, Paris possède
six grandes gares
internationales : les gares
Saint-Lazare, du Nord, de
l'Est, de Lyon, d'Austerlitz et
Montparnasse, toutes
desservant également la
banlieue. Certaines
villes de l'agglomération
parisienne,
comme
Versailles et
Chantilly, sont
desservies à la
fois par les
grandes lignes et
les lignes de
banlieue.

Dans les gares, les
panneaux d'affichage des
départs et des arrivées
indiquent les horaires des
trains, leurs numéros, leurs
quais, ainsi que les gares
desservies sur la ligne. Des
caddies à bagages sont à la
disposition du public

**Voyageuse poussant
un caddie à bagages**

(munissez-vous d'une pièce
de 10 F ; celle-ci est restituée
après utilisation).

LES BILLETS

Les billets pour la
banlieue sont
souvent délivrés
par des distributeurs
automatiques rendant
la monnaie. Pour
tout renseignement,
adressez-vous
au bureau
d'information
de la gare. Avant
de monter dans
le train, vous devez
composter votre
billet à l'aide
des composteurs installés
devant les quais. L'absence
de compostage est passible
d'une amende perçue par
le contrôleur durant le trajet.

Les panneaux placés
au-dessus des guichets
indiquent le type de billet
délivré, banlieue, grandes
lignes ou international.
La SNCF propose des
réductions pour enfants,
personnes âgées, couples
mariés, familles, ainsi que
pour les allers-retours de

Les composteurs
*Les composteurs sont installés
dans les halls de gare à
l'entrée des quais. Les billets et
les réservations doivent être
obligatoirement compostés.*

Un billet composté

1 000 km ou plus. Les billets
sont également en vente
dans les agences de voyage
affichant le logo SNCF.

RÉDUCTIONS ÉTUDIANTS
ET JEUNES

Nouvelles Frontières
87, bd de Grenelle 75015.
Plan 10 D4.
[41 41 58 58.

Wasteels
12, rue La Fayette 75009.
Plan 6 E4.
[42 47 09 77.

LES TRAINS DE
BANLIEUES

Les gares parisiennes
desservent également la
banlieue. Les titres de
transports du métro ne sont

Train de banlieue à deux niveaux

pas valables sur ces lignes, à
l'exception de certaines
destinations desservies à la
fois par la SNCF et le RER.

De nombreuses villes
situées sur les lignes de
banlieue abritent des sites
touristiques réputés, comme
Chantilly, Chartres,
Fontainebleau, Giverny et
Versailles (*voir pp. 248-253*).
Téléphonez à la SNCF pour
toute information.

Le taxi

Le taxi est plus cher que le bus ou le métro, mais c'est le seul moyen de transport disponible après 1 h du matin. De nombreuses stations de taxis sont réparties un peu partout dans Paris : vous en trouverez ci-dessous une liste succincte.

Panneau de station de taxis

APPELER UN TAXI

Près de 10 000 taxis sont en circulation dans Paris, et pourtant ceux-ci ne semblent pas suffire à la demande, surtout aux heures de pointe, ainsi que les vendredis et samedis soir.

Le taxi se hèle dans la rue, mais pas à moins de 50 m d'une station : les taxis qui y attendent ont priorité sur les autres. Vous trouverez une station à côté de la plupart des grands carrefours, des principales stations de métro et de RER, devant les hôpitaux, les gares et les aéroports. Si la lanterne blanche sur le toit est masquée par un cache, la voiture n'est pas en service. Le voyant orange indique que le taxi est déjà occupé. Les taxis peuvent refuser la course s'ils sont en fin de service.

Au départ du taxi, le compteur affiche un prix forfaitaire de prise en charge. Celui-ci varie dans les radio-taxis en fonction de la course déjà effectuée pour arriver jusqu'à vous. Ni les cartes de crédit ni les chèques ne sont acceptés en paiement.

Le tarif de la course varie en fonction de la distance et de l'heure. Le tarif A s'applique au kilométrage d'une course de jour dans Paris *intra-muros*. Le tarif B, plus cher, s'applique aux courses dans Paris les dimanches et jours fériés, ainsi que la nuit (19 h-7 h), ou aux courses de jour en banlieue et vers les aéroports. Le tarif C, le plus onéreux des trois, s'applique aux courses de nuit en banlieue et vers les aéroports. Un supplément est exigé pour chaque bagage.

Prix de la course — **Tarif**

À côté du chauffeur, le taximètre affiche le prix de la course

Lanterne de taxi

Les voyants indiquent le tarif et le statut – libre ou occupé – du taxi

Un taxi parisien

ATLAS DES RUES

L es reports aux plans qui accompagnent les sites touristiques, les établissements ou les boutiques cités dans le guide renvoient aux cartes de ce chapitre (*voir ci-contre* Comment lire les plans ?). Vous trouverez en pages 411-429 l'index complet des rues et des lieux intéressants.

Le plan d'ensemble ci-dessous illustre les quartiers de Paris couverts par l'atlas, avec l'indica-tion des arrondissements. En couleur figurent les quartiers auxquels un chapitre complet est consacré dans ce guide. Ont également été pris en compte les quartiers du centre offrant un large choix de logements et de loisirs.

La liste des symboles utilisés dans les cartes de l'atlas des rues est reproduite sur la page de droite.

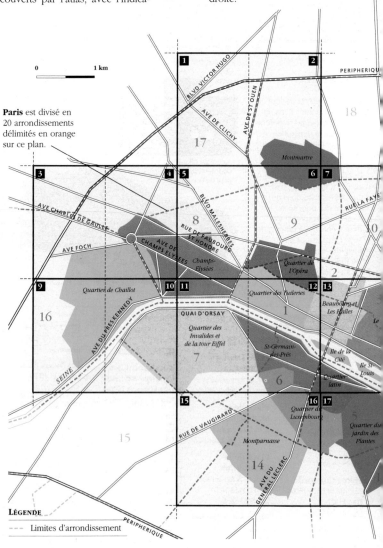

Paris est divisé en 20 arrondissements délimités en orange sur ce plan.

0   1 km

PERIPHERIQUE

BLVD VICTOR HUGO

AVE DE CLICHY

AVE DE ST OUEN

1 **2**

18

17

Montmartre

3 **4** **5** **6** **7**

AVE CHARLES DE GAULLE

BLVD MALESHERBES

RUE LA FAYE

8

9

10

RUE DU FAUBOURG ST HONORE

AVE FOCH

AVE DES CHAMPS ELYSEES

Champs-Elysées

Quartier de l'Opéra

2

9 **10** **11** **12** **13**

Quartier de Chaillot

Quartier des Tuileries

Beaubourg et Les Halles

Le

16

AVE DU PRES KENNEDY

QUAI D'ORSAY

1

Quartier des Invalides et de la tour Eiffel

St-Germain-des-Prés

Ile de la Cité

Ile St-Louis

SEINE

7

6

Quartier latin

15 **16** **17**

15

RUE DE VAUGIRARD

Quartier du Luxembourg

Quartier du jardin des Plantes

Montparnasse

14

AVE DU GENERAL LECLERC

LÉGENDE

PERIPHERIQUE

- - - Limites d'arrondissement

COMMENT LIRE LES PLANS ?

Le premier chiffre indique le numéro du plan.

Hôtel de Ville ⑲

4, place de l'Hôtel-de-Ville 75004.
Plan 13 B3. 42 76 50 49.
M *Hôtel-de-Ville.* **Ouvert** *10 h 30 lun. pour groupes, téléphoner.* **Fermé** *jours fériés, réceptions officielles.*

La lettre et le chiffre donnent les coordonnées du lieu. Les chiffres figurent en marge, à dr. et à g., les lettres en haut et en bas.

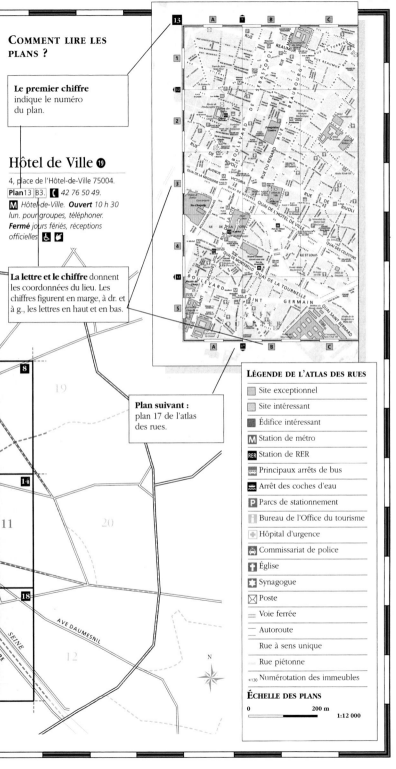

Plan suivant : plan 17 de l'atlas des rues.

LÉGENDE DE L'ATLAS DES RUES

Site exceptionnel

Site intéressant

Édifice intéressant

M Station de métro

RER Station de RER

Principaux arrêts de bus

Arrêt des coches d'eau

P Parcs de stationnement

Bureau de l'Office du tourisme

Hôpital d'urgence

Commissariat de police

Église

Synagogue

Poste

Voie ferrée

Autoroute

Rue à sens unique

Rue piétonne

n130 Numérotation des immeubles

ÉCHELLE DES PLANS

0   200 m

1:12 000

Répertoire des noms de rues

Chaque nom est suivi par son arrondissement et son report sur le plan

Docteur Finlay, Rue	
du (15)	**10 D4**
continue	**9 C4**
Docteur Germain Sée,	
Rue de (16)	**9 B4**
Docteur Hayem, Pl	
du (16)	**9 A4**
Docteur Heulin, Rue	
du (17)	**1 C5**
Docteur Lancereaux,	
Rue du (8)	**5 A3**
Docteur Magnan, Rue	
du (13)	**18 D5**
Docteur Navarre, Pl	
du (13)	**18 D5**
Docteur Paul Brousse,	
Rue du (17)	**1 B4**
Docteur Roux, Rue	
du (15)	**15 A2**
Docteur Roux,	
Rue du (17)	**1 A3**
Docteur Victor Hutinel,	
Rue du (13)	**18 D4**
Dolomieu, Rue (5)	**17 B2**
Domat, Rue (5)	**13 A5**
Dome, Rue du (16)	**4 D5**
Dôme des	
Invalides (7)	**11 A4**
Domrémy, Rue	
de (13)	**18 E5**
Dosne, Rue (16)	**3 B5**
Douai, Rue de (9)	**6 E2**
Douaumont,	
Bd de (17)	**1 A3**
Double, Pont au (4, 5)	**13 A4**
Dragon, Rue du (6)	**12 D4**
Drevet, Rue (18)	**6 F1**
Drouot, Rue (9)	**6 F4**
Dubail, Passage (10)	**7 C4**
Duban, Rue (16)	**9 A3**
Dublin, Pl de (8)	**5 C2**
Dubois, Rue (6)	**12 F4**
Duc, Rue (18)	**2 F4**
Duchefdelaville,	
Rue (13)	**18 E4**
Dufrénoy, Rue (16)	**9 A1**
Duguay Trouin, Rue (6)	**16 D1**
Duhesme, Rue (18)	**2 F4**
Dulac, Rue (15)	**15 B1**
Dulong, Rue (17)	**5 B1**
Duméril, Rue (13)	**17 C3**
Dumont d'Urville,	
Rue (16)	**4 D5**
Dunkerque, Rue	
de (9, 10)	**7 B2**
Dunois, Rue (13)	**18 E4**
Duperré, Rue (9)	**6 E2**
Dupetit Thouars,	
Cité (3)	**14 D1**
Dupetit Thouars,	
Rue (3)	**14 D1**
Duphot, Rue (1)	**5 C5**
Dupin, Rue (6)	**11 C5**
Duplan, Cité (3)	**3 C3**
Dupleix, Pl (15)	**10 E4**
Dupleix, Rue (15)	**10 E4**
Dupont, Villa (16)	**3 B4**
Dupont des Loges,	
Rue (7)	**10 F3**
Dupuis, Rue (3)	**14 D1**
Duquesne, Av (7)	**10 F4**
continue	**11 A4**
Durantin, Rue (18)	**6 E1**
Duras, Rue de (8)	**5 B5**
Durel, Cité (18)	**2 E3**
Duret, Rue (16)	**3 C4**
Duroc, Rue (7)	**11 B5**
Durouchoux, Rue (14)	**16 D4**
Dussoubs, Rue (2)	**13 A1**
Dutot, Rue (15)	**15 A2**
Duvivier, Rue (7)	**10 F3**

E

Eaux, Rue des (16)	**9 C3**
Eaux-Vives, Passage	
des (11)	**14 E2**
Eblé, Rue (7)	**11 B5**
Echaude, Rue de l' (6)	**12 E4**
Echelle, Rue de l' (1)	**12 E1**
Echiquier, Rue de l' (10)	**7 B5**
Ecluses St-Martin, Rue	
des (10)	**8 D3**
Ecole, Pl de l' (1)	**12 F3**
Ecole de Mars, Rue de l'	**3 A2**
Ecole de Médicine, Rue	
de l' (6)	**12 F4**
Ecole Nationale	
d'Administration (7)	**12 D3**
Ecole Nationale	
Supérieure	
des Beaux Arts (6)	**12 E3**
Ecole Normale	
Supérieure (5)	**17 A2**
Ecole Polytechnique,	
Rue de l' (5)	**13 A5**
Ecole Supérieure des	
Mines (6)	**16 F1**
Ecole Militaire (7)	**10 F4**
Ecole Militaire, Pl	
de l' (7)	**10 F4**
Ecoles, Rue des (5)	**13 B5**
Ecouffes, Rue des (4)	**13 C3**
Edgar Poë, Rue (19)	**8 F3**
Edgar Quinet, Rue	**2 E1**
Edgar Quinet, Bd (14)	**16 D2**
Edimbourg, Rue d' (8)	**5 C3**
Edison, Av (13)	**18 D5**
Edmond About, Rue (16)	**9 A2**
Edmond Flamand,	
Rue (13)	**18 E3**
Edmond Gondinet,	
Rue (13)	**17 A4**
Edmond Guillout,	
Rue (15)	**15 B2**
Edmond Michelet, Pl (4)	**13 B2**
Edmond Rostand,	
Place (6)	**12 F5**
Edmond Valentin,	
Rue (7)	**10 F2**
Edouard Colonne,	
Rue (1)	**13 A3**
Edouard Denis, Place (6)	**16 E2**
Edouard Detaille,	
Rue (17)	**4 F2**
Edouard Jacques,	
Rue (14)	**15 C3**
Edouard Lockroy,	
Rue (11)	**14 F1**
Edouard Manet,	
Rue (13)	**17 C4**
Edouard Pailleron,	
Rue (19)	**8 F2**
Edouard Quenu,	
Rue (5)	**17 B2**
Edouard Vaillant, Rue	**2 E2**
Edward Tuck, Av (8)	**11 B1**
Eglise de la	
Sorbonne (5)	**13 A5**
El Salvador, Pl (7)	**11 A5**
Elisabeth, Passage	**1 C2**
Elisée Reclus, Av (7)	**10 E3**
Elysée, Rue de l' (8)	**5 B5**
Elzévir, Rue (3)	**14 D3**
Emeriau, Rue (15)	**9 C5**
Emile Acollas, Av (7)	**10 E4**
Emile Allez, Rue (17)	**3 C2**
Emile Blémont, Rue (18)	**2 F4**
Emile Chautemps, Sq (3)	**13 B1**
Emile Deschanel,	
Av (7)	**10 E3**
Emile Deslandres,	
Rue (13)	**17 B3**

Emile Dubois, Rue (14)	**16 E4**
Emile Duclaux,	
Rue (15)	**15 A2**
Emile Gilbert, Rue (12)	**18 F1**
Emile Level, Rue (17)	**1 B4**
Emile Ménier, Rue (16)	**3 B5**
Emile Pouvillon, Av (7)	**10 E3**
Emile Zola, Rue	**2 D2**
Emile Augier, Bd (16)	**9 A2**
Emile Richard, Rue (14)	**16 D3**
Emilio Castelar, Rue (12)	**14 F5**
Emmanuel Chabrier,	
Sq (17)	**5 A1**
Enfer, Passage d' (14)	**16 E2**
Enghien, Rue d' (10)	**7 B4**
Epée de Bois, Rue	
de l' (5)	**17 B2**
Eperon, Rue de l' (6)	**12 F4**
Epinettes, Impasse	
des (17)	**1 C3**
Epinettes, Rue des (17)	**1 C4**
Erables, Route des (16)	**3 A3**
Erasme Brossolette,	
Rue (5)	**17 A2**
Erckmann Chatrian,	
Rue (18)	**7 B1**
Ernest Cresson,	
Rue (14)	**16 D4**
Ernest Gouin, Rue (17)	**1 B4**
Ernest Renan, Rue (15)	**15 A1**
Ernest Roche, Rue (17)	**1 C4**
Esclangon, Rue (18)	**2 F3**
Espace Pierre Cardin (8)	**11 B1**
continue	**5 B5**
Esquirol, Rue (13)	**17 C3**
Essai, Rue de l' (5)	**17 C2**
Estienne d'Orves,	
Pl d' (9)	**6 D3**
Estrapade, Pl de l' (5)	**17 A1**
Estrées, Rue d' (7)	**11 A4**
Etats Unis, Pl des (16)	**4 D5**
Etex, Rue (18)	**2 D5**
Etienne Marcel,	
Rue (1, 2)	**12 F1**
continue	**13 A1**
Etoile, Route de l' (16)	**3 A4**
Etoile, Rue de l' (17)	**4 D3**
Eugène Fournière,	
Rue (18)	**2 F3**
Eugène Carrière,	
Rue (18)	**2 E5**
Eugène Flachat, Rue (17)	**4 E1**
Eugène Manuel, Rue (16)	**9 B2**
Eugène Varlin, Rue (10)	**8 D3**
Eugène Varlin, Sq (10)	**8 D3**
Euler, Rue (8)	**4 E5**
Eure, Rue de l' (14)	**15 C4**
Europe, Pl de l' (8)	**5 C3**
Euryale Dehaynin,	
Rue (19)	**8 F1**
Exposition, Rue de l' (7)	**10 F3**
Eylau, Av d' (16)	**9 C1**

F

Fabert, Rue (7)	**11 A2**
Fabriques, Cour	
des (11)	**14 F1**
Fagon, Rue (13)	**17 C4**
Faisanderie, Rue de	
la (16)	**3 A5**
continue	**9 A1**
Falaise, Cité (18)	**2 E3**
Falconet, Rue (18)	**7 A1**
Falguière, Cité (15)	**15 A2**
Falguière, Pl (15)	**15 A3**
Falguière, Rue (15)	**15 A2**
Fallempin, Rue (15)	**10 D5**
Fanny, Rue	**1 B3**
Faraday, Rue (17)	**4 D2**
Farcot, Rue	**2 D1**

Faubourg du Temple,	
Rue du (10, 11)	**8 E5**
Faubourg Montmartre,	
Rue du (9)	**6 F4**
Faubourg Poissonnière,	
Rue du (9, 10)	**7 A3**
Faubourg St-Antoine,	
Rue du (11, 12)	**14 F4**
Faubourg St-Denis, Rue	
du (10)	**7 C2**
Faubourg-St-Honoré,	
Rue du (8)	**4 E3**
continue	**5 A4**
Faubourg St-Jacques,	
Rue du (14)	**16 F3**
Faubourg St-Martin,	
Rue du (10)	**7 C4**
continue	**8 D2**
Fauconnier, Rue	
du (4)	**13 C4**
Faustin Hélie, Rue (16)	**9 A2**
Fauvet, Rue (18)	**2 D5**
Favart, Rue (2)	**6 F5**
Fédération, Rue de	
la (15)	**10 D4**
Félibien, Rue (6)	**12 E4**
Félicien David, Rue (16)	**9 A5**
Félicité, Rue de la (17)	**5 A1**
Félix Desruelles, Sq (6)	**12 E4**
Félix Pécaut, Rue (18)	**2 D4**
Félix Ziem, Rue (18)	**2 E5**
Fénelon, Rue (10)	**7 B3**
Fer à Moulin, Rue	
du (5)	**17 B2**
Ferdinand Brunot, Pl et	
Sq (14)	**16 D4**
Ferdinand Duval,	
Rue (4)	**13 C3**
Ferdousi, Av (8)	**5 A3**
Férembach, Cité (17)	**3 C3**
Ferme St Lazare, Cour	
de la (10)	**7 B3**
Fermiers, Rue des (17)	**5 A1**
Fernand de la Tombelle,	
Sq (17)	**5 A1**
Fernand Forest, Pl (15)	**9 B5**
Fernand Labori, Rue (18)	**2 F3**
Fernand Pelloutier,	
Rue (17)	**1 C3**
Férou, Rue (6)	**12 E5**
Ferronnerie, Rue de	
la (1)	**13 A2**
Ferrus, Rue (14)	**16 F4**
Feuillantines, Rue	
des (5)	**16 F2**
Feuillants, Terrasse	
des (1)	**12 D1**
Feutrier, Rue (18)	**7 A1**
Feydeau, Galerie (2)	**6 F5**
Feydeau, Rue (2)	**6 F5**
Fidélité, Rue de la (10)	**7 C4**
Figuier, Rue du (4)	**13 C4**
Filles du Calvaire, Bd	
des (3, 11)	**14 D2**
Filles du Calvaire, Rue	
des (3)	**14 D2**
Filles St Thomas, Rue	
des (2)	**6 F5**
Finlande, Pl de (7)	**11 A2**
Firmin Gémier, Rue (18)	**2 D4**
Flandre, Passage	
de (19)	**8 F1**
Flandre, Rue de (19)	**8 E1**
Flandrin, Bd (16)	**3 A5**
continue	**9 A1**
Flatters, Rue (5)	**17 A3**
Fléchier, Rue (9)	**6 F3**
Fleurs, Cité des (17)	**1 C4**
Fleurs, Quai aux (4)	**13 B4**
Fleurus, Rue de (6)	**12 D5**
Fleury, Rue (18)	**7 B1**

Chaque nom est suivi par son arrondissement et son report sur le plan

Chaque nom est suivi par son arrondissement et son report sur le plan

Chaque nom est suivi par son arrondissement et son report sur le plan

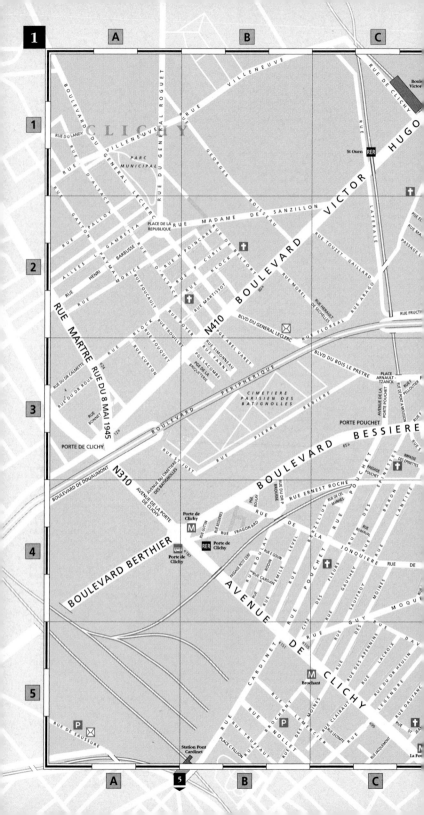

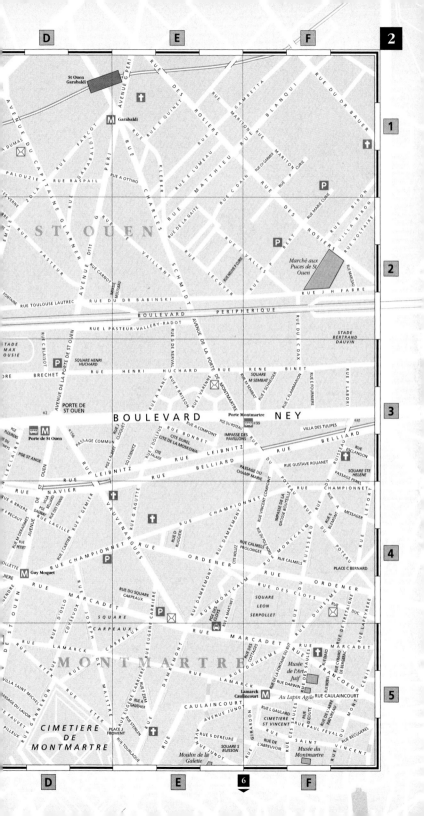

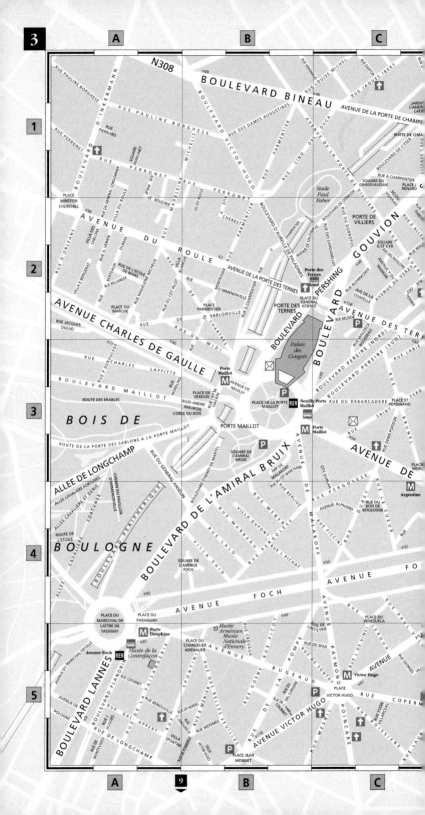

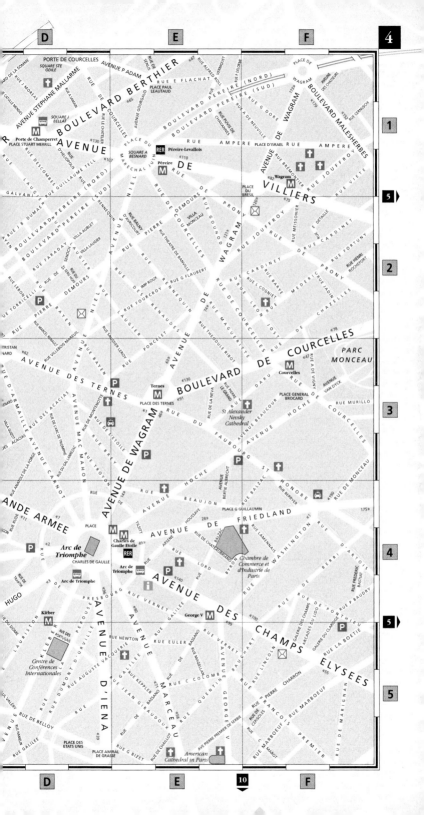

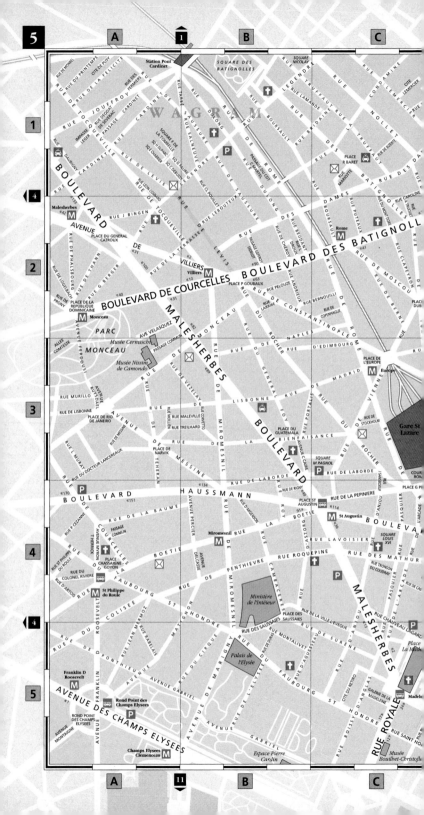

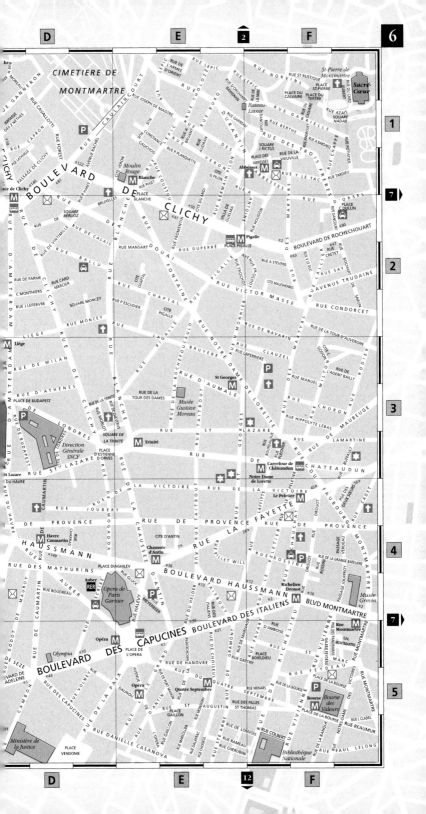

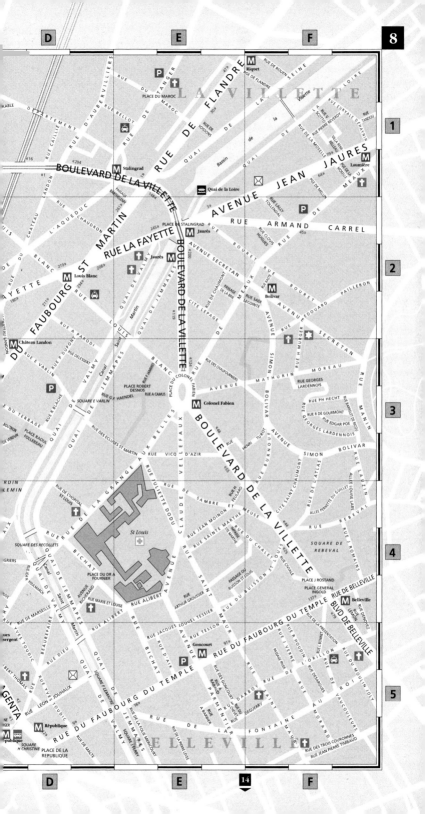

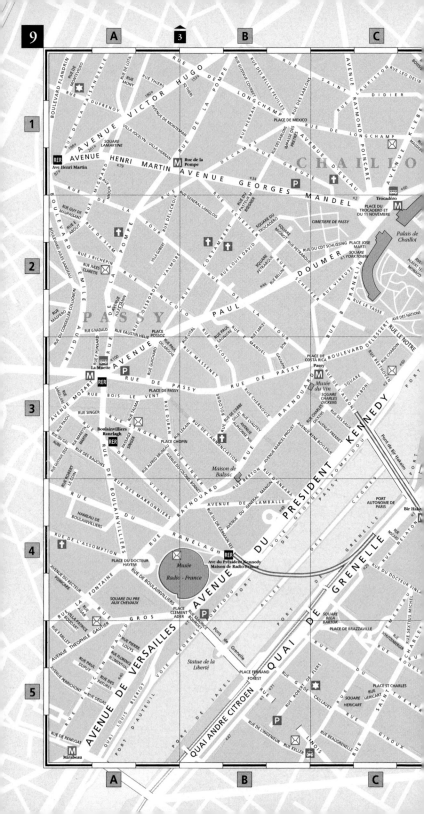

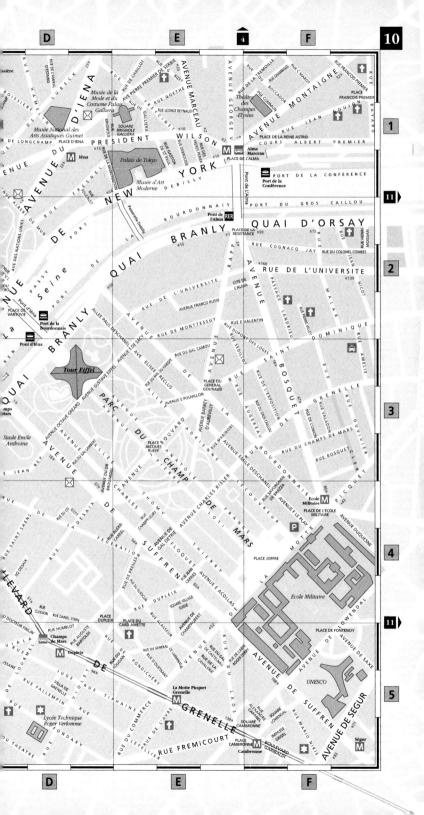

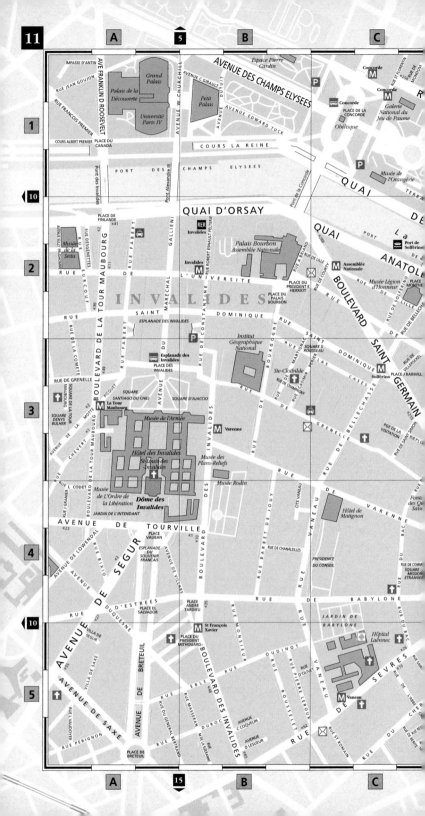

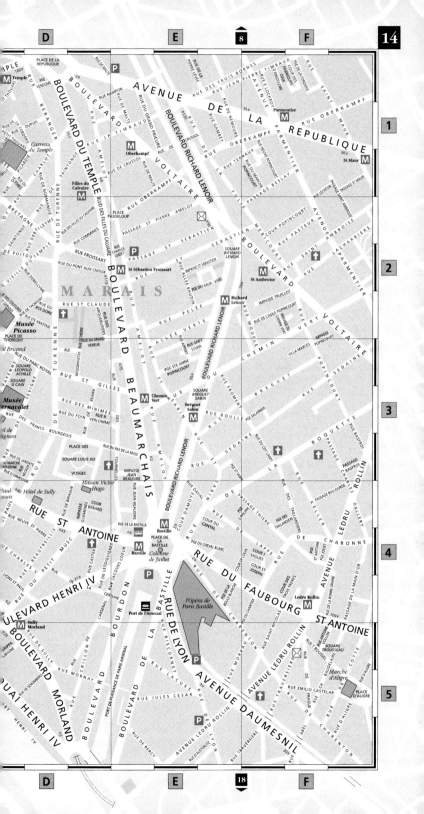

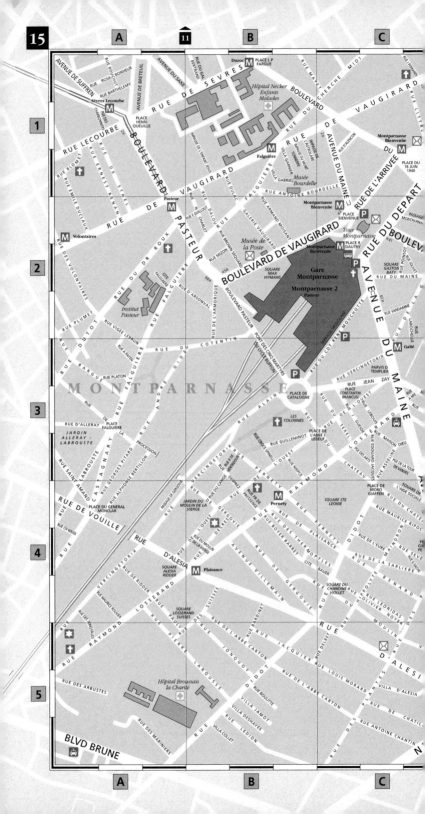

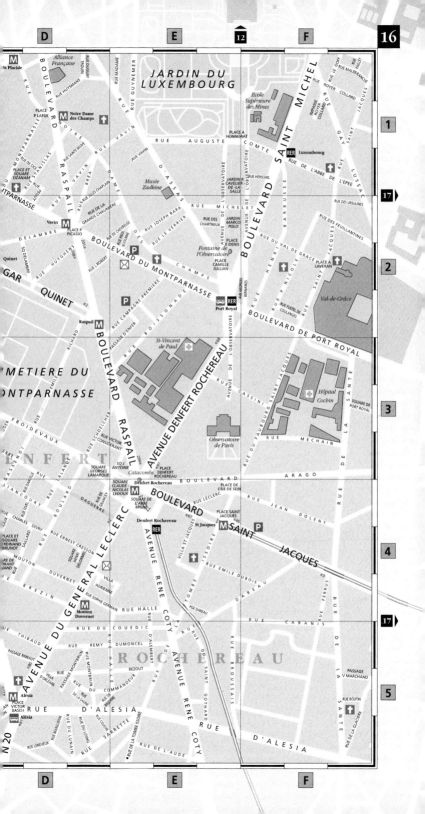

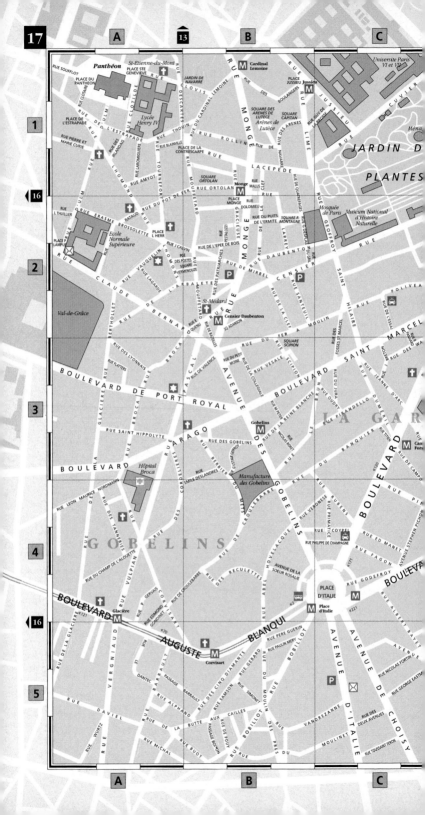

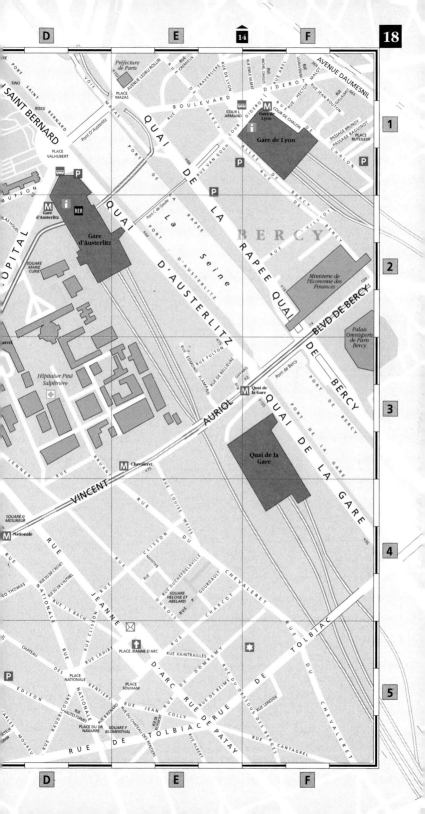

Préfecture de Paris

AVENUE LEDRU ROLLIN

PLACE MAZAS

BOULEVARD

RUE TRAVERSIÈRE

RUE DE LYON

RUE EMILE GILBERT

RUE MICHEL CHASLES

RUE ABEL

AVENUE DAUMESNIL

RUE DIDEROT

RUE LEGRAVEREND

RUE HECTOR MALOT

RUE JEAN BOULTON

RUE GIRAUMONT

TINO ROSSI

PORT SAINT BERNARD

QUAI SAINT BERNARD

Port d'Austerlitz

Pont d'Austerlitz

PLACE VALHUBERT

QUAI

DE

LA

RAPÉE

COUR D'IGRGI

COUR ARMAND

M Gare de Lyon

i Gare de Lyon

COUR DE CHALON

RUE DE CHALON

PASSAGE BRUNOT

PASSAGE RAGUINOT

PLACE RUTEBEUF

1

P

P

P

RUE VAN GOGH

ALLÉE DE BERCY

P

1

BUFFON

HÔPITAL

PLACE

M Gare d'Austerlitz

i

RER

Gare d'Austerlitz

QUAI

D'AUSTERLITZ

Pont C. de Gaulle

PORT D'AUSTERLITZ

La Seine

RUE VILLIOT

RUE DE BERCY

QUAI DE LA RAPÉE

B E R C Y

Ministère de l'Economie des Finances

BLVD DE BERCY

2

marcel

SQUARE MARIE CURIE

Hôpitalier Pitié Salpêtrière

RUE EDMOND FLAMAND

RUE FULTON

RUE DE BELLIÈVRE

Giffard

Pont de Bercy

Palais Omnisports de Paris Bercy

PORT DE BERCY

3

JENNER

RUE

BRUANT

AUSTERLITZ

AURIOL

M Quai de la Gare

QUAI

DE

LA

GARE

PORT DE BERCY

M Chevaleret

VINCENT

Quai de la Gare

SQUARE G MESUREUR

M Nationale

RUE LOUISE WEISS

RUE DU

RUE CLISSON

RUE

RUE

4

LÉO THOMAS

JEANNE

RUE DE NATIONALE

RUE J.S. BACH

RUE CLISSON

RUE DUCHEFDELAVILLE

CHEVALERET

SQUARE HÉLOISE ET ABÉLARD

RUE GOURDAULT

RUE CHARCOT

RUE DUNOIS

DE

TOLBIAC

DU

CHEVALERET

RUE DU DR CROCHET

RUE VAUTHIER

RUE

CHÂTEAU

DES

PLACE NATIONALE

PLACE JEANNE D'ARC

RUE L'AHIRE

RUE XAINTRAILLES

RUE DE DOMREMY

RUE DE REIMS

RUE DU DESSOU DES BERGES

RUE LEBEDE

DE

RUE DES BERGES

5

P

RUE EDISON

CHARLES

MOUREU

DOCTEUR

RENTIERS

RUE BAUDRICOURT

NATIONALE

RUE HAUTES FORMES

RUE DE

RENTIERS

PLACE DU DR NAVARRE

SQUARE F BLUMENTHAL

PLACE SOUHAM

RUE JEAN COLLY

RUE DU CHÂTEAU DES RENTIERS

RUE NATIONAL

RUE DE REYNARD

D'ARC

RUE

DE

TOLBIAC

RUE DE PATAY

RUE ALBERT

CANTAGREL

Index général

Remerciements

L'Editeur remercie les organismes, les institutions et les particuliers suivants dont la contribution a permis la préparation de cet ouvrage.

AUTEUR
Alan Tillier a habité Paris pendant une vingtaine d'années au cours desquelles il a été le correspondant de plusieurs journaux anglo-saxons comme *Newsweek*, le *Times*, l'*Evening Standard* et l'*International Herald Tribune*. Ces trois dernières années, il a écrit pour le *Herald Tribune* des guides destinés aux hommes d'affaires se rendant en Europe de l'Est ou de l'Ouest.

COLLABORATEURS
Lenny Borger, Karen Burshtein, Thomas Quinn Curtiss, David Downie, Fiona Dunlop, Heidi Ellison, Florence Lagrange, Alexandre Lazareff, Robert Noah, Jean-Luc Petitrenaud, Martha Rose Shulman, David Stevens et Jude Welton.

L'Editeur exprime également sa reconnaissance aux documentalistes et chercheurs de Websters International Publishers : Sandy Carr, Siobhan Bremner, Valeria Fabbri, Gemma Hancock, Sara Harper, Annie Hubert et Celia Woolfrey.

PHOTOGRAPHIE D'APPOINT
Andy Crawford, Michael Crockett, Lucy Davies, Mike Dunning, Philip Gatward, Steve Gorton, Alison Harris, Chas Howson, Dave King, Eric Meacher, Neil Mersh, Stephen Oliver, Poppy, Susannah Price, Tim Ridley, Philippe Sebert, Steve Shott, Peter Wilson et Steven Wooster.

ILLUSTRATIONS D'APPOINT
John Fox, Nick Gibbard, David Harris, Kevin Jones Associates et John Woodcock.

CARTOGRAPHIE
Advanced Illustration (Cheshire), Contour Publishing (Derby), Euromap Limited (Berkshire). Plans de l'atlas des rues : ERA Maptec Ltd (Dublin) adaptés à partir des cartes originales Shobunsha (Japon), avec leur autorisation.

RECHERCHE CARTOGRAPHIQUE
Roger Bullen, Tony Chambers, Paul Dempsey, Ruth Duxbury, Ailsa Heritage, Margeret Hynes, Jayne Parsons, Donna Rispoli et Andrew Thompson.

COLLABORATION ARTISTIQUE ET ÉDITORIALE
Emma Ainsworth, Hilary Bird, Vanessa Courtier, Maggie Crowley, Guy Dimond, Simon Farbrother, Fiona Holman, Stephen Knowlden, Chris Lascelles, Fiona Morgan, Shirin Patel, Carolyn Pyrah, Simon Ryder, Andrew Szudek et Andy Willmore.

RECHERCHE
Janet Abbott, Alice Brinton, Graham Green, Alison Harris et Stephanie Rees.

AVEC LE CONCOURS SPÉCIAL DE :
Miranda Dewer de la Bridgeman Art Library, Les Editions Gallimard, Lindsay Hunt, Emma Hutton de Cooling Brown, Janet Todd de DACS, Oddbins Ltd.

RÉFÉRENCES PHOTOGRAPHIQUES
Musée Carnavalet, Thomas d'Hoste.

CRÉDIT PHOTOGRAPHIQUE
L'Editeur remercie les responsables d'institutions qui ont autorisé la prise de vues dans leur établissement :
Aéroports de Paris, Basilique du Sacré-Cœur de Montmartre, Beauvilliers, Benoit, Bibliothèque historique de la ville de Paris, Bibliothèque polonaise, Bofinger, Brasserie Lipp, Café Costes, Café de Flore, Caisse nationale des Monuments historiques et des Sites, Les Catacombes, Centre national d'Art et de Culture Georges Pompidou, Chartier, Chiberta, La Cité des sciences et de l'industrie et L'EPPV, La Coupole, Les Deux Magots, Le Grand Colbert, Hôtel Atala, Hôtel Liberal Bruand, Hôtel Meurice, Hôtel Relais Christine, Kenzo, Lucas-Carton, La Madeleine, Mariage Frères, Memorial du Martyr Juif Inconnu, Thierry Mugler, Musée Armenien de France, musée de l'Art juif, musée Bourdelle, musée du Cabinet des Médailles, musée Carnavalet, musée Cernuschi : Ville de Paris, musée du Cinéma Henri Langlois, musée Cognacq-Jay, musée du Cristal de Baccarat, musée d'Ennery, musée Grévin, musée Jacquemart-André, musée de la Musique mécanique, musée national des Châteaux de Malmaison et Bois-Préau, Collections du musée national de la Légion d'Honneur, musée national du Moyen Age-Thermes de Cluny, musée de Notre-Dame de Paris, musée de l'Opéra, musée de l'Ordre de la Libération, musée d'Orsay, musée de la Préfecture de la police, musée de Radio France, musée Rodin, musée des Transports urbains, musée du Vin, musée Zadkine, Notre-Dame du Travail, À l'Olivier, palais de la Découverte, palais de Luxembourg, Pharamond, Le Pied de Cochon, Lionel Poilâne, St Germain-des-Prés, St Louis en l'Ile, St Médard, St Merry, St-Paul–St-Louis, St-Roch, St-Sulpice, La Société nouvelle d'exploitation de la tour Eiffel, la tour Montparnasse, l'Unesco, ainsi que les innombrables sites touristiques, galeries, musées ou églises, hôtels et restaurants boutiques, marchés et magasins qu'il est impossible de citer individuellement.

h = en haut ; hg = en haut à gauche ; hc = en haut au centre ;
hd = en haut à droite ; chg = centre haut à gauche ;
ch = centre haut ; chd = centre haut à droite ; cg = centre gauche ; c = centre ; cd = centre droit ;
cbg = centre bas à gauche ; cb = centre bas ; cbd = centre bas à droite ; bg = bas à gauche ; b = bas ; bc = bas au centre ;
bd = bas à droite.

Nous prions par avance les propriétaires des droits photographiques de nous excuser si une erreur ou une omission subsistait dans cette liste en dépit de tous nos soins. La correction appropriée serait effectuée à la prochaine édition de cet ouvrage.

Les œuvres d'art ont été reproduites avec l'aimable autorisation des organismes suivants :
© SUCCESSION HENRI MATISSE/DACS 1993 : 111hc ; © ADAGP/SPADEM, Paris et DACS, London 1993 : 44cg ; © ADAGP, Paris et DACS, London 1993 : 61bd, 61hd, 105hc, 107ch, 109b, 111hc, 111hc, 112bg, 112h, 112bd, 113bg, 113bd, 119c, 120b, 164c, 179hg, 180bc, 181cd, 211hc ; © DACS 1993 : 13chd, 36hg, 43chd, 45cd, 50bd, 55cd, 57hg, 100h, 100bd, 100cbg, 100cg, 100hc, 101h, 101hc, 101cd, 101bg, 104, 107chd, 113c, 137hg, 178cg, 178hc, 208bd, 239bd.

CHRISTO—LE PONT-NEUF EMBALLÉ, Paris, 1975-85 : 38chg ; © Christo 1985, avec l'aimable autorisation de l'artiste. Photos prises avec le concours de l'EPPV et du CSI pp 234-9 ; avec l'aimable autorisation de ERBEN OTTO DIX : 110bg ; Photos du PARC EURO DISNEYLAND ® et de EURO DISNEY RESORT ® : 233b, 242hg, 242cg, 242b, 243hc, 243cd, 243bg, 244h, 244cg, 244b, 245h, 245c, 245bg, 245bd, 346cg. Personnages et attractions sont la propriété de THE WALT DISNEY COMPANY, tous droits de reproduction réservés pour tous pays ; FONDATION LE CORBUSIER : 59h, 254b ; THE ESTATE OF JOAN MITCHELL : 113h ; © HENRY MOORE FOUNDATION 1993 : 191b. Avec l'aimable autorisation de la Henry Moore Foundation ; BETH LIPKIN : 241h ; MAISON VICTOR HUGO, VILLE DE PARIS : 95cg ; MUSÉE D'ART NAIF MAX FOURNY PARIS : 221b, 223b ; MUSÉE CARNAVALET : 212b ; MUSÉE DE L'HISTOIRE CONTEMPORAINE (BDIC), PARIS : 208bd ; MUSÉE DE L'ORANGERIE : 130tr ; MUSÉE DU LOUVRE : 125bd, 128c ; MUSÉE NATIONAL DES CHÂTEAUX DE MALMAISON ET BOIS-PRÉAU : 255cd ; MUSÉE MARMOTTAN : 58c, 58ch, 59c, 60hg, 131hd ; MUSÉE DE LA MODE ET DU COSTUME PALAIS GALLIERA : 57bd ; MUSÉE DE MONTMARTRE, PARIS : 221h ; MUSÉE DES MONUMENTS FRANÇAIS : 197hc, 198cd ; MUSÉE NATIONAL DE LA LÉGION D'HONNEUR : 30bc, 143bg ; MUSÉE DE LA VILLE DE PARIS : MUSÉE DU PETIT PALAIS: 54cg, 205cb ; © SUNDANCER : 346bg.

L'Editeur remercie les particuliers, les organismes ou les agences de photos qui l'ont autorisé à reproduire leurs clichés :

ADP : 361b ; THE ANCIENT ART AND ARCHITECTURE COLLECTION : 20cbg ; JAMES AUSTIN : 88h.

BANQUE DE FRANCE : 133h ; NELLY BARIAND : 165c ; GÉRARD BOULLAY : 84hg, 84hd, 84bg, 84bd, 85t, 85chd, 85cbd, 85bd, 85bg ; BRIDGEMAN ART LIBRARY, LONDRES : (détail) 19bd, 20cd, 21cg, 28cd–29cg, (détail) 33bd ; British Library, Londres (détail) 16bd, (détail) 21bg, (détail) 22hg, (détail) 29hg ; B N, Paris 17bg, (détail) 21hc, (détail) 21cr ; Château de Versailles, France 17hd, 17bc, (détail) 17bd, (détail) 28bd, (détail) 155b ; Christie's, Londres 8-9, (détail) 22ch, 32chd, 34hg, 44c ; Delomosne, Londres 30cbg ; Detroit Institute of Art, Michigan 43ca ; Giraudon 14, 23chd, 23c, (détail) 24bg, (détail) 24cbg, (détail) 25bd, (détail) 28bg, (détail) 28chd, (détail) 29bg, 31ch, 58bd, (détail) 60bg, 60ch, 60c ; Lauros-Giraudon 21hd ; Louvre, Paris 56h, 60bd, 61bg, 61hg ; Roy Miles Gallery 25bd ; musée de L'Armée, Paris (détail) 83br ; musée Condé, Chantilly (détail) 4hd, 16bg, 17chg, (détail) 17hcd, (détail) 17c, (détail) 20hg, (détail) 24bc ; musée Crozatier, Le Puy-en-Velay, France (détail) 23bg ; musée Gustave-Moreau, Paris 56b, 231h ; National Gallery de Londres (détail) 27hg, (détail) 44b ; musée d'Orsay, Paris 43bd ; musée de la ville de Paris, musée Carnavalet (détail) 28bc, (détail) 29hd, 29cbd ; Collection Painton Cowen 38chg ; palais de Tokyo, Paris 59b ; Philadelphia Museum of Modern Art, Pennsylvania 43cbd ; Temples Newsham House, Leeds 23cr ; Galerie des Offices, Florence (détail) 22bd ; © THE BRITISH MUSEUM : 29hc.

CIA : G Cousseau 232cbd ; CSI : Pascal Prieur 238cg, 238cb.

© DISNEY : 242hd, 243bd, 346h. Personnages, attractions et marques déposées PARC EURO DISNEYLAND ® et EURO DISNEY RESORT ® sont la propriété de THE WALT DISNEY COMPANY, tous droits de reproduction réservés pour tous pays ; R. Doisneau : RAPHO 143h.

ESPACE MONTMARTRE : 220bg ; MARY EVANS PICTURE LIBRARY : 36bg, 42bd, 81bd, 89hg, 94b, 130b, 141cg, 191c, 192cd, 193cbd, 209b, 224bg, 247bd, 251h, 253b, 372h.

GIRAUDON : (détail) 20bg, (détail) 21cbd ; Lauros-Giraudon (détail) 31bg ; Musée de la Ville de Paris : Musée Carnavalet (détail) 211t ; LE GRAND VÉFOUR : 287h.

ROBERT HARDING PICTURE LIBRARY : 20bd, 24hg, 27ch, 27bd, 34chd, 36hg, 39hg, 45cd, 65bd, 240ch, 365cd ; B M 25ch ; B N 191hd, 208bc ; Biblioteco Reale, Turin 127h ; Bulloz 208cb ; P Craven 364b ; R Francis 82cbg ; I Griffiths 360h ; H Josse 208bd ; musée national des Châteaux de Malmaison et Bois-Préau 31hc ; musée de Versailles 24cg ; R Poinot 345b ;

P Tetrel 251cbd ; Explorer 10bg ; F. Chazot 329b ; Girard 65c ; P Gleizes 62bg ; F Jalain 362b ; J Moatti 328bg, 328cg ; A Wolf 123bd, 123hg ; John Heseltine Photography : 12bd, 174 ; The Hulton Deutsch Collection : 42cg, 43bg, 43cd, 43h, 45cg, 101bd, Charles Hewitt 38cbg ; Lancaster 181hc.

© IGN Paris 1990 Autorisation No 90–2067 : 11b ; Institut du Monde Arabe : Georges Fessey 165hd.

The Kobal Collection : 42t, 44t, 140b ; Les films Columbia 181bd ; Société Générale de Films 36hc ; Paramount Studios 42bg ; Les Films du Carrosse 109h ; Montsouris 197cbd ; Georges Méliès 198bg.

Magnum : Bruno Barbey 64b ; Philippe Halsmann 45b ; ministère de l'Économie et des Finances : 355c ; ministère de l'Intérieur SGAP de Paris : 352bc, 352bd, 353t ; Collections du Mobilier national-Cliché du Mobilier national : 167cd ; © photo musée de l'Armée, Paris : 189cd ; musée des Arts décoratifs, Paris : L Sully Jaulmes 54h ; musée des Arts de la Mode-Collection UCAD-UFAC : 121b ; musée Bouilhet-Christofle: 57hd, 132h ; musée Cantonal des Beaux-Arts, Lausanne : 115c ; musée national d'Histoire naturelle : D Serrette 167cg ; musée de l'Holographie : 109cg ; © musée de l'Homme, Paris : D Ponsard 196ch, 199cg ; musée Kwok-On, Paris : Christophe Mazur 58 hg ; © photo musée de la Marine, Paris : 36bg, 196 cg ; musée national d'Art moderne Centre Georges Pompidou, Paris : 61hd, 110bd, 110 bg, 111h, 111hc, 111cb, 112h, 112bg, 112bd, 113h, 113c, 113bg, 113bd ; musée de la Poste, Paris : 179 hg ; Musée de la Seita, Paris : D. Dado 190h.

Philippe Perdereau : 132b, 133b ; Cliché Photothèque des musées de la ville de Paris – © DACS 1993 : 19ch, 19cbd, 26cd-27cg ; Popperfoto : 227h.

Redferns : W Gottlieb 36cbg ; © Photo Réunion des musées nationaux : Grand Trianon 24cbd ; Musée Guimet 54cb ; Musée du Louvre 25ch, (détail) 30cr-31cg, 55hg, 123bg, 124h, 124c, 124b, 125t, 125c, 126c, 126bg, 126bd, 127b, 128h, 128b, 129t, 129c ; Musée Picasso 55cd, 100h, 100c, 100cg, 100cbg, 100bd, 101bg, 101cd, 101ch, 101h ; Roger-Viollet : (détail) 22cbg, (détail) 37bg, (détail) 192bc, (détail) 209h ; Ann Ronan Picture Library : 173cd ; La Samaritaine, Paris : 115c ; Sealink Plc : 362cg ; Sipapress : 222c ; Frank Spooner Pictures : F Reglain 64ch ; P Renault 64c ; Sygma : 33cbd, 240cg ; F Poincet 38hg ; Keystone 38bc, 241chd ; J Langevin 39bd ; Keler 39cbd ; J Van Hasselt 39hd ; P. Habans 62c ; A Gyori 63cd ; P Vauthey 65bg ; Y Forestier 188t ; Sunset Boulevard 241bd ; Water Carone 328h.

Tallandier : 23ch, 23hg, 26cg, 26cbg, 26bg, 27bg, 28hg, 29cd, 29ch, 30hg, 30ch, 30bd, 36chg, 37ch, 37bd, 38ch, 52chg ; B N 26bd, 30cbd, 36bc ; Brigaud 37cbd ; Brimeur 32bg ; Charmet 34cb ; Dubout 15b, 18bd, 22ch, 23bd, 24bd, 28c, 31cd, 31hd, 32bd, 33bg, 34cbg, 34bg, 34bd, 35bg, 35bd, 35cbg, 35hg, 36cbd ; Josse 18chg, 18hc, 18c, 18cbg, 19hg, 34bc ; Josse-B N 18bg ; Joubert 36c ; Tildier 35ca ; Vigne 32cbg ; Le Train Bleu : 289t.

Vidéothèque de Paris : Hoi Pham Dinh 106bg.

Agence Vu : Didier Lefèvre 328cd.

Page de garde : Réunion des musées nationaux : Musée Picasso cd.

PARIS SE CONSTRUIT SOUS VOS YEUX

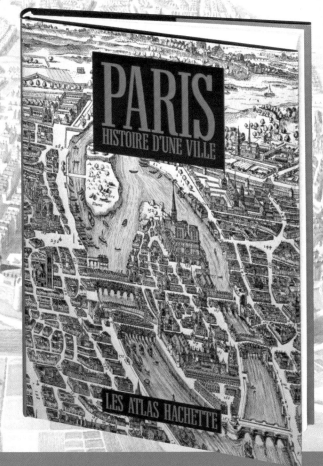

PARIS HISTOIRE D'UNE VILLE

Les meilleurs historiens racontent Paris,
plus de 650 documents, dessins, photos,
cartes et schémas, 192 pages.

Plan du métro et du réseau express régional (RER)

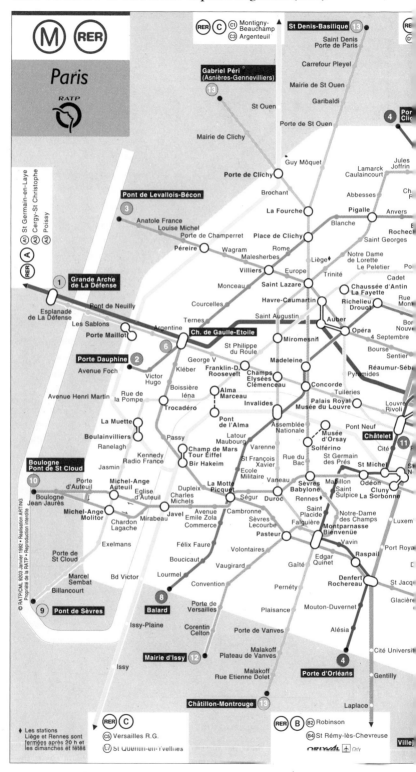